谨以此书献给

为中国水运基础设施建设事业作出贡献的决策者、建设者、管理者

"十四五"时期国家重点出版物出版专项规划项目

Record of
Port and Waterway Engineering
Construction in

China

中国水运工程建设实录
（1978—2015）

第一卷·综合

中华人民共和国交通运输部

人民交通出版社股份有限公司

北京

内 容 提 要

本书分为发展篇、管理篇、科技篇、开放篇、成就篇，共九卷十三章。内容包括改革开放以来的中国水运事业、水运基础设施建设规划及前期工作、水运工程建设法律法规、水运工程建设与管理、水运工程建设技术标准、水运工程建设科技创新与应用、水运工程建设对外合作与交流、沿海港口与航道工程、内河港口工程、内河航道工程、内河通航建筑物（船闸与升船机）、水运支持保障系统工程、重要水工工程等。

本书集中梳理了改革开放以来我国水运事业的发展历程，特别是水运基础设施建设方面的巨大成就，较为系统地总结了我国水路交通发展的实践经验，具有很强的学术价值和史料价值，可供水运工程建设行业相关人员阅读、学习与查询参考。

图书在版编目（CIP）数据

中国水运工程建设实录：1978—2015 / 中华人民共和国交通运输部组织编写. — 北京：人民交通出版社股份有限公司，2021.6

ISBN 978-7-114-17354-7

Ⅰ.①中… Ⅱ.①中… Ⅲ.①航道工程—工程建设—中国—1978—2015 Ⅳ.①U61

中国版本图书馆 CIP 数据核字（2021）第 100900 号

审图号：GS（2021）2063 号

Zhongguo Shuiyun Gongcheng Jianshe Shilu（1978—2015） Di-Yi Juan · Zonghe

书　　　　名	中国水运工程建设实录（1978—2015）　第一卷·综合
著　作　者	中华人民共和国交通运输部
本卷责任编辑	崔　建　齐黄柏盈
本卷责任校对	孙国靖　龙　雪
责 任 印 制	张　凯
出 版 发 行	人民交通出版社股份有限公司
地　　　　址	（100011）北京市朝阳区安定门外外馆斜街 3 号
网　　　　址	http://www.ccpcl.com.cn
销 售 电 话	（010）59757973
总 　经　 销	人民交通出版社股份有限公司发行部
经　　　　销	各地新华书店
印　　　　刷	北京印匠彩色印刷有限公司
开　　　　本	787×1092　1/16
印　　　　张	354.75
字　　　　数	6620 千
版　　　　次	2021 年 6 月　第 1 版
印　　　　次	2021 年 6 月　第 1 次印刷
书　　　　号	ISBN 978-7-114-17354-7
定　　　　价	2980.00 元（全九卷）

（有印刷、装订质量问题的图书由本公司负责调换）

《中国水运工程建设实录(1978—2015)》
编审委员会

参 编 单 位

交通运输部办公厅

交通运输部政策研究室

交通运输部综合规划司

交通运输部人事教育司

交通运输部财务审计司

交通运输部水运局

交通运输部科技司

交通运输部国际合作司

交通运输部海事局

交通运输部救助打捞局

天津市交通运输委员会

河北省交通运输厅

辽宁省交通运输厅

黑龙江省交通运输厅

上海市交通委员会

江苏省交通运输厅

浙江省交通运输厅

安徽省交通运输厅

福建省交通运输厅

江西省交通运输厅

山东省交通运输厅

河南省交通运输厅

湖北省交通运输厅

湖南省交通运输厅

广东省交通运输厅

广西壮族自治区交通运输厅

海南省交通运输厅

重庆市交通局

四川省交通运输厅

贵州省交通运输厅

云南省交通运输厅

陕西省交通运输厅

中国远洋海运集团有限公司

招商局集团有限公司

中国交通建设集团有限公司

交通运输部长江航务管理局

交通运输部珠江航务管理局

交通运输部规划研究院

交通运输部科学研究院

交通运输部水运科学研究院

交通运输部天津水运工程科学研究院

水利部交通运输部国家能源局南京水利科学研究院

人民交通出版社股份有限公司

中国交通通信信息中心

中国船级社

大连海事大学

重庆交通大学

上海海事大学

上海航运交易所

中国引航协会

参 编 人 员

丁军华	丁武雄	于广学	于传见	于金义	于海洋
万东亚	万 宇	万 亨	马兆亮	马进荣	马 良
马绍珍	马格琪	马朝阳	王大鹏	王义青	王文博
王平义	王 东	王目昌	王仙美	王永兴	王吉刚
王吉春	王达川	王 伟	王多银	王庆普	王阳红
王如正	王纪锋	王孝元	王 杨	王 坚	王 岚
王灿强	王 宏	王 坤	王 奇	王欣铭	王建华
王建军	王洪海	王艳欣	王晓明	王 晖	王 敏
王 烽	王 琳	王 辉	王瑞成	王 魁	王 鹏
王 新	王嘉琪	王慧宇	韦世荣	韦华文	韦国维
牙廷周	毛元平	毛亚伟	毛成永	尹海卿	邓 川
邓志刚	邓晓云	邓 强	孔令元	孔 华	孔德峰
石 晨	卢永昌	申 霞	叶建平	叶 智	田红旗
田佐臣	田轶群	田 浩	史超妍	付 广	付向东
付秀忠	付昌辉	付春祥	白雪清	冯小香	冯 玥
边 恒	母德伟	邢 艳	曲春燕	吕春江	吕勇刚
吕海林	朱立俊	朱吉全	朱红俊	朱 昊	朱剑飞
朱晓萌	朱逢立	朱悦鑫	朱 焰	乔 木	仲晓雯
任宏安	任建华	任建毅	任胜平	任 舫	任 超
向 阳	庄明刚	庄儒仲	刘 广	刘广红	刘元方
刘亚平	刘光辉	刘华丽	刘如君	刘孝明	刘 虎
刘国辉	刘明志	刘 岭	刘建纯	刘俊华	刘 洋

刘晓东	刘晓峰	刘润刚	刘雪青	刘常春	刘　祺
刘　颖	刘新勇	刘德荣	闫　军	闫岳峰	关云飞
许贵斌	许　麟	牟凯旋	纪成强	孙卫东	孙小清
孙百顺	孙林云	孙相海	孙洪刚	孙　敏	孙智勇
严　冰	严超虹	杨文武	杨立波	杨　华	杨宇民
杨远航	杨　武	杨国平	杨明昌	杨宝仁	杨建勇
杨树海	杨胜发	杨　艳	杨钱梅	杨　靓	杨　瑾
杨　鹤	杨　蕾	李一兵	李广涛	李天洋	李　云
李中华	李文正	李　玉	李东风	李永刚	李光辉
李　刚	李传光	李兆荣	李秀平	李作良	李　坦
李旺生	李国斌	李　明	李　凯	李佳轩	李金泉
李金海	李定国	李建宇	李建斌	李玲琳	李思玮
李思强	李俊涛	李　航	李　涛	李海涛	李培琪
李雪莲	李　博	李景林	李　锋	李　椿	李　群
李　静	李歌清	李德春	李　毅	李鹤高	李耀倩
李　巍	肖仕宝	肖　刚	肖胜平	肖　富	吴　天
吴凤亮	吴　昊	吴相忠	吴　俊	吴晓敏	吴彬材
吴　颖	吴新顺	吴蔚斌	吴　颜	时荣强	时梓铭
岑仲阳	邱志勇	邱逢埕	邱　梅	何升平	何月甫
何　杰	何国明	何海滨	何继红	何　斌	何静涛
何　睿	余高潮	余　辉	佘小健	邹　鸰	邹德华
应翰海	汪溪子	沈　忱	沈益华	宋伟巍	宋昊通
张子闽	张公振	张凤丽	张　平	张光平	张　伟
张　华	张华庆	张华麟	张　军	张红梅	张远红
张志刚	张志华	张志明	张　兵	张宏军	张　玮
张幸农	张金善	张怡帆	张学文	张宝华	张建林
张俊勇	张俊峰	张娇凤	张晓峰	张　涛	张　婧

张绪进	张越佳	张筱龙	张 鹏	张 黎	张 霞
张 懿	张懿慧	陆永军	陆 彦	陆培东	陈一梅
陈 飞	陈小旭	陈长荣	陈凤权	陈正勇	陈 竹
陈传礼	陈 冰	陈志杰	陈良志	陈 明	陈明栋
陈 佳	陈治政	陈 俊	陈美娥	陈娜妍	陈 勇
陈振钢	陈晓云	陈晓欢	陈晓亮	陈 峻	陈 鹏
陈源华	陈 飚	邵荣顺	范亚祥	范明桥	范海燕
范期锦	茅伯科	林一鹏	林小平	林 鸣	林和平
林鸿怡	林 琴	林 巍	易涌浪	易 矗	罗小峰
罗 冬	罗 军	罗春艳	罗海燕	罗 毅	季荣耀
金宏松	金晓博	金震宇	金 鏐	周大刚	周小玲
周世良	周立伟	周 兰	周永盼	周永富	周发林
周安妮	周欣阳	周 炜	周承芳	周柳言	周炳泉
周 培	周隆瑾	周 朝	庞雪松	郑艺鹏	郑文燕
郑 东	郑冬妮	郑尔惠	郑学文	郑惠明	郑锋勇
孟祥玮	孟德臣	封建明	赵玉玺	赵世青	赵吉东
赵志垒	赵岸贵	赵洪波	赵 晖	赵培雪	赵德招
赵 鑫	郝建利	郝建新	郝晓莹	郝润申	胡亿军
胡文斌	胡玉娟	胡 平	胡亚安	胡华平	胡旭跃
胡旭铭	胡冰洁	胡 军	胡 浩	胡瑞清	柳恩梅
哈志辉	钟 芸	钮建定	俞 晓	逄文昱	饶京川
施海建	姜正林	姜 帅	姜兰英	洪 毅	宣国祥
祝振宇	姚二鹏	姚小松	姚育胜	姚 莉	班 铭
班 新	袁子文	袁 茁	耿宝磊	聂 锋	贾石岩
贾吉河	贾润东	贾 楠	夏云峰	夏 炜	夏炳荣
顾祥奎	柴信众	钱文勋	徐 力	徐 飞	徐子寿
徐业松	徐思思	徐宿东	高万明	高江宁	高军军

高纪兵	高　敏	高　超	高翔成	郭玉起	郭　枫
郭　钧	郭剑勇	郭晓峰	郭　超	唐建新	唐家风
谈建平	陶　伟	陶竞成	桑史良	黄风华	黄东旭
黄召标	黄克艰	黄昌顿	黄明毅	黄　河	黄　莉
黄莉芸	黄　铠	黄维民	黄　超	黄　淼	黄　锦
黄　群	黄　磊	梅　蕾	曹民雄	曹桂榕	曹　辉
曹慕蠡	龚正平	盛　乐	鄂启科	崔乃霞	崔坤成
崔　建	崔　洋	麻旭东	梁　正	梁　桁	梁雪峰
梁雄耀	寇　军	宿大亮	绳露露	彭职隆	董成赞
董　政	董徐飞	董溪涧	蒋龙生	蒋江松	蒋昌波
韩亚楠	韩　庆	韩　俊	韩振英	韩　敏	韩静波
覃规钦	程永舟	程泽坤	焦志斌	储祥虎	童本标
童翠龙	曾光祥	曾　莹	曾　越	谢臣伟	谢殿武
谢耀峰	赖炳超	赖　晶	雷　林	雷　潘	詹永渝
雍清赠	窦运生	窦希萍	蔡正银	蔡光莲	蔡晶晶
廖　原	翟征秋	翟剑峰	樊建华	樊　勇	黎江东
滕爱国	潘军宁	潘　峰	潘展超	薛　扬	薛润泽
薛　淑	薛翠玉	戴广超	戴济群	戴菊明	戴　葳
鞠文昌	鞠银山	魏　巍			

参与咨询的专家

奋力谱写加快建设交通强国水运篇

习近平总书记强调，经济要发展，国家要强大，交通特别是海运首先要强起来。水运业是经济社会发展的基础性、先导性、战略性行业和服务性产业，是综合交通运输体系的重要组成部分，在支撑经济发展、促进国土开发、优化产业布局、促进对外贸易、维护国家安全等方面发挥着重要作用。

自古以来，水运以其舟楫之利成为十分重要的运输方式。新中国成立后，海运是最先走出去的领域。改革开放40多年来，我国水运业走过了不平凡的发展历程。改革开放初期，沿海港口吞吐能力严重不足，对经济社会发展形成瓶颈制约。之后，港口率先改革开放，依托港口设定经济特区和开放14个沿海港口城市。1983年交通工作会议提出了"有河大家走船，有路大家走车"，在放宽搞活方针指引下，水运进入快速发展时期，逐步缓解水路运输"瓶颈"制约，解决了"有没有"的问题。1992年，邓小平同志南方谈话后，交通运输行业加快培育和发展水运市场体系，港口和内河航道建设成绩斐然，船舶运力加快发展，涵盖散货船、油船、集装箱船等主要船型和LNG船等高技术、高附加值船舶，运输全面紧张状况得到缓解，"瓶颈"制约状况得到改善。2001年我国加入世界贸易组织（WTO），水运行业抓住机遇，实现了大发展，高等级航道和港口建设成绩突出，深水泊位大幅增加，吞吐能力显著增强，专业化水平不断提高，基本适应了经济社会发展需要，解决了"够不够"的问题。

党的十八大以来，习近平总书记高度重视水运事业发展，强调经济强国必定是海洋强国、航运强国，强调要努力打造世界一流的智慧港口、绿色港口。推动我国水运事业发展取得历史性成就、发生历史性变革，进入高质量发展的新阶段。截至2020年底，全国内河高等级航道达标里程1.61万公里，长江南京以下12.5

米深水航道全线贯通,黄金水道发挥黄金效益。西江航运干线扩能升级加快推进,通航能力显著增强。沿海港口万吨级及以上泊位数 2530 个。我国水运量、港口货物吞吐量和集装箱吞吐量等指标均稳居世界第一。世界前十的集装箱港口中,我国占据 7 席。运输船队运力跻身世界前列,船舶大型化趋势明显,30 万吨级原油船、40 万吨级铁矿石运输船舶等陆续投入使用。水运科技创新能力大幅跃升,高坝通航、离岸深水港和巨型河口航道整治等建设技术迈入世界先进或领先行列,洋山港四期、青岛港等自动化码头引领全球港口智能化发展。上海国际航运中心基本建成,国际航运网络进一步完善,投资建设运营"一带一路"支点港口成绩斐然,希腊比雷埃夫斯港成为"一带一路"合作旗舰项目,在服务国家重大战略中彰显力量,为畅通国际物流大通道发挥了重要作用。期间涌现出许振超、包起帆等一批行业先锋,生动诠释了新时代奋斗者的深刻内涵,凝聚起新时代交通精神的磅礴伟力。

总的来看,水运对经济社会需求的适应程度经历了由"瓶颈制约"到"初步缓解"再到"总体缓解""基本适应"的历史性变化,并在"基本适应"的基础上向"适度超前"迈进了一大步,探索走出了一条具有中国特色的水运发展道路。这些成绩的取得,根本在于以习近平同志为核心的党中央的坚强领导和习近平新时代中国特色社会主义思想的科学指导,在于发挥了我国社会主义制度集中力量办大事的制度优势,在于坚持人民交通为人民的根本宗旨,在于不断深化改革、扩大开放、创新驱动,解放和发展了水运生产力。

"十四五"时期是我国开启全面建设社会主义现代化国家新征程的第一个五年,是加快建设交通强国的第一个五年,水运业面临加快建设、提升发展能级等重大机遇。要把握新发展阶段、贯彻新发展理念,按照构建新发展格局的要求,充分发挥水运运能大、成本低、能耗小、占地少、污染轻等比较优势,加快补齐内河水运基础设施短板,加快服务功能升级,推进安全绿色智慧发展,提高支撑引领水平,打造安全、便捷、高效、绿色、经济的现代水运体系,更好服务经济社会发展和高水平对外开放,为加快建设交通强国当好先行。要着力加快高等级航道建设,提升航道区段间、干支间标准衔接水平,推进运河连通工程建设,打造与城市、文化、旅游等融合的旅游航道。要着力打造高能级港口枢纽和辐射全球的航运枢纽,推进区域港口高质量协同发展,提升服务现代产业发展、促进国内国际双循环的能力。要着力发展高水平运输,优化运输组织,发展现代物流,改善营商环境,提升客运服务品质,加快构建现代化物流供应链体系。要着力提升智慧运输发展水平,推动 5G、区块链、北斗、大数据等现代技术在水运领域的深度应用,推进水运安全绿色发展。要着力提升港航服务国际化水平,提高海运船队国际竞争力,深化国际港航海事合作。要着力完善治理体系,强化法规制度保障、深化行业管理改革,提升治理能力与水平。

潮平岸阔催人进,风起扬帆正当时。写好加快建设交通强国水运篇这篇大文章,使命光荣、责任重大、机遇难得。让我们更加紧密地团结在以习近平同志为核心的党中央周围,砥砺奋进、不懈努力,奋力谱写加快建设交通强国水运篇,为全面建设社会主义现代化国家当好先行。

2021 年 2 月 1 日

前言
Foreword

习近平总书记指出："中国特色社会主义是全面发展、全面进步的伟大事业，没有社会主义文化繁荣发展，就没有社会主义现代化。要坚定文化自信，推动中华优秀传统文化创造性转化、创新性发展，继承革命文化，发展社会主义先进文化，不断铸就中华文化新辉煌，建设社会主义文化强国。"[1]2017 年 6 月，交通运输部决定编纂《中国水运史（1949—2015）》和《中国水运工程建设实录（1978—2015）》，并印发了交办政研〔2017〕86 号文件，明确指出"编纂《中国水运史（1949—2015）》和《中国水运工程建设实录（1978—2015）》是我国交通文化工程的重要内容，也是一项光荣而艰巨的重要历史任务，必须以高度的责任感和使命感抓紧抓好"。三年多来，在承办单位交通运输部水运科学研究院及各参编单位的共同努力下，完成了《中国水运工程建设实录（1978—2015）》（以下简称《实录》）的编纂工作。

《实录》集中梳理了改革开放近 40 年来我国水运事业，特别是水运基础设施建设方面的历史进程和巨大成就，较为系统地总结了我国水路交通发展的实践经验。改革开放初期的 1978 年，我国主要港口（不含港、澳、台地区，以下同）的生产性泊位只有 735 个，其中万吨级泊位 133 个。经贸快速发展带动港口吞吐量快速增长，港口再次出现严重的"三压"（压船、压车、压货）现象，成为制约国民经济发展的"瓶颈"。经过艰苦努力，到 2015 年，全国港口生产性泊位达到了 31259 个，其中万吨级泊位 2221 个，分别增长了 41.5 倍和 15.7 倍，10 万吨级以上泊位达到 331 个，大型化、专业化供给结构明显改善。我国轮驳船达到

---

[1] 习近平在教育文化卫生体育领域专家代表座谈会上的讲话（2020 年 9 月 22 日），《人民日报》2020 年 9 月 23 日 01 版。

16.6万艘,净载重量2.7亿吨,集装箱箱位260万TEU,载客量101.7万客位,海运运力规模跃居世界第三位,形成初具规模的上海国际航运中心和多个区域性航运中心。水路交通对经济社会需求的适应程度经历了由"瓶颈制约""初步缓解""全面缓解"到"基本适应"并迈向高质量发展的历史性变化。特别是2001年我国加入世界贸易组织(WTO)后,经济发展融入全球化,水路国际运输航线通达全球逾100个国家和地区,1000多个港口。2015年,全国港口吞吐量127.5亿吨,是1978年2.8亿吨的45倍,其中外贸吞吐量增长了61倍。港口集装箱吞吐量自改革开放初期由几乎为零起步,到2015年达到2.1亿TEU。2015年,全国已有33个港口(沿海23个、内河10个)货物吞吐量超亿吨,其中10个港口位列世界前20位。集装箱吞吐量世界前20位中,中国占有10席(包括香港特别行政区、台湾地区的港口)。中国已是名副其实的航运大国,水路交通包括水运基础设施建设,许多领域已处于国际领先的位置,这不仅是国家综合实力的重要体现,更是中华民族伟大复兴的重要标志。中国水运发展受到了国际社会的高度关注和称誉,世界银行列专题组织专家进行了"新时代的蓝色航道:中国内河水运发展"(Blue Route for a New Era:Developing Inland Waterways Transport in China)和"中国港口发展回顾"(Retrospective Review of China Port Sector Development)的研究,将中国发展经验介绍给世界。2020年10月13日,世界银行发布研究报告指出,中国目前拥有世界上最繁忙的内河水运体系,2018年中国内河水运货运量已达到37.4亿吨,是欧盟或美国的6倍。报告认为,中国内河水运发展成就,源于持续有力的政策支持、分工明确的管理体制、大量投入的建设资金、与基础设施建设同步进行的船型标准化和航道等级划分、完善的水运教育体系等,值得更多国家学习借鉴。世界银行的报告分析全面,评价中肯,体现了国际社会对中国水运发展的肯定。

《实录》全面翔实地反映了改革开放近40年,中国水运事业的历史性变化和探索中国特色社会主义交通运输发展道路的历程。回望探索发展的历程,我们始终不能忘记敬爱的周恩来总理在1973年2月提出的"三年改变港口面貌""力争1975年基本上改变主要依靠租用外轮的局面"的重要指示,和1975年嘱咐争取到1980年建设250~300个泊位的遗愿;不能忘记1978年3月交通部向国务院呈报的《关于实现交通运输现代化的设想(汇报提纲)》;不能忘记1983年全国交通工作会议提出了"有河大家走船,有路大家走车"的改革方针,坚决冲破计划经济束缚,开放运输市场;不能忘记 1990 年交通部提出关于发展交通基础设施"三主一支持"❶的规划设想;不能忘记 1998 年交通部提出实现交通运输现代化"三阶段"的发展战略❷;不能忘记 2006—2008 年交通部不断探索转变发展方式,提出了发展现代交通业"三个转变"❸和"三个服务"❹的重大决策;不能忘记 2014 年全国交通运输工作会议提出了"四个交通"❺的理念,推动交通运输科学发展;我们更不能忘记习近平总书记在党的十九大报告中明确指出要加快建设创新型国家,把"交通强国"作为新时代建设现代经济体系重要战略目标之一……这一项项遵循党中央国务院重大战略部署,结合我国交通运输发展实际做出的具有里程碑意义的决策,使交通运输,特别是水路交通铸就了无愧于时代的历史性变化,走出了一条具有中国特色社会主义交通运输发展的道路。

　　改革开放以来水路交通走过的历程可谓爬坡过坎,披荆斩棘,取得的成就来之不易。回答中国水运事业特别是水运基础设施建设为什么能实现历史性的变化,是怎样实现历史性变化的,这就是我们编纂《实录》的初衷。回顾总结水运发展可从多方面阐述,但核心的就是三条:没有社会主义制度的优越性,就不能集中力量办大事、办难事、办成事,就没有水运事业的历史性变化;没有改革开放,就不能调动、发挥各方面积极性,就没有水运行业科学的、持续的发展,就没有水运事业的历史性变化;没有人民群众对发展水运事业的殷切期盼,就没有发展水运事业的力量源泉和动力,也就没有水运事业的历史性变化。最根本的一条就是在党中央国务院坚强领导下,全体交通人特别是水运行业的广大干部职工筚路蓝缕、

----

❶　"三主一支持"是 1989 年 2 月 27 日在全国交通工作会议上正式提出的,从"八五"开始用了几个五年计划实施的交通基础设施建设长远规划。1990 年在此基础上,增加"三主",就是公路主骨架、水运主通道、港站主枢纽,"一支持"即交通支持保障系统。

❷　"三阶段"发展战略即第一阶段从"瓶颈制约,全面紧张"走向"两个明显"(交通运输的紧张状况有明显缓解,对国民经济的制约状况有明显改善);第二阶段 2020 年前从"两个明显",再到"基本适应";第三阶段 2040 年前从"基本适应"到"基本实现现代化"。

❸　"三个转变"即交通发展由主要依靠基础设施投资建设拉动向建设、养护、管理和运输服务协调拉动转变;由主要依靠增加物质资源消耗向科技进步、行业创新、从业人员素质提高和资源节约环境友好转变;由主要依靠单一运输方式的发展向综合运输体系发展转变。

❹　"三个服务"是交通运输部提出的交通发展要服务国民经济和社会发展全局、服务社会主义新农村建设、服务人民群众安全便捷出行。

❺　"四个交通"是交通运输部综合分析形势任务,立足于交通运输发展的阶段性特征,更好地实现交通运输科学发展,服务好"两个百年目标",由部党组于 2014 年研究提出的当时和此后一个时期的战略任务,即全面深化改革,集中力量加快推进综合交通、智慧交通、绿色交通、平安交通的发展。

砥砺奋进,水运事业才取得了令世人瞩目和彪炳史册的巨大成就,成为国民经济发展的"先行官"。

《实录》在谋篇布局上紧扣编纂初衷,由五篇十三章及附录构成,力求回答国际、国内社会特别是交通运输行业人士关注的问题,也为今后研究分析改革开放以来,我国水运基础设施建设的历程和规律提供了翔实的资料。《实录》分为九卷,每卷既是《实录》的一部分,又是水运基础设施建设一个相对独立的领域,便于研读分析。

第一卷为"综合",由四篇七章组成。第一篇"发展篇"中的第一章"改革开放以来的中国水运事业",对改革开放以来我国水运事业发展进行了系统回顾总结,分为历史性变化的阶段性特征、发展成就、基本经验和结语四个方面,全面阐述了在探索中国特色社会主义交通发展道路进程中实现了水运事业的历史性变化。第二章为"水运基础设施建设规划及前期工作",重点阐述了四个规划,即1993—1994年编制的《全国水运主通道、港口主枢纽总体布局规划》,2006年编制的《全国沿海港口布局规划》,2007年编制的《全国内河航道与港口布局规划》《国家水上交通安全监管和救助系统布局规划》。这是20世纪80年代交通部提出"三主一支持"规划设想,以及1998年交通部关于实现交通运输现代化"三阶段"设想的交通发展战略,在我国水运事业特别是基础设施建设方面的重要布局规划,指导了改革开放尤其是"八五"之后的水运基础设施建设,体现了交通发展的规划引领作用。重点项目的前期工作作为从规划安排到项目建设的重要转换环节,是水路交通建设可持续发展的保证,也是基础设施建设不可或缺的重要工作。第二篇"管理篇"的第三章"水运工程建设法律法规"和第四章"水运工程建设与管理",阐述了改革开放以来,我国水运工程建设吸收国际先进管理经验,结合我国工程建设实践建立起一套行之有效的法律法规,体现了全面依法治国理念在水运基础设施建设中的实践。第三篇"科技篇"的第五章"水运工程建设技术标准",展示了水运工程主要技术标准的发展,体现了我国水运工程建设的软实力。新中国成立之初,向苏联学习,采用的是"苏标"。历经几代水运建设者的艰苦奋斗,在水运工程实践中逐步形成了完整的中国水运工程标准规范体系,涵盖了水运工程所有领域,标志着中国水运工程标准从'无'到'有',由'弱'变'强'。第六章"水运工程建设科技创新与应用",从水运领域的港口、航道、枢纽、海工、疏浚吹填、地基处理、港口设备、环境保护、综合技术等方面,总结了改革开放近40年来水运工程技术创新与进展,体现了水运基础设施建设践行"科学技术是第一生产力"的理念和水运事业发展中的"亮点"。第四篇"开放篇"的第七章"水运工程建设对外合作与交流",记载了以企业为主的市场主体在国际水运工程,如港口码头建设、航道疏浚开发和营运管理等方面开展的国际合作与交流,特别是党中央提出"一带一路"倡议之后,水运工程在援建、施工承建、项目总承包以及投资和技术装备等方面取得的业绩,共收录了84个项目,反映了改革开放近40年来水运工程建设领域由"引进来"迈向"走出去"的历史性变化。

第二卷至第五卷为第五篇"成就篇",包括第八章"沿海港口与航道工程"(第二卷、第三卷)与第九章"内河港口工程"(第四卷、第五卷)。由于沿海港口的航道一般是港口(港区)的公共或专用航道,所以沿海的港口航道工程与港口码头泊位建设合并阐述,但内河航道是公共、公益性水运基础设施,为航道沿线各港口和航行的船舶服务,故对内河航道的工程建设单设一章(第十章)。第八章"沿海港口与航道工程"和第九章"内河港口工程"的最大区别在于收录入书的标准不同,第八章收录的是拥有万吨级泊位的沿海港口,第九章收录的是拥有500吨级泊位的内河港口。根据2015年《全国交通运输统计资料汇编》,港口货物吞吐量1000万吨以上沿海港口和200万吨以上内河港口为规模以上港口,沿海港口39个、内河港口54个,本书全部收录。对规模以下的港口,有万吨级以上泊位的8个沿海港口收录入书,有500吨级以上泊位以及国际河流边境贸易口岸港口等有特别典型意义的53个内河港口也收录入书。这样,第八章"沿海港口与航道工程"共收录港口47个,第九章"内河港口工程"共收录港口107个。第二卷至第五卷对沿海、内河港口的编撰内容,按港口的管理体制及地域位置,分省区市、港口、港区、工程项目四个层面展开。第八章"沿海港口与航道工程"共录入大中小型工程项目1054个(包括1978年和2015年在建项目),万吨级以上泊位1739个。第九章"内河港口工程"共录入工程项目1133个,500吨级以上泊位3028个。由于从20世纪90年代开始的长江口深水航道治理工程和长江南京以下12.5米深水航道整治工程实施完成,长江南京以下港口可接纳5万吨级船舶直接靠泊、10万吨级船舶乘潮或减载靠泊,实现了海港化的功能,故《实录》收录的码头泊位视同海港,按万吨级泊位入书标准收录。此外,长江干线上的水富港是云南进入长江的"北大门",黑龙江、澜沧江边境河流的港口,泊位等级有些达不到500吨级,但这些港口在对外开放、发展边境贸易方面意义重大,也都收录入书。

第六卷为"成就篇"的第十章"内河航道工程",遵循2007年国务院批准的《全国内河航道与港口布局规划》明确的"两横一纵两网十八线"和我国通航河流分布特征设置"节、目"。2015年,我国内河通航里程12.7万千米,其中等级航道6.62万千米,四级以上的航道为2.22万千米,占等级航道的33.5%,故确定通航500吨级船舶的四级及以上航道工程收录入书。此外,对"两横一纵两网十八线"规划以外,一些在区域经济发展中有突出意义的内河航道建设工程,如赤水河等十二条河流的航道建设工程也收录入书。共收录了包括长江口深水航道治理工程、长江南京以下12.5米深水航道整治工程在内的256个项目工程。对"寸水寸金"的内河航道来说,这些工程极大地发挥了基础设施的服务能力,对发展我国水运事业的意义和作用不言而喻。

第七卷为"成就篇"的第十一章"内河通航建筑物(船闸与升船机)"。按我国大江大河(包括运河)水系分布状况以及航道发展"两横一纵两网十八线"的规划与分布设置"节、目"。发展内河航运是水资源综合利用的重要方向,船闸、升船机是内河通航建筑物中较为常见的工程设施。改革开放以来,我国在发展水利事业的同时,通过船闸、升船机建设,极大地改善了航道条件,提高了我国内河航运能力,助推国民经济的发展。第十一章收录改革开放以来,通过能力500吨级及以上船舶的船闸、升船机建设项目;对不在规划河流上或通过能力不够500吨级船舶的船闸、升船机,但对区域经济发展和科技创新有典型意义,如澜沧江景洪水力式升船机也收录入书。第十一章共收录改革开放以来工程项目168个,含220座船闸、9座升船机。

第八卷为"成就篇"的第十二章"水运支持保障系统工程"。水运支持保障系统由海事管理、救助打捞、船舶检验、科技教育、通信导航、船舶引航等构成,是水路运输不可或缺的重要组成部分。改革开放以来,我国在大力发展港口、航道水运基础设施的同时,高度重视支持保障系统建设,不断提高为水运发展的服务能力。第十二章按上述系统构成设置"节、目",共收录工程项目396个。相对港口、航道建设项目,支持系统的中小型项目居多,由于数量较大,在收录入书时对部分项目进行了汇总合并。

第九卷为"成就篇"的第十三章"重要水工工程",收录了六项重大水运工程。改革开放以来,我国的水运工程建设项目多达数千项,奠定了中国在全球的航运大国、交通大国地位,也为我国从航运大国、交通大国向航运强国、交通强国迈进奠定了坚实的基础。第十三章收录的六项工程,建设规模大,科技创新突出,对我国经济社会发展有重大意义,在国际上有重要影响,是我国水运发展辉煌成就的标志性工程。葛洲坝水利枢纽航运工程与长江三峡水利枢纽航运工程,特别是三峡工程的双线连续五级船闸和升船机为当今世界规模最大的内河通航建筑物。长江口深水航道治理工程,建成了12.5米的深水航道,获得了2007年国家科学技术进步奖一等奖,是世界上巨型河口航道治理的成功范例,连同长江南京以下12.5米深水航道整治工程,不仅使长江南京以下港口功能海港化产生巨大的经济社会效益,而且是党中央国务院关于建设长江黄金水道重大决策的基础性工程。上海国际航运中心洋山深水港区工程,不仅标志着我国在外海深水建设港口的技术进步,而且洋山深水港区四期工程自动化集装箱码头建成投产,使我国集装箱码头智能化建设处于世界领先地位。港珠澳大桥岛隧工程是极为复杂的水工工程,取得了一系列技术突破,标志着我国水工工程技术水平处于国际领先的第一方阵,大桥建成通车有力支撑了粤港澳大湾区发展。这六大工程是我国水工工程中的典型,在《实录》第十三章中做了比较细致的阐述。这一卷还有大事记、纪年图表等内容,不仅体现《实录》作为史书的完整性,而且便于读者查阅,比较直观地反映了改革开放以来,我国水运工程建设取得的成就。

　　在交通运输部的领导下,经过三年多的努力,《实录》编纂工作如期完成。编纂这部作为交通文化建设工程的书籍,凝聚了全行业的力量,众多的参编者为之付出了心血和智慧。特别是改革开放初期的文献,由于时间久远、机构变化、人员更迭,很多资料缺失,参编者千方百计,走访老同志,翻阅档案,力求《实录》的完整性、准确性。《实录》综合了改革开放近40年的水运基础设施建设项目,对此我们组织水运工程方面的专家编写了项目模板,并委托上海国际港务(集团)股份有限公司开发了电脑软件;第一次项目综合时,请重庆交通大学河海学院20多位师生进行了系统合成。《实录》编纂过程中,召开了多次专家咨询会、评审会,专家们为《实录》编纂建言献策,助推了编纂工作。交通运输部水运科学研究院承办《实录》

综合编纂工作,组织编写人员全力以赴,深入调查研究,及时解决编纂中存在的专业问题,确保《实录》编纂质量。本着对历史负责、对子孙负责的精神,参加综合编写的同志兢兢业业,按照时间节点的进度要求,完成各自的编写工作。人民交通出版社股份有限公司的编审同志,认真校审,为确保《实录》的出版质量做了大量的工作。最后,我们还要对支持《实录》编纂工作的中国远洋海运集团有限公司、招商局集团有限公司、中国交通建设集团有限公司表示衷心的感谢。

《中国水运史》《中国水运工程建设实录》

编审委员会

黄镇东 李盛霖

2020 年 11 月 10 日

总目录
Contents

第二卷　沿海港口与航道工程(上)

五、成就篇(一)

第三卷　沿海港口与航道工程(下)

五、成就篇(二)

第四卷　内河港口工程(上)

五、成就篇(三)

第五卷 内河港口工程(下)

五、成就篇(四)

第六卷 内河航道工程

五、成就篇(五)

第七卷　内河通航建筑物

五、成就篇（六）

第八卷　水运支持保障系统工程

五、成就篇（七）

第九卷　重要水工工程

五、成就篇（八）

《中国水运工程建设实录（1978—2015）》纪年图表

《中国水运工程建设实录（1978—2015）》大事记

附　　录

目录
Contents

一、发 展 篇

二、管理篇

三、科 技 篇

四、开　放　篇

Record of
Port and Waterway Engineering
Construction in
China
中 国 水 运 工 程 建 设 实 录
（1978 — 2015）

一、发　展　篇

第一章
改革开放以来的中国水运事业

第一节　中国水运事业的发展历程

改革开放以来,我国坚持走中国特色社会主义交通运输发展道路,取得了举世瞩目的成就。水路交通运输作为国民经济的基础性、先导性、战略性产业和服务性行业,服务、保障和支撑经济社会发展,努力适应国民经济快速发展对水运业运输生产能力急剧增长的巨大需求,积极挖掘和拓展各方资源,加快港口、航道等基础设施建设,扩大船队规模,优化运输结构,强化科技创新能力建设,改革和创新水运行业管理方式,探索和完善水运生产运输高效运行方式,积极推进绿色安全发展,提升服务质量与水平,从而使中国水运对经济社会需求的适应程度经历了从"瓶颈制约"到"初步缓解"到"全面缓解",再到"基本适应"并迈向高质量发展的历史性历程,为我国改革开放和经济社会发展提供了强有力的支撑和保障。

一、解放思想、放开搞活,缓解瓶颈制约(1978—1992 年)

1978 年党的十一届三中全会,实现了政治路线上最根本的拨乱反正,确定了把党的工作重心转移到社会主义经济建设上来,开创了以改革开放为鲜明特征的新时期。1982 年党的十二大明确提出建设有中国特色的社会主义,传统计划经济逐步向社会主义市场经济过渡。摸着石头过河,积极探索经济体制机制改革的路子,全面搞活社会经济成为这一时期的显著特征。

改革开放以前,1973 年周恩来总理发出"三年改变港口面貌"的号召,国务院成立港口建设领导小组,组织全国港口建设大会战,新中国的第一个港口建设高潮"三年大建港"正式开始。改革开放初期,交通部实行大中小并举、中央与地方并举、新建与改造并举的方针,以沿海港口为主,通过新建和改扩建,港口建设得到一定发展,但沿海港口吞吐能力仍然显得严重不足,沿海港口码头吞吐能力适应性(码头核查通过能力/实际吞吐量)仅达 0.79,水路运输不能适应国民经济和对外贸易运输需要的矛盾仍很突出。

改革开放极大释放了我国发展潜力,社会经济和对外贸易得到了快速发展,但这也使能源、交通、原材料供应紧张问题凸显,尤其是随着水路货物运输需求的快速增长,水运基础设施建设和运输能力不适应的矛盾更加突出,水路运输频频出现全面紧张局面,沿海主要港口出现严重的压船、压车、压货(简称"三压")局面。据统计,1978—1985年沿海港口外贸船舶平均在港停时约为10天(表1-1-1),与改革开放后我国对外贸易实行"三来一补"(来料加工、来件装配、来样加工、补偿贸易)、努力对接世界市场的运输需要极不适应,严重制约经济社会发展。

1978—1992年期间沿海主要港口部分年份船舶平均在港停泊时间(天)　　表1-1-1

船 泊 类 型	1978年	1980年	1985年	1986年	1990年	1991年	1992年
沿海主要港口外贸船舶	9.2	7.7	11.1	6.9	4.3	4.6	4.9
沿海主要港口内贸船舶	2.4	1.6	1.7	1.9	1.6	1.6	1.8

注:数据来源于交通运输部。

1982年,党的十二大提出"在今后二十年内,一定要牢牢抓住农业、能源和交通、教育和科学这几个根本环节,把它们作为经济发展的战略重点",确定把交通运输作为国民经济发展的战略重点。1983年3月,交通部党组在全国交通工作会议上提出要"探索中国特色社会主义交通运输发展道路"。1987年,党的十三大提出要加快发展以综合运输体系为主轴的交通业,为交通运输加快发展指明了方向。为扭转水运能力严重不足的紧张局面,水运行业锐意进取、开拓创新,在基础设施、体制机制、运输服务、法治建设和对外合作等领域进行开创性探索,推行了一系列宏观放开、微观搞活的政策措施。水运市场从主要由国有企业担纲走向对社会开放,主管部门从主要面对直属企业转向管理全行业,对束缚生产力发展的传统做法进行改革,实行政企分开,下放港口管理权限,在努力增加国家投入的同时,积极吸引地方政府投资、社会投资和鼓励外资参与港口、船队建设,努力加快建设基础设施。在放宽搞活方针指引下,水运进入快速发展时期,全社会船舶运力迅速增长,水运基础设施建设速度加快,逐步缓解水路运输瓶颈制约。

(一)改革体制机制,释放水运发展动能

交通部按照中央从1979年起用3年时间对国民经济实行"调整、改革、整顿、提高"的方针,认真整顿部属企业,奋力开启改革进程,交通战线安定团结、生动活泼的政治局面得到了进一步巩固和发展。1984年10月,党的十二届三中全会通过《中共中央关于经济体制改革的决定》,为我国全面开展经济体制改革指明了方向。1984年,针对交通管理体制政企不分等问题,交通部提出以"转、分、放"、实现"两个转变"、端正业务指导思想为主要内容的改革思路。"转"就是交通部门从生产业务型转到行政管理型,发挥政府职能部门的作用;"分"就是实行政企分开,简政放权;"放"就是把应该下放的企业放到中心城市,同时放权给企业,使企业有更多的活力,成为按经济规律运行的经济实体,放开社会办水运企业,成立部与省联合的远洋运输企业,放开部与省、市联合建设港口,允许外资参与港口建设和土地成片开发。"两个转变"就是各级交通管理部门从主要抓直属企业转变到

面向整个交通运输行业,加强行业管理和指导;从直接抓企业的具体生产经营活动转变到抓好行政管理。1986 年,为进一步加强行业管理,交通部提出抓好"一个为主、三种手段、五个方面",即对企业的管理逐步由直接控制为主转向间接控制为主,对行业进行宏观调控应主要运用经济、行政和法律手段,各级交通部门实施行业管理必须在方针政策、统筹规划、组织协调、综合平衡和监督服务五个方面更好地发挥政府职能部门的作用。

1. 港口管理体制改革

1984 年 6 月 1 日,按照中共中央、国务院《关于天津港实行体制改革试点的批复》精神,天津港下放天津市政府管理,从中央政府直接管理的港口领导体制改为由中央和地方政府"双重领导,以地方为主"的管理体制,实行"以收抵支,以港养港"的财务管理体制。1985 年,交通部在厦门召开天津、上海、大连、秦皇岛、烟台、青岛、连云港、南通、宁波、温州、福州、广州、湛江和北海等 14 个沿海港口城市港口建设会议,会议确定了加快沿海港口建设的若干方针政策。此后,在 1984—1989 年间,交通部直属 14 个沿海港口、25 个长江干线重点港口下放到所在城市,加强了港口所在地政府对港口工作的领导,充分调动了地方积极性,仅保留北煤南运主要装船港秦皇岛港仍由交通部直接管理。到 2002 年,秦皇岛港也下放地方管理。

2. 内河运输管理体制改革

1982 年将水运、远洋(行政部分)、通信导航、港务监督、安全、工业局和基本建设局的航道部分合并,分别组建海洋运输管理局、内河运输管理局、生产调度局和水上安全监督局。1984 年 1 月,撤销长江航运管理局,分别组建长江航务管理局和长江轮船总公司。长江航务管理局对长江航运实施行政和行业管理,在部统一领导下,作为派驻机构,按照部授权,具体负责长江航运行政管理、运输生产组织、安全监管、航道建设、通信导航、水上治安等工作。长江轮船总公司负责长江航运的运输生产业务工作。1983 年,成立交通部黑龙江航运管理局,按照部授权,负责黑龙江航运行政管理、运输生产组织、安全监管、航道建设等工作。1986 年,组建珠江航务管理局,按照部授权,负责珠江航运规划、运输生产协调、部分跨省行政协调等工作。

3. 远洋运输管理体制改革

全面推进政企分开。1982 年撤销政企合一、一套机构两块牌子的交通部远洋运输局,相应组建中国远洋运输总公司。中国远洋运输总公司转变为独立经营的经济实体,不再兼有行政职能。1988 年,为落实国家机构改革以专业管理部门和综合部门内部的专业机构为重点,尤其是专业局改革的基本精神,交通部再次实行机构调整,撤销了海洋运输管理、内河运输管理 2 个专业局,设立运输管理司,统一负责水路、公路运输管理工作,主要职能转变为加强宏观调控和行业管理,抓好统筹规划、政策法规、经济调节、监督服务,进一步下放权力,搞活水路交通运输企业;将港口、内河、公路的工程管理部分合并,设立工程管理司,统一负责交通行业的工程管理工作。1985年11月,国务院正式批准成立招商局集团,由交通部直接领导,并作为交通部派驻香港的代表机构,统管交通部所属驻港企业。

4.水路运输市场改革

这一时期,随着改革开放的不断深入,国民经济快速发展,为解决水运运力不足的主要矛盾,交通行业出台了一系列逐步开放运输市场的举措。1982年,交通部提出"要努力把交通搞通、搞活、搞上去"的工作思路。1983年,交通部实施"有河大家走船"的方针,鼓励社会各行各业参与营运,大力扶持个体和集体运输,打破地区封锁,推进全面开放交通运输市场,形成以公有制为主体、多形式、多层次、多成分的国内沿海运输和内河运输格局。1984年,国务院颁布《关于农民个人或联户购置机动车船和拖拉机经营运输业的若干规定》,交通部颁布实施《关于集体所有制交通运输企业若干政策问题的规定（试行）》,鼓励和扶持交通运输集体企业,鼓励发展个体运输,提出"各部门、各行业、各地区一起干,国营、集体、个人以及各种运输工具一起上",打破所有制束缚,有效促进了交通运输的发展。1978—1985年,交通部注重充分发挥中央和地方两个积极性,扩大企业自主权,积极推动水上运输"多方投入、多家经营"局面的形成。1987年,国务院出台第一部水运行政法规《水路运输管理条例》,规范了水路运输的一系列政策规定和允许社会参与水路运输、加强宏观调控的行政举措。1989—1991年,交通行业开展了为期3年的水路运输市场治理工作,对运输市场的运力投放加强宏观调控,加强客运管理、保障客运安全,加强货源管理、推行合同运输。

5.水上海事管理与应急体制改革

(1)海事监管改革

1980年,经国务院批准,交通部专设港务监督机构,沿海主要港口港务局内设港务监督,在长江、黑龙江分别设长江航政管理局、黑龙江港航监督局。1986—1988年,组建14个海上安全监督局,实行交通部与所在城市政府双重领导、以交通部为主的领导体制,沿海航政由企归政,步入国家行政管理序列。长江、珠江和黑龙江的水上安全监督,由交通部设置的港航监督机构统一负责。其他内河水域,由各省、自治区、直辖市交通厅（局）设置的港航监督机构负责。

1980年4月,经国务院、中央军委批准,由海军管理的沿海干线公用航标划归交通部管理(沿海短程航线的航标于1958年移交交通部管理)。1982年8月,部内设水上安全监督局,将海区航标测绘机构和职能由部基建局划入水监局。1986年,海区航标业务和港口航道测绘队伍分别由天津、上海、广州航道局从航道局成建制划出,按三大海区分别由天津、上海、广州海上安全监督局管理。1986 年,为适应我国对外开放和远洋运输迅速发展的需要,经国务院批准,成立中国船级社,与中国船舶检验局实行一套机构、两块牌子。

（2）海上搜救体制改革

1985 年,为更好地保障海上人命、财产安全,履行国际义务,我国加入了《1979 年国际海上搜寻救助公约》。为切实做好履约工作,尽快与国际接轨,1989 年 7 月,国务院、中央军委批复撤销全国海上安全指挥部,同意在交通部建立中国海上搜救中心,负责全国海上搜救工作的统一组织和协调,日常工作由交通部安全监督局承担。同时,沿海各省、自治区、直辖市的海上安全指挥部改为海上搜救中心,职责不变,业务上接受中国海上搜救中心的指导。

（3）救助和打捞系统改革

1978 年 3 月,为加强海上救助打捞业务的统一领导,交通部按照国务院、中央军委批准的《关于加强和统一使用海上专业救助力量的请示》,在交通部内设立海难救助打捞局,全国沿海救助网建设也列入议事日程。至 1980 年,烟台、上海、广州 3 个救捞局先后建立秦皇岛、荣成、福州、厦门、汕头、北海、湛江和三亚 8 个救助站,加上原有的天津、烟台、上海、温州救助站和海军救助点,基本形成从南至北的沿海救助网,全国救助站点达到了 17 个。随着航运的迅猛发展,救捞事业又得到长足进步,逐渐从清障打捞转到救捞并举、以救为主。中国救捞由此而进入全面加强队伍和装备建设、努力提高救助水平的新阶段。

（二）推动水运对外开放,探索与国际接轨

1.积极推动港口开放

中国的远洋运输和沿海主要港口,在改革开放前一直保持着与国际接轨和允许外轮进出的局面。改革开放后,航运和港口对外开放的深度和广度进一步提升。1979 年 7 月 2 日,位于深圳南头半岛的交通部招商局蛇口工业区正式开工建设,成为中国改革开放的重要标志之一,也成为水运率先改革开放的窗口和样板,创立了港口与城市、与工业融合发展模式。1980 年,在港口开放的基础上,国务院决定建立深圳、珠海、汕头、厦门 4 个经济特区。1981 年 5 月,蛇口港第一期工程竣工并投入使用。1983 年 9 月,经国务院批准,蛇口港成为国家正式对外开放口岸,这也是中国第一个由企业投资、自负盈亏的港口。1984 年,国务院决定进一步开放天津、上海、大连、秦皇岛、烟台、青岛、连云港、南通、宁波、温州、福州、广州、湛江和北海等 14 个沿海港口城市,同时,国务院批准长江沿岸的南京、武汉、重庆等 8 个港口为对外贸易运输港口,带动了我国对外经济贸易的快速发展。1987 年 12 月,深圳盐田港动工建设,1992 年 11 月,经国务院批准作为国家一类口岸正式对外开放,成为第一个由外商和港商经营的港口。为了加强口岸管理工作,国务院在1985 年和 1987 年先后印发《关于口岸开放的若干规定》《关于进一步加强口岸工作领导的通知》,使口岸工作逐步走上正规化、制度化、规范化、现代化的轨道。

2. 参与国际海事事务

自 1973 年 3 月我国正式加入国际海事组织(IMO)后,交通部加强与国际海事组织的合作,积极参加该组织的重要会议,加强与各海运国际组织互利合作。1977 年和 1978 年,中国政府派海事专家参加国际海事组织《1978 年海员培训、发证和值班标准国际公约》(简称"STCW 78 公约")的制定工作。1978 年 7 月 7 日,中国代表团在英国伦敦 IMO 总部签署了公约的最终文本,中国成为公约的缔约国,从此开启我国海船船员管理与国际接轨的新局面。1979 年 8 月,交通部接受联合国开发计划署援助的第一个项目"秦皇岛港防污设备厂"正式签约。1980 年起,我国先后批准和加入经 1978 年议定书修订的《1973 年国际防止船舶造成污染公约》等国际防污染公约,并制定一系列相应的管理规定和办法,我国防治船舶污染海域的监管制度逐步开始实施。

（三）逐步加快建设基础设施

改革开放后,以解决港口"三压"为重点,水运基础设施建设力度不断加强,尤其是"七五"期末,交通部提出了"三主一支持"(即公路主骨架、水运主通道、港站主枢纽、交通运输支持保障系统)的长远规划设想,对全国水运基础设施建设起了重要指导作用,水运基本建设更加具有前瞻性,更加重视当前与长远、局部与全局的关系。确定了"两纵三横"五条水运主通道(即海上南北主通道、京杭运河—淮河主通道、长江水系主通道、珠江水系主通道、黑龙江—松花江主通道)总体布局规划和港口主枢纽(沿海港口 20 个、内河港口 23 个)总体布局规划,从"八五"开始,用 30 年时间实现建设目标。

1. 沿海港口建设

自 1978 年,为解决港口"三压"对国民经济和对外贸易发展的严重制约,交通部将港口建设的重点放在沿海,继完建第一个港口建设高潮已开工项目的同时,2 年间共新建万吨级泊位 7 个,加上挖潜、改造和新增装船和卸船作业线,增加吞吐能力 900 多万吨。开工建设了配套宝山钢铁厂的宁波北仑港区 10 万吨级矿石码头。上海港将 10 万吨级旧船改为海上过驳平台,为解决码头泊位不足提供了新的经验。同时,开通了 15 条远洋运输航线,使得远洋和沿海运输发展呈现较好的局面。

"六五"期间(1981—1985 年),沿海主要港口开工建设万吨级以上泊位 132 个,建成投产 54 个,新增吞吐能力 2800 万吨。新建一批大型专业化泊位,包括 10 万吨级煤炭码头和矿石码头、3 万吨级散粮码头、木材码头、重大件码头和集装箱码头等。"七五"期间

（1986—1990年），沿海港口布局上出现重大变化，配合山东兖州煤矿的开发，建设日照港（石臼港）；上海港口建设重点从黄浦江转向长江，先后建造了宝山矿石码头、罗泾煤码头；大连港开建大窑湾港区，营口港从辽河口转到鲅鱼圈；秦皇岛港从西港区转向东港区建设煤炭装船自动化三期泊位；厦门港开建东渡港区；深圳建设蛇口、赤湾港区；北部湾建设防城港港与西南出海新通道。到1991年底，沿海主要港口已拥有生产性泊位968个，其中，万吨级以上泊位296个，是1978年的2.2倍，沿海港口货物吞吐量年均增长7%，港口能力严重不足的局面初步得到缓解。1984年12月28日，上海港年货物吞吐量达到1亿吨，首次跨入年货物吞吐亿吨大港行列。与此同时，1983年起，交通部加强沿海灯塔、灯浮标的建设，重要灯塔的灯光射程普遍提高到20海里以上。

这一时期，一批重要水工工程开工建设，提升了码头的生产能力。1980年，天津新港5个万吨级泊位投产使用。1980年12月，宁波北仑作业区10万吨级矿石中转码头竣工，实现了宁波从镇海河口港向海港的重要跨越，为宝钢的铁矿石进口中转运输提供了重要保障。1981年12月，我国第一个集装箱专用泊位——天津港三港池集装箱泊位通过交通部、国家建委验收。1982年7月，秦皇岛西港区8号码头通过技术改造实现煤炭装卸的机械化，大幅提升了装卸效率，成为北煤南运的重要码头。1983年，防城港港建成1号、2号万吨级泊位，开辟了我国西南地区第二条出海通道。同年12月，秦皇岛港煤码头一期工程竣工，成为我国煤炭装船码头从机械化向自动化转变的重要标志；湛江港磷矿码头竣工投产，是我国第一个非金属矿石专用码头。1986年5月9日，中国第一座10万吨级散货码头——石臼港煤码头通过国家正式验收，20日，经国务院批准，石臼港正式对外籍船舶开放；12月，连云港港庙岭煤码头通过国家竣工验收，进一步扩大了北煤南运的能力。1989年11月，福建省肖厝杂货码头建成投产，该码头有万吨级杂货泊位1个，新增吞吐能力34万吨，代表着泉州港的新生；11月，上海港宝山作业区2个万吨级泊位通过国家竣工验收，新增吞吐能力93万吨，标志着上海港从黄浦江到长江的跨越；12月，营口港鲅鱼圈2个万吨级杂货泊位竣工投产，新增吞吐能力60万吨，标志着营口港从辽河向沿海的跨越；12月，秦皇岛港煤码头三期工程通过国家竣工验收，投入试运行，包括2个3.5万吨级泊位和1个5万吨级泊位，新增年通过能力3000万吨，有效缓解了北煤南运的紧张局面。1991年9月，宁波北仑港区可靠泊4000TEU集装箱船专用码头正式投产，标志着宁波港正式迈入集装箱运输行列；11月，大连港大窑湾港区一期工程2个码头竣工；12月1日，海南省洋浦港正式对外籍船舶开放。

2. 内河港口和航道建设

内河港口，重点新建或改建长江干线煤炭、矿石、件杂货、集装箱码头和客运设施。到1991年底，内河主要港口生产性泊位3439个，是1978年的8倍，其中万吨级以上泊位28个，全国内河港口货物吞吐量2.46亿吨，是1978年的3倍。

航道建设，先后实施了京杭运河苏北段续建工程、西江航运干线建设一期工程、湘江整治一期工程、汉江航运建设工程、新建或改建葛洲坝船闸等内河航道整治工程。到1991年底，我国内河通航里程10.97万千米，内河货物运输量达到3.2亿。这一时期，一批重要的内河水运建设工程建成投产，使内河港口的生产能力有了一定提升。1979年11月，长江最大的油港——南京中转油港建成，实现了原油从沿海到内河的中转运输。1980年2月，云南西双版纳境内的澜沧江，经整治正式通航；4月，经国务院批准，长江沿岸的张家港港、南通港、南京港、芜湖港、九江港、武汉港、城陵矶港、重庆港被列为对外贸易运输港口；12月，南通港2个万吨级泊位正式投产，这是我国第一次在长江内河港兴建的万吨级深水码头。1981年6月，我国在长江上修建的第一座大型通航建筑物——葛洲坝水利枢纽2号船闸首次试航成功。1983年7月，浙江省建成杭甬运河，沟通了钱塘江、曹娥江、甬江3个水系，内河船舶可从杭州经绍兴、宁波直达镇海。1984年1月，京杭运河续建工程徐州至扬州不牢河段疏浚工程竣工。1988年12月，京杭运河徐州至扬州段404.5千米航道整治及30项配套工程通过国家正式验收。1989年2月，我国最大的内河船闸之一，广西西江桂平航运枢纽船闸投入使用；11月，南京港新生圩港区二期工程中的2个深水泊位、3个中级泊位通过国家竣工验收，新增吞吐能力253万吨。

二、抓住机遇、加快发展，破解紧张局面（1992—2002年）

1992年，邓小平南方谈话掀起了新一轮的思想解放，党的十四大明确提出了我国经济体制改革的目标是建立社会主义市场经济体制。交通部按照产权清晰、权责明确、政企分开和管理科学的现代企业制度要求，采取一系列政策措施，加速法治建设、政府体制改革、职能转变，培育和发展水路运输市场体系。1992年7月，交通部印发《关于深化改革、扩大开放、加快交通发展的若干意见》（简称"改革开放25条"），交通运输行业进一步深化改革、加大对外开放，积极探索市场经济条件下交通行业管理部门职能定位，推进政企分开，建立现代企业制度，积极培育和规范交通运输建设市场和运输市场，发展步伐明显加快。

交通行业抓住1998年国家应对亚洲金融危机实施积极财政政策和2000年开始实施西部大开发战略的历史机遇，主动谋划，加快港口基础设施建设，全面推进航道网快速发展，专业化深水码头泊位迅速增加，船舶运力技术性能提高，显著改变了我国水运基础设施的落后面貌。

这一时期，交通固定资产投资规模持续扩大。水运内河航道建设成绩斐然，造船能力已涵盖散货船、油船、集装箱船等主要船型和液化天然气船（LNG船）、海洋工程装备等高技术、高附加值产品，有力推动多个行业领域快速发展，交通运输能力得到较大扩张。2001年全国交通工作会议指出：运输全面紧张状况得到缓解，交通"瓶颈"制约状况得到改善。

（一）理顺政府管理机制，不断规范水运市场

1. 管理体制改革深化

深化水运管理体制改革。1993 年，交通部按照公路、水路两种运输方式的实际情况和特点，对部内设机构进行了调整，将原来的运输管理司、工程管理司调整为公路管理司、水运管理司和基本建设管理司。1998 年，交通部内设机构再次调整，将水运管理司和基本建设管理司合并，组建水运司。

1996 年国务院批准的《深化水运管理体制改革方案》中，明确了深化长江航运管理体制改革的思路，成立长江航运管理委员会，统筹管理长江水系航运发展和管理重大事项。2000 年 3 月，交通部将黑龙江航运管理局移交黑龙江省政府管理。2000 年 8 月，按照国家和交通部有关精神，原黑龙江航运管理局所属港航监督局和船舶检验分局组建黑龙江海事局；原黑龙江航运管理局所属企业组建航运企业集团公司；组建新的黑龙江省航务管理局，行使黑龙江省水路运输、港口、航道等行政管理职能。

深化国有水运企业改革。1991 年 7 月和 1992 年 11 月，交通部先后印发《关于进一步搞活部属及双重领导大中型交通企业的若干意见》《全民所有制交通企业转换经营机制实施办法》等文件，以指导水运企业深化改革，推行现代企业制度，以资本为纽带，组建大型水路交通企业集团，推动国有交通运输大型骨干企业建立现代企业制度。20 世纪 90 年代末，交通部与直属企业实现脱钩，相继下放部分市场运营和一线监管职能，转向行业管理，全面加强海运市场培育。1993 年 1 月 16 日和 3 月 6 日，中国远洋运输集团和中国长江航运集团分别正式成立。1996 年 10 月 28 日，国家经贸委批准中国海运集团、中国港湾建设集团成立。地方各级交通主管部门也陆续推进改革，开展股份制试点，建立股份制企业。

2. 推进建立水运市场经济体系

按照党的十四届三中全会关于建立社会主义市场经济体制的精神，1994 年 9 月交通部完成水运企业的"水路运输许可证"、船舶的"船舶营业运输证"等新证换领工作，建立新的市场准入体系。1995 年 3 月，交通部修订《水路货物运输规则》《水路货物运输管理规则》，打破远洋运输、沿海运输和内河运输人为的市场分割，全面开放国内水路货运市场，建立与国际接轨的市场运行规则。1996 年，交通部印发《关于进一步加强水运市场管理的通知》，开展全国范围的水运市场调查，推进水运市场的培育和完善。1996 年 11 月，上海航运交易所成立，对规范航运市场交易行为、调节市场运价、沟通市场信息等起到重要作用，为建立水路运输市场体系奠定了基础。

3. 水上海事管理与应急体制改革

（1）海事监管改革

1998 年，经国务院批准，中华人民共和国船舶检验局（交通部船舶检验局）与中华人民共和国港务监督局（交通部安全监督局）合并，组建中华人民共和国海事局（交通部海事局），为交通部直属机构，垂直管理中央管理水域，地方水域由省、自治区、直辖市人民政府设立的地方海事管理机构管理。这次改革，结束了同一水域、同一港口和同一地区重复设置水上安全监督机构的局面，确立了交通部海事局统一领导全国水上安全监督业务的格局，规范了中央和地方各级海事机构名称、权责范围，统一了全国海事执法人员资格标准、执法依据和程序、执法监督制度，实现了"一水一监，一港一监"和统一政令、统一布局、统一监督管理的改革目标。至 2005 年 6 月，全国水上安全监督管理体制改革工作全面完成，组建了交通部海事局管理的 20 个直属海事局和各省（自治区、直辖市）交通主管机构管理的 28 个地方海事局。

（2）航海保障改革

1998 年，中华人民共和国海事局（交通部海事局）成立，海区航标纳入海事系统管理。中国沿海实行航标统一管理、分级负责的管理原则，形成由交通部海事局，天津、上海、广东、海南海事局，17 个航标处组成的三级海事航标管理体制。交通部海事局为中国沿海航标的主管部门，负责中国沿海航标的规划、建设和管理工作。天津、上海、广东、海南海事局作为交通部海事局的直属机构，依据分工分别负责北方海区、东海海区、南海海区和海南辖区公用航标维护与管理工作。

同年，水监体制改革后，明确赋予海事局"管理海区港口航道测绘并组织编印相关航海图书资料；归口管理交通行业测绘工作"职责。

（3）救助打捞体制改革

2001 年 3 月 5 日开始建设海空立体救助体系，组建交通部东海（上海）第一救助飞行队，部署在上海，承担长江口及东海海域救助任务；组建交通部北海第一救助飞行队，部署在大连、蓬莱，担负渤海湾海域救助任务；组建交通部东海第二救助飞行队，部署在厦门，担负台湾海峡救助任务；组建交通部南海第一救助飞行队，部署在湛江、珠海，担负琼州海峡、粤西及北部湾海域等救助任务。北海救助局下辖大连、秦皇岛、天津、烟台、南隍城、荣成、青岛 7 个基地；东海救助局下辖连云港、上海、舟山、宁波、温州、福州、莆田、厦门 8 个基地；南海救助局下辖汕头、深圳、广州、湛江、阳江、北海、海口、三亚、西沙 9 个基地。

（二）扩大水路交通对外开放领域

2000 年，中国、老挝、缅甸、泰国 4 国就开通澜沧江—湄公河国际航运在缅甸正式签署《澜沧江—湄公河商船通航协定》，2001 年正式实现四国通航，推动了重要运输通道建设。2001年我国加入世界贸易组织(WTO),这是水运改革和发展的一次重要机遇,是推动水运管理深化和完善的一次重要契机。水运行业严格履行入世承诺,完善相关法规和规章,依法清理行政审批项目,简化市场准入手续,加强国际海运市场监管,拓展交通对外交流。取消了外国船公司在我国设立常驻代表机构审批,国际海运市场进一步开放。允许外商在我国设立外资股比最高为49%的合资船公司,从事挂靠我国港口国际运输。允许外商设立控股合资企业,从事海运货物装卸、国际集装箱场站业务。允许外商设立独资企业,从事仓储业务。允许外商设立外资股比最高为49%的合资企业,从事国际船舶代理业务。港口服务方面,鼓励港口经营人基于合理和无歧视原则,向国际海运经营者提供服务;鼓励外国资本投资、建设和经营我国港口业。2002年9月,建立中国—东盟(10+1)交通部长会议机制,加强交通区域合作,推动重要运输通道建设。

交通部自1997年起,开展中国籍船舶"降滞脱黑"工作,提出"一年见成效、三年改面貌"目标,用3年时间,使中国籍船舶脱离港口国监督检查"黑名单"。到2000年,中国船旗连续多年被法国、日本与美国海岸警卫队等港口国组织列入"白名单"或"优质船旗",船旗国管理效果稳步提升。

(三)加快水运基础设施建设,服务经济社会发展能力进一步增强

沿海港口抓住基础设施建设的机遇,步入大发展阶段,港口设施、规模、能力大幅提升。随着内地扩大开放,打通了内河主航道,新建(扩建)了港口,形成了港口、航道配套发展的基础设施。

至2002年底,全国港口共拥有生产性泊位33600个,其中万吨级以上泊位835个;全国内河通航里程达12.16万千米,其中等级航道6.36万千米。港航基础设施和装备在规模和结构上发生了较大变化,增强了港口、航道服务经济社会发展的能力。

1.沿海港口建设

为适应社会主义市场经济发展,在"三主一支持"长远规划设想指导下,加强沿海南北大通道和长江干线水运通道及港口建设,重点建设运输大通道中的煤炭、原油、铁矿石、集装箱、滚装运输系统。20世纪90年代初,交通部制定了《全国港口主枢纽总体布局规划》。根据国民经济发展、对外开放和生产力布局的特点,提出了20个沿海港口主枢纽,覆盖沿海14个开放城市、4个经济特区,以及水运主通道上的全部省会城市和大多数大中城市。沿海平均约1000千米海岸线上就布局有1个主枢纽港。

"八五"期间(1991—1995年),沿海主要港口建成生产性泊位293个,其中万吨级以上泊位110个,新增吞吐能力1.35亿吨,建成集装箱泊位14个、煤炭专用泊位11个。"九五"期间(1996—2000年),建成万吨级以上泊位96个,新增吞吐能力1.9亿吨,沿海主枢纽港建成万吨级以上泊位75个,新增吞吐能力1.5亿吨。

"八五""九五"期间,沿海港口建设取得了显著成效,初步形成了以主枢纽港大型专业化泊位和专业化船队为基础的煤炭、原油、铁矿石、粮食和集装箱运输系统,特别是集装箱运输系统发展显著。到2000年,沿海万吨级以上泊位达到651个,其中3万吨级以上的占33%,通过能力全面紧张的"瓶颈"制约状况得到缓解,港口基础设施和装备的规模与结构发生较大变化。在沿海港口吞吐量年均增长10%、到港船舶平均吨位提高50%的背景下,2000年沿海港口外贸船舶平均在港停时降至1.6天,沿海港口吞吐能力适应性提高至1.06(1991—2000年平均为1.13)。

1995年12月8日,为顺应经济全球化发展,实施党的十四大提出的"以上海浦东开发开放为龙头,进一步开放长江沿岸城市,尽快把上海建成国际经济、金融、贸易中心之一,带动长江三角洲和整个长江流域地区经济的新飞跃"战略决策,国务院决定建设上海国际航运中心。1996年1月,国务院在上海召开苏浙沪两省一市负责人会议,正式启动以上海深水港为主体,浙江、江苏的江、海港口为两翼的上海国际航运中心建设。上海国际航运中心集装箱枢纽港拥有黄浦江、外高桥、洋山、北仑、穿山、大樊、太仓7个港区,特别是2005年12月10日洋山保税港区正式开港,标志着上海国际航运中心港口等级规模和运作层次提升到新高度,港区布局更加趋于合理。长江口深水航道治理工程和长江南京以下12.5米深水航道工程的实施,破解了长江口和长江下游航道对上海国际航运中心发展的瓶颈制约,为适应海运船舶大型化和沿江港口海港化奠定了坚实基础。

2. 内河港口和航道建设

按照《全国港口主枢纽总体布局规划》,以23个内河主枢纽港建设为重点,进行码头基础设施建设和水运主通道的内河航道整治。在长期研究论证的基础上,1998年1月启动了长江口整治工程,长江逐步发展成为黄金水道。

"八五"期间(1991—1995年),内河航运建设完成投资约50亿元,重点建设长江干线、西江干线、京杭运河、黑龙江等水运主通道的港口、航道和相应支持系统设施,改善航道4200多千米。葛洲坝水利枢纽大江航运工程通过国家验收,葛洲坝两线三船闸航运工程全部建成投入运行,长江中游界牌航道、西江二期、湘江二期、京杭运河(济宁至徐州)续建工程等项目开工建设,广西桂平枢纽通过国家验收。至1995年底,全国内河航道通航里程达11.06万千米,内河规模以上港口泊位数4924个,其中万吨级泊位44个。

"九五"期间(1996—2000年),我国内河航道建设贯彻了"统筹规划、条块结合、分层负责、联合建设"的方针,共完成投资231.5亿元,是新中国成立以来内河航运建设投资最多、成效最显著的时期。5年共整治内河航道4151千米,全国内河五级以上航道达到2.3万千米,占通航总里程的19.3%,实现了"两横一纵两网"基本贯通的格局。其中水运主通道建成三级以上航道1398千米、四级航道300千米、达到规划标准的航道6870千米,占规划里程的46%。京杭运河江南段建成通航500吨级标准的四级航道,运量超过2亿吨;山东段建成通航 1000 吨级标准的三级航道,通航质量明显提高。西江、湘江航电结合的尝试,取得了显著的经济效益和社会效益(贵港航运枢纽主体工程于 1995 年 1 月破土动工,1998 年 1 月 1 日船闸通航,1999 年 9 月 1 日 4 台机组全部并网发电)。至 2000 年底,全国内河航道通航总里程为 11.93 万千米,内河规模以上港口泊位数 6184 个,其中万吨级泊位 55 个。

这一时期,交通部先后召开了 3 次关于内河航运发展的重要会议,对推动内河航运基础设施建设发挥了重要作用。

1995 年 10 月 9—13 日,在南京、杭州召开全国内河航运建设工作会议。时任国务院副总理邹家华出席并做讲话。会议以"抓住机遇,加快发展,振兴我国内河航运事业"为主题,全面总结新中国成立以来,特别是改革开放 17 年来,我国内河航运事业取得的成绩,实事求是地分析内河航运建设方面存在的困难和问题。会议提出,内河航运建设要贯彻落实好"统筹规划、条块结合、分层负责、联合建设"的十六字方针,坚持水资源综合利用的原则,使内河航运建设与水资源综合开发利用和国民经济发展相协调;要充分发挥中央和地方两个积极性,中央资金主要用于安排内河水运主通道,解决关系全局的重大项目,地区性航道和地方内河港口以地方为主进行建设,努力探索内河航运建设的好机制;要扩大资金来源,加大内河航运建设的投资力度,明确从 1996 年开始,车购费免交的预算调节基金、港口建设费和水路客货运附加费免交的能源交通重点建设基金、国家预算调节基金,不再返回原来的资金渠道,这部分资金由交通部统一安排用于内河航运基础设施和支持系统建设,作为加强薄弱环节和宏观调控的手段;要通过深化改革,调动各方面的积极性,按照"谁投资、谁建设、谁受益"的原则,继续鼓励企业在统一规划下,按国家有关规定建设专用码头和航道。

1998 年 2 月 15—19 日,在江苏、广西召开全国内河航运建设现场会。时任国务院副总理邹家华出席并做讲话。会议以"贯彻落实十五大精神,开创我国内河航运建设的新局面"为主题,提出搞好内河航运建设需要采取的四项措施,即:增加投入,确保建设资金到位,扩大筹资渠道;发展建设市场,提高管理水平;依靠科技进步,加快船舶更新改造;抓紧抓好建设项目的前期工作,提高工作质量。

2000 年 7 月 20—21 日,在成都召开西部开发交通建设工作会议。该会议以"贯彻中央决策,加快西部交通建设,为西部大开发战略做出贡献"为主题,提出要加大对西部地区交通建设的投入,拓宽和完善投融资政策。时任国务院副总理吴邦国出席会议讲话时要求,有条件的地方,要重视发展航运,结合兴修水利,整治航道,发展航运,不仅投资少、见效快,有些还可以借江出海,是改变西部地区交通闭塞状况、加快经济发展和扩大对外开放的重要举措。

三、与时俱进、科学发展，实现基本适应（2002—2012 年）

2001 年 12 月，我国加入世界贸易组织，为水运发展创造了更加广阔的舞台，水运行业抓住历史机遇，再次实现了大发展。2002 年党的十六大以来，交通运输围绕全面建设小康社会的战略部署，积极探索实践交通科学发展之路。2006 年，全国交通工作会议提出在建设创新型交通行业的过程中，要做好"三个服务"，即：服务国民经济和社会发展全局，服务社会主义新农村建设，服务人民群众安全便捷出行。2008 年全国交通工作会议提出要努力做到"三个转变"，即交通发展由主要依靠基础设施投资建设拉动向建设、养护、管理和运输服务协调拉动转变，由主要依靠增加物质资源消耗向科技进步、行业创新、从业人员素质提高和资源节约环境友好转变，由主要依靠单一运输方式的发展向综合运输体系发展转变。

这一时期，高等级航道和港口建设成绩突出，水路运输与船员队伍全面发展，海事国际合作交流不断扩大，航运区域合作进一步加强，交通发展为经济持续快速增长进一步提供了有力支撑。这一时期，交通运输的特点是，从以基础设施建设为重点，逐步转向在继续抓好交通基础设施这个重点的同时，更加重视交通运输适应国民经济发展的服务能力建设，更加强调交通运输充分发挥为经济社会发展服务的功能。2008 年，国务院实行机构改革，成立交通运输部，这是新中国成立以来在交通运输管理上的一个重大改革措施，除管道运输外，对铁路、公路、水运、民航和邮政行业实行统一管理。

（一）继续深化改革，推进水路交通的跨越式发展

1. 深化港口管理体制改革

2001 年 11 月，国务院办公厅转发《交通部等部门关于深化中央直属和双重领导港口管理体制改革的意见》，由中央管理的秦皇岛港以及中央与地方政府双重领导的港口全部下放地方管理，港口下放后原则上由所在城市人民政府管理，实行政企分开，港口企业成为独立法人依法经营，不再承担行政管理职能。设立港口行政管理机构，负责辖区内港口规划和岸线管理，港埠企业、货主码头的归口管理，规费的征收，港口和陆域环境保护等管理；将政企合一的港务局改组为港埠企业，成为自主经营、自负盈亏、自我发展、自我约束的经济实体，依法从事装卸、仓储、堆存等经营活动及港口的改造、维护。

2. 修订规章适应水运市场的对外开放

抓紧做好加入世贸组织后的相关工作。2001 年 12 月，国务院颁布《中华人民共和国国际海运条例》，标志着在世贸组织的框架下，中国国际海运业管理走向新的征程，逐步与国际通行规则和惯例接轨。同时，从加强立法、改革国际海运管理方式，扩大国际船舶代理市场开放，强化国际航运市场监督管理，简政放权、加强管理队伍建设等方面入手，营

造开放、透明、有序、规范的水运市场环境。

3.整顿和规范市场秩序

推行水路运输经营主体、运营船舶等市场准入制度与水运建设主体的资质证书制度。建立健全运输市场信用机制,依靠科技和信息手段,加强有效监管。以国际班轮运输为重点,整顿和规范国际海运市场秩序。规范中介组织行为,积极发挥中介组织作用。

改革行政审批制度。取消政企不分、政事不分的审批,取消违背市场机制、影响公平竞争的项目审批;保留客货运输业务和交通建设项目的行政审批,严格审批程序,提高审批环节的透明度。实行审批项目责任制,加强审批监督,严格责任追究等。

4.水上海事管理与应急体制改革

(1)海事监管改革

2003 年,中国海事电子海图数据中心在上海成立,海事测绘进入数字化时代。2010—2013 年,完成直属海事系统核编转制,行政机构整体纳入公务员管理。2012 年,根据国家海洋发展战略和行政管理体制改革的总体要求,为提高综合性航海保障服务能力,交通运输部跨区域组建了北海、东海、南海 3 个航海保障中心,实现三大航海保障业务整合。3 个航海保障中心为交通运输部直属事业单位,纳入交通运输部海事局管理范围,分别委托天津、上海、广东海事局进行管理,2018 年 7 月 1 日调整为委托交通运输部海事局直接管理。

(2)搜救体制改革

2005 年 5 月,国务院批准建立由交通部牵头、13 家成员单位共同参加的国家海上搜救部际联席会议制度,统筹研究全国海上搜救和船舶污染应急反应工作,组织协调重大海上搜救和船舶污染应急反应行动,指导、监督有关省、自治区、直辖市海上搜救应急反应等。明确中国海上搜救中心是联席会议的办事机构,负责联席会议的日常工作。

2010 年 12 月 15 日,中央机构编制委员会办公室出台《关于重大海上溢油应急处置牵头部门和职责分工的通知》,明确交通运输部负责牵头组织编制国家重大海上溢油应急处置预案并组织实施;会同有关部门编制国家重大海上溢油应急能力建设规划,提出国家重大海上溢油应急能力建设的意见;会同有关部门建立健全国家海上溢油信息共享平台;组织、协调、指挥重大海上溢油应急处置工作;负责防止船舶污染、船舶海上溢油应急和索赔工作。

(3)救助打捞体制改革

2003 年,按照国家有关部门对救捞管理体制改革的意见和要求,交通部组织实施救捞系统体制改革,交通部所属的北海、东海、南海救助局和烟台、上海、广州打捞局正式挂牌成立,由交通部救助打捞局统一垂直领导管理救助、打捞两支专业队伍。救助单位以人命救助为对象的海上救助，以海上灾难性事故应急救助为目的，其社会公益抢险救助行为属于政府职责，是国家履行国际义务、维护国家声誉的重要国家职能。打捞单位以清除在我国沿海水域、港口航道的沉船沉物、船舶溢油和遇险航空器等为对象的海上打捞，以海上突发性、灾难性应急抢险为目的，具有社会公益性和商业性的打捞行为，是国家履行国际义务、保障海上安全形势稳定和改善海上投资环境的重要手段。

（二）加快水运与国际接轨

1．促进水路运输双边合作

2002—2012 年，我国先后与 12 个国家和地区签订了海运协定。2004 年 4 月 21 日，新的《中美海运协定》正式生效。2008 年 2 月，中国与欧盟海运协定正式签订，确定定期会晤和交流机制。这些协定的签署，为我国海运企业参与海外竞争营造了良好的外部环境。

2．加强水路交通区域合作

2002 年中国与东南亚联盟签署《中国—东盟全面经济合作框架协议》后，建立"中国—东盟海事定期磋商机制"和"中国—东盟港口发展与合作论坛"机制。中国与东盟实施了一批交通基础设施合作建设项目，开辟了多条海、陆、空运输线路。积极参与亚太经济合作组织（APEC）工作，成立 APEC 港口服务组织。中日韩港口交通、运输与物流合作稳步推进，东北亚陆海联运合作达成初步共识。

3．不断扩大国际影响力

我国在交通运输多边合作舞台上积极参与国际规则制定，国际地位和影响力不断提升。制定了《中国海事履约规则》和《海事履约体系管理标准》，连续 15 次当选国际海事组织 A 类理事国，参加联合国亚洲公路网政府间协定、陆港协定制定和谈判工作等。2004 年，中国海事"海巡 21"轮作为我国第一次跨出国门的海巡船，出访日本并进行演练。自此，我国多次组织大型海巡船到韩国、新加坡等国开展国际交流，并赴南海巡航，有效维护国家主权。

（三）水运基础设施建设进入快速发展阶段

1．沿海港口建设

2003 年胡锦涛总书记在视察湛江港时，作出了港口要"发挥优势、抓住机遇、理清发展思路"的重要指示。为实现我国港口跨越式发展，交通部印发《关于贯彻落实胡锦涛总书记指示精神　进一步推进沿海港口发展的意见》，推进沿海港口建设步入快速发展阶段。

随着我国加入世界贸易组织,沿海港口发展外部环境明显改善,港口市场化程度不断提高,参与国际竞争的意识明显提升,沿海港口发展进入大建设大发展时期。沿海港口以科学发展观为指引,按照尊重市场经济规律、遵从国际规则、人与自然和谐发展等原则,水运工程建设严格依法管理,注重规划布局,强调技术进步,大型化、专业化成为沿海港口建设的重要特征。

截至 2012 年底,全国沿海港口共有生产性泊位 5623 个,其中万吨级以上泊位 1517 个,分别比 2002 年底增加 1801 个和 817 个,一批大型专业化码头建成投产,解决了沿海港口通过能力不足的问题。

2. 内河水运基础设施建设

"十五"期间(2001—2005 年),以"两横一纵两网"水运主通道建设为重点,长江干线航道基础设施建设加快,长三角与珠三角高等级航道网建设、京杭运河与西江干线扩能工程建设迈出重要步伐,先后实施了长江部分重点碍航滩险整治工程、三峡库区水运淹没复建工程、京杭运河苏北段船闸扩容和续建工程、珠江三角洲骨干航道建设工程、西南水运出海通道建设工程及内河航运支持保障系统配套工程等一批重点工程,内河航运基础设施建设再创佳绩。全国内河水运建设共完成投资 326 亿元,是"九五"时期的 1.4 倍;改善航道里程 4146 千米;全国内河航道通航里程达 12.3 万千米,其中五级以上航道比 2000 年增加近 600 千米;全国内河规模以上港口泊位数 6833 个,其中万吨级泊位 186 个。

"十一五"期间(2006—2010 年),内河水运建设累计完成投资 1158 亿元,是"十五"时期的 3.5 倍。截至 2010 年底,全国内河航道通航里程达 12.4 万千米,其中三级及以上航道 9280 千米,新增及改善内河航道 3489 千米,初步形成国家高等级航道网络。长江黄金水道建设取得重大进展,按《"十一五"期长江黄金水道建设总体推进方案》要求,成功实施长江口 12.5 米深水航道治理三期工程并延伸至太仓,推进中游航道整治工程;珠江三角洲高等级航道网基本建成;京杭运河和长江三角洲高等级航道网建设工程成效明显;百色那吉航运枢纽主体工程 2007 年 10 月 30 日船闸通航。"两横一纵两网十八线"1.9 万千米高等级航道 70% 达到规划标准,高等级航道里程达到 1.3 万千米。

2009 年 12 月 9—12 日,围绕内河航运发展,国务院组织了专题调研,并于 12 月 12 日在武汉召开专题会议,时任国务院副总理张德江出席会议并作重要讲话。会议进一步明确内河航运发展在经济社会发展中的重要位置,要求抓紧统筹内河航运与其他运输方式的协调发展。2011 年国务院印发《关于加快长江等内河水运发展的意见》,强调要充分认识加快长江等内河水运发展的重要意义,提出建设畅通的高等级航道,构建高效的内河水运体系,保障内河水运平安运行,实现内河水运绿色发展,完善现代综合运输体系,带动流域经济社会发展。该文件对加快内河航运发展、促进综合运输体系建设起到十分重要的作用。截至 2012 年底,全国内河航道通航里程为 12.5 万千米,内河规模以上港口泊位数

14014 个,其中万吨级泊位 369 个。

四、开启高质量发展新时代(2012 年党的十八大以来)

党的十八大以来,在以习近平同志为核心的党中央坚强领导下,水运行业认真学习贯彻习近平总书记对交通运输工作作出的一系列重要指示批示精神,开启了高质量发展新时代。2014 年全国交通运输工作会议提出,要集中力量加快推进"四个交通"发展。"四个交通"建设,即综合交通、智慧交通、绿色交通、平安交通。2019 年,中共中央、国务院印发《交通强国建设纲要》,明确了交通运输中长期发展的指导思想、发展目标、主要任务等。

(一)发挥水运优势,构建综合运输大通道

2012 年 3 月,国务院常务会议讨论通过《"十二五"综合交通运输体系规划》,要求加快转变发展方式,实现各种运输方式从分散、独立发展转向一体化发展,初步形成网络设施配套衔接、技术装备先进适用、运输服务安全高效的综合交通运输体系,总体适应经济社会发展和人民群众出行需要。2017 年 2 月 28 日,国务院印发《"十三五"现代综合交通运输体系发展规划》,提出到 2020 年,基本建成安全、便捷、高效、绿色的现代综合交通运输体系,部分地区和领域率先基本实现交通运输现代化;提出要构建横贯东西、纵贯南北、内畅外通的"十纵十横"综合运输大通道,其中的两条通道和两张网与水运密切关联。

"两通道":①沿海运输通道(纵向通道),起自同江,经哈尔滨、长春、沈阳、大连、秦皇岛、天津、烟台、青岛、连云港、南通、上海、宁波、福州、厦门、汕头、广州、湛江、海口,至防城港、至三亚。②沿江运输通道(横向通道),起自上海,经南京、芜湖、九江、武汉、岳阳、重庆、成都、林芝、拉萨、日喀则,至亚东、至樟木。

"两网":①强化高效率的普通干线网,即完善水路运输网络。优化港口布局,推动资源整合,促进结构调整。强化航运中心功能,稳步推进集装箱码头项目,合理把握煤炭、矿石、原油码头建设节奏,有序推进液化天然气、商品汽车等码头建设。提升沿海和内河水运设施专业化水平,加快内河高等级航道建设,统筹航道整治与河道治理,增强长江干线航运能力,推进西江航运干线和京杭运河高等级航道扩能升级改造。②拓展广覆盖的基础服务网。一是,加强内河支线航道建设。推进澜沧江等国际国境河流航道建设。加强长江、西江、京杭运河、淮河重要支流航道建设。推进金沙江、黄河中上游等中西部地区库湖区航运设施建设。二是,完善港口集疏运网络。优先推进上海、大连、天津、宁波—舟山、厦门、南京、武汉、重庆等港口的铁路、公路连接线建设。加快推进营口、青岛、连云港、福州等其他主要港口的集疏运铁路、公路建设。支持唐山、黄骅、湄洲湾等地区性重要港口及其他港口的集疏运铁路、公路建设。新开工一批港口集疏运铁路,建设集疏运公路

1500 千米以上。

我国构建现代综合交通运输体系,是适应把握引领经济发展新常态、推进供给侧结构性改革、推动国家重大战略实施、支撑全面建成小康社会的客观要求。

(二)实施新一轮水运行政管理体制改革,适应新时代发展需求

2014 年 12 月,交通运输部印发《关于全面深化交通运输改革的意见》,提出要加快完善交通运输现代市场体系,加快转变政府职能,深化水路管理体制改革;提出要完善部属航道管理机构与地方航道管理机构的联动机制,理顺通航建筑物管理体制。

2015 年 7 月 29 日,交通运输部印发《关于深化交通运输基础设施投融资改革的指导意见》,提出完善政府主导的交通运输基础设施公共财政保障制度,积极利用社会资本参与交通运输基础设施建设、运营和管理,科学规范资金管理,提高资金使用效率等措施,进一步深化交通运输基础设施投融资改革,建立支持交通运输基础设施建管养运的投融资政策机制。按照 2016 年中央办公厅、国务院办公厅《关于开展承担行政职能事业单位改革试点的指导意见》要求,积极推进承担行政职能事业单位改革,基本做到"行政职能由行政机关承担,执法职能由综合行政执法机构承担,公益服务职能由事业单位承担,市场经营业务由企业承担"。其中江苏、广东、安徽作为交通领域的试点省份,率先推进改革工作。

2016 年 4 月,交通运输部深化长江航运行政管理体制改革,实现长江干线海事机构的整合和统一管理。将江苏海事局由部海事局直接管理调整由长江海事局管理,连云港海事局调整由部海事局直接管理。2017 年,开展了深化直属海事系统管理体制改革和基层海事机构执法管理模式改革,强化三级管理、四级架构的海事行政格局;调整 28 个海事机构管理层级,优化基层执法资源配置,建立以海巡执法大队为基本单元的现场监管模式。2018 年 4 月,根据《深化党和国家机构改革方案》,农业部的渔业船舶检验和监督管理职责划入交通运输部。

2016 年,交通运输部印发《关于深化救捞系统管理体制改革的意见》,明确提出加快巡航救助联动机制建设,要求建立健全各级单位联动协调机制,积极开展空中巡航救助联动机制试点,逐步在沿海全面实现巡航救助一体化,将 4 个救助飞行队由部救捞局和各救助局双重管理、部救捞局管理为主,调整为各救助局直接管理。

2012 年 10 月,根据国家重大海上溢油应急处置工作的需要,国务院批准建立国家重大海上溢油应急处置部际联席会议制度,在国务院领导下,研究解决国家重大海上溢油应急处置工作中的重大问题,组织、协调、指挥重大海上溢油应急行动,指导、监督沿海地方人民政府、相关企业海上溢油应急处置工作等。交通运输部为牵头单位,中国海上搜救中心使用中国海上溢油应急中心名义对外开展工作,承担联席会议的日常工作。

2014 年、2016 年,经国务院批准,国家海上搜救部际联席会议先后新增外交部、国防科工局、中国海警局 3 个成员单位。中国海上搜救中心进一步加强内部管理机制建设,完善管理模式,完成了管理机构的调整。2018 年,根据新一轮国务院机构改革精神,国家海上搜救和国家重大海上溢油应急处置两个部际联席会议成员单位分别调整为 18 家和 22 家。

(三)促进海运业健康发展

党的十八大后,交通运输部门坚持稳中求进的工作总基调,改进提升综合运输服务水平,积极推动运输服务一体化,为广大人民群众提供更安全、更便捷的运输服务,为全面建成小康社会提供高效率、低成本的运输保障。

2014 年 8 月,国务院印发《关于促进海运业健康发展的若干意见》。自贯彻实施以来,我国海运船队结构明显优化,连通全球的海运网络日趋完善,骨干航运企业整合转型成效明显,航运交易、航运金融、信息发布、邮轮经济等现代航运也得到快速发展。上海国际航运中心建设和各个区域性航运中心发展成果显著。水运行业以行政审批、港口收费、"单一窗口"等方面改革为突破,不断优化和改善海运发展环境。推进服务船员"口袋工程"建设,开展海事劳工公约的国内化工作,运行海上劳动关系三方协调机制。2014 年,《国内航行海船电子签证办法》正式生效,国内海船开始实施电子签证。2015 年 10 月,取消船舶港务费等 7 项行政收费。2016 年 11 月,取消航行船舶进出港签证,国内航行船舶全面实施进出港报告制度,提升了海运便利化水平。

自 2006 年我国邮轮业起步发展以来,接待国际邮轮艘次和旅客运输量均保持较快增长,拉动了国内消费和相关产业发展,成为经济增长新亮点。交通运输部分别于 2014 年和 2015 年印发《关于促进我国邮轮运输业持续健康发展的指导意见》和《全国沿海邮轮港口布局规划方案》,对我国邮轮运输业的发展进一步加强指导,基本形成以上海港为主,天津、广州、深圳、厦门和三亚等港口加快发展的邮轮港口格局。《邮轮运营统计报表制度》《邮轮码头设计规范》及邮轮船票制度的试点实施整体推动了行业管理水平的稳步提升。2018 年 9 月,交通运输部、国家发展改革委、工信部、公安部、财政部、商务部、文旅部、海关总署、税务总局、移民局十部门,联合印发《关于促进我国邮轮经济发展的若干意见》,明确了邮轮经济的发展重点及相应的政策扶持,有力促进了我国邮轮经济的持续健康发展。全球排名前 4 位的邮轮公司均已进入我国市场,形成了以东北亚、东南亚为主要目的地的邮轮始发航线为主、国际访问航线为辅的格局。2017 年,沿海港口共接待邮轮 1049 艘次,邮轮旅客吞吐量 490 万人次。我国已成为亚洲最大、全球第二大邮轮客源国。

（四）推进法治建设，不断提升行业治理能力

以习近平同志为核心的党中央将全面依法治国纳入"四个全面"战略布局。2014 年 10 月，党的十八届四中全会通过了《中共中央关于全面推进依法治国若干重大问题的决定》。交通运输部坚决贯彻落实习近平总书记关于依法治国新理念新思想新战略，于 2015 年印发《关于全面深化交通运输法治政府部门建设的意见》，提出 8 大类 35 项具体要求及相应保障措施，围绕法治政府建设目标，以法治考评为主要抓手，把法治要求贯穿到交通运输规划、建设、管理、运营服务、安全生产的各个领域。

2014 年 12 月 28 日，中华人民共和国主席令第十七号公布了《中华人民共和国航道法》，对航道的规划、建设、养护、保护进行规范和加强，保障航道畅通和通航安全。积极推进《中华人民共和国海上交通安全法》的修订。

积极推进交通运输综合行政执法改革，整体谋划交通运输综合行政执法体制机制，明确改革方向和路径，建立适应经济社会发展的交通运输行政执法体制。执法规范治理不断向纵深推进，深入贯彻中央财经领导小组第十六次会议精神，全面清理规范交通运输领域检查处罚收费项目，不断提升行业治理能力。

（五）构建全方位多层次的水路交通对外开放格局

大力推进与国际的互联互通，不断深化与世界合作，构建了全方位、多层次、多渠道的交通运输对外开放和国际合作新格局。

加强国际互联互通。积极推动航运国际和区域合作，大湄公河次区域交通走廊初步形成，中国、老挝、缅甸、泰国 4 国共同推进澜沧江—湄公河国际航运开发。加强与"一带一路"沿线国家合作，积极推动交通运输基础设施互联互通和运输便利化。

提升国际事务话语权。重视并积极参与交通运输国际组织事务，认真履行各项国际义务，在国际海事组织中发挥建设性作用，国际影响力和话语权进一步提升。加入《政府间陆港协定》，建立上海合作组织交通部长会议等多个交通运输合作机制等。

加快"走出去"步伐。交通运输部积极发挥行业主管部门的推动作用，指导行业以实施"一带一路"互联互通、推进中国—中东欧合作等工作为抓手，持续加快"走出去"步伐，推动企业开拓境外港口、航道工程、航运物流、船舶检验、沉船打捞等市场，"走出去"成效显著。2014 年 4 月，我国海事履约工作得到 29 个欧洲国家的认可，为我国船员"走出去"打开了欧洲航运市场的大门。截至 2015 年底，我国已与 23 个国家和地区签署互认或单边承认海船船员适任证书协议。

积极履行国际义务。南海岛礁灯塔建设等航海保障项目顺利实施，推动与东盟海上搜救等合作取得积极进展。积极参与涉外海上搜救行动。配合海军完成赴亚丁湾、索马

里等海域护航任务,为国家海外利益和中国公民人身安全提供保障。

第二节　中国水运事业的发展成就

一、水运基础设施供给能力全面实现基本适应

(一)沿海港口基础设施实现总体适应、部分货种适度超前

1. 沿海港口基础设施快速发展

改革开放初期,沿海港口通过能力明显不足的问题长期制约着国民经济的发展。1978 年,沿海主要港口生产性泊位只有 311 个,其中万吨级深水泊位 133 个,货物吞吐量仅为 2 亿吨,没有一个亿吨级大港。改革开放以来,沿海港口建设呈现迅猛发展态势,形成了以上海、天津、宁波—舟山、深圳、广州、青岛、大连等主要港口为引领,地区性重要港口、一般港口共同发展的格局;形成了以集装箱、煤炭、进口原油、进口铁矿石四大货种为代表,以大型深水专业化码头为主体,与产业布局、开放型经济相适应的专业化运输系统;形成了环渤海、长江三角洲、东南沿海、珠江三角洲和西南沿海五大区域港口群。

港口基础设施加快完善,吞吐能力和规模快速提升,成为对外开放的主要门户、综合交通运输体系的关键枢纽和现代物流系统的重要平台,沿海港口通过能力基本适应经济发展需要(图 1-2-1)。截至 2015 年底,全国沿海港口共有生产性泊位 5899 个,其中万吨级及以上泊位 1807 个,沿海港口货物吞吐量达到 81.47 亿吨,分别是 1978 年的 19 倍、13.6 倍和 40.7 倍,在世界港口吞吐量排名和集装箱吞吐量排名前 10 位中均占据 7 席。

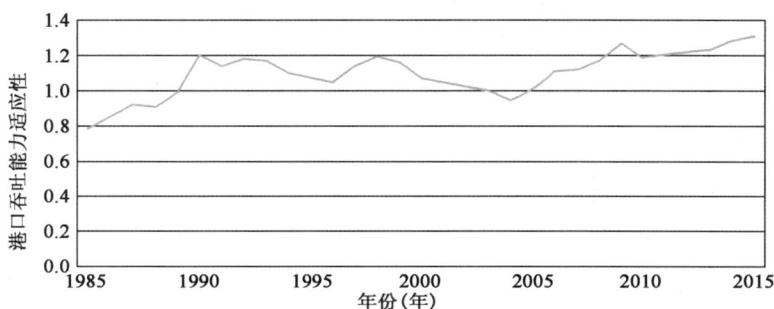

图 1-2-1　沿海港口码头吞吐能力适应性变化

注:数据来源于交通运输部水运科学研究院。

2. 沿海港口深水航道建设成就显著

为适应船舶大型化趋势和大型专业化泊位的建设,建成了天津港、广州港和黄骅港等一批深水航道港口。2008 年,宁波—舟山港虾峙门口外 30 万吨级深水航道建成,是我国

首条人工疏浚形成的 30 万吨级深水航道。截至 2015 年底,沿海主要港口中,除海口港外均可通航 10 万吨级及以上船舶;进口原油、进口铁矿石、集装箱、煤炭装船等重要货类作业港区,进港航道基本具备与港区内码头泊位吨级相匹配的通航能力。

3. 码头专业化水平不断提升

我国沿海主要港口不断向专业化、大型化和深水化发展。集装箱、煤炭、原油、铁矿石等大型专业化码头和深水航道建设持续推进,LNG 等新兴专业化码头发展迅速。沿海港口通过能力总体上适应运输需求,部分货种的码头通过能力适度超前。

(1)集装箱

自 1980 年天津港建成我国第一个集装箱专用码头,到 2015 年底,我国已成为全球集装箱海运规模最大、班轮航线密度最大、港口作业最繁忙的区域。上海国际航运中心经过 20 年的建设,取得了巨大成就。上海港、宁波—舟山港、深圳港、厦门港、天津港、大连港等港口建设了一大批设备先进、作业效率高、吞吐能力大的集装箱专业化码头。以厦门全自动化集装箱码头、青岛全自动化集装箱码头、洋山深水港区四期全自动化集装箱码头建成投产为标志,我国沿海港口集装箱码头大型化、深水化、自动化程度不断提高。同时在全球集装箱海运网络体系中,上海、深圳等港口已成为全球集装箱运输枢纽港,我国沿海港口码头泊位在全球航运网络中的竞争力不断提升。

(2)煤炭

截至 2015 年底,我国环渤海区域建成世界煤炭吞吐量最大、煤炭专业化码头泊位密度最高的煤炭装船港群。北方煤炭装船港形成以北路秦皇岛、唐山、天津、黄骅四港为主、中南路青岛、日照、连云港以及服务内蒙古东部地区的锦州港为补充的格局。南方地区煤炭接卸以电力、冶金等大型用煤企业自备码头为主、公用码头为辅,公用码头主要为沿江和长江三角洲、珠江三角洲水网地区社会中小用户服务,形成直达为主、分散接卸的总体格局。

(3)原油

为适应进口原油数量的快速增长,专业化原油码头建设加快。自 2006 年大连港和青岛港的 30 万吨级油品专业化码头建成投产,到 2012 年宁波—舟山港大榭港区实华二期亚洲最大、中国首个 45 万吨级原油码头投产,我国原油码头布局不断完善。沿海形成了以 30 万吨级大型原油接卸码头为主体、以海运—管道联运为主要方式、与炼油产业布局及原油管网布局相适应的专业化进口原油运输系统港口格局。

(4)矿石

我国矿石专业化码头已达到国际先进水平。外贸铁矿石进口运输系统港口布局已经形成以 20 万吨级及以上大型接卸码头为主体,沿海一程接卸和长江海进江中转运输并存的基本格局。其中,环渤海地区已经形成以大连、营口、唐山、天津、烟台、青岛、日照等港为主的外贸铁矿石接卸港口布局;长江三角洲地区已经形成由外海宁波—舟山港和长江口内上海、南通、苏州等港口组成的外贸铁矿石运输体系港口布局;华南沿海基本形成以湛江、防城、珠海、福州四港专业化泊位为主的矿石接卸系统港口布局。我国沿海多个港口可以靠泊接卸来自巴西的40万吨级矿石运输船舶。

4. 信息化技术加速发展

随着经济和科学技术的不断发展,我国港口信息化技术得到长足进步,极大地提高了港口生产和管理效率。我国沿海港口信息化建设从20世纪80年代起步,经历管理信息系统开发、电子数据交换、国际互联网应用等几个发展阶段,进入数字化港口、智慧港口的全新发展阶段。

(1)港口生产管理智能化应用不断创新

港口生产调度的优化始终是港口生产经营的关键,而信息化手段和技术创新是提升港口生产调度组织效率的有效手段。我国沿海港口在港区生产作业信息化方面,依靠卫星定位、遥感、移动互联网、物联网、人工智能等技术,建成集码头装卸调度、港口集疏运、货物跟踪监控、引航监控、突发事件应急处置等多项业务于一体的网络信息服务系统,并与港口、海事等管理部门的监管平台互联互通,显著提升港口生产作业效率。2015年,我国引航机构自主研发引航信息化系统,水平已跻身世界先进行列。2017年12月,全球规模最大的洋山深水港区四期全自动化集装箱码头试运行,更是标志着中国港口行业在运行模式和技术应用上实现里程碑式跨越升级。

(2)水运口岸物流及电子商务能力显著增强

上海、大连、青岛、天津、广州、烟台、厦门、宁波—舟山、福州等主要沿海港口均建成服务口岸各方的物流信息网和电子商务网。在口岸物流信息一体化的基本框架下,贯穿交易、监管、物流、支付等作业环节,覆盖电子政务、电子商务及电子物流三大应用领域,实现信息查询、业务受理、货物跟踪、物流配送、船舶一站式申报、口岸政府监管、电子对账支付等大量的业务服务,有力推进口岸现代物流发展和"大通关"建设,有效提升港口综合竞争实力,促进口岸经营环境的改善。

(二)航道通航能力大幅提升,内河港口规模化水平显著提高

1. 航道通航能力大幅提升

长江干线航道系统化治理全面推进,按照"深下游、畅中游、延上游、通支流"思路,先后实施了一大批航道整治工程项目。长江口深水航道治理和长江南京以下12.5米深水航道工程向世界展示了我国航道整治技术的领先水平。西江航运干线扩能升级加快推进,广东段实现3000吨级航道全线贯通,广西段实现2000吨级航道直达南宁。京杭运河扩能升级持续推进,京杭运河苏南段、苏北段"三级升二级"已基本完成,浙江段"四级改三级"航道整治工程、山东段"三级升二级"工程正加快实施。长江三角洲高等级航道网建设全面加快,初步形成了以长江干线和京杭运河为主干的航道网骨架。珠江三角洲高等级航道网基本成型。汉江梯级开发、引江济汉等支线航道建设有序推进。三峡工程建成后形成 600 余千米库区深水航道,长江中上游的通航条件得到明显改善。

通过上述的航道整治工程,航道技术等级进一步提升。内河航道以"两横一纵两网"水运主通道建设为重点,航道通航里程大幅增加。截至 2015 年底,三级及以上航道里程达 1.15 万千米,是 2005 年的 1.34 倍。规划的 1.9 万千米高等级航道作为内河航道的核心和骨干,取得重大阶段性成果,已有 1.44 万千米基本达到规划等级,达标率达 76%。长江干线宜宾以下 2800 千米航道提前达到原 2020 年规划标准,西江航运干线提升至二级标准,京杭运河江苏段、山东段,珠江三角洲高等级航道网基本建成,湘江梯级开发,赣江航道提升,芜申运河、引江济淮高于规划等级,长江三角洲高等级航道网达标率 64%。2006 年,交通部组织开展了全国航道示范工程建设活动,推进广东内河、京杭运河、长江三角洲生态航道建设等生态环保示范工程,在航道建设中坚持生态设计、绿色施工,落实环保建设措施,加强相关环境保护和生态修复,广泛应用绿色环保的新技术、新工艺、新材料,探索形成生态航道新模式。

2. 内河港口规模化水平显著提高

重庆长江上游航运中心、武汉长江中游航运中心、南京区域性物流航运中心的建设,标志着长江干线港口群的崛起。以重庆寸滩和果园、宜昌云池、武汉阳逻、长沙霞凝、九江城西、芜湖朱家桥、南宁牛湾、贵港猫儿山等为代表,建成了一批规模化、集约化内河港区。湖北、湖南、江西、安徽等省大力推进区域港口的协同发展,中远海运、上海港和宁波—舟山港等在长江沿线投资布局,使得长江流域港口结构明显优化,港口设施和服务能力明显改善,加快成为重要的综合交通枢纽、区域性物流中心和对外开放的重要依托,为川渝区、中部地区、皖江经济带发展提供重要支撑。长江口南京以下航道工程的实施,使得南京以下港口具备了海港功能。

二、运输保障能力和服务水平大幅提升

经过改革开放以来的发展建设,我国已成为港口大国,吞吐量规模稳居世界第一,基础设施保障能力全球领先。上海国际航运中心基本建成,各区域性航运中心不断壮大,船舶代理、船舶管理、船舶交易、航运金融与保险及航运咨询等现代航运服务体系正在逐步完善,服务水平有了较大幅度提升,国际影响力和竞争力进一步提升。

（一）水运客货运量和港口吞吐量增长迅速

1.客、货运输量

2015年,全国完成水路客运量2.71亿人次、旅客周转量73.08亿人公里;全社会完成水路货运量61.36亿吨、货物周转量91772.45亿吨公里,其中,远洋运输完成货运量7.47亿吨、货物周转量54236.09亿吨公里,沿海运输完成货运量19.30亿吨、货物周转量24223.94亿吨公里,内河运输完成货运量34.59亿吨、货物周转量13312.41亿吨公里,长江干线货运量达21.8亿吨,稳居世界内河首位。

1978—2015年典型年份全国水路货运量、货物周转量完成情况变化图见图1-2-2、图1-2-3。

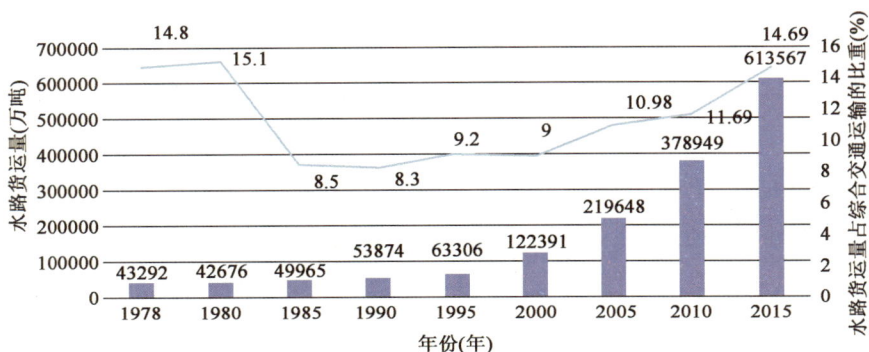

图1-2-2　1978—2015年典型年份全国水路货运量变化趋势

■ 水路货运量　　—— 水路货运量占综合交通运输的比重

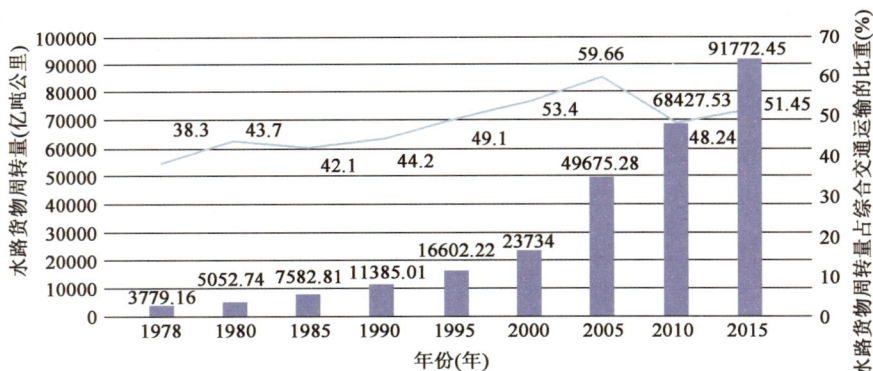

图1-2-3　1978—2015年典型年份全国水路货物周转量变化趋势

■ 水路货物周转量　　—— 水路货物质周转量占综合交通运输的比重

2.港口客、货吞吐量

港口生产保持了持续快速增长。全国港口货物吞吐量由1978年的2.8亿吨增长到2015年底的127.50亿吨,增长了44.5倍。自2003年起,我国港口货物吞吐量连续位居世界第一。沿海港口货物吞吐量由1978年的2亿吨增长到2015年的81.47亿吨,增长了 39.7 倍,其中,外贸货物吞吐量由 5911 多万吨增长到 33 亿吨,集装箱吞吐量由零增长到 2.12 亿 TEU。内河港口货物吞吐量由 1978 年的 0.8 亿吨增长到 2015 年的 46.03 亿吨,增长了 56.5 倍,其中,外贸货物吞吐量由零增长到 3.63 亿吨,集装箱吞吐量由零增长到 2249 万 TEU。1978—2015 年典型年份全国港口吞吐量、外贸吞吐量完成情况见图 1-2-4、图 1-2-5。

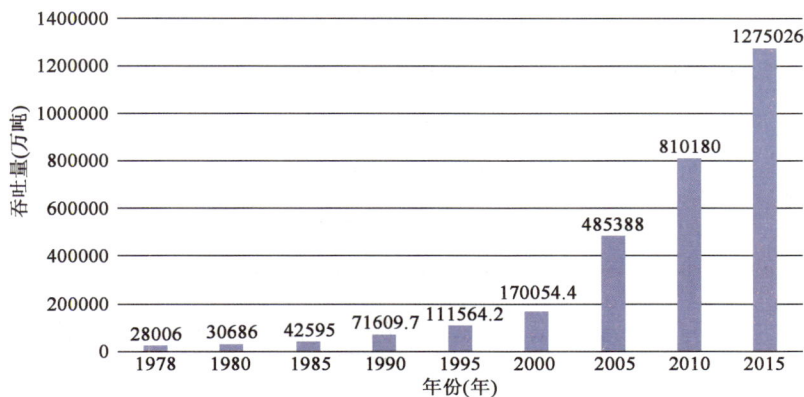

图 1-2-4　1978—2015 年典型年份全国港口吞吐量完成情况

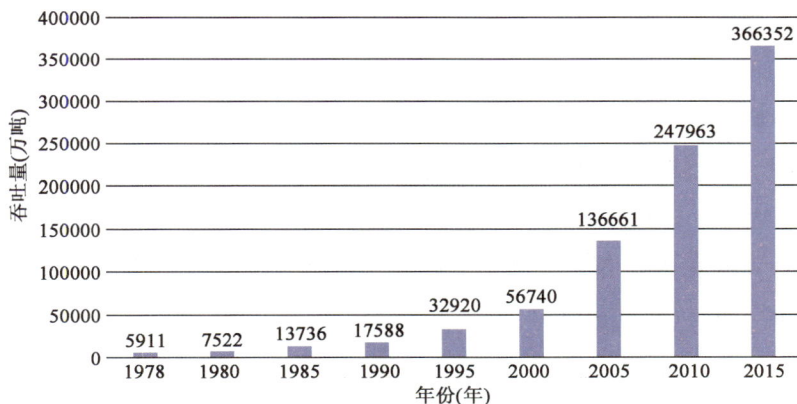

图 1-2-5　1978—2015 年典型年份全国港口外贸吞吐量完成情况

20 世纪 90 年代中期,全国水上旅客运输达到历史高点。随着铁路、公路、航空尤其是高速公路和高速铁路的迅速发展,交通运输便捷性、快速性得到全面提高,一些地区和城市间的水路客运逐渐被其他运输方式代替。进入 21 世纪后,水上客运开始朝着高速化、客滚化、旅游化方向发展。这是综合运输体系发展的必然趋势,也是社会文明进步的标志。

自 2006 年我国邮轮市场起步发展以来,邮轮旅客接待量年均增长 40%。三亚、上海、天津、厦门、舟山、青岛、深圳等港口陆续建设专业化邮轮码头,7 个沿海港口共建成 18 个邮轮泊位,年通过能力 707 万人次。2015 年,我国 7 个沿海港口共接待邮轮 581 艘次,邮轮旅客运输量达到 243 万人次,是 2010 年的 13 倍。我国已成为亚洲最大、全球第二大邮轮客源国。游艇俱乐部也已成为港口发展水上娱乐的新亮点,上海、青岛、广州、宁波、厦门、深圳、南京、重庆等港口均已拥有专为游艇服务的专用码头。1978—2015 年典型年份全国水路运输客运量完成情况见图 1-2-6。

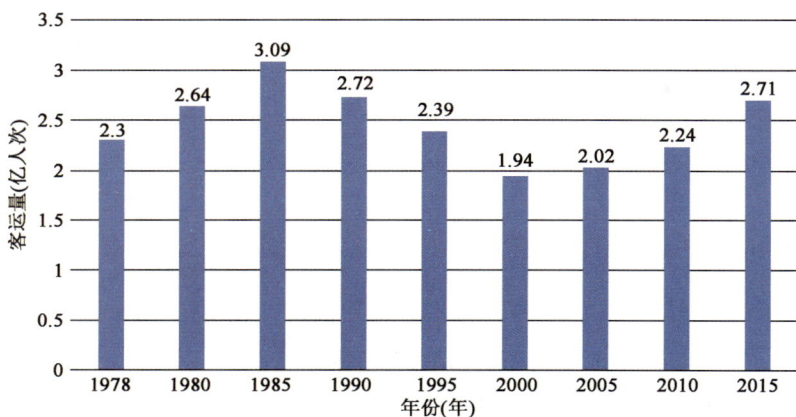

图 1-2-6　1978—2015 年典型年份全国水路运输客运量完成情况

3. 主要货类运输

(1)煤炭

20 世纪 80 年代后,全国港口煤炭吞吐能力迅速提升,解决了煤炭运输中的港口"瓶颈"问题。2015 年,全国规模以上港口完成煤炭及其制品吞吐量 20.7 亿吨,其中沿海港口完成 13.8 亿吨、内河港口完成 6.9 亿吨。北方七港(秦皇岛、黄骅、唐山、天津、青岛、日照和连云港)共完成煤炭一次下水量 6.4 亿吨。1978—2015 年典型年份全国规模以上港口煤炭及其制品吞吐量完成情况见图 1-2-7。

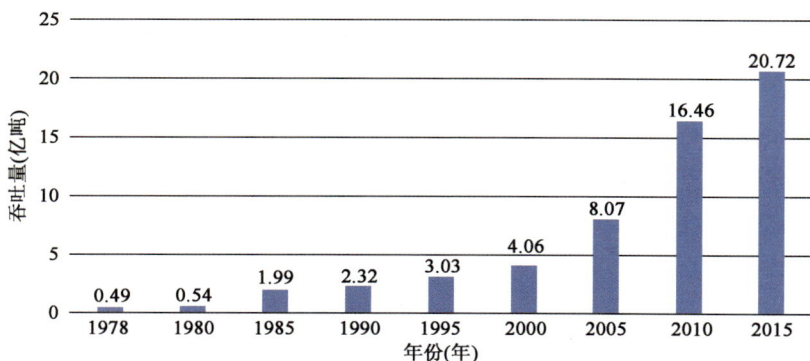

图 1-2-7　1978—2015 年典型年份全国规模以上港口煤炭及其制品吞吐量完成情况

（2）石油天然气及其制品

我国自1993年成为石油净进口国后,20多年间,石油需求量增长13倍。2015年,我国从国外进口原油3.34亿吨、成品油2990万吨,其中90%以上的油品通过水运方式运到国内。1978—2015年典型年份全国规模以上港口石油天然气及其制品吞吐量完成情况见图1-2-8。

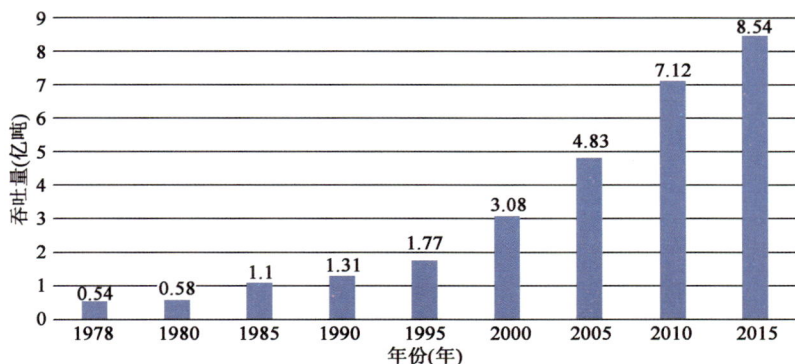

图1-2-8　1978—2015年典型年份全国规模以上港口石油天然气及其制品吞吐量完成情况

（3）金属矿石

进入21世纪后,我国钢产量增长迅猛,现已成为世界最大的钢铁生产国和消费国。2015年,我国粗钢产量达到8.04亿吨,占全球钢产量的49.54%;铁矿石进口量9.53亿吨,占全球铁矿石海运贸易量的2/3,铁矿石已成为我国外贸进口第一大货类。1978—2015年典型年份全国规模以上港口金属矿石吞吐量完成情况见图1-2-9。

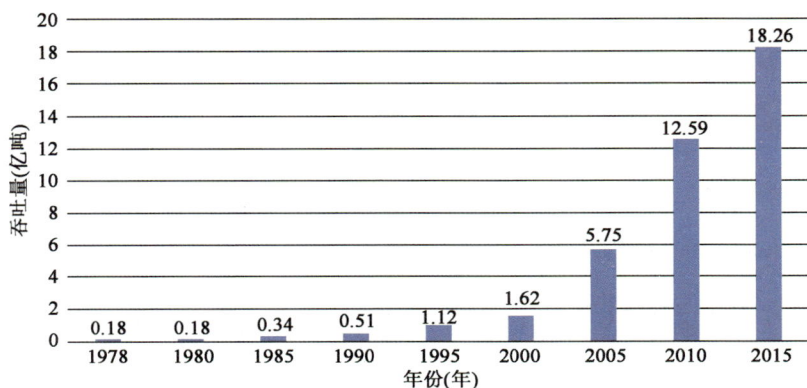

图1-2-9　1978—2015年典型年份全国规模以上港口金属矿石吞吐量完成情况

（4）粮食

进入21世纪,粮食外贸进出口快速增长。粮食生产和运输对我国国计民生具有重要的全局性意义,水运主要承担"北粮南运"和外贸粮食进口的任务。2015年,全国规模以上港口粮食吞吐量达到2.51亿吨,其中沿海港口1.7亿吨、内河港口0.81亿吨。1978—

2015 年典型年份全国规模以上港口粮食吞吐量完成情况见图 1-2-10。

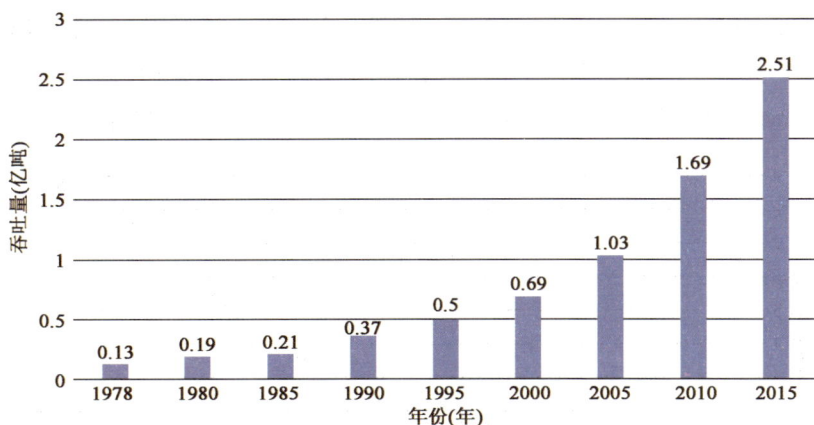

图 1-2-10 1978—2015 年典型年份全国规模以上港口粮食吞吐量完成情况

（5）集装箱

改革开放以来，我国积极发展外向型经济，港口国际集装箱吞吐量迅猛增长。尤其是 1991 年以来，我国港口集装箱吞吐量年均增长率达 20.0%。2015 年，全国规模以上港口完成集装箱吞吐量 2.1 亿 TEU，其中内贸吞吐量 5363.4 万 TEU。

纵观我国港口集装箱运输的发展历程，从零开始到 100 万 TEU 用了 16 年，由 100 万 TEU 到 1000 万 TEU 用了 9 年，由 1000 万 TEU 到 5000 万 TEU 用了 6 年，而由 5000 万 TEU 到 1 亿 TEU 仅用了 3 年，实现了跨越式发展。1981—2015 年典型年份全国规模以上港口集装箱吞吐量完成情况见图 1-2-11。

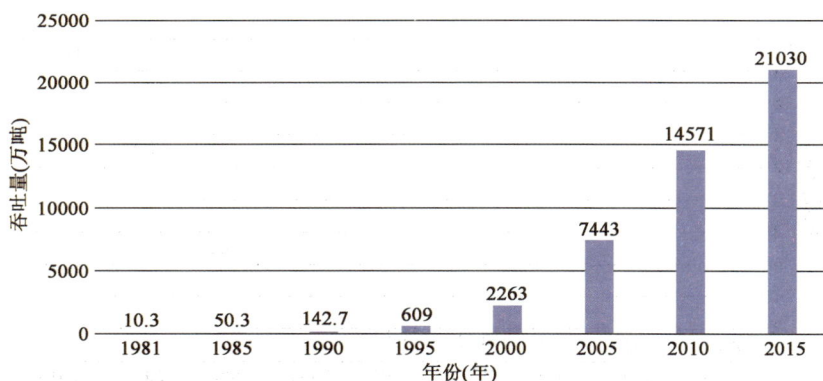

图 1-2-11 1981—2015 年典型年份全国规模以上港口集装箱吞吐量完成情况

（二）运输装备规模和性能显著提高

1. 船队运力规模迅速扩大

我国运输船队结构不断优化，船舶大型化、专业化、节能化趋势明显。截至 2015 年底,全国拥有水上运输船舶 16.59 万艘,比 1981 年底增长 61.8%;净载重量 27244.29 万吨,是 1981 年底的 17.1 倍;平均净载重量 1642.16 吨,是 1981 年底的 7.2 倍;载客量 101.73 万客位,比 1981 年增长 78.8%;集装箱箱位 260.40 万 TEU,是 1990 年底的 22.5 倍。其中:远洋运输船舶 2689 艘、净载重量 7892.29 万吨,分别比 1981 年底增加 1938 艘、7000 万载重吨,年均分别增长 3.3%、4.0%,平均吨位 29350 吨,是 1981 年平均吨位的 2.5 倍;沿海运输船舶 10721 艘、净载重量 6858 万吨,分别比 1981 年底增加 8055 艘、6546.4 万吨;内河运输船舶 15.2 万艘、净载重量 12490 万吨,分别比 1981 年底增加 53716 艘、11935 万吨,淘汰了木帆船运输和水泥质船运输。1978—2015 年典型年份我国轮驳船净载重量情况见图 1-2-12。

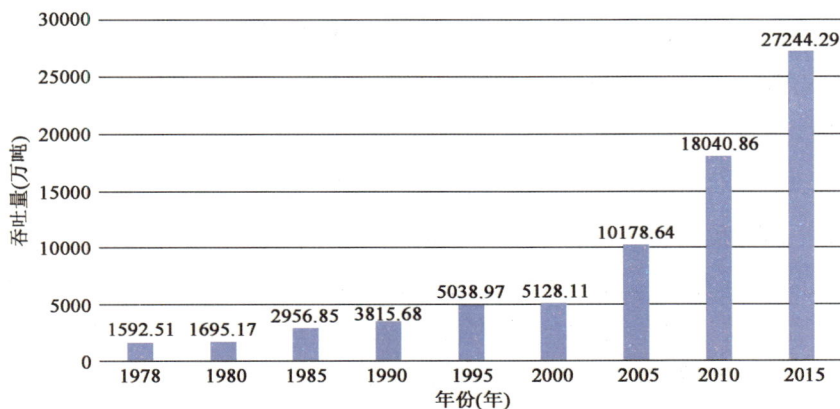

图 1-2-12　1978—2015 年典型年份我国轮驳船净载重量情况

2. 船舶大型化趋势明显

截至 2015 年底,我国水上运输船舶平均净载重量为 1642.16 吨/艘,而 1978 年仅为 155 吨/艘,平均船舶净载重量提升将近 10 倍,船舶大型化趋势显著。

2015 年,我国远洋运输船舶平均吨位为 2.9 万净载重吨/艘,沿海船舶 0.64 万净载重吨/艘,内河船舶受制于航道等因素,平均吨位为 822 净载重吨/艘。我国船队拥有世界上大型的 30 万吨级原油船、40 万吨级铁矿石运输船、2.2 万 TEU 集装箱船、17.5 万立方米舱容的 LNG 船等各种货类的大型船舶,大型邮轮也已在我国开始建造。

3. 运输船队占世界比重迅速提升

我国运输船队运力跻身世界前列。2015 年,我国 300 总吨及以上商船拥有量为载重吨 2.03 亿吨,占世界比重为 11.9%,世界排名第三,居于希腊、日本之后。其中:油轮载重吨占世界比重为 8.6%,世界排名第二;散货船载重吨占世界比重为 17%,世界排名第三;集装箱船箱位数占世界比重为 9%,世界排名第三。

三、水运安全形势持续稳定改善

改革开放以来，海运安全发展、绿色发展价值日益提高，围绕人的不安全行为、物的不安全状态、环境的不安全条件和管理缺陷，持续通过健全法规与标准、技术装备进步，不断强化政府监管责任和企业主体责任，全面提升海上救助打捞能力，成功处置在我国及周边海域自然灾害、事故灾难的应急救助，实现水运安全形势持续稳定改善。鉴于亚丁湾海盗活动猖獗，严重威胁中国航运企业财产和人员生命安全，2008年12月26日，我国派出第一批护航编队。

（一）安全保障能力显著提高

我国海事监管的法规体系框架基本形成，持续推进监管装备建设，强化依法行政、执法监督和"放管服"改革，为我国水路交通运输发展和社会主义现代化建设提供强有力的水上安全保障。

1. 推进监管现代化装备与系统建设，提高监管能力

改革开放以前，我国海事监管主要依靠数量不多的小型船艇进行港区现场巡逻、狭窄航路由信号台采用灯光和人工瞭望的形式进行监管。经过改革开放以来的持续建设，基本实现沿海船舶自动识别系统（AIS）信号全覆盖，甚高频（VHF）安全通信系统基本可连续覆盖沿海25海里水域；海巡船艇向系列化、大型化发展，至2017年底，部直属海事系统已拥有大型优质巡逻船5艘、中型巡逻艇72艘、小型巡逻艇720艘，形成了以千吨级海巡船为骨干、中型巡逻艇为主体、小型巡逻艇为支持的海事巡逻艇编队，监管覆盖由港区延伸至沿海离岸100海里范围以外的专属经济区；飞机立体巡航监管从无到有，以"海巡31"船正式列入中国海事船艇序列为标志，开启了我国海空立体巡航；信息化带动海事管理现代化，实现了海事管理从"信息化管理"到"智能治理"转变。"现场成图、监控成网、数据成链、支撑有力、服务便捷、管理智能"的建设目标已经实现。

2. 强化监管业务，维持安全形势总体稳定

改革开放以来，以客运船舶、危险品船舶、易流态化固体散装货物运输船舶、砂石船等四类重点船舶和水上突出问题整治为抓手，逐步建立起海运安全生产标准体系和管理体系，指导和监管企业依法依规安全生产。持续推进船舶登记制度，形成中央直属船检、地方船检2种类型检验机构和法定、入级、公证3种检验性质为一体的统一的船检体系，造就一支相对稳定、高水平的验船师队伍，实现技术权威性、服务公正性、业务国际性的目标。

（1）督促企业加强安全设施建设、维护和保养，提高设施设备安全可靠性

鼓励先进、可靠的技术和工艺的推广与应用，推动高危作业场所和环节逐步实现自动

化、无人化。

（2）船舶载运危险品管理全面加强

形成部门协调制度，严厉打击危险货物瞒报、谎报、漏报行为，健全危险品申报、集装箱装箱等领域诚信管理制度，逐渐树立起关口前移的管理理念，防患于未然，船舶载运危险品管理得到全面加强。

（3）形成完善的事故调查体系

秉承"查明原因、判明责任"的原则，参与或主持了 1987 年南通渡轮翻沉事故、1999年"11·24""大舜"轮海难事故、2002 年四川合江特大翻船事故、2007 年"金盛"（JIN SHENG）轮与"金玫瑰"（GOLDEN ROSE）轮碰撞事故、2010 年"7·16"大连新港原油储备库输油管道爆炸起火事故、2014 年马航 MH370 事故搜救、2015 年"6·1"长江"东方之星"客轮翻沉事故、2015 年天津港"8·12"特别重大火灾爆炸事故、2018 年"桑吉"轮和"长峰水晶"轮碰撞事故等重特大事故的调查工作，以事故案例为典型，扎实推动企业的查纠和整改活动，持续压实企业安全主体责任，已初步建成适合我国国情的多层次、全方位、全覆盖的水上安全管理网络，推动海运安全发展。

（二）建立完善水上应急救援体系

1. 完善应急预案体系和运行机制

按照国务院关于海上搜救工作的重要决策部署，逐步形成国家海上搜救、重大海上溢油应急处置两个部际联席会议制度和国家、省、市、县四级海上搜救应急预案体系，以及国际、部际、部省、区域"四个联动"机制，全面加强海上搜救和重大海上溢油应急处置工作，妥善处置海上突发事件。

2. 形成专业的应急救援队伍

实施《国家水上交通安全监管和救助系统布局规划》和《国家重大海上溢油应急能力建设规划》，全国沿海及长江沿线溢油高风险区组建了 31 个溢油应急设备库，形成了以专业救助力量、军队和国家公务力量为骨干，社会力量为补充的海上搜救队伍。

3. 持续强化信息化建设，推进搜救决策指挥科学化

经过长期努力，形成了海事卫星系统（INMARSAT）地面站、海上安全信息播发系统（NAVTEX）、数字选择性呼叫系统（DSC）和搜救卫星系统（COSPAS-SARSAT）等海上遇险与安全信息系统，全力实现北斗系统在海上搜救领域的应用，形成了我国海上遇险与安全信息播发网络。全国沿海主要港口和长江干线建成船舶交通管理系统（VTS）和海事电视监控系统（CCTV），沿海实现 AIS 信号全覆盖和卫星 AIS 信号的有效接收，沿海及长江干线各主要城市开通了 12395 全国海上遇险救援电话，可实时接收遇险现场视频图像信号，

实现了气象预警信息及时发布和对沿海船舶自动识别、对全球范围中国籍船舶进行远程跟踪。

4. 强化海运安全,加强搜救国际合作交流

认真履行保安报警和国际反海盗应急值守工作,截至 2018 年 9 月,累计协助海军完成 1164 批 6531 艘次船舶的护航任务。构建多层次、多方位、多领域的国际交流合作格局,积极参与国际搜救事务和国际搜救组织活动,体现了大国认真履职的综合实力,贡献了中国智慧和中国方案。

(三)形成了一支国家专业救助打捞力量

国家专业救助力量承担对中国水域发生的海上事故应急人命救助、船舶和财产救助、沉船沉物打捞、海上消防、清除溢油污染及其他对海上运输和海上资源开发提供安全保障等多项使命,关键时刻发挥关键作用。

1. 救捞装备性能大幅提升

救捞系统装备能力建设实现了高海况下的快速出动、有效应对的大跨越。1980 年,救捞系统共拥有各类船舶 121 艘,总吨位 110731 吨,总功率 166081 千瓦,打捞浮筒 107 个,总抬浮力 43140 吨。至"十三五"初期,救助船舶总量达到 78 艘,共拥有各类打捞船舶 123 艘,救助直升机 20 架,14000 千瓦的海区救助旗舰"东海救 101"轮、"北海救 101"轮及一批 8000 千瓦新型海洋救助船相继列编,300 米饱和潜水工作母船"深潜"号、5 万吨半潜打捞工程船"华洋龙"号、大型溢油回收作业船"德憬"轮、5000 吨起重能力抢险打捞工程船"德合"轮等先后交付使用。技术装备的进步大大提升了我国的救助能力,大型救助船 9 级海况(风力 12 级、浪高 14 米)能够出动,6 级海况(风力 9 级、浪高 6 米)能够实施有效人命救助。救助直升机能够在昼间复杂气象(能见度 3000 米以上、云底高 300 米以上)条件下实施有效人命救助,夜间飞行救助已启动试点。打捞作业能够在 60 米水深整体打捞 5 万载重吨沉船,一次溢油综合清除回收能力和深水钻孔抽油能力分别达到 3000 吨、300 米。300 米水深饱和潜水作业能力实现突破,利用水下机器人(ROV)初步具备了 3000 米水深作业能力。

2. 大力弘扬"救捞精神"

以"人员精干、装备精良、技术精湛,在关键时刻发挥关键作用"为目标,大力发扬"把生的希望送给别人,把死的危险留给自己"的救捞精神,在我国及周边海域自然灾害、事故灾难的应急处置中,特别是在最危险、最紧迫、最艰巨的海上救助和应急打捞任务中,充分发挥国家海上专业救捞队伍的关键作用,为保障人民群众生命财产安全、维护社会稳定和国家海洋权益、构建平安中国作出了应有的贡献。

我国海事、搜救和救助系统,在南海维权专项保障、越南撤离海外中国公民(包括港澳台同胞)运输保障、马航 MH370 和亚航 QZ8501 失事客机跨洋搜寻、长江沉船"东方之星"客轮抢险打捞、"南海一号"古沉船整体打捞等任务中发挥了关键作用。承担了奥运会、新中国成立 60 周年庆典、世博会、亚运会等重大活动安保和神舟系列飞船发射海上特殊保障等工作。参与了汶川抗震救灾与湛江、丹东抗洪抢险等应急救援任务。圆满完成"碧海行动"阶段性沉船打捞,"夏长""锦泽""长航探索"等沉船打捞等重大公益性打捞任务。救助、打捞和飞行队伍联合行动,成功处置了多起海上重特大突发事件,如南海"蝴蝶"台风西沙国际大救援、大连港溢油清除、伊朗大型油轮"桑吉"号碰撞燃爆事故应急处置等。上海打捞局通过全球竞标,成功中标并圆满完成韩国"世越"号打捞工程,赢得了国内外同行和媒体的广泛赞誉。

3. 严格落实安全生产责任制

改革开放以来,交通运输部和地方各级政府不断加大水上安全监管力度,坚持依法行政,严格监管政府部门的监管责任、领导干部的领导责任、从业人员的岗位责任。着重从法定代表人对安全生产负总责、规章标准落实、安全组织管理、安全资金投入、员工队伍建设五个方面入手,严格落实安全生产主体责任,在船舶数量骤增、通航环境更加复杂的情况下,实现了我国水上安全形势的大幅度改善。技术和管理的进步推动安全事故持续呈现稳定下降态势。水上交通事故、沉船和死亡失踪人数由 1978 年的 5602 件、1719 艘、1219 人下降为 2018 年的 176 件、83 艘、237 人,分别下降 96.8%、95.2% 和 80.6%。

四、水运服务国民经济发展先行作用得到系统体现

1. 为国民经济持续健康发展提供了有力保障

改革开放以来,我国国民经济年均增长速度在 9% 以上,对外贸易进出口总额增长 780 倍。同期,水路货物运输量、水路货物周转量年均增长 7.0%、8.7%,港口货物吞吐量、外贸货物吞吐量年均增长 11.9%、11.7%,水路运输在满足经济社会发展带来的日益增长的运输需求方面发挥了重要的支撑作用。

在水路运输规模快速扩张的同时,运输服务质量和服务水平也在不断提升。通过港口大型专业化码头的建设,现代物流、多式联运、江海中转、江海直达等服务功能的拓展,以及科技创新的推进,进一步提升了物流效率,降低了物流成本;通过引进外资和体制机制改革等,学习借鉴国外先进的管理理念和管理方法,港口管理水平不断提升,部分主要港口的管理水平和作业效率处于国际先进水平。水路运输有力支撑了我国经济社会的持续健康发展。

2. 为国家全方位对外开放格局的形成提供了重要支撑

1980 年,党中央和国务院决定,建立深圳、珠海、汕头、厦门 4 个经济特区。1984 年,

确定进一步开放大连等 14 个沿海港口城市。2001 年加入 WTO 之后,我国在更大范围、更大广度上参与经济全球竞争与合作。2013 年习近平主席提出了"一带一路"倡议,开启了全方位全面开放的新征程。沿海港口面向全球,是全面开放的战略支点,为我国充分利用"两种资源、两个市场"、加快融入全球经济体系提供了基础条件。特别是外贸集装箱港口体系的发展与完善,为对外贸易提供了经济、可靠的运输服务,我国 90% 外贸物资通过沿海港口进出。同时,沿海港口在承接和集聚国际产业转移、发展成为全球制造基地进程中发挥了关键支撑。以港口为基础的临港工业区、保税物流园区和自由贸易区建设不断完善推进。水路运输的发展对国家全方位对外开放格局的形成发挥了重要的支撑作用。

沿海港口为沿海地区提供了连接国内外市场、利用国内外资源的低成本的海运条件,极大地改善了地区投资环境和交通环境,在吸引国际产业转移、推动国内产业布局调整中发挥了关键作用。

3. 为优化产业布局和促进区域经济协调发展创造了必要条件

随着我国经济社会的发展,以及东、中、西区域协调发展、京津冀协同发展、长江经济带发展等一系列国家战略的实施与"一带一路"倡议的提出,沿海港口、内河水运成为优化产业布局、沟通东中西部、促进区域经济协调发展的重要支撑。依托长江、西江等内河水运通道及其他高等级航道,沿线地区产业集聚效应显著,已布局了国家级工业园区 160 多个,形成规模较大的电力、冶金、石化、汽车、装备制造、电子等产业集群。

4. 为国家经济安全和海洋开发提供了有力依托

水路运输始终在我国能源、原材料运输中发挥重要作用。沿海运输已成为我国"北煤南运""北粮南运"的主要路径。内河水运承担了煤炭、矿建材料等大宗物资运输任务,成为沟通"陆海联运、东西互济"的重要运输通道。随着煤炭、铁矿石、原油、集装箱等大型专业化码头布局的不断完善、供给能力的不断提升,沿海港口已成为我国外贸进口铁矿石、原油、粮食等重要接卸口岸。经沿海港口接卸的外贸进口铁矿石,占我国钢铁工业所需铁矿石的 80%,接卸的外贸进口原油占到石化行业原油加工量的 60%,沿海港口为能源、原材料等战略物资的安全供应提供了重要保障。同时,依托上海、宁波—舟山等沿海主要港口,建设了重要物资国际贸易、交易、储备基地,提高了资源配置能力,保障了国家经济安全。此外,沿海港口在完善海洋开发、海洋维权等后勤保障基地建设中也发挥了重要作用。

5. 为综合运输体系进一步完善发挥了重要作用

水路运输是我国综合运输体系的重要组成部分,水运在大宗物资长距离运输中优势明显。2015 年,水路货运量、货物周转量在综合运输体系中的比重分别达 14.7%、

51.5%,货物周转量占比与1978年相比提升了13.2%,水运在综合运输体系中的作用进一步凸显。同时,港口作为连接多种运输方式的枢纽,特别是主要港口、专业化运输系统的布局与发展,强调与铁路、公路、管道以及内河航道乃至航空运输的衔接,促进了国家综合交通运输体系的发展。此外,沿海港口作为海陆双向辐射、国内国际对接、多种运输方式汇集的综合性枢纽和现代物流中心,在现代物流体系建设中也发挥了重要作用。

6.为国际竞争力的提升铸就了综合实力

我国已成为港口大国,吞吐量规模稳居世界第一,基础设施保障能力全球领先。2017年世界港口吞吐量排名前10位中我国港口占据7个,集装箱排名前10位中我国占据7个。船舶代理、船舶管理、船舶交易、航运金融与保险、航运咨询等现代航运服务体系不断完善,服务水平有了较大幅度提高,国际影响力和竞争力进一步提升。此外,以港口为核心载体的国际航运中心、保税港区、自由贸易试验区等开放区域的建设,进一步增强了沿海港口在国家对外开放中的地位,正在成为对接国际规则、实践制度创新的探索者和受益者,成为对外开放新模式的前沿阵地,也是提升所在城市和腹地综合实力和国际竞争力的重要突破口。

第三节　中国水运事业发展的基本经验

改革开放以来,在由计划经济向社会主义市场经济转变过程中,水路运输焕发出新的生机,港口和航运业快速增强综合实力,取得了举世瞩目的成就。水运发展的历史经验表明,只有在党的领导下,按照中央的统一部署,牢固树立"政治意识、大局意识、核心意识、看齐意识",始终坚定"道路自信、理论自信、制度自信、文化自信",用好系统思维,才能把水运事业办好、发展好。探索形成了中国特色社会主义交通运输发展道路。总结改革开放以来中国水运事业实现历史性变化的主要经验,可以归纳为以下八个方面。

一、坚持制度优势,凝聚水运发展强大合力

坚定制度自信,就是坚信中国特色社会主义制度是当代中国发展进步的根本制度保障,是具有鲜明中国特色、明显制度优势、强大自我完善能力的先进制度。中国水运之所以能够在短时期内实现历史性跨越,就是坚定制度自信,充分发挥中国特色社会主义的制度优势,并把这一优势转化为生产力,成为中国水运快速发展的制度保障。

改革开放以前,针对水运是经济发展的"瓶颈"制约状况,沿海主要港口"三压"现象严重,周恩来总理发出了"三年改变港口面貌"的号召,全国各地港口充分发挥集中力量办大事的制度优势,调动各方面力量,掀起了港口大建设高潮。通过港口下放,调动了地

方和各方面建设港口的积极性,使得我国水运基础设施在较短的时间内赶上并超过发达国家。国家出台了一系列有利于水运基础设施建设的优惠政策,用较低的建设成本改善了水运基础设施。

面对改革开放带来的迅猛的运输需求,港口、航道等基础设施建设任务更加紧迫繁重。这一时期,我国利用生产资料公有制和水流、荒地、滩涂等自然资源属于国有的独特制度优势,在进行港口航道建设的征地动迁时能够快速推进,并成为我国交通基础设施建设短期内取得巨大成就的重要诀窍。

进入新时代,中远海运集团、中国交通建设集团和招商局集团积极响应国家"一带一路"倡议,在沿线国家投资建设基建项目,建设港口、互联互通,以阿联酋的阿布扎比哈里发港、希腊东南部的比雷埃夫斯港、巴基斯坦的瓜达尔港、马六甲海峡中段的马来西亚皇京港等为典型,在21世纪海上丝绸之路上,到处可以看到中国水运人奋斗奉献的身影,积极践行着建设"人类命运共同体"的时代宣言。

此外,亚丁湾护航保障过往船舶和人员安全,对于维护国家利益、增强民族自信心和凝聚力发挥了重要作用,彰显了我国负责任大国的担当。

二、坚持改革不动摇,增强水运发展内在动力

坚定理论自信,就是坚信中国特色社会主义理论体系是指导党和人民实现中华民族伟大复兴中国梦的正确理论,是立于时代前沿、与时俱进的科学理论。以中国特色社会主义理论体系为指导,改革开放以来的经验证明,必须紧紧抓住不同时期的历史机遇,敢闯敢试,大刀阔斧开展水运体制机制改革,为水运的发展提供持续动力。

一是,在创办蛇口工业区上敢闯敢试。改革开放之初,招商局积极向中央请命,依托海港建设工业区,探索符合中国特色的开放之路。经中央同意和支持,于1979年创办了全国首个对外开放的"窗口"——蛇口工业区,次年8月深圳经济特区正式成立。招商局在探索推进蛇口工业区建设当中,倡导的"时间就是金钱,效率就是生命"理念,在改革开放历史上留下了重要印迹,也把水运推到了改革开放的"排头兵"位置。

二是,在发展多种所有制经济上敢闯敢试,单一的所有制结构被突破,水运经济结构发生巨变,形成了多形式、多层次、多成分的水运经济新格局。1993年1月,交通部印发《全民所有制交通企业转换经营机制实施办法》,以指导水路交通企业深化改革,增强活力,提高素质,加快向社会主义市场经济过渡。2000年前后,交通部推进部属国有企业改革,不断激活国有企业的发展活力。

三是,在培育和发展水运市场上敢闯敢试,水路运输市场机制的作用不断增强。通过放宽市场准入,解放生产力。1983年提出"有河大家走船、有路大家走车",1985年提出"各部门、各行业、各地区一起干,国营、集体、个人以及各种运输工具一起上",掀起了全

社会共同办交通的热潮。

四是，在体制机制上敢闯敢试，适应经济社会发展。实施港口管理体制改革，下放港口管理权、实施港务局的政企分开；改革海事管理体制，建立"一水一监，一港一监"体系；对救捞合一的管理体制进行改革，实行救助与打捞分开管理，建立海上立体救助体系；按照"一个港口一个引航机构"原则，将沿海港口的引航机构从港口企业中分离出来，成立具有独立法人资格的事业单位。

五是，顺应我国加入 WTO 进一步激发经济发展潜力的机遇，经贸持续高速增长，推动海运需求持续保持两位数高速增长。强化海运发展顶层设计，全面推进海运法规体系建设，进一步深化改革，海运发展基本适应经济社会发展的需要，规模跨上新台阶，为建设海运强国打下了坚实基础。

三、坚持战略规划引领，保障水运科学有序发展

改革开放以来，一系列战略部署和系列规划的指导，立柱架梁，积厚成势，确保了水运的科学有序发展。

在战略层面，紧紧围绕事关交通事业发展的全局性、战略性和政策性等重大问题，进行了深入研究，做出了一系列重大决策，促进了水路交通快速发展。

1989 年 2 月提出"在发展以综合运输体系为主轴的交通业的总方针指导下，统筹规划，条块结合，分层负责，建设公路主骨架、水运主通道、港站主枢纽"。1990 年 2 月提出加快支持保障系统建设，确立"三主一支持"交通基础设施发展长远规划设想。通过"八五""九五"的十年建设计划，加强沿海南北大通道和长江干线水运通道及港口建设，重点建设与运输大通道相联系的煤炭、原油、铁矿石、集装箱、滚装运输系统，为指导水运建设和发展发挥了重要作用。1998 年，交通部党组提出实现交通运输现代化的"三阶段"发展战略目标：第一个阶段，21 世纪初实现从"瓶颈"制约、全面紧张走向"两个明显"（即交通运输的紧张状况有明显缓解、对国民经济的制约状况有明显改善）。经过改革开放后 20 年特别是"八五"以来的努力，水路交通的紧张状况有了一定的缓解，但仍正处于从"瓶颈"制约到"两个明显"的过渡当中。第二个阶段，争取到 2020 年左右实现从"两个明显"到基本适应，即在总体上交通运输能够适应国民经济和社会发展的需要，但局部还会有不适应的情况。第三个阶段，到新中国成立 100 年，实现从基本适应到基本实现现代化，与我国国民经济基本实现现代化是同步的，交通运输的发展水平将进入中等发达国家行列。

2001 年，交通部制定《全国沿海港口发展战略》和《全国内河航运发展战略》，提出了 21 世纪初叶沿海港口、内河水运发展的总体目标和重点任务，成为沿海港口和内河水运规划和建设的指导性文件。为认真贯彻落实党的十六大精神，2005 年交通部制定了《全面建设小康社会公路水路交通发展目标》，为 2020 年全面建成小康社会公路水路交通发

展提供支撑。为深入贯彻落实科学发展观、构建社会主义和谐社会等一系列重大战略思想和部署，交通部相继开展了《节约型交通行业发展战略研究》《建设创新型交通行业战略研究》等战略研究，为推进建设创新型交通行业发挥了重要作用和支撑。

在规划层面，为适应新时期经济社会发展的需要，交通运输行业始终把制定和完善发展规划放在突出位置，继续健全交通发展中长期规划体系。按照发展战略要求，交通部编制《全国沿海港口布局规划》《国家水上交通安全监管和救助系统布局规划》《全国沿海船舶定线制总体规划》《全国沿海船舶航路总体规划》等国家级规划，形成了较为完整的交通长远发展规划体系，有效地指导了全国水路交通的快速发展。积极落实国家区域化发展战略，继《西部地区内河航运发展规划纲要》之后，交通部又先后制定《长江三角洲地区现代化公路水路交通规划纲要》《振兴东北老工业基地公路水路交通发展规划纲要》《促进中部地区崛起公路水路交通发展规划纲要》《泛珠江三角洲区域合作公路水路交通基础设施发展规划纲要》《海峡西岸公路水路交通基础设施发展规划指导意见》《环渤海地区现代化公路水路交通基础设施规划纲要》，进一步充实了公路水路交通发展的中长期规划体系。其中，《全国沿海港口布局规划（2006年版）》等一系列行业规划，重点强化上海国际航运中心和沿海主要港口的建设，加快煤、油、矿、箱和粮食等重点货种的专业化码头和深水航道建设。2005年11月，交通部与长江沿线七省二市共同召开座谈会，内河水运开启了中央与地方政府合力建设共促水运发展的新阶段。2007年，国家发展改革委与交通部联合印发《全国内河航道与港口布局规划》。2011年，国务院印发《关于加快长江等内河水运发展的意见》，内河水运发展迎来了快速发展的机遇期。

发展政策研究方面，交通部始终重视交通产业政策研究。1983年，开始了交通运输技术政策研究，其成果于1986年由国务院发布了交通运输技术政策要点。1985年6月明确港口建设7条方针政策。20世纪90年代，开展了《中国国际航运政策研究》《社会主义水运市场发展和调控》等研究，对促进国际、国内航运市场发展发挥了重要作用。加入WTO后，为适应我国对外贸易的发展以及与国际接轨，开展了《加入WTO对我国海运业影响研究》《水上交通安全对策研究》《中国港口对外开放政策研究》《建立上海国际航运中心的研究》等一系列研究，对支撑我国更大范围、更广深度对外开放发挥了重要作用。

"十一五"以来，结合国家重大战略、交通运输体制改革和现代综合交通运输发展需要，交通运输部重点开展了综合运输与现代物流发展战略与政策、交通运输体制改革与法治建设、航运发展政策、交通运输节能环保政策、交通运输信息化发展政策、交通运输投融资和资产管理政策、交通运输安全管理体制改革、交通运输诚信体系建设、标准化发展政策、交通运输经济运行分析、交通运输科技与人才发展政策等相关政策研究。上述前瞻性、系统性产业政策的研究，为交通发展战略、规划、政策法规制定及体制改革等提供决策支持，有力支撑了水路交通的持续、健康发展。

四、坚持以人民为中心，为水运发展注入不竭动力

坚持以人民为中心的发展思想，是建设中国特色社会主义的本质要求。改革开放以来，交通运输坚持发展为了人民、发展依靠人民、发展成果由人民共享，积极回应人民群众出行需求从"走得了"到"走得好"的变化，着重解决交通"有没有"和"好不好"的问题，不断改善人民群众出行条件。特别是党的十八大以来，着力深化供给侧结构性改革，不断改进提升交通运输服务质量水平，满足人民群众日益增长的个性化、多样化、品质化、高效率交通运输需求，让人民群众有更多的获得感、幸福感和安全感。

中国水运的发展离不开一代代为这个事业奋斗奉献的人，离不开全心全意为人民服务的初心，改革开放以来中国水运形成的精神传承和文化积淀，为水运事业发展注入了无尽的精神动力。

中国水运在发展过程中建立了高效的中国海上应急搜救体系和国家专业救捞队伍，多年来，坚持以人命救助为第一要务，救助了大批水上遇险船员、渔民、旅客。2008年的汶川大地震中，在重灾区道路阻塞、人员被困、伤员无法转移的局面下，交通运输部派出实施海上救助的直升机，义无反顾飞赴汶川创造性地开展山地救助，完成了国家部署的救灾任务，赢得了社会的高度赞誉。

2011年利比亚国内局势恶化，我国政府果断启动撤离海外中国公民（包括港澳台同胞）行动。正在利比亚附近海域航行的中远集团两艘船舶迅速响应国家召唤，不顾因此耽误船期违约造成的巨大经济损失，义无反顾地转向驶往利比亚的班加西港接应海外中国公民（包括港澳台同胞）撤离，深刻展现了国有船公司在国家需要时的大局观和重要作用的发挥。中国航运企业积极参与撤离海外中国公民（包括港澳台同胞）的成功案例赢得了世界的高度赞誉，彰显了中国社会主义制度的优势，增强了中华民族的凝聚力和向心力。

改革开放以来，水路交通行业以具有行业特点的精神文明建设为重点，广泛深入地开展了群众性精神文明创建活动，大力宣传符合时代精神、过得硬、叫得响的行业先进典型，如杨怀远、严力宾、包起帆、许振超、孔祥瑞、"华铜海"轮、青岛港等。弘扬了四海为家、艰苦创业的"筑港精神"，以苦为荣、无怨无悔的航标职工的"灯塔精神"，使其成为激励水运事业发展的精神动力。

进入新世纪，积极推进港口转型升级，进行水运供给侧结构性改革，提高水运发展的质量和效益，出台一系列的节能减排行动方案，抓出了一批绿色示范工程，发展绿色水运、推进内河船型标准化、建设绿色港口。习近平总书记提出"共抓大保护、不搞大开发"❶的长江经济带绿色发展定位，水运行业更是上下齐心，发展绿色水运，确保一江清水向东流。

---

❶ 走生态优先绿色发展之路　让中华民族母亲河永葆生机活力［N］.人民日报，2016-01-08（1）.

五、坚持开放合作,构建通江达海的世界海运网络

1. 从海运强弱与国家事业兴衰,深化认识水运强国的重要性

海运兴,国家兴;海运强,国家强。历史表明,在这个 71% 被海水覆盖的地球,大国必然在海洋上崛起,强国必然离不开海洋,中华民族伟大复兴也离不开海洋强国、海运强国的建设。

我国古代的海上丝绸之路是我国与国外进行贸易往来的重要通道,郑和率领庞大的海运船队七下西洋,开创了我国大航海的伟大壮举,也为明朝早期的繁荣奠定了坚实基础。但随后实施的禁海令长达近 200 年,海上丝绸之路由盛转衰。清康熙二十三年(1684年)开始解除海禁,国力快速提升,嘉庆之后国力逐渐衰落,清朝中后期又实施闭关锁国,直至西方列强发动鸦片战争,通过坚船利炮敲开了中国的大门,中国走向衰落,沿海主要口岸被西方列强控制,中华民族开始逐步沦为半殖民地半封建社会。新中国成立后的前30 年,水运基础设施建设虽然取得了显著成就,但与世界先进水平相比有很大差距,航运市场不够活跃。

航运业、港口业都是海洋经济的重要组成部分,发展海洋经济是国家重要战略方针。改革开放是中国积极探索海上兴盛之路、打造联通世界的海运网络的时代。对外开放,打开国门,为沿海港口的发展提供了重大机遇。长江黄金水道、珠江黄金水道贯穿东西,与沿海港口贯通,联结海内外,全球的生产资料与中国实现了流通,远洋运输和国内水运蓬勃发展,港口吞吐量和水上货物运输量实现了飞跃。

2. 海运的保障能力和全球网络化,彰显了水运大国的世界影响力

一是,建成了布局合理、吞吐能力适度超前的规模化港口。改革开放初期,我国没有一个亿吨级大港,港口吞吐能力不足的问题长期制约着国民经济的发展。改革开放以来,以主要港口为重点,以集装箱、煤炭、进口原油、进口铁矿石四大专业化码头为代表,以大型深水专业化码头为主体,全面加快建设,形成与区域经济、产业布局、开放型经济相适应的沿海港口布局。港口吞吐量规模雄居世界首位,港口联通度连续多年保持世界首位,有效支撑了我国 90% 以上外贸物资进出,成为对外开放的主要门户、综合交通运输体系的关键枢纽和现代物流系统的重要平台。2018 年有效支撑了 25 亿吨物资的沿海运输,12.9 亿吨金属矿石、3.8 亿吨原油、2.2 亿吨煤炭、1 亿吨粮食的外贸进口以及 1.2 亿 TEU 集装箱国际运输。

二是,形成了全球化存在、规模居世界前列的现代化船队。改革开放初期,我国海运船队不足 900 万载重吨,且船舶老旧、大型化专业化水平低。经过 40 年的发展,形成了以液体散货、干散货、集装箱三大专业化为代表、规模居世界第二的现代化船队,船舶平均吨

位、船龄均超越世界平均水平。2018 年,中国远洋海运集团有限公司船队综合运力、干散货船队运力、杂货特种船队运力居世界首位,液体散货船队运力居世界第二位,集装箱班轮规模居世界第四位;招商局集团散货船队运力居世界第四位,液体散货船队运力居世界第九位。庞大的海运船队及其海上网络,支持了中国比较优势的发挥,提高了中国利用国际市场、国际资源的效率。在世界经济全球化发展趋势下,海运的优势不可替代。

六、坚持不断完善治理体系,为水运发展提供法治保障

改革开放以来,深刻体会到水路交通运输事业的发展需要完善的法治体系提供保障。适应改革发展需要,在水运市场管理、安全监管、行政管理、基础设施建设维护等各项领域,全国人大、国务院、交通运输部和各地人民政府对交通运输法律法规进行了大量的立、改、废、释工作,形成了一套适合中国特色社会主义市场经济体制的法规体系,做到有法可依、有法必依。这些由国家、地方出台的水运法规、规章等,构成了我国水运法规体系,为建立和完善统一开放、竞争有序的水运市场,促进水运行业的改革和发展,提供了有力的法治保障。

1. 法律的出台为水运的法治体系建设奠定了基础

1983 年颁布的《中华人民共和国海上交通安全法》,规范了海上交通安全和应急保障,是新中国成立后海上交通管理的第一部法律,也是交通领域的第一部法律,具有重要意义。1992 年颁布的《中华人民共和国海商法》,作为调整海上船舶和海上运输法律关系的一部特别民法,对船舶的取得、登记、管理,船员的调度、职责、权利和义务,客货的运送,船舶的租赁、碰撞与拖带,海上救助,共同海损,海上保险等进行了规定,是我国海运事业发展的一个里程碑。2003 年,《中华人民共和国港口法》出台,这是新中国成立以来第一部对港口业进行全面、系统规范的法律,填补了港口立法在国家法律层级方面的空白,并分别于 2015 年、2017 年、2018 年进行了修订。2014 年颁布、2016 年修订的《中华人民共和国航道法》,对航道规划、建设、养护、保护进行规范,保障航道畅通和通航安全,填补了水运发展的短板。

2. 行政法规的颁布成为水运法治体系的重要补充

1987 年国务院颁布《中华人民共和国航道管理条例》,并于 2008 年修订,随着上位法《中华人民共和国航道法》的出台,目前正在推进开展修订工作。《中华人民共和国航标条例》于 1995 年颁布,2011 年修订,主要规范航标的管理和保护、保障船舶航行安全涉及的问题。《国内水路运输管理条例》于 2012 年颁布,原名称为《中华人民共和国水路运输管理条例》(1987 年实施),于 1997 年、2008 年修订,2012 年修订时将名称修改为《国内水路运输管理条例》,之后该条例又于 2016 年、2017 年进行了修订,主要规范国内水路运输

经营行为和运输市场秩序、保障运输安全涉及的问题。《中华人民共和国国际海运条例》于2001年颁布，2013年、2016年、2019年修订，主要规范国际海上运输活动及运输秩序涉及的问题。《中华人民共和国内河交通安全管理条例》于2002年颁布，2011年修订，主要规范内河交通安全和应急保障涉及的问题。《中华人民共和国船舶和海上设施检验条例》于1993年颁布，2019年修订，主要规范船舶、海上设施及船运货物集装箱安全航行、安全作业所需技术条件涉及的问题。《中华人民共和国船舶登记条例》于1994年颁布，2014年修订，主要规范船舶登记过程中组织程序、各方权利义务等涉及的问题。《中华人民共和国船员条例》于2007年颁布，2013年、2014年、2017年、2019年、2020年修订，主要规范加强船员管理、维护船员合法权益、提高船员素质、保障水上交通安全等涉及的问题。《防治船舶污染海洋环境管理条例》于2009年颁布，2013年、2014年、2016年、2017年修订，主要规范船舶及其有关作业活动污染海洋环境的防治及事故应急涉及的问题。

3. 部颁规章为水运行政执法提供了必要依据

作为法律法规的进一步细化与补充，一系列部颁规章的相继出台，为交通运输部门的依法行政提供依据。水运基础设施有关规章主要有《港口工程建设管理规定》《航道建设管理规定》《公路水运工程监理企业资质管理规定》《公路水运工程质量监督管理规定》《公路水运工程试验检测管理办法》《水运建设市场监督管理办法》《水运工程施工监理规定（试行）》《水运工程建设项目招标投标管理办法》《中华人民共和国航道管理条例实施细则》等；水路运输有关规章主要有《国内水路运输管理规定》《水路旅客运输实名制管理规定》《内河运输船舶标准化管理规定》《水路旅客运输规则》《国内水路运输辅助业管理规定》《老旧运输船舶管理规定》等；水上交通安全和防污染有关规章主要有《中华人民共和国内河船舶船员适任考试和发证规则》《水上交通事故统计办法》《中华人民共和国船舶最低安全配员规则》《中华人民共和国引航员管理办法》《中华人民共和国船舶油污损害民事责任保险实施办法》《中华人民共和国海船船员值班规则》《中华人民共和国船舶载运危险货物安全监督管理规定》《中华人民共和国内河交通事故调查处理规定》《游艇安全管理规定》等。

4. 执法队伍建设为水运法治建设提供了重要保障

为加强执法队伍建设顶层设计，交通部先后印发《关于加强交通运输行政执法队伍建设的指导意见》《关于规范交通运输基层执法站所建设的若干意见》，提出了以"基层执法队伍职业化、基层执法站所标准化、基础管理制度规范化"为主要内容的"三基三优"建设工作。探索推进交通综合行政执法改革，先后在重庆、广东、福建、河南、广西组织开展改革试点。严格执法队伍监督管理，颁布《交通运输行政执法证件管理规定》，建立执法人员资格准入制度；编写出版执法人员培训教材，制定培训考试大纲，建立执法队伍培训教育长效机制;出台《交通运输行政执法评议考核规定》,构建全方位执法监督体系;制定《加强交通运输行政执法形象建设指导方案》,组织开展执法形象"四统一"工作。

七、坚持拓宽融资渠道,为水运建设提供资金保障

水运基础设施建设需要大量资金,改革开放以来,在筹资渠道多元化上敢闯敢试,形成了"国家投资、地方筹资、社会融资、引进外资"的格局。

在1984年以前,全国39个主要港口(沿海14个、长江25个)均由交通部直接管理,并负责港口的规划、建设、运营等,中央政府投资是港口建设的主要来源,1980年中央政府投资占我国沿海港口建设总投资的80%。1984年党的十二届三中全会召开后,中国开始实行有计划的商品经济。同年,我国对港口管理体制实行重大改革,交通部直属港口下放给地方,形成"交通部与地方政府双重领导,以地方管理为主"的管理模式。相应的,中央投资由拨款改贷款,银行贷款逐渐成为港口建设的重要来源,标志着开启水路交通建设市场融资的新阶段。1983年,秦皇岛、连云港等港口首先利用能源装船港的优势,向日本政府海外协力基金办理我国首批日元贷款。1985年,天津港、上海港、广州港开始向世界银行贷款,投资建设集装箱码头。1986年,经国务院批准,对进出26个对外开放沿海港口的货物征收港口建设费,实行"以收抵支、以港养港"政策。同年,国务院颁布《关于中外合资建设港口码头优惠待遇的暂行规定》,港口建设迈出直接利用外资的步伐。1987年,南京国际集装箱装卸有限公司成为我国第一个中外合资码头企业。1988年、1989年,大连、宁波、厦门等港向世界银行贷款建设集装箱码头。在利用世界银行贷款的同时,引进了世界银行贷款项目的先进管理制度,在水运基础设施建设资金管理上,从"拨款"调整为"拨改贷",推行资本金制度,利用市场机制解决国家水运基础设施建设的资金渠道,港口建设市场融资有了初步发展,港口建设力度得到加强。

1986年6月起,经财政部同意,长江干线船舶按航运企业营运收入的3%计征航道养护费。1991年提高征收标准至运费收入的6%。1992年将征收范围扩大至全国。航道养护费成为内河航道建设和养护的重要资金来源。

1986年桂平航电枢纽开工,利用世界银行贷款,交通系统以通航为主建设航电枢纽工程,解决低水头过船设施建设问题,实现航道的梯级渠化,改善了通航条件,开启以电促航、航电结合、滚动发展的投融资模式。

1992年,党的十四大提出建立社会主义市场经济体制,加快了我国港口建设的多元化投融资步伐。交通部颁布《关于深化改革、扩大开放、加快交通发展的若干意见》,鼓励中外合资、合作租赁、建设、经营公用码头泊位和货主专用码头。这个时期形成了水运建

设投资的"国家投资、地方筹资、社会融资、引进外资"的格局。同年,港口建设利用境外资本便取得了重大突破,上海港与香港和记黄埔,以及与深圳盐田港分别合资组建集装箱码头公司,港口建设利用境外资金步伐加快。同年,第一个港口上市企业深赤湾诞生,港口企业通过上市发行股票筹集建设资金。1993年,经国务院批准,扩大了港口建设费征收范围和征收标准,新开征航道建设费、水运客货运附加费,为加快水运基础设施建设创造了条件。

1995年召开的全国内河航运工作会议,确定交通部建立内河航运建设基金,充分调动中央和地方政府两个积极性。"九五"期以来,水运建设资金投入逐步增加,特别是2011年国务院《关于加快长江等内河水运发展的意见》印发以来,中央进一步加大内河航运建设基金投入规模,在中央预算内建设资金中安排部分内河航道建设支出,中央投资建设资金从"十五"期的68亿元增加到"十二五"期的580亿元。地方政府大力推进航电枢纽建设,鼓励社会资金参与投资航电枢纽建设,创新融资方式,航电结合,以电促航,滚动发展。港口投资市场全面开放,国有港口集团、各类民营企业等社会主体已成为内河港口投资发展的主力军和生力军。

港口实行积极的投资开放政策,充分利用市场机制引进各类投资。鼓励和引导民资、外资参与水路基础设施投资建设和经营。地方政府依托航养费等专项资金,搭建融资平台,为水路交通基础设施进行债务性融资,缓解地方财政压力。一些地方还积极利用水电等资源,通过以电促航等形式,支持航运枢纽建设。为水运基础设施的建设提供了强大的资金保障。

八、坚持创新驱动,使科技成为水运发展的第一动力

改革开放以来,水路交通行业坚决贯彻党中央、国务院提出的"科教兴国""人才强国"要求,认真实施交通部党组提出的"科教兴交""人才强交"要求,紧紧围绕交通事业发展的总体目标和中心任务,加大科研和教育投入,大力推进水路交通技术研究开发和转化推广,开发应用了一批先进的成套技术和装备,一些重大工程的关键技术取得突破,数百项技术成果达到或领先国际先进水平,造就了一支规模庞大的水运人才队伍。

港航工程技术的重大突破和创新为我国港航工程跻身于世界先进行列作出了重要贡献。船舶运输技术的进步,为运输船队的建设起到了至关重要的作用。在大型化专业化港口机械设备和集装箱产品研究、设计、制造领域,取得一批核心技术和自主知识产权。在水运安全和环保领域,形成了一批具有中国特色的技术突破,港口散粮粉尘防暴、重大危险事故与预防、内河航运安全保障、船舶安全检验、海上溢油应急快速反应处置、内河安全防控成套技术等,为我国水路交通发展提供了强有力的技术支撑。

围绕煤炭、原油、集装箱、矿石等为代表的大型现代专业化码头的建设,形成了一批具

有中国特色的水运工程技术创新成果。长江口深水航道治理工程是我国历史上规模最大、技术最复杂的水运工程，也是世界上巨型复杂河口航道治理的成功典范。长江三峡航运枢纽对通航建筑物的平面布置、水工结构和船闸输水形式等进行了重大技术创新。以天津港为典型，我国淤泥质海岸大型码头建设成套技术取得重大突破，为我国在渤海湾、辽东湾、莱州湾以及长江、珠江大河口三角洲等淤泥质海岸地带发展建设港口，提供了强有力的技术支撑。我国在外海开敞式深水码头建设、内河高水位差码头建设、山区河流航道整治和渠化等技术领域也取得了一系列重要成果。

随着厦门港、青岛港、上海洋山深水港四期等一系列具有自主知识产权的自动化码头系统的相继投产，我国沿海港口的自动化码头系统应用发展势头迅猛，并已达到世界领先水平。

开展了清洁能源与可再生能源应用、基础设施与工艺装备、水环境保护等节能环保技术研发，在靠港船舶使用岸电、海上溢油应急处置等方面取得了重要技术进展，结合重大示范工程实现推广应用，形成了《码头船舶岸电设施建设技术规范》等标准规范，提升了节能减排和资源利用效能。

结语：在新时代的征程中继续当好先行

改革开放以来，水路交通运输在基础设施建设、运输保障能力、行业治理体系、科技创新应用、对外开放与合作方面取得了前所未有的成绩，在推动经济社会发展、服务和改善民生、促进生态文明建设等诸多方面，充分发挥了基础性、先导性和服务性作用。

水运行业数十年的发展，探索形成了水运发展的"中国道路""中国模式"，展现了"中国速度"，为形成中国特色的大国交通积累了丰富宝贵的实践经验。面向新时代，中国水运牢牢把握我国社会主要矛盾已经转化为人民日益增长的美好生活需要和不平衡不充分的发展之间的矛盾这一基本判断，持续探索中国特色交通运输发展道路，在中国特色社会主义"五位一体"总体布局、"四个全面"战略布局中，贯彻"创新、协调、绿色、开放、共享"的新发展理念，按照《交通强国建设纲要》的总体要求和目标任务，谋划好、建设好、发展好中国水运。坚持以人民为中心的发展思想，坚持稳中求进工作总基调，坚持新发展理念，坚持以供给侧结构性改革为主线，坚持基础设施适度超前的原则，努力推动水运高质量发展，在加快建设交通强国的历史征程中实现水运事业发展的新飞跃，在全面建设社会主义现代化国家和实现中华民族伟大复兴中国梦的征程中当好先行。

第二章
水运基础设施建设规划及前期工作

第一节 综 述

改革开放以来,我国水运基础设施建设取得了巨大成就,初步建成"两横一纵两网"国家高等级航道,形成布局合理、层次分明、功能齐全、优势互补的港口体系,以及集装箱、煤炭、原油、铁矿石等重要货种合理运输系统下的专业化码头布局。截至 2015 年底,全国港口共有生产性泊位 31259 个,其中万吨级以上深水泊位 2221 个,内河航道通航里程 12.7 万千米,其中三级及以上高等级航道 1.15 万千米。水运基础设施的快速发展,极大地增强了我国水运基础设施整体供给能力,有效地缓解了水上运输的供需矛盾和瓶颈制约,支撑了我国经济社会发展和对外开放。

水运基础设施建设取得的巨大成就与水运设施建设规划的指导引领密不可分。在交通(运输)部的高度重视下,水运行业建立起了覆盖发展战略、布局规划、总体规划、建设规划等的完整规划体系,引领水运基础设施快速健康发展。

20 世纪 70 年代末,交通部制定并向国务院报送《关于实现交通运输现代化的汇报提纲》,首次全面提出我国公路水运交通发展规划,明确提出建设以长江水系为中心,有统一航道标准、能通航一千吨级船舶、四通八达的水运网,以及加快港口建设、改善港口布局的水运现代化发展目标。

20 世纪 80 年代中期,交通部制定二〇〇〇年水运、公路交通科技、经济和社会发展规划大纲,系统提出了 2000 年前海洋运输和内河航运的发展规划。海洋运输以能源、外贸运输为重点,合理调整港口布局,重点建设煤炭、石油、集装箱和多用途码头,建成以港口为枢纽,水陆畅通、配套完善、内外辐射的现代化海上运输通道;内河航运重点建设三江两河(长江、珠江、黑龙江、京杭运河、淮河),以通航千吨级驳船船队航道为骨架,300、500吨级船舶航道为基础,建成长江、淮河、京杭运河互通,各主要水系、航道标准统一,港口、航道、船队相协调,干支直达、江海贯通、水陆联运的内河航运体系。

随着改革开放进程的逐步深入和各地交通基础设施建设高潮的兴起,为加强统筹规划、突出重点、宏观指导,加强交通建设工作的连续性和系统性,20 世纪 80 年代末,交通部着手研究制定公路水路交通基础设施的宏观布局和长远发展规划,提出了公路水运交通发展"三主一支持"长远规划构想:从"八五"期开始,用几个五年规划的时间,在发展以综合运输体系为主轴的交通业的总方针指导下,统筹规划,条块结合,分层负责,建设公路主骨架、水运主通道、港站主枢纽和交通支持系统。同时,交通部组织开展"三主一支持"的论证工作,制定《全国水运主通道总体布局规划》和《全国港口主枢纽总体布局规划》,提出"两纵三横"的水运主通道总体布局和 20 个沿海主枢纽港、23 个内河主枢纽港的布局方案。至此,水运基础设施主通道、主枢纽的空间布局基本确定。之后,交通部联合相关省市相继组织编制了广东省及珠江三角洲地区、长江三角洲地区、环渤海地区港口布局规划;组织编制了煤炭、石油、铁矿石、集装箱、粮食、滚装汽车、水泥、液体化工品等八大重点货种合理运输系统专业化码头布局规划,进一步深化水运基础设施的规划方案。

1998 年,交通部提出社会主义初级阶段公路水路交通现代化"三阶段"发展目标,2001 年颁布《全国沿海港口发展战略》《全国内河航运发展战略》,明确 2020 年沿海港口、内河航运发展的战略目标和优化布局、市场化发展等重大战略举措。与此同时,交通部继续健全水路交通发展中长期规划体系。2006—2007 年,《全国沿海港口布局规划》《全国内河航道与港口布局规划》《国家水上交通安全监督和救助系统布局规划》三大国家级规划经国务院批准后印发,进一步明确了水路交通基础设施建设发展的空间布局和建设重点,极大地推动了水路交通基础设施的规模化、系统化建设。

为加快长江等内河水运的发展,2003 年 1 月,交通部批复了《长江干线航道发展规划》,明确了长江干线航道的规划目标、主要任务和建设重点。2009 年 3 月,交通运输部会同国家发展改革委、财政部、水利部共同编制《长江干线航道总体规划纲要》,明确了长江干线航道建设的总体目标、规划标准、建设思路、近期重点及资金匡算,提出要按照"统一规划、系统治理、突出重点、建养结合、逐步提高"的总体思路,实现"到 2020 年,长江干线航道全面系统治理,长江口深水航道逐步向上延伸,中游航道通航标准进一步提高并基本畅通,上游航道通航条件全面改善"的总体规划目标。2011 年 1 月,国务院以国发〔2011〕2 号文印发《关于加快长江等内河水运发展的意见》,进一步明确内河水运在经济社会发展和现代综合运输体系建设中的突出位置,明确提出要在 2020 年建成畅通、高效、平安、绿色的现代化内河水运体系,并对建设畅通的高等级航道、构建高效的内河水运体系、加大资金投入等做了部署安排,极大地促进了以长江黄金水道为重点的内河水运基础设施建设。

此外,为贯彻落实水资源综合利用方针,配合主要流域综合利用规划,自 20 世纪 80 年代起,交通部组织编制了多轮次的长江水系、珠江水系、黑龙江和松辽水系、黄河水系、淮河流域等航运规划。为加强港口开发的科学性,各地政府组织开展了各港口总体规划编制、新港区开发规划论证等,在保障港口设施建设的合理有序和港口资源的有效利用与保护等方面,发挥着十分重要的作用。

一部改革开放史,也是我国水路交通基础设施规划不断完善并趋于成熟的历史。水路交通基础设施规划以突出重点加快建设并促进水运现代化为宗旨,确立了不同时期水路交通现代化发展战略,形成了以全国布局规划、区域布局规划、港口总体规划为主的水路交通基础设施规划体系,规划理论不断成熟,规划方案不断完善,有效指导了改革开放以来我国水路交通基础设施的建设,保障了水路交通的持续健康发展,在支撑国家经济发展、生产力布局优化和深化对外开放中发挥了重要作用。

第二节　全国水运主通道、港口主枢纽总体布局规划

20世纪90年代初,为深化"三主一支持"交通长远规划设想,交通部组织编制了《全国水运主通道总体布局规划》和《全国港口主枢纽总体布局规划》。这两个规划是水运行业第一次在全国层面制定的长远的、战略性的空间布局规划,对于加快推进水运主通道和重点港口建设、促进水运基础设施的合理布局和现代化发挥了重要作用。

一、规划背景

改革开放初期,我国经济迅猛发展,交通运输不适应经济社会发展的矛盾突出。党中央、国务院把交通运输列为国民经济发展的战略重点,加大基础设施建设投入,但由于水运基础设施过于薄弱,在运输需求爆发式增长的环境下,港口吞吐能力严重不足、压船压港现象严重、内河航道处于原始状态,航道堵挡,压船频繁,成为制约国民经济发展的薄弱环节,不能适应改革开放和发展社会主义市场经济的需要。

根据我国社会主义现代化建设三步走战略部署,按照党的十三大提出的发展以综合运输体系为主轴的交通业的总方针,为加强交通建设工作的系统性和连续性,尽快改变交通落后面貌,1989年交通部提出公路水路交通"三主一支持"长远规划设想,即从"八五"期开始,用几个五年规划的时间,在发展以综合运输体系为主轴的交通业的总方针指导下,统筹规划,条块结合,分层负责,建设公路主骨架、水运主通道、港站主枢纽和交通支持系统,以适应国民经济和社会发展的需要。为深化完善该长远规划设想,合理布局,突出重点,加快建设,交通部提出编制《全国水运主通道总体布局规划》和《全国港口主枢纽总体布局规划》。

二、编制过程

1989年,交通部提出建设公路主骨架、水运主通道、港站主枢纽的长远规划设想。

1990年,交通部以(90)交计字166号文要求交通部水运规划设计院深化完善水运主

通道、港口主枢纽的规划方案,对主通道、主枢纽的定义、功能、作用、布局、建设规模、内容进一步论证,并提出分步实施方案。

1991 年,交通部以(91)交计字 188 号文再次要求交通部水运规划设计院编制水运主通道、港口主枢纽系统规划。

1991 年 8 月,交通部在京组织召开港站主枢纽专家座谈会,10 月召开中间成果评审会,并要求水运主通道规划、港口主枢纽规划分别单独成册。

1993 年,规划成果通过交通部组织的专家审查会。

1994 年,交通部向国务院报送规划成果。

三、全国水运主通道总体布局规划

(一)规划思路和方法

1.规划思路

总结 1990 年我国水路运输现状,分析水运存在的主要问题,通过分析国民经济与交通运输发展关系,分析我国的发展阶段,采用弹性系数法预测水路货运量和货物周转量。研究提出水运主通道的概念、功能和建设标准;采用指数比较法、专家调查法、层次分析法等研究水运主通道布局方案,结合我国地理特征、资源开发、产业布局、综合交通网的构成、水资源的综合利用等进行综合分析,确定水运主通道布局方案。

2.规划方法

采用调查研究和历史归纳相结合的方法,综合分析水运通道建设成就及其现状、存在的主要问题;综合定性分析与定量计算相结合的方法,预测水运主通道货运量及其货流分布特点;采用指数比较法、专家调查法、层次分析法,选择内河水运主通道;通过分析重点航道的基础条件,研究确定水运主通道;针对水运主通道实施过程中可能遇到的问题,提出政策措施和建议。

(二)规划方案

1.水运主通道的概念及功能

水运主通道是水运客货流的密集带,是国家级航道的主干,是全国航道网的主要骨架,也是国家综合运输大通道的重要组成部分,具有先进的航运基础设施,能通过优质的服务完成高效益的水上运输。

水运主通道的主要功能:一是提供通畅、高效、高效益的优质运输服务,提供现代化的运输管理;二是为合理开发资源、改善工业布局、建设经济开发区等国土开发创造条件;三是促进水资源的综合开发和利用;四是巩固国防,加强海防,应对突发事件;五是提供舒适的环境、优良的服务，促进旅游事业的发展。因此，水运主通道具备六项基本功能，即客货运输功能、运输管理功能、国土开发功能、综合利用功能、国防战备功能和旅游观光功能。

2. 水运主通道的基本标准

我国内河水运主通道的基本标准定为：通航 1000 吨级船队的三级航道，少数困难的航道可降至通航 500 吨级船队的四级航道。

3. 水运主通道规划布局原则

运输需求是水运主通道布局的首要原则，水运主通道的布局应适应国民经济的发展和生产力布局对交通运输提出的要求，并且要不断地促进国民经济的发展和布局。

能源是国民经济发展的基础，其货源稳定、量大、对时间要求不高等特点也正是发挥水运优势之所在。外贸运输是外向型经济发展的基础，海港和海运是外贸运输的主力。水运主通道的布局应优先考虑能源及外贸运输需要。

水运主通道的布局要认真贯彻综合利用水资源的方针，充分发挥航运、水利、水电等综合效益，全面规划、统筹兼顾，以较少的投入获得最大的经济效益。

在发展综合运输的大前提下，水运主通道布局应有力地促进以千吨级航道为骨干，以 300、500 吨级航道为基础的内河水运网的形成，促进发展大吨位船队干支直达运输，发展水陆联运，以利于充分发挥内河水运的优越性。

运输通道既是国民经济的基础设施，又是国防建设的重要组成部分，水运主通道布局要有利于巩固国防，适应战备的需要，适应突发事件的需要。

4. 水运主通道布局方案

我国水运主通道由沿海主通道和内河主通道组成，沿海主通道为海上南北主通道，内河水运主通道的总体布局规划方案为"一纵三横"，由 20 条内河航道组成的航道网。

"一纵"为京杭运河—淮河主通道 5 条，包括：京杭运河（北京—杭州）、苏申外港线（苏州—上海吴淞口）、长湖申线（小浦—分水龙王庙）、淮河（淮滨—淮安）、沙颖河（漯河—沫河口）。

"三横"为长江、珠江、黑龙江水系主通道，包括：

（1）长江水系主通道 8 条

长江（水富—长江口）、嘉陵江（广元—重庆）、湘江（松柏—城陵矶）、汉江（安康—汉口）、赣江（赣州—湖口）、信江（贵溪—罐子口）、江淮运河（寿县—裕溪口）、两沙运河（沙洋—沙市）。

（2）珠江水系主通道 5 条

西江（南宁—广州及思贤滘—磨刀门）、右江（剥隘—南宁）、北盘江红水河（百层—石龙三江口)、柳黔江(柳州—桂平)、虎跳门水道(肇庆—洋关)。

（3）黑龙江—松花江主通道2条

黑龙江(恩和哈达—伯力)、松花江(大安—同江)。

水运主通道总体布局规划详见表2-2-1。

水运主通道总体布局规划表 表2-2-1

主通道名称	通航起讫点	里程(km)	现状等级(t)	规划标准(t)
一、海上南北主通道	丹东—防城	—	—	—
二、京杭运河—淮河主通道		2973	—	—
1.京杭运河	北京—杭州	1732	0～1000	1000
2.苏申外港线	苏州—上海吴淞口	156	60～1000	1000
3.淮河	淮滨—淮安	550	50～1000	1000
4.长湖申线	小浦—分水龙王庙	142	100～300	500
5.沙颖河	漯河—沫河口	393	30～100	500
三、长江水系主通道		6319	—	—
6.长江	水富—长江口	2844	500～1000	1000
7.嘉陵江	广元—合川—重庆	739	50～300	500～1000
8.湘江	松柏—城陵矶	495	300～500	1000
9.汉江	安康—丹江口—汉口	1003	50～300	500～1000
10.赣江	赣州—湖口	606	100～500	1000
11.信江	贵溪—罐子口	271	50～100	1000
12.江淮运河	寿县—裕溪口	278	0～200	1000
13.两沙运河	沙洋—沙市	83	0	1000
四、珠江水系主通道		2515	—	—
14.西江航运干线	南宁—广州	854	300～1000	1000
15.西江下游	思贤滘—磨刀门 百顷—虎跳门	184	500～1000	1000
16.右江	剥隘—南宁	435	100～300	1000
17.北盘江红水河	百层—石龙三江口	744	50～100	500
18.柳黔江	柳州—桂平	298	300～1000	1000
五、黑龙江—松花江主通道		2868	—	—
19.黑龙江	恩和哈达—伯力	1890	500～1000	1000
20.松花江	大安—同江	978	500～1000	1000
总计		14675	—	—

（三）综合评价

1.覆盖面广,布局合理,改善投资环境,促进国民经济和对外贸易的发展

水运主通道直接连接了省会(自治区首府、直辖市)和100万人口以上的城市17个,

占全国同类城市的 55% , 占腹地内同类城市的 70% ; 连接了开放城市 24 个、经济特区 5 个, 分别占同类城市的 65% 和特区的 100% 。它将丰富的水运资源和便利的交通融为一体, 改善投资与建设环境, 促进产业的合理布局, 促进国民经济及外向型经济的发展。

2. 形成高标准的水上运输网, 基本改变我国水运落后的状态

沿海南北通道规划方案的实施, 基本适应南北海上能源和物资交流运输需要, 适应外贸和国际海运发展的需要。内河水运主通道总体规划方案实施后, 基本形成以 4 条水运主通道为主体的内河水运网, 将提高通航标准、扩大通过能力。内河主通道的货运量占全国内河总货运量的 80% 以上, 在煤炭、原材料等主要运输线上, 可以组织 500 吨级以上的船舶直达运输, 可基本改变航道拥挤、水上交通混乱、干支不畅、货运不能直达等落后状态, 明显提高运输的整体经济效益。

3. 有利于综合运输体系的形成和全国交通大通道的完善

水运主通道的建设将提高水运的通过能力, 降低水运成本, 在经济规律的作用下, 使"宜水则水、宜陆则陆"的大交通原则得以实现; 各种运输方式可充分发挥各自的优势, 实现合理运输。

4. 促进水资源的综合开发和利用, 节省土地资源

一些水运主通道既是交通运输线, 又是防洪、灌溉调水的输水线, 主通道的建设将促进水资源的综合开发和利用, 而且由于它的建设占地少或基本不占用土地, 有着独特的优势。

5. 国民经济效益显著

水运主通道的建设将使我国沿海运输系统更加完善, 内河形成以主通道为主体高标准的内河水运网, 实现江河湖海相通, 可以组织大型船队的直达运输, 大幅度降低运输成本。初步估算内河水运主通道建成后, 运输成本下降, 效益费用比为 2.5 , 直接效益明显, 由此带来的间接效益更加可观。

(四)水运主通道的建设内容

要实现水运主通道应具备的六项功能, 必须有若干个相对独立又相互联系的子系统, 它们作为水运主通道大系统中的有机组成部分, 相互协调配套。

1. 基础设施及运输工具

基础设施及运输工具是运输生产最主要的两个方面。

基础设施主要为航道及港口。内河水运主通道的航道(包括航道上的通航建筑物及跨河建筑物)一般应达到通航 1000 吨级船舶组成的船队的三级航道标准; 船舶大型、高效和专业化是海运的发展趋势, 海上主通道主要港口的进出港航道的建设必须与港口发展规模、船舶发展水平等相适应。港口通过能力和机械化水平必须与经济发展和运量增长

相适应,水运主通道的建设必须相应地安排主要港口的建设,提高港口吞吐能力,实现较高程度的机械化水平。

运输工具主要指运输船舶,要提高船舶平均吨位,推广先进船型。

2. 组织管理系统

组织管理是水运主通道正常运转的组织保障,它主要包括两个层次。第一层次为航道、港口、航政各主要环节对外的协调管理,航运及港口部门的主要内容是企业经营、货源组织、船舶及港口生产及与其他部门的联系;航道、航政部门的主要内容是基础设施的规划建设、日常维护、有关法规的制定与执行以及与其他部门的联系。第二层次为各环节内部之间的协调管理。必须设置健全的组织管理机构,并使之具备科学决策的手段,逐步建立起一个科学合理的运行机制。

3. 安全保障系统

它是使水运主通道生产秩序正常、各环节协调运转的必要保证,主要包括先进完备的导航设施(航标、灯塔、导航站台)、安全监督设施、水上消防、救助、打捞及法规等。

4. 通信信息系统

它是水运主通道的神经中枢,是科学管理、决定决策和安全生产必不可少的手段。它包括对内、对外方便迅速的通信网络及快速、准确的信息处理设施,它使水运主通道的各个子系统互相联系,使系统与整个航运市场、各种运输方式相联系。因此,建设现代化的通信信息系统是水运现代化的一个重要标志。

5. 生产生活辅助设施

它是水运主通道各项生产业务正常运转的后勤保障,主要包括机械和船舶维修、燃料供应及船员、旅客、生产人员的生活服务等设施。

四、全国港口主枢纽总体布局规划

(一)规划方法

全国港口主枢纽总体布局规划在充分调研的基础上,结合中国国情,借鉴发达国家做法,采用重点调研、内部研究、专家咨询相结合的方法,定量与定性相结合,系统开展了规划方案的论证工作。

1. 运量预测方法

采用弹性系数法,借鉴发达国家经验,结合我国经济发展阶段、能源工业和重大产业布局及能源原材料工业发展布局、水运在综合运输体系中的地位等,预测水运客货运量、客货周转量,以及远洋、沿海、内河的客货运量、客货周转量发展水平。

采用逻辑分析、多元回归、灰色理论、综合分析等多种预测方法,预测沿海、内河主要港口客货吞吐量水平。

根据主要货类产供销平衡及合理运输系统论证,预测能源(煤炭、石油)、外贸大宗货(铁矿石、水泥、粮食)、集装箱及客运的流量流向和分港口吞吐量。

2. 港口主枢纽布局方案论证

在深入研究港口主枢纽的内涵、功能、应具备的条件的基础上,采用层次分析法、专家调查法、条件界定法和综合分析法4种方法进行港口主枢纽布局方案论证,最后采用综合分析法确定港口主枢纽布局方案。

层次分析法:把决定主枢纽港的有关因素分解为目标、准则、方案等层次,并将各个因素量化,用权重评判各因素的重要程度,在此基础上对所有备选港口进行评判,根据综合评价得分进行港口排序,优化计算求得理论上的主枢纽港最佳数目,得分高者入选港口主枢纽,进而确定布局方案。

专家调查法:调查港口规划、科研、建设、经营、管理、运输等相关领域专家,在各位专家对主枢纽港的内涵及决定主枢纽港各因素的重要性达成共识的基础上,评选主枢纽港,确定其布局。

条件界定法:依据主枢纽港应具备的三个条件,选择一批满足这三个条件的港口,分析后确定其布局。

综合分析法:在上述三种方法基础上,综合量化分析的成果及定性分析的结论,在充分考虑我国生产力布局、综合运输网布局及水运干线网布局基础上,考虑港口在水运主通道中的作用及今后的发展趋势、港口主枢纽空间间距等,经综合分析确定主枢纽港规划布局方案。

(二)规划方案

1. 港口主枢纽的内涵

港口主枢纽是全国综合运输主骨架(水运主通道,公路主骨架,铁路、管道和航空主干线)相互交汇处的主要枢纽性港口,是客货集散中枢,是各种运输方式相互衔接、发展综合运输的组织中心,是我国港口中层次最高、辐射面最广的重要枢纽性港口。它与水运主通道、运输船舶共同形成我国水上运输的发展重点,与全国其他港口及水网共同构成水上运输网络系统,是水上运输的重要基础设施和必要的组织保障。

港口主枢纽应具备运输组织管理、中转换装、装卸储存、多式联运、通信信息、生产生活服务六大功能。

港口主枢纽应具备三大条件:应位于水运主通道、公路主骨架、铁路主干线及其他运输方式骨干线路的交汇处;应是省会城市、中心城市、沿海港口开放城市和经济特区的交通枢纽;应满足全国综合运输网布局的需要,是能源、外贸物资的主要中转基地。

2.布局方案

全国共布局43个主枢纽港(未包含香港、澳门特别行政区和台湾地区)。

沿海主枢纽港:大连港、营口港、秦皇岛港、天津港、烟台港、青岛港、日照港、连云港港、上海港、宁波港、温州港、福州港、厦门港、汕头港、深圳港、广州港、珠海港、湛江港、防城港港、海口港等共20个。

内河主枢纽港:宜宾港、重庆港、宜昌港、城陵矶港、武汉港、九江港、芜湖港、南京港、镇江港、南通港、襄樊港、长沙港、南昌港、济宁港、徐州港、无锡港、杭州港、南宁港、贵港港、梧州港、肇庆港、哈尔滨港、佳木斯港等共23个。

全国港口主枢纽覆盖了沿海14个开放城市、4个经济特区、海南经济特区的省会城市、水运主通道上的全部省会城市和66%的大中城市。43个主枢纽港中有22个(占51.2%)处于公路、铁路主要干线和水运主通道的交汇处,33个(占76.7%)处于公路主干线和水运主通道的交汇处。

沿海每个经济区片有2个以上的主枢纽港,平均约1000千米大陆海岸线上有一个主枢纽港。作为干线航道集疏运通道的主要支流航道上也相应布设了部分主枢纽港,以适应资源开发及生产力布局的需要。

3.预期目标

从"八五"期开始,用30年左右的时间基本改变港口的落后面貌,逐步形成与我国社会主义市场经济体制的建立与发展、对外开放、生产力布局、城市发展格局相适应,与水运主通道相匹配,与其他运输方式相衔接,规模合理、设施配套、装备先进、管理科学、信息灵通、服务优质的港口主枢纽网络。

港口主枢纽的建设目标是,到2000年达到较大缓和状态,2020年达到适应的状态。

(三)实施效果

《全国港口主枢纽总体布局规划》对于加快推进我国港口基础设施的建设、加快改变港口落后面貌发挥了重要作用。

1.明确了发展思路和重点,促进了港口合理布局的形成和港口设施建设的快速推进

《全国港口主枢纽总体布局规划》基于发展综合运输体系和30年的长远规划视角,在深入分析发展趋势和系统认识主枢纽港的内涵、功能等的基础上,提出枢纽性港口布局规划,明确了我国港口的建设以主枢纽港口为重点,并成为港口建设"八五""九五"等五年规划制定的主要依据。在此指导下,我国港口建设快速推进,并形成了以主枢纽港口为

骨干,重要港口、一般港口为补充的合理格局。沿海主枢纽港口千吨级以上生产性泊位及通过能力均达到沿海港口总数的70%以上,完成的货物吞吐量超过全国沿海港口货物总吞吐量的75%,内河主枢纽港口数量虽只占内河港口总数的7%左右,但完成一半以上的内河港口货物吞吐量,主枢纽港口成为港口发展的主体和综合运输体系的综合性枢纽,在国家和区域经济发展中发挥重要作用。

2. 引导了综合运输体系的建设

《全国港口主枢纽总体布局规划》确定的港口主枢纽,均位于两种或者两种以上运输方式的交汇处,作为水运连接其他运输方式的枢纽。通过枢纽性港口的集中、加快建设,引导了铁路、公路、管道等多种运输方式的布局与建设,促进了国家综合运输体系的发展。同时,作为汇集多种运输方式、对接国际交通物流体系的综合性枢纽,港口成为有效衔接多种方式联运的运输组织中心,在国家综合运输体系中发挥了重要的枢纽作用。

3. 保障了有关国计民生的能源、原材料和外贸物资的运输

以主要枢纽性港口为重点,加快建设了煤炭、油品、集装箱等专业化码头,形成了主要货种运输系统合理的港口布局,为大宗能源、原材料物资和外贸物资提供了高效率、低成本的运输,也在一定程度上引导了冶金、石化、重装等产业的布局调整和加快发展。主枢纽港口的建设,也为长江等内河水运主通道发挥优势、在经济社会中发挥作用提供了条件。

4. 改善了投资环境,促进国民经济和对外贸易的发展

在规划指导下,主枢纽港口建设稳步推进,水运空间布局得以优化,设施建设得以长足发展。主枢纽港口的建设为我国提供了连接国内外市场、利用国内外资源的低成本的海运条件,极大地改善了地区投资和交通环境,支撑了地区经济的率先发展。港口成为国家和各地实施开发开放、优化国土空间开发和产业布局的关键抓手和核心依托,在吸引国际产业转移、推动国内产业布局调整中发挥了关键作用。

第三节　全国沿海港口布局规划

进入21世纪,沿海港口呈现加快发展的态势,交通部按照《中华人民共和国港口法》要求,在交通运输现代化"三步走"战略目标的指引下,及时组织编制《全国沿海港口布局规划》,并于2006年经国务院常务会议审议通过。《全国沿海港口布局规划》是第一个经国务院批准的沿海港口国家级布局规划,确定了沿海港口发展的中长期目标和布局方案,为沿海港口规划体系的深化完善、五年发展规划的编制和沿海港口的健康持续发展提供

了基本依据。

一、规划背景

改革开放以来,交通部制定了"三主一支持"交通发展长远规划,编制了《全国港口主枢纽总体布局规划》,以加快主枢纽港口建设为重点,加速沿海港口的发展,在保障国民经济发展和促进对外开放中发挥了巨大作用,并逐步形成了与经济社会发展基本适应的沿海港口布局。

2003年颁布的《中华人民共和国港口法》对港口规划体系进行了明确,并要求交通部组织编制全国港口布局规划。同时,随着我国全面建设小康社会、基本实现工业化进程的加快,特别是加入世贸组织后我国全面、深度参与经济全球化,沿海港口吞吐量再次呈现超常规发展,货类结构、国际航运市场也在发生深刻变化,沿海港口通过能力不足、码头结构不合理等新一轮的不适应又开始出现。沿海各地也把加快港口建设作为经济发展的战略重点,掀起了新一轮的港口建设热潮。沿海港口迫切需要在加快扩大基础设施供给总量规模的同时,进一步优化港口布局、调整港口结构、完善港口功能。

为适应未来经济社会发展对港口运输的需求,加强国家对港口规划和建设的宏观管理,使沿海港口发展的空间布局更趋合理,并有效保护和合理利用港口岸线资源,促进港口可持续发展,根据《中华人民共和国港口法》,交通部组织部规划研究院开展《全国沿海港口布局规划》的编制工作,要求在总结我国港口建设和发展经验的基础上,按照科学发展观的要求,根据港口腹地的经济特点、区位优势和港口在区域经济发展中的地位、在主要货种运输中的作用及港口的自然条件、发展规模和潜力等,结合沿海港口发展的实际和布局的需要,从分层次、分重要货种运输系统和分区域三个不同的角度,对今后一个时期我国沿海港口的布局进行规划。

二、编制过程

交通部2001年印发《全国沿海港口发展战略》,2003年印发《关于贯彻胡锦涛总书记指示精神,进一步推进沿海港口发展的工作意见》,明确了新世纪沿海港口的发展方向和总体要求。

2003年,交通部组织交通部规划研究院启动编制《全国沿海港口布局规划》研究工作。在开展需求预测、国际航运市场分析、主要港口论证、重点区域布局(环渤海、长三角、珠三角)、重要系统布局(集装箱、煤炭、外贸进口原油、外贸进口铁矿石)等10项专题论证基础上,充分征求专家、国家部委、沿海各省(自治区、直辖市)交通部门、大型工业企业意见,历时2年多时间,形成《全国沿海港口布局规划》初稿。

交通部和国家发展改革委多次召开大范围的专家论证会,充分听取宏观经济、产业经济、城市规划、综合交通、运输经济以及相关行业、军事部门等方面意见后,形成《全国沿海港口布局规划》送审稿,报送国务院。

2006 年 8 月 16 日,《全国沿海港口布局规划》经国务院常务会议审议通过。

三、规划方法

《全国沿海港口布局规划》的规划方法主要集中在港口吞吐量预测、主要港口布局、重要货种运输系统港口布局和主要区域港口布局规划四个研究领域。

(一)吞吐量预测

沿海港口吞吐量的变化与国民经济、对外贸易的发展密切相关。规划根据历史上各种指标变化的相关关系,借鉴世界各国发展规律的分析,建立了多种数学模型,对沿海港口货物吞吐量、外贸货物吞吐量的总规模进行了预测。

(二)主要港口布局

主要港口布局论证沿用了《全国港口主枢纽总体布局规划》的方法,采用层次分析及模糊聚类论证法、条件界定法、综合分析法开展,并多次征求专家意见确定。

(三)重要货种运输系统港口布局

采用合理的运输系统论证方法,开展了集装箱、煤炭、外贸进口原油和铁矿石等重要货类专业化码头布局规划工作。

集装箱运输是由集装箱生成地、沿海港口、从生成地到港口的各种运输方式及远洋运输组成的系统,运输系统论证综合考虑了腹地经济、港口资源、运输通道条件和大型船公司推行国际海运集装箱船舶大型化、经营联盟化战略及其洲际航线配布等因素,选择大连、天津、青岛、上海、宁波、厦门、深圳、广州等港口,并充分考虑香港港口的作用,以及苏州太仓规模化集装箱港区在上海国际航运中心中的作用,围绕干线港建立集装箱运输网络模型,采用网络规划的方法确定各港口在集装箱运输中的地位。

煤炭、外贸进口原油、外贸进口铁矿石运输系统专业化码头布局论证,根据煤炭、石化、钢铁等相关工业的布局和生产所需原材料、产成品的流量、流向,将海上运输、接卸(或中转)港和转运至用户的运输各环节作为一个系统,从国民经济效益和用户利益的角度,论证并选择综合费用最小的方案,论证运输船型和各专业化码头的布局。

(四)主要区域港口布局规划

根据我国沿海南北经济、资源依托、发展重点不同,将沿海分为渤海地区、长江三角洲地区、东南沿海地区、珠江三角洲地区、西南沿海地区五个区域,根据各区域的经济发展特点和港口开发任务,充分发挥港口群的作用,形成分层次、分功能、重点突出的布局规划方案。

四、规划方案

沿海港口的布局与社会经济、城市发展、产业布局、综合交通、人民生活等密切相关,港口作为交通基础设施之一,其发展是为了支持经济和社会发展目标的实现与人民生活水平的提高。依据已形成的沿海地区产业布局、全国综合运输通道骨架布局、岸线资源利用,以及港口建设的现状和规划,注重煤炭、石油、铁矿石、集装箱、粮食、商品汽车、陆岛滚装和旅客运输八大运输系统的自身发展,加强港口与其他运输方式之间、与包括城市在内的周边环境、岸线及土地资源利用等有效衔接,规划形成环渤海、长江三角洲、东南沿海、珠江三角洲和西南沿海五大地区规模化、集约化、现代化的港口群体。

(一)环渤海地区港口群体

环渤海地区港口群体由辽宁、津冀和山东沿海港口群组成,通过各自区域内外铁路、公路、跨渤海海峡轮渡和航空及油气管道等构成的综合运输体系,服务于我国北方沿海和内陆地区的社会经济发展,群体服务区域相对较为清晰。

辽宁沿海港口群以大连东北亚国际航运中心和营口港为主,包括丹东、锦州等港口组成,主要服务于东北三省和内蒙古东部地区,是振兴东北老工业基地的重要基础设施之一。辽宁沿海以大连、营口港为主布局大型、专业化的石油(特别是原油及其储备)、液化天然气、铁矿石和粮食等大宗散货的中转储运设施,相应布局锦州等港口;以大连港为主布局集装箱干线港,相应布局营口、锦州、丹东等支线或喂给港口;以大连港为主布局陆岛滚装、旅客运输、商品汽车中转储运等设施。

津冀沿海港口群以天津北方国际航运中心和秦皇岛港为主,包括唐山(含曹妃甸港区)、黄骅等港口组成,主要服务于京津、华北及其西向延伸的部分地区。津冀沿海港口是我国重要的煤炭运输装船港,今后相当长时期内依然维持"西煤东运、北煤南运"的运输格局,与铁路网和输送能力配套,以秦皇岛、天津、黄骅、唐山等港口为主布局专业化煤炭装船港;以秦皇岛、天津、唐山等港口为主布局大型、专业化的石油(特别是原油及其储备)、天然气、铁矿石和粮食等大宗散货的中转储运设施;以天津港为主布局集装箱干线港,相应布局秦皇岛、黄骅、唐山港等支线或喂给港口;以天津港为主布局旅客运输及商品汽车中转储运等设施。

山东沿海港口群以青岛、烟台、日照港为主及威海等港口组成,主要服务于山东半岛及其西向延伸的部分地区。山东沿海以青岛、日照港为主布局专业化煤炭装船港,相应布局烟台(龙口)等港口;以青岛、日照、烟台港为主布局大型、专业化的石油(特别是原油及其储备）、天然气、铁矿石和粮食等大宗散货的中转储运设施，相应布局威海等港口；以青岛港为主布局集装箱干线港，相应布局烟台、日照、威海等支线或喂给港口；以青岛、烟台、威海港为主布局陆岛滚装、旅客运输设施。

（二）长江三角洲地区港口群体

长江三角洲地区港口群依托上海国际航运中心经济、贸易、金融、信息、运输、口岸、服务、管理等优势，以上海、宁波、连云港港为主，充分发挥舟山、温州、南京、镇江、南通、苏州等沿海和长江下游港口的作用，通过区域内外铁路、公路、内河航道和航空及油气管道等构成的综合运输体系，服务于长江三角洲以及长江沿线地区的经济社会发展。

长江三角洲地区港口布局以上海、宁波、苏州港为干线港，包括南京、南通、镇江等长江下游港口共同组成的上海国际航运中心集装箱运输系统，相应布局连云港、嘉兴、温州、台州等支线和喂给港口；以上海、南通、宁波、舟山港为主，相应布局南京等港口的进口石油、天然气接卸中转储运系统；以宁波、舟山、连云港港为主，相应布局上海、苏州、南通、镇江、南京等港口的进口铁矿石中转运输系统；以连云港港为主布局煤炭装船港和由该地区公用码头、能源等企业自用码头共同组成的煤炭接卸及转运系统；以上海、南通、连云港、舟山和嘉兴等其他港口组成的粮食中转储运系统；以上海、南京等港口布局商品汽车运输系统，以宁波、舟山、温州等港口为主布局陆岛滚装运输系统；以上海港为主布局国内、外旅客中转及邮轮运输设施。根据地区经济发展需要，在连云港港适当布局进口原油接卸设施。

（三）东南沿海地区港口群体

东南沿海地区港口群以厦门、福州港为主，包括泉州、莆田、漳州等港口组成。通过区域内、外铁路、公路、内河、航空等构成的综合运输体系，服务于福建和江西等内陆省份部分地区的经济社会发展和对台"三通"的需要。

福建沿海地区港口群布局以沿海大型电厂为主，建设煤炭专业化接卸设施；以泉州港为主的进口石油、天然气接卸储运系统；以厦门港为干线港，相应布局福州、泉州、莆田、漳州等支线港的集装箱运输系统；由福州、厦门和莆田等港口组成的粮食中转储运设施；布局宁德、福州、厦门、泉州、莆田、漳州等港口的陆岛滚装运输系统；以厦门港为主布局国内、外旅客中转运输设施。

（四）珠江三角洲地区港口群体

珠江三角洲地区港口群由粤东和珠江三角洲地区港口组成。该地区的港口群依托香港经济、贸易、金融、信息和国际航运中心的优势，在巩固香港国际航运中心地位的同时，充分发挥广州、深圳、汕头等港口的作用,形成与香港港口优势互补、分工合作、公平竞争、共同发展的局面。通过区域内、外铁路、公路、西江航运干线及珠江三角洲航道网和输油管道、航空等构成的综合运输体系,服务于华南、西南部分地区,加强广东省和内陆地区与港澳地区的交流。

珠江三角洲地区港口的布局以广州、深圳、珠海、汕头港为主,相应发展汕尾、惠州、虎门、茂名、阳江等港口。布局由该地区广州等港口的公用码头和电力企业自用码头共同组成的煤炭接卸及转运系统;以深圳、广州港为干线港,由汕头、惠州、虎门、珠海、中山、阳江、茂名等支线或喂给港组成的集装箱运输系统;由广州、深圳、珠海、惠州、茂名、虎门港等港口组成的进口石油、天然气接卸中转储运系统;以广州、珠海港为主的进口铁矿石中转运输系统;以广州、深圳港等其他港口组成的粮食中转储运系统;以广州港为主布局商品汽车运输系统;以深圳、广州、珠海等港口为主布局国内、外旅客中转及邮轮运输设施。

(五)西南沿海地区港口群体

西南沿海地区港口群由粤西、广西沿海和海南省的港口组成。该地区港口的布局以湛江、防城、海口港为主,相应发展北海、钦州、洋浦、八所、三亚等港口。通过西南地区铁路、公路、琼州海峡轮渡等构成的综合运输体系,服务于西部地区开发,为海南省扩大与岛外的物资交流提供运输保障。

西南沿海地区港口布局以湛江、防城、海口及北海、钦州、洋浦、三亚等港口组成集装箱支线或喂给港的集装箱运输系统;由湛江、海口、洋浦、广西沿海等港口组成的进口石油、天然气中转储运系统;由湛江、防城和八所等港口组成的进出口矿石中转运输系统;由湛江、防城等港口组成的粮食中转储运系统;以湛江、海口、三亚等港口为主布局国内、外旅客中转及邮轮运输设施。

五、实施效果

《全国沿海港口布局规划》是我国第一个由国务院批准实施的沿海港口中长期空间布局规划,是编制五年规划、建设计划和有关省级港口布局规划、单港总体规划的主要依据。以此为指导,交通部编制实施了全国沿海港口"十二五""十三五"发展规划;沿海各省(自治区、直辖市)编制完成了省级港口布局规划,各主要港口、地区性重要港口基本完成港口总体规划的编制与修订,沿海港口建立起比较完善的港口规划体系。

依据该布局规划,沿海港口将逐步形成分工合理、优势互补、相互协作、竞争有序的沿海五大港口群体港口布局和煤炭、石油、铁矿石、集装箱、粮食、商品汽车、陆岛滚装和旅客等客、货合理的运输系统,即:环渤海、长江三角洲、东南沿海、珠江三角洲和西南沿海地区港口群体；各区域间形成以装船港与卸船港能力、泊位吨级匹配的煤炭运输系统；以20 万～30万吨级原油卸船泊位和中、小型油气中转码头匹配的专业化石油中转运输系统；以20 万～30 万吨级铁矿石卸船泊位和二程中转码头匹配的专业化进口铁矿石中转运输系统；以接纳第六代及以上的超大型集装箱船舶为标志的干线与支线有效衔接、集疏运畅通、现代化、高效的集装箱运输系统；高效便捷、货畅其流的粮食、商品汽车、陆岛滚装运输系统；以人为本、安全、舒适、便捷的旅客运输系统。

《全国沿海港口布局规划》的有效实施，对沿海港口高速扩张阶段基础设施的有序建设、港口资源的有效利用、港口布局的合理形成发挥了重要作用。

第四节　全国内河航道与港口布局规划

《全国内河航道与港口布局规划》是我国第一个由国务院批准实施的全国内河水运中长期发展规划，也是编制全国内河水运五年规划、建设计划和有关流域、省（自治区、直辖市）内河水运规划的主要依据。该规划的实施有效促进了全国内河水运规划体系的完善，为各级政府加大内河水运建设投入、聚焦建设重点、促进内河水运持续快速发展发挥了重要引领作用。

一、规划背景

内河水运是综合运输体系和水资源综合利用的重要组成部分，是实现经济社会可持续发展的重要战略资源。积极倡导发展内河水运，符合建设资源节约型、环境友好型社会的要求。自"九五"期以来，内河航道、港口设施建设取得了显著成绩，内河水运货运量持续增长，运输船舶大型化、标准化趋势明显，水运市场日趋活跃，内河水运进入了全面、快速发展的较好时期。

2005 年，全国内河航道通航里程12.3 万千米，占河流总长的29%，主要分布在长江、珠江和淮河水系，分别占50%、13%和14%。可通航千吨级船舶的三级及以上航道8631千米，约占7%；可通航500 吨级船舶的四级航道6697 千米，约占5%。经过多年的建设与发展，长江干线已成为世界上水运最为繁忙和运量最大的河流，西江航运干线已成为沟通西南与粤港澳地区的重要纽带，京杭运河已成为我国南北向的水上运输大动脉。

至2007 年，全国已形成以长江、珠江、京杭运河、淮河、黑龙江和松辽水系为主体的内河水运布局，内河水运的服务腹地有了较大的延伸和扩展，服务质量明显提高，保障了流域经济社会的持续、快速发展。

为贯彻落实科学发展观，体现国家发展内河水运的意志，进一步理清发展思路，更好地指导内河水运持续健康发展,充分发挥内河水运占地少、运能大、能耗低、污染小的优势,完善综合运输体系,促进水资源综合开发利用,根据有关法律法规,交通部会同国家发展改革委等部门组织编制了《全国内河航道与港口布局规划》。

二、编制过程

该规划编制的前期研究于 2004 年初启动,总结了我国内河水运的发展规律,借鉴了国外的发展经验,开展了内河运输发展需求分析、航道布局规划研究、港口布局规划研究 3 项专题研究,在深入论证、专家咨询和充分征求有关部门、地方政府意见的基础上,2005 年 9 月向国家发展改革委提供了规划成果送审稿。此后,国家发展改革委再次组织召开专家咨询会,听取了外交、水利、财政、国土资源、环保、军事交通、铁路、有关省(自治区、直辖市)发展改革委以及煤炭、冶金、石化、航运等企业集团、协会代表的意见,并进一步征求了水利部的书面意见,修改完善后,于 2007 年初将规划最终成果上报国务院。经国务院批准,于 2007 年 6 月以发改交运〔2007〕1370 号文向社会正式印发《全国内河航道与港口布局规划》。该规划的基础年为 2005 年,实施期限为 2006—2020 年。

三、规划方法与发展思路

(一)规划方法

按照全面建设小康社会、加快推进社会主义现代化的总体要求,树立和落实科学发展观,以内河水运发展条件与潜力为基础,以运输需求为导向,坚持合理开发利用水运资源,加强与综合交通网衔接沟通,根据经济发展与交通运输之间的相关性以及内河水运发展规律,采用水运需求定量预测法、航道布局层次分析法、港口布局层次分析及模糊聚类论证法等方法,经多方案论证比选,并广泛征求意见和专家咨询后,综合确定全国内河高等级航道"两横一纵两网十八线"规划方案和 28 个主要港口规划方案。

水运需求定量预测法主要采用灰色预测、线性规划、回归分析、弹性系数等多种数学模型方法对全国内河运量主要指标进行定量分析和预测,并结合国内、国际宏观形势和发展趋势进行综合分析,进而得出全国内河客货运量、港口吞吐量等预测结果。

航道布局层次分析法是将全国内河航道划分为高等级航道和其他航道 2 个层次,在对全国内河航道进行分运输系统布局研究和分水系布局研究的基础上,依据内河水运资源禀赋条件,研究提出了 3 个全国内河高等级航道布局规划方案;并从水运资源开发利用程度、直接腹地覆盖范围、跨水系沟通情况、航道等级结构、沟通综合交通运输通道及开放口岸情况等方面综合比选,研究提出全国内河高等级航道布局规划方案。

港口布局采用层次分析及模糊聚类论证法，将全国内河港口划分为主要港口、地区重要港口、其他港口 3 个层次，基于全国各内河港口的发展基础、功能作用、发展需求等，按照主要港口应依托内河高等级航道上布局的原则，研究遴选出全国内河的备选主要港口；针对备选主要港口，运用多准则决策方法对备选主要港口进行全面、客观的综合评价，并根据综合评价得分进行备选港口的综合排序；再根据各个备选港口的综合得分进行优化计算，得出理论上内河主要港口的最佳数目；在上述定量论证研究基础上，进行全国分水系的主要港口布局方案的综合分析，研究提出全国内河主要港口布局规划方案。

（二）发展思路

1. 突出重点

重点建设具有优良开发条件并可为经济社会发展发挥突出作用，在综合运输体系中承担能源、原材料等大宗物资和集装箱运输，具有不可替代的地位和作用的内河航道和港口；重点建设通过综合治理后水运具有较好发展前景，对地区经济发展有重要促进作用的内河航道与港口。

2. 因地制宜

大江大河中下游，紧密结合水利防洪和河道治理工程，整治碍航滩险，疏浚扩挖航槽，改善航道条件；平原河网地区要建成干支直达、标准统一的高等级航道网；主要支流通过梯级渠化手段，辅以航道整治工程，改善航道条件；涉及调水工程的水运开发，必须深入研究运输发展需求、开发难度和实施代价，相应发展水运。

3. 明确方向

要坚持内河航道高等级化、网络化和港口规模化、集约化的发展模式，促进形成一个布局科学、结构合理、层次分明、功能完善的现代化内河水运体系。内河水运发展的主要方向是建设高等级航道、拓展港口功能、推广标准化船型，发展"智能航运"。

四、规划方案

（一）规划期限

本规划的实施期限为 2006—2020 年。

（二）功能定位

1. 优势分析

在综合运输体系中，与其他运输方式相比，内河水运具有自身的技术经济比较优势，主要体现在单位公里占地和投入少、运能大、更适合特种货物运输、单位能耗少、成本低、运输更安全、环保等方面。

①占地少。内河水运利用现有河道,基本不占或较少占用土地,中下游航道整治还可以吹填造地,增加土地。

②运能大。2005年,全国内河船舶平均吨位已达到229吨/艘,长江干线船舶平均吨位达到800吨/艘,长江干线大型顶推船队达到3万吨。内河水运在特大型设备和构件运输中具有独特的作用。

③能耗低。欧美发达国家和我国内河水运的单位能耗均低于铁路、公路。

④更安全、环保。内河水运安全可靠,尤其在危险品运输方面具有优势,而且由于单位能耗低、污染物排放少,是一种环保的运输方式。受目前我国内河航道、港口基础设施较为薄弱等方面的影响,内河水运的优势还没有得到充分发挥,今后内河水运发展的潜力和空间还很大。

2. 功能定位

在我国广大的内陆江、河流域地区,内河航道和港口是支撑流域经济社会可持续发展的战略资源,是综合运输体系的重要组成部分。科学、合理布局内河航道和港口,体现国家发展内河水运的意志,对发展区域和省际的客、货运输,实现水资源综合利用,维护国家安全具有重要作用。

（三）目标与原则

1. 发展目标

按照科学发展观的要求,与水资源开发利用和综合交通网发展相协调,合理开发和有效利用水运资源,用20年左右时间,建成干支衔接、沟通海洋的内河高等级航道,为船舶标准化、规范化创造基础条件;与航道发展相适应,形成布局合理、功能完善、专业化和高效的港口体系。充分发挥内河水运的优势,提供畅通、高效、安全、环保的运输服务,适应流域经济社会发展和国家安全需要。

远期根据流域经济社会发展要求,结合水资源开发利用,进一步扩展覆盖面,提高通达度,延伸内河水运的服务范围。

2. 布局原则

①适应国家战略和流域经济可持续发展要求,促进区域经济协调发展和对外经贸交流。

②结合水资源条件,加强协调,贯彻水资源综合利用方针,统筹兼顾水运与防洪、排涝、发电、灌溉、供水等的关系,符合流域综合规划的要求,并与防洪、河道整治、城市总体

规划等相关规划衔接,提高内河水运与其他行业协调发展的水平。

③坚持内河水运发展与生态环境保护相协调,合理和节约使用内河岸线资源,提高资源利用效率。

④充分发挥内河水运优势,加强与其他运输方式的有效衔接,完善综合运输体系。注重航道与港口、船舶以及干线与支线的协调发展。

⑤因地制宜、突出重点、注重效益,妥善处理需要与可能的关系。

(四)布局方案

1. 层次划分

全国内河航道划分为 2 个层次:高等级航道和其他等级航道。高等级航道是全国内河航道的核心和骨干,是国家综合运输体系的重要组成部分,有条件的还可与其他交通方式共同组成发展为综合运输大通道,主要指现有的和规划建设为可通航千吨级船舶的三级及以上航道,个别地区的航道受条件限制为可通航 500 吨级船舶的四级航道。

全国内河港口划分为 3 个层次:包括主要港口、地区重要港口和一般港口。内河主要港口是指地理位置重要、吞吐量较大、对经济发展影响较广的港口。

本次规划的重点是内河高等级航道和主要港口。内河其他等级航道以及地区重要港口和一般港口由各省(自治区、直辖市)人民政府在各省(自治区、直辖市)内河水运规划中明确。

2. 布局方案

在我国水资源较为丰富的长江水系、珠江水系、京杭运河与淮河水系、黑龙江和松辽水系及其他水系,形成长江干线、西江航运干线、京杭运河、长江三角洲高等级航道网、珠江三角洲高等级航道网、18 条主要干支流高等级航道(两横一纵两网十八线,简称2-1-2-18)和 28 个内河主要港口布局。

规划内河高等级航道约 1.9 万千米(约占全国内河航道里程的 15%),其中三级及以上航道 14300 千米,四级航道 4800 千米,分别占 75% 和 25%。

规划内河主要港口包括泸州港、重庆港、宜昌港、荆州港、武汉港、黄石港、长沙港、岳阳港、南昌港、九江港、芜湖港、安庆港、马鞍山港、合肥港、湖州港、嘉兴内河港、济宁港、徐州港、无锡港、杭州港、蚌埠港、南宁港、贵港港、梧州港、肇庆港、佛山港、哈尔滨港、佳木斯港。

(1)长江水系

长江水系高等级航道布局方案为"一横一网十线"。

"一横":长江干线。

"一网":长江三角洲高等级航道网。以长江干线和京杭运河为核心,三级航道为主体,四级航道为补充,由23条航道组成"两纵六横"高等级航道网。两纵:京杭运河—杭甬运河(含锡澄运河、丹金溧漕河、锡溧漕河、乍嘉苏线),连申线(含杨林塘);六横:长江干线(南京以下),淮河出海航道—盐河,通扬线,芜申线—苏申外港线(含苏申内港线),长湖申线—黄浦江—大浦线、赵家沟—大芦线(含湖嘉申线),钱塘江—杭申线(含杭平申线)。

"十线":岷江、嘉陵江、乌江、湘江、沅水、汉江、江汉运河、赣江、信江、合裕线。

长江水系主要港口布局方案为16个:泸州港、重庆港、宜昌港、荆州港、武汉港、黄石港、长沙港、岳阳港、南昌港、九江港、芜湖港、安庆港、马鞍山港、合肥港、湖州港、嘉兴内河港。

(2)珠江水系

珠江水系高等级航道布局为"一横一网三线"。

"一横":西江航运干线。

"一网":珠江三角洲高等级航道网。以海船进江航道为核心,以三级航道为基础,由16条航道组成"三纵三横三线"高等级航道网。三纵:西江下游出海航道,白坭水道—陈村水道—洪奇沥水道,广州港出海航道;三横:东平水道,潭江—劳龙虎水道—莲沙容水道—东江北干流,小榄水道—横门出海航道;三线:崖门水道—崖门出海航道,虎跳门水道,顺德水道。

"三线":右江、北盘江—红水河、柳江—黔江。

珠江水系主要港口布局方案为5个:南宁港、贵港港、梧州港、肇庆港、佛山港。

(3)京杭运河与淮河水系

京杭运河与淮河水系高等级航道布局为"一纵二线"。

"一纵":京杭运河。

"二线":淮河、沙颍河。

京杭运河与淮河水系主要港口布局方案为5个:济宁港、徐州港、无锡港、杭州港、蚌埠港。

(4)黑龙江和松辽水系

黑龙江和松辽水系高等级航道布局为"二线":黑龙江、松花江。

黑龙江和松辽水系主要港口布局方案为2个:哈尔滨港、佳木斯港。

(5)其他水系

其他水系高等级航道布局为"一线":闽江。

五、实施重点及效果

(一)实施重点

《全国内河航道与港口布局规划》是编制内河水运五年规划和建设计划的主要依据，主要任务是根据沿江(河)流域经济社会发展需要和水资源开发引导航道、港口的合理布局，在河流综合开发中指导通航设施的建设与技术标准的确定。近期实施重点是：

1. 长江水系

加快长江干线航道治理。下游实施长江口深水航道治理三期工程，结合水利河势控制工程，适时对主要碍航河段进行治理，适应长江口深水航道向上延伸和海船进江运输需要。中游根据三峡水库清水下泄及河势演变情况，加强航道观测和演变规律分析，实施武穴、瓦口子、沙市、周天、武桥、江口、枝江等航段的控制性工程或航道整治工程，完善三峡翻坝转运设施。上游对水富至重庆段航道进行整治，结合三峡水库分期蓄水，治理库尾航道。

全面推进长江三角洲高等级航道网建设。重点建设通往上海国际航运中心主要集装箱港区的内河集装箱运输通道，实施赵家沟、大芦线、长湖申线、杭甬运河、湖嘉申线、杭申线、锡溧漕河、芜申线、苏申外港线等航道整治工程。

加快实施长江主要支流航电结合、梯级开发工程。建设嘉陵江草街、利泽、沙溪、凤仪场、苍溪和汉江崔家营航电枢纽，以及湘江、赣江等枢纽工程。

加强主要港口基础设施建设。建设泸州、重庆、宜昌、岳阳、武汉、九江、长沙、南昌、嘉兴等港口的集装箱、矿石、煤炭等泊位。

2. 珠江水系

实施西江航运干线扩能工程。整治贵港至肇庆航道，建设桂平二线船闸。

全面推进并基本建成珠江三角洲高等级航道网。实施顺德水道、洪奇沥水道、东江下游航道、白坭水道、东平水道、崖门水道等航道整治工程。

加快实施右江那吉、鱼梁、老口等航电枢纽建设，继续推进红水河复航工程。

相应建设南宁、贵港、梧州、肇庆、佛山等港口的煤炭、集装箱等泊位。

3. 京杭运河与淮河水系

提高京杭运河航道标准和通过能力。实施京杭运河江南段三级航道建设工程和苏北运河二级航道建设工程，整治湖西航道。扩建台儿庄、微山船闸，结合南水北调东线工程，建设济宁至东平湖航道。

结合淮河流域综合治理工程，改善沙颍河、涡河、沱浍河航道通航条件。

建设徐州、无锡、杭州、蚌埠等港口的煤炭、集装箱等泊位。

4. 黑龙江和松辽水系

继续实施松花江航电结合、梯级开发工程。建设松花江、黑龙江主要对俄贸易口岸港口设施。

5. 注重黑龙江、澜沧江等国际河流的航运开发,促进我国边境地区经济发展,增强与周边国家和地区的紧密联系

(二)实施效果

规划的内河高等级航道、主要港口遍及 20 个省(自治区、直辖市),连接了 50 万以上人口的城市 56 个,占全国的 25%,连接了国家一类口岸 27 个,占全国的 29%。实现了主要资源腹地和消耗地的有效连接以及主要江河的江海直达运输,可进一步加强区域间的经济和物资交流,促进沿江、沿河产业密集区的形成,发挥区域内主要城市的经济辐射带动作用,推进协调发展。

形成由通航千吨级及以上内河船舶的高等级航道为骨干、主要港口为主体的全国内河航道和港口体系,促进运输船舶大型化、标准化,内河水运资源得到有效的开发利用,内河水运优势充分发挥,并与其他运输方式共同构筑完善的综合运输体系。

到 2010 年,航道通过能力可在目前基础上提高约 40%;到 2020 年翻一番,船舶航行条件得到明显改善,单位运输成本将比目前明显降低,经济和社会效益显著。

规划的实施,可为国家节约大量土地,尤其是在长江三角洲、珠江三角洲等土地资源匮乏地区建设高等级航道网,是缓解土地资源压力、扩大交通运输能力的有效举措。同时,在部分河段可改善生态环境、减少水土流失,提高河道行洪能力,减轻防洪压力,促进水资源综合利用,有利于可持续发展战略的实施。

六、保障措施

1. 建立长期稳定的建设资金渠道

内河航道是国家重要的公益性基础设施,应以政府投入为主。中央政府建立内河水运建设专项资金渠道,并逐步扩大资金规模,主要用于支持高等级航道建设,适当支持其他等级航道和内河主要港口公用基础设施建设,扶持贫困地区水运设施建设;各级地方政府安排财政性投入,进一步统筹交通建设资金,用于内河航道和港口公用基础设施建设。

2. 鼓励多种形式发展内河高等级航道

积极利用国际金融组织贷款,注重发挥市场配置资源的基础性作用,鼓励和引导社会资金投资内河水运基础设施建设。继续实施航电结合、梯级开发,滚动发展内河水运。

3. 加强与相关行业的协调

建立协调机制，进一步加强水运发展与电力、防洪、灌溉、供水等行业在建设规划、项目前期工作以及实施、运营管理各阶段的沟通和协作，妥善处理规划实施过程中可能产生的问题，实现水运与相关行业的共同、协调发展。

4. 加强法治化管理

在《中华人民共和国航道管理条例》基础上，加快《中华人民共和国航道法》立法进程，完善法律法规，严格执行与内河水运发展关系密切的《中华人民共和国水法》《中华人民共和国港口法》等法律、法规，依法保障规划的顺利实施。

5. 加强港口规划，指导港口建设

进一步做好主要省（自治区、直辖市）内河港口布局规划和主要港口、地区重要港口的总体规划，指导港口发展与建设，完善港口布局，拓展港口功能，调整码头结构，加快建设专业化泊位，改善内河港口落后面貌，提高生产效率和服务水平。

6. 加强标准化建设，提高运输装备技术水平和运输效率

通过采取经济杠杆、技术手段等措施，加快运输船舶结构调整，淘汰技术落后、安全性能差的船型，重点发展内河机动船舶、顶推船队、江海直达船、集装箱船和滚装船，促进运输船舶向标准化、大型化方向发展。

7. 依靠科技创新，实现产业升级

在内河航道和港口建设中依靠科技创新，积极采用新技术、新工艺、新材料，降低工程造价，减少维护成本。同时运用先进、适用的信息技术，逐步建立高等级航道网的智能化船舶运营管理系统，实现产业升级。

8. 注重环境保护，保障安全运营

在规划、设计、施工和运营等环节严格执行国家有关环境保护、安全生产的法律、法规，坚持内河水运建设与生态环境保护相协调，切实采用措施防止水污染，节约土地和岸线资源，消除安全隐患，切实做到可持续发展。

表2-4-1为全国内河高等级航道布局方案表，表2-4-2为长江三角洲高等级航道网布局方案表，表2-4-3为珠江三角洲高等级航道网布局方案表。

全国内河高等级航道布局方案表　　　　表2-4-1

航道名称	起讫点	里程(千米)	现状	规划
两横				
1. 长江干线	水富—重庆	412	五～三级	三级
	重庆—长江口	2426	三～一级	一级

续上表

航道名称	起讫点	里程(千米)	现状	规划
2. 西江航运干线	南宁—广州	854	五～三级	三级及以上
一纵				
京杭运河	梁山—杭州	1052	六～二级	三～二级
两网	1. 长三角高等级航道网:两纵六横	4330	—	详见表2-4-2
	2. 珠三角高等级航道网:三横三纵三线	939	—	详见表2-4-3
十八线				
1. 岷江	乐山—宜宾	162	六～四级	三级
2. 嘉陵江	广元—合川	603	六～四级	四级
	合川—重庆	95	四级	三级
3. 乌江	乌江渡—涪陵	594	七～五级	四级
4. 湘江	松柏—城陵矶	497	六～三级	三级及以上
5. 沅水	三板溪—常德	667	六级	四级
	常德—鲇鱼口	192	四级	三级
6. 汉江	安康—丹江口	352	六、七级	四级
	丹江口—汉口	617	六～四级	三级
7. 江汉运河	龙洲垸—高石碑	69	不通航	三级
8. 赣江	赣州—湖口	606	六～三级	三级及以上
9. 信江	贵溪—罐子口	244	七～五级	三级
10. 合裕线	合肥新港—裕溪口	143	六～三级	三级
11. 淮河	淮滨—正阳关	177	五级	四级
	正阳关—淮安	383	五～三级	三级
12. 沙颍河	漯河—沫河口	378	六～五级	五、四级
13. 右江	剥隘—百色	80	四级	四级
	百色—南宁	355	六级	三级
14. 北盘江—红水河	百层—来宾	678	七、六级	四级
	来宾—石龙三江口	63	六～四级	三级
15. 柳江—黔江	柳州—桂平	284	六～五级	三级
16. 黑龙江	恩和哈达—伯力	1890	四～二级	三级及以上
17. 松花江	大安—肇源	90	四级	四级
	肇源—同江	886	四、三级	三级及以上
18. 闽江	南平—外沙	278	六～一级	四级及以上
合计	规划航道里程约1.91万千米,其中三级及以上航道14300万千米,四级航道4800千米,分别占规划航道里程的75%和25%			

长江三角洲高等级航道网布局方案表

表 2-4-2

航道名称	起讫点	里程(千米)	现状等级	规划等级	备注
两纵					
1. 京杭运河—杭甬运河(含锡澄运河、丹金溧漕河、锡溧漕河、乍嘉苏线)	京杭运河:苏北运河—江南运河	800.2	五~二级	三~二级	
	杭甬运河:三堡—甬江口	238.0	六、四级	四级	
	锡澄运河:黄田港—皋桥	37.0	五级	三级	
	丹金溧漕河:七里桥—溧阳	66.5	六、五级	三级	
	锡溧漕河:宜城—洛社	55.0	五级	三级	
	乍嘉苏线:乍浦—平望	72.2	五级	四级	
2. 连申线(含杨林塘)	连申线:盐河—灌河—通榆河—射阳河—通榆河—通扬运河—如泰运河—焦港河—申张线—苏申内港线	604.7	七~三级	三级	
	杨林塘:巴城—杨林口	40.8	七级	三级	
六横					
1. 长江干线	长江干线:南京—长江口	437.0	一级	一级	5 万吨级海船
2. 淮河出海航道—盐河	淮河出海航道:洪泽湖南线—灌溉总渠—淮河入海水道—通榆河—灌河	278.5	五~三级	三级	
	盐河:杨庄—武障河闸	95.0	七、六级	四级	
3. 通扬线	通扬线:高东线—建口线—通扬运河—通吕运河	299.0	七~五级	三级	
4. 芜申线—苏申外港线(含苏申内港线)	芜申线:芜太运河—太湖航线—太浦河	297.0	七~五级	三级	
	苏申外港线:宝带桥—分水龙王庙	64.7	六、五级	三级	
	苏申内港线:瓜泾口—宝钢支线铁路桥	111.0	五级	三级	
5. 长湖申线—黄浦江—大浦线、赵家沟—大芦线(含湖嘉申线)	长湖申线:小浦—西泖河口	143.2	五、四级	四~三级	
	黄浦江:分水龙王庙—吴淞口	91.7	三、一级	一级	
	大浦线、赵家沟:赵家沟—大治河;随塘河—黄浦江	51.5	七级	三级	
	大芦线:内河集装箱港区—黄浦江	46.1	七、五级	三级	
	湖嘉申线:闸西—红旗塘	104.0	六~四级	三级	
6. 钱塘江—杭申线(含杭平申线)	钱塘江:衢州—赭山	296.0	五、四级	四级	
	杭申线:塘栖—分水龙王庙	123.0	五、四级	三级	
	杭平申线:新市—竖潦泾	138.0	六、五级	四级	
合计	规划航道里程 4330 千米,其中三级及以上航道 3400 千米,四级航道 930 千米				

珠江三角洲高等级航道网布局方案表 表2-4-3

航道名称	起讫点	里程（千米）	现状等级	规划等级	备注
三纵		395			
1. 西江下游出海航道	西江下游出海航道：思贤滘—百顷头	89	三级	一级	3000吨级海船
	磨刀门水道：百顷头—挂定角	46	三级		
	磨刀门出海航道：挂定角—横州	28	三级		
	挂定角—九澳	25	四级		
2. 白坭水道—陈村水道—洪奇沥水道	白坭水道：渡槽桥—珠江大桥	44	五、四级	三级	
	陈村水道：濠滘口—三山口	22	四级	三级	
	洪奇沥水道：板沙尾—洪奇门	41	四、三级	三级	1000吨级江海船
3. 广州港出海航道	广州港出海航道：广州—黄埔前航道	20	一级	一级	1000吨级海船
	广州—黄埔后航道	28			5000吨级海船
	黄埔—虎门	52			5万吨级海船
三横		381			
1. 东平水道	东平水道：思贤滘—广州	76	三级	三级	1000吨级江海船
2. 潭江—劳龙虎水道—莲沙容水道—东江北干流	潭江：三埠—熊海口	58	四级	三级	1000吨级江海船
	劳龙虎水道：虎坑口—狗尾	16	六级	三级	1000吨级江海船
	莲沙容水道：南华—莲花山（含均安水道及八塘尾—大沙尾）	108	三级	一级	1000吨级江海船
	东江北干流：石龙—东江口	42	六级	四~三级	
3. 小榄水道—横门出海航道	小榄水道：莺歌咀—大南尾	30	四级	三级	1000吨级江海船
	大南尾—横门口	15	四级	一级	3000吨级海船
	横门出海航道：横门口—淇澳	36	三级	一级	3000吨级海船
三线		163			
1. 崖门水道—崖门出海航道	崖门水道：熊海口—崖门口	25	三级	一级	5000吨级海船
	崖门出海航道：崖门口—荷包岛	42	三级	一级	5000吨级海船
2. 虎跳门水道	虎跳门水道：百顷头—虎跳门口	46	三级	一级	3000吨级海船
3. 顺德水道	顺德水道：紫洞口—火烧头	50	四、三级	三级	
合计	规划三级及以上航道939千米				

第五节　国家水上交通安全监管和救助系统布局规划

《国家水上交通安全监管和救助系统布局规划》由国家发展改革委与交通部编制,并于2007年4月经国务院批准。这是新中国成立以来编制的第一个国家级水上交通安全监管和救助系统中长期规划,是全国突发性公共事件应急体系的组成部分。

一、规划背景

水上交通安全属公共安全范畴,涉及船舶交通的监管和险情救助。水上交通事故突发性强,远离陆地,救援困难,易造成群死群伤和重大经济、环境损失以及重大社会影响。加强安全工作、处理公共突发事件是政府的重要职能。加强水上交通安全监管和救助系统建设,对提高安全管理水平、增强应对水上突发事件的能力、切实保障人民群众的生命财产安全、促进经济发展、维护国家权益具有重要意义。

经过多年努力,我国水上交通安全保障能力得到提高,安全形势初步好转,水上交通安全监管与救助为社会经济发展作出了贡献。2005 年与 2000 年相比,等级以上运输船舶交通事故减少了 15.9%,死亡人数减少了 16.8%。2001—2005 年期间,组织搜救行动 8788 次,救助人员 71168 人、船舶 6877 艘、财产价值约 171 亿元。但是,我国水上交通安全监管和救助系统仍然是低水平的,尤其是监管和救助装备的数量和性能与实际需求差距很大。遵照 2004 年 1 月国务院《关于进一步加强安全生产工作的决定》要求,为实现到 2020 年水上交通安全状况根本好转的战略目标,制定《国家水上交通安全监管和救助系统布局规划》。规划的地理范围是中央政府实施安全监管的水域,包括全部沿海水域(18000 千米大陆海岸线,300 万平方公里管辖海域面积)、长江干线(宜宾以下 2700 千米)、珠江、黑龙江水系主要通航水域、额尔古纳河和澜沧江下游水域。规划的基础年为 2005 年,规划的水平年份为 2010 年和 2020 年。

二、编制过程

自 20 世纪 80 年代以来,随着我国国民经济的快速增长、水路运输的快速发展和海洋开发力度的加大,救助任务不断增加,救捞设备老旧、技术落后、应急反应能力不足、国家投入长期不足的问题越来越突出,救捞合一、以经营养救助的体制已不能满足水运事业发展的需要,弊端日益显现。特别是 1999 年"11·24"海难的发生,为救捞工作敲响了警钟,中国救捞迫切需要加大国家投入来改变现状。2003 年,交通部组织实施救捞系统体制改革,由交通部救助打捞局统一垂直领导管理救助、打捞两支专业队伍。救捞体制改革完成后,为尽快提升我国救捞装备能力,交通部于 2003 年 10 月组织编制了《水上安全和救助装备规划实施方案》,得到了国家发展改革委的认可,解决了"十五"期后两年急需的水上安全和救助装备购置专项资金。同时,国家发展改革委还要求交通部组织编制国家级的水上交通安全和救助系统建设规划,以便系统地解决水上安全和救助系统重大装备建设问题。

自 2004 年 4 月开始,交通部综合规划司组织交通部海事局、救捞局、规划研究院、科学研究院和大连海事大学等单位,开展《国家水上交通安全监管和救助系统布局规划》的编制工作。历时 3 年,先后开展了履约要求及部分国家和我国香港特别行政区水上安全和救助系统发展经验、通信监控和指挥系统建设方案研究、飞机船舶等机动力量配置及基地布局研究、污染清除和抢险打捞装备配置研究、建设及维护资金研究等多个专题论证；走访了相关省（自治区、直辖市）有关部门；邀请了宏观经济、产业布局、城市规划、综合交通、运输经济、通信信息等方面的专家进行咨询论证；并广泛听取应急、国防、公安、财政、农业、海关、环保、海洋、气象等相关部委及航运企业的意见。在总结多年来我国水上交通事故、风险规律的基础上，借鉴国外水上安全监管、救助的科学理念和实践经验，编制完成该规划。

三、规划思路与方法

（一）风险水域分布

以海事分支机构管辖区划为基础，对中央管辖水域进行风险分析表明，102 个规划水域中高风险水域共有 31 个（沿海 21 个），较高风险水域 18 个（沿海 10 个），一般水域 53 个（沿海 12 个）。高风险水域主要分布在沿海的渤海海峡、长江口（含舟山宁波水域）、珠江口、台湾海峡、琼州海峡和长江干线六大水域。这六大水域内的港口吞吐量占全国的 65% 以上，船舶进出港数量约占全国的 70%，水上交通险情数量占全国的 75% 以上，在水上交通安全管理中占有举足轻重的地位；而通过多年建设形成的沿海和长江干线的重要港口、水道和交通流量较大的区域为重点的监管救助基地和设施布局，与上述高或较高风险水域的分布规律是对应一致的，这是本次规划的基础。

（二）基地类型

按照水域的风险程度，考虑安全监管和险情救助、船舶溢油控制清除和抢险打捞的及时性、有效性，将监管和救助力量在空间布局上分为综合基地、基地和站 3 个层次。

综合基地是综合性设施，是监管、救助机动力量和油污清除、抢险打捞装备的大本营，是各种船舶靠泊、飞机起降和溢油应急设备、航标、打捞浮筒等装备的存放维修场地，并具有业务培训、实操训练等功能。

基地是专业性设施，具有大中型船舶的停靠、航标存放维修等功能，部分基地还具备直升机起降功能和存放溢油应急设备。此外，为用于季节性监管救助值班待命的大中型船舶临时停靠，设置前沿待命点，作为基地的补充。

站是中、小型船舶停靠码头，部分站具有航标存放维修功能。

综合基地、基地、站等基础设施在概念上是一个整体，在实施时根据其功能用途和岸线及土地资源的情况，可能由分布在不同地点的多个场站和码头组成。综合基地、基地和站三者在监管和救助中有机结合、有效衔接，共同构成覆盖全国沿海和内河水域的监管救助基地网络。

（三）布局原则

沿海综合基地布设在高风险水域集中的区域，监管救助范围以海区为主，兼顾近海和港区。基地布设在高风险水域，监管救助范围以近海和港区为主，兼顾海区，其中前沿待命点布设在沿海远离陆地的海上交通要道和事故多发区附近，以提高应急反应速度。站布设在较高风险水域和一般水域，监管救助范围以港区为主，兼顾近海。

内河综合基地布设在高风险水域，综合基地之间的距离不小于 200 千米。基地布设在高风险和较高风险水域，基地之间的距离不小于 100 千米。站布设在一般水域以及综合基地、基地之间，在高风险和较高风险水域，站与站及站与基地间的距离在 20～30 千米之间；在一般风险水域，站与站间的距离在 30 千米以上。

综合基地、基地、站依托港口建设，其中综合基地、基地建在沿海和内河重要港口。

四、规划方案

（一）沿海综合基地、基地、站布局

在北方海区烟台、东海海区上海和南海海区广州布设综合基地。考虑到南海范围大、战略位置重要，在海南三亚布设综合基地。其中烟台、上海（已有）和三亚 3 处综合基地布设专用监管救助飞机场。

在大连、秦皇岛、天津、威海、青岛、连云港、舟山、宁波、温州、福州、泉州、厦门、汕头、深圳、珠海、湛江、北部湾和海口 18 处布设基地。其中在大连、秦皇岛、天津、青岛、连云港、宁波、温州、福州、厦门、汕头、珠海、海口和北部湾 13 处布设飞行起降点。起降点的建设充分利用现有机场资源。此外，为提高台风、海潮季节和运输繁忙时段快速搜救的能力，在远离陆地的渤海湾南隍城岛、长江口绿华山、珠江口桂山岛和南海永兴岛等水上交通要道布设 4 个前沿待命点。

在丹东等处布设监管救助站 21 个。

（二）长江干线和其他内河水域综合基地、基地、站布局

内河监管救助基地（站）具有现场办公和安全检查功能。在长江干线重庆、三峡坝区、万州、武汉、九江、芜湖、南京、太仓布设 8 个综合基地，在三峡坝区综合基地设置直升机起降点；在宜宾、泸州、涪陵、巫山、宜昌、荆州、岳阳、黄石、安庆、镇江、江阴、南通布设 12 个基地；在一般水域以及综合基地、基地之间布设监管救助站的数量共为 83 个。在其他内河水域依托监管机构布设 143 个监管救助站。

（三）装备配置

根据水域的风险程度，按照基地的空间布局，合理配置先进、适用的监管和救助装备。装备配置既包括新建装备设施，也包括已有装备设施的改造升级，并根据科技的发展和需求的变化，对部分已有装备设施的布局和结构进行调整。

1. 通信监控指挥系统

按照国际公约要求建设专用通信监控指挥系统，形成覆盖沿海和长江干线的岸基电子信息网络。

（1）遇险安全通信系统

建设连续覆盖我国沿海近岸水域的甚高频通信系统；优化中高频海岸电台布局，将现有 16 座电台逐步调整为渤海湾、长江口、台湾海峡、珠江口和三亚 5 座，开通渔业协调通信电路，保证渔业安全通信；保留现有北京海事卫星地面站和国际搜救卫星报警测位系统。对现有长江甚高频通信系统进行升级改造，将遇险安全通信覆盖范围由目前的长江口至重庆延伸到宜宾。在中央管理的其他内河水域重要航段配置甚高频通信设备。对现有船舶报告系统进行改造。

（2）监控系统

按照国际公约建设连续覆盖我国沿海近岸水域和长江干线的船舶自动识别系统。在高风险和较高风险水域布设船舶交通管理系统，沿海建设 31 个船舶交通管理系统，包括对现有 17 个系统进行改造，新建 14 个；在长江干线建设 18 个船舶交通管理系统，包括对现有 7 个系统进行更新改造，新建 11 个。在中央管理的其他内河水域，建设小型船舶跟踪监控系统，在重要航段建设船舶交通管理系统，完善船舶溢油监视监测系统。

（3）决策指挥系统

在中国海上搜救中心和主要省、地市搜救中心和分中心建设应急决策指挥系统，连接所有搜救成员单位，形成以中国海上搜救中心为核心的全国应急决策指挥联网。

2. 机动力量

在沿海和长江三峡坝区配置直升机和固定翼飞机。在沿海、长江干线和其他内河水域配置救助船、巡逻船、航标船、测量船，在内河实行监管救助一体化。

3. 船舶溢油控制清除和抢险打捞装备

（1）溢油控制清除装备

按照国家原油运输网络和敏感资源区分布，在沿海综合基地和基地设置 16 个国家船舶溢油应急设备库，其中在大连、宁波和珠江口建设 3 个大型（可对抗 1000 吨船舶溢油）溢油应急设备库，在上海（视今后发展情况再研究是否建成大型库）、烟台（改造）、秦皇岛

(改造)、青岛、泉州、湛江建设 6 个中型设备库(可对抗 500 吨船舶溢油),在连云港、舟山、厦门、汕头、茂名、海口和钦州建设 7 个小型设备库(可对抗 200 吨船舶溢油)。在各设备库配置溢油回收船。

在长江干线综合基地和基地设置 13 个船舶溢油应急设备库,其中中型船舶溢油应急设备库 1 个,小型船舶溢油应急设备库 7 个,设备点(可对抗 50 吨船舶溢油)5 个。每个设备库配备溢油回收船 1 艘。

(2)抢险打捞装备

为了增强公益性抢险打捞能力和执行特殊政治军事抢险任务,建造 5000 吨和 8000 吨抢险打捞起重船各 1 艘,300 米深潜水工作母船 1 艘,30000 吨和 50000 吨半潜驳船各 1 艘。上述装备部署在沿海综合基地,全国统一调动。

五、实施效果

《国家水上交通安全监管和救助系统布局规划》实施之后,我国水上交通安全监管和救助系统建设实现了重大突破。沿海和长江干线监管救助基地布局基本形成;通信监控指挥系统全面覆盖沿海近岸水域和长江干线水域,在主要港口和重要航道水域实现多重覆盖;建设了监管救助飞机 22 架、大型监管救助船舶 49 艘,沿海立体监管救助体系初步建立;建设了大型打捞船舶 9 艘、保障深度为 300 米的饱和潜水工作母船 1 艘、大中型溢油回收船 7 艘、溢油应急设备库 30 个,抢险打捞和溢油清除能力显著提升。截至"十二五"期末,累计完成投资约 246 亿元,建设任务基本完成。

2006—2015 年,我国水上交通安全系统共成功救助遇险人员 18.8 万人,运输船舶交通事故死亡人数年均下降 7%,亿吨港口吞吐量死亡人数年均下降 17%,在水上交通运输快速发展的情况下,保障了水上交通安全形势持续好转;完成了南海"蝴蝶"台风西沙国际大救援,大连港"7·16"、青岛港"11·22"等重大海上溢油清除和"奋威"轮、"夏长"轮、"南海一号"古沉船抢险打捞等重大任务;承担了奥运会、世博会、亚运会、青奥会等重大赛事水上安全保障和长江口深水航道、港珠澳大桥等重大工程水上交通安全监管任务;参加了汶川地震救援、神舟飞船发射保障、马航失联客机 MH370 搜寻、南海"981"钻井平台维权守护、索马里护航通信保障等重大行动,为推动水路运输发展和海洋开发利用、促进经济社会全面协调健康发展提供了可靠保障。

第六节　回顾与展望

一、回顾与总结

经过改革开放以来的不断探索、实践和发展,水运规划工作取得了长足的进步和丰硕的成果,在水运基础设施建设中发挥了重要的战略引领作用。回顾水路交通规划工作,主要经验可以概括为以下4点。

（一）树立科学的规划理念

规划工作除技术工作要求外,极具时代性、政策性。制定科学合理的水运规划,必须紧跟时代步伐,开拓规划视野,树立科学的规划理念,准确把握经济社会的发展要求和水路交通的发展方向。

改革开放以来,水运规划工作紧紧围绕国家发展战略和重大方针政策的贯彻落实,准确把握经济社会发展要求和水运发展基本规律,结合不同时期水运发展阶段特征和政府履行交通行政职能的需要,不断丰富深化水运规划理念。实现了从改革开放初期的具体项目建设论证规划向服务支撑国家生产力布局、国土空间开发的中长期水运行业规划及基础设施空间布局规划转变,从重视水运基础设施供给能力的提升向提高供给水平和资源综合利用效率转变,从关注行业内部协调发展向兼顾外部协调和发展完善综合交通运输体系转变,从关注国内发展向"在世界地图上谋划"转变,不断引领水运规划的高质量发展。

（二）重视规划体系和规划工作制度的建设

水运规划秉承统筹规划、分层负责的方针,国家负责全国跨区域水运的重大物资运输的统筹规划,地方政府负责地方水运与国家规划的衔接以及其他地方事权对应的相关规划。完善的规划体系和规范的规划工作制度对于科学开展各层级的水运规划工作至关重要。

经过几代规划人的努力,我国已建立起了比较完善的水运规划体系。从时间上看,涵盖发展战略、中长期规划、五年规划及具体专项建设规划;从空间上看,既有全国性布局规划,也有水系、区域、省级布局规划,以及单条航道规划、单个港口总体规划、港区控制性详细规划;就内容而言,包括港口、沿海港口航道、内河航道、港口集疏运体系等涉及水路交通基础设施的方方面面;就性质而言,既有基础设施建设规划、航运发展规划,又有发展战略、行业发展规划等。

不断完善的规划工作制度,推动了规划工作日益制度化和规范化。随着《中华人民共和国港口法》《中华人民共和国航道法》的出台,以法律形式进一步明确了水运交通规划的重要地位,并提出了规划工作的基本原则和基本要求。与此同时,交通部先后颁布了《港口总体布局规划编制办法》《港口规划管理规定》《港口布局规划编制文本格式及内容要求》《港口总体规划编制文本格式及内容要求》等部门规章,对水路交通规划的编制、审批、公布、修订与实施管理活动等做出了明确的规定,进一步提高了规划工作的规范性。

（三）在实践探索中不断改进规划的理论、技术和方法

我国水运规划通过不断的实践探索，形成了比较成熟的规划理论、方法和科研手段，支撑了水运规划工作的科学性、针对性和实用性。从改革开放初期借鉴国外先进港口规划经验，探索港口规划编制的理论和方法，到如今针对不同流域、海域环境水运规划所面临的各方面技术问题，建立了规范的前期勘察、科学实验的研究方法和工作程序，并积极应用地理信息系统（GIS）、卫星遥感、数学和物理模型试验等科研手段。在《全国港口主枢纽总体布局规划》中，从主枢纽港口的内涵入手，探索了主枢纽港口空间布局的理论和方法，形成了层次分析法、条件界定法、综合分析法等定量与定性相结合的论证方法。在专业化码头布局中，应用系统论思想，在产运销平衡等传统研究方法基础上，利用系统工程理论建立了重要货种自货源地至目的地的合理运输系统论证方法，广泛应用于煤炭、铁矿石、原油、集装箱等专业化码头布局规划中。在开展趋势分析、国际比较等基础上，应用计量经济学、情景分析、数学模型等方法开展运输需求预测，水运规划形成了一套成熟的运量预测方法。

（四）加强规划的衔接协调和实施管理

加强规划的衔接协调，既是做实规划的基础，也是规划落地的保障。水运发展战略的制定，要认真贯彻落实国家战略部署和重大方针政策，以践行水运使命、完善综合交通运输体系为目标，充分考虑水路交通在国家综合运输体系中的重要作用开展工作。水运布局规划、水系航运规划等要做好与国家相关产业布局规划、国土空间开发规划、区域发展规划、城镇体系规划、流域综合利用规划、综合交通运输网布局规划等的衔接协调。而港口总体规划的制定，在落实上位港口布局规划要求的同时，需要衔接协调与城市总体规划、土地利用总体规划、海洋功能区划、水利防洪规划、环境保护规划等的关系，并做实集疏港公路、铁路、管道、内河航运等体系规划。

需要重视规划的实施管理。经批准公布的各类水运规划，不得随意更改。建立布局规划、总体规划、五年发展规划等规划实施进展动态监测与评估制度，加强综合协调、跟踪分析，结合新形势新要求，定期总结评估规划实施情况。规划的修订应当建立在充分调查论证的基础上，要有充足的现实依据，并按照规定程序重新审批。

二、未来展望

改革开放以来，我国水运规划工作取得了丰硕成果，在指导水运基础设施快速健康发展中发挥了重要的作用。随着我国社会主义现代化国家建设的推进，水运规划工作将贯彻落实习近平新时代中国特色社会主义思想，顺应时代要求，遵循发展规律，更好地服务

于新时代水运事业的发展。

以新发展理念引领水运规划再上新台阶。认真贯彻落实"创新、协调、绿色、开放、共享"的新发展理念,聚焦强国,践行使命,以全球视野谋划新时代水运规划工作,引领水运高质量发展。

以规划理论创新推动规划编制与管理的改革。以更好发挥市场在资源配置中的决定性作用和正确履行各级政府行政职能为目标,加强"政府与市场关系、中央政府与地方政府事权关系"等方面的理论研究,推动水运规划编制与管理的改革。

以国际枢纽港的建设提升港口国际影响力。将综合实力强、国际影响力大、城市及通道依托条件好的主要港口,规划建设成为国际枢纽港,加大国际航运联系和政策创新,增强国际贸易、物流、信息、服务整合能力,集聚现代港航服务要素,发展为全球航运枢纽、国际物流中心、自由贸易港,支撑国际航运中心建设。

强化水运绿色安全发展。坚持节约优先、保护优先、安全优先,以转变发展方式为根本,加强水运规划关于绿色安全发展的顶层设计,防治并举、综合施策,重点突破、整体推进,加快形成资源节约、环境友好、安全高效的空间格局、生产方式,推进水运绿色安全发展。

统筹推进水运与腹地经济社会的融合发展。结合地方经济发展规划,发挥好水运、港口在产业布局调整优化中的作用,促进临港产业集聚集群发展;与城市总体规划做好衔接协调,推动老港区技术改造、城市化改造,提高老港区发展质量。

推进邮轮港口健康发展。适应邮轮旅游快速增长的需求,做好邮轮港口布局和发展规划,优先利用既有码头设施,结合地方文化,积极有序发展邮轮港口。

应用先进科技提升水运规划和发展水平。积极应用互联网、物联网、人工智能、自动驾驶、自动化操作等现代科技,提高水运特别是港口生产作业效率,改善劳动环境,提升物流服务能力,建设更智慧、更安全、更安心的港口,应用大数据、建筑信息模型(BIM)等,改进港口规划技术。

第七节　重点水运工程前期工作管理

一、前期工作的概念

交通发展的前期工作管理包括广义和狭义两个方面的工作。广义的前期工作管理包括发展愿景、构想、战略、规划等,是宏观、长远的,明确了一个历史时期的奋斗目标和任务。1978年交通部向国务院报送的《关于实现交通运输现代化汇报提纲》,20世纪80年代末交通部《关于公路水路交通"三主一支持"发展规划》,1998 年交通部提出的《我国交通运输现代化"三阶段"奋斗目标》,2014 年 9 月国务院印发的《关于依托黄金水道推动长江经济带发展的指导意见》,2016 年中共中央、国务院印发的《长江经济带发展规划纲要》,2019 年 9 月中共中央、国务院印发的《交通强国建设纲要》等,这些可统称为交通发展战略研究。其特点是站位很高,有从国家全局提出的战略目标,有从交通行业层面提出的交通发展战略;历史跨度大,承前启后,一脉相承,目标就是实现交通运输现代化,为实现中华民族伟大复兴的中国梦而奋斗。

交通发展的前期工作管理还有另外一个层面的规划,即中长期发展规划。2006 年经国务院批准,交通部公布的《全国沿海港口布局规划》,2007 年 7 月经国务院批准,交通部公布的《全国内河航道与港口布局规划》以及相应的各项专业性规划。在交通发展战略研究和交通发展中长期发展规划指导下,每五年编制五年规划。在工作指导上更具体,目标任务更为明确,规划了系统性很强的基础设施建设重点项目。

交通发展的前期工作管理狭义的概念是重点建设项目的前期工作。具体建设项目的前期工作是实现中长期发展规划的重要步骤,也是具体建设项目能否顺利实施并取得预期效益的关键,是全部前期工作成果的具体体现。因此,重视重点项目的前期工作不仅是落实交通发展战略,也是实现重点建设项目本身的可持续、科学、创新目标。可以说,加强重点项目的前期工作就是对历史负责、对人民负责的体现,是改革开放以来水运事业取得辉煌成就的重要因素。

二、前期工作的意义

交通基础设施建设投资大、周期长、涉及面广、全局性强,要使交通建设既适应国民经济和社会发展的需要,又符合交通发展的客观规律,就必须高度重视前期工作,抓好交通发展的重大战略问题研究、中长期规划和具体建设项目的前期工作,三者缺一不可。因此,交通建设前期工作是交通建设项目决策的基础,是交通建设科学管理的重要组成部分,也是交通运输持续健康发展的重要保障。

1.加强水运建设项目前期工作是项目决策、交通可持续发展的基础性工作

交通发展战略研究、中长期交通发展规划、五年规划都是发展的蓝图。水运基础设施建设领域由一系列建设项目组成,特别是一些重点建设项目投资规模大、工程技术复杂、建设周期比较长,在发展的全局中影响大。交通运输部作为全国交通运输行业主管部门,对建设项目的前期工作负有组织领导、统筹协调、科学决策、推动发展的职责。改革开放以来,在水运工程前期工作管理方面形成了五年滚动的工作机制,以适应五年规划的贯彻落实。水运建设项目特别是重大建设项目,覆盖面很大,涉及各个省(自治区、直辖市)交通运输主管部门和企事业单位。要以建设我国综合运输体系为目标,处理水运基础设

建设与发展其他运输方式之间的关系。要抓住工程建设项目是否必要可行开展多学科、多门类的研究,很多项目的技术难度大,就要组织有资质的单位进行科技攻关,带动科技进步和创新。要量力而行,尽力而为,平衡项目投资和资金筹措。要调动中央和地方多个积极性,凝聚建设力量。要注意东、中、西部的区域平衡,特别是城市和农村的协调发展。要处理好项目建设和生态环境的关系。因此,水运建设项目前期工作是交通运输可持续发展的基础性工作,只有抓好、抓紧、抓落实,履行好"人便于行,货畅其流"的宗旨要求,才能推进我国水运事业的兴旺发达。

2. 加强水运建设项目前期工作是科技成果转化为现实生产力的必要途径

"土木工程不可擅动"这句谚语,是我们祖先在实践中总结的经验教训,是告诫子孙后代的忠言。水运基础设施建设特别是重点建设项目,要不"擅动",就要扎扎实实做好项目的前期工作,尊重自然、尊重客观规律。无论是沿海港口、航道建设,还是内河航道、码头、通航建筑物建设,都会受到水文、气象、工程地质、地貌变化、泥沙运动、水流、潮汐、洪水和复杂生态环境等客观条件的约束。因此,要确保水运基础设施建设顺利实施,就要根据建设项目所在的位置、客观条件进行勘测分析、试验研究、方案比选,这个过程就是项目的前期工作。在这个过程中,认识自然,掌握规律,科学研究,通过工程实施将科研成果转化为现实生产力,推动水运事业的发展进步。改革开放以来,依托水运工程科技进步硕果累累。以长江口深水航道治理工程为例,该工程于 1998 年 1 月开工,分三期组织实施,至 2010 年 3 月竣工,历时 12 年。而这个项目的前期工作从 1958 年就开始了,当时以严恺院士为代表的一大批专家学者开展了大规模的现场勘测,进行了多学科、系统的长期研究和多方案反复论证,特别是 1992 年长江口深水航道治理工程项目研究列入国家"八五"科技攻关计划后,长江口治理研究取得了重大的进展和突破。近 40 年的科研积累才为工程实施奠定了坚实的基础,被誉为"世界上巨型河口航道治理的成功范例"。"长江口深水航道治理工程成套技术"成果获得 2007 年度国家科学技术进步奖一等奖。水运基础设施前期工作中的科研成果很多,如淤泥质海岸筑港技术、外海环境下的港口工程、港珠澳大桥岛隧工程、内河高水位差直立式码头建设、地下连续墙码头结构、软基处理技术等,它们成就了中国在世界水工工程技术的领先地位。所以科学技术是第一生产力,不仅要在水运工程设计施工过程中体现出来,更要在工程的前期工作中成为我们实践的指南。

3. 加强水运建设项目前期工作是抓住机遇、加快建设的重要举措

水运事业和国民经济各行各业一样,发展不是绝对平衡的。改革开放以来,有两次受国际环境的影响,国家及时调整政策,加快了包括水运基础设施在内的建设,化解了危机,促进了危机后国民经济更大的发展。一次是 1997 年亚洲金融危机,一次是由美国次贷危机引发的国际经济危机。两次危机都对世界各国的经济发展造成了极大的影响。在中国

共产党的正确领导下,中央人民政府面对国际经济危机的冲击都及时调整政策,采取积极的财政政策和较为宽松的货币政策,扩大内需,加大固定资产投资力度,特别是对交通基础设施的投入,保持了我国经济社会的发展势头。

针对国际国内经济社会发展形势的变化,能否抓住机遇,取决于建设项目前期工作。有储备项目就能有机遇,加快水运基础设施建设进度才有可能。1997 年亚洲金融危机当年,我国水运行业的投资为 169 亿元,而 1998 年当年完成 184 亿元,增长约 8.9%。"九五"期间(1996—2000 年),水运行业投资 868 亿元,比"八五"计划时的 565 亿元增长约 53.6%,上了一个大台阶。2008 年国际金融危机前后,"十一五"期间(2006—2010 年)水运行业投资达到 6260 亿元,是"十五"期间(2001—2005 年)1424 亿元的 4.4 倍,上了一个更大的台阶。在国家的大力支持下,交通运输部门有扎实的建设项目前期工作,按发展规划储备了大量的建设项目,在国家需要时,跟得上、上得去。我国水运事业和其他运输方式一样,经历了从改革开放初期的"瓶颈"制约,到 20 世纪末初步缓解,再到目前已基本适应的历史性变化,为交通强国奠定了基础。因此,做好水运建设工程项目的前期工作,对加快发展起着重要的作用。

三、前期工作的内容

改革开放初期,我国仍处于以计划经济为主的时期,随着基础设施建设规模的逐步扩大、建设项目的日益增多,国家计委会同有关部委推出了基本建设项目管理程序,根据建设项目前期工作进展情况,分阶段、有重点地开展建设项目的技术、经济论证,并相应实行建设项目项目建议书、设计计划任务书审批制度。交通部为了适应水运事业发展和改革开放的形势需要,加快港口、航道基础设施建设的进程,提高工程建设项目的技术水平,采取了一系列加强建设项目前期工作管理的措施。

1. 建立前期工作制度

(1)前期工作制度

20 世纪 80 年代中期,交通部根据我国水运建设项目的实际情况,结合项目管理和利用外资贷款的需要,在烟台港举办了部直属港口计划部门的领导和工程技术人员参加的前期工作培训班,通过工程案例讲解了建设项目前期工作的基本程序;根据水运建设项目的特点,宣讲了建设项目前期工作不同阶段需开展的技术经济论证的内容及深度要求、论证方法和项目建设前期论证报告编制的主要内容及重点等。随着国家关于基本建设项目管理体系的逐步建立和不断完善,交通部总结了建设项目前期工作管理的经验,并根据国家计委关于基本建设项目前期工作审批程序的规定,编制了《水运建设项目预可行性研究和工程可行性研究报告编制办法》,在部直属港航企、事业单位和全国交通系统推广、执行,并在不同时期针对前期工作的有关问题组织专题讨论和交流,对规范水运基础设施建设项目的前期工作、提高前期工作质量和加快水运基础设施建设发挥了重要作用;为后续的水运工程建设项目管理奠定了基础并积累了宝贵的经验。

2009年,为更好地适应市场经济发展需要,交通运输部印发《港口建设项目预可行性研究报告和工程可行性研究报告编制办法》《航道建设项目预可行性研究报告和工程可行性研究报告编制办法》《水运建设项目经济评价方法与参数》。根据《中华人民共和国港口法》和相关法律法规的要求,为加强港口岸线的使用管理,2012年,交通运输部、国家发展改革委印发《港口岸线使用审批管理办法》。随着前期工作管理办法的不断完善,我国水运建设项目前期管理工作逐步走上了规范化、科学化、法治化的轨道。

(2)项目储备制度

20世纪90年代初,为了加快交通发展,针对交通建设项目前期工作周期长的特点,交通部建立了项目储备制度,根据基础设施建设的需要,从长远规划中分解出一批建设项目,在履行项目建议书、计划任务书审批手续之前,先期开展项目可行性研究工作,将研究成果储备起来,根据交通发展和基础设施建设的需要,适时启动储备项目的审批程序。由于多年努力储备了一批拟建项目的前期工作成果,在1998年中央决定加大水运基础设施建设投资力度时,交通部及时提出一批储备项目,抓住了发展机遇,加快了我国水运事业的发展步伐。

(3)前期工作资金制度

为了推动前期工作,交通部在每个年度的投资计划中,利用部专项资金安排一定额度的前期工作费,用于开展水运发展战略、规划、政策等重大课题研究及重点建设项目的前期工作。并要求各省(自治区、直辖市)交通运输部门根据区域内交通建设需要建立前期工作专项资金,用于项目的前期工作。

2.建立前期工作座谈会制度

为了规范交通基础设施建设管理工作、保证建设项目前期工作质量和进度要求,改革开放初期至20世纪末,交通部建立了基础设施建设前期工作座谈会制度。

(1)五年规划前期工作座谈会

交通部在编制每个水运、公路交通建设五年规划之前的1~2年,以文件形式下达关于编制下一个交通建设五年规划的通知,经过短时间酝酿、准备后,组织召开各主要港口和相关省(自治区、直辖市)交通厅(局)领导和计划部门负责人参加的五年规划前期工作座谈会,了解各单位水运、公路交通五年规划执行情况和下一个五年规划期间基础设施建设的初步意见;根据我国国民经济和对外贸易发展的形势,讨论、提出执行中的五年规划调整意见和下一个五年规划的建设重点,研究并初步确定开展前期工作的范围和要求,为调整执行中的五年规划和编制下一个五年规划做准备。座谈会后通过与各相关单位多次、广泛沟通交流,根据经济社会及交通运输发展的需要和国家关于编制五年规划的要求,逐步形成下一个五年规划的初步方案;根据国家经济社会和交通运输发展态势和已列入五年规划的建设项目前期工作或建设进度的进展情况,提出执行中五年规划的建设项目或内容的调整方案。

（2）基础设施建设项目前期工作及年度计划执行情况检查、协调机制

为了保证基础设施建设五年规划顺利实施,交通部加强了交通基础设施建设项目的前期工作和工程进度管理,每年下半年、全国交通工作会议以前,分期、分片区召开前期工作座谈会和年度计划执行情况座谈会,重点交流和检查主要港口、航道、公路和支持保障系统已列入年度建设计划的项目执行情况和拟安排下一年度投资计划的五年规划内项目的前期工作进展情况,作为加强建设项目前期工作、编制下年度基础设施投资计划、调整执行中的五年规划的建设内容的依据。在五年规划执行中期,组织开展中期评估工作,分区、分片召开中期执行情况座谈会,根据五年规划中期执行情况,调整五年建设规划。

长期以来,交通基础设施建设前期工作座谈会和年度、中期计划执行情况座谈会已经成为基础设施建设管理工作制度的重要组成部分,对推动交通基础设施建设的管理,保障港口、航道等相关基础设施发展规划顺利执行发挥了重要作用。

3. 组织开展五年规划重大课题研究

"十一五"期始,交通部为支撑五年规划的编制工作,组织开展了五年规划重大课题研究工作,重点围绕经济社会发展形势对交通运输的影响、交通运输面临的重大问题和政策等开展研究,为科学编制五年规划提供了支撑。近年来,随着信息化技术的应用,交通运输部逐步开展交通发展五年规划和全国沿海港口布局规划、全国内河航道与港口布局规划、主要货种运输系统规划等重点规划执行情况跟踪研究,为编制、调整五年发展规划和确定基础设施建设规划提供依据。

四、前期工作的效果

改革开放以来,我国交通运输事业发展取得举世瞩目的成就,就是得益于20世纪80年代后期到90年代初期交通部注重交通发展战略研究,明确提出了交通发展的"三主一支持"战略目标,组织编制了水运主通道和港口主枢纽布局规划;进入21世纪后,交通部先后研究提出沿海港口、内河航运发展战略,并根据这些发展战略,组织编制了《全国沿海港口布局规划》《全国内河航道与港口布局规划》《国家水上交通安全监管和救助系统布局规划》等一系列水路交通中长期规划和"九五"至"十二五"期间的五年建设计划,推进了长江口深水航道和长江干线、京杭运河、西江干线及内河高等级航道和沿海集装箱、煤炭、矿石、原油专业化码头等一大批重点水运工程建设项目的前期工作,为开展大规模的水运基础设施建设奠定了基础,通过几个五年规划期间的努力,抓住了机遇,加快了水运基础设施建设,改变了水运长期制约经济发展的落后面貌,适应了国民经济和社会发展的需要。

Record of
Port and Waterway Engineering
Construction in
China
中 国 水 运 工 程 建 设 实 录
（1978 — 2015）

二、管 理 篇

第三章
水运工程建设法律法规

第一节　综　　述

　　水路运输在我国交通运输中具有重要的位置,随着我国水运基础设施的不断完善,水运在我国交通运输中的地位和作用日益突出。水运工程建设是一个系统的、复杂的综合性工程,具有技术复杂、规模大、投资高、涉及专业多、施工难度大等特点。为保证工程建设的质量和安全,交通(运输)部始终高度重视水运建设管理行业的法律法规建设,经过多年努力,逐步建立健全了一套较为完善的法规体系,为水运工程建设发展提供了法治保障。

　　改革开放以来,水运工程法治建设取得了长足的进步。目前,我国水运工程建设法规体系已经形成了以《中华人民共和国港口法》《中华人民共和国航道法》《中华人民共和国航道管理条例》《中华人民共和国航标条例》等法律法规为龙头,以部门规章为配套的完善的法规体系。其中,《中华人民共和国港口法》《中华人民共和国航道法》是建设法律体系的核心和基础,《中华人民共和国航道管理条例》等建设行政法规是对建设法律条款的细化。交通运输部颁布的《港口工程建设管理规定》《航道工程建设管理规定》等部门规章,一方面将法律法规的规定进一步细化,另一方面也作为法律法规的补充,为相关部门依法行政提供依据。各地方出台的地方性法规和规章同时作为法规框架体系的重要组成部分,是调整各地方工程建设活动的重要依据。相关法律法规、规章制度对规范和指导水运工程建设行为、保护各类建设主体的合法权益、维护建设市场秩序和社会公共利益发挥了重要作用。

第二节　法　　律

一、《中华人民共和国港口法》

　　《中华人民共和国港口法》于 2003 年 6 月 28 日经十届全国人民代表大会常务委员会第三次会议审议通过,2003 年 6 月 28 日中华人民共和国主席令第五号公布,自 2004 年 1 月 1 日起施行。根据 2015 年 4 月 24 日十二届全国人民代表大会常务委员会第十四次会议《关于修改〈中华人民共和国港口法〉等七部法律的决定》第一次修正。根据 2017 年 11 月 4 日第十二届全国人民代表大会常务委员会第三十次会议《关于修改〈中华人民共和国会计法〉等十一部法律的决定》第二次修正。根据 2018 年 12 月 29 日第十三届全国人民代表大会常务委员会第七次会议《关于修改〈中华人民共和国电力法〉等四部法律的决定》第三次修正。

《中华人民共和国港口法》深刻总结了新中国成立后我国港口管理特别是 20 多年改革开放的实践和经验,借鉴吸收了国际上港口管理和立法的有益做法,对港口的规划、建设、维护、经营、管理及其相关活动进行了全面的规范,是我国水路运输法律体系中的一部"龙头法"。

《中华人民共和国港口法》的出台结束了我国港口行业长期以来无法可依的历史,填补了港口立法的空白,标志着我国港口事业真正步入了法治的轨道,与已经施行的《中华人民共和国海商法》《中华人民共和国海上交通安全法》,共同构成了我国水路交通法规体系最基本的法律基础。

(一)《中华人民共和国港口法》

第一章 总 则

第一条 为了加强港口管理,维护港口的安全与经营秩序,保护当事人的合法权益,促进港口的建设与发展,制定本法。

第二条 从事港口规划、建设、维护、经营、管理及其相关活动,适用本法。

第三条 本法所称港口,是指具有船舶进出、停泊、靠泊,旅客上下,货物装卸、驳运、储存等功能,具有相应的码头设施,由一定范围的水域和陆域组成的区域。

港口可以由一个或者多个港区组成。

第四条 国务院和有关县级以上地方人民政府应当在国民经济和社会发展计划中体现港口的发展和规划要求,并依法保护和合理利用港口资源。

第五条 国家鼓励国内外经济组织和个人依法投资建设、经营港口,保护投资者的合法权益。

第六条 国务院交通主管部门主管全国的港口工作。

地方人民政府对本行政区域内港口的管理,按照国务院关于港口管理体制的规定确定。

依照前款确定的港口管理体制,由港口所在地的市、县人民政府管理的港口,由市、县人民政府确定一个部门具体实施对港口的行政管理;由省、自治区、直辖市人民政府管理的港口,由省、自治区、直辖市人民政府确定一个部门具体实施对港口的行政管理。

依照前款确定的对港口具体实施行政管理的部门,以下统称港口行政管理部门。

第二章 港口规划与建设

第七条 港口规划应当根据国民经济和社会发展的要求以及国防建设的需要编制,体现合理利用岸线资源的原则,符合城镇体系规划,并与土地利用总体规划、城市总体规划、江河流域规划、防洪规划、海洋功能区划、水路运输发展规划和其他运输方式发展规划以及法律、行政法规规定的其他有关规划相衔接、协调。

编制港口规划应当组织专家论证,并依法进行环境影响评价。

第八条　港口规划包括港口布局规划和港口总体规划。

港口布局规划,是指港口的分布规划,包括全国港口布局规划和省、自治区、直辖市港口布局规划。

港口总体规划,是指一个港口在一定时期的具体规划,包括港口的水域和陆域范围、港区划分、吞吐量和到港船型、港口的性质和功能、水域和陆域使用、港口设施建设岸线使用、建设用地配置以及分期建设序列等内容。

港口总体规划应当符合港口布局规划。

第九条　全国港口布局规划,由国务院交通主管部门征求国务院有关部门和有关军事机关的意见编制,报国务院批准后公布实施。

省、自治区、直辖市港口布局规划,由省、自治区、直辖市人民政府根据全国港口布局规划组织编制,并送国务院交通主管部门征求意见。国务院交通主管部门自收到征求意见的材料之日起满三十日未提出修改意见的,该港口布局规划由有关省、自治区、直辖市人民政府公布实施;国务院交通主管部门认为不符合全国港口布局规划的,应当自收到征求意见的材料之日起三十日内提出修改意见;有关省、自治区、直辖市人民政府对修改意见有异议的,报国务院决定。

第十条　港口总体规划由港口行政管理部门征求有关部门和有关军事机关的意见编制。

第十一条　地理位置重要、吞吐量较大、对经济发展影响较广的主要港口的总体规划,由国务院交通主管部门征求国务院有关部门和有关军事机关的意见后,会同有关省、自治区、直辖市人民政府批准,并公布实施。主要港口名录由国务院交通主管部门征求国务院有关部门意见后确定并公布。

省、自治区、直辖市人民政府征求国务院交通主管部门的意见后确定本地区的重要港口。重要港口的总体规划由省、自治区、直辖市人民政府征求国务院交通主管部门意见后批准,公布实施。

前两款规定以外的港口的总体规划,由港口所在地的市、县人民政府批准后公布实施,并报省、自治区、直辖市人民政府备案。

市、县人民政府港口行政管理部门编制的属于本条第一款、第二款规定范围的港口的总体规划,在报送审批前应当经本级人民政府审核同意。

第十二条　港口规划的修改,按照港口规划制定程序办理。

第十三条　在港口总体规划区内建设港口设施,使用港口深水岸线的,由国务院交通主管部门会同国务院经济综合宏观调控部门批准;建设港口设施,使用非深水岸线的,由港口行政管理部门批准。但是,由国务院或者国务院经济综合宏观调控部门批准建设的项目使用港口岸线,不再另行办理使用港口岸线的审批手续。

港口深水岸线的标准由国务院交通主管部门制定。

第十四条 港口建设应当符合港口规划。不得违反港口规划建设任何港口设施。

第十五条 按照国家规定须经有关机关批准的港口建设项目,应当按照国家有关规定办理审批手续,并符合国家有关标准和技术规范。

建设港口工程项目,应当依法进行环境影响评价。

港口建设项目的安全设施和环境保护设施,必须与主体工程同时设计、同时施工、同时投入使用。

第十六条 港口建设使用土地和水域,应当依照有关土地管理、海域使用管理、河道管理、航道管理、军事设施保护管理的法律、行政法规以及其他有关法律、行政法规的规定办理。

第十七条 港口的危险货物作业场所、实施卫生除害处理的专用场所,应当符合港口总体规划和国家有关安全生产、消防、检验检疫和环境保护的要求,其与人口密集区和港口客运设施的距离应当符合国务院有关部门的规定;经依法办理有关手续后,方可建设。

第十八条 航标设施以及其他辅助性设施,应当与港口同步建设,并保证按期投入使用。

港口内有关行政管理机构办公设施的建设应当符合港口总体规划,建设费用不得向港口经营人摊派。

第十九条 港口设施建设项目竣工后,应当按照国家有关规定经验收合格,方可投入使用。

港口设施的所有权,依照有关法律规定确定。

第二十条 县级以上有关人民政府应当保证必要的资金投入,用于港口公用的航道、防波堤、锚地等基础设施的建设和维护。具体办法由国务院规定。

第二十一条 县级以上有关人民政府应当采取措施,组织建设与港口相配套的航道、铁路、公路、给排水、供电、通信等设施。

第三章 港口经营

第二十二条 从事港口经营,应当向港口行政管理部门书面申请取得港口经营许可,并依法办理工商登记。

港口行政管理部门实施港口经营许可,应当遵循公开、公正、公平的原则。

港口经营包括码头和其他港口设施的经营,港口旅客运输服务经营,在港区内从事货物的装卸、驳运、仓储的经营和港口拖轮经营等。

第二十三条 取得港口经营许可,应当有固定的经营场所,有与经营业务相适应的设施、设备、专业技术人员和管理人员,并应当具备法律、法规规定的其他条件。

第二十四条 港口行政管理部门应当自收到本法第二十二条第一款规定的书面申请之

日起三十日内依法作出许可或者不予许可的决定。予以许可的,颁发港口经营许可证;不予许可的,应当书面通知申请人并告知理由。

第二十五条　国务院交通主管部门应当制定港口理货服务标准和规范。

经营港口理货业务,应当按照规定报港口行政管理部门备案。

港口理货业务经营人应当公正、准确地办理理货业务;不得兼营本法第二十二条第三款规定的货物装卸经营业务和仓储经营业务。

第二十六条　港口经营人从事经营活动,必须遵守有关法律、法规,遵守国务院交通主管部门有关港口作业规则的规定,依法履行合同约定的义务,为客户提供公平、良好的服务。

从事港口旅客运输服务的经营人,应当采取保证旅客安全的有效措施,向旅客提供快捷、便利的服务,保持良好的候船环境。

港口经营人应当依照有关环境保护的法律、法规的规定,采取有效措施,防治对环境的污染和危害。

第二十七条　港口经营人应当优先安排抢险物资、救灾物资和国防建设急需物资的作业。

第二十八条　港口经营人应当在其经营场所公布经营服务的收费项目和收费标准;未公布的,不得实施。

港口经营性收费依法实行政府指导价或者政府定价的,港口经营人应当按照规定执行。

第二十九条　国家鼓励和保护港口经营活动的公平竞争。

港口经营人不得实施垄断行为和不正当竞争行为,不得以任何手段强迫他人接受其提供的港口服务。

第三十条　港口行政管理部门依照《中华人民共和国统计法》和有关行政法规的规定要求港口经营人提供的统计资料,港口经营人应当如实提供。

港口行政管理部门应当按照国家有关规定将港口经营人报送的统计资料及时上报,并为港口经营人保守商业秘密。

第三十一条　港口经营人的合法权益受法律保护。任何单位和个人不得向港口经营人摊派或者违法收取费用,不得违法干预港口经营人的经营自主权。

第四章　港口安全与监督管理

第三十二条　港口经营人必须依照《中华人民共和国安全生产法》等有关法律、法规和国务院交通主管部门有关港口安全作业规则的规定,加强安全生产管理,建立健全安全生产责任制等规章制度,完善安全生产条件,采取保障安全生产的有效措施,确保安全生产。

港口经营人应当依法制定本单位的危险货物事故应急预案、重大生产安全事故的旅客紧急疏散和救援预案以及预防自然灾害预案,保障组织实施。

第三十三条　港口行政管理部门应当依法制定可能危及社会公共利益的港口危险货物

事故应急预案、重大生产安全事故的旅客紧急疏散和救援预案以及预防自然灾害预案,建立健全港口重大生产安全事故的应急救援体系。

第三十四条 船舶进出港口,应当依照有关水上交通安全的法律、行政法规的规定向海事管理机构报告。海事管理机构接到报告后,应当及时通报港口行政管理部门。

船舶载运危险货物进出港口,应当按照国务院交通主管部门的规定将危险货物的名称、特性、包装和进出港口的时间报告海事管理机构。海事管理机构接到报告后,应当在国务院交通主管部门规定的时间内作出是否同意的决定,通知报告人,并通报港口行政管理部门。但是,定船舶、定航线、定货种的船舶可以定期报告。

第三十五条 在港口内进行危险货物的装卸、过驳作业,应当按照国务院交通主管部门的规定将危险货物的名称、特性、包装和作业的时间、地点报告港口行政管理部门。港口行政管理部门接到报告后,应当在国务院交通主管部门规定的时间内作出是否同意的决定,通知报告人,并通报海事管理机构。

第三十六条 港口行政管理部门应当依法对港口安全生产情况实施监督检查,对旅客上下集中、货物装卸量较大或者有特殊用途的码头进行重点巡查;检查中发现安全隐患的,应当责令被检查人立即排除或者限期排除。

负责安全生产监督管理的部门和其他有关部门依照法律、法规的规定,在各自职责范围内对港口安全生产实施监督检查。

第三十七条 禁止在港口水域内从事养殖、种植活动。

不得在港口进行可能危及港口安全的采掘、爆破等活动;因工程建设等确需进行的,必须采取相应的安全保护措施,并报经港口行政管理部门批准。港口行政管理部门应当将审批情况及时通报海事管理机构,海事管理机构不再依照有关水上交通安全的法律、行政法规的规定进行审批。

禁止向港口水域倾倒泥土、砂石以及违反有关环境保护的法律、法规的规定排放超过规定标准的有毒、有害物质。

第三十八条 建设桥梁、水底隧道、水电站等可能影响港口水文条件变化的工程项目,负责审批该项目的部门在审批前应当征求港口行政管理部门的意见。

第三十九条 依照有关水上交通安全的法律、行政法规的规定,进出港口须经引航的船舶,应当向引航机构申请引航。引航的具体办法由国务院交通主管部门规定。

第四十条 遇有旅客滞留、货物积压阻塞港口的情况,港口行政管理部门应当及时采取有效措施,进行疏港;港口所在地的市、县人民政府认为必要时,可以直接采取措施,进行疏港。

第四十一条 港口行政管理部门应当组织制定所管理的港口的章程,并向社会公布。

港口章程的内容应当包括对港口的地理位置、航道条件、港池水深、机械设施和装卸能力等情况的说明,以及本港口贯彻执行有关港口管理的法律、法规和国务院交通主管部门有关规定的具体措施。

第四十二条　港口行政管理部门依据职责对本法执行情况实施监督检查。

港口行政管理部门的监督检查人员依法实施监督检查时,有权向被检查单位和有关人员了解有关情况,并可查阅、复制有关资料。

监督检查人员对检查中知悉的商业秘密,应当保密。

监督检查人员实施监督检查时,应当出示执法证件。

第四十三条　监督检查人员应当将监督检查的时间、地点、内容、发现的问题及处理情况作出书面记录,并由监督检查人员和被检查单位的负责人签字;被检查单位的负责人拒绝签字的,监督检查人员应当将情况记录在案,并向港口行政管理部门报告。

第四十四条　被检查单位和有关人员应当接受港口行政管理部门依法实施的监督检查,如实提供有关情况和资料,不得拒绝检查或者隐匿、谎报有关情况和资料。

第五章　法 律 责 任

第四十五条　港口经营人、港口理货业务经营人有本法规定的违法行为的,依照有关法律、行政法规的规定纳入信用记录,并予以公示。

第四十六条　有下列行为之一的,由县级以上地方人民政府或者港口行政管理部门责令限期改正;逾期不改正的,由作出限期改正决定的机关申请人民法院强制拆除违法建设的设施;可以处五万元以下罚款:

(一)违反港口规划建设港口、码头或者其他港口设施的;

(二)未经依法批准,建设港口设施使用港口岸线的。

建设项目的审批部门对违反港口规划的建设项目予以批准的,对其直接负责的主管人员和其他直接责任人员,依法给予行政处分。

第四十七条　在港口建设的危险货物作业场所、实施卫生除害处理的专用场所与人口密集区或者港口客运设施的距离不符合国务院有关部门的规定的,由港口行政管理部门责令停止建设或者使用,限期改正,可以处五万元以下罚款。

第四十八条　码头或者港口装卸设施、客运设施未经验收合格,擅自投入使用的,由港口行政管理部门责令停止使用,限期改正,可以处五万元以下罚款。

第四十九条　未依法取得港口经营许可证从事港口经营,或者港口理货业务经营人兼营货物装卸经营业务、仓储经营业务的,由港口行政管理部门责令停止违法经营,没收违法所得;违法所得十万元以上的,并处违法所得二倍以上五倍以下罚款;违法所得不足十万元的,处五万元以上二十万元以下罚款。

第五十条　港口经营人不优先安排抢险物资、救灾物资、国防建设急需物资的作业的,由港口行政管理部门责令改正;造成严重后果的,吊销港口经营许可证。

第五十一条　港口经营人违反有关法律、行政法规的规定,在经营活动中实施垄断行为或者不正当竞争行为的,依照有关法律、行政法规的规定承担法律责任。

第五十二条 港口经营人违反本法第三十二条关于安全生产的规定的,由港口行政管理部门或者其他依法负有安全生产监督管理职责的部门依法给予处罚;情节严重的,由港口行政管理部门吊销港口经营许可证,并对其主要负责人依法给予处分;构成犯罪的,依法追究刑事责任。

第五十三条 船舶进出港口,未依照本法第三十四条的规定向海事管理机构报告的,由海事管理机构依照有关水上交通安全的法律、行政法规的规定处罚。

第五十四条 未依法向港口行政管理部门报告并经其同意,在港口内进行危险货物的装卸、过驳作业的,由港口行政管理部门责令停止作业,处五千元以上五万元以下罚款。

第五十五条 在港口水域内从事养殖、种植活动的,由海事管理机构责令限期改正;逾期不改正的,强制拆除养殖、种植设施,拆除费用由违法行为人承担;可以处一万元以下罚款。

第五十六条 未经依法批准在港口进行可能危及港口安全的采掘、爆破等活动的,向港口水域倾倒泥土、砂石的,由港口行政管理部门责令停止违法行为,限期消除因此造成的安全隐患;逾期不消除的,强制消除,因此发生的费用由违法行为人承担;处五千元以上五万元以下罚款;依照有关水上交通安全的法律、行政法规的规定由海事管理机构处罚的,依照其规定;构成犯罪的,依法追究刑事责任。

第五十七条 交通主管部门、港口行政管理部门、海事管理机构等不依法履行职责,有下列行为之一的,对直接负责的主管人员和其他直接责任人员依法给予行政处分;构成犯罪的,依法追究刑事责任:

(一)违法批准建设港口设施使用港口岸线,或者违法批准船舶载运危险货物进出港口、违法批准在港口内进行危险货物的装卸、过驳作业的;

(二)对不符合法定条件的申请人给予港口经营许可的;

(三)发现取得经营许可的港口经营人不再具备法定许可条件而不及时吊销许可证的;

(四)不依法履行监督检查职责,对违反港口规划建设港口、码头或者其他港口设施的行为,未经依法许可从事港口经营业务的行为,不遵守安全生产管理规定的行为,危及港口作业安全的行为,以及其他违反本法规定的行为,不依法予以查处的。

第五十八条 行政机关违法干预港口经营人的经营自主权的,由其上级行政机关或者监察机关责令改正;向港口经营人摊派财物或者违法收取费用的,责令退回;情节严重的,对直接负责的主管人员和其他直接责任人员依法给予行政处分。

第六章 附 则

第五十九条 对航行国际航线的船舶开放的港口,由有关省、自治区、直辖市人民政府按照国家有关规定商国务院有关部门和有关军事机关同意后,报国务院批准。

第六十条 渔业港口的管理工作由县级以上人民政府渔业行政主管部门负责。具体管理办法由国务院规定。

前款所称渔业港口,是指专门为渔业生产服务、供渔业船舶停泊、避风、装卸渔获物、补充渔需物资的人工港口或者自然港湾,包括综合性港口中渔业专用的码头、渔业专用的水域和渔船专用的锚地。

第六十一条　军事港口的建设和管理办法由国务院、中央军事委员会规定。

第六十二条　本法自 2004 年 1 月 1 日起施行。

(二)关于《中华人民共和国港口法(草案)》的说明

——2002 年 12 月 24 日在第九届全国人民代表大会常务委员会第三十一次会议上

(交通部部长张春贤)

委员长、各位副委员长、秘书长、各位委员:

我受国务院的委托,现对《中华人民共和国港口法(草案)》作说明。

港口是国民经济和社会发展的重要基础设施。截至 2001 年底,全国已建成各类商港 1467 个,其中:海港 165 个,内河港 1302 个。这些港口中,主枢纽港 43 个(海港 20 个,内河港 23 个),地区重要港口 18 个,其他一般港口 1406 个。随着港口建设的快速发展,港口对国民经济和社会发展的促进作用日趋明显,对经济增长的贡献率显著提高。据有关方面统计,2001 年港口的货物吞吐量已达 24 亿吨,集装箱吞吐量达 2748 万标准箱,旅客吞吐量达 1.86 亿人次。

为了进一步促进港口的发展,充分发挥港口在经济、社会发展中的作用,国务院已于 2001 年决定对港口管理体制进行改革。目前,新的港口管理体制运行顺利。但是,在港口快速发展的同时,也出现了一些问题:一是,港口规划不科学、布局不合理,码头布点过密,腹地交叉、重叠,功能雷同,已有港口功能得不到充分发挥。二是,港口岸线使用不合理,深水浅用,优线劣用,岸线资源浪费很大。三是,港口结构不尽合理,适应大型船舶靠泊的集装箱码头和大宗散货码头仍显不足,现有能力已趋饱和,利用率达到或者超过 100%,而一般散杂货码头则明显过剩,低水平重复建设现象较为严重。四是,有的港口经营人经营行为不规范,盲目竞争、无序竞争,竞相压价,削弱了企业的经营效益。五是,有的港口经营人安全生产意识薄弱,安全隐患较多。六是,一些港口总体规划区内的设施建设多头审批,有的建设了许多非港口设施,甚至是永久性设施,增加了规划实施的难度。产生这些问题的一个重要原因是港口管理缺乏法律依据,港口经营缺乏必要的法律规范。因此,为了适应管理体制改革后新形势的需要,保证对港口依法实施管理,维护港口经营的良好秩序,促进港口健康发展,增强国际竞争能力,更好地为国民经济和社会发展服务,制定港口法是必要的。

交通部在总结我国港口发展经验的基础上,经过调查研究,起草了《中华人民共和国港口法(送审稿)》,报请国务院审议。国务院法制办多次征求国务院有关部门和一些地方以及港口和水上运输企业的意见,听取有关专家、学者的意见和建议,并赴国外和国内进行实地考察。在此基础上,会同交通部对送审稿反复研究、修改,形成了《中华人民共和国港口法(草案)》(以下简称草案)。草案已经国务院第 65 次常务会议讨论并原则通过。现就草案几个重要问题说明如下:

一、关于港口规划与建设

针对港口发展中出现的规划不科学、布局不合理、浪费岸线资源以及规划执行不力等问题,草案就加强港口规划与建设的管理作了以下规定:

(一)明确了港口规划的编制原则。

港口规划包括港口布局规划和港口总体规划。港口布局规划是指港口的分布规划,包括全国港口布局规划和省、自治区、直辖市港口布局规划。港口总体规划,是指一个港口在一定时期的具体规划,包括港界、自然条件、港区划分、现状评价、吞吐量和船型发展、港口性质和功能、水域和陆域使用、港航设施建设岸线使用、建设用地配置以及分期建设序列等内容。为了使港口规划更加科学,符合实际并与其他有关规划相衔接、协调,草案规定:"港口规划应当根据国民经济和社会发展的要求以及国防建设的需要编制,符合城镇体系规划,并与土地利用总体规划、城乡总体规划、江河流域规划、防洪规划、港口所在地河道(河口)整治规划、海洋功能区划以及其他交通运输方式的发展相衔接、协调。"

(二)明确了港口规划的制定和审批程序。

为了增强港口布局规划的权威性,强化规划的约束力,提高其制定和审批程序的透明度,草案规定:"全国港口布局规划,由国务院交通主管部门经征求国务院发展计划部门、国土资源行政主管部门、城乡规划行政主管部门、水行政主管部门、海洋行政主管部门、渔业行政主管部门以及有关军事机关的意见编制,报国务院批准后公布实施。""省、自治区、直辖市港口布局规划,由省、自治区、直辖市人民政府根据全国港口布局规划组织编制,并报国务院交通主管部门备案。国务院交通主管部门应当自收到备案材料之日起 30 日内进行审查。经审查符合全国港口布局规划的,准予备案,书面通知报送备案的省、自治区、直辖市;经审查不符合全国港口布局规划的,应当予以退回,书面说明理由,要求其修订后重新报送备案;30 日内未通知准予备案,也未予以退回的,视为准予备案。经国务院交通主管部门准予备案的省、自治区、直辖市港口布局规划,由省、自治区、直辖市人民政府公布实施。"

同时,考虑到港口总体规划的特点,港口总体规划的制定和审批既要符合港口布局规划的要求,又要考虑地方和有关部门的意见并保证主要港口以外的其他港口总体规划符合港口布局规划。因此,草案规定:港口总体规划由负责港口行政工作的部门经征求本级人民政府有关部门以及有关军事机关的意见编制,并报本级人民政府同意后按照规定批准、备案并公布实施。其中:主要港口的总体规划,由国务院交通主管部门征求国务院其他有关部门和有关军事机关的意见后会同有关省、自治区、直辖市人民政府批准,并公布实施;其他港口的总体规划,由省、自治区、直辖市人民政府批准,报国务院交通主管部门备案,并规定了国务院交通主管部门的备案审查程序。

(三)明确了港口建设的审批制度和促进港口发展的措施。

为了从建设环节把住关口,防止盲目建设港口、码头,浪费岸线资源,草案确立了港口建设的审批制度,规定:"港口建设应当符合港口规划。不得违反港口规划建设任何港口设施。违反港口规划建设港口设施,在建的,必须立即停建并予以拆除;已建成的,也必须立即拆除。""在港口总体规划区内建设港口设施使用港口岸线,应当经负责港口行政工作的部门批准;依照其他有关法律、行政法规的规定,须经审批的,还应当依法办理审批手续。"

草案在强化港口规划与建设管理的同时,还特别规定了促进港口发展的有关措施,主要有:一是,规定县级以上有关各级人民政府应当保证必要的资金投入,用于港口公用的航道、防波堤、锚地等基础设施的建设和维护,促进港口发展。二是,规定县级以上有关各级人民政府应当采取积极措施,组织建设与港口相配套的航道、铁路、公路、给排水、供电、通信等设施。三是,规定与港口相配套的航标设施、导航设施以及其他辅助性设施应当与港口同步建设,并保证按期投入使用。四是,规定港口内有关行政管理机构办公设施的建设应当符合港口总体规划,建设费用不得向港口经营人摊派。

二、关于港口经营与管理

为了加强对港口经营人的管理,规范其经营行为,维护正常的经营秩序,草案重点从以下几方面作了规定:

(一)规定了从事港口经营的准入制度

港口经营是一种面向社会的公共服务,而且具有一定的独占性,公众和企业选择服务提供者的余地较小。为了保证港口经营人的服务质量,防止经营欺诈行为的发生,切实维护企业和个人的合法权益,草案规定了港口经营许可制度,并明确了许可的范围、条件和程序。此外,草案还根据港口管理体制改革的精神,对经营港口理货业务规定了许可制度。

(二)明确了港口经营人的义务

针对港口经营活动中存在的一些问题,尤其是港口下放后可能出现的一些新情况,草案明确规定了港口经营人的义务,主要包括:

1. 应当向旅客提供快捷、便利的服务,保证旅客安全。

2. 港口经营人负有安全生产的责任,应当遵守国务院交通主管部门制定的港口业务操作规范,不得违规操作,不得指使、强令职工违章操作。船舶装卸、过驳危险货物或者船舶载运危险货物进出港口,应当将危险货物的名称、特性、包装和装卸或者过驳的时间和地点以及进出港口的时间等事项,按照国务院交通主管部门规定的时间报告海事管理机构和负责港口行政工作的部门。海事管理机构和负责港口行政工作的部门应当在接到报告后在国务院交通主管部门规定的时间内作出是否同意的决定,并通知报告人。但是,定船舶、定航线、定货种的船舶可以定期报告。火车或者其他机动车辆载运危险货物进出港口,应当将危险货物的名称、特性、包装和装卸以及进出港口的时间和地点等事项,按照国务院交通主管部门规定的时间报告负责港口行政工作的部门。负责港口行政工作的部门应当在接到报告后在国务院交通主管部门规定的时间内作出是否同意的决定,并通知报告人。

3. 优先安排运输抢险物资、救灾物资和国防物资。

4. 维护港口公平竞争秩序,不得利用其优势地位,排斥或者限制其他港口经营人的经营活动,妨碍公平竞争;不得利用其优势地位哄抬或者压低价格,损害客户和其他港口经营人的利益,并不得以其他手段强迫他人接受其提供的港口服务。

三、关于负责港口行政工作的部门的职责

根据港口管理体制改革的精神,中央直属和双重领导的港口全部下放地方管理,并实行政企分开,港务局不再承担行政管理职能。对港口的行政管理职能相应转移到了地方人民政府确定的负责港口行政工作的部门。依据有关文件规定,负责港口行政工作的部门既要依法加强管理,维护正常的港口经营秩序,又要防止滥用权力,违法行政,干预港口企业的经营自主权。据此,草案在赋予负责港口行政工作的部门必要的管理手段和职权的同时,还规定了相应的责任:一是,规定了不依法审批、许可的责任,即国务院交通主管部门不依据法定条件许可港口理货业务的,负责港口行政工作的部门不依据法定条件许可港口经营、审批港口总体规划区内建设港口设施使用港口岸线、审批港口危险货物作业场所和实施卫生除害处理的专用场所、审批船舶火车或者其他机动车辆装卸、过驳危险货物或者载运危险货物进出港口的,对直接负责的主管人员和其他直接责任人员依法给予降级或者撤职的行政处分;造成重大生产安全事故或者致使公共财产、国家和人民利益遭受重大损失的,依照刑法关于滥用职权罪、玩忽职守罪或者其他罪的规定,依法追究刑事责任。二是,规定了不依法实施监督检查的责任,即国务院交通主管部门和负责港口行政工作的部门对本法规定的事项不实施监督检查的,对直接负责的主管人员和其他直接责任人员依法给予降级或者撤职的行政处分;造成重大生产安全事故或者致使公共财产、国家和人民利益遭受重大损失的,依照刑法关于滥用职权罪、玩忽职守罪或者其他罪的规定,依法追究刑事责任。三是,规定了不依法及时撤销许可并予以处理的责任,即负责港口行政工作的部门发现港口理货业务经营人、港口经营人不再具备经营条件而不及时撤销许可并予以处理的,对直接负责的主管人员和其他直接责任人员依法给予降级或者撤职的行政处分;造成重大生产安全事故或者致使公共财产、国家和人

民利益遭受重大损失的,依照刑法关于滥用职权罪、玩忽职守罪或者其他罪的规定,依法追究刑事责任。四是,规定了对未经许可的行为不依法进行查处以及发现安全隐患不及时处理的责任,即负责港口行政工作的部门对未经许可擅自从事港口经营、擅自经营港口理货业务而不实施监督检查的,或者发现安全隐患不及时依法处理的,或者对违法行为不依法予以处罚的,对直接负责的主管人员和其他直接责任人员依法给予降级或者撤职的行政处分;造成重大生产安全事故或者致使公共财产、国家和人民利益遭受重大损失的,依照刑法关于滥用职权罪、玩忽职守罪或者其他罪的规定,依法追究刑事责任。

需要说明的是,我国现有沿海渔港 1022 个,内河渔港 120 个。这些渔港大多规模小,主要为渔业生产服务,历来由渔业行政主管部门负责管理,因此,草案规定:"渔业港口的管理工作由县级以上人民政府渔业行政主管部门负责,具体管理办法由国务院依据本法的原则制定。"同时,考虑到军港的特殊地位和作用,草案还规定:"军事港口的建设和管理办法由国务院、中央军事委员会依据本法的原则制定。"

《中华人民共和国港口法(草案)》和以上说明是否妥当,请审议。

二、《中华人民共和国航道法》

《中华人民共和国航道法》于 2014 年 12 月 28 日经第十二届全国人民代表大会常务委员会第十二次会议审议通过,2014 年 12 月 28 日中华人民共和国主席令第十七号公布,自 2015 年 3 月 1 日起施行。根据 2016 年 7 月 2 日第十二届全国人民代表大会常务委员会第二十一次会议《关于修改〈中华人民共和国节约能源法〉等六部法律的决定》修正。

《中华人民共和国航道法》是保护航道资源的"龙头法"和"根本大法"。它的出台,是水运行业发展史上的一座里程碑,使得我国近 13 万千米内河航道、8000 多千米沿海航道的规划、建设、养护、保护和管理进入有法可依的新时代。

（一）《中华人民共和国航道法》

第一章　总　　则

第一条　为了规范和加强航道的规划、建设、养护、保护,保障航道畅通和通航安全,促进水路运输发展,制定本法。

第二条　本法所称航道,是指中华人民共和国领域内的江河、湖泊等内陆水域中可以供船舶通航的通道,以及内海、领海中经建设、养护可以供船舶通航的通道。航道包括通航建筑物、航道整治建筑物和航标等航道设施。

第三条　规划、建设、养护、保护航道,应当根据经济社会发展和国防建设的需要,遵循综合利用和保护水资源、保护生态环境的原则,服从综合交通运输体系建设和防洪总体安排,统筹兼顾供水、灌溉、发电、渔业等需求,发挥水资源的综合效益。

第四条 国务院和有关县级以上地方人民政府应当加强对航道工作的领导,组织、协调、督促有关部门采取措施,保持和改善航道通航条件,保护航道安全,维护航道网络完整和畅通。

国务院和有关县级以上地方人民政府应当根据经济社会发展水平和航道建设、养护的需要,在财政预算中合理安排航道建设和养护资金。

第五条 国务院交通运输主管部门主管全国航道管理工作,并按照国务院的规定直接管理跨省、自治区、直辖市的重要干线航道和国际、国境河流航道等重要航道。

县级以上地方人民政府交通运输主管部门按照省、自治区、直辖市人民政府的规定主管所辖航道的管理工作。

国务院交通运输主管部门按照国务院规定设置的负责航道管理的机构和县级以上地方人民政府负责航道管理的部门或者机构(以下统称负责航道管理的部门),承担本法规定的航道管理工作。

第二章 航道规划

第六条 航道规划分为全国航道规划、流域航道规划、区域航道规划和省、自治区、直辖市航道规划。

航道规划应当包括航道的功能定位、规划目标、发展规划技术等级、规划实施步骤以及保障措施等内容。

航道规划应当符合依法制定的流域、区域综合规划,符合水资源规划、防洪规划和海洋功能区划,并与涉及水资源综合利用的相关专业规划以及依法制定的城乡规划、环境保护规划等其他相关规划和军事设施保护区划相协调。

第七条 航道应当划分技术等级。航道技术等级包括现状技术等级和发展规划技术等级。航道发展规划技术等级根据相关自然条件以及防洪、供水、水资源保护、生态环境保护要求和航运发展需求等因素评定。

第八条 全国航道规划由国务院交通运输主管部门会同国务院发展改革部门、国务院水行政主管部门等部门编制,报国务院批准公布。流域航道规划、区域航道规划由国务院交通运输主管部门编制并公布。

省、自治区、直辖市航道规划由省、自治区、直辖市人民政府交通运输主管部门会同同级发展改革部门、水行政主管部门等部门编制,报省、自治区、直辖市人民政府会同国务院交通运输主管部门批准公布。

编制航道规划应当征求有关部门和有关军事机关的意见,并依法进行环境影响评价。涉及海域、重要渔业水域的,应当有同级海洋主管部门、渔业行政主管部门参加。编制全国航道规划和流域航道规划、区域航道规划应当征求相关省、自治区、直辖市人民政府的意见。

流域航道规划、区域航道规划和省、自治区、直辖市航道规划应当符合全国航道规划。

第九条　依法制定并公布的航道规划应当依照执行;航道规划确需修改的,依照规划编制程序办理。

第三章　航 道 建 设

第十条　新建航道以及为改善航道通航条件而进行的航道工程建设,应当遵守法律、行政法规关于建设工程质量管理、安全管理和生态环境保护的规定,符合航道规划,执行有关的国家标准、行业标准和技术规范,依法办理相关手续。

第十一条　航道建设单位应当根据航道建设工程的技术要求,依法通过招标等方式选择具有相应资质的勘察、设计、施工和监理单位进行工程建设,对工程质量和安全进行监督检查,并对工程质量和安全负责。

从事航道工程建设的勘察、设计、施工和监理单位,应当依照法律、行政法规的规定取得相应的资质,并在其资质等级许可的范围内从事航道工程建设活动,依法对勘察、设计、施工、监理的质量和安全负责。

第十二条　有关县级以上人民政府交通运输主管部门应当加强对航道建设工程质量和安全的监督检查,保障航道建设工程的质量和安全。

第十三条　航道建设工程竣工后,应当按照国家有关规定组织竣工验收,经验收合格方可正式投入使用。

航道建设单位应当自航道建设工程竣工验收合格之日起六十日内,将竣工测量图报送负责航道管理的部门。沿海航道的竣工测量图还应当报送海军航海保证部门。

第十四条　进行航道工程建设应当维护河势稳定,符合防洪要求,不得危及依法建设的其他工程或者设施的安全。因航道工程建设损坏依法建设的其他工程或者设施的,航道建设单位应当予以修复或者依法赔偿。

第四章　航 道 养 护

第十五条　国务院交通运输主管部门应当制定航道养护技术规范。

负责航道管理的部门应当按照航道养护技术规范进行航道养护,保证航道处于良好通航技术状态。

第十六条　负责航道管理的部门应当根据航道现状技术等级或者航道自然条件确定并公布航道维护尺度和内河航道图。

航道维护尺度是指航道在不同水位期应当保持的水深、宽度、弯曲半径等技术要求。

第十七条　负责航道管理的部门应当按照国务院交通运输主管部门的规定对航道进行巡查,发现航道实际尺度达不到航道维护尺度或者有其他不符合保证船舶通航安全要求的情形,应当进行维护,及时发布航道通告并通报海事管理机构。

第十八条　海事管理机构发现航道损毁等危及通航安全的情形,应当及时通报负责航道管理的部门,并采取必要的安全保障措施。

其他单位和人员发现航道损毁等危及通航安全的情形,应当及时报告负责航道管理的部门或者海事管理机构。

第十九条　负责航道管理的部门应当合理安排航道养护作业,避免限制通航的集中作业和在通航高峰期作业。

负责航道管理的部门进行航道疏浚、清障等影响通航的航道养护活动,或者确需限制通航的养护作业的,应当设置明显的作业标志,采取必要的安全措施,并提前通报海事管理机构,保证过往船舶通行以及依法建设的工程设施的安全。养护作业结束后,应当及时清除影响航道通航条件的作业标志及其他残留物,恢复正常通航。

第二十条　进行航道养护作业可能造成航道堵塞的,有关负责航道管理的部门应当会同海事管理机构事先通报相关区域负责航道管理的部门和海事管理机构,共同制定船舶疏导方案,并向社会公告。

第二十一条　因自然灾害、事故灾难等突发事件造成航道损坏、阻塞的,负责航道管理的部门应当按照突发事件应急预案尽快修复抢通;必要时由县级以上人民政府组织尽快修复抢通。

船舶、设施或者其他物体在航道水域中沉没,影响航道畅通和通航安全的,其所有人或者经营人应当立即报告负责航道管理的部门和海事管理机构,按照规定自行或者委托负责航道管理的部门或者海事管理机构代为设置标志,并应当在海事管理机构限定的时间内打捞清除。

第二十二条　航标的设置、养护、保护和管理,依照有关法律、行政法规和国家标准或者行业标准的规定执行。

第二十三条　部队执行任务、战备训练需要使用航道的,负责航道管理的部门应当给予必要的支持和协助。

第五章　航道保护

第二十四条　新建、改建、扩建(以下统称建设)跨越、穿越航道的桥梁、隧道、管道、缆线等建筑物、构筑物,应当符合该航道发展规划技术等级对通航净高、净宽、埋设深度等航道通航条件的要求。

第二十五条　在通航河流上建设永久性拦河闸坝,建设单位应当按照航道发展规划技术等级建设通航建筑物。通航建筑物应当与主体工程同步规划、同步设计、同步建设、同步验收、同步投入使用。

闸坝建设期间难以维持航道原有通航能力的,建设单位应当采取修建临时航道、安排翻坝转运等补救措施,所需费用由建设单位承担。

在不通航河流上建设闸坝后可以通航的,闸坝建设单位应当同步建设通航建筑物或者预留通航建筑物位置,通航建筑物建设费用除国家另有规定外,由交通运输主管部门承担。

通航建筑物的运行应当适应船舶通行需要,运行方案应当经负责航道管理的部门同意并公布。通航建筑物的建设单位或者管理单位应当按照规定维护保养通航建筑物,保持其正常运行。

第二十六条 在航道保护范围内建设临河、临湖、临海建筑物或者构筑物,应当符合该航道通航条件的要求。

航道保护范围由县级以上地方人民政府交通运输主管部门会同水行政主管部门或者流域管理机构、国土资源主管部门根据航道发展规划技术等级和航道保护实际需要划定,报本级人民政府批准公布。国务院交通运输主管部门直接管理的航道的航道保护范围,由国务院交通运输主管部门会同国务院水行政主管部门、国务院国土资源主管部门和有关省、自治区、直辖市人民政府划定公布。航道保护范围涉及海域、重要渔业水域的,还应当分别会同同级海洋主管部门、渔业行政主管部门划定。

第二十七条 建设本法第二十四条、第二十五条第一款、第二十六条第一款规定的工程(以下统称与航道有关的工程),除依照法律、行政法规或者国务院规定进行的防洪、供水等特殊工程外,不得因工程建设降低航道通航条件。

第二十八条 建设与航道有关的工程,建设单位应当在工程可行性研究阶段就建设项目对航道通航条件的影响作出评价,并报送有审核权的交通运输主管部门或者航道管理机构审核,但下列工程除外:

(一)临河、临湖的中小河流治理工程;

(二)不通航河流上建设的水工程;

(三)现有水工程的水毁修复、除险加固、不涉及通航建筑物和不改变航道原通航条件的更新改造等不影响航道通航条件的工程。

建设单位报送的航道通航条件影响评价材料不符合本法规定的,可以进行补充或者修改,重新报送审核部门审核。

未进行航道通航条件影响评价或者经审核部门审核认为建设项目不符合本法规定的,建设单位不得建设。政府投资项目未进行航道通航条件影响评价或者经审核部门审核认为建设项目不符合本法规定的,负责建设项目审批的部门不予批准。

第二十九条 国务院或者国务院有关部门批准、核准的建设项目,以及与国务院交通运输主管部门直接管理的航道有关的建设项目的航道通航条件影响评价,由国务院交通运输主管部门审核；其他建设项目的航道通航条件影响评价，按照省、自治区、直辖市人民政府的规定由县级以上地方人民政府交通运输主管部门或者航道管理机构审核。

第三十条 航道上相邻拦河闸坝之间的航道通航水位衔接，应当符合国家规定的通航标准和技术要求。位于航道及其上游支流上的水工程，应当在设计、施工和调度运行中统筹考虑下游航道设计最低通航水位所需的下泄流量，但水文条件超出实际标准的除外。

保障下游航道通航所需的最小下泄流量以及满足航道通航条件允许的水位变化的确定，应当征求负责航道管理的部门的意见。

水工程需大幅度减流或者大流量泄水的，应当提前通报负责航道管理的部门和海事管理机构，给船舶避让留出合理的时间。

第三十一条 与航道有关的工程施工影响航道正常功能的，负责航道管理的部门、海事管理机构应当根据需要对航标或者航道的位置、走向进行临时调整；影响消除后应当及时恢复。所需费用由建设单位承担，但因防洪抢险工程引起调整的除外。

第三十二条 与航道有关的工程竣工验收前，建设单位应当及时清除影响航道通航条件的临时设施及其残留物。

第三十三条 与航道有关的工程建设活动不得危及航道安全。

与航道有关的工程建设活动损坏航道的，建设单位应当予以修复或者依法赔偿。

第三十四条 在通航水域上建设桥梁等建筑物，建设单位应当按照国家有关规定和技术要求设置航标等设施，并承担相应费用。

桥区水上航标由负责航道管理的部门、海事管理机构负责管理维护。

第三十五条 禁止下列危害航道通航安全的行为：

（一）在航道内设置渔具或者水产养殖设施的；

（二）在航道和航道保护范围内倾倒砂石、泥土、垃圾以及其他废弃物的；

（三）在通航建筑物及其引航道和船舶调度区内从事货物装卸、水上加油、船舶维修、捕鱼等，影响通航建筑物正常运行的；

（四）危害航道设施安全的；

（五）其他危害航道通航安全的行为。

第三十六条 在河道内采砂，应当依照有关法律、行政法规的规定进行。禁止在河道内依法划定的砂石禁采区采砂、无证采砂、未按批准的范围和作业方式采砂等非法采砂行为。

在航道和航道保护范围内采砂，不得损害航道通航条件。

第三十七条 本法施行前建设的拦河闸坝造成通航河流断航，需要恢复通航且具备建设通航建筑物条件的，由发展改革部门会同水行政主管部门、交通运输主管部门提出恢复通航方案，报本级人民政府决定。

第六章　法律责任

第三十八条　航道建设、勘察、设计、施工、监理单位在航道建设活动中违反本法规定的,由县级以上人民政府交通运输主管部门依照有关招标投标和工程建设管理的法律、行政法规的规定处罚。

第三十九条　建设单位未依法报送航道通航条件影响评价材料而开工建设的,由有审核权的交通运输主管部门或者航道管理机构责令停止建设,限期补办手续,处三万元以下的罚款;逾期不补办手续继续建设的,由有审核权的交通运输主管部门或者航道管理机构责令恢复原状,处二十万元以上五十万元以下的罚款。

报送的航道通航条件影响评价材料未通过审核,建设单位开工建设的,由有审核权的交通运输主管部门或者航道管理机构责令停止建设、恢复原状,处二十万元以上五十万元以下的罚款。

违反航道通航条件影响评价的规定建成的项目导致航道通航条件严重下降的,由前两款规定的交通运输主管部门或者航道管理机构责令限期采取补救措施或者拆除;逾期未采取补救措施或者拆除的,由交通运输主管部门或者航道管理机构代为采取补救措施或者依法组织拆除,所需费用由建设单位承担。

第四十条　与航道有关的工程的建设单位违反本法规定,未及时清除影响航道通航条件的临时设施及其残留物的,由负责航道管理的部门责令限期清除,处二万元以下的罚款;逾期仍未清除的,处三万元以上二十万元以下的罚款,并由负责航道管理的部门依法组织清除,所需费用由建设单位承担。

第四十一条　在通航水域上建设桥梁等建筑物,建设单位未按照规定设置航标等设施的,由负责航道管理的部门或者海事管理机构责令改正,处五万元以下罚款。

第四十二条　违反本法规定,有下列行为之一的,由负责航道管理的部门责令改正,对单位处五万元以下罚款,对个人处二千元以下罚款;造成损失的,依法承担赔偿责任:

(一)在航道内设置渔具或者水产养殖设施的;

(二)在航道和航道保护范围内倾倒砂石、泥土、垃圾以及其他废弃物的;

(三)在通航建筑物及其引航道和船舶调度区内从事货物装卸、水上加油、船舶维修、捕鱼等,影响通航建筑物正常运行的;

(四)危害航道设施安全的;

(五)其他危害航道通航安全的行为。

第四十三条　在河道内依法划定的砂石禁采区采砂、无证采砂、未按批准的范围和作业方式采砂等非法采砂的,依照有关法律、行政法规的规定处罚。

违反本法规定,在航道和航道保护范围内采砂,损害航道通航条件的,由负责航道管理的部门责令停止违法行为,没收违法所得,可以扣押或者没收非法采砂船舶,并处五万元以上三十万元以下罚款;造成损失的,依法承担赔偿责任。

第四十四条 违反法律规定,污染环境、破坏生态或者有其他环境违法行为的,依照《中华人民共和国环境保护法》等法律的规定处罚。

第四十五条 交通运输主管部门以及其他有关部门不依法履行本法规定的职责的,对直接负责的主管人员和其他直接责任人员依法给予处分。

负责航道管理的机构不依法履行本法规定的职责的,由其上级主管部门责令改正,对直接负责的主管人员和其他直接责任人员依法给予处分。

第四十六条 违反本法规定,构成违反治安管理行为的,依法给予治安管理处罚;构成犯罪的,依法追究刑事责任。

第七章 附 则

第四十七条 进出军事港口、渔业港口的专用航道不适用本法。专用航道由专用部门管理。

第四十八条 本法自 2015 年 3 月 1 日起施行。

(二)关于《中华人民共和国航道法(草案)》的说明

——2014 年 4 月 21 日在第十二届全国人民代表大会常务委员会第八次会议上

(交通运输部部长杨传堂)

委员长、各位副委员长、秘书长、各位委员:

我受国务院委托,现对《中华人民共和国航道法(草案)》作说明。

一、立法的必要性

航道是重要的公益性基础设施。我国现有内河航道通航里程近 13 万公里,沿海航道通航里程 8000 多公里,作为水路运输的基础,这些航道承载着约占社会货运总量 11% 和货物周转总量 47% 的货运量。但是相比于美国、德国等航运发达国家,我国航道的利用率还比较低,水路运输的效能还有待进一步发挥。实践中,我国航道保护和利用面临着航道规划科学化水平不足,航道建设等级和网络化程度较低,以及建设拦、跨、临航道建筑和进行非法采砂取土等活动造成碍航、断航等突出问题。

党中央、国务院高度重视航道事业对国民经济发展的带动作用。中央领导同志多次指示,要充分发挥内河航运作用,沿大江大河和陆路交通干线,推进梯度发展,推动产业转移,发展跨区域大交通大流通,形成新的区域经济增长极。加强航道的规划、建设和管理,将有限的航道资源保护好、利用好,对于促进具有运量大、能耗小、成本低、污染少等优势的水路运输业发展,进而带动相关区域经济发展,具有重要意义。

国务院 1987 年制定施行的《中华人民共和国航道管理条例》,对航道的保护和利用发挥了积极作用。但由于一些规定过于原则、约束力不强,对一些新问题、新情况缺乏规范,已无法适应新形势下航道保护和利用的要求,有必要在总结实践经验的基础上,完善相关制度,并与公路、铁路、机场、管道等重要基础设施的专门法律相配套,制定航道法。2011 年 1 月印发的《国务院关于加快长江等内河水运发展的意见》(国发〔2011〕2 号)中明确提出了"加快出台航道法"的意见。近年来,全国人大代表、政协委员多次提出抓紧制定航道法的建议或提案。全国人大常委会 2011 年选择航道法进行了立法项目论证,并将该项目列入《十二届全国人大常委会立法规划》和《全国人大常委会 2014 年立法工作计划》。

2006 年 9 月,原交通部向国务院报送了《中华人民共和国航道法(送审稿)》。法制办收到此件后,多次征求国务院有关部门、部分地方人民政府、企业和专家的意见,进行了实地调研,召开了座谈会、论证会,通过互联网向社会公开征求意见,会同交通运输部等部门对送审稿进行了反复研究、修改,形成了《中华人民共和国航道法(草案)》(以下简称草案)。草案已经 2014 年 4 月 2 日国务院第 43 次常务会议讨论通过。

二、草案的主要内容

(一)完善了航道规划的规定。航道规划是航道保护、利用的具体依据。草案一是规定航道规划分为全国航道规划、流域航道规划、区域航道规划和省、自治区、直辖市航道规划。二是按照利用的需要,明确了航道规划应当包括的具体内容。三是注重航道规划与其他规划的衔接,要求航道规划应当符合依法制定的流域、区域综合规划,水资源规划、防洪规划和海洋功能区划,并与涉及水资源综合利用的相关专业规划以及依法制定的其他相关规划和军事设施保护区划相协调。

(二)充实了航道建设、养护的规定。航道建设质量安全和规范的养护作业是保障航道安全、畅通的基础。草案一是针对保障航道建设质量安全的关键环节和主要问题,设专章对航道建设作了规定,要求航道工程建设应当遵守法律、行政法规关于建设工程质量管理、安全管理和环境保护的规定,符合航道规划,执行有关的国家标准、行业标准和技术规范。明确了航道建设各参与方的质量安全责任和交通运输主管部门的安全监管责任。二是从强化政府和航道管理部门责任着手充实了航道养护的相关规定,要求国务院交通运输主管部门应当制定航道养护技术规范;负责航道管理的部门应当按照航道养护技术规范进行航道养护,保证航道处于良好技术状态;并对航道的巡查、维修、抢修等主要养护制度以及疏浚、清障等养护作业的相关要求作了明确规定。

(三)强化了航道保护制度。针对拦、跨、临航道建筑物选址和建设对航道通航条件的要求保障不够,导致航道通航条件恶化的问题,草案明确和强化了航道保护的相关制度:一是建设跨越、穿越航道的建筑物、构筑物,应当符合该航道发展规划技术等级对通航净高、净宽、埋设深度等通航条件的要求。二是在通航河流上建设永久性拦河闸坝，建设单位应当按照航道发展规划技术等级建设通航建筑物，并实现同步规划、同步设计、同步建设、同步验收、同步投入使用"五同步"。三是在航道保护范围内建设临河、临湖建筑物或者构筑物，应当符合该航道通航条件的要求。四是对在航道内和航道保护范围内破坏航道通航条件的一些行为作了明确的禁止性规定。

草案还对违反本法行为的法律责任作了规定。

三、关于航道通航条件影响评价制度

实践中，拦、跨、临航道工程造成碍航、断航的问题较为突出。据交通运输部统计，建国初期全国内河航道通航总里程约为 17 万公里，由于一些拦截航道的工程没有相应建设过船设施，造成目前航道中断 4 万余公里。在我国现有的内河航道通航总里程中，三级及以上航道（可通航 1000 吨级以上船舶）仅占 7.9%，与美国占 61%、德国占 68% 的比例相比差距很大。同时，有关普查数据显示，全国航道上的拦河建筑物共 4186 座，其中建有过船设施的仅有 908 座，能正常使用过船设施的仅 621 座；桥梁共 40972 座，其中不满足通航标准的占 70%。

现行航道管理条例规定，修建与通航有关的设施或者治理河道、引水灌溉应当事先征求交通主管部门的意见。但是，由于征求意见制度约束力较弱，航道保护的问题一直没有得到很好解决。对不符合通航标准的拦、跨、临航道工程，如果没有必要的事前预防把关制度，一旦建成，事后再要拆除或改建，必然代价巨大。为了解决这方面的突出问题，从上世纪 90 年代开始，中央和一些地方开始对桥梁等与通航有关的工程建设探索实施航道影响审查制度，取得了很好的效果。从国外经验看，美国、俄罗斯、德国等航运发达国家也都设定了独立的通航条件论证、审查制度，有效促进和保障了水资源综合利用和航道的发展。根据航道保护的实际需要，在总结实践经验并征求有关部门和专家意见的基础上，草案设定了航道通航条件影响评价制度。

根据政府职能转变要求和行政审批制度改革的精神，草案将航道通航条件影响评价作为工程项目审批、核准的条件，并最大限度缩小了需要进行航道影响评价的建设项目的范围。草案规定：建设与航道有关的工程，建设单位应当在工程可行性研究阶段就建设项目对航道通航条件的影响作出评价，并送有审核权的交通运输主管部门审核。通过交通运输主管部门对航道通航条件影响评价进行的审核是建设项目审批或者核准的条件，未进行航道通航条件影响评价或者审核认为建设项目不符合本法规定的，负责项目审批或者核准的部门不予批准、核准，建设单位不得建设。同时，明确了不需要进行航道通航条件影响评价的法定范围。

《中华人民共和国航道法（草案）》和以上说明是否妥当，请审议。

三、与水运工程建设相关其他法律

除《中华人民共和国港口法》《中华人民共和国航道法》外,全国人大常委会还出台了与水运工程建设管理相关的其他一系列的法律,主要相关其他法律见表3-2-1。

与水运工程建设管理相关的法律　　　　　　表 3-2-1

法 律 名 称	发 布 令	施 行 日 期
中华人民共和国海上交通安全法	中华人民共和国主席令 1983 年第 7 号	1984 年 1 月 1 日
中华人民共和国海商法	中华人民共和国主席令 1992 年第 64 号	1993 年 7 月 1 日
中华人民共和国防洪法	中华人民共和国主席令 1997 年第 88 号	1998 年 1 月 1 日
中华人民共和国合同法	中华人民共和国主席令 1999 年第 15 号	1999 年 10 月 1 日
中华人民共和国招标投标法	中华人民共和国主席令 1999 年第 21 号	2000 年 1 月 1 日
中华人民共和国海洋环境保护法	中华人民共和国主席令 1999 年第 26 号	2000 年 4 月 1 日
中华人民共和国海域使用管理法	中华人民共和国主席令 2001 年第 61 号	2002 年 1 月 1 日
中华人民共和国环境影响评价法	中华人民共和国主席令 2002 年第 77 号	2003 年 9 月 1 日
中华人民共和国土地管理法	中华人民共和国主席令 1986 年第 41 号	1987 年 1 月 1 日
中华人民共和国城乡规划法	中华人民共和国主席令 2007 年第 74 号	2008 年 1 月 1 日
中华人民共和国节约能源法	中华人民共和国主席令 2007 年第 77 号	2008 年 4 月 1 日
中华人民共和国消防法	中华人民共和国主席令 2008 年第 6 号	2009 年 5 月 1 日
中华人民共和国水法	中华人民共和国主席令 1988 年第 61 号	1988 年 7 月 1 日
中华人民共和国水土保持法	中华人民共和国主席令 1991 年第 49 号	1991 年 6 月 29 日
中华人民共和国环境保护法	中华人民共和国主席令 1989 年第 22 号	1989 年 12 月 26 日
中华人民共和国安全生产法	中华人民共和国主席令 2002 年第 70 号	2002 年 11 月 1 日
中华人民共和国政府采购法	中华人民共和国主席令 2002 年第 68 号	2003 年 1 月 1 日

第三节　行 政 法 规

一、《中华人民共和国航道管理条例》

《中华人民共和国航道管理条例》于 1987 年 8 月 22 日由国务院发布,自 1987 年 10 月 1 日起施行。根据 2008 年 12 月 27 日《国务院关于修改〈中华人民共和国航道管理条例〉的决定》修订(国务院令第 545 号),自 2009 年 1 月 1 日起施行。

《中华人民共和国航道管理条例》的颁布实施,对加强航道规划、建设和管理,保护好、利用好有限的航道资源,发挥了重要作用。

《中华人民共和国航道管理条例》

第一章　总　　则

第一条　为加强航道管理,改善通航条件,保证航道畅通和航行安全,充分发挥水上交通在国民经济和国防建设中的作用,特制定本条例。

第二条　本条例适用于中华人民共和国沿海和内河的航道、航道设施以及与通航有关的设施。

第三条　国家鼓励和保护在统筹兼顾、综合利用水资源的原则下,开发利用航道,发展水运事业。

第四条　中华人民共和国交通部主管全国航道事业。

第五条　航道分为国家航道、地方航道和专用航道。

第六条　国家航道及其航道设施按海区和内河水系,由交通部或者交通部授权的省、自治区、直辖市交通主管部门管理。

地方航道及其航道设施由省、自治区、直辖市交通主管部门管理。

专用航道及其航道设施由专用部门管理。

国家航道和地方航道上的过船建筑物,按照国务院规定管理。

第二章　航道的规划和建设

第七条　航道发展规划应当依据统筹兼顾、综合利用的原则,结合水利水电、城市建设以及铁路、公路、水运发展规划和国家批准的水资源综合规划制定。

第八条　国家航道发展规划由交通部编制,报国务院审查批准后实施。

地方航道发展规划由省、自治区、直辖市交通主管部门编制,报省、自治区、直辖市人民政府审查批准后实施,并抄报交通部备案。

跨省、自治区、直辖市的地方航道的发展规划,由有关省、自治区、直辖市交通主管部门共同编制,报有关省、自治区、直辖市人民政府联合审查批准后实施,并抄报交通部备案;必要时报交通部审查批准后实施。

专用航道发展规划由专用航道管理部门会同同级交通主管部门编制,报同级人民政府批准后实施。

第九条　各级水利电力主管部门编制河流流域规划和与航运有关的水利、水电工程规划以及进行上述工程设计时,必须有同级交通主管部门参加。

各级交通主管部门编制渠化河流和人工运河航道发展规划和进行与水利水电有关的工程设计时,必须有同级水利电力主管部门参加。

各级水利电力主管部门、交通主管部门编制上述规划,涉及运送木材的河流和重要的渔业水域时,必须有同级林业、渔业主管部门参加。

第十条　航道应当划分技术等级。航道技术等级的划分,由省、自治区、直辖市交通主管部门或交通部派驻水系的管理机构根据通航标准提出方案。一至四级航道由交通部会同水利电力部及其他有关部门研究批准,报国务院备案;四级以下的航道,由省、自治区、直辖市人民政府批准,报交通部备案。

第十一条　建设航道及其设施，必须遵守国家基本建设程序的规定。工程竣工经验收合格后，方能交付使用。

第十二条　建设航道及其设施，不得危及水利水电工程、跨河建筑物和其他设施的安全。

因建设航道及其设施损坏水利水电工程、跨河建筑物和其他设施的，建设单位应当给予赔偿或者修复。

在行洪河道上建设航道，必须符合行洪安全的要求。

第三章　航道的保护

第十三条　航道和航道设施受国家保护，任何单位和个人均不得侵占或者破坏。交通部门应当加强对航道的养护，保证航道畅通。

第十四条　修建与通航有关的设施或者治理河道、引水灌溉，必须符合国家规定的通航标准和技术要求，并应当事先征求交通主管部门的意见。

违反前款规定，中断或者恶化通航条件的，由建设单位或者个人赔偿损失，并在规定期限内负责恢复通航。

第十五条　在通航河流上建设永久性拦河闸坝，建设单位必须按照设计和施工方案，同时建设适当规模的过船、过木、过鱼建筑物，并解决施工期间的船舶、排筏通航问题。过船、过木、过鱼建筑物的建设费用，由建设单位承担。

在不通航河流或者人工渠道上建设闸坝后可以通航的，建设单位应当同时建设适当规模的过船建筑物；不能同时建设的，应当预留建设过船建筑物的位置。过船建筑物的建设费用，除国家另有规定外，应当由交通部门承担。

过船、过木、过鱼建筑物的设计任务书、设计文件和施工方案，必须取得交通、林业、渔业主管部门的同意。

第十六条　因紧急抗旱需要，在通航河流上建临时闸坝，必须经县级以上人民政府批准。旱情解除后，建闸坝单位必须及时拆除闸坝，恢复通航条件。

第十七条　对通航河流上碍航的闸坝、桥梁和其他建筑物以及由建筑物所造成的航道淤积，由地方人民政府按照"谁造成碍航谁恢复通航"的原则，责成有关部门改建碍航建筑物或者限期补建过船、过木、过鱼建筑物，清除淤积，恢复通航。

第十八条　在通航河段或其上游兴建水利工程控制或引走水源，建设单位应当保证航道和船闸所需要的通航流量。在特殊情况下，由于控制水源或大量引水影响通航时，建设单位应当采取相应的工程措施，地方人民政府应当组织有关部门协商，合理分配水量。

第十九条　水利水电工程设施管理部门制定调度运行方案，涉及通航流量、水位和航行安全时，应当事先与交通主管部门协商。协商不一致时，由县级以上人民政府决定。

第二十条　在防洪、排涝、抗旱时，综合利用水利枢纽过船建筑物应当服从防汛抗旱指挥机构统一安排。

第二十一条　沿海和通航河流上设置的助航标志必须符合国家规定的标准。

在沿海和通航河流上设置专用标志必须经交通主管部门同意；设置渔标和军用标，必须报交通主管部门备案。

第二十二条　禁止向河道倾倒沙石泥土和废弃物。

在通航河道内挖取沙石泥土、堆存材料，不得恶化通航条件。

第二十三条　在航道内施工工程完成后，施工单位应当及时清除遗留物。

第四章　航道养护经费

第二十四条　经国家批准计征港务费的沿海和内河港口，进出港航道的维护费用由港务费开支。

第二十五条　专用航道的维护费用，由专用部门自行解决。

第二十六条　对中央、地方财政拨给的航道维护费用，必须坚持专款专用的原则。

第五章　罚　　则

第二十七条　对违反本条例规定的单位和个人，县以上交通主管部门可以视情节轻重给予警告、罚款的处罚。

第二十八条　当事人对交通主管部门的处罚不服的，可以向上级交通主管部门提出申诉；对上级交通主管部门的处理不服的，可以在接到处理决定书之日起15日内向人民法院起诉。逾期不起诉又不履行的，交通主管部门可以申请人民法院强制执行。

第二十九条　违反本条例的规定，应当受治安管理处罚的，由公安机关处理；构成犯罪的，由司法机关依法追究刑事责任。

第六章　附　　则

第三十条　本条例下列用语的含义是：

"航道"是指中华人民共和国沿海、江河、湖泊、运河内船舶、排筏可以通航的水域。

"国家航道"是指：（一）构成国家航道网、可以通航五百吨级以上船舶的内河干线航道；（二）跨省、自治区、直辖市，可以常年通航三百吨级以上船舶的内河干线航道；（三）沿海干线航道和主要海港航道；（四）国家指定的重要航道。

"专用航道"是指由军事、水利电力、林业、水产等部门以及其他企业事业单位自行建设、使用的航道。

"地方航道"是指国家航道和专用航道以外的航道。

"航道设施"是指航道的助航导航设施、整治建筑物、航运梯级、过船建筑物(包括过船闸坝)和其他航道工程设施。

"与通航有关的设施"是指对航道的通航条件有影响的闸坝、桥梁、码头、架空电线、水下电缆、管道等拦河、跨河、临河建筑物和其他工程设施。

第三十一条　本条例由交通部负责解释。交通部可以根据本条例制定实施细则。

第三十二条　本条例自 1987 年 10 月 1 日起施行。

二、《中华人民共和国航标条例》

《中华人民共和国航标条例》于 1995 年 12 月 3 日中华人民共和国国务院令第 187 号发布,自发布之日起施行。根据 2011 年 1 月 8 日《国务院关于废止和修改部分行政法规的决定》修订,自 2011 年 1 月 8 日起施行。

《中华人民共和国航标条例》对航标的适用范围、管理主体、航标保护、法律责任等做了详细规定,是航标管理的主要法规,对保障我国航标事业的发展起了重要作用。

《中华人民共和国航标条例》

第一条　为了加强对航标的管理和保护,保证航标处于良好的使用状态,保障船舶航行安全,制定本条例。

第二条　本条例适用于在中华人民共和国的领域及管辖的其他海域设置的航标。

本条例所称航标,是指供船舶定位、导航或者用于其他专用目的的助航设施,包括视觉航标、无线电导航设施和音响航标。

第三条　国务院交通行政主管部门负责管理和保护除军用航标和渔业航标以外的航标。国务院交通行政主管部门设立的流域航道管理机构、海区港务监督机构和县级以上地方人民政府交通行政主管部门,负责管理和保护本辖区内军用航标和渔业航标以外的航标。交通行政主管部门和国务院交通行政主管部门设立的流域航道管理机构、海区港务监督机构统称航标管理机关。

军队的航标管理机构、渔政渔港监督管理机构,在军用航标、渔业航标的管理和保护方面分别行使航标管理机关的职权。

第四条　航标的管理和保护,实行统一管理、分级负责和专业保护与群众保护相结合的原则。

第五条　任何单位和个人都有保护航标的义务。

禁止一切危害航标安全和损害航标工作效能的行为。

对于危害航标安全或者损害航标工作效能的行为,任何单位和个人都有权制止、检举和控告。

第六条　航标由航标管理机关统一设置;但是,本条第二款规定的航标除外。

专业单位可以自行设置自用的专用航标。专用航标的设置、撤除、位置移动和其他状况改变,应当经航标管理机关同意。

第七条　航标管理机关和专业单位设置航标,应当符合国家有关规定和技术标准。

第八条　航标管理机关设置、撤除航标或者移动航标位置以及改变航标的其他状况时,应当及时通报有关部门。

第九条　航标管理机关和专业单位分别负责各自设置的航标的维护保养,保证航标处于良好的使用状态。

第十条　任何单位或者个人发现航标损坏、失常、移位或者漂失时,应当立即向航标管理机关报告。

第十一条　任何单位和个人不得在航标附近设置可能被误认为航标或者影响航标工作效能的灯光或者音响装置。

第十二条　因施工作业需要搬迁、拆除航标的,应当征得航标管理机关同意,在采取替补措施后方可搬迁、拆除。搬迁、拆除航标所需的费用,由施工作业单位或者个人承担。

第十三条　在视觉航标的通视方向或者无线电导航设施的发射方向,不得构筑影响航标正常工作效能的建筑物、构筑物,不得种植影响航标正常工作效能的植物。

第十四条　船舶航行时,应当与航标保持适当距离,不得触碰航标。

船舶触碰航标,应当立即向航标管理机关报告。

第十五条　禁止下列危害航标的行为:

(一)盗窃、哄抢或者以其他方式非法侵占航标、航标器材;

(二)非法移动、攀登或者涂抹航标;

(三)向航标射击或者投掷物品;

(四)在航标上攀架物品,拴系牲畜、船只、渔业捕捞器具、爆炸物品等;

(五)损坏航标的其他行为。

第十六条　禁止破坏航标辅助设施的行为。

前款所称航标辅助设施,是指为航标及其管理人员提供能源、水和其他所需物资而设置的各类设施,包括航标场地、直升机平台、登陆点、码头、趸船、水塔、储水池、水井、油(水)泵房、电力设施、业务用房以及专用道路、仓库等。

第十七条　禁止下列影响航标工作效能的行为:

(一)在航标周围20米内或者在埋有航标地下管道、线路的地面钻孔、挖坑、采掘土石、堆放物品或者进行明火作业;

(二)在航标周围150米内进行爆破作业;

(三)在航标周围500米内烧荒;

（四）在无线电导航设施附近设置、使用影响导航设施工作效能的高频电磁辐射装置、设备；

（五）在航标架空线路上附挂其他电力、通信线路；

（六）在航标周围抛锚、拖锚、捕鱼或者养殖水生物；

（七）影响航标工作效能的其他行为。

第十八条　对有下列行为之一的单位和个人，由航标管理机关给予奖励：

（一）检举、控告危害航标的行为，对破案有功的；

（二）及时制止危害航标的行为，防止事故发生或者减少损失的；

（三）捞获水上漂流航标，主动送交航标管理机关的。

第十九条　违反本条例第六条第二款的规定，擅自设置、撤除、移动专用航标或者改变专用航标的其他状况的，由航标管理机关责令限期拆除、重新设置、调整专用航标。

第二十条　有下列行为之一的，由航标管理机关责令限期改正或者采取相应的补救措施：

（一）违反本条例第十一条的规定，在航标附近设置灯光或者音响装置的；

（二）违反本条例第十三条的规定，构筑建筑物、构筑物或者种植植物的。

第二十一条　船舶违反本条例第十四条第二款的规定，触碰航标不报告的，航标管理机关可以根据情节处以 2 万元以下的罚款；造成损失的，应当依法赔偿。

第二十二条　违反本条例第十五条、第十六条、第十七条的规定，危害航标及其辅助设施或者影响航标工作效能的，由航标管理机关责令其限期改正，给予警告，可以并处 2000 元以下的罚款；造成损失的，应当依法赔偿。

第二十三条　违反本条例，危害军用航标及其辅助设施或者影响军用航标工作效能，应当处以罚款的，由军队的航标管理机构移交航标管理机关处罚。

第二十四条　违反本条例规定，构成违反治安管理行为的，由公安机关依照《中华人民共和国治安管理处罚法》予以处罚；构成犯罪的，依法追究刑事责任。

第二十五条　本条例自发布之日起施行。

三、与水运工程建设相关其他行政法规

除《中华人民共和国航道管理条例》《中华人民共和国航标条例》外，国务院还出台了与水运工程建设管理相关的一系列行政法规，主要相关其他行政法规见表 3-3-1。

与水运工程建设相关其他行政法规　　　　　　　　　　表 3-3-1

法规名称	发布令	施行日期
中华人民共和国河道管理条例	中华人民共和国国务院令 1988 年第 3 号	1988 年 6 月 10 日
建设项目环境保护管理条例	中华人民共和国国务院令 1998 年第 253 号	1998 年 11 月 29 日

续上表

法 规 名 称	发 布 令	施 行 日 期
建设工程质量管理条例	中华人民共和国国务院令2000年第279号	2000年1月30日
长江河道采砂管理条例	中华人民共和国国务院令2001年第320号	2002年1月1日
建设工程安全生产管理条例	中华人民共和国国务院令2003年第393号	2004年2月1日
取水许可和水资源费征收管理条例	中华人民共和国国务院令2006年第460号	2006年4月15日
规划环境影响评价条例	中华人民共和国国务院令2009年第559号	2009年10月1日
中华人民共和国招标投标法实施条例	中华人民共和国国务院令2011年第613号	2012年2月1日
中华人民共和国政府采购法实施条例	中华人民共和国国务院令2014年第658号	2015年3月1日
建设工程勘察设计管理条例	中华人民共和国国务院令2000年第293号	2000年9月25日
中华人民共和国内河交通安全管理条例	中华人民共和国国务院令2002年第355号	2002年8月1日

第四节 部 颁 规 章

一、《港口工程建设管理规定》

(一)概述

改革开放以来,为适应经济发展和扩大对外开放的需要,中央、地方政府和企业积极筹资建设港口码头,推动了港口工程建设的发展步伐。为了保证港口建设健康、有序、快速地发展,1995年11月,国务院办公厅转发国家计委、交通部《关于加强港口建设宏观管理的意见》,其中提出了加强港口建设的规划管理;加强岸线统一管理;加强港口建设项目审批管理,严格按基本建设程序办事;加强信息统计工作;加快制定《中华人民共和国港口法》及其配套法规,依法对港口进行宏观调控与管理等意见。

为了做好港口建设项目竣工验收工作,交通部根据国家计委1990年颁发的《建设项目(工程)竣工验收办法》等有关规定,结合港口建设项目特点,制定《交通部港口建设项目(工程)竣工验收办法》,于1995年2月28日起施行。

2003年《中华人民共和国港口法》出台,其中第五条鼓励国内外经济组织和个人依法投资建设、经营港口,为港口建设采用多种融资模式提供了良好的政策环境。为适应港口工程建设新要求,规范港口工程竣工验收工作,保证港口工程质量,保护人民生命和财产安全,交通部制定《港口工程竣工验收办法》,自2005年6月1日起施行,并分别于2014年和2016年进行了修正。为加强港口建设管理,规范港口建设市场秩序,交通部制定《港口建设管理规定》,自2007年6月1日起施行。

《港口工程竣工验收办法》和《港口建设管理规定》颁布实施以来,对规范和加强港口建设管理,保证和提升港口工程质量发挥了重要的作用。随着近年来党中央、国务院不断推进行政审批制度改革和深化投融资体制改革,港口工程建设管理面临新的形势和要求:一方面,2016 年《中共中央国务院关于深化投融资体制改革的意见》《企业投资项目核准和备案管理条例》和《政府核准的投资项目目录(2016 年本)》相继印发,对建设项目的监管方式提出了新的要求,明确管理重心从事前审批转向过程服务和事中事后监管;提出简化建设项目前置条件,建立并联审批、协同监管机制等改革要求。另一方面,《中华人民共和国安全生产法》《中华人民共和国消防法》《中华人民共和国职业病防治法》《建设项目环境保护管理条例》等法律法规对安全、消防、环保、职业病防护设施等在试运行、验收和监管方式等方面进行了较大调整。因此,本着实事求是、问题导向的原则,交通运输部对《港口工程竣工验收办法》《港口建设管理规定》有关内容进行了全面梳理,并进一步优化了规章体系结构,将上述两部规章合并为《港口工程建设管理规定》。

《港口工程建设管理规定》于 2018 年 1 月 10 日经第 1 次部务会议通过,2018 年 1 月 15 日中华人民共和国交通运输部令 2018 年第 2 号公布,自 2018 年 3 月 1 日起施行。根据 2018 年 11 月 28 日《交通运输部关于修改〈港口工程建设管理规定〉的决定》(中华人民共和国交通运输部令 2018 年第 42 号)第一次修正。根据 2019 年 11 月 28 日《交通运输部关于修改〈港口工程建设管理规定〉的决定》(中华人民共和国交通运输部令 2019 年第 32 号)第二次修正。

(二)《港口工程建设管理规定》

第一章　总　　则

第一条　为了加强港口工程建设管理,规范港口工程建设活动,保证港口工程质量,根据《中华人民共和国港口法》《建设工程质量管理条例》《建设工程勘察设计管理条例》《企业投资项目核准和备案管理条例》等法律、行政法规,制定本规定。

第二条　在中华人民共和国境内从事港口工程建设活动,适用本规定。

本规定所称港口工程建设,是指在港口规划范围内,为实现港口功能进行新建、改建和扩建的码头工程(含舾装码头工程)及其同时立项的配套设施、防波堤、锚地、护岸等工程建设。

第三条　交通运输部主管全国港口工程建设的行业管理工作。

省级交通运输主管部门负责本行政区域内港口工程建设的监督管理工作。

所在地港口行政管理部门按照地方人民政府的规定具体实施本行政区域内港口工程建设的监督管理工作。

第四条　港口工程建设应当符合法规、技术标准和港口规划。

第五条 港口工程安全设施应当与主体工程同时设计、同时施工、同时投入使用。

新建、改建、扩建的码头工程应当规划、设计和建设岸基供电设施。已建成的码头应当逐步实施岸基供电设施改造。

港口工程应当按照法规和技术标准要求同时建设船舶污染物接收设施,并做好与城市公共转运、处置设施的衔接。

客运码头工程应当按照法规和技术标准要求建设客运设施,满足旅客安全、便捷出行需要。

第六条 鼓励港口工程建设采用新技术、新设备、新工艺、新材料,推行施工质量和安全标准化管理,加强施工安全风险管控,科学组织建设。

第七条 港口工程建设的项目单位(以下简称项目单位)应当通过登录国家建立的项目在线监管平台(以下简称在线平台)进行项目申报,并按照要求填写开工建设、建设进度、竣工等信息。

省级交通运输主管部门、所在地港口行政管理部门应当利用在线平台进行在线审批、在线监测、协同监管等,提高信息化管理水平。

第二章 建设程序管理

第八条 港口工程建设项目应当按照国家规定的建设程序进行。除国家另有规定外,不得擅自简化基本建设程序。

第九条 政府投资的港口工程建设项目应当执行以下建设程序:

(一)开展工程预可行性研究,编制项目建议书;

(二)根据批准的项目建议书,进行工程可行性研究,编制可行性研究报告;

(三)根据批准的可行性研究报告,编制初步设计文件;

(四)根据批准的初步设计文件,编制施工图设计文件;

(五)办理施工图设计审批手续;

(六)根据国家有关规定,依法办理开工前相关手续,具备条件后开工建设;

(七)组织工程实施;

(八)工程完工后,编制竣工材料,进行工程竣工验收的各项准备工作;

(九)组织竣工验收。

第十条 企业投资的港口工程建设项目应当执行以下建设程序:

(一)编制项目申请书或者填写备案信息,履行核准或者备案手续;

(二)根据核准的项目申请书或者备案信息,编制初步设计文件;

(三)根据批准的初步设计文件,编制施工图设计文件;

(四)办理施工图设计审批手续;

（五）根据国家有关规定，依法办理开工前相关手续，具备条件后开工建设；

（六）组织工程实施；

（七）工程完工后，编制竣工材料，进行工程竣工验收的各项准备工作；

（八）组织竣工验收。

第十一条 储存、装卸危险货物的港口工程建设项目，项目单位除执行本规定第九条、第十条的规定外，还应当按照《中华人民共和国安全生产法》《危险化学品安全管理条例》《港口危险货物安全管理规定》等要求，办理安全条件审查、安全设施设计审查手续，组织安全设施验收。

第十二条 港口工程建设项目需要使用港口岸线的，项目单位应当按照港口岸线使用的管理规定办理港口岸线使用手续。未取得岸线使用批准文件或者交通运输部关于岸线使用的意见，不得开工建设。

第十三条 交通运输部负责国家重点水运工程建设项目初步设计审批。

省级交通运输主管部门负责经省级人民政府及其投资主管部门审批、核准或者备案的港口工程建设项目初步设计审批。

所在地港口行政管理部门负责其余港口工程建设项目初步设计审批。

第十四条 项目单位应当向有审批权限的交通运输主管部门或者所在地港口行政管理部门申请初步设计审批，并提供以下材料：

（一）申请文件；

（二）初步设计文件；

（三）经批准的可行性研究报告，或者经核准的项目申请书，或者备案证明。

第十五条 编制港口工程建设项目初步设计文件，应当符合以下要求：

（一）建设方案符合港口总体规划；

（二）建设规模、标准及主要建设内容等符合项目审批、核准文件或者备案信息；

（三）设计符合有关技术标准，编制格式和内容符合水运工程设计文件编制要求。

第十六条 所在地港口行政管理部门负责港口工程建设项目施工图设计审批，对施工图设计文件中涉及公共利益、公众安全、工程建设强制性标准的内容进行审查。

第十七条 项目单位应当向所在地港口行政管理部门申请施工图设计审批，并提供以下材料：

（一）申请文件；

（二）施工图设计文件；

（三）经批准的初步设计文件。

施工图设计文件应当集中报批。对于工期长、涉及专业多的项目，可以分批报批。项目单位在首次申请施工图设计文件审批时，应当将分批安排报所在地港口行政管理部门。

第十八条 编制港口工程建设项目施工图设计文件,应当符合以下要求:

(一)建设规模、标准及主要建设内容符合经批准的初步设计文件;

(二)设计符合有关技术标准,编制格式和内容符合水运工程设计文件编制要求。

第十九条 对于技术复杂、难度较大、风险较大的港口工程建设项目,交通运输主管部门或者所在地港口行政管理部门在审批初步设计前应当委托另一设计单位进行技术审查咨询。受委托的设计单位资质等级应当不低于原初步设计文件编制单位资质等级。

所在地港口行政管理部门在审批施工图设计前可以委托另一设计单位进行技术审查咨询。受委托的设计单位资质等级应当不低于原施工图设计文件编制单位资质等级。

第二十条 技术审查咨询主要核查以下内容,并对工程设计方案和概(预)算编制提出合理化建议:

(一)工程建设规模和主要建设内容与项目审批、核准文件或者备案信息的符合性;

(二)工程设计与强制性标准的符合性;

(三)总平面布置、主要工艺流程、主要设备配置的合理性;

(四)地基基础、主体结构的合理性、安全性、稳定性、耐久性;

(五)环境保护、安全、职业病防护、消防、节能等涉及公共安全、公众利益的工程措施与强制性标准的符合性;

(六)工程概(预)算的编制依据和方法的合理性。

第二十一条 交通运输主管部门、所在地港口行政管理部门应当在法定期限内对受理的设计审批申请作出书面决定,并告知项目单位;需要延长审批时限的,应当依法按照程序办理。

第二十二条 港口工程建设项目设计文件经批准后方可使用。

第二十三条 对于建设内容简单、投资规模较小的按照备案管理的港口工程建设项目,初步设计和施工图设计可以合并设计,深度应当达到施工图设计要求。

第三章　建设实施管理

第二十四条 项目单位应当在立项审批、核准文件及其他文件规定的有效期内开工建设。在有效期内不能开工建设的,应当按照规定在有效期届满前申请延期。

第二十五条 港口工程建设项目在条件具备后方可开工建设。项目单位在开工建设前,应当完成法规规定的各项手续,登录在线平台填写项目开工基本信息,并接受省级交通运输主管部门、所在地港口行政管理部门等对项目依法负有监督管理职责的相关部门的监管。

所在地港口行政管理部门应当通过在线监测、现场核查等方式加强对项目开工建设的监管。

第二十六条　项目单位依据国家有关规定对港口工程建设项目实行全过程管理,对工程质量和安全管理负总责。

项目单位应当符合《水运建设市场监督管理办法》规定的管理能力;不具备管理能力的,应当按照规定委托符合条件的代建单位进行项目建设管理。

第二十七条　经核准的企业投资港口工程建设项目建设地点发生变更,或者建设规模、内容发生较大变更的,项目单位应当向项目核准机关提出变更申请。已备案的企业投资港口工程建设项目信息发生较大变更的,企业应当及时告知备案机关。

政府投资的港口工程建设项目投资概算超过项目批准的投资估算10%的,或者项目建设地点、建设内容及规模发生重大变化的,项目单位应当按照项目审批机关的要求重新报送可行性研究报告。

第二十八条　港口工程建设项目出现批准机关调整审批、核准文件或者重新办理备案的,项目单位应当向初步设计审批部门申请调整初步设计审批内容。

第二十九条　港口工程建设项目设计文件一经批准,应当严格遵照执行,不得擅自变更。确需对设计文件内容进行变更的,应当履行相关手续后方可实施。

第三十条　港口工程建设项目设计变更应当符合强制性标准和技术规范,满足工程安全、质量、使用功能和环境保护等要求。

第三十一条　设计变更发生下列情形之一的,由原初步设计审批部门审批:

(一)对工程总平面布置进行重大调整,主要包括水域设计水深、码头或者防波堤顶高程、陆域生产区主要布置形式、防波堤轴向或者口门尺度等;

(二)改变主要水工建筑物结构型式;

(三)改变主要装卸工艺方案;

(四)政府投资港口工程建设项目超出初步设计批准总概算但在项目批准的投资估算10%以内。

前款规定的设计变更涉及施工图设计重大修改的,还应当由原施工图设计审批部门审批。

第三十二条　设计变更发生下列情形之一的,由原施工图设计审批部门审批:

(一)对工程总平面布置进行较大调整,主要包括水域主要布置形式、陆域辅助生产区主要布置形式等;

(二)调整主要生产建筑物结构型式;

(三)调整主要装卸工艺设备配置规模。

第三十三条　审批部门在批准设计变更时,可以委托另一设计单位进行技术审查咨询。受委托的设计单位资质等级应当不低于原设计文件编制单位资质等级。

第三十四条　本规定第三十一条、第三十二条以外的设计变更,项目单位应当加强管理,制定设计变更内部管理程序,不得随意变更设计内容,或者采取肢解设计变更内容等方式规避设计变更审批手续。

第三十五条 港口工程建设项目设计变更文件应当由原设计单位编制,或者经原设计单位书面同意,也可以由其他具有相应资质的设计单位编制。编制单位对设计变更文件承担相应责任。

第三十六条 申请港口工程建设项目设计变更,应当提交以下材料:

(一)申请文件;

(二)设计变更文件,内容包括港口工程建设项目的基本情况、拟变更的主要内容以及设计变更的合理性论证;设计变更前后相应的勘察、设计图纸;工程量、概算变化对照清单和分项投资等。

第三十七条 因应急抢险等紧急情况引起本规定第三十一条、第三十二条规定的设计变更情形的,项目单位可以先行组织实施,但应当在 10 个工作日内书面报告设计变更审批部门,并按照要求及时履行相应的设计变更手续。

第四章 验 收 管 理

第三十八条 港口工程建设项目应当按照法规和国家有关规定及时组织竣工验收,经竣工验收合格后方可正式投入使用。

本规定所称竣工验收,是指港口工程建设项目完工后、正式投入使用前,对工程交工验收、执行强制性标准、投资使用等情况进行全面检查验收,以及对工程建设、设计、施工、监理等工作进行综合评价。

第三十九条 港口工程建设项目合同段完工后,由项目单位组织设计、施工、监理、试验检测等单位进行交工验收,并邀请所在地港口行政管理部门参加。

第四十条 交工验收应当具备以下条件:

(一)合同约定的各项内容已建设完成,未遗留有碍船舶航行和港口作业安全的隐患;

(二)项目单位组织对工程质量的检测结果合格;

(三)监理单位对工程质量的评定(评估)合格;

(四)质量监督机构对工程交工质量核验合格;

(五)设计单位、施工单位、监理单位已完成工作总结报告。

第四十一条 交工验收的主要工作内容:

(一)检查合同执行情况,核验工程建设内容与批复的设计内容是否一致;

(二)检查施工自检报告、施工总结报告及施工资料;

(三)检查监理单位独立抽检资料、监理总结报告及质量评定资料;

（四）检查设计单位对工程设计符合性评价意见和设计总结报告；

（五）检查工程实体质量；

（六）对合同是否全面执行、工程质量是否合格作出结论，出具交工验收意见。

第四十二条　港口工程建设项目建成后，符合竣工验收条件的，项目单位应当及时办理港口工程竣工验收手续。

第四十三条　国家重点水运工程建设项目由项目单位向省级交通运输主管部门申请竣工验收。

前款规定以外的港口工程建设项目，属于政府投资的，由项目单位向所在地港口行政管理部门申请竣工验收；属于企业投资的，由项目单位组织竣工验收。

所在地港口行政管理部门应当加强对项目单位验收活动和验收结果的监督核查。

第四十四条　省级交通运输主管部门或者所在地港口行政管理部门应当按照国家规定的程序和时限完成港口工程竣工验收。竣工验收合格的，应当签发《港口工程竣工验收证书》。

第四十五条　港口工程建设项目竣工验收的主要依据是：

（一）法规及相关技术标准、规范；

（二）项目审批、核准文件或者备案证明；

（三）项目初步设计、施工图设计、设计变更等批准文件；

（四）主要设备技术规格或者说明书；

（五）合同文件。

第四十六条　港口工程建设项目竣工验收应当具备以下条件：

（一）已按照批准的工程设计和有关合同约定的各项内容建设完成，各合同段交工验收合格；建设项目有尾留工程的，尾留工程不得影响建设项目的投产使用，尾留工程投资额可以根据实际测算投资额或者按照工程概算所列的投资额列入竣工决算报告，但不超过工程总投资的5%；

（二）主要工艺设备或者设施通过调试具备生产条件；

（三）环境保护设施、安全设施、职业病防护设施、消防设施已按照有关规定通过验收或者备案；航标设施以及其他辅助性设施已按照《中华人民共和国港口法》的规定，与港口工程同时建设，并保证按期投入使用；

（四）竣工档案资料齐全，并通过专项验收；

（五）竣工决算报告编制完成，按照国家有关规定需要审计的，已完成审计；

（六）廉政建设合同已履行。

第四十七条　项目单位向所在地港口行政管理部门申请竣工验收，应当提交以下材料：

（一）申请文件；

（二）竣工验收报告。

第四十八条 申请或者组织竣工验收前,项目单位应当组织编制竣工验收报告,竣工验收报告应当包括以下内容:

（一）项目单位工作报告;

（二）设计、施工、监理等单位的工作报告;

（三）质量监督机构出具的交工质量核验意见;

（四）竣工决算报告(按照国家有关规定需要审计的,应当包括竣工决算审计报告);

（五）环境保护设施、安全设施、职业病防护设施、消防设施已按照有关部门规定通过验收或者备案的相关文件;

（六）有关批准文件。

第四十九条 港口工程建设项目竣工验收的主要内容:

（一）检查工程执行有关部门批准文件情况;

（二）检查工程实体建设情况,核查质量监督机构出具的交工质量核验意见;

（三）检查工程合同履约情况;

（四）检查工程执行强制性标准情况;

（五）检查环境保护设施、安全设施、职业病防护设施、消防设施、档案等验收或者备案情况;

（六）检查竣工验收报告编制情况;

（七）检查廉政建设合同执行情况;

（八）对存在问题和尾留工程提出处理意见;

（九）对港口工程建设、设计、施工、监理等单位的工作作出综合评价;

（十）对工程竣工验收是否合格作出结论,出具竣工验收现场核查报告。

第五十条 港口工程建设项目竣工验收应当成立竣工验收现场核查组对工程进行现场核查。

竣工验收现场核查组应当由验收组织部门或者单位、所在地港口行政管理部门、质量监督机构、项目单位人员和专家等组成,并应当邀请海事管理机构等其他依法对项目负有监督管理职责的相关部门参加。

工程设计、施工、监理、试验检测等单位人员应当参加现场核查。

第五十一条 竣工验收现场核查组成员应当为9人以上单数,其中专家不少于5人;竣工验收现场核查组组长由负责组织竣工验收的部门或者单位人员担任。

对于建设内容简单、投资规模较小的备案项目,竣工验收现场核查组可以由7人以上单数组成,其中专家不少于4人。

第五十二条 竣工验收专家应当具有一定的水运工程建设和管理经验,具备良好的职业道德,具有高级专业技术职称,且不得与项目单位以及勘察、设计、施工、监理、试验检测等单位有直接利害关系。

第五十三条　竣工验收现场核查组应当对照港口工程竣工验收主要内容,客观公正、实事求是地对工程进行现场核查,形成竣工验收现场核查报告。

第五十四条　竣工验收现场核查报告应当全面反映竣工验收现场核查工作开展情况和工程建设实际情况,并明确作出竣工验收合格或者不合格的核查结论。

第五十五条　竣工验收现场核查报告由竣工验收现场核查组全体成员签字。

竣工验收现场核查组成员对核查结论有不同意见的,应当以书面形式说明其不同意见和理由,竣工验收现场核查报告应当注明不同意见。竣工验收现场核查组组长应当组织全体成员对不同意见进行研究,提出竣工验收是否合格的核查结论。

竣工验收现场核查组成员拒绝在核查报告上签字,又不书面说明其不同意见和理由的,视为同意核查结论。

第五十六条　竣工验收现场核查报告明确竣工验收合格但提出整改要求的,项目单位应当进行整改,将整改情况形成书面材料存档;竣工验收现场核查报告明确竣工验收不合格的,项目单位整改后应当重新申请或者组织竣工验收。

第五十七条　港口工程建设项目竣工验收合格后15日内,由项目单位负责组织竣工验收的,项目单位应当将修改完善的竣工验收报告和竣工验收现场核查报告报所在地港口行政管理部门。由省级交通运输主管部门或者所在地港口行政管理部门负责组织竣工验收的,省级交通运输主管部门或者所在地港口行政管理部门应当按照要求将竣工验收报告和竣工验收现场核查报告报上一级交通运输主管部门。

省级交通运输主管部门、所在地港口行政管理部门应当在港口工程建设项目竣工验收后30日内向海事管理机构通报通航技术尺度等信息。

第五十八条　港口工程建设项目竣工验收合格后,项目单位应当按照要求及时登录在线平台填报竣工基本信息。

第五十九条　交通运输主管部门、所在地港口行政管理部门应当通过市场检查、专项督查等方式对项目单位组织的竣工验收工作进行监督检查。上级交通运输主管部门应当对省级交通运输主管部门或者所在地港口行政管理部门组织的竣工验收工作进行监督检查。

第六十条　对于一次设计、分期建成的港口工程建设项目,可以对已建成具有独立使用功能并符合竣工验收条件的部分港口工程建设项目进行分期竣工验收。企业投资的港口工程建设项目的分期竣工验收方案应当报所在地港口行政管理部门。

第六十一条　港口工程建设项目有尾留工程的,项目单位应当落实竣工验收现场核查报告对尾留工程的处理意见。尾留工程完工并符合交工验收条件后,项目单位应当组织尾留工程验收,验收通过后将相关资料报所在地港口行政管理部门。

第六十二条　港口工程建设项目竣工验收合格后,项目单位应当按照国家有关规定办理档案、固定资产交付使用等相关手续;需要进行港口经营的,应当按照《港口经营管理规定》的要求办理相关手续。

第五章　工程信息及档案管理

第六十三条　港口工程建设项目实行信息报送制度。

第六十四条　省级交通运输主管部门、所在地港口行政管理部门应当按照政府信息公开和报送的要求,做好工程建设项目信息的公开和报送工作。

第六十五条　项目单位应当自工程开工建设之日起按照统计制度规定每月报送工程建设信息,并登录在线平台填报项目建设动态进度基本信息。

项目单位应当指定信息员及时进行信息的收集、整理、统计和报送工作,确保信息真实、准确和完整,不得谎报、瞒报、漏报。

第六十六条　项目单位应当建立健全工程档案管理制度,保证档案资料真实、准确和完整,督促勘察、设计、施工、监理、试验检测等单位加强建设项目档案管理,按照有关规定办理工程竣工档案专项验收。

第六十七条　项目单位应当按照国家有关规定负责港口工程建设项目档案的收集、整理和归档,包括纸质技术档案资料、电子技术档案资料、影像及图片资料等。

第六十八条　港口工程建设项目勘察、设计、施工、监理、试验检测等单位应当加强资料档案的管理,按照国家有关规定建立健全工程项目档案,对各环节的文件、图片、影像等资料进行立卷归档。

第六章　法律责任

第六十九条　项目单位有下列行为之一的,由所在地港口行政管理部门责令改正,处20万元以上50万元以下的罚款:

(一)施工图设计未经批准,擅自开工建设的;

(二)施工图设计经批准后,对本规定第三十一条、第三十二条规定的情形擅自作出变更或者采取肢解变更内容等方式规避审批并开工建设的。

第七十条　项目单位有下列行为之一的,由所在地港口行政管理部门责令停止使用,处工程合同价款2%以上4%以下的罚款:

(一)未组织竣工验收或者验收不合格,擅自交付使用的;

(二)对不符合竣工验收条件和要求的项目按照合格项目验收的。

第七十一条　项目单位违反本规定未按时报送项目建设信息的,由所在地港口行政管理部门责令限期整改；省级交通运输主管部门或者所在地港口行政管理部门违反本规定未按时报送相关信息的，由其上级交通运输主管部门责令限期整改。

第七十二条　交通运输主管部门、所在地港口行政管理部门在办理设计审批、设计变更、竣工验收等手续中存在滥用职权、玩忽职守、徇私舞弊等行为的，由有关行政主管部门对直接责任人给予行政处分；构成犯罪的，由司法机关依法追究刑事责任。

第七章　附　则

第七十三条　本规定所称国家重点水运工程建设项目，是指国务院投资主管部门审批、核准或者交通运输部审批的港口工程建设项目。

第七十四条　本规定第十四条、第十七条、第三十六条、第四十七条要求提供的材料，可以是纸质文本或者电子文本。

第七十五条　港口公用航道工程按照交通运输部关于航道工程建设管理的有关规定执行。

第七十六条　本规定自 2018 年 3 月 1 日起施行。2007 年 4 月 24 日以交通部令 2007 年第 5 号发布的《港口建设管理规定》、2005 年 4 月 12 日以交通部令 2005 年第 2 号发布的《港口工程竣工验收办法》、2014 年 9 月 5 日以交通运输部令 2014 年第 12 号发布的《关于修改〈港口工程竣工验收办法〉的决定》、2016 年 4 月 19 日以交通运输部令 2016 年第 44 号发布的《关于修改〈港口工程竣工验收办法〉的决定》同时废止。

二、《航道工程建设管理规定》

（一）概述

航道是水运的基础，是国家重要的公益性交通基础设施。航道的建设及其功能的发挥直接影响到水路交通运输和地区社会经济的发展。

1964 年《国务院关于加强航道管理和养护工作的指示》中提出："为了保证航道畅通和航行安全，改善通航条件，提高通过能力，充分发挥水运在国民经济中应有的作用，必须认真加强对航道的管理和养护工作。"

1987 年，国务院颁布《中华人民共和国航道管理条例》，对航道建设做了原则性的规定。为贯彻《中华人民共和国航道管理条例》，交通部于 1991 年 8 月颁布《中华人民共和国航道管理条例实施细则》，并于 2009 年 6 月进行了修订。

随着我国改革开放的深化和社会经济的发展，航道事业的发展面临着许多新形势、新情况和新问题。为加强水运资源的宏观调控，合理开发利用，规范建设行为，保证工程质量，减少投资风险，提高投资效益，保障航道事业的全面、协调和可持续发展，在总结分析多年来的实践经验,并借鉴其他相关行业管理立法经验的基础上,交通部制定了《航道建设管理规定》。《航道建设管理规定》于2007年3月12日经第3次部务会议通过,2007年4月11日以中华人民共和国交通部令2007年第3号发布,自2007年5月1日起施行。其中对航道建设监督管理、建设程序管理、建设市场管理、工程质量和安全管理、建设资金管理、工程信息及档案管理、法律责任等内容进行了明确规定。后根据2018年11月28日《交通运输部关于修改〈航道建设管理规定〉的决定》(中华人民共和国交通运输部令2018年第44号)修正。

为加强内河航运建设项目(工程)竣工验收工作的管理,交通部根据国家计委1990年颁发的《建设项目(工程)竣工验收办法》等有关规定,并结合内河航运工程的特点,制定了《内河航运建设项目(工程)竣工验收办法》,于1996年11月4日起施行。其中对适用范围、验收依据、验收条件、验收程序、验收组织、验收资料、竣工决算等进行了规定。

为了适应我国航道建设快速发展的要求,进一步规范航道建设管理行为,结合新时期航道工程竣工验收的实际情况,交通部在《内河航运建设项目(工程)竣工验收办法》的基础上,制定了《航道工程竣工验收管理办法》(中华人民共和国交通部令2008年第1号),自2008年3月1日起施行。根据2014年9月5日交通运输部《关于修改〈航道工程竣工验收管理办法〉的决定》(中华人民共和国交通运输部令2014年第13号)修正。

《航道建设管理规定》和《航道工程竣工验收管理办法》颁布实施以来,对规范和加强航道建设管理,保障和提升航道工程质量起到了重要作用。近年来,党中央、国务院不断推进行政审批制度改革和深化投融资体制改革,加大转变政府职能、简政放权和优化服务力度,《中华人民共和国航道法》《企业投资项目核准和备案管理条例》《政府投资条例》《中共中央国务院关于深化投融资体制改革的意见》《交通运输领域中央与地方财政事权和支出责任划分改革方案》等相继出台,航道工程建设管理面临新的形势和管理要求。本着与时俱进、目标导向的原则,交通运输部对《航道建设管理规定》和《航道工程竣工验收管理办法》有关内容进行了全面梳理,进一步优化了规章体系结构,将上述两部规章整合为《航道工程建设管理规定》。2019年12月6日,《航道工程建设管理规定》(中华人民共和国交通运输部令2019年第44号)公布,自2020年2月1日起施行。

（二）《航道工程建设管理规定》

第一章　总　　则

第一条　为加强航道工程建设管理,规范航道工程建设活动,提高建设管理水平,根据《中华人民共和国航道法》《航道管理条例》《建设工程质量管理条例》《建设工程勘察设计管理条例》《企业投资项目核准和备案管理条例》《政府投资条例》等法律、行政法规,制定本规定。

第二条　在中华人民共和国境内从事航道工程建设活动,适用本规定。

本规定所称航道工程建设,是指新建航道以及为改善航道条件而进行的航道整治、航道疏浚工程和航运枢纽、通航建筑物等工程及其配套设施的工程建设。

第三条　交通运输部主管全国航道工程建设的行业管理工作,并具体负责中央财政事权航道的建设管理。

交通运输部具体负责的中央财政事权航道的建设管理工作,可以按照规定委托交通运输部设置的负责航道管理的机构、省级人民政府确定的负责航道管理的部门或者机构承担。

县级以上地方人民政府交通运输主管部门按照省、自治区、直辖市人民政府的规定主管所辖航道工程建设的管理工作。

第四条　航道工程建设应当坚持生态优先、绿色发展,遵守法律、行政法规关于建设工程质量管理、安全管理和生态环境保护的规定,符合航道规划,执行有关国家标准、行业标准和技术规范,依法办理相关手续。

第五条　鼓励航道工程建设采用新技术、新设备、新工艺、新材料,推行施工质量和安全标准化管理,加强施工安全风险管控和应急能力配备,科学组织建设。

第二章　建设程序管理

第六条　航道工程建设项目应当按照国家规定的建设程序进行。除国家另有规定外,不得擅自简化基本建设程序。

第七条　政府投资的航道工程建设项目,一般应当执行以下基本建设程序:

(一)根据相关规划,开展预可行性研究,编制项目建议书;

(二)根据批准的项目建议书,进行可行性研究,编制可行性研究报告;

(三)根据批准的可行性研究报告,编制初步设计文件;

(四)根据批准的初步设计文件,编制施工图设计文件;

(五)办理施工图设计审批手续;

(六)根据国家有关规定,依法办理开工前相关手续,具备开工条件后开工建设;

(七)组织工程实施;

(八)工程建成后,编制竣工资料,进行工程竣工验收的各项准备工作;

(九)组织竣工验收。

第八条　企业投资的航道工程建设项目,应当执行以下基本建设程序:

(一)根据规划,编制项目申请书或者填写备案信息,履行核准或者备案手续;

(二)根据核准的项目申请书或者备案信息,编制初步设计文件;

（三）根据批准的初步设计文件,编制施工图设计文件;

（四）办理施工图设计审批手续;

（五）根据国家有关规定,依法办理开工前相关手续,具备开工条件后开工建设;

（六）组织工程实施;

（七）工程建成后,编制竣工资料,进行工程竣工验收的各项准备工作;

（八）组织竣工验收。

第九条 交通运输部按照权限负责中央财政事权航道工程建设项目的项目建议书、可行性研究报告的批准工作。项目建议书和可行性研究报告的编制和委托咨询等工作按照有关规定执行。

第十条 交通运输部负责中央财政事权航道工程建设项目的初步设计审批。

县级以上地方交通运输主管部门按照规定的职责,负责其他航道工程建设项目的初步设计审批。

第十一条 由交通运输部负责审批初步设计的航道工程建设项目,项目单位应当通过交通运输部按照国务院规定设置的负责航道管理的机构或者项目所在地省级交通运输主管部门向交通运输部提出申请。

交通运输部按照国务院规定设置的负责航道管理的机构或者省级交通运输主管部门应当在收齐上述申请材料之日起3个工作日内将有关材料转报交通运输部。

其他航道工程建设项目的初步设计审批,项目单位应当向有审批权限的县级以上地方交通运输主管部门提出申请。

第十二条 项目单位申请航道工程建设项目初步设计审批,应当提供以下材料:

（一）申请文件;

（二）初步设计文件;

（三）经批准的可行性研究报告,或者经核准的项目申请书,或者备案证明。

第十三条 编制航道工程建设项目初步设计文件,应当符合以下要求:

（一）建设方案符合有关航道、港口等规划;

（二）建设规模、标准及主要建设内容等符合项目审批、核准文件或者备案信息;

（三）设计符合有关技术标准,编制格式和内容符合水运工程设计文件编制要求。

第十四条 县级以上交通运输主管部门按照规定的职责对航道工程建设项目施工图设计文件中涉及公共利益、公众安全、工程建设强制性标准的内容进行审查。

第十五条 项目单位向有审批权限的交通运输主管部门申请施工图设计审批,应当提供以下材料:

（一）申请文件;

（二）施工图设计文件;

（三）经批准的初步设计文件。

施工图设计文件原则上应当集中报批。对于工期长、涉及专业多的项目，可以分批报批。项目单位在首次申请施工图设计文件审批时，应当将分批安排报施工图审批部门。

第十六条　编制航道工程建设项目施工图设计文件，应当符合以下基本要求：

（一）建设规模、标准及主要建设内容符合经批准的初步设计文件；

（二）设计符合有关技术标准，编制格式和内容符合水运工程设计文件编制要求。

第十七条　对于技术复杂、难度较大、风险较大的航道工程建设项目，负责初步设计审批的部门在审批初步设计前应当委托初步设计编制单位以外的其他设计单位进行技术审查咨询。受委托的设计单位资质等级应当不低于原初步设计文件编制单位资质等级。

对于航运枢纽、通航建筑物等技术复杂、难度较大、风险较大的航道工程建设项目，负责施工图设计审批的部门在审批施工图设计前应当委托施工图设计单位以外的其他设计单位进行技术审查咨询。受委托的设计单位资质等级应当不低于原施工图设计文件编制单位资质等级。

第十八条　技术审查咨询主要核查以下内容，并对工程设计方案和概（预）算编制提出咨询意见：

（一）工程建设规模和主要建设内容与项目审批、核准文件或者备案信息的符合性；施工图技术审查咨询还应当核查与初步设计文件的符合性；

（二）工程设计与强制性标准的符合性；

（三）总体设计、总体布置、主要设备配置的合理性；

（四）地基基础、主要建筑物、金属结构等设计的合理性、安全性、稳定性、耐久性；

（五）主要施工方案、施工组织设计、疏浚土处理方式等的合理性；

（六）环境保护、安全、防震、消防、节能等涉及公共利益、公众安全的工程措施与强制性标准的符合性；

（七）工程概（预）算的编制依据和方法的合理性。

第十九条　交通运输主管部门应当在法定期限内对受理的设计审批申请作出书面决定，并告知项目单位；需要延长审批时限的，应当依法按照程序办理。

第二十条　航道工程建设项目设计文件经批准后方可使用。

第二十一条　对于建设内容简单、投资规模较小的航道整治、航道疏浚等航道工程建设项目，初步设计和施工图设计可以合并设计，深度应当达到施工图设计要求。

第二十二条　经核准的企业投资航道工程建设项目建设地点发生变更，或者建设规模、内容发生较大变更的，项目单位应当向项目核准机关提出变更申请。已备案的企业投资航道工程建设项目信息发生较大变更的，企业应当及时告知备案机关。

政府投资的航道工程建设项目投资概算调整的，按照国家有关规定执行。

第二十三条 航道工程建设项目出现批准机关调整审批、核准文件或者重新办理备案的，项目单位应当向初步设计审批部门申请调整初步设计审批内容。

第三章 建设实施管理

第二十四条 项目单位应当在立项审批、核准文件及其他文件规定的有效期内开工建设。在有效期内不能开工建设的，应当按照规定在有效期满前办理延期手续。

第二十五条 航道工程建设项目在条件具备后方可开工建设。项目单位在开工建设前，应当办理完成法规规定的各项手续，登录国家建立的全国投资项目在线监管平台进行项目申报，并按照要求填写项目开工建设、建设进度、竣工等基本信息，并接受依法负有监督管理职责的部门的监督管理。

交通运输主管部门应当利用在线平台进行在线审批、在线监测、协同监管等，提高信息化管理水平。

第二十六条 项目单位依据国家有关规定对航道工程建设项目实行全过程管理，对工程质量和安全管理负总责。项目单位应当合理确定并严格执行建设工期，任何单位和个人不得非法干预。

项目单位应当符合《水运建设市场监督管理办法》规定的管理能力；不具备管理能力的，应当按照规定委托符合条件的代建单位进行项目建设管理。

第二十七条 航道工程建设项目设计文件一经批准，应当严格遵照执行，不得擅自变更。确需对设计文件内容进行变更的，应当履行相关手续后方可实施。

项目单位不得以肢解设计变更内容的方式规避办理相关手续。

第二十八条 航道工程建设项目设计变更应当符合强制性标准和技术规范要求，满足工程安全、质量、使用功能和环境保护等要求。

第二十九条 设计变更发生下列情形之一的，由原初步设计审批部门审批：

（一）航道整治工程。

1.连续调整航道轴线布置，改变主要建筑物的平面布置、高程和主要结构型式；

2.护岸、护滩、护底结构范围调整超过原设计范围30%，清礁工程量调整超过原设计工程量30%；

3.单位工程调增费用超过10%且不低于1000万元；

4.政府投资航道工程建设项目超出初步设计批准总概算但在项目批准的投资估算10%以内。

（二）航道疏浚工程。

1.改变疏浚边线、设计底高程；

2.单位工程疏浚工程量调增超过原设计工程量30%；

3.单位工程调增费用超过10%且不低于1000万元;

4.政府投资航道工程建设项目超出初步设计批准总概算但在项目批准的投资估算10%以内。

(三)航运枢纽工程。

1.改变航运枢纽总体布置,改变主要建筑物的平面布置、高程和主要结构型式,改变主要水工建筑物的基础处理方式、消能防冲方式;

2.改变通航建筑物的输水系统型式、工作闸阀门和启闭型式,改变升船机的驱动方式;

3.改变水轮发电机组型式、单机容量、配置数量和重要技术参数;

4.改变电站接入系统方式和电气主接线方案;

5.改变施工导流标准和导流方式;

6.调增辅助生产、生活建筑物规模超过原设计规模的5%;

7.政府投资航道工程建设项目超出初步设计批准总概算但在项目批准的投资估算10%以内。

(四)通航建筑物工程。

1.改变通航建筑物平面布置、高程和主要结构型式,改变主要建筑物的基础处理方式、消能防冲方式;

2.改变通航建筑物的输水系统型式、工作闸阀门和启闭型式,改变升船机的驱动方式;

3.改变施工导流标准和导流方式;

4.调增辅助生产、生活建筑物规模超过原设计规模的5%;

5.政府投资航道工程建设项目超出初步设计批准总概算但在项目批准的投资估算10%以内。

前款规定的设计变更涉及施工图设计重大修改的,还应当由原施工图设计审批部门审批。

第三十条　设计变更发生下列情形之一的,由原施工图设计审批部门审批:

(一)航道整治工程。

1.护岸、护滩、护底工程范围调整超过原设计范围15%,清礁工程量调整超过原设计工程量15%;

2.单位工程调增费用超过10%且不低于500万元。

(二)航道疏浚工程。

1.单位工程疏浚工程量调增超过原设计工程量15%;

2.单位工程调增费用超过10%且不低于500万元;

3.调整疏浚工程抛泥区的控制高程。

(三)航运枢纽工程。

1.局部调整枢纽工程总平面布置但不影响其功能和规模;

2.调整主要配套工程、公用工程的规模和平面布置,调增辅助生产、生活建筑物规模超过原设计规模3%但不超过5%;

3.改变导流建筑物型式;

4.改变高压配电装置和高压引出线设计方案,改变电站控制运行方式及继电保护方案;

5.改变次要或者一般水工建筑物的布置或结构型式、基础处理方式、一般机电设备及金属结构设计,且工程费用变化超过单项工程总投资的5%。

(四)通航建筑物工程。

1.局部调整通航建筑物总平面布置但不影响其功能和规模;

2.调整主要配套工程、公用工程的规模和平面布置,调增辅助生产、生活建筑物规模超过原设计规模3%但不超过5%;

3.改变导流建筑物型式;

4.改变次要或一般水工建筑物的布置或者结构型式、基础处理方式、一般金属结构设计,且工程费用变化超过单项工程总投资的5%。

第三十一条 审批部门在批准设计变更时,可以委托另一设计单位进行技术审查咨询。受委托的设计单位资质等级应当不低于原设计文件编制单位资质等级。

第三十二条 本规定第二十九条、第三十条以外的设计变更,项目单位应当加强管理,制定设计变更内部管理程序,不得随意变更设计内容或者采取肢解设计变更内容等方式规避设计变更审批手续。

第三十三条 航道工程建设项目设计变更文件应当由原设计单位编制,或者经原设计单位书面同意,也可以由其他具有相应资质的设计单位编制。编制单位对设计变更文件承担相应责任。

第三十四条 申请航道工程建设项目设计变更,应当提交以下材料:

(一)申请文件;

(二)设计变更文件。内容包括该航道工程建设项目的基本情况、拟变更的主要内容以及设计变更的合理性论证;设计变更前后相应的勘察、设计图纸;工程量、概算变化对照清单和分项投资等。

第三十五条 因应急抢险等紧急情况引起的第二十九条、第三十条设计变更情形的,项目单位可先行组织实施,但应当在10个工作日内书面报告设计变更审批部门,并按要求及时履行相应的设计变更手续。

第四章　验收管理

第三十六条　航道工程建设项目应当按照法规和国家有关规定及时组织竣工验收，经竣工验收合格后方可正式交付使用。

本规定所称竣工验收，是指航道工程建设项目完工后、正式投入使用前，对工程交工验收、航运枢纽工程阶段验收、工程质量、强制性标准执行、资金使用等情况进行全面检查验收，以及对工程建设、设计、施工、监理等工作进行综合评价。

第三十七条　航道工程建设项目合同段完工后，由项目单位组织设计、施工、监理、试验检测等单位进行交工验收，并邀请具体负责建设项目监督管理工作的交通运输主管部门和质量监督机构参加。

第三十八条　交工验收应当具备以下条件：

（一）合同约定的各项内容已建设完成，未遗留有碍船舶安全航行和工程运行安全的隐患；

（二）项目单位组织对工程质量的检测结果合格；

（三）监理单位对工程质量的评定（评估）合格；

（四）质量监督机构对工程交工质量核验合格；

（五）设计单位、施工单位、监理单位已完成工作总结报告。

第三十九条　交工验收的主要工作内容：

（一）检查合同执行情况，核验工程建设内容与批复的设计内容是否一致；

（二）检查施工自检报告、施工总结报告及施工资料；

（三）检查监理单位独立抽检资料、监理总结报告及质量评定资料；

（四）检查设计单位对工程设计符合性评价意见和设计总结报告；

（五）检查工程实体质量；

（六）对合同是否全面执行、工程质量是否合格作出结论，出具交工验收意见。

第四十条　航运枢纽工程在截流前、水库蓄水前、通航前、机组启动前等关键阶段，项目单位应当组织设计、施工、监理、试验检测、运行管理等单位进行阶段验收，并邀请具体负责建设项目监督管理工作的交通运输主管部门和质量监督机构，必要时邀请地方人民政府、其他负有监督管理工作的部门或机构、专家等参加。

第四十一条　阶段验收的主要工作内容：

（一）检查已完工程交工验收情况，工程质量、形象进度是否达到阶段验收要求；

（二）检查在建工程是否正常、有序；

（三）检查下阶段工作方案和待建工程施工计划安排；

（四）检查拟投入运行的工程是否具备运行条件；

(五)检查工程资料是否按规定整理齐全;

(六)对阶段验收是否合格做出结论,出具阶段验收意见。

第四十二条 航道工程建设项目主体工程建成后,应当通过试运行检验工程效果和运行能力。项目单位应当在试运行前将试运行起讫时间、试运行方案、应急预案等报告负责建设项目竣工验收的交通运输主管部门。

第四十三条 试运行应当符合以下条件:

(一)主体工程已按初步设计批准的内容建成,各合同段交工验收合格,其中航运枢纽工程各阶段验收合格,满足使用要求;

(二)航道尺度、通航条件已达到设计要求;

(三)主要机械设备或设施调试及联动调试合格,达到运行条件;

(四)航标等配套的导助航设施已经建设完成;

(五)航运枢纽、通航建筑物等工程建设项目环境保护设施、安全设施、消防设施等已按要求与主体工程同时建设完成,且已通过安全设施和消防设施验收或者备案,符合国家有关法规、标准规定的试运行要求。

第四十四条 航道工程建设项目试运行期限原则上为1年,对不能按期申请竣工验收的项目,项目单位应当向负责建设项目竣工验收的交通运输主管部门申请试运行延期,延长期限一般不得超过1年,对于建设内容复杂的航运枢纽项目延长期限不得超过2年。

试运行期满符合运行要求且符合竣工验收条件的航道工程建设项目,应当在试运行期满后6个月内申请竣工验收。

第四十五条 交通运输部负责中央财政事权航道工程建设项目的竣工验收。

县级以上地方交通运输主管部门按照规定的职责,负责其他航道工程的竣工验收。

第四十六条 航道工程建设项目竣工验收应当具备以下条件:

(一)已按照批准的工程设计和有关合同约定的各项内容建设完成,各合同段交工验收合格,其中航运枢纽工程各阶段验收合格;建设项目有尾留工程的,尾留工程不得影响建设项目的投入使用,尾留工程投资额可以根据实际测算投资额或者按照工程概算所列的投资额列入竣工决算报告,但不超过工程总投资的5%;

(二)主要机械设备或者设施试运行性能稳定,主要技术参数达到设计要求;

(三)需要实船适航检验的,已选用设计船型进行了实船适航检验,各项检验指标满足设计要求;

(四)试运行期满足要求,工程效果和运行能力符合设计要求;

(五)环境保护设施,航运枢纽、通航建筑物等工程建设项目的安全设施、消防设施、水土保持设施等已按要求与主体工程同时建设完成,且已通过验收或者备案;

(六)竣工档案资料齐全,并通过专项验收;

（七）竣工决算报告已编制完成，按照国家有关规定需要审计的，已完成审计；

（八）工程运行管理单位已落实；

（九）廉政建设合同已经履行。

第四十七条 由交通运输部负责竣工验收的航道工程建设项目，项目单位应当通过交通运输部按照国务院规定设置的负责航道管理的机构或者项目所在地省级交通运输主管部门向交通运输部提出竣工验收申请。

对于其他航道工程建设项目，项目单位按管理权限向负责建设项目竣工验收的交通运输主管部门提出竣工验收申请。

第四十八条 项目单位申请竣工验收，应当提交以下材料：

（一）申请文件；

（二）竣工验收报告。

第四十九条 项目单位申请竣工验收前应当组织编制竣工验收报告，竣工验收报告应当包括以下内容：

（一）项目单位工作报告；

（二）设计、施工、监理等单位的工作报告；

（三）质量监督机构出具的项目工程质量鉴定报告和质量监督管理工作报告；

（四）试运行报告；

（五）竣工决算报告（按照国家有关规定需要审计的，应当包括竣工决算审计报告）；

（六）按法规办理的各专项验收或者备案证明材料；

（七）有关批准文件。

第五十条 航道工程建设项目竣工验收的主要依据：

（一）法规及相关技术标准、规范；

（二）项目审批、核准文件或者备案证明；

（三）项目初步设计、施工图设计、设计变更文件等批准文件；

（四）主要设备技术规格或者说明书；

（五）合同文件。

第五十一条 航道工程建设项目竣工验收的主要内容：

（一）检查工程执行有关部门批准文件情况；

（二）检查工程实体建设情况，核查质量监督机构出具的项目工程质量鉴定报告和质量监督管理工作报告；

（三）检查工程合同履约情况；

（四）检查工程执行强制性标准情况；

（五）检查按法规办理的各专项验收或者备案情况；

（六）检查竣工验收报告编制情况;

（七）检查廉政建设合同执行情况;

（八）对存在问题和尾留工程提出处理意见;

（九）对航道工程建设、设计、施工、监理等单位的工作作出综合评价;

（十）出具竣工验收现场核查报告,对竣工验收是否合格提出意见。

第五十二条 交通运输主管部门应当成立竣工验收现场核查组对工程进行现场核查。

竣工验收现场核查组应当由交通运输主管部门、质量监督机构、项目单位人员和专家等组成,并邀请海事管理机构等其他依法对项目负有监督管理职责的相关部门参加。

工程设计、施工、监理、试验检测等单位人员应当参加现场核查。

第五十三条 竣工验收现场核查组成员应当为9人以上单数,其中专家不少于5人;竣工验收现场核查组组长由负责组织竣工验收的交通运输主管部门人员担任。

对于建设内容简单、投资规模较小的航道疏浚、航道整治类建设项目,竣工验收现场核查组可以由7人以上单数组成,其中专家不少于4人。

第五十四条 竣工验收专家应当具有一定的水运工程建设和管理经验,具备良好的职业道德,具有高级专业技术职称,且不得与项目单位以及勘察、设计、施工、监理、试验检测等单位有直接利害关系。

第五十五条 竣工验收现场核查组应当对照航道工程竣工验收主要内容,客观公正、实事求是地对工程进行现场核查,形成竣工验收现场核查报告。

第五十六条 竣工验收现场核查报告应当全面反映竣工验收现场核查工作开展情况和工程建设实际情况,并明确作出竣工验收合格或者不合格的核查结论。

第五十七条 竣工验收现场核查报告由竣工验收现场核查组全体成员签字。

竣工验收现场核查组成员对核查结论有不同意见的,应当以书面形式说明其不同意见和理由,竣工验收现场核查报告应当注明不同意见。竣工验收现场核查组组长应当组织全体成员对不同意见进行研究,提出竣工验收是否合格的核查结论。

竣工验收现场核查组成员拒绝在核查报告上签字,又不书面说明其不同意见和理由的,视为同意核查结论。

第五十八条 竣工验收现场核查报告明确竣工验收合格但提出整改要求的,项目单位应当进行整改,将整改情况形成书面材料报负责竣工验收的交通运输主管部门;竣工验收现场核查报告明确竣工验收不合格的,项目单位整改后应当重新申请竣工验收。

第五十九条 交通运输主管部门应当按照国家规定的程序和时限完成航道工程建设项目竣工验收工作。竣工验收合格的,应当签发《航道工程竣工验收证书》。

第六十条 航道工程建设项目竣工验收合格后,项目单位应当按照要求及时登录在线平台填报竣工基本信息,并按规定将竣工测量图报送负责航道管理的部门,沿海航道的竣工测量图还应当报送海军航海保证部门。

第六十一条　省级交通运输主管部门完成国务院有关主管部门审批、核准的航道工程建设项目竣工验收后,应当自《航道工程竣工验收证书》签发之日起 20 个工作日内将竣工验收报告和竣工验收现场核查报告报交通运输部。

第六十二条　上级交通运输主管部门应当对下级交通运输主管部门组织的竣工验收工作进行监督检查。

第六十三条　对于一次设计、分期建成的航运枢纽、通航建筑物等航道工程建设项目,项目单位可以对已建成具有独立使用功能并符合竣工验收条件的部分航道工程提出分期竣工验收申请。

第六十四条　航道工程建设项目有尾留工程的,项目单位应当落实竣工验收现场核查报告对尾留工程的处理意见。尾留工程完工并符合交工验收条件后,项目单位应当组织尾留工程验收,验收通过后将相关资料报责建设项目竣工验收的交通运输主管部门。

第六十五条　航道工程建设项目竣工验收合格后,项目单位应当按照国家有关规定办理档案、资产交付使用等相关手续。

第五章　政府投资项目的资金管理

第六十六条　政府投资的航道工程建设项目所需资金,应当按国家有关规定落实到位,注重防范化解财政金融风险,不得以各种名义开展违法违规举债融资,不得由施工单位垫资建设,不得拖欠工程款。

第六十七条　政府投资航道工程建设项目的项目单位应当科学决策、合理安排工程进度计划,按规定编制年度投资建议计划报交通运输主管部门。

第六十八条　政府投资航道工程建设项目的项目单位应当加强投资计划和预算执行管理,严格控制工程投资,合理安排和使用建设资金,防止财政资金沉淀,不得转移、侵占或者挪用财政资金,不得擅自改变建设内容、建设标准。

第六十九条　政府投资的航道工程建设项目竣工验收合格后,应当及时编制竣工财务决算,并及时按规定办理资产交付使用手续。竣工验收合格后结余的政府投资资金,应当按规定及时处理。

第七十条　交通运输主管部门应当加强对政府投资航道工程建设项目资金筹集、使用和管理工作的监督管理。

第六章　工程信息及档案管理

第七十一条　交通运输主管部门应当按照政府信息公开的要求,做好工程建设项目信息的公开工作。

　　第七十二条　下级交通运输主管部门应当按照要求向上级交通运输主管部门报送航道工程建设项目信息。

　　项目单位应当自工程开工建设之日起，按照交通固定资产投资统计有关要求，及时、准确报送项目建设相关统计数据，并登录在线平台填报项目建设动态进度基本信息。

　　项目单位应当指定信息员及时进行信息的收集、整理、统计和报送工作，确保所报信息真实、准确和完整，不得虚报、瞒报、漏报。

　　第七十三条　项目单位应当建立健全工程建设项目档案管理制度，保证档案资料真实、准确和完整，督促勘察设计、施工、监理、试验检测等单位加强建设项目档案管理，按照有关规定办理工程竣工档案专项验收。

　　第七十四条　项目单位应当按照国家有关规定负责航道工程建设项目档案的收集、整理和归档，包括纸质技术档案资料、电子技术档案资料、影像及图片资料等。

　　第七十五条　航道工程建设项目勘察、设计、施工、监理、试验检测等单位应当加强资料档案的管理，按照国家有关规定建立健全各自的工程项目档案，对各环节的文件、图片、影像等资料进行立卷归档。

第七章　法律责任

　　第七十六条　施工图设计未经审查或者审查不合格，擅自施工的，由具体负责监督管理的交通运输主管部门责令改正，处20万元以上50万元以下的罚款。

　　第七十七条　航道工程建设项目未组织竣工验收或者验收不合格，项目单位擅自交付使用的，由具体负责监督管理的交通运输主管部门责令改正，处工程合同价款2%以上4%以下的罚款。

　　第七十八条　项目单位违反本规定未报送项目建设信息的，由有管辖权的交通运输主管部门责令限期改正；下级交通运输主管部门违反本规定未报送相关信息的，由其上级交通运输主管部门责令限期改正。

　　第七十九条　交通运输主管部门在办理设计审批、设计变更、竣工验收等手续中存在滥用职权、玩忽职守、徇私舞弊等行为的，由有关行政主管部门对直接责任人依法给予处分；构成犯罪的，依法追究刑事责任。

第八章　附　　则

　　第八十条　本规定所称交通运输主管部门包括按地方人民政府规定的职责负责公用航道工程建设监督管理的港口行政管理部门。

　　第八十一条　在国际、国境河流上从事航道工程建设活动适用本规定，但本规定与我国缔结的政府间协议不一致的,按照有关协议执行。

第八十二条　本规定自2020年2月1日起施行。2007年4月11日以交通部令2007年第3号发布的《航道建设管理规定》、2008年1月7日以交通部令2008年第1号发布的《航道工程竣工验收管理办法》、2014年9月5日以交通运输部令2014年第13号发布的《关于修改〈航道工程竣工验收管理办法〉的决定》、2018年11月28日以交通运输部令2018年第44号发布的《关于修改〈航道建设管理规定〉的决定》同时废止。

三、《水运建设市场监督管理办法》

(一)概述

为了加强水运工程建设的行业管理,规范水运工程建设市场行为,建立统一开放、竞争有序的水运工程建设市场,促进水运工程建设事业的健康发展,交通部根据国家有关规定制定了《水运工程建设市场管理办法》,于1997年1月22日通过,自1997年10月1日起施行,其中对水运工程建设中的建设、咨询、勘察设计、施工、监理等活动进行了规定。2007年《港口建设管理规定》实施后,《水运工程建设市场管理办法》废止。

为进一步规范水运建设市场秩序,保障水运建设市场各方当事人合法权益,规范各方行为,强化事中事后监管,推动水运建设市场健康有序发展,针对水运建设市场存在的监管机制不够健全,监管职责不够清晰,市场主体法律意识、责任意识、诚信意识不够强,违法违规行为时有发生的问题,根据近年来相继颁布的《中华人民共和国港口法》《中华人民共和国航道法》《中华人民共和国招标投标法》《建设工程质量管理条例》等法律、行政法规,交通运输部制定了《水运建设市场监督管理办法》。2016年12月6日,《水运建设市场监督管理办法》(交通运输部令2016年第74号)公布,自2017年2月1日起施行。

(二)《水运建设市场监督管理办法》

第一章　总　则

第一条　为规范水运建设市场秩序,保障水运建设市场各方当事人合法权益,根据《中华人民共和国港口法》《中华人民共和国航道法》《中华人民共和国招标投标法》《建设工程质量管理条例》等法律、行政法规,制定本办法。

第二条　在中华人民共和国境内从事水运建设活动及对水运建设市场实施监督管理,适用本办法。

本办法所称水运建设,是指水路运输基础设施包括港口、码头、航道及相关设施等工程建设。

第三条 水运建设市场应当遵循公平公正、诚实守信的原则,建立和维护统一开放、竞争有序的市场秩序。禁止任何形式的地方保护和行业保护。

第四条 交通运输部主管全国水运建设市场的监督管理工作。

县级以上地方人民政府交通运输主管部门按照省、自治区、直辖市人民政府规定的职责负责本行政区域内水运建设市场的监督管理工作。

第五条 水运建设市场主体应当加强自律,完善内部管理制度,诚信经营,遵守职业道德,自觉维护市场秩序,履行社会责任,接受社会监督。

第六条 水运建设相关行业协会应当按照依法制定的章程开展活动,完善行业自律管理制度体系,加强行业自律和服务。

第七条 县级以上地方人民政府交通运输主管部门应当创新水运建设市场监管方式和监管手段,加强信息化应用和信用信息资源共享,实现与相关部门的协同监管。

第二章　水运建设市场主体及行为

第八条 水运建设市场主体应当严格遵守有关建设法律、法规、规章及相关规定,执行国家和行业建设标准,诚实守信。

本办法所称水运建设市场主体,包括水运建设项目单位、从业单位和相关从业人员。

本办法所称从业单位,包括从事水运建设勘察、设计、施工、监理、试验检测以及提供咨询、项目代建、招标代理等相关服务的单位。

本办法所称代建单位是指受项目单位委托从事建设项目管理的单位。

第九条 法律、行政法规对水运建设市场主体的资质作出规定的,水运建设市场主体应当依法具备规定的资质要求。

从业单位在水运建设经营活动中,不得出借或者转让其资质证书,不得以他人名义承揽工程,不得超越资质等级承揽工程。

第十条 水运建设项目单位具备以下能力要求的,可以自行进行项目建设管理:

(一)项目主要负责人或者技术负责人具有与建设项目相适应的管理经验,至少在2个类似的水运建设项目的工程、技术、计划等关键岗位担任过负责人。技术负责人还应当具有相关专业的高级技术职称或者相应的技术能力;

(二)项目管理机构的设置和人员配备应当满足该项目管理需要。工程技术、质量、安全和财务等部门的负责人应当具有相应的项目管理经验,以及相应的中级以上技术职称或者相应的技术能力。

第十一条 项目单位不具备第十条规定的项目建设管理能力的,应当委托符合以下要求的代建单位进行项目建设管理:

(一)具有法人资格,机构设置和相关人员配备满足第十条规定的项目建设管理能力要求；

（二）具有类似水运建设或者管理相关业绩和良好的市场信誉；

（三）有满足水运建设质量、安全、环境保护等方面要求的管理制度。

项目单位选择代建单位时，应当从符合要求的代建单位中，优先选择业绩和信用良好、管理能力强的代建单位。

第十二条　鼓励满足本办法第十一条规定要求的水运建设管理单位及水运工程勘察、设计、施工、工程监理企业开展代建工作。

代建单位不得在所代建的项目中同时承担勘察、设计、施工、供应设备或者与以上单位有隶属关系及其他直接利益关系。

第十三条　代建单位依据合同开展代建工作，履行工程质量、安全、进度、工程计量、资金支付、环境保护等相关管理责任，承担项目档案及有关技术资料的收集、整理、归档等工作，负责质量缺陷责任期内的缺陷维修管理等工作。

第十四条　项目单位全面负责水运建设项目的建设管理，应当严格执行基本建设程序，不得违反或者擅自简化基本建设程序。

第十五条　水运建设项目实行招标投标的，应当严格遵守国家有关招标投标法律、法规、规章的规定，依法开展招标投标工作。水运建设市场主体不得弄虚作假，不得串通投标，不得以行贿等不合法手段谋取中标。

第十六条　水运建设项目实行设计施工总承包的，总承包单位应当加强设计与施工的协调，建立工程管理与协调制度，根据工程实际及时完善、优化设计，改进施工方案，合理调配设计和施工力量，完善质量保证体系。

总承包单位应当加强对分包工程的管理。选择的分包单位应当具备相应资格条件，并经项目单位同意，分包合同应当送项目单位。

第十七条　勘察、设计单位经项目单位同意，可以将工程设计中跨专业或者有特殊要求的勘察、设计工作分包给有相应资质条件的单位承担。勘察、设计单位对分包单位的分包工作承担连带责任。

施工单位经项目单位同意，可以将非主体、非关键性或者适合专业化施工的工程分包给具有相应资质条件的单位承担。施工单位对分包单位的分包工程承担连带责任。

项目单位应当加强对工程分包的管理。承包单位应当将施工分包合同报监理单位审查，并报项目单位备案。

监理工作不得分包或者转包。

第十八条　禁止承包单位将其承包的水运建设工程转包。禁止分包单位将其承包的水运建设工程再分包。

第十九条　水运建设各相关单位应当按照合同约定全面履行义务：

（一）项目单位应当按照合理工期组织项目实施,不得任意压缩合理工期和无故延长工期,并应当按照合同约定支付款项;不得明示或者暗示施工单位使用不合格的材料、构配件和设备;项目单位按照合同约定自行采购材料、构配件和设备的,应当保证其满足国家有关标准的规定,符合设计文件要求;

（二）勘察、设计单位应当按时提供勘察、设计资料和设计文件;除有特殊要求的材料、专用设备、工艺生产线等外,设计单位不得指定生产厂、供应商;工程实施过程中,设计单位应当按约定派驻设计代表,提供设计后续服务;

（三）施工单位应当合理组织施工,人员及施工设备应当及时到位;应当加强现场管理,确保工程质量、生产安全和合同工期,做到文明施工;

（四）工程监理单位应当按约定履行监理服务,建立相应的现场监理机构,对工程实施有效监理;

（五）试验检测机构应当依据试验检测标准和合同约定进行取样、试验和检测,提供真实、完整的试验检测数据、资料;

（六）提供水运建设咨询、项目代建、招标代理等相关服务的单位应当依据相关规定,规范办理受托事务,所提供的信息、数据、结论或者报告应当真实、准确;保守技术和商业秘密;不得与委托人的潜在合同当事方有隶属关系或者其他利益关系。

第二十条　项目单位和施工单位应当加强工程款管理,专款专用。项目单位对施工单位工程款使用情况进行监督检查时,施工单位应当积极配合,不得阻挠和拒绝。

施工单位应当及时足额支付农民工工资。

第二十一条　水运建设工程质量实行终身责任制,相关市场主体对工程质量在设计使用年限内承担相应责任。

项目单位对工程质量和安全管理负总责。代建单位按照合同约定对工程质量和安全负管理责任。勘察、设计单位对勘察、设计质量负责。施工单位对施工质量和安全负责。工程监理单位对工程项目的质量和安全生产负监理责任。其他市场主体对其提供的产品或者服务负相应责任。

第二十二条　与水运建设项目单位签订合同后,勘察、设计、施工单位的项目负责人和技术负责人、工程监理单位的总监理工程师等主要人员以及主要设备,未经项目单位同意不得变更。

项目单位同意变更前款规定的主要人员和主要设备的,变更后人员的资格能力及设备主要技术指标不得低于约定的条件。

第二十三条　水运建设注册执业人员应当按照相关法律、法规规定执业。不得有下列行为:

（一）出租、出借注册执业证书或者执业印章;

（二）超出注册执业范围或者聘用单位业务范围从事执业活动；

（三）在非本人负责完成的文件上签字或者盖章；

（四）法律、法规禁止的其他行为。

第二十四条　项目单位和施工、工程监理等单位应当采用信息化手段加强工程建设管理，对关键部位和隐蔽工程的施工过程进行监控记录，并将文字、图表、声像等各种形式的记录文件建档保存。

项目单位和施工、工程监理等单位应当按照国家有关规定，建立健全档案管理制度，加强档案管理，及时、准确、完整地上报项目建设相关信息。

第二十五条　项目单位应当依据国家有关信用管理的规定，建立从业单位信用信息台账，对参建的勘察、设计、施工、工程监理等单位的投标、履约行为进行评价。

勘察、设计、施工、工程监理、项目代建、招标代理、造价咨询等单位应当按规定向省级交通运输主管部门提供本单位的信用信息，及时更新动态，并对所提供信息的真实性、准确性和完整性负责。

第三章　监 督 检 查

第二十六条　各级交通运输主管部门应当加强对水运建设市场的监督检查，对发现的违法、违规行为依法及时处理，及时向社会公开水运建设市场管理相关信息。监督检查可以根据市场情况采取综合检查、专项检查、随机抽查等方式。

交通运输部应当对水运建设市场从业行为进行监督检查，加强对直接管理的部属单位建设项目的监督检查，对省级交通运输主管部门履行水运建设管理职能情况进行监督检查。监督检查主要采取随机抽查方式。

地方交通运输主管部门应当加强对本行政区域的水运建设市场从业行为和下级交通运输主管部门履行水运建设管理职能情况进行监督检查。

各级交通运输主管部门应当建立随机抽取被检查对象、随机选派检查人员的抽查机制，合理确定抽查比例和抽查频次。

第二十七条　交通运输主管部门履行水运建设管理职能情况主要包括：

（一）要求建立的水运建设相关制度的建立情况；

（二）水运建设各项制度的落实情况；

（三）水运建设市场监管情况；

（四）水运建设市场信用体系建设情况；

（五）对上级主管部门水运建设市场检查意见的整改落实情况；

（六）其他水运建设管理职能的履行情况。

水运建设市场从业行为主要包括：

（一）法律、法规、规章、强制性标准执行情况；

（二）招标投标行为；

（三）工程管理、合同履行、廉政建设、信用管理及人员履职等情况；

（四）质量安全责任履行情况；

（五）设计变更的管理情况；

（六）其他应当纳入监督管理的从业行为。

第二十八条 交通运输主管部门履行监督检查职责时，可以采取下列措施：

（一）进入工地现场对工程和市场主体的从业行为进行检查；

（二）向从业单位和有关人员了解与水运建设管理相关的情况；

（三）查阅、复制有关工程技术文件和资料，包括工程档案、合同、发票、账簿以及其他有关资料；

（四）责令相关单位立即或者限期停止、改正违法违规行为。

对交通运输主管部门依法实施的监督检查，从业单位及其相关人员应当配合，不得拒绝、阻扰，不得隐匿、谎报有关情况和资料。

第二十九条 交通运输主管部门在检查结束后，应当将检查意见反馈给被检查单位。

被检查单位应当按照检查意见进行整改，并将整改情况报送组织检查的交通运输主管部门。

组织检查的交通运输主管部门依照国家相关规定将检查情况和检查结果向社会公开，接受社会监督。

第三十条 对有下列情形的项目单位或者从业单位，负有相应监督管理职责的交通运输主管部门可以对其负责人进行约谈警示：

（一）有较为严重的违反水运建设管理相关规定的行为的；

（二）存在重大工程质量、安全事故隐患的；

（三）项目管理混乱的；

（四）经交通运输主管部门督促，未按照检查意见进行整改或者整改不到位的；

（五）交通运输主管部门认为有必要约谈的其他情形。

交通运输主管部门应当在约谈前向被约谈人发出书面约谈通知，通知中明确约谈事由、程序、时间、地点、参加人等事项。约谈结束后，形成约谈纪要。

对约谈事项拒不整改或者整改不力的单位，交通运输主管部门应当将相关情况在信用管理体系中予以记录，并向社会公开。

第三十一条 县级以上交通运输主管部门应当建立健全信用管理体系，对水运建设市场主体的信用情况进行记录和评价。省级交通运输主管部门应当建立和完善信用评价、信用激励约束和信用监督管理机制。

水运建设市场主体的信用信息和信用评价结果作为政府采购、工程招标投标等活动中的重要考虑因素。

水运建设市场主体以弄虚作假、行贿等不正当手段获取较高信用评价等级的,信用评价结果无效。交通运输主管部门应当将相关情况记入信用记录。

第三十二条　交通运输主管部门应当建立项目单位、从业单位重点监督管理制度。按照信用评价的相关规定,将存在严重失信行为,一年内三次及以上被通报或者信用等级差的项目单位、从业单位纳入重点监督管理名单,定期或者不定期地对其进行专项检查或者重点督查。

第三十三条　水运建设项目施工现场应当设置标示牌,标明项目的建设内容、建设工期以及项目单位、勘察、设计、施工、工程监理单位名称和主要负责人姓名、监督电话等,接受社会监督。

第三十四条　任何单位和个人有权对水运建设市场中的违法违规行为向交通运输主管部门进行投诉、举报。投诉、举报应当提供必要的证明材料。

交通运输主管部门应当公开投诉、举报受理电话、通讯地址和电子邮箱,及时处理投诉、举报,并对投诉、举报人相关信息依法予以保密。

第三十五条　参与水运建设市场监督检查、投诉举报调查处理的人员与相关当事单位和人员有利害关系的,应当主动回避。

监督检查工作人员应当对监督检查过程中知悉的国家秘密、商业秘密予以保密。

第四章　法 律 责 任

第三十六条　违反本办法规定,项目单位将工程发包给不具有相应资质等级的勘察、设计、施工、工程监理单位的,依照《建设工程质量管理条例》第五十四条规定,责令改正,按照以下标准处以罚款:

(一)项目单位选择超越资质等级的勘察、设计、施工、工程监理单位进行工程建设的,处50万元以上80万元以下的罚款;

(二)项目单位选择无资质的勘察、设计、施工、工程监理单位进行工程建设的,处80万元以上100万元以下的罚款。

第三十七条　违反本办法规定,承包单位超越资质等级承揽工程的,依照《建设工程质量管理条例》第六十条规定,责令停止违法行为,按照以下标准处以罚款;有违法所得的,予以没收:

(一)工程尚未开工建设的,对勘察、设计单位或者工程监理单位处合同约定的勘察费、设计费或者监理酬金1倍的罚款;对施工单位处工程合同价款2%的罚款;

(二)工程已开工建设的,对勘察、设计单位或者工程监理单位处合同约定的勘察费、设计费或者监理酬金1倍以上2倍以下的罚款；对施工单位处工程合同价款2%以上4%以下的罚款。

未取得资质证书承揽工程的，予以取缔，依照前款规定处以罚款；有违法所得的，予以没收。

第三十八条 违反本办法规定，勘察、设计、施工、工程监理单位允许其他单位或者个人以本单位名义承揽工程的，依照《建设工程质量管理条例》第六十一条规定，责令改正，没收违法所得，按照以下标准处以罚款：

（一）勘察、设计、施工、工程监理单位允许有相应资质并符合本工程建设要求的单位或者个人以本单位名义承揽工程的，对勘察、设计单位或者工程监理单位处合同约定的勘察费、设计费或者监理酬金1倍以上1.5倍以下的罚款；对施工单位处工程合同价款2%以上3%以下的罚款；

（二）勘察、设计、施工、工程监理单位允许无相应资质的单位或者个人承揽工程的，对勘察、设计单位或者工程监理单位处合同约定的勘察费、设计费或者监理酬金1.5倍以上2倍以下的罚款；对施工单位处工程合同价款3%以上4%以下的罚款。

第三十九条 违反国家关于基本建设程序相关规定，项目单位未取得施工许可证或者开工报告未经批准，擅自施工的，依据《建设工程质量管理条例》第五十七条规定，责令停止施工，限期改正，按照以下标准处以罚款：

（一）已通过项目审批、核准或者设计审批手续，但是未取得施工许可证或者开工报告未经批准，擅自施工的，处工程合同价款1%以上1.5%以下的罚款；

（二）未取得项目审批、核准或者设计审批，擅自施工的，处工程合同价款1.5%以上2%以下的罚款。

第四十条 违反国家相关规定和本办法规定，项目单位明示或者暗示设计、施工单位违反工程建设强制性标准、降低工程质量的，勘察、设计单位未执行工程建设强制性标准的，施工单位不按照工程设计图纸或者施工技术标准施工的，工程监理单位与建设单位或者施工单位串通，弄虚作假、降低工程质量的，依照《建设工程质量管理条例》第五十六条、第六十三条、第六十四条、第六十七条规定作出罚款决定的，按照以下标准处罚：

（一）工程尚未开工建设的，对项目单位处20万元以上30万元以下的罚款；对勘察、设计单位处10万元以上20万元以下的罚款；

（二）工程已开工建设的，对项目单位处30万元以上50万元以下的罚款；对勘察、设计单位处20万元以上30万元以下的罚款；对施工单位处工程合同价款2%以上4%以下的罚款；对工程监理单位处50万元以上100万元以下的罚款。

第四十一条 依照《建设工程质量管理条例》规定给予单位罚款处罚的，对单位直接负责的主管人员和其他直接责任人员处单位罚款数额5%以上10%以下的罚款。

第五章　附　　则

第四十二条　本办法自 2017 年 2 月 1 日起施行。

四、《水运工程建设项目招标投标管理办法》

（一）概述

在计划经济体制下，我国基本建设和采购任务由主管部门用指令性计划下达。1999 年 8 月 30 日，第九届全国人民代表大会常务委员会第十一次会议通过了《中华人民共和国招标投标法》，自 2000 年 1 月 1 日起正式施行。为贯彻落实《中华人民共和国招标投标法》等法律法规，交通部先后制定了《水运工程施工招标投标管理办法》（交通部令 2000 年第 4 号）、《水运工程施工监理招标投标管理办法》（交通部令 2002 年第 3 号）、《水运工程勘察设计招标投标管理办法》（交通部令 2003 年第 4 号）、《水运工程机电设备招标投标管理办法》（交通部令 2004 年第 9 号）等一系列部门规章，建立了一套较为完整的水运工程建设招标投标管理制度，对规范水运工程建设招标投标监督管理、规范水运工程建设市场主体行为、净化水运工程建设市场秩序、保证水运工程建设质量发挥了重要的作用。

2011 年 12 月，国务院公布了《中华人民共和国招标投标法实施条例》，自 2012 年 2 月 1 日起施行。《中华人民共和国招标投标法实施条例》在总结实践经验的基础上，对《中华人民共和国招标投标法》的规定进行了补充和细化，并针对新情况、新问题作出了相应的制度安排。按照《国务院办公厅转发发展改革委法制办监察部关于做好招标投标法实施条例贯彻实施工作意见的通知》（国办发〔2012〕21 号）要求，需要对涉及招标投标的规章和规范性文件进行清理。原来的 4 个关于水运工程招标投标的部令，在招标投标程序和操作环节、监督管理等方面的内容基本相同。为节约立法资源，加快工作进度，统一水运建设招标投标行为，交通运输部决定对原来的 4 个部令进行整合，制定颁布《水运工程建设项目招标投标管理办法》。2012 年 12 月 20 日，《水运工程建设项目招标投标管理办法》公布（中华人民共和国交通运输部令 2012 年第 11 号），自 2013 年 2 月 1 日起施行。《水运工程建设项目招标投标管理办法》坚持原则性与可操作性相结合，在严格遵守上位法有关规定的基础上，结合水运工程建设项目招标投标实际，细化和完善了操作环节，着力解决水运工程招标投标实践中存在的突出问题，进一步规范招标投标行为。

（二）《水运工程建设项目招标投标管理办法》

第一章　总　　则

第一条　为了规范水运工程建设项目招标投标活动，保护招标投标活动当事人的合法权益,保证水运工程建设项目的质量,根据《中华人民共和国招标投标法》《中华人民共和国招标投标法实施条例》等法律法规,制定本办法。

第二条　在中华人民共和国境内依法必须进行的水运工程建设项目招标投标活动适用本办法。

水运工程建设项目是指水运工程以及与水运工程建设有关的货物、服务。

前款所称水运工程包括港口工程、航道整治、航道疏浚、航运枢纽、过船建筑物、修造船水工建筑物等及其附属建筑物和设施的新建、改建、扩建及其相关的装修、拆除、修缮等工程;货物是指构成水运工程不可分割的组成部分,且为实现工程基本功能所必需的设备、材料等;服务是指为完成水运工程所需的勘察、设计、监理等服务。

第三条　水运工程建设项目招标投标活动,应遵循公开、公平、公正和诚实信用的原则。

第四条　水运工程建设项目招标投标活动不受地区或者部门的限制。

任何单位和个人不得以任何方式非法干涉招标投标活动,不得将依法必须进行招标的项目化整为零或者以其他任何方式规避招标。

第五条　水运工程建设项目招标投标工作实行统一领导、分级管理。

交通运输部主管全国水运工程建设项目招标投标活动,并具体负责经国家发展和改革委员会等部门审批、核准和经交通运输部审批的水运工程建设项目招标投标活动的监督管理工作。

省级交通运输主管部门主管本行政区域内的水运工程建设项目招标投标活动,并具体负责省级人民政府有关部门审批、核准的水运工程建设项目招标投标活动的监督管理工作。

省级以下交通运输主管部门按照各自职责对水运工程建设项目招标投标活动实施监督管理。

第六条　水运工程建设项目应当按照国家有关规定,进入项目所在地设区的市级以上人民政府设立的公共资源交易场所或者授权的其他招标投标交易场所开展招标投标活动。

鼓励利用依法建立的招标投标网络服务平台及现代信息技术进行水运工程建设项目电子招标投标。

第二章　招　　标

第七条　水运工程建设项目招标的具体范围及规模标准执行国务院的有关规定。

鼓励水运工程建设项目的招标代理机构、专项科学试验研究项目、监测等承担单位的选取采用招标或者竞争性谈判等其他竞争性方式确定。

第八条　水运工程建设项目招标人是指提出招标项目并进行招标的水运工程建设项目法人。

第九条　按照国家有关规定需要履行项目立项审批、核准手续的水运工程建设项目，在取得批准后方可开展勘察、设计招标。

水运工程建设项目通过初步设计审批后，方可开展监理、施工、设备、材料等招标。

第十条　水运工程建设项目招标分为公开招标和邀请招标。

按照国家有关规定需要履行项目立项审批、核准手续的水运工程建设项目，招标人应当按照项目审批、核准时确定的招标范围、招标方式、招标组织形式开展招标；没有确定招标范围、招标方式、招标组织形式的，依据国家有关规定确定。

不需要履行项目立项审批、核准手续的水运工程建设项目，其招标范围、招标方式、招标组织形式，依据国家有关规定确定。

第十一条　招标人应当合理划分标段、确定工期，并在招标文件中载明。不得利用划分标段规避招标、虚假招标、限制或者排斥潜在投标人。

第十二条　国有资金占控股或者主导地位的水运工程建设项目，应当公开招标。但有下列情形之一的，可以进行邀请招标：

（一）技术复杂、有特殊要求或者受自然环境限制，只有少量潜在投标人可供选择；

（二）采用公开招标方式的费用占项目合同金额的比例过大。

本条所规定的水运工程建设项目，需要按照国家有关规定履行项目审批、核准手续的，由项目审批、核准部门对该项目是否具有前款第（二）项所列情形予以认定；其他项目由招标人向对项目负有监管职责的交通运输主管部门申请作出认定。

第十三条　有下列情形之一的水运工程建设项目，可以不进行招标：

（一）涉及国家安全、国家秘密、抢险救灾或者属于利用扶贫资金实行以工代赈、需要使用农民工等特殊情况，不适宜进行招标的；

（二）需要采用不可替代的专利或者专有技术的；

（三）采购人自身具有工程建设、货物生产或者服务提供的资格和能力，且符合法定要求的；

（四）已通过招标方式选定的特许经营项目投资人依法能够自行建设、生产或者提供的；

（五）需要向原中标人采购工程、货物或者服务，否则将影响施工或者功能配套要求的；

（六）国家规定的其他特殊情形。

招标人为适用前款规定弄虚作假的，属于招标投标法第四条规定的规避招标。

第十四条　水运工程建设项目设计招标可采用设计方案招标或设计组织招标。

第十五条 招标人可以依法对工程以及与工程建设有关的货物、服务全部或者部分实行总承包招标。

以暂估价形式包括在总承包范围内的工程、货物、服务，属于依法必须进行招标的项目范围且达到国家规定规模标准的，应当依法进行招标，其招标实施主体应当在总承包合同中约定，并统一由总承包发包的招标人按照第十八条的规定履行招标及备案手续。

前款所称暂估价，是指总承包招标时不能确定价格而由招标人在招标文件中暂时估定的工程、货物、服务的金额。

第十六条 招标人自行办理招标事宜的，应当具备下列条件：

（一）招标人应当是该水运工程建设项目的项目法人；

（二）具有与招标项目规模和复杂程度相适应的水运工程建设项目技术、经济等方面的专业人员；

（三）具有能够承担编制招标文件和组织评标的组织机构或者专职业务人员；

（四）熟悉和掌握招标投标的程序及相关法规。

招标人自行办理招标事宜的，应当向具有监督管理职责的交通运输主管部门备案。

招标人不具备本条前款规定条件的，应当委托招标代理机构办理水运工程建设项目招标事宜。任何单位和个人不得为招标人指定招标代理机构。

第十七条 招标人采用招标或其他竞争性方式选择招标代理机构的，应当从业绩、信誉、从业人员素质、服务方案等方面进行考查。招标人与招标代理机构应当签订书面委托合同。合同约定的收费标准应当符合国家有关规定。

招标代理机构在其资格许可和招标人委托的范围内开展招标代理业务，不受任何单位、个人的非法干预或者限制。

第十八条 水运工程建设项目采用资格预审方式公开招标的，招标人应当按下列程序开展招标投标活动：

（一）编制资格预审文件和招标文件，报交通运输主管部门备案。

（二）发布资格预审公告并发售资格预审文件。

（三）对提出投标申请的潜在投标人进行资格预审，资格审查结果报交通运输主管部门备案。

国有资金占控股或者主导地位的依法必须进行招标的水运工程建设项目，招标人应当组建资格审查委员会审查资格预审申请文件。

（四）向通过资格预审的潜在投标人发出投标邀请书；向未通过资格预审的潜在投标人发出资格预审结果通知书。

（五）发售招标文件。

（六）需要时组织潜在投标人踏勘现场，并进行答疑。

（七）接收投标人的投标文件，公开开标。

（八）组建评标委员会评标，推荐中标候选人。

（九）公示中标候选人，确定中标人。

（十）编制招标投标情况书面报告报交通运输主管部门备案。

（十一）发出中标通知书。

（十二）与中标人签订合同。

第十九条　水运工程建设项目采用资格后审方式公开招标的，应当参照第十八条规定的程序进行，并应当在开标后由评标委员会按照招标文件规定的标准和方法对投标人的资格进行审查。

第二十条　水运工程建设项目实行邀请招标的，招标文件应当报有监督管理权限的交通运输主管部门备案。

第二十一条　招标人编制的资格预审文件、招标文件的内容违反法律、行政法规的强制性规定，违反公开、公平、公正和诚实信用原则，影响资格预审结果或者潜在投标人投标的，依法必须进行招标的项目的招标人应当在修改资格预审文件或者招标文件后重新招标。

依法必须进行招标的水运工程建设项目的资格预审文件和招标文件的编制，应当使用国务院发展改革部门会同有关行政监督部门制定的标准文本以及交通运输部发布的行业标准文本。

招标人在制定资格审查条件、评标标准和方法时，应利用水运工程建设市场信用信息成果以及招标投标违法行为记录公告平台发布的信息，对潜在投标人或投标人进行综合评价。

第二十二条　资格预审公告和招标公告除按照规定在指定的媒体发布外，招标人可以同时在交通运输行业主流媒体或者建设等相关单位的门户网站发布。

资格预审公告和招标公告的发布应当充分公开，任何单位和个人不得非法干涉、限制发布地点、发布范围或发布方式。

在网络上发布的资格预审公告和招标公告，至少应当持续到资格预审文件和招标文件发售截止时间为止。

第二十三条　招标人应当按资格预审公告、招标公告或者投标邀请书规定的时间、地点发售资格预审文件或者招标文件。资格预审文件或者招标文件的发售期不得少于5日。资格预审文件或者招标文件售出后，不予退还。

第二十四条　自资格预审文件停止发售之日起至提交资格预审申请文件截止之日止，不得少于5日。

对资格预审文件的澄清或修改可能影响资格预审申请文件编制的，应当在提交资格预审申请文件截止时间至少 3 日前以书面形式通知所有获取资格预审文件的潜在投标人。不足 3 日的，招标人应当顺延提交资格预审申请文件的截止时间。

依法必须招标的项目在资格预审文件停止发售之日止，获取资格预审文件的潜在投标人少于 3 个的，应当重新招标。

第二十五条 潜在投标人或者其他利害关系人对资格预审文件有异议的，应当在提交资格预审申请文件截止时间 2 日前提出。招标人应当自收到异议之日起 3 日内作出答复；作出答复前，应当暂停招标投标活动。对异议作出的答复如果实质性影响资格预审申请文件的编制，则相应顺延提交资格预审申请文件的截止时间。

第二十六条 资格预审审查方法分为合格制和有限数量制。一般情况下应当采用合格制，凡符合资格预审文件规定资格条件的资格预审申请人，均通过资格预审。潜在投标人过多的，可采用有限数量制，但该数额不得少于 7 个；符合资格条件的申请人不足该数额的，均视为通过资格预审。

通过资格预审的申请人少于 3 个的，应当重新招标。

资格预审应当按照资格预审文件载明的标准和方法进行。资格预审文件未载明的标准和方法，不得作为资格审查的依据。

第二十七条 自招标文件开始发售之日起至潜在投标人提交投标文件截止之日止，最短不得少于 20 日。

对招标文件的澄清或修改可能影响投标文件编制的，应当在提交投标文件截止时间至少 15 日前，以书面形式通知所有获取招标文件的潜在投标人；不足 15 日的，招标人应当顺延提交投标文件的截止时间。

获取招标文件的潜在投标人少于 3 个的，应当重新招标。

第二十八条 潜在投标人或者其他利害关系人对招标文件有异议的，应当在提交投标文件截止时间 10 日前提出；招标人应当自收到异议之日起 3 日内作出答复；作出答复前，应当暂停招标投标活动。对异议作出的答复如果实质性影响投标文件的编制，则相应顺延提交投标文件截止时间。

第二十九条 招标人应当在招标文件中载明投标有效期。投标有效期从提交投标文件的截止之日起算。

第三十条 招标人在招标文件中要求投标人提交投标保证金的，投标保证金不得超过招标项目估算价的 2%，投标保证金有效期应当与投标有效期一致。

投标保证金的额度和支付形式应当在招标文件中确定。境内投标单位如果采用现金或者支票形式提交投标保证金的，应当从投标人的基本账户转出。

投标保证金不得挪用。

第三十一条 招标人可以自行决定是否编制标底。一个招标项目只能有一个标底。

开标前标底必须保密。

接受委托编制标底的中介机构不得参加受托编制标底项目的投标,也不得为该项目的投标人编制投标文件或者提供咨询等相关的服务。

招标人设有最高投标限价的,应当在招标文件中明确最高投标限价或者最高投标限价的计算方法。招标人不得规定最低投标限价。

第三十二条　招标人组织踏勘项目现场的,应通知所有潜在投标人参与,不得组织单个或者部分潜在投标人踏勘项目现场。潜在投标人因自身原因不参与踏勘现场的,不得提出异议。

第三十三条　招标人在发布资格预审公告、招标公告、发出投标邀请书或者售出资格预审文件、招标文件后,无正当理由不得随意终止招标。招标人因特殊原因需要终止招标的,应当及时发布公告,或者以书面形式通知被邀请的或者已经获取资格预审文件、招标文件的潜在投标人。已经发售资格预审文件、招标文件或者已经收取投标保证金的,招标人应当及时退还所收取的购买资格预审文件、招标文件的费用,以及所收取的投标保证金及银行同期存款利息。利息的计算方法应当在招标文件中载明。

第三十四条　招标人不得以不合理的条件限制、排斥潜在投标人或者投标人。招标人有下列行为之一的,属于以不合理条件限制、排斥潜在投标人或者投标人:

(一)就同一招标项目向潜在投标人或者投标人提供有差别的项目信息;

(二)设定的资格、技术、商务条件与招标项目的具体特点和实际需要不相适应或者与合同履行无关;

(三)依法必须进行招标的项目以特定行政区域或者特定行业的业绩、奖项作为加分条件或者中标条件;

(四)对潜在投标人或者投标人采取不同的资格审查或者评标标准;

(五)限定或者指定特定的专利、商标、品牌、原产地或者供应商;

(六)依法必须进行招标的项目非法限定潜在投标人或者投标人的所有制形式或者组织形式;

(七)以其他不合理条件限制、排斥潜在投标人或者投标人。

第三章　投　　标

第三十五条　与招标人存在利害关系可能影响招标公正性的法人、其他组织或者个人,不得参加投标。

单位负责人为同一人或者存在控股、管理关系的不同单位,不得参加同一标段投标或者未划分标段的同一招标项目投标。

施工投标人与本标段的设计人、监理人、代建人或招标代理机构不得为同一个法定代表人、存在相互控股或参股或法定代表人相互任职、工作。

违反上述规定的,相关投标均无效。

第三十六条 投标人可以按照招标文件的要求由 2 个以上法人或者其他组织组成一个联合体,以一个投标人的身份共同投标。国家有关规定或者招标文件对投标人资格条件有规定的,联合体各方均应当具备规定的相应资格条件,资格条件考核以联合体协议书中约定的分工为依据。由同一专业的单位组成的联合体,按照资质等级较低的单位确定资质等级。

联合体成员间应签订共同投标协议,明确牵头人以及各方的责任、权利和义务,并将协议连同资格预审申请文件、投标文件一并提交招标人。联合体各方签署联合体协议后,不得再以自己名义单独或者参加其他联合体在同一招标项目中投标。联合体中标的,联合体各方应当共同与招标人签订合同,就中标项目向招标人承担连带责任。

招标人不得强制投标人组成联合体共同投标。

第三十七条 投标人发生合并、分立、破产等重大变化的,应当及时书面告知招标人。投标人不再具备资格预审文件、招标文件规定的资格条件或者投标影响公正性的,其投标无效。

招标人接受联合体投标并进行资格预审的,联合体应当在提交资格预审申请文件前组成。资格预审后联合体增减、更换成员的,其投标无效。

第三十八条 资格预审申请文件或投标文件按要求送达后,在资格预审文件、招标文件规定的截止时间前,招标人应允许潜在投标人或投标人对已提交的资格预审申请文件、投标文件进行撤回或补充、修改。潜在投标人或投标人如需撤回或者补充、修改资格预审申请文件、投标文件,应当以正式函件向招标人提出并做出说明。

修改资格预审申请文件、投标文件的函件是资格预审申请文件、投标文件的组成部分,其形式要求、密封方式、送达时间,适用本办法有关投标文件的规定。

第三十九条 招标人接收资格预审申请文件和投标文件,应当如实记载送达时间和密封情况,签收保存,不得开启。

资格预审申请文件、投标文件有下列情形之一的,招标人应当拒收:

(一)逾期送达的;

(二)未送达指定地点的;

(三)未按资格预审文件、招标文件要求密封的。

招标人拒收资格预审申请文件、投标文件的,应当如实记载送达时间和拒收情况,并将该记录签字存档。

第四十条 投标人在投标截止时间之前撤回已提交投标文件的,招标人应当自收到投标人书面撤回通知之日起 5 日内退还已收取的投标保证金。

投标截止后投标人撤销投标文件的,招标人可以不退还投标保证金。

出现特殊情况需要延长投标有效期的,招标人以书面形式通知所有投标人延长投标有效期。投标人同意延长的,应当延长其投标保证金的有效期,但不得要求或被允许修改其投标文件;投标人拒绝延长的,其投标失效,投标人有权撤销其投标文件,并收回投标保证金。

第四十一条 禁止投标人相互串通投标、招标人与投标人串通投标、以他人名义投标以及以其他方式弄虚作假的行为,认定标准执行《中华人民共和国招标投标法实施条例》有关规定。

第四章 开标、评标和定标

第四十二条 招标人应当按照招标文件中规定的时间、地点开标。

投标人少于 3 个的,不得开标,招标人应当重新招标。

第四十三条 开标由招标人或招标代理组织并主持。

开标应按照招标文件确定的程序进行,开标过程应当场记录,招标人、招标代理机构、投标人、参加开标的公证和监督机构等单位的代表应签字,并存档备查。开标记录应包括投标人名称、投标保证金、投标报价、工期、密封情况以及招标文件确定的其他内容。

投标人对开标有异议的,应当在开标现场提出,招标人或招标代理应当场作出答复,并制作记录。

第四十四条 招标人开标时,邀请所有投标人的法定代表人或其委托代理人准时参加。投标人未参加开标的,视为承认开标记录,事后对开标结果提出的任何异议无效。

第四十五条 评标由招标人依法组建的评标委员会负责。

依法必须进行招标的水运工程建设项目,其评标委员会成员由招标人的代表及有关技术、经济等方面的专家组成,人数为 5 人以上单数,其中技术、经济等方面的专家不得少于成员总数的 2/3。招标人的代表应具有相关专业知识和工程管理经验。

与投标人有利害关系的人员不得进入评标委员会。任何单位和个人不得以明示、暗示等任何方式指定或者变相指定参加评标委员会的专家成员。行政监督部门的工作人员不得担任本部门负责监督项目的评标委员会成员。

交通运输部具体负责监督管理的水运工程建设项目,其评标专家从交通运输部水运工程和交通支持系统综合评标专家库中随机抽取确定,其他水运工程建设项目的评标专家从省级交通运输主管部门建立的评标专家库或其他依法组建的综合评标专家库中随机抽取确定。

评标委员会成员名单在中标结果确定前应当保密。评标结束后,招标人应当按照交通运输主管部门的要求及时对评标专家的能力、履行职责等进行评价。

第四十六条 招标人设有标底的，应在开标时公布。标底只能作为评标的参考，不得以投标报价是否接近标底作为中标条件，也不得以投标报价超过标底上下浮动范围作为否决投标的条件。

第四十七条 招标人应当向评标委员会提供评标所必需的信息和数据，并根据项目规模和技术复杂程度等确定合理的评标时间；必要时可向评标委员会说明招标文件有关内容，但不得明示或者暗示其倾向或者排斥特定投标人。

在评标过程中，评标委员会成员因存在回避事由、健康等原因不能继续评标，或者擅离职守的，应当及时更换。被更换的评标委员会成员已作出的评审结论无效，由更换后的评标专家重新进行评审。已形成评标报告的，应当作相应修改。

第四十八条 有下列情形之一的，评标委员会应当否决其投标：

（一）投标文件未按招标文件要求盖章并由法定代表人或其书面授权的代理人签字的；

（二）投标联合体没有提交共同投标协议的；

（三）未按照招标文件要求提交投标保证金的；

（四）投标函未按照招标文件规定的格式填写，内容不全或者关键字迹模糊无法辨认的；

（五）投标人不符合国家或者招标文件规定的资格条件的；

（六）投标人名称或者组织结构与资格预审时不一致且未提供有效证明的；

（七）投标人提交两份或者多份内容不同的投标文件，或者在同一份投标文件中对同一招标项目有两个或者多个报价，且未声明哪一个为最终报价的，但按招标文件要求提交备选投标的除外；

（八）串通投标、以行贿手段谋取中标、以他人名义或者其他弄虚作假方式投标的；

（九）报价明显低于成本或者高于招标文件中设定的最高限价的；

（十）无正当理由不按照评标委员会的要求对投标文件进行澄清或说明的；

（十一）没有对招标文件提出的实质性要求和条件做出响应的；

（十二）招标文件明确规定废标的其他情形。

第四十九条 投标文件在实质上响应招标文件要求，但存在含义不明确的内容、明显文字或者计算错误，评标委员会不得随意否决投标，评标委员会认为需要投标人做出必要澄清、说明的，应当书面通知该投标人。投标人的澄清、说明应当采用书面形式，并不得超出投标文件的范围或者改变投标文件的实质性内容。

评标委员会不得暗示或者诱导投标人做出澄清、说明，不得接受投标人主动提出的澄清、说明。

第五十条 评标委员会经评审，认为所有投标都不符合招标文件要求的，或者否决不合格投标后,因有效投标不足3个使得投标明显缺乏竞争的,可以否决全部投标。

所有投标被否决的,招标人应当依法重新招标。

第五十一条　评标委员会应当遵循公平、公正、科学、择优的原则,按照招标文件规定的标准和方法,对投标文件进行评审和比较。

招标文件没有规定的评标标准和方法,不得作为评标的依据。

第五十二条　根据本办法第二十四条、第二十六条、第二十七条、第四十二条、第五十条规定重新进行了资格预审或招标,再次出现了需要重新资格预审或者重新招标的情形之一的,经书面报告交通运输主管部门后,招标人可不再招标,并可通过与已提交资格预审申请文件或投标文件的潜在投标人进行谈判确定中标人,将谈判情况书面报告交通运输主管部门备案。

第五十三条　中标人的投标应当符合下列条件之一:

(一)能够最大限度地满足招标文件规定的各项综合评价标准;

(二)能够满足招标文件的实质性要求,并且经评审的投标价格最低,但是投标价格低于成本的除外。

第五十四条　评标委员会完成评标后,应当向招标人提交书面评标报告并推荐中标候选人。中标候选人应当不超过3个,并标明排序。

评标报告由评标委员会全体成员签字。对评标结论持有异议的评标委员会成员可以书面方式阐述其不同意见和理由,评标报告应当注明该不同意见。评标委员会成员拒绝在评标报告上签字又不书面说明其不同意见和理由的,视为同意评标结论,评标委员会应当对此做出书面说明并记录。

第五十五条　评标报告应包括以下内容:

(一)评标委员会成员名单;

(二)对投标文件的符合性评审情况;

(三)否决投标情况;

(四)评标标准、评标方法或者评标因素一览表;

(五)经评审的投标价格或者评分比较一览表;

(六)经评审的投标人排序;

(七)推荐的中标候选人名单与签订合同前需要处理的事宜;

(八)澄清、说明、补正事项纪要。

第五十六条　依法必须进行招标的项目,招标人应当自收到书面评标报告之日起3日内按照国家有关规定公示中标候选人,公示期不得少于3日。

投标人或者其他利害关系人对评标结果有异议的,应当在中标候选人公示期间提出。招标人应当自收到异议之日起3日内作出答复;作出答复前,应当暂停招标投标活动。

第五十七条　公示期间没有异议、异议不成立、没有投诉或者投诉处理后没有发现问题的,招标人应当从评标委员会推荐的中标候选人中确定中标人。异议成立或者投诉发现问题的,应当及时更正。

国有资金占控股或者主导地位的水运工程建设项目,招标人应当确定排名第一的中标候选人为中标人。排名第一的中标候选人放弃中标、因不可抗力不能履行合同、不按照招标文件要求提交履约保证金,或者被查实存在影响中标结果的违法行为等情形,不符合中标条件的,招标人可以按照评标委员会提出的中标候选人名单排序依次确定其他中标候选人为中标人,也可以重新招标。

第五十八条　中标人确定后,招标人应当及时向中标人发出中标通知书,并同时将中标结果通知所有未中标的投标人。

第五十九条　招标人和中标人应当自中标通知书发出之日起30日内,按照招标文件和中标人的投标文件订立书面合同,合同的标的、价款、质量、履行期限等主要条款应当与招标文件和中标人的投标文件的内容一致。招标人和中标人不得再行订立背离合同实质性内容的其他协议。

招标文件要求中标人提交履约保证金的,中标人应当按照招标文件的要求提交。履约保证金不得超过中标金额的10%。

招标人最迟应当在书面合同签订后5日内向中标人和未中标的投标人退还投标保证金及银行同期存款利息。

第六十条　中标候选人的经营、财务状况发生较大变化或者存在违法行为,招标人认为可能影响其履约能力的,应当在发出中标通知书前由原评标委员会按照招标文件规定的标准和方法审查确认。

第六十一条　招标人应当自确定中标人之日起15日内,向具体负责本项目招标活动监督管理的交通运输主管部门提交招标投标情况的书面报告。

招标投标情况书面报告主要内容包括:招标项目基本情况、投标人开标签到表、开标记录、监督人员名单、评标标准和方法、评标委员会评分表和汇总表、评标委员会推荐的中标候选人名单、中标人、经评标委员会签字的评标报告、评标结果公示、投诉处理情况等。

第六十二条　中标人应当按照合同约定履行义务,完成中标项目。中标人不得向他人转让中标项目,也不得将中标项目肢解后分别向他人转让。

中标人按照合同约定或者经招标人同意,可以将中标项目的部分非主体、非关键性工作分包给他人完成。接受分包的人应当具备相应的资格条件,并不得再次分包。

中标人应当就分包项目向招标人负责,接受分包的人就分包项目承担连带责任。

第五章　投诉与处理

第六十三条　投标人或者其他利害关系人认为招标投标活动不符合法律、行政法规规定的,可以自知道或者应当知道之日起 10 日内向交通运输主管部门投诉。投诉应当有明确的请求和必要的证明材料。

就本办法第二十五条、第二十八条、第四十三条、第五十六条规定事项投诉的,应当先向招标人提出异议,异议答复期间不计算在前款规定的期限内。

第六十四条　投诉人就同一招标事项向两个以上交通运输主管部门投诉的,由具体承担该项目招标活动监督管理职责的交通运输主管部门负责处理。

交通运输主管部门应当自收到投诉之日起 3 个工作日内决定是否受理投诉,并自受理投诉之日起 30 个工作日内作出书面处理决定;需要检验、检测、鉴定、专家评审的,所需时间不计算在内。

投诉人捏造事实、伪造材料或者以非法手段取得证明材料进行投诉的,交通运输主管部门应当予以驳回。

第六十五条　交通运输主管部门处理投诉,有权查阅、复制有关文件、资料,调查有关情况,相关单位和人员应当予以配合。必要时,交通运输主管部门责令暂停该项目的招标投标活动。

交通运输主管部门的工作人员对监督检查过程中知悉的国家秘密、商业秘密,应当依法予以保密。

第六章　法　律　责　任

第六十六条　违反本办法第九条规定,水运工程建设项目未履行相关审批、核准手续开展招标活动的,由交通运输主管部门责令改正,可处 3 万元以下罚款。

第六十七条　违反本办法第十六条规定,招标人不具备自行招标条件而自行招标的,由交通运输主管部门责令改正,可处 2 万元以下罚款。

第六十八条　违反本办法第二十一条规定,资格预审文件和招标文件的编制,未使用国务院发展改革部门会同有关行政监督部门制定的标准文本或者交通运输部发布的行业标准文本的,由交通运输主管部门责令改正,可处 5000 元以下罚款。

第六十九条　交通运输主管部门应当按照《中华人民共和国招标投标法》《中华人民共和国招标投标法实施条例》等规定,对水运工程建设项目招标投标活动中的违法行为进行处理。

第七十条　交通运输主管部门应当建立健全水运工程建设项目招标投标信用制度,并应当对招标人、招标代理机构、投标人、评标委员会成员等当事人的违法行为及处理情况予以公告。

第七章　附　　则

第七十一条　使用国际金融组织或者外国政府贷款、援助资金的项目进行招标,贷款方、资金提供方对招标投标的具体条件和程序有特殊要求的，可以适用其要求，但有损我国社会公共利益的除外。

第七十二条 水运工程建设项目机电产品国际招标投标活动，依照国家相关规定办理。

第七十三条 交通支持系统建设项目招标投标活动参照本办法执行。

第七十四条 本办法自2013年2月1日起施行，《水运工程施工招标投标管理办法》（交通部令2000年第4号）、《水运工程施工监理招标投标管理办法》（交通部令2002年第3号）、《水运工程勘察设计招标投标管理办法》（交通部令2003年第4号）、《水运工程机电设备招标投标管理办法》（交通部令2004年第9号）同时废止。

五、其他部颁规章和规范性文件

为保证水运工程建设健康、有序发展，交通（运输）部还制定并颁布实施了一系列涵盖规划、设计、施工、监理、试验检测、运营等方面的规章和规范性文件，进一步细化和完善了相关规定，见表3-4-1。

与水运工程建设相关其他部颁规章和规范性文件　　　　　表3-4-1

序号	发布机关	规章名称	发布文号	施行日期
1	交通部	港口建设项目后评价报告编制办法	(89)交计字701号	1989年12月14日
2	交通部	中华人民共和国航道管理条例实施细则	(91)交工字609号，交通运输部令2009年第9号修改	1991年10月1日
3	交通部	水运工程施工监理规定（试行）	交基发〔1994〕840号，交通运输部令2015年第14号修改	1995年1月1日
4	交通部	交通部水运工程定额管理办法（试行）	交基发〔1995〕97号	1995年2月13日
5	交通部	长江干流桥区航标设置及维护管理规定	交基发〔1996〕489号	1996年9月1日
6	交通部	内河航标管理办法	交通部令1996年第2号	1996年8月1日
7	交通部	疏浚工程概算、预算编制规定	交基发〔1997〕246号	1997年7月1日
8	交通部	交通建设项目审计实施办法	交审发〔2000〕64号	2000年2月12日
9	交通部	交通基本建设项目竣工决算报告编制办法	交财发〔2000〕207号	2000年4月21日

续上表

序号	发布机关	规章名称	发布文号	施行日期
10	交通部	公路水运工程试验检测管理办法	交通部令 2005 年第 12 号发布，交通运输部令 2016 年第 80 号修改，交通运输部令 2019 年第 38 号第二次修改	2005 年 12 月 1 日
11	交通部	中华人民共和国港口设施保安规则	交通部令 2007 年第 10 号发布，交通运输部令 2016 年第 68 号修改，交通运输部令 2019 年第 14 号第二次修改，交通运输部令 2019 年第 33 号第三次修改	2008 年 3 月 1 日
12	交通部	港口规划管理规定	交通部令 2007 年第 11 号	2008 年 2 月 1 日
13	交通运输部	港口经营管理规定	交通运输部令 2009 年第 13 号发布，交通运输部令 2014 年第 22 号修改，交通运输部令 2016 年第 43 号第二次修改，交通运输部令 2018 年第 10 号第三次修改，交通运输部令 2019 年第 8 号第四次修改，交通运输部令 2019 年第 36 号第五次修改，交通运输部令 2020 年第 21 号第六次修改	2010 年 3 月 1 日
14	交通运输部	航道养护管理规定	交水发〔2010〕756 号，交通运输部令 2020 年第 20 号修改	2021 年 2 月 1 日
15	交通运输部	航道通航条件影响评价审核管理办法	交通运输部令 2017 年第 1 号发布，交通运输部令 2019 年第 35 号修改	2017 年 3 月 1 日
16	交通运输部	公路水运工程安全生产监督管理办法	交通运输部令 2017 年第 25 号发布	2017 年 8 月 1 日
17	交通运输部	港口危险货物安全管理规定	交通运输部 2017 年第 27 号令发布，交通运输部令 2019 年第 34 号修改	2017 年 10 月 15 日
18	交通运输部	公路水运工程质量监督管理规定	交通运输部令 2017 年第 28 号	2017 年 12 月 1 日
19	交通运输部	长江干线水上交通安全管理特别规定	交通运输部令 2017 年第 32 号	2018 年 1 月 1 日
20	交通运输部	港口工程建设管理规定	交通运输部令 2018 年第 2 号发布，交通运输部令 2018 年第 42 号修改，交通运输部令 2019 年第 32 号第二次修改	2018 年 3 月 1 日

续上表

序号	发布机关	规章名称	发布文号	施行日期
21	交通运输部	长江三峡水利枢纽过闸船舶安全检查暂行办法	交通运输部令 2018 年第 1 号	2018 年 6 月 1 日
22	交通运输部	公路水运工程监理企业资质管理规定	交通运输部令 2018 年第 7 号发布,交通运输部令 2019 年第 37 号修改	2018 年 7 月 1 日
23	交通运输部	中华人民共和国水上水下活动通航安全管理规定	交通运输部令 2019 年第 2 号	2019 年 5 月 1 日
24	交通运输部	通航建筑物运行管理办法	交通运输部令 2019 年第 6 号	2019 年 4 月 1 日
25	交通运输部	航道工程建设管理规定	交通运输部令 2019 年第 44 号	2020 年 2 月 1 日

第四章
水运工程建设与管理

第一节　水运工程建设发展历程

一、综述

改革开放以来,水运建设行业以全面服务经济社会发展为宗旨,坚持量的扩张与质的提高并重,强化能力提升和科技创新,取得了举世瞩目的成就,为我国改革开放和经济社会发展提供了强有力的支撑和保障。

（一）逐步恢复发展阶段（1978—1992 年）

自恢复中华人民共和国在联合国的一切合法权利始,水路运输不适应国民经济和对外交往需要的矛盾突出。1973 年,周恩来总理发出"三年改变港口面貌"的号召,交通部实行大中小并举、中央与地方并举、新建与改造并举的方针,以沿海港口新建和改扩建为主,港口建设得到一定发展,但沿海港口吞吐能力依然严重不足。

（二）加快建设发展阶段（1992—2002 年）

1992 年,邓小平南方谈话把我国改革开放和现代化建设推向新阶段。为缓解交通对国民经济的制约,交通部深化港口管理体制改革,扩大企业经营自主权。同时制定改革开放后国家层面第一个公路水运发展中长期规划,提出"三主一支持"长远规划设想（包括公路主骨架、水运主通道、港站主枢纽、交通运输支持保障等）,通过"八五""九五"的十年建设计划,加强沿海南北大通道和长江干线水运通道及港口建设。重点建设综合运输大通道交汇处的煤炭、原油、铁矿石、集装箱、滚装运输系统专业化码头。沿海港口抓住基础设施建设的机遇,步入大发展阶段,港口设施、规模、能力大幅提升。随着内地扩大开放,打通了内河主航道,新建（扩建）了港口,形成了港口、航道配套发展的基础设施。

（三）快速发展阶段（2002—2012 年）

2003 年胡锦涛总书记在视察湛江港时,作出了港口要"发挥优势、抓住发展机遇、理清发展思路"的重要指示。为实现我国港口跨越式发展,交通部印发了《关于贯彻落实胡锦涛总书记指示精神　进一步推进沿海港口发展的意见》,沿海港口建设步入快速发展阶段。本阶段沿海港口以科学发展观为指引,以加入世界贸易组织（WTO）为契机,以全面建设小康社会为动力,按照尊重市场经济规律、遵从国际规则、实现人与自然和谐发展等原则,水运工程建设更加有序。依法建设与管理,注重规划,大型化、专业化成为沿海港口建设的重要特征;提出内河"两横一纵两网十八线"发展格局并稳步推进建设,改善出海航道,推进江海联运,长江黄金水道建设取得重大进展。

为适应新时期经济社会发展的需要,交通部编制了《全国沿海港口布局规划（2006年版）》等一系列行业规划,筹划了长三角、珠三角及渤海湾三个区域的港口建设布局,重点加强上海国际航运中心和沿海主要港口的建设,加快煤、油、矿、箱和粮食等重点货种的专业化码头和深水航道建设。2005年11月交通部与长江沿线七省二市高层召开座谈会,内河水运开启了中央与地方政府合力建设共促水运发展的新阶段。2007年国家发展和改革委员会与交通部联合印发了《全国内河航道与港口布局规划》。2011年国务院印发了《关于加快长江等内河水运发展的意见》,地方政府对内河航运建设的积极性提高,内河水运在区域综合运输体系的作用加强,内河水运成为沿江（河）产业布局重要依托,内河水运发展迎来了快速发展的机遇期。

（四）迈入现代化水运建设新征程（2012—　）

党的十八大以来,国家提出"一带一路"倡议,党的十九大提出"交通强国""海洋强国"战略。交通运输部积极谋划国家战略实施,加快水运基础设施建设,以供给侧结构性改革为主线,完善港口布局,推进港口资源整合,推动港口转型升级,着力提高沿海港口发展质量和参与国际竞争的能力。这一时期,一批30万吨级以上原油码头和铁矿石码头、10万吨级以上煤炭码头和集装箱码头、30万吨级深水航道工程相继建成,沿海港口大型化、专业化特征明显,自动化、智能化技术逐步推广,厦门、青岛、洋山相继建成自动化集装箱码头。主要货类运输系统港口布局进一步完善,专业化码头和航道条件基本适应了当今国际航运船舶大型化发展要求,港口现代化建设进入新阶段。2014年国务院出台《依托黄金水道推进长江经济带发展的指导意见》,2015年《中华人民共和国航道法》正式实施,进一步改善了内河水运发展环境。内河水运建设全面加快,投资成倍增加。内河水运建设重点提高长江、西江等干线航道等级,打通碍航水道,保障航行安全,倡导生态化建设,提高已有航道通行效率,整合内河沿线港口资源,重点建设集约化、专业化的港口作业区,内河航运在促进流域经济发展、优化产业布局、服务对外开放等方面发挥越来越重要作用。截至2015年底,全国港口共有生产性泊位31259个,其中万吨级以上泊位2221个;全国内河通航里程达12.7万千米,其中等级航道6.62万千米,三级及以上航道11545

千米;长江干线航道系统治理成效显著,高等级航道体系基本形成,内河规模化、集约化港区建设取得明显进展。

二、沿海港口建设发展历程

新中国成立到 20 世纪 70 年代初,我国基本沿用新中国成立前已有的港口,新建码头少,水运发展缓慢。1973 年到改革开放前的 1978 年,经过"三年大建港口",适当缓解了港口与经济发展能力不足的矛盾,港口建设步入平缓发展期。改革开放起至 2015 年,我国水运建设发生了历史性变化,港口建设实现跨越式发展,跳出城市中心,开发了一批规模化的新港区,从中小型、散杂通用泊位发展到大型、专业化泊位,从半机械化发展到全机械化、自动化、智能化,沿海港口已基本建成了港口布局合理、专业化码头门类齐全、配套设施完整、功能完善的现代化港口群,形成了煤炭、石油、铁矿石、集装箱、粮食、商品汽车、陆岛滚装和旅客运输等 8 个运输系统专业化码头的合理布局。2015 年,完成货物吞吐量127.5 亿吨中,沿海港口完成了 81.47 亿吨,全球港口货物吞吐量前十排名中我国占有七席,成为名副其实的航运大国。

(一)集装箱码头

我国集装箱运输从 20 世纪 50 年代开始起步。1955 年,铁路部门率先开办了国内小型集装箱运输。水运部门则分别在 1956 年、1960 年和 1972 年 3 次采用铁路集装箱进行短期试运。1973 年 9 月,"渤海一号"轮由日本神户装载小型集装箱驶抵天津港,从此开始了我国海上国际标准集装箱运输。

20 世纪 70 年代末和 80 年代初,中国大陆对外贸易和港口进出口任务大幅增长,天津、上海、广州三港利用世界银行对华首批贷款建设了大陆沿海的第一批集装箱码头。我国第一座集装箱码头于 1974 年 6 月开始在天津新港兴建,第一个泊位于 1981 年 12 月正式交付使用,可停靠 1300TEU 集装箱船(2 万吨级)。到 1985 年底,天津新港新建的四港池 3 个集装箱泊位建成投产,年设计吞吐能力达 40 万标准箱,成为我国最大的集装箱码头作业区。20 世纪 80 年代中后期,青岛、上海等港口还建设了一批兼顾集装箱作业的多用途码头。

进入 20 世纪 90 年代,我国相继在上海、厦门、大连、青岛、宁波、深圳、汕头等港建设了一批设备更先进、效率更高、吞吐能力更大的集装箱码头,可接卸第三、第四代集装箱船。深圳盐田港集装箱码头一期工程于 1994 年建成投产,建成 3.5 万吨级和 5 万吨级集装箱泊位各 1 个,设计集装箱吞吐能力 50 万 TEU/年。1999 年二期工程 3 个泊位竣工。2000 年盐田港集装箱码头一、二期工程 5 个泊位完成集装箱吞吐量 214.7 万 TEU。

随着上海浦东新区的开发开放,上海港开始开发建设外高桥港区。从 1996 年外高桥二期工程开工建设开始，上海港在外高桥地区进行了大规模建设集装箱泊位的历程，至六期已建有 19 座大型集装箱专业泊位，形成了 1000 万 TEU 量级的吞吐能力和规模效益。在外高桥集装箱码头工程建设中，首次采用双 40 英尺岸桥，显著提高了码头的装卸效率；提出了全新的现代集装箱港区功能横断面布置模式和有利于集装箱码头高效运行和持续发展的生产系统能力不平衡配置模式，丰富了现代集装箱港区的规划设计理论。至 2000 年，我国的上海、深圳、宁波、青岛、大连等沿海主要港口建成大量能够停靠巴拿马型（3 万～5 万吨级）、超巴拿马型（7 万～10 万吨级）集装箱船舶的专业化集装箱码头。进入新世纪后，为适应船舶大型化迅速发展的趋势，我国又相继建成一批能够停靠苏伊士运河型（15 万吨级）、马六甲海峡极限型（20 万吨级）集装箱船舶的专业化集装箱码头。

2000 年，青岛港前湾港区三期工程开工建设，整个工程设计为 7 个集装箱专业化深水泊位。2003 年 1～4 号泊位正式通过国家验收，工程建设 8 万～10 万吨级集装箱泊位 2 个和 5 万吨级集装箱泊位 2 个，岸线长 1480 米，水深 16～17.5 米，码头纵深 1500 米，配有 16 台集装箱岸桥，其中包括 3 台起重量 70 吨、前伸距 70 米的岸桥。后三个泊位工程建成 5 万吨级集装箱泊位 2 个、3 万吨级集装箱泊位 1 个，岸线长 933.16 米。前湾三期码头硬件条件好，其岸线长度、水深、岸桥技术参数、装卸效率、陆域纵深均为国内领先。青岛港前湾港区四期工程是国家"十一五"重大建设项目，该工程一次性建设 10 个顺岸超大型深水泊位，岸线长度 3408 米，水深 20 米，陆域面积 285 万平方米，是当时国内一次性开工建设岸线最长、水深最大、配套设施最先进的集装箱专用码头，该工程于 2009 年 11 月建成投产。

随着我国长三角地区经济的高速发展，上海港集装箱吞吐量增长更为迅猛。上海港的集装箱码头吞吐能力和进港航道水深严重不足，已成为制约上海实现建成国际航运中心目标的瓶颈。为此，2002 年起，在长江口外上海南汇芦潮港东南，距离南汇芦潮港 27.5 千米的大、小洋山岛链上开始了洋山深水港工程的建设。其中洋山深水港一期工程码头长度 1600 米，共布置 5 个 7 万～10 万吨级远洋干线集装箱泊位，年设计吞吐能力 220 万 TEU，于 2005 年 12 月建成投产。二期工程于 2006 年建成投产，码头长度为 1400 米，共布置 4 个 7 万～10 万吨级远洋干线集装箱泊位，年设计吞吐能力 210 万 TEU。二期工程中配置 12 台集装箱岸桥，其中 10 台为双起升双 40 英尺集装箱岸桥，为国际上首个规模化使用双起升双 40 英尺集装箱岸桥的港口，大大提高了港区装卸效率。洋山三期工程码头长度 2600 米，是洋山深水港区天然水深最深、停靠船型最大的集装箱作业区，共布置 7 万～15 万吨级超大型集装箱泊位 7 个，年设计吞吐能力 500 万 TEU。三期工程于 2007 年 12 月、2008 年 12 月分阶段建成投产。洋山深水港一至三期工程建成投产后，极大提高了上海港集装箱吞吐能力，2010 年上海港集装箱吞吐量完成 2905 万标准箱，首次跃居世界第一。

南沙港区是广州港南拓的主要集装箱码头区,地处珠三角经济区几何中心。2004 年建成投产的一期工程建设 4 个 5 万吨级多用途泊位及相应配套设施,码头岸线长度 1400 米,设计年吞吐能力 30 万 TEU、通用散杂货 160 万吨。二期工程建设 6 个 5 万吨级集装箱泊位(水工结构按靠泊 15 万吨级船设计),岸线长 2100 米,可满足世界上最大的集装箱船停泊作业,配备超巴拿马型岸桥 22 台,轮胎式龙门起重机 64 台,于 2006 年投产。三期工程于 2012 年 8 月 30 日开工,共建设 4 个 10 万吨级和 2 个 7 万吨级集装箱泊位,建设 24 个 2000 吨级集装箱驳船泊位(港池水深和水工结构按靠泊 1000 吨级集装箱海轮设计)。

近年来,集装箱船舶大型化趋势不断加剧,对国内集装箱码头的服务能力提出更大挑战。为应对集装箱船舶大型化趋势,集装箱码头企业积极采取有力措施,以满足大型集装箱船舶的靠泊需求,并通过岸桥加高、使用侧面吊、采用双小车模式等来满足大型集装箱船舶的装卸需求。通过一系列的改造,我国沿海主要港口的大型集装箱码头在功能、硬件上已经基本适应船舶大型化的发展要求。码头布置与结构形式、堆场工艺、堆场规模、集疏运方式、集装箱大门通道等能满足现代化的运输需求。

随着人工智能技术的发展及“中国制造 2025”目标的提出,我国沿海集装箱码头也进入自动化时代,2015 年厦门远海第一个集装箱自动化码头投产,随后青岛港前湾港区迪拜环球自动化码头和上海洋山深水港区四期工程自动化码头建成投产,我国的集装箱码头建设自此进入世界先进水平。另外,广州港、深圳港、天津港等国内主要集装箱港口也正进行自动化集装箱码头的前期论证和建设准备工作。

经过多年的建设和发展,我国从南到北已形成了广州、深圳、厦门、宁波—舟山、上海、青岛、天津、大连等 8 个沿海集装箱枢纽港,初步构建起了布局合理、设施完善、现代化程度较高的港口集装箱运输体系。2015 年末,沿海港口拥有专业化集装箱泊位 394 个,其中海船泊位 355 个,通过能力 18300 万 TEU;沿海港口尚有多用途泊位约 150 个,通过能力约 1000 万 TEU。2015 年,我国规模以上港口完成集装箱吞吐量 2.1 亿 TEU,全球 10 大集装箱港口排序依次为上海港、新加坡港、深圳港、宁波—舟山港、香港港、釜山港、青岛港、广州港、迪拜港、天津港,其中我国港口达到 7 个,上海港持续多年保持世界第一。

(二)煤炭码头

由于我国煤炭资源生产基地集中于山西、陕西、蒙西(简称三西),消费地集中于沿海及沿长江地区,长期以来形成了煤炭运输“西煤东运”“北煤南运”“铁海联运”的运输格局。铁海联运是一种相对经济合理、安全可靠的运输方式。配合“三西”地区的北路、中路和南路 3 个铁路通道,我国形成了 7 大煤炭装船港:连接“北路”的秦皇岛港、天津港、黄骅港、唐山港,连接"中路"的青岛港,连接"南路"的连云港港和日照港。形成了我国北方建设大型煤炭出口码头,南方建设煤炭进口卸船码头的总体格局。

我国从 20 世纪 50 年代开始建设专业化的煤炭出口码头,受当时装卸设备设计和制造水平的制约,码头基本采用小型、简易机械设备多线装船作业;堆场采用坑道形式,靠煤炭自流和皮带输送机进行装船作业;卸车采用链斗卸车机和底开门自流卸车作业。如裕溪口煤炭码头、秦皇岛 8 号、9 号泊位。这种工艺系统成为我国 50、60 年代具有代表性的煤炭装船码头装卸技术。

20 世纪 80 年代,我国建设了一批专业化的煤炭装船和卸船码头,其中装船码头主要以秦皇岛港煤炭码头一至三期工程为主。1983 年秦皇岛港煤炭码头一期工程竣工投产,该工程是我国自己设计制造和施工安装的现代化煤炭装船码头。一期工程码头长 547.4 米,前沿设计水深 14 米,可同时停靠 2 万吨级和 5 万吨级散货船舶各 1 艘。一期工程率先采用了额定能力 2000 吨/时的移动式装船机,堆场采用堆料机和斗轮取料机作业,额定能力均为 2000 吨/时。卸车采用每小时翻卸 25 次的单翻翻车机作业。一期工程的建设开启了我国专业煤炭装船码头建设新篇章。1985 年秦皇岛港煤炭码头二期工程建成投产,二期工程首次采用了额定能力 6000 吨/时的移动式装船机、额定能力 3000 吨/时的斗轮取料机、额定能力 3600 吨/时的堆料机和额定能力 3600 吨/时的 C 型双翻翻车机。1990 年秦皇岛港煤炭码头三期工程投产,码头建设 1 个 10 万吨级泊位和 2 个 3.5 万吨级泊位。该工程让我国铁路卸车首次采用"O"型转子式翻车机,采取 C63 车型不解列连续翻卸作业,码头装船机和堆场堆取料机均为国内额定能力、生产效率最高的设备。秦皇岛港煤炭码头三期是当时我国规模最大、现代化程度最高的煤炭装船码头。80 年代初,由水运工程建设专家刘济舟院士率队,在山东石臼建设了我国第一座外海开敞式码头——10 万吨级煤炭装船码头,揭开了开发石臼港的序幕。

卸船码头的代表是广州黄埔港墩头西基煤炭码头,该工程于 1981 年开始设计,1987 年 3 月竣工验收,建成 2 个 3.5 万吨级煤炭泊位(兼顾铁矿石卸船)及配套的装船泊位。卸船码头、装船码头岸线长度均为 440 米。卸船设备采用带斗门机、堆场设备采用堆取料机、装船设备采用连续装船机、火车装车采用自动装车楼。西基煤炭码头是当时国内靠船吨位最大的卸煤码头,也是卸船、装船、装火车、装汽车等工艺流程最多的煤炭码头。其主要装卸设备系利用世界银行贷款,通过国际招标从日本成套进口。

20 世纪 90 年代,我国煤炭吞吐量快速增长,相继建成了一大批煤炭装卸船码头。装船码头相继建成了黄骅港一期工程、天津煤炭码头工程(7~10 号泊位)、秦皇岛港煤码头四期等。卸船码头主要有上海罗泾煤炭码头、潮州电厂煤炭码头、珠海电厂煤炭码头等。装船泊位等级为 3.5 万~10 万吨级,卸船泊位等级最高达 10 万吨级。

　　进入 21 世纪,随着国家经济的快速发展,能源需求的旺盛,煤炭码头建设也进入高峰,主要代表性的煤炭装船码头有秦皇岛港煤炭码头五期工程,黄骅港煤炭码头二期、三期、四期工程,曹妃甸国投煤炭码头一期及续建工程,曹妃甸煤炭码头二期、三期、四期工程等。

　　2006 年 4 月 26 日,我国当时规模最大、工艺最先进的煤炭码头——秦皇岛港煤炭码头五期工程正式投产,进一步巩固了秦皇岛港作为国家煤炭运输主枢纽港的地位。工程共建成 5 万吨级泊位 2 个、10 万吨级和 15 万吨级泊位各 1 个,堆场面积 77 万平方米,堆存能力达 400 万吨,码头设计年吞吐能力为 5000 万吨。码头装卸工艺包括翻车堆存流程48 条、取料装船流程 259 条,其中卸车系统按照接卸两万吨编组列车、4 台牵引机车通过翻车机的要求设计,效率达到 7200 吨/时,满足大秦铁路扩能改造后对港口煤炭中转能力的需求。

　　黄骅港煤炭码头三期工程,新建 4 座 5 万吨级的专业化煤炭装船泊位,码头主体结构按停靠 10 万吨级散货船设计,水工建筑物结构总长 1200 米。新建煤炭筒仓 24 个,总容量 72 万吨;新建 2 条卸车线;设计年吞吐量为 5000 万吨。黄骅港煤炭码头四期工程,水工结构利用三期工程已建的 1072.5 米码头岸线,在背侧新建煤炭专业化泊位 10 万吨级 1个、7 万吨级 2 个和 3.5 万吨级 1 个,利用煤炭港区三期工程北侧的 310 米岸线新建 5 万吨级专业化煤炭泊位 1 个,配套建设仓容 3 万吨的筒仓 24 个、露天堆场 3 条、翻车机房、生产及辅助建筑物等配套设施。

　　黄骅港煤炭码头三期、四期工程积极采用新工艺、新技术、新装备,在国内首次采用封闭筒仓储运工艺系统及突堤码头两侧靠泊、装船机轮换作业的方案。工程率先践行了"绿色、环保、智能"的港口建设新理念,其筒仓堆场采用全封闭方案,基本达到了粉尘零排放;码头利用 1200 米突堤进行双侧靠船、装船机轮换作业,岸线资源利用最大化。工程设计年吞吐能力 1 亿吨,配置直接生产人员约 150 人,人均操作吨达到 66 万吨,生产效率达到国内外领先水平。

　　近 20 年,我国建港技术有了质的飞跃,尤其在大型煤炭装卸码头的建港技术、大型装备、自动控制和信息化、环保等方面已经达到了世界先进水平。煤炭装卸码头抑制煤尘扩散是防治重点,按照煤炭码头装卸工艺要求,在考虑码头作业条件、周边环境容量和社会经济发展水平等因素后,作出煤尘对环境的影响分析和评价,确定适当的防护标准,采取可行的防治方案,加大了抑制煤尘扩散的投入,提升了抑尘技术水平。先后有洒水抑尘、高压喷雾系统、高效环保抑尘剂、防风抑尘网、全封闭筒仓、半封闭煤棚等湿干处理方式。装船机的能力由 500 吨/时发展到现在的 8000 吨/时,卸车由螺旋卸车机发展为单翻翻车机,再到双翻翻车机、三翻翻车机和四翻翻车机,翻车机的效率由 1500 吨/时提高到 8000吨/时。同时,为了适应市场的需要,设置了煤炭采制样系统、粒度筛分系统和配煤系统,完善了港口服务功能。

2015年全国港口煤炭及制品吞吐量达20.72亿吨，成为我国港口吞吐量最大的单一货种。2015年底，北方沿海秦皇岛、唐山、天津、黄骅、青岛、日照、连云港等7个装船港拥有专业化装船泊位61个，总装船能力达到8.2亿吨。全国沿海及南京以下长江干线共有大连、南京、镇江、南通、苏州、上海、宁波、舟山、台州、温州、福州、厦门、汕头、深圳、广州、珠海、江门、北海、钦州、海口等众多接卸港，专业化煤炭接卸泊位达到182个，其中深水泊位约147个，总接卸能力约7亿吨。

（三）原油码头

20世纪70年代，为满足国家原油出口的需求，作为国家"四五"期间重点工程的大连港鲇鱼湾油港10万吨级泊位于1974年动工，1976年5月建成投产。鲇鱼湾油港由我国建设者自行勘探、自行设计、自行施工，材料和设备全部采用国产，是当时国内规模最大、水深最深、技术最先进的现代化深水码头。油港建成后，成为大庆原油出口的重要港口，为国家经济建设和对外贸易作出了重要贡献。

至20世纪90年代，我国原油码头泊位大多为3万～5万吨级，普遍规模较小。1990年，我国第一座20万吨级原油码头——青岛黄岛装船码头建成投产，该码头长498米，水深21.3米，装卸能力1700万吨。

随着石油等能源需求的不断增长，中国成为世界石油资源主要进口国之一。我国自1993年成为石油净进口国后，石油需求量增加迅速。为适应进口石油快速增长的需求，我国开始加快建设油品专业化码头。1994年，我国第一座25万吨级浮式单点系泊原油接卸码头在茂名投入使用，该码头通过1根口径864毫米、长度约15000米的海底管线卸油上岸，卸油效率可达4000立方米/小时。1994年，珠海桂山岛建设了1座多点系泊码头，该工程为5万吨级燃料油卸船泊位，船舯及船艉设6个系泊浮筒，泊位与陆域通过345米海底输油管线连接。

2005年之后，25万～30万吨级专业化原油码头迅猛增加。2005至2010年间新建大型集中接卸泊位18个，分布在舟山、宁波、锦州、洋浦、惠州、青岛、唐山、天津、大连、营口、泉州、日照、湛江等港口。该时期，新建码头大多配套有先进装卸设备、大口径集疏运管道和大库容储罐，我国港口原油装卸能力快速提高至4亿吨以上，标志着我国原油运输进入现代化、专业化、规模化发展阶段。2007年建成的青岛港原油码头三期工程，有30万吨级原油接卸泊位1个，并有相应的配套设施，是当时国内最大吨级的码头，创造了原油码头吨级、接卸能力、码头前沿水深、混凝土引桥跨度、单联桥长度、沉箱高度、输油管线直径、输油臂参数、卸船效率等多项纪录。

2010年以后，原油码头保持了稳定的发展，新建了大连港长兴岛港区、青岛港董家口港区、日照港岚山港区和泉州港黄干岛港区等 4 个 30 万吨级原油码头泊位,这 4 个大型码头泊位总卸船能力达到 7210 万吨。

随着船舶的大型化发展和码头装卸效率的提高,装载臂的口径和尺寸也不断增加。青岛、大连等港口建设的 30 万吨级码头(兼顾 45 万吨级油船靠泊),均采用了 DN500 口径装卸臂,单台装卸效率可达 7000 立方米/小时,内外臂长度 21 米。

到 2015 年末,环渤海地区形成了两个层次的原油接卸港布局形态,即大连、营口、唐山、天津、青岛、日照等港以接卸大型油轮一程运输为主的第一层次港口布局,锦州、秦皇岛、黄骅、莱州、东营、龙口等港承担大港转运、近洋和海洋原油运输任务的第二层次港口布局。长江三角洲地区形成了以长江口南翼宁波舟山港为核心,海管联运为主,上海、泰州、南京等港水上转运为补充的原油中转运输体系。华南沿海基本形成了以泉州、惠州、茂名、湛江、钦州、洋浦等港组成的外贸原油接卸港口布局。截至 2015 年底,沿海港口拥有 20 万吨级及以上原油接卸泊位 27 个,总接卸能力 4.2 亿吨;全国规模以上港口完成原油吞吐量 4.74 亿吨。

(四)矿石码头

改革开放以来,中国经济持续较高的增长带动钢铁产量快速增长,国内矿石生产已不能满足钢铁生产增长的需要,导致外贸进口铁矿石快速增加。多年来进口铁矿石一直是我国港口外贸吞吐量最大的货种,也是我国港口吞吐量排名第二的货种。我国外贸进口铁矿石主要来源于澳大利亚、巴西、印度、南非等国家和地区。

我国第一座专业化的 10 万吨级矿石中转码头是北仑矿石中转码头。该码头是上海宝山钢铁总厂的主要配套工程,于 1982 年 12 月竣工验收并投入试生产。20 世纪 90 年代以后,随着中国钢铁工业的飞速发展,铁矿石外贸进口不断增加。由于缺乏大型接卸码头,很多港口利用 3 万~5 万吨级散杂货泊位接卸矿石。大量外贸进口矿石只能采用 5 万吨级以下的船舶直接到港,这在北方地区尤为普遍。不仅码头装卸效率低,运输成本也很高,钢铁企业迫切要求尽快解决进口铁矿石的合理运输问题。针对这一形势,交通部在冶金、铁路等部门的大力配合下,把加快建设大型矿石码头、解决进口铁矿石运输中存在的问题作为港口发展重点。1990 年,为解决青岛港历年来长期无矿石接卸专用泊位设施的困难,国家批复了《关于明确青岛港前湾一期工程多用途泊位以装卸矿石为主的报告》。1994 年 4 月 3 日,改造后的前湾港区 10 万吨级矿石码头全线投产,全部实现机械化、流程化,成为当时中国北方最大的矿石中转码头。

"八五"期间,宁波港扩建了一个 20 万吨级卸矿泊位,填补了中国大型散货码头的空白。"九五"期间,北方地区在青岛前湾建成了 1 个 20 万吨级、卸矿能力 1100 万吨的大型矿石码头,使北方港口散货泊位的接卸能力大幅提升。

进入 21 世纪后,我国钢产量增长迅猛,已成为世界最大的钢铁生产国和消费国。作为宝钢三期配套工程的马迹山 25 万吨级矿石码头于 2002 年 12 月 21 日竣工,建成了 1 座可靠泊 25 万吨级兼靠 30 万吨级散货船的卸船码头 1 座 3.5 万吨级装船泊位 1 个,设计年吞吐能力为 2000 万吨。马迹山矿石码头二期工程建设 30 万吨级卸船码头 1 座,1 万吨级、5 万吨级装船泊位各 1 个,设计年吞吐能力为 3000 万吨,卸、装各为 1500 万吨,于2007 年建成投产。二期工程建成投产后,宝钢马迹山港区年吞吐能力跃升到 5000 万吨,有效缓解了华东地区沿海港口大型矿石码头接卸能力不足的矛盾,适应了长江三角洲及长江沿线地区钢铁业的发展。

为解决东北各港外贸进口铁矿石运输船舶吨级小,运输费用高,接卸普遍落后的情况,大连港分两期建设了大型矿石码头。其中,一期工程建设 30 万吨级进口矿石专用泊位 1 个,年接卸能力 1500 万吨,于 2004 年 5 月竣工。二期工程建设 10 万吨级兼顾 15 万吨级矿石泊位 1 个,于 2006 年 8 月投产。一期工程配置装车楼,额定装车能力 4500 吨/时;二期工程配置 1800 吨/时桥式抓斗卸船机及 4500 吨/时移动式装船机,配置堆料 5000吨/时、取料 4500 吨/时的斗轮堆取料机,物料水平运输全部采用带式输送机。

2005 年 2 月,国家发改委下发了《关于首钢实施搬迁、结构调整和环境治理方案的批复》(发改工业〔2005〕273 号),批准首钢"结合首钢搬迁和唐山地区钢铁工业调整,在曹妃甸建设一个具有国际先进水平的钢铁联合企业"。为服务曹妃甸冶金工业发展,2005年,曹妃甸港区首批建成投产了 2 个 25 万吨级矿石码头专用泊位,年吞吐能力达 3000 万吨。曹妃甸矿石码头配备了高效、环保链斗式连续卸船机,为国内矿石码头首次使用,在曹妃甸矿石码头中创造了台时效率达 3800 吨/时的卸船速度,显著缩短了船舶在港时间,并提高了环保和节能水平。目前,曹妃甸港区矿石码头三期投产后,已建成 6 个 25 万吨级矿石泊位,设计总接卸能力超 1 亿吨。

近年来,我国大型矿石码头建设和结构调整不断加快。丹东港大东港区矿石码头工程,建设 1 个 20 万吨级矿石专业化泊位,码头长 480 米。营口鲅鱼圈港区矿石码头工程建设规模为 1 个 20 万吨级专业化矿石泊位及相应的配套设施,设计年接卸能力 1200 万吨。日照港建设了 20 万吨级和 30 万吨级矿石专用泊位各 1 个。连云港建设了 30 万吨级卸船泊位和 10 万吨级装船泊位各 1 个。烟台港建设了 30 万吨级矿石泊位 1 个。

为适应船舶大型化的不断发展,青岛港集团在董家口港区建设了大型矿石码头工程1 座,建设规模为 30 万吨级铁矿石接卸泊位(码头水工结构按靠泊 40 万吨级散货船设计)和 20 万吨级铁矿石泊位各 1 个,该工程是国内第一个按靠泊 40 万吨级船设计的专业矿石接卸泊位,装卸工艺配置了 3500 吨/时桥式抓斗卸船机,于 2013 年 7 月 15 日通过竣工验收。该工程极大缓解了青岛港矿石接卸能力不足的矛盾,巩固了青岛港国际矿石中转港的地位。

2015 年,交通运输部和国家发改委联合发布了《交通运输部国家发展改革委关于港口接靠 40 万吨级矿石船有关问题的通知》。该通知指出,我国沿海港口铁矿石的合理运输体系已经形成,较好地适应了我国钢铁产业布局与发展需要。40 万吨级铁矿石码头的布局是在现有铁矿石运输体系基础上的优化与完善,既要适应钢铁产业布局和运输需求,也要充分利用现有设施,合理控制码头数量与规模,避免对现有运输体系造成较大不利影响。经组织有关单位专题研究论证,综合考虑现有码头技术条件,提出了现阶段 40 万吨级铁矿石码头布局方案:大连港大孤山港区铁矿石 1 个泊位,唐山港曹妃甸港区铁矿石码头三期工程 2 个泊位,青岛港董家口港区铁矿石码头工程 1 个泊位,宁波—舟山港马迹山铁矿石码头二期工程 1 个泊位,宁波—舟山港衢山港区鼠浪湖铁矿石码头 2 个泊位。

我国沿海港口已经形成了"一程远洋直达 + 二程水水中转"式的矿石运输系统,其中一程远洋直达主要集中在环渤海、长三角和西南沿海港口群。2015 年末,环渤海地区已经形成了以大连、营口、唐山、天津、烟台、青岛、日照、连云港等 8 港为主,丹东、秦皇岛、锦州等 3 港为补充的外贸铁矿石接卸港合理布局。长江三角洲地区已经形成由宁波—舟山港接卸远洋船为主,长江口内上海、南京、镇江、南通、苏州港等港口为接卸工程中扩或减载船为主组成的外贸铁矿石运输体系港口布局。华南沿海基本形成以湛江、防城、珠海、福州等 4 港专业化泊位为主,厦门、广州、阳江等 3 港为补充的矿石接卸系统港口布局。2015 年,全国沿海港口共有矿石专业化码头泊位 103 个,其中 10 万吨级及以上铁矿石一次接卸泊位 60 个,沿海规模以上港口完成金属矿石吞吐量 15.4 亿吨。

(五)邮轮码头

邮轮起源于 20 世纪 50 年代的北美,是一种为旅客、游客提供交通、住宿、休闲、娱乐等综合服务的水上载体,被誉为"浮动的度假村""移动的微型城镇"。20 世纪 90 年代以来,邮轮旅游业呈现持续、强劲的发展势头,邮轮旅游在世界范围内受到越来越多的认可与欢迎,迅速风靡欧美,并逐渐转战亚太。我国邮轮旅游起步相对较晚,1976 年 9 月日本国际邮轮"珊瑚公主"号首次停靠大连港,但之后邮轮业发展十分缓慢。直到 2004 年丽星公司旗下邮轮首航中国,中国邮轮业才开始进入到了一个快速发展的轨道。尤其是近年来随着中国经济的快速发展和居民生活水平的迅速提高,人们对邮轮等高端旅游产品的需求日益增加,邮轮旅游在我国发展潜力巨大。2015 年我国有 10 个港口接待过邮轮,包括大连、天津、青岛、烟台、上海、舟山、厦门、广州、海口、三亚,全国共接待国际邮轮 630 艘次,比上年增长 35%。

2000 年前,我国没有专用邮轮码头,到港邮轮只能临时兼靠客运或其他码头。2002 年三亚开工建设凤凰岛国际邮轮港,并作为全国第一座邮轮专用码头于 2006 年 11 月启用。随着邮轮旅游在我国的快速发展,全国沿海港口加快建设了邮轮码头。截至 2015 年上海、天津、厦门、三亚已建成 4 个国际邮轮码头,舟山、青岛、大连、深圳等港口相继建设、改造邮轮码头。

目前,中国已初步形成三大邮轮港口群:华东华北邮轮港口群、华南邮轮港口群和海峡两岸邮轮港口群。中国已建成和规划建设的邮轮港口数量已超过 20 个,泊位超过 34 个。已建成的国际邮轮港,每个设计接待能力均在年 50 万人次以上,远期规划总体接待能力将超过 560 万人次,均可停靠 14 万总吨以上的邮轮。展望未来,世界邮轮旅游将保持增长态势,世界邮轮旅游市场东移趋势明显,世界邮轮旅游市场结构逐步从高端化向大众化发展。

三、内河水运建设发展历程

(一)综述

内河水运是综合运输体系和水资源综合利用的重要组成部分,是实现经济社会可持续发展的重要战略资源。我国幅员辽阔,江河众多,是一个水资源较丰富的国家,内河河流总长达 45 万多千米,大小湖泊共 900 多个,具有发展水运的优越自然条件。20 世纪 50 年代末,我国内河通航里程曾经达到 17 万多千米,以后因拦河筑坝时欠考虑通航,导致通航里程缩减,直到 1980 年才恢复到 10.85 万千米。

20 世纪 80 年代开始,中央与地方政府有关部门在促进内河水运发展的政策和体制改革方面做了一些探索,实行了"有水大家行船"的政策,放开并活跃了水运市场,内河水运逐步恢复。同时,为加强行业管理,统筹规划内河水运建设和发展,交通部先后设立了长江、珠江、黑龙江航务(航运)管理局以及长江、珠江、黄河、黑龙江和松辽水系航运规划办公室,组织编制了各水系内河航运规划。

20 世纪 90 年代,交通部组织制定了《水运主通道总体布局规划》,有效促进了内河水运的建设和发展。在 1995 年召开的全国内河航运工作会议上,设立了内河航运建设基金,充分调动中央和地方政府两个积极性,以内河水运主通道和港口主枢纽为建设重点,水运建设资金投入力度明显加大,内河水运基础设施建设显著加快,步入较快发展阶段。广大从业人员解放思想,焕发工作热情,肩负使命,内河航道建设取得了显著成绩,内河水运货运量持续增长。全国形成了以长江、珠江、京杭运河、淮河、黑龙江和松辽水系为主体的内河水运布局。内河水运的服务腹地有了较大的延伸和扩展,服务质量明显提高,为流域经济社会的持续、快速发展发挥了重要作用。

进入 21 世纪以来,内河水运建设步入快速发展阶段。2005 年 11 月交通部与长江沿线七省二市高层召开座谈会,内河水运开启了中央与地方政府合力建设共促水运发展的新阶段。2007年经国务院批复,国家发展和改革委员会与交通部联合印发了《全国内河航道与港口布局规划》。2011年国务院印发了《关于加快长江等内河水运发展的意见》,内河水运发展迎来了快速发展的机遇期,以"两横一纵两网十八线"和内河主要港口为重点的水运基础设施建设取得了显著成效,带动了内河水运行业的全面发展。2014年国务院发布了《国务院关于依托黄金水道推动长江经济带发展的指导意见》,2016年印发了《长江经济带发展规划纲要》,加快长江等内河水运发展上升为国家战略,开启了建设现代化内河水运新征程。

（二）重要会议

20世纪90年代以来,围绕内河水运发展召开了多次关键性会议,为推动内河水运发展发挥了重要的作用。主要有:

1. 全国性重要会议

（1）第一次全国内河航运建设工作会议

1995年10月9—13日,第一次全国内河航运建设工作会议在江苏、浙江两省召开。这次会议是为贯彻落实邹家华副总理关于"今年一定要把水运很好地抓一抓"的指示精神召开的。从改革开放到本次会议前,通过重点航道工程的整治,提高了航道通过能力;在长江干线上,新建、改建了一批港口泊位和客运设施。内河航运的潜力和优势开始得到发挥,为缓解交通运输紧张状况,促进国民经济发展和扩大对外开放作出了重要贡献。但是,内河航运基础设施仍然薄弱,总体上与国民经济和社会发展不相适应。

会议的主要任务是:贯彻落实党的十四届五中全会精神,回顾总结我国内河航运建设的实践和经验,进一步统一和提高对发展内河航运事业重要性、紧迫性的认识,按照《中共中央关于制定国民经济和社会发展"九五"计划和2010年远景目标的建议》要求,研究确定内河航运建设的规划、重点和政策措施,动员各方面力量,加快内河航运建设,使内河航运更好地为发展国民经济服务。

邹家华副总理在会议结束时作了重要讲话,阐明了内河航运在国民经济发展中的重要地位和作用;强调了要坚持综合利用水资源,充分发挥内河航运的优势;指出了必须依靠和发挥中央与地方两个积极性,协调处理好各有关方面的关系,加快内河航运建设;对改革开放以来内河航运工作的成绩,特别是对江苏、浙江等省的做法和经验给予了充分肯定,与会代表受到很大的鼓舞和鞭策。

会议讨论了我国内河航运长远发展规划和"九五"建设重点。规划到2020年,建设"一纵三横"共4条内河水运主通道,即京杭运河淮河主通道,长江及其主要支流主通道,西江及其主要支流主通道,黑龙江松花江主通道。这四条主通道包括20条河流,总长约

15000 千米，主通道的标准是通航 1000 吨级船舶的三级航道和部分通航 500 吨级船舶的四级航道。

这次会议进一步提高了认识，统一了思想，明确了我国内河航运建设的目标和任务，明确了加快内河航运建设的方针、政策和措施。代表们一致表示，国务院领导批准将车购费、港口建设费和水路客货运附加费免交的"两金"用于内河航运基础设施和支持系统建设，充分体现了党和国家对内河航运的重视和支持，决心努力做好工作，用好这笔资金，尽快取得成果和效益。

（2）第二次全国内河航运建设现场会

1998 年 2 月 15—19 日，第二次全国内河航运建设现场会在江苏、广西两地召开。会上交流推广了苏南运河、西江及其他内河航运发展经验，进一步推动内河航运建设。苏南运河整治实施标准化，全线达到四级航道标准，两岸全部修筑护岸，设置航行标志，港口和船舶停靠区不占用航道水域，岸坡栽树、种草绿化，使千年的古运河再展新姿，恢复了生机与活力，是全国内河航道建设的样板。广西西江桂平、贵港航运枢纽工程通过"以电养航"试点，实施航道渠化、梯级开发，提高了西江通航标准和能力，使南宁至广州 850 千米西江干线全线达到通航 1000 吨级的三级航道标准，是内河航运建设滚动发展的典型。邹家华副总理出席会议并讲话，指出内河航运在综合交通运输体系中有独特优势，虽起步晚但发展潜力大，非常适合流经中西部一些崇山峻岭、沟壑纵横的贫困地区。随着农业基础地位的加强，产业结构的调整和对外开放的扩大，农产品和支农物资运输、能源、原材料大宗货物运输，进出口贸易运输等任务会越来越繁重。内河航运是一个很重要的投资方向和经济增长点，尤其需要加快建设。一要加强统一规划、突出重点为主要内容的宏观调控；二要必须贯彻水资源综合利用的方针；三要继续坚持"统筹规划、条块结合、分层负责、联合建设"的方针，进一步深化投资体制改革，调动社会各方面的积极性，多渠道筹措内河航运开发资金；四要加强内河船舶的技术改造；五要各级党委和政府重视并加强对内河航运开发工作的领导。

这次会议明确了继续实施全国内河航运长远发展规划，用十余年时间实现"一纵两横两网"全线贯通的建设目标，落实各方建设任务；确认中央投资保持现行政策，车购费、港建费免交的预算调节基金和能源交通建设基金不再返原资金渠道，作为内河航运建设基金，纳入财政预算管理。

（3）第三次全国内河航运建设座谈会

2009 年 12 月 9—12 日，第三次全国内河航运建设座谈会在武汉召开。张德江副总理出席并讲话指出，我国内河水资源丰富，航运事业历史悠久，内河航运优势明显，但也是综合交通体系中最薄弱的环节。当前内河航运发展存在认识不足、基础设施建设薄弱、资源开发利用统一规划和综合协调力度不够、内河航运现代化程度和综合运输服务水平不高等突出问题。当前和今后一个时期，要把内河航运发展摆在经济社会发展的重要位置，纳入国民经济和社会发展规划。一要抓紧制定"十二五"时期内航运发展规划，并纳入国家"十二五"整体规划，抓紧研究起草内河航运发展的指导意见。二要鼓励引导社会资金投入，增加中央和地方财政投入，重点加快航道等基础设施建设。三要加快科技进步，提高内河航运现代化、信息化水平。四要统筹协调发展，促进内河航运与综合运输体系、流域经济社会的协调发展。五要加强安全生产监管，完善安全管理体系，建设平安绿色水上通道。六要坚持深化改革，创新体制机制，完善法律法规，加强协调配合，形成发展合力。

2. 长江黄金水道工作会议

长江是世界上运量最大、运输最繁忙的通航河流，对促进流域经济协调发展发挥了重要作用。为打造长江黄金水道、发展长江水运，交通部和沿江有关省市建立了协调机制，召开了多次工作会议。

（1）"合力建设黄金水道，促进长江经济发展"座谈会

2005 年 11 月 28 日，由交通部和上海市、湖北省、重庆市共同发起的"合力建设黄金水道，促进长江经济发展"座谈会在北京召开。中共中央政治局常委、国务院副总理黄菊出席会议并讲话。

会议围绕落实党的十六届五中全会关于促进区域协调发展、健全区域协调互动机制、加强基础设施建设和建设资源节约型社会等重要精神，坚持科学发展观，贯彻胡锦涛总书记关于港口发展要"理清思路、发挥优势、抓住机遇、加快发展"和温家宝总理"必须高度重视水运、充分利用长江黄金水道"的重要指示，落实黄菊副总理在长江三角洲地区交通发展座谈会上的讲话要求，座谈研究了合力建设长江黄金水道，促进沿江经济全面协调发展的问题。座谈会加强了交流，达成了共识，提出了目标，明确了任务，对推动长江水运和沿江经济发展起到重要的作用。

会议认为，要充分认识促进长江水运发展的战略意义。党中央、国务院和沿江各省市一贯重视开发长江、建设长江、发展长江。长江水运是长江流域综合运输体系的主骨架，是长江沿线经济快速发展和沿江产业带形成的重要支撑，是促进我国东中西部地区经济协调发展的重要纽带，是实现经济社会可持续发展的重要战略资源。"九五"和"十五"期间，在党中央、国务院的领导下，在国家有关部委和沿江省市的共同努力下，长江水运发展取得了显著成绩，有力地促进了产业带的形成和沿江经济发展。在全面建设小康社会新的历史阶段，树立和落实科学发展观，加快建设黄金水道，大力发展长江水运，对沿江经济全面协调和可持续发展具有重要意义。

会议强调，发展长江水运，充分发挥长江黄金水道作用，促进沿江经济快速发展是交通部、国家有关部委和沿江省市的共同愿望和责任。各有关方面要认真贯彻落实黄菊副总理的讲话精神，坚持以科学发展观统领长江水运发展，凝聚共识，形成合力，把建设长江

黄金水道作为我国现代化建设总体战略布局的重要组成部分切实实施好。

会议确定，建设长江黄金水道，发展长江水运的总体目标是：到2020年，长江水运实现现代化，适应沿江经济社会发展需要，为沿江经济社会全面协调可持续发展提供安全、高效、畅通和有竞争力的水运服务。长江水运的优势充分体现，长江黄金水道的作用充分发挥。

"十一五"时期是长江水运发展的重要战略机遇期。交通部、国家有关部委和沿江省市政府要加强规划、突出重点、整体推进，加快结构调整，依靠科技进步，提升水运生产力水平。重点实施航道治理、港口建设、船型标准化、三峡过坝运输扩能、水运保障、干支联动等建设工程。

会议研究提出，交通部要重点加强长江干流航道规划与建设，支持港口、支流航道及航电枢纽建设。沿江省市政府要加强相关规划的衔接和协调，出台相关政策，完善沿江产业布局，合理开发利用水资源，加快港口和支线航道建设。交通部、国家有关部委和沿江省市政府既要加大对长江水运的投入，在资金、项目方面给予倾斜和支持，更要在提供好公共服务、创造良好发展环境、减少能源消耗、满足环保要求方面下功夫。要建立稳定的水运建设资金来源，多渠道扩大水运建设资金规模。建立船舶更新改造补贴资金，引导和推进内河船型标准化。鼓励水运企业实施改革和结构调整，拓展水运功能，推动长江现代物流发展，加快《航道法》等立法进程，建立"统一、开放、竞争、有序"的水运市场。

会议明确，为了有效地推进长江黄金水道建设，成立长江水运发展协调领导小组，由交通部和七省二市政府主管领导组成，负责研究长江水运发展的重大问题。

（2）长江水运发展协调领导小组第一次会议

2006年11月21日，长江水运发展协调领导小组第一次会议在南京召开。

会议围绕贯彻党的十六届六中全会精神、落实科学发展观和构建社会主义和谐社会的要求，认真落实党中央、国务院领导同志的一系列重要指示，回顾总结了2005年11月28日"合力建设黄金水道，促进长江经济发展"座谈会一年来的工作，研究了加快黄金水道建设、促进长江经济全面协调可持续发展的若干重要问题，提出了主要政策措施，明确了重点工作。会议加强了交流，达成了共识，为加快"十一五"黄金水道建设，更好地促进沿江经济又快又好发展起到重要作用。

会议认为，2005年11月28日召开的"合力建设黄金水道，促进长江经济发展"座谈会，对坚持以科学发展观统领长江水运建设，全面提升长江水运服务沿江经济社会发展的能力和质量，加快沿江综合运输大通道建设，进一步推动长江流域经济增长方式的转变，促进沿江区域经济社会全面协调可持续发展具有十分重要的意义。

一年来，长江黄金水道建设进一步得到了国家和沿江政府及社会的高度重视与关注，发展长江水运已纳入《中华人民共和国国民经济和社会发展第十一个五年规划纲要》，国家有关部门和沿江省市切实把长江黄金水道作为我国现代化建设总体战略布局的重要组成部分,增加投入,加快建设,取得了明显成效。

会议指出,大力发展长江水运符合全面建设小康社会和构建和谐社会的总体要求,有利于节约资源、减少能耗、保护环境,有利于加快推进西部开发、东北振兴、中部崛起、东部率先区域发展总体战略的实施,有利于沿江经济社会的全面协调可持续发展。长江水运已经进入了新一轮的发展机遇期。要进一步创新发展理念,落实科学发展观,把加快建设黄金水道作为构建和谐社会和建设资源节约型、环境友好型社会的具体措施落实好。

会议明确,将《"十一五"期长江黄金水道建设总体推进方案》作为"十一五"期长江水运建设的指导性文件。围绕航道治理、港口建设、船型标准化、三峡过坝运输扩能、水运保障、干支联动"六大工程",在国家有关部委的支持下,交通部将重点加强长江干线航道的建设,支持重要支流航道的建设,适当支持中西部地区公共码头建设;沿江省市将积极筹措资金,加大投入,加快港口、支流航道建设。

会议提出,要统筹规划,突出长江水运建设重点,加大政策和资金支持力度;充分利用长江黄金水道的优势,完善沿江产业布局;加快水运结构调整和转变增长方式,不断提高长江水运生产力水平;切实发挥好长江水运发展协调机制的作用,加强研究与协调长江水运发展中的重大问题,进一步加强部门、省市之间的合作,相互支持,形成合力,加快推进黄金水道建设。

会议强调,加快长江黄金水道建设,充分发挥长江黄金水道作用,促进沿江经济发展是协调领导小组各成员单位的共同责任。要增强历史使命感和责任感,在以胡锦涛同志为总书记的党中央领导下,以邓小平理论和"三个代表"重要思想为指导,认真贯彻落实党的十六届六中全会精神,抓住机遇,凝聚共识,为构建社会主义和谐社会,实现长江水运与沿江经济又快又好的发展作出更大贡献。

(3)长江水运发展协调领导小组第二次会议

2009年6月25日,长江水运发展协调领导小组第二次会议在合肥召开。

会议回顾总结了第一次会议以来长江黄金水道建设取得的成绩和经验,进一步凝聚了共识,明确了下一步工作重点,落实了相关政策措施,增强了部省市推进长江黄金水道建设的合力。为完成《"十一五"期长江黄金水道建设总体推进方案》,要重点加强六个方面的工作:一是推进航道建设,二是推进港口建设,三是推进船型标准化,四是推进物流发展,五是加强安全管理,六是加大资金投入。

李盛霖部长就进一步加快长江黄金水道建设提出建议。一是要加强协调领导,抓好工作落实;二是加强前期工作,加大项目储备,为编制"十二五"长江水运发展规划做好准备;三是加大政策扶持力度,营造良好环境,在现有资金投入规模基础上,进一步加大资金筹措力度,多渠道争取资金用于水运基础设施建设和老旧船舶淘汰;四是加强法制工作,保护水运资源,切实加强跨河、拦河、临河建筑物的通航论证工作,确保为水运发展留有合理空间;五是完善协调机制,加大合作力度。

会议期间,交通运输部与沿江七省二市人民政府共同签署了《关于合力推进长江黄金水道建设的若干意见》,财政部、交通运输部与沿江七省二市人民政府共同签署了《推进长江干线船型标准化实施方案》。

(4)长江水运发展协调领导小组第三次会议

2011年6月13日,长江水运发展协调领导小组第三次会议在南昌召开。

会议深入贯彻落实国家"十二五"规划纲要和国务院《关于加快长江等内河水运发展的意见》,全面总结了"十一五"长江水运发展的成就和经验,研究部署了"十二五"发展目标和重点任务。中共中央政治局委员、国务院副总理张德江作出重要批示,要求认真落实国家"十二五"规划纲要和国务院《关于加快长江等内河水运发展的意见》,充分调动和发挥各方面的积极性,加大资金和政策保障力度,切实推进长江等内河高等级航道现代化、标准化、信息化建设,开创"十二五"水运发展新局面,为沿岸和区域经济社会协调发展作出更大贡献。

会议提出,"十二五"长江水运发展主要目标是:长江高等级航道建设取得重大进展,干线航道提前5年基本实现规划目标,力争开通南京以下12.5米深水航道,支流航道有条件的提前实现规划目标;长江港口规模化建设取得重大进展,上海国际航运中心和重庆长江上游、武汉长江中游航运中心建设加快推进;长江船舶标准化建设取得重大进展,干线货运船舶平均吨位达到1600吨。到2015年,基本建成安全、畅通、便捷、绿色的长江水运体系,基本适应流域经济发展新要求和人民群众的新期待。

会议明确六项重点任务。一是大力推进长江干线航道系统治理,二是着力推进主要支流高等级航道建设,三是积极推进规模化港口建设,四是扎实推进船型标准化工作,五是稳步推进支持保障系统建设,六是不断推进现代航运服务业发展。

会议期间,交通运输部和沿江七省二市的领导同志共同签署了《"十二五"期长江黄金水道建设总体推进方案》和《关于进一步加快推进长江干线船型标准化的合作协议》。

(5)长江水运发展协调领导小组第四次会议

2013年9月14日,长江水运发展协调领导小组第四次会议在武汉召开。

会议号召,要深入贯彻落实党的十八大和习近平总书记重要指示精神,按照中央关于内河水运发展的总体部署,以更加务实高效的工作,加快打造长江全流域黄金水道,为沿江经济转型升级提供有力支撑。

会议指出,加快打造长江黄金水道,是促进区域经济协调发展的迫切需要,是培育长江流域经济新的增长极的迫切需要,是大力发展综合运输体系的迫切需要,是长江流域建设资源节约型、环境友好型社会的迫切需要。长江水运发展取得了突出成绩,但与建成畅通、高效、平安、绿色的现代化内河水运体系的目标任务相比,长江黄金水道建设仍然存在认识不到位、航道基础设施薄弱、投入不足、内河资源开发利用缺乏统筹协调、法规政策不完善等突出问题,需要认真研究解决。

杨传堂部长阐述了水运基础设施供给能力不足问题,过船设施能力提升问题,复杂航道科学治理问题,水运建设中资源环境约束问题,长江水运安全发展问题,促进水运转型升级问题,促进现代物流发展问题,规划和法规体系建设问题。

会上签署了《长江水运发展若干重点工作合力推进协议》,启动了长江中游荆江河段航道整治工程。

(三)建设发展历程

"六五"期间(1981—1985年),我国内河航运建设的投资约为6.7亿,内河航运重点进行了长江干流、京杭运河和西江的航运建设。长江葛洲坝枢纽2号、3号船闸正式通航,京杭运河的续建工程列为国家"六五"重点建设项目。浙江省建成杭甬运河,沟通了钱塘江、曹娥江、甬江三个水系,内河船舶可从杭州经绍兴、宁波直达镇海。通过疏浚航道、增建复线船闸、扩建煤港等措施,京杭运河徐州到扬州段的运煤能力由1980年的500万吨增加到1985年1000万吨。1985年交通部通过组织调查,编印了《全国内河碍航闸坝资料汇编》,经统计全国有各种碍航闸坝2510座,碍航总里程40437.4千米,碍航闸坝问题在相关部门的通力合作下,开始逐步妥善解决。至1985年底,全国内河航道总里程为10.91万千米,内河规模以上港口泊位数471个,其中万吨级泊位16个。

"七五"期间(1986—1990年),内河航运建设完成投资23亿元,比前6个五年计划国家对内河航运建设的总投入还多,内河航运建设以长江、西江、黑龙江和京杭运河为重点,在长江干线上以建设、改造港口为主,在支流上以航道开发为主。建成了西江航运建设一期工程(桂平航运枢纽船闸正式使用,该枢纽是整治西江的重要工程,也是我国第一个"以电养航"的试点工程)、京杭运河徐州至扬州段续建工程、京杭运河钱塘江沟通工程等项目,改善航道4200多千米。为了推动碍航闸坝复航工作的进行,经交通部与水电部协商,于1987年会同有关省、自治区、直辖市共同编制了全国碍航闸坝复航规划意见(1986—2000年),使复航工作能在规划指导下有计划地进行,共安排投资1亿多元用于碍航闸坝复航工程,共完成船闸复航23座,增加和改善航道里程1860.5千米。至1990年底,全国内河航道总里程为10.92万千米,内河规模以上港口泊位数3690个,其中万吨级泊位28个。

"八五"期间(1991—1995年),内河航运建设完成投资约50亿元,重点建设长江干线、西江干线、京杭运河、黑龙江等水运主通道的港口、航道和相应支持系统设施,改善航道4200多千米。葛洲坝水利枢纽大江航运工程通过国家验收,葛洲坝两线三船闸航运工程全部建设投入运行,长江中游界牌航道、西江二期、湘江二期、京杭运河(济宁至徐州)续建工程等项目开工建设,广西桂平枢纽通过国家验收。至1995年底,内河航道里程达11.06万千米,内河规模以上港口泊位数4924个,其中万吨级泊位44个。

"九五"期间(1996—2000年),我国内河航道建设贯彻了"统筹规划、条块结合、分层负责、联合建设"的方针,共完成投资231.5亿元,是新中国建立以来内河航运建设投资最多、成效最显著的时期。五年共整治内河航道4151千米,全国内河五级以上航道达到2.3万千米,占通航总里程的19.3%,实现了"两横一纵两网"基本贯通的格局。其中水运主通道建成三级以上航道1398千米,四级航道300千米,达到规划标准的航道6870千米,占规划里程的46%。京杭运河江南段建成通航500吨级标准的四级航道,运量超过2亿吨;山东段建成通航1000吨级标准的三级航道,航道质量明显提高。西江、湘江航电结合的尝试,取得了显著的经济效益和社会效益(贵港航运枢纽主体工程于1995年1月破土动工,1998年1月1日船闸通航,1999年9月1日四台机组全部并网发电)。至2000年底,全国内河航道里程为11.93万千米,内河规模以上港口泊位数6184个,其中万吨级泊位55个。

"十五"期间(2001—2005年),内河以"两横一纵两网"水运主通道建设为重点,长江干线航道基础设施建设加快,长江与珠三角高等级航道网建设、京杭运河与西江干线扩能工程建设迈出重要步伐,先后实施了长江部分重点碍航滩险整治工程、三峡库区水运淹没复建工程、京杭运河苏北段船闸扩容和续建工程、珠江三角洲骨干航道建设、西南水运出海通道建设工程及内河航运支持保障系统配套工程等一批重点工程,稳步地推进了内河航运基础设施建设。全国内河水运建设共完成投资326亿元,是"九五"期间投资的1.4倍;改善航道里程4146千米;全国内河航道通航里程达12.3万千米,其中,五级以上航道比2000年增加近600千米。至2005年底,全国内河航道里程为12.33万千米,内河规模以上港口泊位数6833个,其中万吨级泊位186个。

"十一五"期间(2006—2010年),内河水运建设累计完成投资1158亿元,是"十五"期间投资的3.5倍。至2010年底,全国内河通航里程达12.4万千米,其中三级及以上航道9280千米,新增及改善内河航道3489千米,初步形成国家高等级航道网络。长江黄金水道建设取得重大进展,按《"十一五"期长江黄金水道建设总体推进方案》,成功实施长江口12.5米深水航道治理三期工程并延伸至太仓,推进中游航道整治工程;珠江三角洲高等级航道网基本建成;京杭运河和长江三角洲高等级航道网建设工程成效明显;百色那吉航运枢纽主体工程于2005年9月正式开工,2007年10月30日船闸通航。"两横一纵两网十八线"1.9万千米高等级航道70%达到规划标准,高等级航道里程达到1.3万千米,内河水运得到较快发展,运输优势进一步发挥。至2010年底,全国内河航道里程为12.42万千米,内河规模以上港口泊位数14065个,其中万吨级泊位318个。

"十二五"期间(2011—2015年),我国内河水运建设全面加快,积极推进以长江干线为核心的高等级航道重点工程,完成投资2470亿元,其中中央投资580亿元,分别为"十一五"期间投资规模的2倍和3.5倍。长江干线航道系统治理成效显著,长江南京以下12.5米深水航道建设、中游荆江河段航道治理工程等重点项目进展顺利,长江干线宜宾以下段提前五年达到原2020年规划标准。至2015年底,全国内河航道里程为12.7万千米,内河规模以上港口泊位数13532个,其中万吨级泊位414个。

四、设计施工单位体制改革

(一)设计单位

1. 部管理的设计单位改革历程

我国水运设计队伍可以追溯到交通部水运规划设计院(简称"水规院"),水规院的前身则为1951年组建的航道工程总局勘测队。经过一系列衍生和变革,直到改革开放初期,水运系统总共有水规院、第一航务工程勘察设计院(简称"一航院")、第二航务工程勘察设计院(简称"二航院")、第三航务工程勘察设计院(简称"三航院")、第四航务工程勘察设计院(简称"四航院")5家大型设计院,水规院属交通部直管,其他设计院依次分属交通部直属的第一、二、三、四航务工程局领导。直到1983年10月,为加强勘察设计工作,适应港口建设的需要,交通部发布《关于改变各航务工程勘察设计院管理体制的通知》(〔83〕交办字1948号),勘察设计院与工程单位脱离,直属交通部。1984年3月21日,交通部发布《关于航务工程勘察设计单位试行技术经济责任制的通知》(〔84〕交基字526号),转发国家计划委员会、财政部、劳动人事部《关于勘察设计单位试行技术经济责任制的通知》(计设〔1983〕1022号),确定水规院与一、二、三、四航院同时于1984年1月1日起实行"技术经济责任制"。水规院仍为事业单位,实行企业化经营管理,对规划设计等工作任务收费,自收自支,自负盈亏。

1988年,交通部一、二、三、四航院和中国港湾工程公司等共同组建中国港湾建设总公司,保留水规院继续直属交通部。1995年,交通部决定成立"中交水运工程设计咨询中心",将一、二、三、四航院划归该中心领导(见"交体法发〔1995〕872号通知")。同年11月27日,4个院正式由中国港湾建设总公司划入该中心。

1998年3月,为深化部属事业单位机构改革,加强公路、水运发展战略研究和规划工作,交通部组建交通部规划研究院(见"交人劳发〔1998〕97号通知"),将水规院从事规划工作的部门成建制调入交通部规划研究院,规划和设计彻底分离。按照《中共中央办公厅、国务院办公厅关于中央党政机关所办经济实体和管理的直属企业脱钩有关问题的通知》(中办发〔1998〕27号),限期政企脱钩,水规院留下部分脱离交通部,改称中交水运规划设计院,于 1998 年底并入前身为中国港湾建设总公司的中国港湾建设(集团)总公司(以下简称中港集团)。1999 年 3 月,国家经济贸易委员会以"国经贸企改〔1999〕224 号文"对交通部报告批复,根据《关于中央党政机关非金融类企业并入重点企业或企业集团有关问题的实施办法》,同意水规院、一航院、二航院、三航院、四航院、中交水运工程设计咨询中心等单位分别作为子企业整体并入中港集团。中港集团成为国资委直接管理的中央大型骨干企业集团。

2005 年 12 月,针对企业之间存在同业竞争、主业不突出和重复建设现象,为做大做强国有企业,国务院国有资产管理委员会整合所管央企,将中国港湾建设(集团)总公司和中国路桥建设(集团)总公司归并组建中国交通建设集团公司。原 5 家设计院现为中国交通建设股份有限公司的子公司,实行现代企业管理。

2.地方设计单位改革历程

省级交通主管部门下属设计单位起初主要承担公路设计,只有部分沿海和干线河流上的省份开展水运设计。随着国家大力推进港口、内河高等级航道、"两横一纵两网十八线"和长江黄金水道建设,水运的优势凸显,地方发展内河航运、建设港口和航道的积极性日益高涨。目前,浙江、江苏、安徽、江西、福建、湖南、四川、重庆、广西、河北等省份都设置了水运设计机构。经过市场化改造,有些机构从事业单位转成企业,有些成立现代企业集团,有些已改制上市,整体呈现发展壮大趋势。交通运输系统以外,渔业、船舶建造、海军等系统也有分散水运设计队伍。此外,一些中央和地方的国有企业也有小规模零星水运设计队伍。

随着项目法人制、招投标制等一系列政策的出台,水运建设市场已全面开放,打破了市场固有格局,各家设计单位通过竞争方式,以可靠的质量、优良的服务和合理的价格,参与全国乃至全球的水运工程设计。商品经济的市场行为让设计人员的积极性得到充分释放,极大地提升了设计水平,增加了科技投入,保障了工程质量,推动了行业持续、健康发展。

(二)施工单位

1.部管理的施工单位改革历程

改革开放初期,共有 4 家大型航务工程单位,分别是交通部第一、二、三、四航务工程局(简称"一航局""二航局""三航局""四航局"),其中一航局最早组建,前身是 1945 年国民政府时期成立的塘沽新港工程局;共有 3 家大型疏浚工程单位,分别是交通部天津、上海、广州航道局(简称"天航局""上航局""广航局"),其中天航局的历史最早,可以追溯到始建于 1897 年的海河工程局。1980 年 2 月,交通部组建了"中国港湾工程公司",是一家涉外窗口公司,主要代理4家航务工程局,专营对国外的工程承包业务。

1980年8月开始,交通部对所属的航务工程局、航道局逐步实行事业单位企业化管理,由过去的差额预算的事业单位改为超收分成、歉收不补的部内核算单位,进行了"扩大企业自主权、改变经费管理方式"的试点。通过对企业效益与职工的收入挂钩,调动了职工的生产积极性,为企业转制做好了准备。1987年,交通部4家航务工程局和3家航道局实行企业化经营,成为自主经营、独立核算、自负盈亏的经济实体。1995年,交通部提出了交通行业国有企业要普遍实行资产经营责任制的要求。各类企业着手研究以资产经营责任制代替承包经营责任制的实施办法,保证国有资产的保值增值。1996年,交通部制定了部属企业资产经营责任制的考核指标体系与考核办法,并开始组织实施。

1998年,按照政企分开的要求,交通部4个航务工程局和3个航道局主体(有关航道测量和航标管理职能划归海上安全监督机构管理)以及中国港湾工程公司与交通部脱钩,组建中国港湾建设(集团)总公司,随即各单位名称字头由"交通部"换为"中港",划归国务院国有资产管理委员会主管。

2005年12月,中国港湾建设(集团)总公司与中国路桥(集团)建设总公司强强合并为中国交通建设集团公司,下属单位名称改冠以"中交"字头,按照现代企业制度实行股份制改革,中国交通建设集团公司全资成立中国交通建设股份有限公司,并于2006年12月整体上市,上述单位更名为:中交第一航务工程局有限公司、中交第二航务工程局有限公司、中交第三航务工程局有限公司、中交第四航务工程局有限公司、中交天津航道局有限公司、中交上海航道局有限公司、中交广州航道局有限公司,原中国港湾工程公司改称中国港湾工程有限责任公司,同属中国交通建设股份有限公司的子公司。

2.地方施工单位改革历程

省级交通主管部门下属港航单位设置的养护队伍,随着机构改革逐步走向市场,增强了港航地方施工力量;划归地方国有的港务集团保留部分施工力量;原来的渔业、海军港航工程施工力量依然保留;中国交建以外的建筑业中央企业新添水运工程施工力量。这些施工队伍各自发挥优势,为水运建设行业发展作出了贡献。

第二节　水运工程建设管理

一、计划经济为主的建设管理

改革开放之初,我国延续新中国成立以来的计划经济管理体制,政府在经济社会中起主导性作用。在工程建设领域,政府实际上扮演着项目业主角色,负责下达计划、筹措资金、组织施工、物资供应、项目验收等。整个建筑市场没有竞争，主要依靠计划、依靠分配，实行供给制。

1978—1981年间，交通部每两年召开一次全国交通工作会议，自1982年起改为每年召开一次。工作会议的主要任务是根据国家国民经济发展规划、年度政府工作会议和全国经济工作会议精神，制定交通行业年度工作目标，部署工作任务。在按计划下达建设任务时期，交通部每年召开一次基建工作会议，研究部署年度基建任务，制定基建计划，安排建设资金，落实基建项目；每季度召开一次基建生产调度协调会议，落实基建项目设计、施工、物资采购、安装、验收前的各项事宜；安排小型基建项目和配套支持系统项目；协调资金使用计划等。项目建设指挥部是水运工程建设项目的实施机构。一般而言，新港址建设项目由交通部和项目所在地联合组建建设指挥部，各自派出人员任职；既有港口建设项目由项目所在港口设立建设指挥部。按照行政隶属关系、市场地域划分、行业和专业化分工，由建设指挥部指定参建的设计单位和施工单位。

在计划经济体制下，港区规划、港址选择、项目立项、工程建设等都由交通部主导并组织实施。1986年前后，交通部承担计划管理的部门负责审批规划，归口项目立项，负责工程可行性研究以前（含）的工作；交通部承担基本建设管理的部门负责搭建建港指挥部，审批设计文件，指导工程施工，监督工程质量、安全，负责工程验收；交通部承担财务管理的部门负责审批建设资金使用计划并管理建设资金；交通部承担物资管理的部门负责材料设备采购和供应管理。这种体制强化了政府在经济活动中的作用，削弱了企业的积极性，没有真正调动社会力量，发挥企业在市场中的主导作用，致使建筑市场缺乏活力，工程建设效率、效益不高。

改革开放初期，内河航运工程建设几乎是空白，政府基本没有投入，内河航运发展缓慢。随着改革开放的深入，"有水大家行船"政策的实施，内河水运优势得到发挥，对航运需求的旺盛带动了内河港口、航道工程建设，反过来内河航运发展又促进了内陆经济发展。但除长江干线航道外，内河航道建设、管理主要在地方，由于资金缺乏，航道管理部门主要实施维护性基建。

二、市场经济为主的建设管理

20世纪80年代开始，水运工程建设借鉴发达国家的管理经验，逐步建立了项目法人制、工程监理制、招标投标制、合同管理制等四项管理制度。这四项制度是在我国从计划经济体制向市场经济体制转变的过程中逐步形成的，是市场经济体制下改革开放的有益探索。1984年，我国在发展经济中遇到资金瓶颈，鲁布革水电工程是第一个利用世界银行贷款的基本建设项目，按照贷款协议履行国际施工招投标，采用工程监理，依据合同进行项目管理。通过引入竞争机制，让最有实力的队伍承担施工，实行全过程总承包方式和项目管理,施工现场的管理机构和作业队伍精干灵活,科学组织施工,讲求综合经济效益,最终项目取得圆满成功。鲁布革水电工程的成功经验为我国充分汲取国外经验,结合本国特点,全面推行建设工程管理四项基本制度奠定了基础,对改革计划经济体制下的工程建设管理模式,提升建设管理水平,提高工程建设质量,加快建设步伐起到重要作用。当前,水运工程建设的管理以执行建设工程管理四项基本制度为基础,进一步发挥项目法人作用,不断强化项目法人管理,根据项目情况和特点逐步推行代建制、总承包制(含 EPC、BOT、PPP)等多种建设模式。

(一)四项基本制度

1.项目法人制

项目法人制明确了项目法人的建设管理主体责任,规范了法人主体行为,明确了项目相关各方的责权利关系,是为提升项目管理水平,提高投资效益和社会效益而建立的制度。1987 年施行的《民法通则》对“法人”做了专门规定,法人制度开始建立。1988 年,国务院颁布了《关于投资管理体制的近期改革方案》,提出要改革建设项目管理体制,强化投资主体自我约束机制。1992 年,国家计委下发了《关于建设项目实行业主负责制的暂行规定》,这是我国最早见诸文件的明确项目业主即项目责任主体的规定。1994 年《中华人民共和国公司法》颁布施行后,国家计委于 1996 年下发了《关于实行建设项目法人责任制的暂行规定》,将“项目业主责任制”改为“项目法人责任制”,把业主提高到法人地位。随着以“产权清晰、权责分明、政企分开、管理科学”为特征的现代企业制度在工程建设领域的应用,项目法人责任制成为项目建设与生产经营全过程中运用现代企业制度进行管理的一项重要制度,项目法人负责项目的策划、资金筹措、建设实施、生产经营、偿还债和资产的保值增值等全过程管理。非经营性大中型和小型基本建设项目参照项目法人责任制执行。

2.工程监理制

工程监理制在工程质量、安全、进度、环境保护等方面发挥了重要的作用,推进了政府在工程建设中的职能转变,提升了建设管理水平,保障了工程质量、安全和环境保护等。在借鉴推广 FIDIC 条款等国外先进的工程管理经验基础上,建设部于 1988 年 7 月印发了《关于开展建设监理工作通知》(〔88〕建建字第 142 号)、《建设监理试点工作若干意见》(〔88〕建建字第 366 号),明确在八市二部进行建设监理试点,天津港东突堤工程纳入水运建设项目国际招标和工程监理试点,从此工程监理制引入水运工程建设中。

为加强对推行工程监理制的领导,1989 年 12 月 25 日,交通部工程建设监理总站成立,为交通建设工程监理制的推行提供了组织保证。

水运工程建设对需要进行监理的工程项目、监理机构资质、监理从业人员资格等都有明确要求。1994 年 8 月 30 日,《水运工程施工监理规定(试行)》(交基发〔1994〕840 号)发布,后来以交通运输部令 2015 年第 14 号修改发布。2004 年 6 月 30 日,《公路水运工程监理企业资质管理规定》以交通部令 2004 年第 5 号第一次发布,又以交通运输部令 2014 年第 7 号、2015 年第 4 号修改发布。

随着建设市场进一步开放,市场竞争日趋激烈,为进一步适应市场发展需要,监理企业也逐步向项目管理企业、全过程咨询等方面转型,监理制度改革仍在进行中。

3. 招标投标制

工程建设招标投标制度,是竞争机制在基本建设领域中的具体应用。它打破了过去以行政手段来分配建设任务的计划管理模式,建立起不分部门和地区,通过投标竞争实现择优选取的制度。实行招标投标制度,有利于促进技术进步,加快建设进度,确保工程质量,降低工程造价,节约建设投资,加强企业管理,提高投资效益。为打破计划经济体制下的低效局面,解放生产力,1980 年 10 月,国务院在《关于开展和保护社会主义竞争的暂行规定》中首次提出"对一些适于承包的生产建设项目和经营项目,可以试行招标投标的办法"。1983 年 6 月,建设部印发《建筑安装工程招标投标试行办法》。1984 年 11 月,我国制定了《建设工程招标投标暂行规定》,开始全面施行招标投标制。1985 年,天津港、上海港、广州港向世界银行首期贷款,投资建设集装箱码头,水运工程建设项目采用了施工招投标方式。1992 年 12 月,建设部发布《工程建设施工招标投标管理办法》。1997 年 11 月,我国颁布《中华人民共和国建筑法》,规定"建筑工程依法实行招标发包"。1997 年,建设部在全国率先编发了《建设工程施工招标文件范本》《建设工程施工招标程序及操作指南》,招标投标体系基本形成。2000 年 1 月,《中华人民共和国招标投标法》开始实施。依据《招标投标法》等国家法律法规,交通部先后制定了《水运工程施工招标投标管理办法》(交通部令 2000 年第 4 号)、《水运工程施工监理招标投标管理办法》(交通部令 2002 年第 3 号)、《水运工程勘察设计招标投标管理办法》(交通部令 2003 年第 4 号)、《水运工程机电设备招标投标管理办法》(交通部令 2004 年第 9 号)等一系列部门规章,招标投标制度在水运工程建设领域全面实施,成为市场经济活动的主要方式。2012 年 12 月 20 日,《水运工程建设项目招标投标管理办法》(交通运输部令 2012 年第 11 号)发布,为进一步规范招标行为,维护市场秩序发挥了重要作用。

4. 合同管理制

改革开放前,工程立项、建设资金来源、施工单位的确定、材料供应、设备采购都由国家计划来安排,工程建设中的参建单位之间不存在直接联系,业务活动不使用合同,因此没有建立合同管理制。

改革开放以后,随着计划经济体制向社会主义市场经济体制转型,市场主体的法人地位逐步确立,同时招投标作为业主选择承包商的市场手段逐步推广,这些都促进了建设工程中合同的普及,并逐步形成了合同管理制度。

1979 年 4 月,国家建委颁布《关于试行基本建设合同制的通知》,提出必须坚持按经济规律办事,充分运用合同来管理基本建设;1979 年国家建委颁布了《建筑安装工程合同实行条例》和《勘察设计合同试行条例》,推动了建筑合同制度的施行。1983 年 8 月 8 日,国务院颁布《建筑安装工程承包合同条例》和《建设工程勘察设计合同条例》,更加详细地规定了建筑安装和勘察设计工作中发包人和承包人的权利、义务和法律责任等,并提出基本建设推行合同制度的意见。

合同管理制与招标投标制相伴而生,我国于 1999 年 3 月出台了《中华人民共和国合同法》,1999 年 8 月出台了《中华人民共和国招标投标法》,还陆续出台了一系列的法律、规章制度,如 2000 年 1 月颁布的《建设工程质量管理条例》,2004 年 2 月颁布的《建设工程安全生产管理条例》等,建立健全了建设工程合同管理制度,明确了合同各方当事人的法律地位和权力、责任、义务,对提高建设工程管理水平起到了极大的推动作用。

为培育、规范水运工程建设市场,加强合同的管理,规范合同各方当事人的行为,使合同在法律、商务和编制等方面进一步规范化、科学化和制度化,1996 年,交通部制定了《港口工程施工合同范本(试行)》《水运工程施工监理合同范本》等。随后出台的《水运工程建设市场管理办法》《港口建设管理规定》《航道建设管理规定》等部门规章均要求水运工程执行合同制,合同制得到全面推广和应用。

(二)不断发展的管理模式

20 世纪 80 年代初,我国开始推行工程总承包管理工作。1984 年 9 月,国务院印发了《关于改革建筑业和基本建设管理体制若干问题的暂行规定》(国发〔1984〕123 号);1984 年 12 月,国家计委、建设部联合印发《工程承包公司暂行办法》(计设〔1984〕2301 号);1987 年 4 月,国家计委、财政部、中国人民建设银行、国家物资局发出了《关于设计单位进行工程建设总承包试点有关问题的通知》(计设〔1987〕619 号),成立 12 家试点单位;1992 年 4 月 3 日,建设部颁发了《建设部关于印发〈工程总承包企业资质管理暂行规定〉》(建施字第 189 号);1992 年 11 月,建设部颁发《设计单位进行工程总承包资格管理有关规定》(建设〔1992〕805 号);1999 年 8 月,建设部印发了《大型设计单位创建国际型工程公司的指导意见》(建设〔1999〕218 号);2000 年 5 月,国务院又转发了外经贸部、外交部、国家计委、国家经贸委、财政部、人民银行等六部委制定的《关于大力发展对外承包工程的意见》(国办发〔2000〕32 号);2003 年 2 月,建设部印发《关于培育发展工程总承包和工程项目管理企业的指导意见》(建市〔2003〕30 号);2004 年 12 月,建设部发布《建设工程项目管理试行办法》（建市〔2004〕200号）。

工程总承包是建设活动中使用较多的承发包方式，是项目业主为实现项目目标而采取的一种承发包方式，即从事工程项目建设的单位受项目业主委托，按照合同约定从决策、设计施工到试运行的建设项目发展周期实行全过程或若干阶段的承包。工程总承包模式可按照过程内容分为：EPC模式（设计采购施工）/交钥匙总承包/EPCM模式（设计采购与施工管理总承包）/DB模式（设计+施工总承包）等；也可按照融资运营分为：BOT模式（建设-经营-移交）/BT模式（建设-移交）/PPP模式（公私合营）等。

EPC模式（设计采购施工）是指工程总承包企业按照合同约定，承担工程项目的设计、采购、施工、试运行服务等工作，并对承包工程的质量、安全、工期、造价全面负责，是我国目前推行总承包模式的主要模式，非传统港口企业建设码头时经常采用这种模式。

BOT模式（建设-经营-移交）指政府或其授权的政府部门经过一定程序并签订特许协议将特定的基础设施、公用事业或工业项目的筹资、投资、建设、经营、管理和使用的权利在一定时期内赋予企业，政府保留该项目的设施以及其相关的自然资源永久所有权；由企业建立项目公司并按照政府与项目公司签订的特许协议投资、开发、建设、经营和管理特许项目，以营运所得清偿项目债务、收回投资、获得利润，在特许权期限届满时将该项目、设施无偿移交给政府。航道部门在有些船闸建设项目上采用这种模式，比如京杭运河上的一些船闸建设项目。

PPP模式（公私合营）是指政府为了提供某种公共产品和服务，以特许经营权方式将项目转移给社会资本方（企业），政府与社会资本方建立起"利益共享、风险共担、全程合作"的共同体关系。PPP模式是以市场竞争的方式提供服务，主要集中在纯公共领域、准公共领域。PPP模式不仅是一种融资手段，而且是一次体制机制变革，涉及行政体制改革、财政体制改革、投融资体制改革。2015年起我国大力推行PPP模式，水运工程建设方面正在逐步探索实践该模式。

三、行业监督管理

1984年以前，我国港口实行"政企合一"的管理体制。全国38个主要港口（沿海13个、长江25个）均由交通部直接管理，由交通部负责港口建设项目的规划、建设、经营等；其余港口则由地方政府管理。1984年至1989年，在大连港、天津港改革试点的基础上，除秦皇岛港保留直接管理外，交通部将其余直接管理的重点港口陆续下放到所在城市，实行交通部和所在地政府"双重领导，地方为主"的管理体制，加强了港口所在地政府对港口工作的领导。2001年11月国务院转发交通部等部门《关于深化中央直属和双重领导港口管理体制改革的意见》，由中央管理的秦皇岛港以及中央与地方政府双重领导的港口全部下放地方管理。港口下放后原则上由所在城市人民政府管理，实行政企分开，港口企业作为独立的法人依法经营,不再承担行政管理职能。随着直属和双重领导港口全部下放地方,交通部也完成了从直接管理港口及其建设项目到实行行业管理的转变。

2013年以来,按照党中央、国务院的要求,交通运输部不断深化"放管服"改革,深入推进简政放权,大幅压减国家重点水运工程建设项目审批范围,将国家重点水运工程竣工验收下放至省级交通运输主管部门。交通运输部不断转变政府职能,加强建设市场监督管理,2016年出台了《水运建设市场监督管理办法》。办法中明确了交通运输部主管全国水运建设市场的监督管理工作;县级以上地方人民政府交通运输主管部门按照省、自治区、直辖市人民政府规定的职责负责本行政区域内水运建设市场的监督管理工作。要求各级交通运输主管部门应当加强对水运建设市场的监督检查,对发现的违法、违规行为依法及时处理,及时向社会公开水运建设市场管理相关信息。监督检查可以根据市场情况采取综合检查、专项检查、随机抽查等方式。

在强化市场监督检查的同时,交通运输部不断加强信用体系建设,先后出台了《水运工程建设市场信用信息管理办法》《水运工程建设市场主要责任主体不良行为记录认定标准》,将"曝光不良、规范市场"作为建立水运建设市场信用体系的突破口。2014年交通运输部又出台了《水运工程设计和施工企业信用评价办法》,从2015年起对水运工程设计和施工企业开展信用评价,主要对企业参与投标行为、履约行为及其他信用行为等进行评价;建立了评价体系,并将评价结果与奖惩挂钩,建立诚信激励机制。同时,"全国水运工程建设市场信用信息管理系统"上线运行,及时汇总、公开市场信息。

第三节 水运工程建设项目管理程序

一、实行审批制阶段

2004年以前,水运工程建设项目无论规模大小和投资性质如何,一律实行审批制。建设项目一般需要编制项目预可研报告、工程可行性研究报告、初步设计文件、施工图设计文件等,按照审批权限报相应的项目审批部门审批。审批通过后,具备开工条件的,需要办理开工手续方可开工建设,建设完成后需要履行竣工验收手续。

在交通部内部,可研之前为立项阶段,由原计划司负责,初设之后为建设阶段。履行水运工程建设管理职能的部门进行了多次调整,1978年至1988年间为基本建设局;1988年至1993年间为工程管理司;1993年至1998年间为基建管理司;1998年至2009年间为水运司;2009年以后改为水运局。

水运工程建设项目管理主体也不断发生变化。计划经济体制下的水运工程建设项目一般成立建设指挥部,由建设指挥部履行项目管理职责。实行项目法人责任制后,建设项目管理主体转变为项目法人,逐步过渡到以项目法人为主承担项目建设和运营等工作。

二、实行审批、核准和备案制阶段

改革开放以来,国家对原有的投资体制进行了一系列改革,打破了传统计划经济体制下高度集中的投资管理模式,初步形成了投资主体多元化、资金来源多渠道、投资方式多样化、项目建设市场化的新格局。但是,投资体制还存在不少问题,特别是企业的投资决策权没有完全落实,市场配置资源的基础性作用尚未得到充分发挥,政府投资决策的科学化、民主化水平需要进一步提高,投资宏观调控和监管的有效性需要增强。为此,国务院决定进一步深化投资体制改革,并于 2004 年发布《国务院关于投资体制改革的决定》(国发〔2004〕20 号)。

《国务院关于投资体制改革的决定》强调,在国家宏观调控下充分发挥市场配置资源的基础性作用,确立企业在投资活动中的主体地位,规范政府投资行为,保护投资者的合法权益,按照"谁投资、谁决策、谁收益、谁承担风险"的原则,改革投资管理办法,调整建设项目管理模式,对企业投资项目实行核准制和备案制,对政府投资项目实行审批制。根据投资来源不同划分不同的管理方式,这是首次,改变了过去一律实行审批制的格局。

(一)政府投资项目

在合理界定政府投资范围、健全政府投资项目决策机制、规范政府投资资金管理的基础上,简化和规范政府投资项目审批程序,按照项目性质、资金来源和事权划分,合理确定中央政府与地方政府之间、国务院投资主管部门与有关部门之间的项目审批权限。

对采用政府直接投资的项目,从投资决策角度只审批项目建议书和可行性研究报告,除特殊情况外不再审批开工报告,同时严格政府投资项目的初步设计、概算审批工作。采用投资补助、转贷和贷款贴息方式的,只审批资金申请报告。

对政府投资项目,加强了政府投资项目管理,改进建设实施方式;强化规划的符合性、决策性、科学性和建设的标准化、规范化,并根据情况变化及时修订完善;按项目建设进度下达投资资金计划;加强政府投资项目的中介服务管理,对咨询评估、招标代理等中介机构实行资质管理,提高中介服务质量;对非经营性政府投资项目加快推行"代建制",即通过招标等方式,选择专业化的项目管理单位负责项目实施,严格控制项目投资、质量和工期,竣工验收后移交给使用单位;增强投资风险意识,建立和完善政府投资项目的风险管理机制。

对政府投资项目,引入市场机制,充分发挥政府投资的效益;各级政府创造条件,利用特许经营、投资补助等多种方式,吸引社会资本参与有合理回报和一定投资回收能力的公益事业和公共基础设施项目建设。对于具有垄断性的项目,试行特许经营,通过业主招标制度,开展公平竞争,保护公众利益;已经建成的政府投资项目,具备条件的经过批准可以依法转让产权或经营权,以回收的资金滚动投资于社会公益类基础设施建设。

(二)企业投资项目

对于不使用政府投资企业建设的项目,一律不再实行审批制,区别不同情况实行核准制和备案制。

政府仅对重大项目和限制类项目从维护社会公共利益角度进行核准,其他项目无论规模大小,均改为备案制。项目的市场前景、经济效益、资金来源和产品技术方案等均由企业自主决策、自担风险,并依法办理环境保护、土地使用、资源利用、安全生产、城市规划等许可手续和减免税确认手续。对于企业使用政府补助、转贷、贴息投资建设的项目,政府只审批资金申请报告。

对企业投资建设实行核准制的项目,严格实行政府核准制的范围,并根据变化的情况适时调整。《政府核准的投资项目目录》(以下简称《目录》)由国务院投资主管部门会同有关部门研究提出,报国务院批准后实施。企业投资项目仅需向政府提交项目申请报告,不再经过批准项目建议书、可行性研究报告和开工报告的程序。政府对企业提交的项目申请报告,主要从维护经济安全、合理开发利用资源、保护生态环境、优化重大布局、保障公共利益、防止出现垄断等方面进行核准。对于外商投资项目,政府还要从市场准入、资本项目管理等方面进行核准。

对于《目录》以外的企业投资项目,实行备案制,除国家另有规定外,由企业按照属地原则向地方政府投资主管部门报备案。

三、不断深化"放管服"改革

党的十八大以来,以习近平同志为核心的党中央把全面深化改革纳入"四个全面"战略布局,把转变政府职能作为深化经济体制和行政体制改革的关键,不断深化对政府和市场关系的规律性认识。深化"放管服"改革是全面深化改革的重要内容,旨在推动政府职能深刻转变、治理方式深刻转变、工作作风深刻转变。水运建设领域持续深化"放管服"改革,加快转变职能,推动深化供给侧结构性改革,取得了明显的成效。

《政府核准的投资项目目录(2004年本)》中,水运项目的核准范围为:新建港区和年吞吐能力200万吨及以上煤炭、矿石、油气专用泊位项目由国务院投资主管部门核准,其余项目由省级政府投资主管部门核准;集装箱专用码头由国务院投资主管部门核准;千吨级以上通航建筑物项目由国务院投资主管部门核准,其余项目由地方政府投资主管部门核准。《政府核准的投资项目目录(2016年本)》中,水运项目的核准范围调整为:煤炭、矿石、油气专用泊位由省级政府按国家批准的相关规划核准；集装箱专用码头由省级政府按国家批准的相关规划核准；跨省（区、市）高等级航道的千吨级及以上航电枢纽项目由省级政府按国家批准的相关规划核准，其余项目由地方政府核准。从中可以看出，企业投资水运工程建设项目核准方面无论项目核准范围，还是核准层级，均进行了压减，中央层面已经不再核准建设项目。随着项目核准权限的调整，交通运输部也随之将国家核准的水运建设项目初步设计审批和竣工验收权限下放至省级交通运输主管部门。

2018年1月，交通运输部出台了《港口工程建设管理规定》，2019年1月又出台了《航道工程建设管理规定》，进一步深化"放管服"改革。如：在项目设计审批方面，对于建设内容简单、投资规模较小的按照备案管理的建设项目，初步设计和施工图设计可以合并设计；在设计审批方面，施工图设计由项目所在地港口行政管理部门负责审批，实行属地化管理；在竣工验收方面，除国家重点建设项目由省级交通运输主管部门验收外，政府投资项目竣工验收由所在地港口行政管理部门负责，企业投资项目竣工验收改由项目单位组织验收。在监督管理方面，建立了多部门协同监管的机制，明确管理重心从事前审批转向过程服务和事中事后监管。

深化"放管服"改革是一个持续深化的过程。水运建设行业将认真贯彻落实党中央、国务院决策部署，坚定不移持续深化"放管服"改革，加快转变政府职能，转方式、转作风，加快治理体系和治理能力现代化建设，为水运建设提供坚强保障。

Record of
Port and Waterway Engineering
Construction in
China
中 国 水 运 工 程 建 设 实 录
（1978 — 2015）

三、科 技 篇

第五章
水运工程建设技术标准

第一节　工程建设标准概况

工程建设标准是为在工程建设领域内获得最佳秩序,对建设工程的勘察、规划、设计、施工、安装、验收、运营维护及管理等活动和结果需要协调统一的事项所制定的共同的、重复使用的技术依据和准则,对推进技术进步,保证工程的安全、质量、环境和公众利益,实现最佳社会效益、经济效益、环境效益和最佳效率等,具有直接作用和重要意义。工程建设标准在保障资源合理利用、建设工程质量安全、人民群众的生命财产与人身健康安全以及其他社会公共利益方面一直发挥着重要作用。

新中国成立以来,我国标准化工作随着国民经济的发展而逐步建立和发展起来。1957 年为加强标准化工作,国家计委成立了标准局,统一管理全国标准化工作,并根据我国国情组织制定了一批国家标准和行业标准,我国标准化工作从此走上独立自主的发展阶段。标准化工作的法律法规建设则开始于 1962 年国务院颁发的《工农业产品和工程建设技术标准管理办法》,发展于 1979 年国务院颁发的《中华人民共和国标准化管理条例》,规范于 1989 年颁布的《中华人民共和国标准化法》(以下简称《标准化法》)。随后,国务院于 1990 年颁布了《中华人民共和国标准化法实施条例》,对于落实《标准化法》的实施提出了具体的规定。紧接着,国家技术监督局颁布了一系列更加具体化的有关标准化工作的规章,内容涵盖了国家标准、行业标准和地方标准的制定、出版、档案管理以及能源、农业和企业标准化管理,初步建立起了我国标准化法律法规体系。

为贯彻落实《中共中央关于制定国民经济和社会发展第十三个五年规划的建议》和《国务院关于印发深化标准化工作改革方案的通知》(国发〔2015〕13 号)精神,推动实施标准化战略,加快完善标准化体系,提升我国标准化水平,2015 年 12 月,国务院办公厅印发了《国家标准化体系建设发展规划(2016—2020 年)》(国办发〔2015〕89 号)。这是我国标准化领域第一个国家专项规划,该规划提出了我国标准化体系建设发展的总体要求,明确了该项工作的指导思想和基本原则,并提出了"到 2020 年,基本建成支撑国家治理体系和治理能力现代化的具有中国特色的标准化体系"的具体目标。

2016 年 1 月,交通运输部发布了《交通运输标准化"十三五"发展规划》,明确了"十三五"标准化工作的指导思想、基本原则和发展目标,提出了管理制度机制建设、强制性标准制修订、推荐性标准制修订、标准国际化、标准实施、计量体系建设、工程产品和服务质量监督、标准化基础能力建设八个方面主要任务,指导"十三五"交通运输标准化工作。

2018 年 1 月 1 日,经修订的《标准化法》正式实施,对标准的制定、实施以及监督管理做了全方位、全过程的规定:进一步明确了统一管理和分工管理的管理体制;进一步明晰了国家标准、行业标准、地方标准以及团体标准、企业标准的制定主体、范围和效力,规定了标准制定的立项评估,实施验证,以及标准实施后的信息反馈和评估工作;进一步强化了对标准化工作的监督管理,明确了监督的主体、职责、措施和相应的法律责任。《标准化法》标志着中国标准化工作正在进入强化法制管理的新阶段,说明中国正在向标准强国、质量强国、信用强国之路上坚定迈进。

水运工程建设标准化作为国家工程建设标准化工作的重要组成部分,在国家工程建设标准化发展进程引领下,从无到有、从局部到全面、从借鉴苏联管理模式到逐步建立具有我国交通行业特色的水运工程标准化管理体制机制,从部分引进国外标准到基本建立起我国水运工程标准体系,使水运工程标准化带来的规范、约束、引导和激励作用得到了充分发挥,为促进水运工程全面协调可持续发展,提供了坚实的技术基础和可靠保障。

一、水运工程建设标准发展沿革

水运工程建设标准与水运工程建设相伴而生,随着水运工程建设事业的发展而发展,伴随着水运工程建设能力的不断提高和科技进步而日趋完善。60 多年来,我国水运工程建设标准走过了一个从无到有、由少到多、由构成单一到自成体系的发展历程,形成了较完善的标准体系,门类齐全,涵盖港口、航道、疏浚、航运枢纽、通航建筑物、修造船水工建筑物等水运工程建设的各个领域和水运工程建设的规划、勘察、设计、施工、试验、检(监)测、检验、监理、验收、维护、管理等各阶段的各个方面,标准质量和技术水平总体上已跻身世界先进行列。

水运工程建设标准发展经历了几个阶段:①新中国成立初期的引进借鉴阶段,这时期主要是建立管理机构的体制,翻译国外相关标准规范;②三年大建港至改革开放初期,这期间标准规范工作编制稳步推进,我国自主编制的标准规范基本涵盖了水运工程建设主要方面;③20 世纪 90 年代,标准规范编制开始与国际接轨,管理机构和体制逐步完善,首次建立了水运工程建设标准体系;④21 世纪前十年,随着水运工程建设迅猛发展,标准规范制修订工作也全面推进,基本涵盖了水运工程建设的各个领域;⑤2010 年以后,随着"一带一路"倡议的实施,我国水运工程建设标准也逐步走向国际,同时,为满足新时期工程建设的需求,开始了一批生态环保、港口智能化等方面的标准规范的编制工作。

（一）引进借鉴，曲折前行（1949—1972 年）

新中国成立伊始，与国家一穷二白、百废待兴的状况一样，我国水运基础设施处于管理落后和设施简陋的状况。在国家经历了国民经济恢复期和社会主义改造后，改变港口和航道落后面貌、开展水运基础设施工程建设被提到议事日程上来。这时期在改造和恢复老旧港口的基础上，新建了塘沽新港、湛江新港等沿海港口和一批内河港口。

面对新中国成立之初我国水运工程人才匮乏、建设经验缺少、建设资金短缺、没有任何水运工程建设标准规范可资借鉴以及西方世界技术封锁的现实情况，为满足港口航道工程建设需要、多快好省地建设社会主义，当时负责水运工程建设标准工作的中央原交通部航务工程总局（以下简称"航总"）开始对收集到的一些苏联有关标准进行翻译。

1955 年，航总组织编制我国港口工程标准规范，受限于资源情况，航总只安排 2、3 人兼办此项工作。为抓好规范编制工作，1956 年，航总将这项工作交由水运设计院具体负责。1957 年至 1958 年期间，因国家的反右派斗争和中央发出的《关于企业、事业单位和技术力量下放的规定》等原因，机构下放，人员解散，编制工作一度停顿，直至 1958 年 9 月，原交通部水运规划设计院（以下简称"水规院"）改组成立，标准规范编制工作才被重新启动。

自 1964 年起，由于我国历次政治运动，水运工程建设标准编制工作停顿达数年之久。20 世纪 70 年代初，在当时国家基本建设委员会的统一领导下，交通部开始组织航务工程局、设计院、大专院校和科研院所等单位的技术力量，着手研究原有规范的修订和新规范的编制问题，具体工作由交通部第一航务勘察设计院归口负责，标准规范的编制工作得以初步恢复。

20 世纪 50 年代初期，航总组织先后翻译出版了《灌筑钢筋混凝土预制桩技术规范》《水工混凝土技术规范》《海港工程打木桩及木板桩施工规则》《海港工程水下灌筑混凝土暂行施工规程》《工地打试桩及其试验规程》《工地地基土壤性质检验规程》《建筑工程中人工降低地下水设计与施工规程》等标准规范，结合参考这期间其他相关行业翻译出版的一些标准规范和资料文献，水运基础设施建设热火朝天地开展起来。

20 世纪 60 年代，根据交通部的工作安排，水规院重新组织技术力量，在研究借鉴苏联码头工程技术规范的基础上，确立了各规范先单独成册发布、而后逐步整合成一本的基本编制思路，并研究制定了我国水运工程技术规范的架构，将初定的《港口工程设计标准及技术规程》总体上划分为设计部分和施工部分，规范的编写工作由水规院总负责，各航务工程局、设计院、有关科研院所和高等院校等单位参加。这期间，交通部陆续组织编制了《全国内河通航试行标准》（〔1963〕计交顾字 62 号）、《重力式码头建筑物设计规范》

（JTB 2001—62）、《水运工程方块建筑物施工及验收技术规范》（JTB 2002—63）、《港工混凝土技术规范》（JTB 2003—62）、《水运工程钢筋混凝土高桩码头施工及验收规范》（JT 2004—64）等规范。

除此以外，这一时期交通部还曾以多种形式发布或试行过一些未标识部颁标准代号的规范以满足水运工程建设需要，如1956年发布的《挖泥工程施工及验收规范》，1960年的《湖泊、水库、运河、船闸航标规范（草案）》，1964年发布试行的《水运工程混凝土和钢筋混凝土结构设计规范》和《水运工程预应力钢筋混凝土结构设计规范》等。同时，交通部还参与了其他部委规范的制定工作，如建筑工程部《预应力混凝土施工及验收规范》等。

新中国成立初期编制的规范大多是参照苏联的相关规范结合我国实际情况完成的，这些规范的颁布实施对新中国初期的水运基础设施建设起到了不可忽视的作用。更为重要的是，新中国成立初期水运工程建设和标准规范编制实践，为日后水运工程建设事业的大发展取得了经验，培养和储备了一批人才。

（二）乘势而为，砥砺奋进（1973—1987年）

从1950年至1972年的23年间，我国共建成深水泊位40个，年均新增泊位不足2个，年均新增吞吐能力仅260万吨，远远满足不了国民经济和海运贸易的需要，我国港口原有的落后面貌也未得到改变。1973年2月，周恩来总理代表党中央和国务院发出了"三年改变港口面貌"的号召，掀起了三年大建港的建设高潮，我国港口建设进入了一个新历史阶段。三年大建港期间，新增具有万吨级深水泊位的港口5个——烟台港、连云港港、南通港、南京港和防城港，提高了我国港口布局的合理性，也大大改变了万吨级深水泊位过于集中的局限。改革开放后，为了扭转沿海港口通过能力明显不足、进出港货物和船舶严重压港的局面，沿海港口从20世纪80年代初开始掀起建港热潮，建成了一批5万吨级、10万吨级的石油、煤炭、矿石等专用散货码头和3万吨级的集装箱码头，港口基础设施得到改善，重点解决了煤炭、石油、集装箱泊位不足的问题。

20世纪70年代，根据三年大建港的生产需要，交通部重新对组织机构和人力资源进行了调整部署，标准规范工作仍交由回迁北京的水规院总负责，水规院设立了规范组，增加了技术人员，专门负责标准规范工作。航务工程局、设计院、科研院所和大专院校也安排了专职或兼职人员从事规范工作。

为了加强标准规范的管理工作，1984年，交通部发布《水运工程标准规范管理办法》（交科技发〔2016〕15号），进一步完善了标准规范的管理体制、编制计划和制修订工作流程。为充分发挥行业协会组织的作用，适应工程建设标准化工作发展趋势，1986年，中国工程建设标准化协会水运专业委员会（以下简称"水运标委会"）成立，下设秘书处和若干技术专业组,发挥了政府和水运工程建设行业间的桥梁和纽带作用。

这期间,在前期标准规范编制工作和相关研究成果的基础上,交通部重点对规范架构和涵盖内容进行了重新梳理和研究,延续了原有的独立成册、合为整体的编制原则,但规范内容大幅增加。规范合订本定名为《港口工程技术规范》,初始设计为六篇十一册四个单行本,规范编制任务下达至各单位,10 余册规范的制修订工作同时展开。

1975 年至 1978 年,一批工程急需的行业标准规范陆续编制完成并由交通部颁布实施,主要有:《港口工程技术规范》中的《重力式码头》《钢筋混凝土高桩码头》《斜坡码头和浮码头》《载荷(试行)》《混凝土和钢筋混凝土(施工部分)(试行)》《海港水文》《河港总体及工艺设计》《地基》等分册以及《港口工程测量技术规范(试行)》和《港口工程制图标准(试行)》等。

1978 年 12 月,党的十一届三中全会召开,全会作出的工作重心转移和改革开放的战略决策,为我国国民经济发展扫清了道路,水运工程建设也迎来了随后数十年持续、跨越式发展的新时期。

随着我国港口建设的全面铺开,水运工程建设迫切需要一套较为系统的工程建设技术标准。为能制定出切合我国水运工程建设实际、科学合理的标准规范,满足生产需求,交通部进一步加大投入,组织开展大量的调查研究,分析和总结我国前期水运工程建设经验,同时,进行必要的科学试验以及吸收有关国际先进技术,攻克一个个技术难关,《港口工程地质勘察技术规范》《港口工程混凝土试验方法》《港口工程技术规范》第四篇"水工建筑物"第四册《防波堤》、第六篇"基本工程"第一册《混凝土和钢筋混凝土(设计部分)》(JTJ 220—82)、经修订的第二册《混凝土和钢筋混凝土(施工部分)》(JTJ 220—82)、第三册《桩基工程》(JTJ 222—83 和 JTJ 222—87)、第一篇"总体设计"第一册《海港总体及工艺设计》(JTJ 211—87)等规范相继出版发行。

在编制《港口工程技术规范》的同时,为满足水运工程建设需要,这一时期交通部还组织行业技术力量编制发布实施了一系列专项技术标准规范,包括:《疏浚工程施工技术规范(试行)》《水运工程质量检验评定标准(试行)》(疏浚工程)、《疏浚土分类标准(试行)》《水运工程水工建筑物抗震鉴定标准(试行)》《水运工程水工建筑物抗震设计规范》(JTJ 201—84 和 JTJ 201—87)、《修船干坞及修船码头主尺度设计暂行规定》《干船坞设计规范》(JTJ 251—87、JTJ 252—87 和 JTJ 253—87)、《水运工程设计节能技术规定》(JTJ 202—86)、《海港钢筋混凝土结构防腐蚀技术规定》(JTJ 228—86)和《船闸设计规范(试行)》(JTJ 261～266—87)等标准规范。

1975—1987 年间,陆续出版发行的《港口工程技术规范》各单册和有关规范历时较长,存在不协调乃至相互矛盾、重复、过时等情况,1986 年 2 月,交通部委托水规院组织有关单位成立编写组对 20 余本主要规范进行汇编和局部修订工作,1987 年完成《港口工程技术规范(1987)》汇编送审稿并通过部审,于 1987 年 10 月 27 日发布,1988 年 10 月 1 日起施行。

至此,一套较完整的、具有我国港口建设特点的技术规范已初步形成,涉及航道、通航建筑物和修造船水工建筑物的一些标准规范也相继生效执行,实现了 20 世纪 70 年代初交通部提出的规范要系统配套齐全、能满足我国水运工程建设的设计施工的要求。

（三）接轨国际,力求先进(1988—1999 年)

这一时期,交通行业全面推进改革与发展,认真贯彻中央扩大内需和实施积极财政政策的方针,牢牢把握历史机遇,集中力量完成了"三主一支持"长远规划中的一批骨干工程,初步形成了以环渤海地区、长江三角洲地区和珠江三角洲地区港口群体为主的总体格局。

20 世纪 90 年代初期,水运工程标准规范的管理由交通部直管。1994 年,为进一步加强水运工程建设行业标准的管理,交通部颁布实施了《交通部水运工程建设行业标准管理办法》（交基发〔1994〕873 号）,其中对标准规范的范围、编制计划、制修订、局部修订、审查、发布、日常管理、经费管理等内容进行了规定。《交通部水运工程建设行业标准管理办法》（交基发〔1994〕873 号）的颁布实施,大大地提升了水运工程建设行业标准编制工作的管理水平,同时也为提升技术水平、保证工程质量、保障人身和财产安全发挥了重要作用。

这一时期,水运工程建设标准管理工作日趋成熟、规范,《内河航运工程初步设计文件编制办法（试行）》《水运工程建设标准编写规定》（JTJ 200—95）、《沿海港口工程初步设计文件编制规定》《沿海港口建设工程可行性研究投资估算编制规定》《港口建设项目环境影响评价规范》（JTJ 226—97）、《沿海港口建设工程概算预算编制规定》等诸多管理方面的标准规范纷纷出台,逐步建立起具有我国特色的水运工程建设标准化管理体制机制,水运工程建设标准化管理工作从此步入规范化轨道。

1990 年,水运工程标准规范工作会议召开,会议讨论通过了《水运工程标准规范十年规划设想和五年计划》,提出了水运工程标准规范工作十年目标,要求经过十年左右的努力,使水运工程标准规范具有我国工程建设特色并达到当代先进的水平,基本满足工程建设的需要,使勘测、设计、施工、验收、维护、管理基本有章可循。目标分两步实现,第一个五年除完成宏观决策项目建设标准的编制外,根据水运工程建设的需要,进一步补充编制港口、航道工程实施阶段的主要标准,并按"港口工程结构可靠度设计统一标准"的原则修订港口工程结构设计规范;第二个五年继续完成宏观决策项目建设标准,补齐水运工程建设实施阶段的标准,全面实现十年目标。

为实现第一个阶段目标,自 1990 年起,加快补齐航道工程急需标准规范的编制工作,和《港口工程技术规范》第二轮修订等工作同步展开。航道工程方面,除 1988 年发布的《内河航道测量规范》(JTJ 281—88)、《疏浚工程测量技术规范》(JTJ 283—88)、《疏浚工程质量检验评定标准》(JTJ 243—88)、《疏浚工程施工技术规范》(JTJ 284—89)外,这一阶段先后发布了《航道整治工程技术规范》(JTJ 312—90)、《内河通航标准》(GBJ 139—90)、《船闸工程质量检验评定标准》(JTJ 288—93)、《内河航道维护技术规范》(JTJ 287—94)等标准规范。

改革开放使我国有机会了解到国际上工程设计施工的一些先进理念。一直以来,我国港工结构规范在反映安全度时一直采用所谓大 K、小 K 或中 K 的方法,即容许应力或单一安全系数表达的定值设计方法,这种方法属于经验性的,只能间接体现,但无法定量表达安全度。可靠度则不同,其内涵更为宽泛,既包括安全度,亦包括适用度、耐久性,并能以各种不同的分项系数表达。鉴于此,交通部在通过举办概率设计培训班、专家座谈会、经验交流会等多种形式的前期准备后,于 1986 年组织成立了《港口工程结构可靠度设计统一标准》编制组,开始编制工作。经过对已建工程设计数据的大量统计分析、校核计算和重点实测,该标准于 1992 年编制完成并发布实施。随后,根据可靠度标准对 10 余册港口工程结构设计标准的修订工作和钢板桩码头等若干新规范、规程的编制工作正式全面铺开。经过大量技术人员的艰苦工作,1995 年送审稿全部完成,而后开展了新老规范实体工程试设计,对新规范计算结果进行了复核,经交通部组织审查和总校后,于 1998 年统一颁布实施。至此,港口工程结构的主要设计标准完成了由传统容许应力或单一安全系数表达的定值设计方法向以概率理论为基础、以分项系数表达的极限状态设计方法的转变,初步实现了与国际先进设计方法的接轨,具备了按照更科学、更合理的理论不断完善的条件。

国外水运工程建设标准与我国强制性标准不同,大多为推荐性标准,具体采标由使用者决定,一旦被采用同样具有法律效力。推荐性标准的优点在于,一方面将工程安全和质量责任交给市场,同时,采用推荐性标准并不免除使用者的责任;另一方面推荐性标准条文具有一定的灵活性和选择性,避免了不同工况条件下的一刀切,同时对使用者的专业技术水平提出了更高的要求,有利于发挥和提高使用者分析问题和解决问题的能力。由于推荐性标准所具有的诸多优点,这一时期我国水运工程建设标准规范的制修订中开始适当引入推荐性标准的概念。20 世纪 90 年代陆续实施了《航道工程基本术语标准》(JTJ/T 204—96)、《疏浚岩土分类标准》(JTJ/T 320—96)、《塑料排水板质量检验标准》(JTJ/T 257—96)等一系列行业推荐性标准规范,使部颁标准在保持权威性的同时,也具备了一定灵活性的特点,为逐步实现水运工程行业标准与国际惯例接轨奠定了基础。

为使标准化工作具有前瞻性,以满足我国水运工程建设飞速发展的需要,交通部于 1987 年开始对标准体系表进行研究,1990 年提出了水运工程标准体系的初步研究成果,

1996 年正式颁发实行《水运工程建设标准体系表》。

20 世纪 80 年代中期至 90 年代末，我国水运基础设施建设空前发展，到 90 年代末，已基本形成布局合理、专业码头齐全、沿海内河兼顾、配套设施完整、功能完善的现代化港口群，内河航道等级不断提高，通航里程不断延伸。大规模的工程实践和高质量、高水平的现代化工程需求，推动了水运工程建设标准的发展，催生了一系列重大科技成果和具有国际先进水平的创新成果。一批吸收我国当时最新科技成果和反映最前沿技术的水运工程建设标准陆续颁布实施，这些标准规范的实行，对全面提高水运工程建设行业设计施工能力、迅速将科技成果转化为生产力、规范水运工程建设市场行为、保障工程质量、节约和合理利用资源、保护环境、促进水运工程建设事业健康持续发展发挥着不可估量的作用。截至 1999 年底，交通部已发布水运工程建设行业标准 77 册，包括行业基础标准、综合类标准、勘测类标准、地基与基础类标准、航道类标准、船厂类标准、通信类标准、船舶交管系统类标准、助航标志类标准共 11 类，提前完成了 90 年代初提出的水运工程标准化工作十年目标，水运工程建设标准体系初步形成。

（四）全面推进，锐意进取（2000—2009 年）

进入 21 世纪，我国水运工程建设保持和延续着 20 世纪末的强劲发展势头，一批具有世界先进水平的亿吨大港和 20 万 ～ 40 万吨级大型专业化深水码头相继建成，国家高等级航道网逐步形成。煤炭、原油、铁矿石、集装箱等主要货种运输系统已基本形成，主要港口装备技术和管理水平显著提高，有力地促进了我国对外贸易的持续快速发展。

与此同时，依托国家不断加大的资金投入，水运工程建设标准制修订工作呈现出常态化、制度化的有序发展态势，每年保持着一定数量的制修订标准规范发布，标准管理体制机制持续改进，标准体系逐步健全，工程技术标准修订周期不断缩短，基本满足了水运工程建设的需要，标准规范为我国水运工程建设的迅猛发展提供了有力的技术支撑。

在标准管理体制机制建设方面，一系列管理办法、规定相继出台。2001 年，《交通部水运工程建设行业标准管理办法》《水运工程建设标准体系表》的修订发布，对进一步规范行业标准的立项和制修订等各阶段工作起到了积极促进作用。

2002 年，根据国务院发布的《建设工程质量管理条例》和建设部《关于编制〈工程建设强制性标准实施监督导则〉的通知》要求，交通部组织编制了《工程建设标准强制性条文》（水运工程部分），其内容是当年现行水运工程建设技术标准中直接涉及人民生命财产安全、人身健康、工程安全、环境保护、能源和资源节约及其他公众利益，且必须执行的技术条款，是水运工程建设全过程中的强制性技术规定，是参与水运工程建设活动各方必须执行的强制性技术要求，也是政府对工程建设强制性标准实施监督的技术依据。

2007 年，为使水运工程建设标准管理工作科学化、规范化和制度化，结合水运工程建设标准管理的实际情况,交通部重新制定了《水运工程建设标准管理办法》,其中明确了水运工程建设标准项目立项工作一般包括立项申请、项目初审、专家评审和编制年度计划等阶段,通过立项评审的项目方可列入年度计划,改变了以往的计划编制情况。同年,新版的《水运工程建设标准体系表》发布,其与《水运工程建设标准管理办法》共同奠定了对标准工作进行科学管理的基础,标志着水运工程建设标准工作开创了新局面。

按照《水运工程建设标准管理办法》的要求,标准的宣贯培训工作由水运局委托水运标准委员会(以下简称水运标委会)承办,水运标委会先后制定了《标准规范宣贯培训程序》《工作人员守则》《学员守则》《问卷调查》《水运工程标准培训教材编写导则》等文件,并开展了多期标准规范的宣贯培训工作。

这一时期,交通部先后制定修订并发布了《港口工程荷载规范》《港口工程地基规范》《港口工程结构可靠度设计统一标准》《内河通航标准》《河港工程总体设计规范》《船闸总体设计规范》等一大批工程建设急需的行业标准。同时,在水运工程建设的节能、环保和安全等方面,交通部制定修订并发布了《水运工程安全施工防护技术规范》《港口工程环境保护设计规范》《水运工程设计节能规范》等行业标准规范,水运工程建设标准体系不断完善。

(五)需求引领,走向国际(2010—)

2010 年以来,水运行业坚持以科学发展为主题,以转变发展方式为主线,加强专业化码头和内河航道等重点设施建设,拓展服务功能,推进绿色平安发展,保持了健康持续发展的良好态势,适应了经济发展和对外开放的要求。同时,国内港口建设的快速发展也为中国企业在世界范围内建设港口奠定了扎实基础,近年来,一大批由中企承建的海外港口项目开始落地并建成投产。

新时代下,为进一步调动广大工程技术人员参加标准编制工作的积极性和创造性,鼓励在水运工程标准化工作中做出突出贡献的单位和个人,促进水运工程技术进步,根据《水运工程标准管理办法》,自 2010 年起,由水运标委会协助水运局开展了两届水运工程行业标准工作"突出贡献奖"单位和个人评选工作。水运局通过调查研究制定评选办法、申报条件和要求,业内多家单位和个人积极参与申报工作,两届的评选中共有 8 家单位和18 名个人分别荣获了水运工程标准工作"突出贡献奖"单位和个人称号。

2012 年,为积极应对我国水运工程建设快速发展和水运工程建设管理体制改革的需要,特别是为适应经济全球化发展和加强国际贸易、经济、技术交流与合作的需求,进一步完善水运工程建设标准体系,加快标准制修订特别是局部修订的进度,提高标准的编写质量,做好标准的翻译工作,逐步使水运工程建设标准与国际标准接轨,交通运输部水运局组织水运标委会等单位对 2007 年发布的《水运工程建设标准管理办法》进行修订。本次修订工作,在保持原标准管理办法的一致性和延续性的基础上,认真总结了水运工程建设标准管理工作的实际经验，本着前瞻性和实用性的原则，扩大了标准管理的范围，理顺了标准管理的体制，重点补充了标准管理职责与权限、标准复审、局部修订、标准翻译和标准经费等具体管理要求，提高了标准编写质量和管理质量的要求。

修订后的《水运工程标准管理办法》于2012年11月27日发布实施。多年的管理实践表明，该办法符合水运工程建设标准管理的实际，并具有较好的可操作性，为进一步促进水运工程标准管理工作的有序、健康发展发挥了重要作用。

为落实国家提出的"走出去"战略，推动中国标准走出海外，实现技术输出和经济效益双赢，交通运输部、中国进出口银行及中国交通建设股份有限公司于2010年12月签署了三方协议，决定分批次完成水运工程标准规范英文和法文版的翻译，这是中国首次较大批量的开展交通建设领域标准规范编译和出版工作。2016年8月5日，《水运工程设计通则》等14项标准外文版发布；2017年9月29日，《水运工程结构耐久性标准》等5项标准外文版发布；2017年12月11日，《水运工程质量检验标准》等9项标准外文版发布。至此，第一阶段的翻译工作顺利完成。目前，标准的翻译工作已经步入常态化，每年均有4~5项标准翻译出版。

水运建设标准的外文版翻译是中国标准走向世界，服务国家"一带一路"建设的重要举措，架起了中外技术沟通的桥梁，是中国对外工程承包结构转型迈出的实质性一步。我国水运建设标准来自大量的工程建设实践，具有丰富的实践基础。水运建设标准的翻译发布，将为国际市场接受和采用中国标准提供统一的权威依据，为中国企业在更大范围和更高层次实施"走出去"战略创造更加有利的条件。一方面，让世界各国人民了解、熟悉、运用中国标准；另一方面，通过世界范围内的工程实践，反过来再进一步提升中国标准的质量和水平，使中国标准在世界范围内更好地体现其先进性和引领性。

2013年，水运标委会组织有关单位编纂了《水运工程标准化与技术创新论文集》，这是迄今为止首次以水运工程标准化为主线，以技术创新为基础，组织编纂的论文集。论文集主要反映了近十年来标准化工作的经验、体会、问题和对策，论述了国内外标准化发展趋势、结构可靠性和全寿命设计周期在标准中的应用研究，并纳入了港口设施维护技术和管理理念、港口结构检测评估技术、结构耐久性等方面的最新研究成果以及水运工程建设技术创新应用实例、标准制修订工作动态等，详尽展示了近十年来水运工程行业在标准化工作中的成就，并举办了大型技术交流会。本次交流会的组织和论文集的出版，进一步加强了行业内标准相关工作的交流，对管理者和工程技术人员的业务素质与技术水平的提高，推进水运工程技术和标准化的发展发挥了重要作用。

2013年，交通运输部第14次部务会议审议通过了《加强和改进交通运输标准化工作方案》，根据其部署和要求，结合水运工程标准化工作的具体情况，按照"面向需求、面向世界、面向未来"的要求，水运局组织开展了加强和改进水运工程标准化工作调研。2014

年 5 月,《加强和改进水运工程交通运输标准化调研报告》编制完成,为交通运输部《关于加强和改进交通运输标准化工作的意见》(以下简称《意见》)的编制提供了参考。该《意见》于 2014 年 8 月印发,其从"四个交通"发展、深化改革和转变政府职能的要求入手,紧紧围绕健全标准化管理体系与技术体系这一方向,明确提出了行业标准化的指导思想、总体目标、重点任务和保障措施,成为行业标准化工作的行动纲领和发展指南。

随着水运工程建设技术不断进步,水运标准体也不断扩充。近年来,水运局组织编写并发布了《游艇码头设计规范》(JTS 165—7—2014)、《邮轮码头设计规范》(JTS 170—2015)、《液化天然气码头设计规范》(JTS 165—5—2016)、《绿色港口等级评价标准》(JTS/T 105—4—2013)、《内河液化天然气加注码头设计规范(试行)》(JTS 196—11—2016)、《码头油气回收设施建设技术规范》(JTS 196—12—2017)、《码头船舶岸电设施建设技术规范》(JTS 155—2012)等多项新技术领域的工程标准,开展 BIM 技术在水运工程建设领域应用、自动化码头建设等标准研究工作,使标准体系逐步完善。

近年来,国家不断加大标准化工作改革工作。国务院于 2015 年发布了《国务院关于印发深化标准化工作改革方案的通知》(国发〔2015〕3 号),明确将着力解决标准体系不完善,与社会主义市场经济发展不适应等问题,更好发挥标准化在推进国家治理体系和治理能力现代化中的基础性、战略性作用,促进经济持续健康发展和社会全面进步。为落实深化标准化工作改革要求,推动实施标准化战略,国务院发布了《国家标准化体系建设发展规划(2016—2020 年)》,2017 年国家修订发布了《标准化法》,都提出了标准化工作改革的新要求。

为贯彻落实党的十九大精神,满足我国经济社会不断发展和深化标准化工作改革的要求,优化水运工程标准体系,保持水运工程标准体系的科学性和合理性,加快建设创新型国家,交通运输部在调查研究、总结分析 2007 体系使用经验的基础上,组织开展了水运工程标准体系的修订工作。2018 年 4 月,新版《水运工程标准体系》正式发布。

水运事业的全面健康发展,离不开标准规范的支撑。建立健全科学规范的水运工程标准体系,充分发挥水运工程标准在该领域的先导和引领作用,使水运工程建设有章可循,对于促进产业升级、提升行业国际竞争力意义重大。着力加强标准的实施与监督,切实发挥标准的支撑和引导规范作用,促进水运工程标准化工作全面、深入发展,将成为未来水运工程标准化发展的总趋势。

二、水运工程标准体系发展变化

标准体系是标准工作的纲领性文件,是组织标准的制修订和管理的基本依据,完备的标准体系可以规范标准工作的秩序,避免标准之间的不配套、不协调和组成的不合理,减少标准之间的重复和矛盾。从 20 世纪 90 年代初期开始,按照国家工程建设标准归口管理单位建设部提出的"尽快着手编制工程建设标准体系表,以便更好地指导我国工程建设标准规范的制、修订工作"的要求,交通部在抓水运工程建设标准编制工作过程中,一直十分重视开展水运工程建设标准体系的研究编制工作。

(一)1996 年体系

为满足水运工程发展对标准规范的要求,促进水运工程建设管理工作标准化,交通部组织开展了水运工建设标准体系的研究编制工作。1990 年,水规院编制了《水运工程建设标准体系表》讨论稿,1994 年的规范工作会议又进一步明确,由水规院负责完成《水运工程建设标准体系表》的编制。1995 年初,水规院开始了对讨论稿的修订,编写了征求意见稿,并广泛征求各单位的意见后,于 1995 年 10 月完成了送审稿。1996 年 3 月,交通部召开了审查会。经审定通过,1996 年 4 月 19 日交通部正式发布《水运工程建设标准体系表》。至此,水运工程建设标准的编制工作有了指导文件(图 5-1-1)。

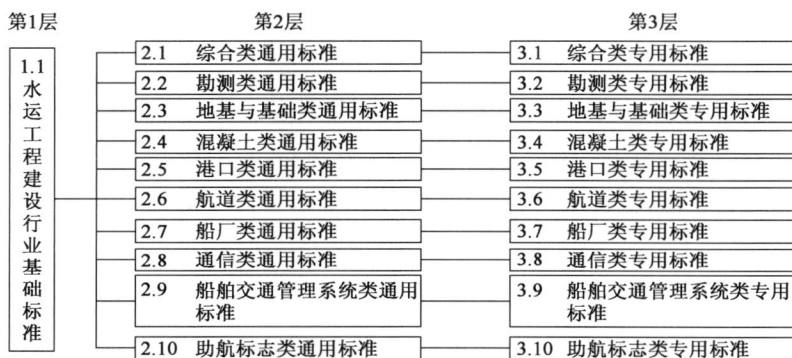

第1层	第2层	第3层
1.1 水运工程建设行业基础标准	2.1 综合类通用标准	3.1 综合类专用标准
	2.2 勘测类通用标准	3.2 勘测类专用标准
	2.3 地基与基础类通用标准	3.3 地基与基础类专用标准
	2.4 混凝土类通用标准	3.4 混凝土类专用标准
	2.5 港口类通用标准	3.5 港口类专用标准
	2.6 航道类通用标准	3.6 航道类专用标准
	2.7 船厂类通用标准	3.7 船厂类专用标准
	2.8 通信类通用标准	3.8 通信类专用标准
	2.9 船舶交通管理系统类通用标准	3.9 船舶交通管理系统类专用标准
	2.10 助航标志类通用标准	3.10 助航标志类专用标准

图 5-1-1　1996 年《水运工程建设标准体系表》结构框图

《水运工程建设标准体系表》给出了水运工程建设行业基础标准、各类专项工程和技术的通用标准、专用标准 3 个层次的体系结构框架,标准内容包括水运工程建设勘测、设计、施工、安装和质量检验评定等,其中所列标准规范构成合理、层次分明、便于规范管理,为制定标准规范长远和年度计划提供了依据。体系表所列水运工程建设标准(九五期)共需标准规范 120 项,其中:国家标准 6 项,行业标准 114 项;已颁布 57 项,正在编制 25 项,待编 38 项(截至 1996 年底)。

(二)2001 年体系

1996 年《水运工程建设标准体系表》的颁布,对加强水运工程建设标准制定和修订工作的管理起到了积极作用,但随着水运工程建设事业的发展,原体系表已不能适应新技术、新工艺和新材料发展的要求,也不能满足标准管理的需要。因此,交通部对标准体系进行了修订,并于 2001 年 12 月发布了新的《水运工程建设标准体系表》。2001 体系表是在第一版的基础上进行局部修订,总体框架结构不变,在层次划分中将通信类通用标准和船舶交通管理系统类通用标准合并为通信交管类通用标准,取消了船厂类通用标准、助航标志类通用标准和勘测类专用标准分类,增加了通信交管类专用标准。标准内容上增加了工程建设相关的环境保护、原型观测、模拟试验技术、工程术语和制图等标准。

体系表突出行业特点,尽量少而精,配套或类似标准尽量借用相关标准,共列入标准72 项,其中已颁布 35 项,在编 4 项,拟编 33 项。体系表中还增加了《水运工程建设标准明细表》,作为年度立项的重要依据之一(图 5-1-2)。

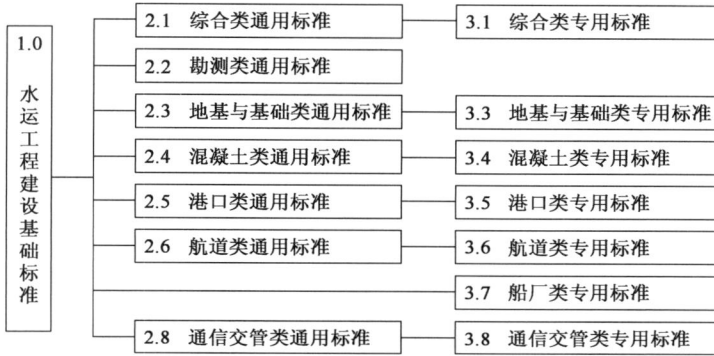

图 5-1-2 2001 年《水运工程建设标准体系表》结构框图

(三)2007 年体系

为满足社会主义市场经济条件下国民经济发展对水运工程建设标准化工作的要求,满足我国加入 WTO 后对水运工程建设提出的新要求,保持水运工程建设标准体系的科学性和合理性,加强标准动态管理,交通部水运司组织进行《水运工程建设标准体系表》修订工作,修订后的体系表于 2007 年 5 月发布。

本次体系表的修订,在第一层扩充了工程建设管理类标准和工程维护技术类标准,完善了体系结构;调整了标准体系号,将设计标准与施工标准分离,整合了内容交叉和性质类同的标准,增强了标准体系对新技术、新工艺、新材料和新设备应用的适应性;增加了设计通则、施工通则、耐久性设计等标准,将涉及安全、环保、节能、可持续发展和通用的强制性条款统一编入通则中,为实现"强制性标准"与"推荐性标准"的分离,为"强制性标准"上升为"技术法规",逐步形成"技术法规"和"指南""手册"并存的管理模式奠定了基础。为了使新体系表和现行标准管理能顺利衔接,本次修订建立了具有可整合性和可扩展性的水运工程建设标准项目库。项目库纳入了水运工程建设已颁标准、在编标准和拟编标准。

该体系以水运工程建设服务于水路运输市场为目标,根据航运市场的新特点,在水运工程建设标准方面涵盖了港口、航道、船厂水工工程和支持系统等类别的标准,突出了水运工程的专业特点。

录入体系表的标准共 87 项,列入项目库中的共 273 项,都是水运工程建设领域已颁、在编和拟编的标准,涵盖了水工工程前期(建设管理)、建设和维护三阶段,具有很强的完整性。

标准体系分三个层次,三个层次一层层展开,并互为支撑,同时,代号由"JT"改为"JTS",在"交通"含义的基础上赋予了"水运建设"的含义,使标准具有明显的水运工程特点(图5-1-3)。

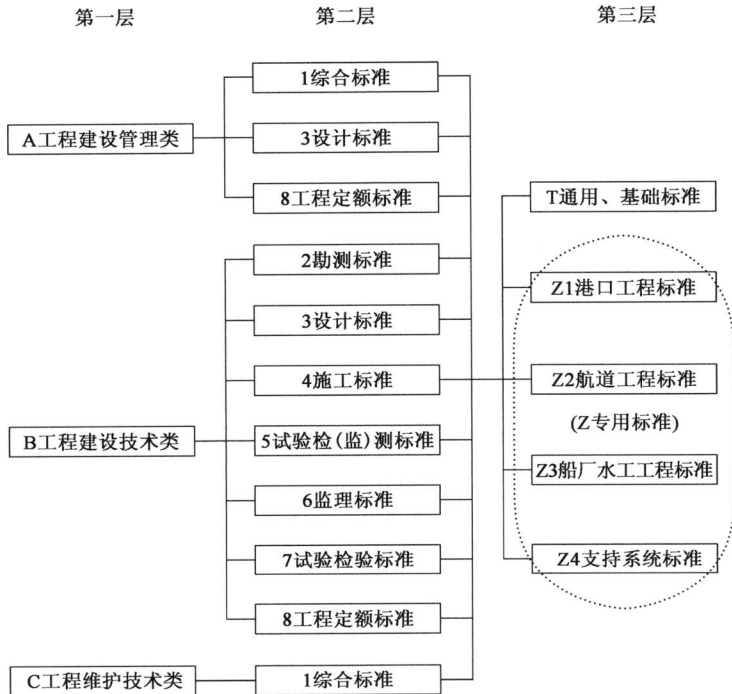

图5-1-3 2007年《水运工程建设标准体系表》结构框图

在2007年体系表施行过程中,交通运输部水运局组织相关单位对2007年版《水运工程建设标准体系表》项目库进行了局部修订、完善,重点强化水运工程质量、安全、节能、环保、资源等要求,补充完善内河标准规范内容,并鼓励技术创新。

(四)2018年体系

为贯彻落实党的十九大精神,满足我国经济社会不断发展和深化标准化工作改革的要求,优化水运工程标准体系,保持水运工程标准体系的科学性和合理性,加快建设创新型国家,交通运输部在调查研究、总结分析2007体系使用经验的基础上,组织开展了水运工程标准体系的修订工作。

本次修订在2007体系的基础上,注重标准的先进性和引领性,突出满足工程质量安全、环境保护、资源节约、智慧交通等方面发展的要求,服务"一带一路"建设,对体系架构进行了优化,丰富了体系内容,并在项目库中补充了一批新技术、新工艺、新材料和新设备的标准规范。将《水运工程建设标准体系表》改为《水运工程标准体系》,阐明了体系表和项目库两部分的关系,确定了体系表架构保持稳定,项目库内容根据发展需求及时修订的原则。修订后的水运工程标准体系结构共分为三个层次,将 2007 体系中的第一层次"工程建设管理类""工程建设技术类"和"工程维护技术类"分别修改为"工程管理类""工程建设类"和"工程维护类"。第二层次中增加了"规划类""安全类""节能环保类"和"工程信息类"标准,删除了"质量检验类"标准,将"试验检(监)测标准"拆为"试验类标准""检测与监测类标准"。第三层次中增加了"航运枢纽及通航建筑物工程""港航设备安装工程""水上交管工程"专用标准,删除了"支持系统标准"。本次录入体系表中的标准项共 150 项,每项赋予一个体系号,以便于体系表的管理。同时对 2007 体系中的标准项目进行了梳理,并同步修订了项目库。

　　《水运工程标准体系》于 2018 年 4 月 1 日起实施,其中录入体系表中的标准项共 150 项,列入项目库中的标准共 418 项:其中现行标准 156 本,在编标准 93 本,待编标准 169 本(图 5-1-4)。

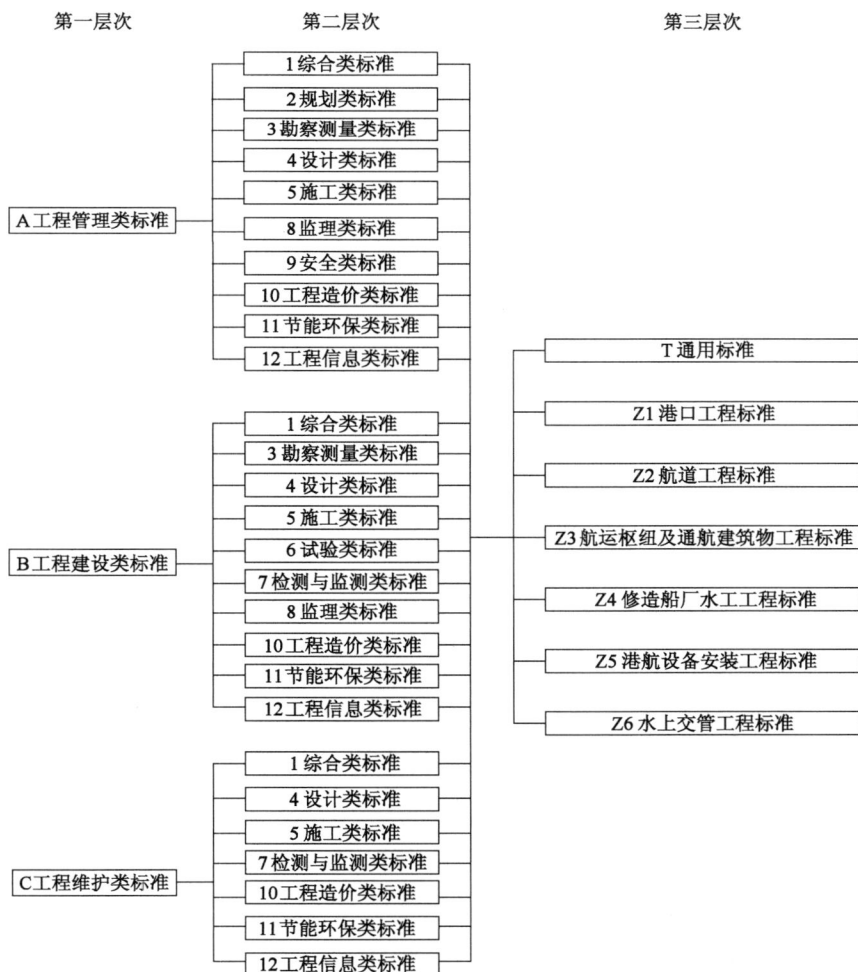

图 5-1-4　2018 年《水运工程建设标准体系表》结构框图

三、水运工程建设标准现状与成就

(一)管理现状

1. 管理运行机制

在管理体制方面,水运工程标准化工作是由交通运输部水运局负责组织开展的。在运行机制方面,为加大管理力度,20 世纪 80 年代曾在水规院设立了标准室,配合交通部基建局开展标准规范日常管理工作。目前,实行的是"政府部门主导、标委会辅助、专家技术支撑"的水运工程标准化的工作机制。交通运输部负责全国水运工程行业标准的管理工作,水运标委会协助交通运输部水运工程行业标准主管部门开展相关管理工作。

标准的编写程序包括标准立项、工作大纲审查、征求意见、送审稿、总校稿和报批稿等阶段,按照《水运工程标准管理办法》,做到了各阶段管理规范、技术审查严谨,有力保证了标准的编写质量。

标准管理运行模式及职能的调整优化,都是伴随着水运建设发展的需要、体制改革及政府职能转变而变化的,适应了行业发展实际。

2. 制度建设

在管理制度方面,交通部早在 1984 年即颁布了第一部水运工程标准管理方面的行政法规《水运工程标准规范管理办法》,使水运工程标准管理工作科学化、规范化和制度化,结束了标准制修订和管理工作无章可循的历史。随着《标准化法》《中华人民共和国标准化法实施条例》和国家有关工程建设的法律、法规的颁布实施,根据水运工程建设标准管理的实际情况和水运工程建设和新技术的迅猛发展,以及标准化工作的不断深入,为适应工程建设的需要和在不同时期政府管理职能的差别,交通部对该管理办法进行了 4 次修订,分别为《水运工程建设行业标准管理办法》(1994 年)、《水运工程建设行业标准管理办法》(2001 年)、《水运工程建设标准管理办法》(2007 年)、《水运工程标准管理办法》(2012 年)。

2012 年的《水运工程标准管理办法》在保持以往标准管理办法的一致性和延续性的基础上,认真总结了水运工程建设标准管理工作的实际经验,积极应对我国水运工程建设快速发展和水运工程建设管理体制的改革,特别是为适应经济全球化发展和加强国际贸易、经济、技术交流与合作的需求,本着前瞻性和实用性的原则,扩大了标准管理的范围,理顺了标准管理的体制,补充了标准管理职责与权限、标准复审、局部修订、标准翻译和标准经费等管理要求,提高了对标准编写质量和管理质量的要求,符合水运工程建设标准管理的实际,并具有较好的可操作性。该办法发布后进一步促进水运工程标准管理工作的有序、健康发展,使标准管理工作更加科学化、规范化和制度化。

在标准规范执行管理方面,各水运工程标准发布实施前均成立标准管理组,标准管理组由 3~5 名专业技术人员组成,其中标准编写组成员 3~4 名,主编单位标准工作归口职能管理部门成员 1 名。标准管理组随时掌握执行动态,并协助主管部门进行标准条文的解释工作,保证标准在生产实践中准确使用。

3.资金保障

水运工程行业标准制定或修订项目的编制经费,采用财政补助和编写单位自筹相结合的方式。财政补助经费的数额,由交通运输部水运工程行业标准主管部门根据标准编制定额和有关规定,结合标准项目的类别、技术复杂程度和编制工作量等情况进行核定,并在标准项目合同中明确。经费主要用于标准立项审查、标准制定或修订、培训教材编写、标准复审、标准翻译等,由交通运输部水运工程行业标准主管部门根据标准管理工作计划、标准制定或修订项目计划和实际需要编制,经批准后使用。

水运工程技术标准化工作经过几代人的不断探索,与时俱进,实现了管理到位、机制有效、技术系统,不仅推动了行业技术进步,在创新成果的转化中发挥了关键作用,而且有效保障了我国水运工程建设的质量和安全,为国家大规模水运工程建设起到了保驾护航的作用,走出了一条具有中国特色的水运工程建设标准化道路。

(二)标准现状

1.现行标准

截至 2018 年 4 月底,我国水运工程建设领域现行国家和行业标准规范共 158 项,具体见表 5-1-1。

现行标准规范一览表

表 5-1-1

序号	标准规范名称	编　号
1	干船坞设计规范(工艺设计)	JTJ 251—87
2	干船坞设计规范(水工结构)	JTJ 252—87
3	干船坞设计规范(坞门及灌水排水系统)	JTJ 253—87
4	航道工程基本术语标准	JTJ/T 204—96
5	港口工程制图标准	JTJ 206—96
6	港口道路、堆场铺面设计与施工规范	JTJ 296—96
7	海岸电台总体及工艺设计规范	JTJ/T 341—96
8	港口地区有线电话通信系统工程设计规范	JTJ/T 343—96
9	船舶交通管理系统工程技术规范	JTJ/T 351—96
10	疏浚工程概预算编制规定	交基发〔1997〕246 号
11	内河航道与港口水流泥沙模拟技术规程	JTJ/T 232—98
12	水运工程混凝土试验规程	JTJ 270—98

续上表

序号	标准规范名称	编　号
13	格型钢板桩码头设计与施工规程	JTJ 293—98
14	斜坡码头及浮码头设计与施工规范	JTJ 294—98
15	装卸油品码头防火设计规范	JTJ 237—99
16	甚高频海岸电台工程设计规范	JTJ/T 345—99
17	海港工程混凝土结构防腐蚀技术规范	JTJ 275—2000
18	港口及航道护岸工程设计与施工规范	JTJ 300—2000
19	内河航运建设项目环境影响评价规范	JTJ 227—2001
20	波浪模型试验规程	JTJ/T 234—2001
21	船闸总体设计规范	JTJ 305—2001
22	船闸输水系统设计规范	JTJ 306—2001
23	船闸水工建筑物设计规范	JTJ 307—2001
24	港口设备安装工程技术规范	JTJ 280—2002
25	通航建筑物水力学模拟技术规程	JTJ/T 235—2003
26	港口工程地下连续墙结构设施设计与施工规程	JTJ 303—2003
27	船闸闸阀门设计规范	JTJ 308—2003
28	沿海港口建设工程概算预算编制规定	交水发〔2004〕247 号
29	沿海港口水工建筑工程定额	交水发〔2004〕247 号
30	沿海港口装卸机械设备安装工程定额	交水发〔2004〕247 号
31	水运工程物理模型试验定额	交水发〔2004〕713 号
32	船闸电气设计规范	JTJ 310—2004
33	水运工程土工合成材料应用技术规范	JTJ 239—2005
34	港口工程桩式柔性靠船设施设计与施工技术规程	JTJ 279—2005
35	内河航道维护技术规范	JTJ 287—2005
36	船闸启闭机设计规范	JTJ 309—2005
37	河港总体设计规范	JTJ 212—2006
38	集装箱码头计算机管理控制系统设计规范	JTJ/T 282—2006
39	港口水工建筑物检测与评估技术规范	JTJ 302—2006
40	水运工程节能设计规范	JTS 150—2007
41	海港工程钢结构防腐蚀技术规范	JTS 153—3—2007
42	长江三峡库区港口客运缆车安全设施技术规范	JTS 196—7—2007
43	港口工程初步设计文件编制规定	JTS 110—4—2008
44	航道工程初步设计文件编制规定	JTS 110—5—2008
45	水运工程标准施工招标文件	JTS 110—8—2008
46	水运工程爆破技术规范	JTS 204—2008
47	水运工程施工安全防护技术规范	JTS 205—1—2008

续上表

序号	标准规范名称	编　号
48	水运工程测量质量检验标准	JTS 258—2008
49	水运工程工程量清单计价规范	JTS 271—2008
50	重力式码头设计与施工规范	JTS 167—2—2009
51	板桩码头设计与施工规范	JTS 167—3—2009
52	渠化工程枢纽总体设计规范	JTS 182—1—2009
53	海港集装箱码头建设标准	JTS 196—1—2009
54	三峡船闸设施安全检测技术规程	JTS 196—5—2009
55	水运工程塑料排水板应用技术规程	JTS 206—1—2009
56	港口工程结构可靠性设计统一标准	GB 50158—2010
57	港口工程荷载规范	JTS 144—1—2010
58	高桩码头设计与施工规范	JTS 167—1—2010
59	水运工程大体积混凝土温度裂缝控制技术规程	JTS 202—1—2010
60	海岸与河口潮流泥沙模拟技术规程	JTS/T 231—2—2010
61	港口建设项目环境影响评价规范	JTS 105—1—2011
62	水运工程设计通则	JTS 141—2011
63	水运工程混凝土结构设计规范	JTS 151—2011
64	防波堤设计与施工规范	JTS 154—1—2011
65	港口工程后张法预应力混凝土大管桩设计与施工规程	JTS 167—6—2011
66	运河通航标准	JTS 180—2—2011
67	港口货运缆车安全设施技术规范	JTS 197—2011
68	水运工程施工通则	JTS 201—2011
69	水运工程混凝土施工规范	JTS 202—2011
70	水运工程混凝土质量控制标准	JTS 202—2—2011
71	水运工程数学模型试验研究参考定额	JTS/T 274—1—2011
72	港口水工建筑物修补加固技术规范	JTS 311—2011
73	水运工程标准施工监理招标文件	JTS 110—10—2012
74	水运工程测量规范	JTS 131—2012
75	水运工程抗震设计规范	JTS 146—2012
76	水运工程钢结构设计规范	JTS 152—2012
77	海港工程钢筋混凝土结构电化学防腐蚀保护技术规范	JTS 153—2—2012
78	码头船舶岸电设施建设技术规范	JTS 155—2012
79	港口工程桩基规范	JTS 167—4—2012
80	港口工程建设项目安全预评价规范	JTS/T 170—2—2012
81	港口工程建设项目安全验收评价规范	JTS/T 170—3—2012
82	疏浚与吹填工程设计规范	JTS 181—5—2012

续上表

序号	标准规范名称	编 号
83	水运支持保障系统工程设计总体技术要求	JTS 195—3—2012
84	三峡船闸通航调度技术规程	JTS 196—6—2012
85	疏浚与吹填工程施工规范	JTS 207—2012
86	海港工程高性能混凝土质量控制标准	JTS 257—2—2012
87	水运工程岩土勘察规范	JTS 133—2013
88	港口工程基本术语标准	GB/T 50186—2013
89	绿色港口等级评价标准	JTS/T 105—4—2013
90	水运支持系统工程初步设计文件编制规定	JTS 110—6—2013
91	水运工程施工图文件编制规定	JTS 110—7—2013
92	水运工程标准勘察设计招标文件	JTS 110—11—2013
93	水运工程定额编写规定	JTS 111—2013
94	海港总体设计规范	JTS 165—2013
95	水运工程先张法预应力高强混凝土管桩设计与施工规程	JTS 167—8—2013
96	港口工程离心模型试验技术规程	JTS/T 231—7—2013
97	水运工程机电专项监理规范	JTS 252—2—2013
98	港口设施维护技术规范	JTS 310—2013
99	船闸检修技术规程	JTS 320—3—2013
100	内河通航标准	GB 50139—2014
101	内河航运建设工程概算预算编制规定	JTS 116—1—2014
102	水运工程标准编写规定	JTS 101—2014
103	水运工程建设项目投资估算编制规定	JTS 115—2014
104	水运工程测量概算预算编制规定	JTS 116—4—2014
105	游艇码头设计规范	JTS 165—7—2014
106	集装箱码头堆场装卸设备供电设施建设技术规范	JTS 196—9—2014
107	船闸工程施工规范	JTS 218—2014
108	水运工程测量定额	JTS 273—2014
109	内河航运水工建筑工程定额	JTS 275—1—2014
110	内河航运工程船舶机械艘(台)班费用定额	JTS 275—2—2014
111	内河航运设备安装工程定额	JTS 275—3—2014
112	内河航运工程参考定额	JTS/T 275—4—2014
113	水运工程混凝土和砂浆材料用量定额	JTS 277—2014
114	远海区域水运建设工程概算预算编制规定	交水函〔2014〕1025 号
115	远海区域水工建筑工程定额	交水函〔2014〕1025 号
116	远海区域水工建筑工程船舶机械艘(台)班费用定额	交水函〔2014〕1025 号
117	远海区域疏浚与吹填工程定额	交水函〔2014〕1025 号

续上表

序号	标准规范名称	编 号
118	远海区域疏浚吹填工程费用计算办法	交水函〔2014〕1025 号
119	远海区域疏浚吹填工程船舶艘班费用定额	交水函〔2014〕1025 号
120	水运工程水文观测规范	JTS 132—2015
121	港口与航道水文规范	JTS 145—2015
122	水运工程结构耐久性设计标准	JTS 153—2015
123	煤炭矿石码头粉尘控制设计规范	JTS 156—2015
124	邮轮码头设计规范	JTS 170—2015
125	长江干线通航标准	JTS 180—4—2015
126	长江干线桥区和航道整治建筑物助航标志	JTS 196—10—2015
127	水运工程混凝土结构实体检测技术规程	JTS 239—2015
128	水运工程施工监理规范	JTS 252—2015
129	水运工程竣工验收环境保护调查技术规程	JTS/T 105—3—2016
130	水运工程建设项目节能评估规范	JTS/T 106—2016
131	港口设施维护工程预算编制规定	JTS 117—1—2016
132	液化天然气码头设计规范	JTS 165—5—2016
133	海上固定转载平台设计规范	JTS 171—2016
134	码头结构加固改造技术指南	JTS/T 172—2016
135	航道工程设计规范	JTS 181—2016
136	内河液化天然气加注码头设计规范(试行)	JTS 196—11—2016
137	航道整治工程施工规范	JTS 224—2016
138	水运工程水工建筑物原型观测技术规范	JTS 235—2016
139	水运工程试验检测仪器设备技术标准	JTS 238—2016
140	海上沉船清除打捞工程计价办法	JTS 118—2017
141	水运工程地基设计规范	JTS 147—2017
142	港口道路与堆场设计规范	JTS 168—2017
143	码头附属设施技术规范	JTS 169—2017
144	码头油气回收设施建设技术规范	JTS 196—12—2017
145	港口码头能效管理技术规程	JTS/T 196—13—2017
146	水运工程地基基础施工规范	JTS 206—2017
147	水运工程地基基础试验检测技术规程	JTS 237—2017
148	长江南京以下 12.5 米深水航道建设工程整治建筑物质量检验专项标准	JTS 265—3—2017
149	长江口深水航道疏浚工程质量检验标准	JTS 265—4—2017
150	海上沉船清除打捞工程定额	JTS 291—1—2017
151	海上沉船清除打捞工程船舶机械艘(台)班费用定额	JTS 291—2—2017

续上表

序号	标准规范名称	编　号
152	水运工程岩土勘察报告编制标准	JTS 109—2018
153	水运工程环境保护设计规范	JTS 149—2018
154	海轮航道通航标准	JTS 180—3—2018
155	水运工程施工环境监理规范	JTS 252—1—2018
156	港口码头结构安全性检测与评估指南	
157	疏浚工程定额	
158	疏浚工程船舶艘班费用定额	

2.外文版标准

1997 年,交通部水运局委托中交水运工程设计咨询中心组织 60 多位业内专家组成的港口工程技术规范编译工作委员会,开展了水运工程领域港口号航道工程中常用的主要技术规范 19 册英文翻译工作,定名为《港口工程技术规范英文版》,该规范英文版收录了 1993—1999 年交通部颁发实行的 19 本设计与施工等方面的主要规范,该规范英文版分上、中、下三册,近 120 万汉字,2000 年 6 月由人民交通出版社出版并对外发行,该规范的面世,对促进国际间的技术交流和港口工程建设技术水平的提高起到了积极作用。

2010 年,交通运输部组织中国交通建设集团有限公司等单位开展了新一轮水运工程标准规范外文版的翻译工作,此次列入翻译计划的标准项目共 34 项,其中包括 32 项英文版和 2 项英文和法文同时翻译的标准,截至 2018 年 4 月底,已发布了《水运工程设计通则》《水运工程施工通则》《海港总体设计规范》等 26 项英文标准和 2 项法文标准,另有 8 项英文标准正在翻译(表 5-1-2)。

水运工程标准外文版发布名录　　　　　　　　　　　　　　　表 5-1-2

序号	标准名称	标准代码	外文类别
1	水运工程岩土勘察规范	JTS 133—2013	英文
2	水运工程设计通则	JTS 141—2011	英文
3	水运工程设计通则	JTS 141—2011	法文
4	港口工程荷载规范	JTS 144—1—2010	英文
5	港口与航道水文规范	JTS 145—2015	英文
6	水运工程抗震设计规范	JTS 146—2012	英文
7	水运工程地基设计规范	JTS 147—2017	英文
8	水运工程爆破技术规范	JTS 204—2008	英文
9	水运工程土工合成材料应用技术规范	JTJ 239—2005	英文
10	水运工程混凝土结构设计规范	JTS 151—2011	英文
11	水运工程钢结构设计规范	JTS 152—2012	英文
12	水运工程结构耐久性设计标准	JTS 153—2015	英文

续上表

序号	标 准 名 称	标 准 代 码	外 文 类 别
13	港口工程桩基规范	JTS 167—4—2012	英文
14	防波堤设计与施工规范	JTS 154—1—2011	英文
15	港口及航道护岸工程设计与施工规范	JTJ 300—2000	英文
16	疏浚与吹填工程设计规范	JTS 181—5—2012	英文
17	海港总体设计规范	JTS 165—2013	英文
18	河港总体设计规范	JTJ 212—2006	英文
19	液化天然气码头设计规范	JTS 165—5—2016	英文
20	港口道路、堆场铺面设计与施工规范	JTJ 296—96	英文
21	码头附属设施技术规范	JTS 169—2017	英文
22	航道工程设计规范	JTS 181—2016	英文
23	水运工程施工通则	JTS 201—2011	英文
24	水运工程施工通则	JTS 201—2011	法文
25	水运工程混凝土施工规范	JTS 202—2011	英文
26	水运工程地基基础施工规范	JTS 206—2017	英文
27	疏浚与吹填工程施工规范	JTS 207—2012	英文
28	水运工程质量检验标准	JTS 257—2008	英文

(三)取得成就

党的十八大以来,习近平同志就标准化工作作出了一系列重要论述。标准化是事关经济社会发展全局的战略工程。习近平同志强调,加强标准化工作,实施标准化战略,是一项重要和紧迫的任务,对经济社会发展具有长远的意义。他还指出,标准决定质量,有什么样的标准就有什么样的质量,只有高标准才有高质量。谁制定标准,谁就拥有话语权;谁掌握标准,谁就占据制高点。新修订的《标准化法》坚持问题导向、改革导向、实践导向,从立法宗旨到标准体系、管理体制都作了重大调整,在多个方面实现了重大突破,为标准化战略的实施提供了法律基础。

多年来,交通运输部一直高度重视水运工程建设标准化相关工作的开展,不断完善相关管理办法、强化标准规范制修订工作的全过程管控,持续加大经费支持力度,积极推进标准规范走出去。

1.支撑水运工程建设,保障工程质量

改革开放以来,我国水运工程建设领域迅猛发展,结合相关工程建设,新编规范都做了大量的调查、专题研究和实例验证工作,标准规范更具有科学依据。同时,标准规范在制修订中通过国际交流,不断吸收了国外水运工程建设中的先进技术,在主要设计方法和理念方面已与国际先进方法接轨。技术先进的水运工程标准规范全面提升了工程建设水

平,保障了工程建设质量和安全,充分发挥了工程效益,有力支撑了我国水运工程建设发展。

2. 标准规范体系逐渐完备,涵盖水运工程建设全领域

《水运工程标准体系》是水运工程标准发展的规划蓝图,《水运工程标准体系》自1996年建立以来,为不断适应形势发展的需要,分别经过了2001年、2007年和2018年三次修订,形成了特色明显、内容全面、技术可行的水运工程标准体系,为指导水运工程标准化工作起到了积极的推动作用。2018年发布的《水运工程标准体系》中,列入体系表的项目涵盖了水运工程建、管、养3个阶段,包括了综合类、规划类、勘察测量类、设计类、施工类、试验类、检测与监测类、监理类、安全类、工程造价类、节能环保类和工程信息类12类标准,涉及港口、航道、航运枢纽及通航建筑物、修造船厂、港航设备安装和水上交管类六类标准,突出了水运工程的专业特点,具有较强的系统性和前瞻性。同时,为了贯彻"全面建成世界领先、人民满意、有效支撑我国社会主义现代化建设的交通强国"的战略目标,2018年《水运工程标准体系》开展了绿色水运工程标准体系、LNG标准体系和水运工程物联网标准体系专题研究,结合水运工程建设特点,增加了"液化天然气加注码头建设技术规范""绿色港口航道评价标准""绿色航道工程设计规范""水运工程生态保护与修复工程技术规范""港口码头智能化设计规范""水运工程设计信息模型应用标准"等相关标准项目,体现了安全便捷、经济高效、绿色智慧、开放融合的时代要求。如此门类齐全的水运工程标准体系,在国际上尚属少见。

3. 为法律法规和项目决策提供重要技术支撑

标准是经济社会活动的技术依据,也是国际公认的国家质量基础设施之一,在推动供给质量提升、促进转型升级、引领创新驱动、促进经济社会高质量发展方面都发挥着十分重要的支撑和引领作用。《中华人民共和国港口法》规定:按照国家规定需经有关机关批准的港口建设项目,应当按照国家有关规定办理审批手续,并符合国家有关标准和技术规范。《中华人民共和国航道法》规定:新建航道以及为改善航道通航条件而进行的航道工程建设,应当遵守法律、行政法规关于建设工程质量管理、安全管理和生态环境保护的规定,符合航道规划,执行有关的国家标准、行业标准和技术规范,依法办理相关手续。目前,水运工程建设领域相关标准规范已涵盖港口和航道工程的各个阶段和建设内容,成为相关法律法规执行的重要技术支撑。同时,标准规范的实施也规范了市场竞争,为项目的决策提供了重要的技术支撑。

4. 推进技术进步,提升水运工程建技术水平

多年来,水运工程建设坚持市场需求带动技术创新,并以创新技术引领工程建设发展,在工程实践中形成了一批新技术、新材料、新工艺和新设备。交通运输部积极组织行

业有关单位对这些创新技术进行总结、提炼,相继制定和修订了《液化天然气码头设计规范》《邮轮码头设计规范》《海上固定转载平台设计规范》《绿色港口等级评价标准》《港口工程离心模型试验技术规程》《码头船舶岸电设施建设技术规范》等一批反映行业技术特点、体现行业技术先进性的标准规范,加速了创新技术成果转化和推广普及,提升了行业整体技术水平。

5. 促进中国打开国际市场,服务"一带一路"相关工程建设

改革开放 40 多年来,中国成为全球最大的建筑工地和建筑市场,在许多工程领域的设计和建造水平都达到了国际先进水平或居于世界领先水平。近年来,我国的企业也逐步走出国门,我国建筑业企业对外承包工程业务正经历着从成本优势型向资本运作和技术管理型发展的重要阶段,已开始迈向利用中国工程建设标准,巩固和开拓国际市场的高层次竞争范畴。为响应国家"走出去"战略,推动中国标准、规范走出海外,实现技术输出和经济效益双赢,交通运输部把"支持帮助中国企业树立中国标准,打出中国品牌"作为一项重要工作,积极推进标准规范的翻译工作。目前,已发布了《水运工程设计通则》《水运工程施工通则》《海港总体设计规范》等 26 项英文标准和 2 项法文标准。相关的标准规范已在多项海外工程项目中应用,为国家"一带一路"建设提供了有力支撑和重要保障。

第二节 工程管理类标准

一、概述

随着我国水运工程建设事业的不断发展,为了进一步做好水运工程建设项目在规划、设计、施工、运行维护等各阶段的相关管理工作,统一技术用词用语和相关数据标准,明确评价、验收工作要求,规范相关文件报告的编制,交通运输部部组织编制了多项管理类标准,并在 2007 年版《水运工程建设标准体系表》中首次扩充了工程建设管理类标准。现行的管理类标准主要包括术语类、编写规定类、数据格式类等。管理类标准的实施,对水运工程建设项目科学论证、规范化管理、建设技术的交流与推广发挥了重要作用。

二、术语类标准

制定术语标准的目的是术语的标准化。运用标准化的手段,通过对概念的严格定义,选择或确立最恰当的术语,减少多义和同义现象,避免信息交流过程中的歧义和误解。水运工程术语标准包括《港口工程基本术语标准》(GB/T 50186—2013)和《航道工程基本术语标准》(JTJ/T 204—96),纳入的术语基本涵盖了水运工程的规划、勘测、设计、施工、

试验、监测、检测和管理中的相关专业技术内容。

（一）《港口工程基本术语标准》（GB/T 50186—2013）

随着国内港口建设企业进入国际市场，所遇到的障碍之一就是我国技术标准很少被接受，因此，标准如何与国际接轨，适应国家"走出去"战略，是急需解决的问题。规范、通用的港口工程术语是与国际接轨的第一步。因此，有必要总结国外港口工程基本术语，与我国现有术语进行对比分析，在此基础上，编制《港口工程基本术语标准》，提升我国水运技术标准的国际认可度，从而提升水运企业国际竞争力。为适应水运工程建设的需要，相关部门编制了《港口工程基本术语标准》（GB 50186—93，简称"93 版标准"）于 1994 年 3 月起施行。近 20 年来，伴随着国家经济的跨越式发展，我国港口工程进入了一个新的发展时期，出现了许多新术语和新词汇，因此，相关部门对"93 版标准"进行了修订，修订后的《港口工程基本术语标准》（GB/T 50186—2013，简称"13 版标准"）于 2014 年 6 月 1 日实施。

"93 版标准"内容涵盖了港口规划、勘测、设计、施工、科研和管理等方面，包括总则、港口、港口规划与总体布置、港口工程勘测及试验研究、海岸动力、码头工程、防波堤工程、渔港工程、通信、航标与船舶交通管理、港口工程施工等章节，收录了近 500 条术语。该标准自发布实施以来，有效规范了港口工程技术规范编制和生产实际用语，在指导港口工程建设管理、对外交流和推动社会经济发展方面发挥了重要作用。

"13 版标准"修订的主要内容体现了我国近 20 年来随着经济发展和技术进步出现的新的建设管理经验和技术成果，重点补充了船型、自然条件、试验研究、港口规划、装卸工艺等方面出现的新术语。新标准扩展了适用范围，涵盖了港口工程规划、设计、施工、监理、检测、科研、建设管理等技术领域，新增了工程材料与防腐蚀、游艇码头、环保、节能、安全及消防、检测与监测等章节。这些修订使其成为技术先进、内容全面、具有科学性和可操作性的术语标准，更好地适应当前社会经济发展要求。其主要技术内容包括总则，港口，港口建设规模，自然条件，勘测与试验研究，港口规划及总体布置，装卸工艺，水工结构，工程材料与防腐蚀，渔港工程，游艇码头，环保、节能、安全及消防，港口控制、信息与通信，导助航设施及船舶交通管理，工程施工，检测与监测等。

（二）《航道工程基本术语标准》（JTJ/T 204—96）

20 世纪 90 年代初期，航道工程术语尚无统一的标准，有些术语称呼不一、释义各异，不利于实际工作，也在一定程度上影响各项航道技术规范的编制。为统一航道工程的基本术语及其释义，实现专业术语的标准化，相关单位共同完成了《航道工程基本术语标准》的编制工作。《航道工程基本术语标准》（JTJ/T 204—96，简称"96 版标准"），自 1997

年 5 月 1 日起正式实施。

"96 版标准"收入航道工程一般术语、航道类别与河段划分、滩险及其碍航流态、气象水文、地质地貌、航道测量与土工试验、规划设计与试验研究、疏浚吹填工程、航道爆破工程、整治工程、渠化与运河工程、过船建筑物、助航设施、航道维护管理等方面的基本术语词目共 837 条。

该标准实施以来,对航道工程术语的统一和规范使用、航道工程的发展以及与相关行业的交流起到良好作用。随着水运事业的快速发展,尤其是国家关于加快长江等内河水运发展战略实施以来,一批大型航道工程项目相继实施,航道工程技术得到了快速发展,大量新技术、新材料、新工艺、新设备被广泛应用,同时出现了一批新的专业技术术语,需要及时梳理、纳入术语标准。同时,在拟订"96 版标准"时,限于当时的条件和认识,有些该纳入标准的术语并未全部纳入,不利于航道工程的发展和与相关行业的交流。为更好地适应航道工程建设、发展的需要,2015 年,交通运输部水运局组织有关单位对"96 版标准"进行修订。本次修订的原则是在"96 版标准"框架和内容基础上进行局部修订和完善,保持标准的延续性,同时尽量纳入近年来航道工程建设中出现的较为成熟的新技术成果,使得本次标准修订具有一定的前瞻性和创新性。本次标准的修订将通过"数字航道和生态航道技术在航道工程中的应用专业术语研究"和"新技术、新工艺、新设备、新材料在航道工程中的应用专业术语研究"两项专题研究,对航道工程建设中出现的一些新的专业术语,在进行梳理、总结提炼后纳入该标准中。

三、编写规定类标准

随着我国水运工程建设事业的不断发展,为了进一步做好工程项目各阶段的相关工作,规范相关报告的编制,交通运输部组织编制了多项工程建设不同阶段文件的编制规定。同时,为统一水运工程标准的编写,提高编写质量,交通运输部针对标准规范编制还组织编制了《水运工程标准编写规定》(JTS 101—2014)。目前,主要的现行编写规范类标准包括:《港口建设项目预可行性研究报告和工程可行性研究报告编制办法》《航道建设项目预可行性研究报告和工程可行性研究报告编制办法》《水运工程岩土勘察报告编制标准》(JTS 109—2018)、《水运工程标准勘察设计招标文件》(JTS 110—11—2013)、《港口工程初步设计文件编制规定》(JTS 110—4—2008)、《航道工程初步设计文件编制规定》(JTS 110—5—2008)、《水运支持系统工程初步设计文件编制规定》(JTS 110—6—2013)、《水运工程施工图文件编制规定》(JTS 110—7—2013)、《水运工程标准施工招标文件》(JTS 110—8—2008)、《跨越和穿越航道工程航道通航条件影响评价报告编制规定》(JTS 120—1—2018)、《拦河闸坝工程航道通航条件影响评价报告编制规定》(JTS 120—2—2018)、《临河临湖临海工程航道通航条件影响评价报告编制规定》(JTS 120—3—

2018)、《水运工程定额编写规定》(JTS 111—2013)、《水运工程建设项目投资估算编制规定》(JTS 115—2014)、《港口设施维护工程预算编制规定》(JTS 117—1—2016)等。这些编写规定类的标准规范从无到有、从粗到细,通过不断的改进和完善,对科学合理地规范和指导水运工程建设提供了有力的支撑。

(一)《水运工程标准编写规定》(JTS 101—2014)

为统一水运工程标准的编写要求,提高编写质量,交通部自1994年起即开展了《水运工程标准编写规定》的编写工作,共有3个版本的《水运工程标准编写规定》,即《水运工程建设标准编写规定》(JTJ 200—95,简称"95版规定"),《水运工程建设标准编写规定》(JTJ 200—2001,简称"01版规定")以及现行的《水运工程标准编写规定》(JTS 101—2014,简称"14版规定")。

"95版规定"是水运工程行业标准首本编写规定,对水运工程标准前引部分、总则、正文、补充部分和条文说明等内容的编排、书写格式和用词用语均做了较详细的规定。

"01版规定"重点对"95版规定"的有关管理内容和具体的书写格式进行了修订,以制定的标准格式和内容为主,同时对修订的标准格式和内容也做了相应的规定。修订了与新的管理体制不相适应的内容,进一步统一了水运工程建设标准的编写要求。

"14版规定"是按照新的《水运工程标准管理办法》(交水发〔2012〕665号)的具体要求,对"01版规定"进行全面修订而成的。其主要内容在保持与原编写规定一致性和延续性的基础上,总结了水运工程建设标准编写和管理工作的经验,对水运工程建设标准的构成、编写内容、编写格式和编写质量做出更加具体、明确的规定,力求能更加符合水运工程标准编写的实际,并具有较好的可操作性,对提高水运工程建设标准编写的质量和水平有一定的帮助。"14版规定"主要包括标准的基本构成、编写内容、编写格式和编写细则等内容,于2014年6月12日发布施行。

(二)《航道建设项目预可行性研究报告和工程可行性研究报告编制办法》

为规范航道工程建设项目可行性研究工作,提高可行性研究报告的编写质量,交通部于1988年颁布了《内河航运建设项目可行性研究报告编制办法》[(88)交计字第500号],经过20多年,我国经济社会发生了巨大变化,原办法中的部分内容已不能适应形势发展的要求,为促进水运事业健康稳定发展,交通运输部组织对其进行了全面修订,修订后的《航道建设项目预可行性研究报告和工程可行性研究报告编制办法》(简称《编制办法》)于2009年11月印发施行。

《编制办法》重点深化了可行性研究报告编制的技术要求,对编制报告应遵循的原则、研究方法、工作内容、深度及报告编写要求等做出详细规定;明确了《编制办法》的适用对象,将航道建设项目按工程类型分为沿海航道工程、内河航道工程两大类,分别拟定相应的编制内容及文本格式,分别适用于新建、改建和扩建的沿海航道工程、内河航道工程可行性研究报告的编制。考虑到内河不同航道工程包含内容各异,提出了"不同类型的工程,其编制内容和文本格式可根据实际特点,有所取舍和侧重";界定了《编制办法》的适用范围,按照国家投资体制改革的有关要求,提出使用政府资金的航道建设项目,必须进行可行性研究,分别编制预可行性研究报告和工程可行性研究报告,企业投资项目需要进行可行性研究的按本办法的要求编制预可行性研究报告和工程可行性研究报告;确定了航道工程可行性研究报告的体系,把航道建设项目分为沿海航道工程、内河航道工程两类,按照基本建设程度的要求,又分为预可行性研究和工程可行性研究两个阶段;提出了完整的沿海航道工程可行性研究报告编制内容及文本格式,充分考虑了沿海航道发展的实际情况和面临的形势,将环保要求、项目用地和海域使用等要求等纳入《编制办法》;补充了《内河航道工程可行性研究报告》编制内容及文本格式;补充完善了经济评价内容,根据国家发展改革委和建设部印发的《建设项目经济评价方法与参数》(第三版),对工程可行性研究阶段的经济分析、财务分析内容做了调整,特别是根据交通运输部当时正在进行的《水运建设项目经济评价办法》编制工作,《编制办法》充分注意了和相关编制办法在格式和内容上的协调。

《编制办法》实施多年来,在落实国家政策方针、指导内河航运建设项目前期工作方面发挥了积极作用,提高了航道工程建设项目决策的科学性及建设项目管理的水平,有效地规范了前期工作的设计市场,促使航道工程建设项目设计市场进一步向法制化、规范化、标准化方向发展,为航道工程建设的健康、可持续发展做出了积极的贡献。

(三)《港口工程初步设计文件编制规定》(JTS 110—4—2008)

初步设计是我国基本建设程序中的重要阶段。新中国成立以来,随着我国港口建设事业的发展,为了进一步做好港口工程项目的初步设计工作,交通部根据国家基本建设委员会颁发的《设计文件的编制和审批办法》,结合我国港口工程项目的具体情况,编制了港口工程初步设计文件编制要求,于 1986 年 11 月 12 日发布了《港口工程初步设计文件的编制和审批办法(试行)》(〔86〕交基字 796 号)(简称"86 版办法")。为进一步适应国家管理体制和工程建设发展的要求,交通部组织有关单位对"86 版办法"进行了修订,于 1995 年 5 月 25 日发布了《沿海港口工程初步设计文件编制规定》(交基发〔1995〕483 号)(简称"95 版规定")。随着我国港口工程建设和体制改革的深入发展,"95 版规定"开始显现出它的不适应和不足,诸如原涉及港口定员及生活福利建筑物的内容已不适应形势发展的需要,安全、节能、环保等已成为设计需考虑的重要内容等。为此,交通部组织有关单位对该规定进行了修订,并于 2008 年 4 月 24 日发布了《港口工程初步设计文件编制规定》(JTS 110—4—2008,简称"08 版规定")。

"86 版办法"规定了港口工程的初步设计管理和审批办法,明确了初步设计应在充分掌握工程地点的现状、自然条件、技术经济资料、建筑材料、施工材料、施工力量、外协条件等基本资料的基础上,进行多方案比较、论证和优化工作,提出推荐方案。初步设计文件的深度应能确定港内外配套项目的建设规模、水陆域总平面布置、装卸工艺、设备选型和数量、港区总定员、水工及其他主要建构筑物的结构形式、总工程量、单项工程量、总用水量、总用电量、总概算以及三大材用量等。"86 版办法"规定港口工程初步设计文件由设计说明书、主要设备材料、工程概算和设计图纸四篇组成。对各篇章编写的主要内容、初步设计文件格式及主要设计图纸也都做了相应要求。"86 版办法"对港口工程初步设计阶段全过程做出了明确完整规定,对港口建设项目的初步设计阶段工作具有较强的指导意义,对规范港口初步设计文件内容和设计深度起到重要作用,对初步设计的管理和审查也具有非常积极的意义。

"95 版规定"将初步设计文件中的设计说明书部分由 22 章调整为 24 章,增加了"消防"和"存在问题"两章。内容包括:总论,自然条件,货运量及船型,总平面布置,航道、锚地及导助航设施,装卸工艺,水工建筑物,陆域形成和道路、堆场,港区铁路,生产、生产辅助、生活辅助及生活福利建筑物,供电、照明,控制及计算机管理,通信,给排水,采暖、通风和供热,机修,供油,消防,环境保护,职业安全卫生,节能,施工条件、方法和进度,经济效益分析,存在问题。并对初步设计中各篇章编制内容的要求也做了相应的修改。"95 版规定"在规范沿海港口工程初步设计文件的编制,保证港口工程初步设计文件质量方面发挥了重要指导性的作用,收到良好的效果。

"08 版规定"包括设计说明书、主要设备材料、工程概算和设计图纸四篇。其中,第一篇设计说明书全篇分 24 章,增加了"安全"一章,合并"机修"和"供油"为一章。"08 版规定"规定了港口工程初步设计文件中有关安全要求;强化了消防、节能、环境保护、职业卫生等专门篇章内容的要求;修改了与当前市场经济、投资体制不适应的内容;调整了与现行工程建设技术标准不适应的内容和术语;依据当前港口工程技术发展水平,更新了过时的内容;调整、细化和明确了对于主要设备材料及工程图纸的要求。该规定自发布施行至今,对港口水运建设项目初步设计工作起到了重要的指导作用。

(四)《水运工程施工图文件编制规定》(JTS 110—7—2013)

随着我国社会主义市场经济体制的逐步建立和完善,以及我国水运工程建设的不断发展,为满足我国加入 WTO 后对水运工程建设提出的新要求,交通运输部相继颁布了一系列规范水运工程建设的指导性文件。2007 年 5 月交通部重新颁布的《水运工程建设标准体系表》扩充了工程建设管理类标准,在水运工程建设标准项目库中列有《水运工程施工图文件编制规定》。

随着《港口工程初步设计文件编制规定》(JTS 110—4—2008)和《航道工程初步设计文件编制规定》(JTS 110—5—2008)于2008年9月的发布实施,为确保施工图设计与初步设计相衔接,落实国家有关水运工程的建设要求和行业政策,促进水运建设持续健康发展,交通运输部组织有关单位共同编制了《水运工程施工图文件编制规定》(JTS 110—7—2013,简称"编制规定"),于2014年01月01日实施。主要内容包括总则,基本规定,封面、扉页和目录,港口工程、航道工程、航电枢纽及通航建筑物工程、船厂水工工程的设计说明及图纸。该规定为国内第一次编制,填补了行业空白。

"编制规定"的主要特点包括:①施工图文件编制必须以批复的初步设计文件为依据,施工图文件应以册和分册为编排单元;②规定了施工图文件的封面、扉页和目录格式;③明确了港口工程、航道工程、航电枢纽及通航建筑物工程、船厂水工工程施工图文件的内容。"编制规定"的编制可使设计、审查咨询和审批单位开展工作有据可依,进一步规范了水运工程施工图文件编制内容、深度、格式,提高了水运工程施工图编制的标准化程度,保证了水运工程施工图文件的完整性、可靠性。

(五)《跨越和穿越航道工程航道通航条件影响评价报告编制规定》(JTS 120—1—2018)

我国桥梁通航管理工作经历了从无到有、逐步规范的过程。1987年,国务院颁布《中华人民共和国航道管理条例》,要求修建与通航有关的设施必须符合国家规定的通航标准和技术要求,对桥梁建设涉及通航工作提出了原则性要求。1994年交通部印发了《跨越国家航道的桥梁通航净空尺度和技术要求的审批办法》(简称《审批办法》),对桥梁通航论证报告文本格式和内容要求进行了规定,桥梁通航论证工作走上了规范化管理轨道,也为有效保护航道资源和通航条件、避免出现新的碍航和桥梁安全隐患奠定了重要基础。

随着经济社会的快速发展,桥梁等过江、跨海通道的建设需求日益增加,对水运发展和通航安全提出了更高的要求,2011年交通运输部发布的《中华人民共和国水上水下活动通航安全管理规定》(中华人民共和国交通运输部令2011年第5号),进一步明确按照国家规定需要立项的对通航安全可能产生影响的涉水工程,在工程立项前交通运输主管部门应当按照职责组织通航安全影响论证审查,论证审查意见作为工程立项审批的条件,通航安全影响论证的内容包括工程的选址、航道条件、桥梁通航净空尺度、技术要求、通航环境安全等。为适应经济社会和水运发展的需要,统一桥梁通航安全影响论证报告的编写要求,提高编写质量,交通运输部组织有关单位编制完成了《桥梁通航安全影响论证报告编制规定》(JTS 110—9—2012,简称"12版规定"),于2012年10月19日经交通运输部2012年第42号公告发布,自2012年12月1日起施行。

"12 版规定"作为新发布的行业标准,共分总则、基本规定、论证报告、附图、专题研究 5 章,以条文形式对每章、每节的编写内容与技术要求进行了详细规定。其中,论证报告的内容包括概述、桥位河段或海域通航环境、相关规划、河床或海床演变分析、桥位方案论证、桥梁通航净空尺度及桥跨布置方案论证、桥梁通航安全影响分析、航道与通航安全保障措施、结论和建议 9 章,与《审批办法》相比,增加了桥位河段或海域通航环境、相关规划、桥梁通航安全影响分析 3 章内容;在桥跨布置方案论证、航道与通航安全保障措施等方面扩充了论证内容要求;还明确了需开展相关专题研究的条件,规定了对一跨过河、跨海的桥梁工程或跨越低等级航道的桥梁工程,其内容可相应简化;并以附录的形式对论证报告文本格式、报告目录、重要参数表格格式等进行了要求说明。

为落实《中华人民共和国航道法》的航道通航条件影响评价审核制度,2016 年始,交通运输部组织有关单位开展了《航道通航条件影响评价报告编制规定》的编写工作,在"12 版规定"的基础上,完成了《跨越和穿越航道工程航道通航条件影响评价报告编制规定》(JTS 120—1—2018)、增加了《拦河闸坝工程航道通航条件影响评价报告编制规定》(JTS 120—2—2018)、《临河临湖临海工程航道通航条件影响评价报告编制规定》(JTS 120—3—2018)的编制,并于 2018 年 6 月 1 日起实施。

第三节　工程建设类标准

一、概述

水运工程建设类标准是《水运工程标准体系》中的重要部分,现行的水运工程建设类标准已达到百余项,标准内容涵盖了港口、航道、航运枢纽及通航建筑物、修造船厂水工工程、港航设备安装、水上交管等水运工程建设的各个领域和水运工程建设的规划、勘察、设计、施工、试验、检(监)测、检验、监理等各阶段的各个方面。随着我国水运工程建设技术不断进步,水运工程建设标准质量和技术水平总体上已跻身世界先进行列。技术先进、系统全面的水运工程建设类标准全面提高了工程建设技术能力,保障了工程建设质量和安全,提升了工程建设环保水平,充分发挥了工程效益,有力支撑了我国水运工程建设发展。

二、勘察测量类标准

水运工程勘察测量类规范是水运行业规范体系的重要组成部分,是设计的基础,为我国的水运工程提供了技术支持和质量保证,截至 2015 年底,其主要包括《水运工程测量规范》(JTS 131—2012)、《水运工程岩土勘察规范》(JTS 133—2013)、《水运工程水文观测规范》(JTS 132—2015)。

我国水运工程勘察测量类技术标准规范的编制工作,紧随水运工程建设的发展和需要,经历了长期的努力,取得了积极的效果;使相关规范从无到有、由少到多,反映了港口工程地质勘察技术的不断进步和完善,并对促进我国水运工程建设技术发展,保证工程建设质量发挥了重要作用。

（一）《水运工程测量规范》（JTS 131—2012）

《水运工程测量规范》的 3 个主要版本依次为:《水运工程测量规范》（JTJ 203—94,以下简称"94 版规范"）,《水运工程测量规范》（JTJ 203—2001,以下简称"01 版规范"）和《水运工程测量规范》（JTS 131—2012,以下简称"12 版规范"）。

"94 版规范"是由《港口工程测量规范》（JTJ 223—87,以下简称"87 版港口规范"）,《内河航道测量规范》（JTJ 281—88,以下简称"88 版内河规范"）,《沿海港口航道测量规范》（JTJ 282—87,以下简称"87 版沿海规范"）和《疏浚工程测量技术规范》（JTJ 283—88,以下简称"88 版疏浚规范"）4 本测量规范进行修订、整合而成。

"87 版港口规范"是《港口工程技术规范》中的第二篇第一册,该版本与 1976 年的《港口工程测量规范》相比基本未进行修改,内容包括一般规定、平面控制测量、高程控制测量、地形测量、水深测量及附录。

"88 版内河规范"内容包括总则、平面控制测量、高程控制测量、地形测量、水深测量、航道水文测验及专项观测、施工导标与轴线放样、制图及附录,并附有内河航道测量规范图式。自 1988 年 1 月 1 日起实行。

"87 版沿海规范"主要内容包括总则、踏勘和技术设计、平面控制测量、高程（深度）控制测量、控制测量资料的整理与计算、水深测量、无线电定位、水深测量资料整理、沿岸地形测量、检查验收和技术总结及附录。自 1988 年 10 月 1 日起实行。

20 世纪 80 年代,随着我国疏浚事业的发展,疏浚工程测量已经成为服务于疏浚工程的勘测、设计和施工的专业化测量。为加强疏浚测量技术管理,1984 年有关单位组织编写了《疏浚工程测量技术规范》（试行版）,于 1984 年 11 月开始试行。该规范侧重于海港疏浚工程测量,内容主要包括总则、踏勘和制定实施计划、平面控制测量、挖泥导标、水位保证、水深测量、制图和资料检查上交归档及附录,但未正式出版。随着水运工程建设的发展,我国的疏浚工程也迅速发展。对疏浚工程测量,无论在技术上、内容上和测量仪器上都有新的要求,因此,相关单位对《疏浚工程测量技术规范》（试行版）进行修订。修订后的"88 版疏浚规范"总结了我国疏浚工程的实践经验,增加了新技术应用、吹填区测量、内河疏浚等方面的技术规定,内容主要包括总则、平面控制测量、疏浚标志测设、水位保证、水深测量、吹填区测量、绘图及附录和疏浚工程测量技术规范图式。

"94 版规范"的制定源于 1989 年 10 月交通部召开的《疏浚工程测量技术规范》（送审

稿）审查会。中国工程院院士、交通部总工程师刘济舟在会上提出，将《港口工程测量规范》（JTJ 223—87）、《内河航道测量规范》（JTJ 281—88）、《沿海港口航道测量规范》（JTJ 282—87）和《疏浚工程测量技术规范》（JTJ 283—88）4 本测量规范进行修订、整合，制定一本《水运工程测量规范》。专家组一致同意，并向交通部建议"94 版规范"增加了应用 GPS 进行平面控制测量和水深测量定位的测量新技术应用规定，内容包括 10 章 49节和 26 个附录，主要包括总则、平面控制测量、高程控制测量、地形测量、水位控制测量、水深测量、施工测量、水文观测、变形测量、制图及附录和水运工程测量规范图式。

"01 版规范"对"94 版规范"进行了局部修订，主要增加和补充了 GPS 测量、RTK-DGPS 测量、数字化测图、施工定位、机助制图、多波束测深和适航水深测量等内容，并对"94 版规范"中的部分条文进行了修改和完善。"01 版规范"主要包括总则、术语、平面控制测量、高程控制测量、地形测量、水位控制测量、水深测量、施工测量、水文观测、变形测量、制图及附录和水运工程测量规范图式。

"12 版规范"是对"01 版规范"的全面修订，将原来隐含在各种水运工程施工规范和质量检验标准中尚未纳入本规范的施工测量内容，和过去有争议、悬而未决而现在已经成熟的技术规定补充进来，并增加了基本规定、GPS 高程测量、RTK 三维水深测量、交工测量和内业处理等章节及相关附录，对"01 版规范"的部分条文、附录和条文说明进行了较大范围的修改和完善。本次修订还根据实际需要进行了"RTK 三维水深测量应用"专题研究。通过调研、理论及试验研究，确定了 RTK 三维水深测量关于测量仪器、作业条件、内外业工作、三维定位精度及图载水深精度指标等各项技术规定，并形成专题研究报告，为把"RTK 三维水深测量技术规定"纳入规范提供了依据。"12 版规范"主要内容包括总则、术语、基本规定、平面控制测量、高程控制测量、地形测量、水位控制测量、水深测量、变形测量、施工测量、制图及附录和水运工程测量规范图式。

"12 版规范"从水运工程测量的特点出发，充分考虑了我国测绘行业新技术、新设备应用现状，各项技术规定基本全面地覆盖了当今测绘新技术，统一了技术标准，进一步规范了作业行为，为测量新技术应用提供了质量保证，同时又适当为测量技术发展和将来更新的测绘技术应用留有余地。规范可充分发挥现代测量新技术在水运工程建设中的作用，防止工程质量隐患，提高效率，确保水运工程运营安全。

（二）《水运工程岩土勘察规范》（JTS 133—2013）

《水运工程岩土勘察规范》（JTS 133—2013，简称"13 版规范"）是《港口岩土工程勘察规范》（JTS 133—1—2010，简称"10 版港口规范"）、《航道工程地质勘察规范》（JTS 133—3—2010，简称"10 版航道规范"）及《渠化工程地质勘察规范》（JTJ 241—98，简称"98 版渠化规范"）3 本规范的整合版本。

"10 版港口规范"经历了多次的制修订工作。1964 年相关单位编写了《水运工程地质勘察技术规范》(以下简称"64 年稿"),涉及港口岩土工程的是其中的第一部分"港口和船厂",并于 1966 年上半年向各有关单位征求意见,准备修改。后因机关体制变动等原因,未能定稿试行,但为以后规范的制定奠定了基础。1979 年,交通部对原有港口工程方面的技术规范进行修订,定名为"港口工程技术规范",其中含有《港口工程地质勘察技术规范》,规范以"64 年稿"为基础,共分 6 章 12 个附录,于 1979 年 10 月 1 日起试行。1986 年 2 月,《港口工程技术规范》汇编、修订组成立。修订后列入汇编本上卷第二篇《勘察》第二册《地质勘察》(JTJ 224—87)。内容经局部修订后,分为 5 章 11 个附录,从 1988 年 10 月 1 日起实行。1990 年,交通部"(90)交函字 210 号文"要求对规范进行修订。规范修订后形成《港口工程地质勘察规范》(JTJ 240—97,简称"97 版港口规范")。内容有较大扩展,分为 12 章 17 个附录,自 1998 年 1 月 1 日起施行。交通部"交水发〔2006〕301 号文"要求对"97 版港口规范"进行修订。修订后的规范共分 12 章和 8 个附录并条文说明,主要包括岩土分类、勘察工作布置、特殊性岩土、专项勘察、工程地质调查和测绘、勘探、原位测试、室内试验、岩土工程评价和勘察报告等技术内容。规范修订后更名为《港口岩土工程勘察规范》,于 2010 年 9 月 1 日起施行。

"10 版航道规范"主要包括航道整治工程地质勘察、运河开挖工程地质勘察、护岸工程地质勘察、航道标志工程地质勘察、不良地质和特殊性岩土等内容,自 2010 年 9 月 1 日起施行。

"98 版渠化规范"是根据水运工程各设计阶段以及施工阶段应有的工程地质勘察要求,在总结国内渠化工程和航运枢纽工程地质勘察工作实践经验的基础上,参考相关地质勘察规范的有关规定制定的。其对预可行性研究、工程可行性研究、初步设计和施工图设计等不同阶段以及施工期的工程地质勘察工作,分别作出明确规定,是渠化工程、湖泊的航运枢纽工程地质勘察的依据。

"13 版规范"紧密结合港口、航道、渠化和修造船厂等工程的设计与施工,充实了水域勘察的内容和方法,加深了软土、风化岩、建筑材料、地下水、填海造陆、地基处理等勘察内容,明确规定了岩土工程分析与评价的内容;积极采用水域原位测试和物探新技术、新工艺、新设备方面技术成熟、经济环保的创新成果。主要包括岩土分类与描述、港口工程勘察基本要求、航道工程勘察基本要求、渠化工程勘察基本要求、修造船厂水工建筑物勘察基本要求、专项勘察、不良地质作用和特殊性岩土勘察、地下水勘察、工程地质调查和测绘、勘探、原位测试、室内试验、岩土工程评价和勘察报告等技术内容。

"13 版规范"制定中涉及的技术特点主要体现在如下几方面:①在港口工程岩土勘察方面,各勘察阶段的勘探线、点、深度的布置原则和范围值历经数十年的工程实践总结、逐渐完善而得,港口工程勘察基本要求是其集中体现;②在航道工程岩土勘察方面,系统总结了航道整治工程、运河开挖工程、护岸工程和航道标志工程的特点,提出了各勘察阶段的勘探线、点、深度的布置原则和范围值,并将疏浚工程、吹填工程的勘察要求总结至专项勘察中,集中体现了航道工程岩土勘察的特点;③在渠化工程岩土勘察方面,系统总结了天然河流的渠化工程、运河和湖泊的航运枢纽工程的特点,主要对其枢纽建筑物、大型临时工程、渠化河段、变动回水区和枢纽下游近坝河段的各勘察阶段的勘探线、点、深度的布置原则和范围值,渠化工程勘察基本要求是其集中体现;④在专项勘察中对桩基、岸坡与边坡、基坑工程、疏浚工程、吹填工程、地基处理、天然建筑材料等进行专项集中规定,体现了水运工程岩土勘察的特色;⑤软土、混合土、填土、层状构造土、风化岩与残积土等是水运工程建设中常常遇到的5种特殊性岩土,其工程性质常难以判明而对工程影响很大,本规范对其勘察做出系统规定,抓住了水运工程岩土勘察的重点和难点;⑥水域钻探历来是水运工程岩土勘察的重头戏,由于工作环境的复杂性,水域钻探的船机设备、钻探机具、工艺流程等直接影响到钻探质量,本规范对此进行系统总结,提出了规范的要求,可以很好地指导水域钻探工作;⑦水域物探的作用逐渐显现,水底地层剖面仪探测和水域地震映像探测是目前水域勘察中常常用到而效果比较好的。本规范对这两种探测技术进行系统总结,提出了规范的要求,可以很好地指导水域物探工作;⑧原位测试是岩土勘察技术的重要组成部分,本规范所列7种原位测试技术在岩土勘察中常常用到,并且在陆域岩土勘察中比较容易进行。而在水域岩土勘察中,此7种原位测试技术往往受到一定的限制,特别是十字板剪切试验、静力触探试验。本规范对这两种原位测试技术进行系统总结,提出了规范的要求,可以很好地指导其在水域上的原位测试工作;⑨岩土工程评价和勘察报告是岩土勘察工作的灵魂,应该贯穿岩土勘察工作的自始至终,落实于勘察工作的全过程。本规范对此做出了原则规定,提出了规范的要求,可以较好地指导水运工程岩土勘察内业资料整理工作。

"13版规范"统一了水运各类工程勘察的标准,实现了工程地质勘察向岩土工程勘察的转轨,与现有国家标准和交通运输部颁标准进行了有效衔接。进一步规范了水运工程岩土勘察工作准则、促进了勘察水平的提升、提高了勘察质量,确保了水运工程建设安全、经济、合理进行。

（三）《水运工程水文观测规范》（JTS 132—2015）

《水运工程水文观测规范》的3个版本依次为:《水运工程测量规范》（JTJ 203—94,简称"94版规范"）、《水运工程测量规范》（JTJ 203—2001,简称"01版规范"）和《水运工程水文观测规范》（JTS 132—2015,简称"15版规范"）。

"94版规范"为水运行业第一本正式的水运工程水文测量规范,其中第8章内容为水文观测部分,主要包括比降观测、流速流向观测、流量测验、泥沙取样和底质探测、断面测量和波浪观测等主要内容。规范是在《港口工程技术规范》（JTJ 223—87）、《内河航道测量规范》（JTJ 281—88）、《沿海港口航道测量规范》（JTJ 282—87）、《疏浚工程测量技术规范》（JTJ 283—88）基础上制定的，包含了积累多年的水文观测实践经验，兼顾了当时仪器设备条件。

"01 版规范"在"94 版规范"基础上增加了风观测、海水含盐度测定、冰情观测、航迹观测，将流速流向观测细分为内河流速流向观测与沿海流速流向观测。

"15 版规范"主要内容包括总则、术语、基本规定、水位观测、波浪观测、沿海流速流向观测、内河流速流向和流量观测 、泥沙测验和底质探测 、水温及含盐度观测、断面测量、气象观测、航迹观测等。其中增加了多项内容：①仪器设备计量检定、校验和比对要求；②RTK、净空高差法等水位观测方法和要求；③ADCP 观测流速作业流程及数据处理要求；④推移质、浮泥测验方法和要求，烘干法求含沙量作业要求；⑤水温观测方法和要求；⑥风速风向、能见度、气温、湿度、降水量等气象观测方法和要求；⑦水文测验任务书、技术设计书和技术报告要求。

"15 版规范"的使用直接促进了水运工程水文观测工作的科学化、规范化，保障水文观测成果质量，优质的基础水文数据促进水运工程科研、规划、设计、施工、管理等工作更加科学、合理，间接降低水运工程建设、维护成本。具有显著而持久的经济效益和社会效益。

三、设计类标准

工程设计是根据建设工程和法律法规的要求，对建设工程所需的技术、经济、资源、环境等条件进行综合分析、论证，编制建设工程设计文件，提供相关服务的活动。相关研究分析表明，工程设计费虽然一般只占工程总投资的 3% ~ 10%，但对工程建设项目的功能定位、规模标准、质量、造价等具有决定性作用，对工程造价实际影响程度最高能够达到 75%，可以说设计是工程建设中至关重要的一个环节。而设计标准作为工程设计的指导文件和技术要求，是工程建设重要的依据。

目前，水运工程建设中的设计标准已包括港口工程、航道工程、航运枢纽及通航建筑物工程、修造船厂水工工程等多个领域，涵盖了总体、结构、地基基础、工程材料、通航标准等多个方面，现行各类标准规范超过 60 项，是水运工程建设标准规范中内容最多的一类。这些标准规范为保证水运工程建设的安全性、适用性等发挥了重要作用。

（一）通用类

1.《水运工程设计通则》（JTS 141—2011）

改革开放以来，特别是 21 世纪以来，我国水运工程建设技术不断创新，大量的新材料、新技术、新工艺和新设备得到广泛应用,设计水平不断提高。但长期以来,我国水运工程建设行业尚无统一、通用的设计准则,为进一步适应我国水运工程建设发展的新形势,推动水运工程建设技术进步,交通运输部水运局组织行业内多家单位共同编制了《水运工程设计通则》(JTS 141—2011,简称《设计通则》),作为水运工程设计共同遵守的准则,于 2011 年 7 月 1 日起实施。

《设计通则》不仅体现了国家的经济、环境和节约等方面的技术政策,而且涉及水运工程设计的主要专业,是现行设计标准的高度凝练和水运工程设计的一般原则和基本规定,是工程设计中应考虑的主要因素,内容涵盖港口工程、航道工程和船厂水工建筑物工程等水运工程的各个方面,主要包括设计条件、总体设计、结构设计和地基与基础设计等技术内容。其中,重点强调了资源节约、环境保护和可持续发展的相关技术内容和要求;提出了工程等别、建筑物级别和结构的安全等级等概念,为下一步在水运工程行业规范相关提法准备了条件;首次对通航建筑物工程、渠化枢纽工程和船厂工程水工建筑物以及航道整治建筑物的结构设计、使用年限等进行了规定,为结构的耐久性设计提供了可靠依据;对海港进港航道和潮汐河口通航海轮航道的等级也给出了明确规定,将疏浚工程设计正式纳入规范体系,完善了设计规范的内容。

《设计通则》的编制符合工程建设标准从单纯注重技术向技术与政策并重转变、符合强制性条文向全文强制标准转变、符合标准服务国内到面向国际的转变 3 个方面发展的特点。

《设计通则》的特点体现在概括性、指导性和引领性。概括性是指《设计通则》涉及了水运工程的各个方面,说明了水运工程设计的一般性原则。指导性是指《设计通则》不仅是工程设计人员进行设计所必须遵循的,还维系着各设计规范间的相互协调,使水运工程设计规范构成一个有机的体系。当然,因为《设计通则》是在现有的设计规范之后编写的,其指导作用还包括在以后各规范的修订、整合及新设计规范编制中起到的协调作用。引领性是指《设计通则》使设计人员从系统论的观点和站在全局的位置观察、判断设计中的问题、如所设计工程的短期建设和长期发展问题、工程全寿命协调问题、可持续发展问题等。

《设计通则》全面代表了我国水运工程设计的最新成果,对于国外同行了解我国的设计水平以及我国的建设队伍在国外实施我国的标准具有重要意义,因此,《设计通则》也是水运工程建设首批翻译的标准之一,其英文版和法文版已正式发布,为提高水运工程建设标准国际认知度和水运工程建设队伍走出去提供了强大的支撑。

2.《港口与航道水文规范》(JTS 145—2015)

现行规范《港口与航道水文规范》(JTS 145—2015,简称"15 版规范")是在整合《海港水文规范》(JTS 145—2—2013,简称"13 版规范")和《内河航运工程水文规范》

（JTS 145—1—2011，简称"11 版规范"）的基础上制定而成的。

"13 版规范"的发展过程中有 4 个版本，包括 1978 年 1 月 1 日试行的《港口工程技术规范》的海港水文部分（简称"78 版规范"）、《港口工程技术规范（1987）》的海港水文部分（JTJ 213—87，简称"87 版规范"）、《海港水文规范》（JTJ 213—98，简称"98 版规范"）和"13 版规范"。

"78 版规范"是在总结我国多年海港水文分析与计算的实践经验，吸收有关理论研究和科学试验新成果以及借鉴国外有关标准的基础上制定而成的。"78 版规范"包括：一般规定、潮位、波浪、海流和泥沙的分析与计算，以及作用在海港水工建筑物上的波浪力计算等技术内容，该规范作为《港口工程技术规范（1987）》的第二篇单独成册出版。

"87 版规范"为《港口工程技术规范（1987）》中的第三篇，主要包括潮位、波浪、海流和泥沙的分析与计算，以及作用在海港水工建筑物上的波浪力计算等技术内容，修订过程中增补的主要内容为增加了"岛式防波堤绕射系数的计算方法"附录。

"98 版规范"是在"87 版规范"的基础上修订而成的，修订的主要内容有：风浪和涌浪要素计算图；单突堤、双突堤和岛式防波堤后的波浪绕射系数图；浅水直立墙上立波作用的公式；大直径圆柱表面上环向波浪压力强度的公式等。增补的主要内容有：风浪的方向谱；波浪在水流作用下的变形计算；斜坡式建筑物的越浪量；浅水区圆柱墩上的波浪作用力；大直径圆柱墩的群墩系数；小直径圆柱上的破碎波作用力；波浪和水流对桩基和墩柱建筑物的作用；淤泥质海岸航道和港池的淤积计算等。

"13 版规范"是对"98 版规范"的全面修订，修订期间进行了"台风影响海区设计波浪概率预测理论和计算方法研究""不规则波作用下高桩码头波浪上托力计算""开敞式码头上部结构波浪力计算方法研究"和"粉砂质海岸泥沙运动"4 项专题研究。增补的主要内容有：海平面上升值；皮尔逊Ⅲ型曲线计算不同重现期高、低潮位；大水深设计波浪标准；复合极值分布确定台风多发海区不同重现期设计波高；JONSWAP 风浪频谱；近岸波浪变形数学模型选择建议；离岸式高桩码头面板底部波浪浮托力计算以及粉砂质海岸泥沙分析和计算等。

内河的水文规范在发展过程中有两个版本，《内河航道与港口水文规范》（JTJ 214—2000，简称"00 版规范"）和《内河航运工程水文规范》（JTS 145—1—2011，以下简称"11 版规范"）。

"00 版规范"是在总结我国近 50 年内河航道与港口的水文分析与计算的实践经验，吸收有关理论研究和科学试验新成果以及借鉴国外有关标准的基础上制定的，是我国首个内河水运工程水文行业标准。

"11 版规范"对"00 版规范"进行了修订，主要包括基本资料、设计水位、水流与泥沙、波浪与潮流等技术内容。

"15 版规范"制定期间,进行了"河港与海港分界及其水文特性研究""沿海部分水域设计波浪参考值研究"等专题研究。对海港和内河的两个水文规范中相关术语定义、计算方法及计算公式进行了调整与统一;对河港和海港相关内容进行整合;增加了"沿海部分水域重现期波浪要素推算参考值"附录。

"15 版规范"消除了河港、海港分治的弊端。该规范实施后,广泛应用于国内港口与航道的规划、设计和运营中,并在一些国外港口与航道建设项目中被采用,起到了很好的规范、指导作用。

3.《水运工程抗震设计规范》(JTS 146—2012)

《水运工程抗震设计规范》的 3 个主要版本依次为:《水运工程水工建筑物抗震设计规范》(JTJ 201—87,简称"87 版规范")、《水运工程抗震设计规范》(JTJ 225—98,简称"98 版规范")和《水运工程抗震设计规范》(JTS 146—2012,简称"12 版规范")。

我国水运工程建筑物在唐山地震前多数不考虑抗震设防,自 1975 年以来,在我国沿海及其附近地区,发生过几次大地震,如海城地震和唐山地震。其中唐山地震给天津港的港口水工建筑物造成了较严重损失,工程抗震问题逐渐引起了我国各界人士的极大关注。为了总结经验教训,交通部组织编写了《水运工程水工建筑物抗震鉴定标准》,之后,继续组织编写了《水运工程水工建筑物抗震设计规范》,于 1984 年 1 月 1 日颁布试行。后来该规范进行了局部修改,汇编入 1987 年版《港口工程技术规范（1987）》中,即"87 版规范"。

"87 版规范"为水运行业第一本正式的抗震设计规范,主要包括场地、地基与岸坡、抗震计算原则及条件、地震惯性力计算、动土压力、动水压力和抗震措施等主要内容。该规范适用于设计烈度为 7、8、9 度的水运工程水工建筑物的抗震设计;设计烈度高于 9 度时,应进行专门研究。该规范适用于码头和船闸的抗震设计,对于防波堤、修造船水工建筑物等,可参照执行。抗震设计一般采用基本烈度为设计烈度。对于次生灾害严重或特别重要的建筑物,经有关主管部门批准,可按基本烈度提高一度作为设计烈度。船闸检修情况一般按设计烈度降低 1 度进行验算。其目标为:保障人民生命财产的安全和震后水上运输不致中断,水运工程水工建筑物抗震设计应做到,当遭受相当于抗震设防所采用烈度的地震时,一般不需整修或经一般修理后能继续使用。"87 版规范"是水运工程各类结构形式的码头、船闸水工建筑物进行抗震设计的依据,有关地震惯性力的计算方法以及黏性土动土压力的计算公式均为国内首创,填补了这一方面的空白。地震惯性力的计算公式是在进行了大量的技术资料分析总结的基础上完成的,包括大量的震害调查研究,55 个码头、船闸的现场动力特性实测工作;71 个码头、船闸的震害验算工作;10 个码头、船闸的模型试验。黏性土动土压力计算公式,是以黏性土的库仑土压力理论为基础的惯性力法,考虑了破裂面上土的摩擦角与黏聚力。计算公式具有简便、使用范围广的特点。

20 世纪 90 年代,对《港口工程技术规范（1987）》中有关结构设计的部分进行了较大修订,设计方法由安全系数法修订为以概率论为基础、以分项系数表达的极限状态设计法。为与各结构设计规范相协调,交通部组织对"87 版规范"进行了修订,规范于 1998 年颁布实施,即"98 版规范"。

"98 版规范"的主要特点有:抗震设计应采用 1990 年版《中国地震烈度区划图》确定的基本烈度为设计烈度,即 50 年内,一般场地条件下,可能遭遇超越概率为 10% 的烈度值,相应的重现期为 475 年。而对于次生灾害严重或特别重要的水工建筑物以及高烈度区,规范规定应作危险性分析,当需要采用高于或低于基本烈度作为设计烈度时,应经批准。对"87 版规范"在砂土液化判别、液化土强度利用和主要港工结构验算等方面的规定做了较多修改,并通过可靠度分析和校准,实现了结构抗震计算从单一安全系数法向以可靠度理论为基础、分项系数表达的极限状态设计法的转变,使本规范安全可靠且便于操作,为与国际先进标准接轨创造了条件。

"12 版规范"是在"98 版规范"的基础上修订而成,于 2012 年 3 月 1 日实施,主要包括术语、基本规定、场地评价、地震作用和结构抗震验算、抗震措施等技术内容。相关部门在规范修订中开展了"典型码头结构动力分析""重力式码头震动响应规律研究"和"港口工程抗震设计规范国内外对比分析"专题研究,进行了典型港口工程结构的动力分析,总结、归纳、借鉴了世界各国规范先进的港工结构抗震设计方法。新规范主要做了以下修订:①增加了水运工程抗震设防分类和设防标准;摒弃了"设计烈度"的说法,改为"设防烈度",给出了对应的设计基本地震加速度,为将来可能实现直接采用地震动参数进行抗震设计提供过渡;②进一步完善了场地土覆盖层厚度的确定方法;③增加了划分地基液化等级的方法以及消除地基液化沉陷的措施;④修改了设计反应谱曲线的表达形式,其中特征周期根据场地类别和设计地震分组确定;⑤修改了重力墩式码头的加速度分布系数;⑥在总结国内外最新研究成果和港口震害的基础上,进一步丰富了水运工程抗震措施。

4.《港口与航道工程制图标准》(JTS/T 142—1—2019)

工程图纸是工程界的技术语言,为了使工程图纸规格统一,图面简洁清晰,符合施工要求,利于技术交流,必须在图样的画法、图纸、字体、尺寸标注、采用的符号等各方面有一个统一标准。

新中国成立前,东北地区受苏联影响,采用第一角画法;上海地区受美国影响,采用第三角画法。这种状况一直延续到新中国成立初期。1951 年政务院财政经济委员会发布了 13 项《工程制图》标准,规定以第一角画法作为我国工程制图的统一规则。1978 年交通部发布了《港口工程制图标准(试行)》(简称"78 版标准"),1987 年交通部发布了《港口工程制图标准》(JTJ 206—87,简称"87 版标准"),1996 年交通部对制图标准进行了修订,发布了《港口工程制图标准》(JTJ 206—96,简称"96 版标准"),现行《港口与航道工程制图标准》(JTS/T 142—1—2019,简称"19 版标准")于 2019 年 10 月 21 日实行。

　　"78 版标准"为港口工程的第一本制图标准,填补了行业空白,对港口工程制图的基本标准、尺寸注法、图示方法、平面图图例和常用机械图例和钢筋混凝土结构图等进行了统一规定,使港口工程制图有了第一个行业制图标准。经过试行后,"87 版标准"成为港口工程正式的制图标准,主要包括一般规定、基本标准、尺寸注法、图示方法、平面图图例和常用机械图例和钢筋混凝土结构图等主要内容。该标准与时俱进,对于新增工程方法、新材料、新设备等均做了详细的补充,同时与国家颁布的基础制图标准以及建筑行业的制图标准相对应,推进了水运行业制图的标准化。

　　"96 版标准"是在"87 版标准"基础上修订而成的,在新技术迅速发展、国内外交流日益增多的形势下,工程制图标准的进一步更新和向国际标准靠拢成为我国提高工程制图质量的重要举措,1993 年国家技术监督局批准了《技术制图　图纸幅面和格式》(GB/T 14689—93)等 4 个技术制图标准,使我国制图基础部分采用较新的国际标准。《港口工程制图标准》的修订,其基础部分尽量与上述 4 个技术制图标准一致,专业制图部分是在总结现有的港口工程图的基础上制订的,其他部分主要参照建筑制图标准等相关标准制订。

　　"96 版标准"增加了"总平面图"和"港口水工建筑图及常用图例"两章,更好地反映了港工专业图样的先进经验;并将原标准的有关附录改为"型钢及焊缝标注""管路图"两章,以适应建设现代化港口的需要;同时对"图纸幅面和格式""字体""投影法""剖视和断面的标注方法""剖视详图的索引标注"等进行了修改,使之与国家标准协调一致。

　　"19 版标准"是在"96 版标准"的基础上,增加了与航道有关的制图标准。该标准基础部分尽量与上述各技术制图标准一致;专业制图部分是在总结现有的港口与航道工程制图要求及习惯基础上制订的;其他部分主要参照《技术制图　图纸幅面和格式》(GB/T 14689—93)、《房屋建筑制图统一标准》(GB/T 50001—2001)、《总图制图标准》(GB/T 50103—2010)、《建筑制图标准》(GB/T 50104—2010)、《建筑结构制图标准》(GB/T 50105—2010)、《建筑给水排水制图标准》(GB/T 50106—2010)、《暖通空调制图标准》(GBT 50114—2010)、《厂房建筑模数协调标准》(GB/T 50006—2010)、《焊缝符号表示法》(GB/T 324—2008)、《技术制图管路系统的图形符号》(GB/T 6567.1～5—2008)制订。

　　"19 版标准"进一步完善了制图内容要求,调整了原标准的体系,使之更为合理。新标准增加了"装卸工艺制图""航道工程制图""其他专业制图"和"计算机制图"等几个章节,同时对"96 版标准"中的部分章节进行整合修改。"19 版标准"的主要内容包括总则、术语、基本规定、图样画法、尺寸标注、总平面制图、装卸工艺制图、水工建筑物制图、航道工程制图、其他专业制图、计算机制图等。该标准是港口、航道工程制图的基本规定,适用于相关各专业制图。其主要特点包括:①新增了术语,主要对本标准的特殊名词和术语进行定义和解释。名词和术语采用中英文对照。②根据目前各设计单位出图的形式,以计算机绘图为基础调整了标题栏与会签栏的形式和线宽、字体书写的规定;增加图纸编排顺序内容、比例尺的绘制方法、详图符号的画法和组合复杂平面图、折线形式平面图的定位轴线规定。③图样画法增加轴测图,给出轴测图的绘制方法,并给出绘制图例;并规定了轴测图的标注方法。④总平面制图,增加了计量单位、坐标标注、高程标注的内容,图样画法中增加指北针、玫瑰图、坐标网格、高程、边坡等画法进行规定,增加码头工程平面图、高程图要素和表达。⑤装卸工艺制图,新增加装卸工艺布置图、工艺立面图、工艺流程图等图样画法和基本要求。增加了工艺常用图例。⑥水工建筑物制图,原标准中"港口水工建筑图及常用图例""钢筋混凝土结构图""型钢及焊缝标准"三章合并。新增加水工建筑物表达示例,包括典型码头结构和防护建筑物表达示例。钢筋混凝土结构图,增加了文字注写构件的表示方法;预埋件、预留孔洞的表示方法。⑦新增加航道工程制图,包括航道图、疏浚图、整治建筑物图和船闸图。⑧新增加其他专业制图,保留原标准中"管路图"章节内容,并增加道路堆场专业,供电照明、自动控制、信息与通信专业,给水排水、消防专业,暖通空调专业和管网综合制图等制图标准。⑨新增加计算机制图,结合现代计算机制图的普遍应用,增加了一般规定、文件管理、文件的图层、三维制图等内容。

制图的相关版本标准已分别指导了全国水运行业不同阶段大量的工程制图的绘制工作,其科学性和可操作性,为更好地服务工程实施、促进水运工程事业的发展发挥了重要作用。

5.《疏浚与吹填工程设计规范》(JTS 181—5—2012)

疏浚业是一个多学科、专门化、高新技术应用非常迅速的行业,在水运建设中占有举足轻重的地位,国内和国际疏浚市场不断扩大,具有工程规模大、施工条件更加复杂和高新技术应用更加广泛的特点,疏浚设备不断增加和大型化,对疏浚与吹填技术的勘察、设计、施工和管理提出了更高的要求。

20世纪90年代开始,疏浚工程的设计、施工主要使用4个规范,即:《疏浚工程技术规范》(JTJ 319—99)、《疏浚岩土分类标准》(JTJ/T 320—96)、《疏浚工程土石方计量标准》(JTJ/T 321—96)、《淤泥质港口维护性疏浚工程土方计量技术规程》(JTJ/T 322—99),根据2007年《水运工程建设标准体系表》的要求,需在上述规范的基础上制定《疏浚与吹填工程施工规范》和《疏浚与吹填工程设计规范》,而且要求规范应该与国际接轨,做到既能适应国内蓬勃发展的疏浚市场和疏浚技术进步的形势要求,又能在国际上使用。

《疏浚与吹填工程设计规范》(JTS 181—5—2012,简称"12版规范")是在相关标准规范基础上整合编制而成的,主要包括测量与调查、疏浚岩土分类与勘察、疏浚设备特性、设备选择与产量估算、疏浚工程设计、疏浚土管道水力输送、疏浚土的管理、吹填工程设计、环境保护与监测等内容。规范对测量与调查应开展的工作内容进行了规定,并规定使用已有资料应进行核查;在疏浚岩土分类与勘察中细化岩石分类,增加了岩石按强度、风化程度分类,土的分类基本保留原内容,文字描述略做修改。

对疏浚岩土的工程特性和分级在原基础上做了较大调整。重新划定分级判别指标;重新划定分级级别,将原十五级土改为十三级土,合并了有机质、泥炭、淤泥类土为一级。缩减了黏性土、砂土、碎石土各一级别,增加了淤泥质土、岩石各一级。

对整个勘察部分条款重新安排修改。勘探线、点间距的布置原则作了较大的调整,按照工可、初设、施工图三阶段进行(过去不分阶段);扩充浅地层剖面仪探测的内容;对勘察报告的内容进行了适当的修改、补充与调整。

在疏浚设备特性中,主要说明了各类疏浚船舶级别划分、对土质的适应性以及各类挖泥船所适宜承担的及不适宜承担的疏浚与吹填工程等内容。规范在附录中特别增加了"附录D:疏浚设备附录"和"附录F:国内外典型挖泥船及主要性能一览表",列出了各类挖泥船的典型船舶主要技术参数表,作为规范正文的补充。

在设备选择与产量估算中,具体规定了疏浚与吹填工程设计时设备选择和产量估算的总体要求。包括应与现场所需的水域相适应、根据岩土的可挖性进行选择、应满足水力输送的要求、应与当地的水文、气象条件相适应、应根据工程与环境条件,并结合工程量、工期和质量的要求进行综合分析等。对现有船舶的性能具体参数进行了全面核对和调整,而原规范的疏浚设备选择指南只能起初步选择指南的作用,本规范改列为附录E。时间利用率的确定和附录G基本参照原规范附录D及附录E编写,考虑到工况级别的划分只是人为的规定,国外也没有这方面的论述,取消了工况级别。产量估算提出了两种估算方法,一是根据工程条件与设备性能来进行产量估算,主要参照原规规范附录C进行编写,但根据现有船舶的性能对表格中的具体参数进行了核对和调整;二是新增加的内容,规定了根据类似工程的统计资料进行产量估算的具体步骤与要求。

在疏浚工程设计中,明确疏浚工程应以使用目的为特殊要求作针对性设计。计算超深和计算超宽值一般采用疏浚精度控制的平均先进值。本规范采用《挖泥船施工精度的调研报告》的数值;新增挖岩、清渣的计算(超宽、超深值);新增根据现场条件安排疏浚施工临时水域。在疏浚工程量计算中,对疏浚工程的回淤量的确定方法、特殊条件的回淤情况处理和施工期回淤量的确定进行了规定。在污染土的疏浚中,对污染土的疏浚设计应符合的规定、设计应明确的施工防护措施、防止施工二次污染的设计要求进行了规定。在岩石疏浚中,对直接疏浚、经过预处理后疏浚或两者结合使用的疏浚方法分别做了规定;对爆破预处理方式作了强制性规定,对物理方式预处理方式做了规定;给出了相应的工程量计算方法。在试挖中对需要试挖的情况做了规定,并规定了试挖工程设计内容和试挖工程量计算。

在疏浚土管道水力输送中,规定了使用接力泵的情况和方式及与挖泥船泥泵的关系;规定了泵站节数的确定方法和驱动系统的选择要求;明确了泵站设置位置要求;明确了管道直接串联下的水力计算方法和间接串联下计算的方法要求。

在疏浚土的管理中,为使本次修订的规范能与国际接轨,充分反映对疏浚土问题的重视程度,特别将"疏浚土的管理"列为第 10 章,并按照《1972 伦敦公约/1996 议定书》中的疏浚物评价框架进行,并不涉及专门清除受污染疏浚土的"补救性疏浚"而不涉及对污染土的具体处理工艺。分一般规定、疏浚土利用、疏浚土处置、疏浚土处理 4 节。具体包括:①对疏浚土按照有益利用、水中处置、圈围处置和处理等四种方式进行管理;②对抛泥区所需最小水深以及陆上处置区所需容量要求的计算方法仍然采用原技术规范中的方法。

在吹填设计中,明确了吹填工程设计应收集的基础资料、吹填工程设计应包括的内容、提出吹填区设计应满足吹填区用途及要求并应减少吹填作业对环境的影响。明确了取土区选择遵循的原则、吹填土的填筑特性、取土区布置应包括的设计内容;新规定了取土区的选择应通过河势分析、海床稳定分析,结合同类工程经验论证确定。必要时开展潮流、泥沙数学模型和定床动床物理模型研究。明确了应分析吹填土及输送适宜性并进行专项勘察与试验;吹填土的分析应进行室内土工试验、现场原位测试及其内容。规定了吹填完成后应对吹填区的土料进行比对分析。明确了储泥坑的选择应遵循的原则、储泥坑选择的内容;绞吸挖泥船、耙吸船(或其他抛砂船)数量的确定,储泥坑的平面尺寸、开挖深度的确定;规定了应完成储泥坑边坡的稳定计算。明确了吹填区布置遵循的原则;吹填工程设计高程的确定;给出了吹填高程的允许施工偏差。规定了吹填工程量的计算方法,并明确应采用至少两种计算方法进行校核。明确了吹填围埝的功能及设计应遵循的规定;吹填围埝结构形式的选择、围埝稳定性计算;龙口及龙口合龙设计应遵循的规定。其中龙口合龙设计为新增内容。给出了常用的吹填方式及特点表;接力泵站适用范围;明确了大型耙吸挖泥船、绞吸挖泥船、斗式挖泥船吹填的条件及对土质的适应性;根据船机效率及效率匹配性,并考虑吹填强度及流量等合理配备船机。新增吹填管线布置的原则、管线路由的确定应符合的要求、吹填区内管线的布置应符合的要求;修改了管口距围埝的距离、排泥管口间距参考表,新增各类吹填土坡度参照表。明确了吹填区排水口的布置应符合的规定、排水口结构选择形式、排水渠的布置、结构形式和泄水能力的计算应符合的规定;对溢流埝式排水口、薄壁堰式排水闸、埋管式排水口、组合式排水口结构图,以及溢流堰式排水口及薄壁堰排水闸排水流量及其断面宽度的计算公式做了修改;给出了埋管式排水口排水管的断面积的取值范围和排水渠的泄流能力计算公式。修改了沉降杆示意图;增加了围埝的沉降和位移观测应符合的规定、监测点布设的内容及遵守的原则、吹填区内的沉降观测应符合的规定;增加了基准点、工作基点、沉降和位移观测的观测周期、吹填土的固结沉降观测等工作内容及要求;增加了对沉降和位移观测成果资料进行整理等内容。明确了海滩养护设计应符合的技术要求,养护物料的选择和要求、海滩养护的范围及适当布置的辅助建筑物,阐明了施工方法及监测计划和监测内容;明确了可持续的移置物料的选择和要求，可持续性移置方案、可持续性移置的地点和移置物料范围，阐明了施工方法和监测计划。

在环境保护与监测中，规定了编制环境影响评价文件和环境保护章节的总体要求。考虑到施工区域有环境敏感区及保护目标的疏浚和吹填工程是环境保护的重点对象，对该类工程提出了特殊的要求。环境影响评估规定了疏浚和吹填工程设计，应根据地区环境状况和环境质量现状，从工程疏浚、运泥、抛泥及吹填等主要环节对工程可能造成的环境直接和间接影响、短期及长期影响进行评估的具体要求。环境保护措施规定了疏浚和吹填工程环境保护措施的具体要求。环境监测规定了疏浚和吹填工程环境监测计划制定、环境监测内容及其动态管理的具体要求。

6.《水运工程混凝土结构设计规范》(JTS 151—2011)

《水运工程混凝土结构设计规范》先后有 5 个主要版本。第一个版本为《水运工程混凝土和钢筋混凝土结构设计规范（试行）》(Q/交 HS001—64)及《水运工程预应力钢筋混凝土结构设计规范（试行）》(Q/交 HS002—64)，两者简称"64 版规范"。之后的 4 个版本依次为港口工程技术规范第六篇"基本工程"第一册《混凝土和钢筋混凝土结构（设计部分）（试行）》(JTJ 220—82，简称"82 版规范"）、港口工程技术规范第七篇"混凝土和钢筋混凝土"第一册《混凝土和钢筋混凝土结构设计》(JTJ 220—87，简称"87 版规范"）、《港口工程混凝土结构设计规范》(JTJ 267—98，简称"98 版规范"）、《水运工程混凝土结构设计规范》(JTS 151—2011，简称"11 版规范"）。

"64 版规范"以苏联水工建筑物混凝土和钢筋混凝土结构设计规范为蓝本，参考其他有关规范和资料编写而成。

"82 版规范"是对"64 版规范"进行修订，并作为 1979 年 5 月完成的《港口工程技术规范》第六篇"基本工程"的第一册。其主要内容包括：一般规定、材料、基本计算规定、混凝土结构构件计算、钢筋混凝土结构构件计算、预应力混凝土结构构件计算和构造等，之后该规范进行了局部修改，汇编入《港口工程技术规范(1987)》中，即"87 版规范"。

"98 版规范"是在"87 版规范"基础上修订而成的，重点要与各结构设计规范相协调，其主要内容包括：总则、符号、一般规定、材料、基本计算规定、钢筋混凝土结构构件计算、预应力混凝土结构构件计算、构造和结构构件规定等。主要修订内容有：对混凝土材料性能招标进行调整，标准值采用 95% 保证率，试块标准尺寸立方体边长为 150 毫米，与国际接轨；构件承载力方面进行多方面修改，调整了受剪承载力计算公式，适当降低箍筋作用和提高弯起钢筋作用，修改了受扭承载力计算方法，考虑了混凝土抗扭作用，增加了弯剪扭共同作用时计算方法，提出新的两边支承两边自由板的集中荷载作用下受弯承载力计算方法，完善了无箍筋板的受剪承载力计算，提出新的板受冲切承载力计算方法，完善深受弯构件的受剪方法和构造要求，增加叠和梁的设计方法；正常使用极限状态计算，对钢筋混凝土裂缝宽度计算增加保护层因素,对构件刚度计算进行了简化;构造部分,增加了沉箱、扶壁、地下连续墙、框架和牛腿等内容。

"11版规范"是在"98版规范"的基础上修订而成的,主要包括术语、基本规定、材料、承载能力极限状态计算、正常使用极限状态验算、构造和构件等技术内容。在修订中,开展了"水运工程钢筋混凝土结构裂缝宽度验算方法的研究(圆形截面构件)"项目,共进行8根大偏心受压、12根受弯、8根大偏心受拉、12根小偏心受拉和16根轴心受拉试件试验。规范主要做了以下修订:本规范改为《水运工程混凝土结构设计规范》,规范的适用范围由港口工程扩大为水运工程;章节编排进行了比较大调整,原规范钢筋混凝土构件计算和预应力混凝土构件计算调整为承载能力极限状态计算和正常使用极限状态验算。"构造和结构构件"章中各节的内容进行了较大调整;增加了耐久性设计规定一节。对水运工程所处环境按海水、淡水分为两类;进一步对两类环境的构件进行分区,海水环境分为大气区、浪溅区、水位变动区和水下区,淡水环境分为水上区、水位变动区和水下区;部分混凝土指标对海水环境按照南方地区、北方地区分别规定。规定了设计中基于耐久性要求包括混凝土强度等级、混凝土中最大氯离子含量、最大碱含量、混凝土抗冻等级、混凝土抗渗等级、混凝土抗氯离子渗透性的指标,这些指标均为设计对混凝土质量的要求;补充了保证混凝土耐久性的设计构造要求;对预应力混凝土的裂缝控制等级进行了调整,安全等级为一级、二级的结构构件计算由频遇组合改为标准组合,从理论上使设计更加科学合理,也更加符合使用实际;对河港水位变动区裂缝宽度限制进行了调整;根据最新统计分析资料,微调了混凝土材料的设计指标,指标与国家标准统一;对钢筋种类进行了调整,对钢筋混凝土构件裂缝验算公式进行了补充。根据本标准进行的专题试验研究,补充了圆形截面的裂缝计算公式;根据相关科研单位的成果,对保护层厚度进行了调整,主要是对部分部位的钢筋混凝土保护层厚度适当增加;对预应力混凝土构件保护层厚度适当减小;补充了素混凝土配筋的保护层规定;对钢筋的锚固长度、配筋率等规定进行了调整;新增了圆筒、半圆形构件、船坞方面的规定。根据水运工程牛腿结构极少的现状,修订取消了牛腿构件的规定。

混凝土结构作为水运工程的主要结构,随着科学技术的进步和实践经验的积累,我国水运工程混凝土结构设计技术也逐步发展,混凝土规范指导着全国水运工程的建设,对实现混凝土结构安全性、适用性、耐久性发挥重要作用。

7.《水运工程钢结构设计规范》(JTS 152—2012)

《水运工程钢结构设计规范》的2个主要版本依次为:《港口工程钢结构设计规范》(JTJ 283—99,简称"99版规范")和《水运工程钢结构设计规范》(JTS 152—2012,简称"12版规范")。

"99版规范"为水运行业第一本正式的钢结构设计规范,是在总结国内外工程实践经验的基础上,依据国家标准《钢结构设计规范》(GBJ 17—88)和《港口工程结构可靠度设计统一标准》(GB 50158—92)制定而成;在构件及连接计算中,采用了以分项系数表达的概率极限状态设计方法,实现了向结构可靠度转轨和与其他规范的协调统一,可与其他港工规范配套使用。主要内容包括材料、结构构件计算、钢结构的连接、钢结构的构造、钢引桥、箱形轨道梁、钢撑杆、钢管桩、钢板桩和钢拉杆等技术内容。

"12 版规范"是在"99 版规范"、《船闸闸阀门设计规范》(JTJ 308—2003)、《干船坞设计规范 第三篇坞门及灌水排水系统》(JTJ 253—87)、《钢结构设计规范》(GB 50017—2003)等国家和行业有关规范的基础上,结合我国水运工程钢结构设计发展需要制定而成的,于 2012 年 3 月 1 日起实施。主要内容包括基本规定、构件计算、连接计算、疲劳计算、构造要求、钢引桥、箱形轨道梁、钢管桩、钢板桩、钢撑杆、钢与混凝土组合梁、船闸闸门和阀门以及船坞坞门等技术内容。其主要特点包括:①基本规定、构件计算、连接计算、疲劳计算、构造要求等章节内容按照国标《钢结构设计规范》(GB 50017—2003)和《港口工程结构可靠性设计统一标准》(GB 50158—2010)的新规定对原规范条文进行了梳理和重新修订,使《水运工程钢结构设计规范》与现行国家标准相协调;②通过大量调查研究和资料分析整理,在总结国内几十年的港口工程钢结构使用经验的基础上,对钢引桥、箱形轨道梁、钢管桩、钢板桩、钢撑杆等章节内容进行了重新修订,特别是对动力系数、钢管桩的外径与有效厚度之比和钢撑杆进行了完善,使标准更贴近实际,方便设计人员使用;③增加了船闸闸阀门和船坞坞门章节的有关设计内容,规范了设计标准,统一设计参数,扩大了规范的使用范围;④借鉴国内外相关的技术标准,通过大量调查调研并进行了"钢与混凝土组合梁结构在水运工程中的应用研究"的专题研究,新增"钢与混凝土组合梁"章节内容,利用钢结构与混凝土结构各自的优点,达到充分利用材料特性的目的,为水运工程钢结构设计新增了一种结构方式。

"12 版规范"在技术上具有适用性、合理性和先进性,有利于工程技术人员使用,为提高设计水平、保障钢结构在使用中的安全可靠发挥了重要作用。

8.《海港工程钢结构防腐蚀技术规范》(JTS 153—3—2007)

《海港工程钢结构防腐蚀技术规范》有 2 个版本,分别为《海港工程钢结构防腐蚀技术规定》(JTJ 230—89,简称"89 版规定")和《海港工程钢结构防腐蚀技术规范》(JTS 153—3—2007,简称"07 版规范")。

水运行业高度重视海洋腐蚀问题,自 20 世纪 70 年代起,相关单位就海港工程钢结构防腐蚀技术展开了广泛地研究和实践。经过 10 余年的努力,至 20 世纪 80 年代中期,形成系列科技成果和较丰富的实践经验。为有效延长钢结构使用年限,统一钢结构防腐蚀设计、施工和维护管理的技术要求,交通部组织有关单位编写"89 版规定",并于 1989 年 1月颁布试行。

"89 版规定"是我国水运行业第一本正式的有关海港工程钢结构防腐蚀的技术标准,包括一般规定、防腐蚀设计要求和方法选择、钢种选用及腐蚀裕量确定、涂层系统保护、喷涂金属系统保护、阴极保护等内容。该规定为国内第一次编制,填补了行业空白,对我国海港工程钢结构防腐蚀设计,施工及维护管理起到了积极的指导和规范作用,并取得了一定的经济和社会效益。

"07 版规范"是在"89 版规定"上修订而成的,主要内容包括防腐蚀设计、防腐蚀施工、检验及验收、维护管理等技术内容,涉及钢结构表面处理、金属热喷涂、防腐蚀涂层、阴极保护等多项技术。其主要特点有:①规范内容全面、丰富,涵盖了海港工程中钢结构在大气区、浪溅区、水位变动区、水下区和泥下区 5 个环境区域中常用的防腐蚀工艺和技术。②规范完善了海港工程中钢结构的防腐蚀设计、施工及维护规定,增补已被证实为行之有效的新技术、新工艺、新材料,统一钢结构防腐蚀的设计、施工、检测及维护管理要求。③规范根据国内大量钢结构防腐蚀工程的调研结果及国外相关规范标准,对原阴极保护的设计原则和设计参数进行了调整;增补制定了在易燃易爆环境中防腐蚀工程的安全规定和技术要求。④规范增加了海港钢结构防腐蚀工程的试验方法、验收标准、维护管理的内容及周期,完善了海港防腐蚀工程的技术安全体系。⑤与国外的同行业标准相比,本规范对防腐蚀工程的施工工艺、试验方法、检验标准及维护措施做出了详细的规定。

"07 版规范"自 2008 年 5 月在全国正式实施以来,在水运工程、跨海大桥工程、海上风电工程等的涉海钢结构防腐工程中得到了大量使用,保证了工程质量和工程安全,促进了设计、施工和管理水平的提高,并推动了钢结构防腐蚀技术的应用和我国水运工程建设的科技进步,取得了较好的经济效益和显著的社会效益。

9.《水运工程结构耐久性设计标准》(JTS 153—2015)

耐久性直接影响工程的安全使用寿命。随着水运工程技术进步和工程对耐久性要求的不断提高,国内许多大型水运工程建设都提出了明确的使用寿命要求。而我国相关工程标准规范中对耐久性设计技术的规定不够系统及存在明显的不合理性,如对腐蚀环境的划分不够具体、与耐久性紧密相关的耐久性极限状态及设计使用年限没有规定、传统基于经验的耐久性设计方法只在构件和材料性能参数上做具体规定、不能给出材料初始质量和设计使用年限的定量关系、附加防腐蚀措施及相关耐久性质量控制指标和检验测试方法需要改进、工程建成后耐久性维护没有规定等。由于上述原因,设计者在进行耐久性设计时较难把握耐久性方案和技术指标的确定。

为统一水运工程结构耐久性设计技术要求,使水运工程结构耐久性达到规定的设计使用年限要求,做到技术先进、安全可靠、耐久适用、经济合理。根据混凝土和钢结构所处的环境类别与暴露部位规定了材料性能的基本要求,以及防腐蚀措施的选择和要求,交通部在 2007 年颁布的《水运工程标准体系表》中增加了《水运工程耐久性设计标准》。

《水运工程耐久性设计标准》（JTS 153—2015，简称"15 版标准"）整合《水运工程混凝土质量控制标准》（JTJ 269—96），《海港工程混凝土结构防腐蚀技术规范》（JTJ 275—2000）以及《海港工程钢结构防腐蚀技术规范》（JTS 153—3—2007）中相关的耐久性设计内容，与水运工程建设标准体系中的耐久性相关施工规范，构成新的水运工程结构耐久性设计施工标准体系。

"15 版标准"主要包括：混凝土结构和钢结构的耐久性设计技术内容；水运工程结构设计使用年限 50 年和 50 年以上的耐久性设计原则和方法；对混凝土结构原材料、混凝土性能的基本要求，提高混凝土结构耐久性采取的附加防腐蚀措施；钢结构防腐蚀措施以及相关的试验检验和设计方法等。标准规定了水运工程耐久性设计基本原则，氯离子侵入、碳化、冻融或者化学腐蚀环境下混凝土结构的耐久性极限状态，混凝土结构和钢结构的耐久性维护技术要求。标准规定了设计使用年限 50 年对应的普通混凝土与高性能混凝土的抗氯离子渗透性指标，并且明确了对应不同设计保护年限的附加防腐蚀措施的选择和质量控制要求，规定了超过 50 年情况下海水环境混凝土结构设计使用年限校核方法，形成了一套系统地水运工程混凝土与钢结构耐久性设计体系。

"15 版标准"编制过程中对海港工程寿命预测及评估进行了课题研究，明确了混凝土结构的耐久性极限状态，将海水环境混凝土结构设计使用年限校核纳入设计标准，规定了海水、淡水、冻融和化学腐蚀环境下混凝土质量要求，对混凝土结构耐久性维护要求的日常检查、定期检测评估和适时维修的内容和周期作出了明确规定。规定了混凝土外加电流阴极保护、钢筋耐久性监测技术要求，钢结构涂层、金属热喷涂、牺牲阳极和外加电流阴极保护，以及海水环境钢结构包覆有机复合层防腐蚀的热塑性聚乙烯复合包覆层、矿脂胶带防腐体系和玻璃纤维复合材料包覆层防腐蚀技术等内容。本标准为我国港口码头、跨海大桥、跨江海通道、远海工程设计使用年限达 50 年及 50 年以上的混凝土和钢结构耐久性设计提供重要技术支撑。

"15 版标准"已在我国新建港口码头、通航建筑物等混凝土结构和钢结构耐久性设计中得到了广泛应用。本标准制定实施，结束了我国水运工程建设无系统耐久性设计标准可依的局面，为提高我国水运工程建设耐久性技术水平，保证工程质量和安全使用寿命发挥了重要作用。

（二）通航标准类

1.《内河通航标准》（GB 50139—2014）

20 世纪 50 年代，我国内河航运处于恢复和发展阶段，为协调相关涉水工程，保护内河航运资源，交通部组织制定的《全国内河通航试行标准》（简称"63 版标准"），经国家计委和有关部门研究审定，于 1963 年颁布实施。

"63 版标准"结合我国当时的情况,将航道按通航驳船吨级划分为 6 个等级,一、二、三、四、五、六级航道分别对应于通航 3000 吨级、2000 吨级、1000 吨级、500 吨级、300 吨级和 50～100 吨级驳船,规定了枯水期最小航道尺度,设计最低通航水位,船闸闸室有效尺度,桥梁净空尺度,以及拱桥或底梁带斜撑的桥梁下通航净空尺度。

"63 版标准"推动水运事业发展,指导航道建设和管理,进行河流综合利用,协调水利、水电、桥梁工程和航运的关系有了遵循的准则,起到重要的作用。"63 版标准"试行了 10 余年,在此期间,由于内河航运的发展,水运网的规划和航道整治,闸坝、桥梁和过河建筑物的兴建,原有标准已不适应。因此,为适应内河航运发展需求,1979 年 7 月,交通部组织有关单位研究编制正式的《内河通航标准》。1982 年,《内河通航标准》的编制工作列入国家标准编制计划。《内河通航标准》(GBJ 139—90,以下简称为"90 版标准")于 1991 年 8 月 1 日起正式实施。

"90 版标准"主要包括航道的等级划分和尺度、船闸、过河建筑物、通航水位等内容。"90 版标准"发布实施时,正值我国交通、水利、水电建设发展时期,一大批大、中型水利枢纽陆续兴建,跨河大型桥梁建设高速发展,内河航道治理工程先后在一些河流上得到实施。"90 版标准"对上述工程中通航要求和技术标准的确定,起到了重要指导作用。此外,"90 版标准"发布后,交通部和各省(自治区、直辖市)的交通主管部门组织力量抓紧进行并完成了航道定级工作。

随着水运事业的不断发展,内河船型、船队和运输方式都发生了很大变化,内河航道、通航建筑物和过河建筑物的建设也积累了许多新的经验,同时,全国内河航道定级工作的完成,《船闸总体设计规范》和《航道整治工程技术规范》等相关规范完成了修订。在此背景下,2001 年相关单位组织开展了修订工作,修订后的《内河通航标准》(GB 50139—2004,简称"04 版标准")自 2004 年 5 月 1 日起实施。

"04 版标准"修订的主要内容包括:调整了原标准中天然及渠化河流航道和限制性航道的部分通航尺度;纳入了特殊宽浅河流、水势汹乱的山区性河流和湖泊、水库航道的技术内容;增加了船闸的规模、工程布置和通航水流条件的有关规定;补充了过河建筑物的选址和布置以及通航水位的有关规定。

随着水运事业的不断发展,通航安全环境和航道条件发生了一定的变化;内河船型、船队和运输方式也发生了一定变化;内河航道、通航建筑物和过河、临河建筑物的建设中也出现了一些新的情况和新的问题。为更好地适应内河建设和发展的新要求,2010 年 3 月,有关单位对"04 版标准"进行局部修订。在修订的过程中,标准编制组广泛调查研究,认真总结实践经验,参考有关国内外标准,并组织开展了"江海联运和海轮进江航道等级的划分研究""各等级航道代表船舶、船队及其尺度研究"和"过、临河建筑物选址与通航要求研究"等三项专题研究。修订后的《内河通航标准》(GB 50139—2014,简称"14 版标准")于 2015 年 1 月 1 日正式实施。该标准主要包括航道、船闸、过河建筑物、临河建筑物、通航水位等技术内容。

"14 版标准"中增加了海轮进江航道尺度的确定方法和原则,适应了海轮进江和江海直达运输需求;调整了原标准中天然及渠化河流航道、限制性航道和珠江三角洲至港澳线内河航道的个别货船代表船型尺度;增加了临河建筑物的选址和布置技术要求,以及对岸线资源的合理利用;将"港口作业区"的用语调整为"码头、船台滑道、取排水口等临河建筑物";调整了水上过河建筑物与码头、船台滑道、取排水口等临河建筑物的间距要求;补充了过河建筑物、临河建筑物的安全保障措施等,要求更加明确,使其更具指导性。

"14 版标准"扩大了标准的适用范围,增强了标准的可操作性,既保持了标准的连续性和稳定性,也符合我国内河通航的实际情况,更方便了标准的贯彻执行。特别是针对内河航运发生的变化和特点,就海轮航道的确定原则和方法、临河建筑物的选址要求等进行明确,方便和有利于实际应用。在本标准中,新增和补充了过、临河建筑物的选址要求,进一步提出了确保航道通航条件等要求,修改并充实了水下过河建筑物选址规定,补充了过、临河建筑物间的间距确定和通航安全保障措施等。这些修订内容对于标准的有效执行,工程效益的良好发挥,特别是对航道通航条件的保护和改善都具有重要作用。

"14 版标准"符合现阶段我国内河水运发展的实际,有效地指导了我国内河航道、船闸、过临河建筑物的规划、设计、建设和保护工作。其颁布实施有助于促进内河船舶向标准化、大型化和系列化方向发展,提高船舶的运输效益,也有利于水资源的综合开发和合理应用。

2.《海轮航道通航标准》(JTS 180—3—2018)

改革开放以来,随着沿海地区经济的发展,跨越通航海轮航道的桥梁建造很多,发展很快。我国由于没有这类桥梁的通航标准,使得通航海轮的桥梁有关通航技术要求与标准无章可循,给桥梁建设带来困难。为此,交通部组织有关单位编制了《通航海轮桥梁通航标准》(JTJ 311—97,简称"97 版标准")。

"97 版标准"对选择桥位、布置通航孔、确定代表船型、设计最高通航水位、净空高度、净空宽度和制定安全保障措施等内容的技术要求做了明确的规定。其颁布实施为在通航海轮航道上建设桥梁确定通航标准提供了重要依据,对保护航道、港口岸线资源和保障海轮通航安全发挥了重要作用。

随着水运业的发展,水运货运量不断增长,船舶大型化的趋势日益明显,货运量增长的同时,也使航道内船舶航行密度显著增大,跨拦临航道建筑物以及航行船舶的安全都面临新的挑战。为了适应与航道有关工程建设需要,协调通道与航运关系,既为航运发展留有空间,保护航道资源,又要满足通道建设要求,使其技术可行、经济合理、安全发展,更好地开展通航海轮航道及其相关工程的规划、设计和航道通航条件影响评价,有关单位在

"97 版标准"的基础上,依据《中华人民共和国航道法》,结合我国水运工程建设的现状和发展需要,通过深入调查研究,总结我国多年来沿海及内河通航海轮港口和航道工程设计中的实践经验,整合其他现行规范中有关的规定,补充规范尚未覆盖反映的有关内容,编制了"18 版标准"。

"18 版标准"主要技术内容包括船型,通航水位,航道,跨越航道建筑物、构筑物,穿越航道建筑物、构筑物,临海临河建筑物、构筑物,船闸,安全保障等,其编制中注重贯彻安全、绿色、可持续发展的方针,突出了保护和合理利用航道资源。具体来说,"18 版标准"与国际接轨,对航道类型进行了细分,给出了非限制性航道、限制性航道和运河航道的定义;通过 AIS 船载设备的船舶信息统计,确定了不同类型船舶合理的实际吃水与满载吃水比值,考虑劳氏船级社船型库中实船数据,经统计分析给出了不同船型分吨级的船舶水线以上高度值;细化了对跨越航道建筑物选址和布置的技术要求,对净空高度和宽度的取值进行了规定;对穿越航道建筑物、构筑物,临海临河建筑物、构筑物的选址和布置进行了要求;给出了海船闸的规模、尺度和布置等的技术要求;细化了海轮航道通航相关安全保障措施。

"18 版标准"的颁布实施为统一我国通航海轮水域相关工程的技术要求,保障海轮通航安全,发挥海运优势等有积极作用,对通航论证及相关工作开展具有指导意义。

3.《长江干线通航标准》(JTS 180—4—2015)

长江作为我国第一大河流,在我国经济社会发展中起着战略性的基础支撑作用。随着长江航道治理,以及流域经济社会发展,沿江港口码头、桥梁等临、过河建筑物数量迅速增加;同时,长江干线船舶大型化、航道深水化趋势明显。在船舶类型与船舶尺度、航道特性与航道尺度等方面,与全国其他内河航道相比具有不可比性、特殊性和复杂性。作为国家标准需要兼顾全国内河情况的《内河通航标准》(GB 50139—2014),却没有涵盖长江干线通航标准需求。为充分体现长江干线航道特色,适应航运发展需要,进一步推进长江黄金水道建设发展,交通运输部水运局组织相关单位编制了《长江干线通航标准》(JTS 180—4—2015,简称"15 版标准"),并于 2016 年 1 月 1 日起正式实施。

"15 版标准"主要包括航道等级划分、航道尺度、通航水位、通航建筑物、过河建筑物、临河建筑物及其他与通航有关设施、与通航有关作业、通航保障措施等内容。该标准内容安排与《内河通航标准》(GB 50139—2014)总体一致,根据长江实际情况作了增减和调整。主要特点包括:①合理确定了长江航道等级、代表船型与航道尺度,明确了长江干线航道按可通航船舶的吨级划分为Ⅰ、Ⅱ、Ⅲ级,按海轮通航条件将Ⅰ级航道分为 6 档。②对枢纽建设后的通航水位调整年限、资料引用等进行了补充,并对枢纽上下游水位调节作了强制性规定。③明确了船闸建设要求与标准,并增加了对升船机的相关规定。④对码头、锚地、排取水口、修造船水工建筑物、整治建筑物、圈围等进行了分类规定,明确了具体要求,增强了操作性。⑤增加了"与通航有关作业"一章,对水上水下施工、采砂取石、水上过驳三方面内容进行了规定。⑥对在长江干线上建设桥梁提出了更加明确、具体的要求和技术规定。⑦明确了长江干线不同等级航道的代表船型尺度,以推进船型标准化。

"15 版标准"的颁布实施是落实国家关于加强长江航道建设、发挥长江黄金水道作用要求的具体体现,有利于长江航道规划、建设和发展,有助于长江干线水资源的合理开发和利用,为进一步推动长江黄金水道作用的发挥,进一步促进长江航运和流域经济社会的发展发挥了重要作用。

4.《运河通航标准》(JTS 180—2—2011)

运河是人工开挖的航道,在航道建设中占有重要的地位。近几十年来,随着我国经济的持续发展,运河航道工程建设发展很快,尤其是长江三角洲地区,运河航道升级建设较快。因此,开展《运河通航标准》的制定,是当时国家经济和运河建设发展的需要。

2006—2011 年,相关单位在调查研究的基础上,系统总结了我国运河建设的经验,特别是京杭运河的工程实践,结合运河工程特点和运营规律,同时也借鉴了其他的行业标准,经广泛征求意见编制了《运河通航标准》(JTS 180—2—2011,简称"11 版标准"),自2012 年 1 月 1 日起实施。

"11 版标准"由 6 章组成,分别是总则、术语、基本规定、规模和尺度、工程布置、通航水位和水流条件等。标准适用于运河航道及其相关建筑物的规划、设计、管理和通航论证等,其他限制性航道可参照执行。总体而言,本标准包括了运河工程设计、建设和管理中所涉及的主要内容,不仅对运河的等级和尺度进行了规定,还包括了运河航道布置要求,通航建筑物和过、临河建筑物布置要求,水上过河缆线的通航净高限制值,运河航道防护、导助航设施要求,通航水流条件限制值等技术规定,从而使内容更加全面和完善。

"11 版标准"已成为我国运河航道及其相关建筑物的规划、设计、管理和通航论证等方面必循的标准。自实施以来,已应用于我国运河建设中的工程规划、设计、管理等方面,对提高运河运输效率和通航能力、确保航行安全和促进船舶标准化等产生积极效果,同时也对运河沿岸周边环境保护、水资源综合利用和周边地区人民生活水平的提高具有较大的促进作用,产生了良好的社会、生态和环境效益。

（三）港口工程类

1.总体类

（1）《海港总体设计规范》(JTS 165—2013)

海港总平面的规划和设计在海港工程中具有龙头和主导作用。多年来,海港总体设计的相关技术标准经历了从无到有、从简单引用到提高升华的过程,有效指导了各个时期我国海港工程的规划和设计工作。

新中国成立初期,我国主要借鉴苏联码头工程技术规范,将标准总体上划分为设计部分和施工部分,并将设计部分定名为"港口工程设计标准及技术规范",海港总体设计相关内容也包含在其中。20世纪60年代,将海港总体设计内容进行提炼,单独成册,发布了《海港总体设计规范》。20世纪70年代,我国海港建设加速发展,在大量工程创新实践的基础上,开始对《海港总体设计规范》进行系统修订,于1987年5月发布了《海港总体及工艺设计(试行)》(JTJ 211—87,简称"87版规范"),并将其纳入《港口工程技术规范(1987)》合订本中,作为"第一篇　总体及工艺"里的第一册。而后,随着行业发展和技术进步,先后又修订发布了《海港总平面设计规范》(JTJ 211—99,简称"99版规范")和《海港总体设计规范》(JTS 165—2013,简称"13版规范")。

"87版规范"的主要内容包括港址选择、装卸工艺、总平面设计、铁路道路、给水排水、供电照明、通信导航、助航设施、环境报告、投资经济效益计算等,基本涵盖海港总体设计的各个方面,奠定了规范的基础架构。

"99版规范"是在"87版规范"基础上修订而成的,主要内容包括港址选择、平面、装卸工艺、铁路、道路、给水排水、供电照明和连续输送机械系统控制、通信和船舶交通管理、助航设施以及环境保护等。本次主要修订的内容包括:港址选择,煤炭、矿石、散粮、集装箱码头的装卸机械选型和工艺布置,港口主要建设规模的确定,油品码头与其他货种码头的安全距离,辅助生产建筑物指标,设计船型尺度,环境保护及公用设施等。增补的主要内容包括:中小型港口和大型深水码头采用单点或多点系泊建设方案的基本条件和选址要求,多用途码头装卸机械选型和工艺布置,连续输送机械系统控制,以及滚装船、散装水泥船和液体化工船等设计船型尺度等。2002年,针对船舶大型化发展,发布了"99版规范"局部修订(航道边坡坡度和设计船型尺度部分),替代了"99版规范"相应的条文和附录的内容,并与保留部分配套使用。

"13版规范"是对"99版规范"的全面修订,并整合了《开敞式码头设计与施工技术规程》(JTJ 295—2000)、《海港集装箱码头设计规范》(JTS 165—4—2011)、《滚装码头设计规范》(JTS 165—6—2008)等11本单行本规范的相关技术内容。本次修订充分体现了安全、健康、可持续的发展思路,并注重与国际接轨,以使新规范成为促进我国资源节约、环境友好的"两型"港口建设,提升参与国际市场竞争的重要标准规范。重点修订内容包括:①反映了港址选择考虑经济发展需求和国家综合运输体系建设要求与自然条件和基础设施条件等因素的权重关系;②补充了淤泥质海岸、粉砂质海岸、辐射状沙洲潮汐水道、天然岛屿、人工岛等特殊海岸选址的要求;③强调吞吐量预测应把握货源的总体发展趋势,进行科学论证,并具有一定前瞻性和弹性;④强调设计船型应综合考虑各种因素分析论证确定,重视未来船型发展趋势因素,并补充了超大型船尺度;⑤补充了新建港区布置应统筹考虑码头、综合物流、临港工业、城市等发展要求；⑥引入常见的港口（港区）平面形态及码头的平面布置方式分类及特点，给出了平面设计时应考虑的重点要素；⑦调整了船舶制动距离、回旋圆尺度、突堤间港池宽度等水域内容，与国际接轨；⑧创新提出了码头前沿高程确定应满足上水控制标准和受力控制标准的要求，并给出了建议的控制标准和具体计算公式；⑨整合了有掩护和开敞式码头长度确定方法，给出了一字形、蝶形单个、连续泊位有掩护、半掩护、开敞式码头富裕长度值；⑩给出了以系泊船舶主要运动分量限值表示的作业标准；⑪明确了航道规模与标准，完善了航道选线、轴线布置与航道断面参数确定；⑫补充了长航道的设计特殊要求，复式航道设置条件、类型和要求；⑬补充了港口水域、航道、锚地疏浚及维护设计的主要内容、要求；⑭完善了液体散货码头装卸工艺，并补充了单点系泊、多点系泊工艺。

"13 版规范"内容涵盖了海港工程总体设计的所有内容，体现了我国海港工程总体设计领域最新的经验总结和科技成果，反映了我国海港工程总体设计的特点、经验和发展趋势，对海港工程规划、设计、施工及使用维护等各阶段均具有指导意义，对促进海港工程总体设计的技术进步、提高水运工程设计的质量起到了积极推动作用。

（2）《河港工程总体设计规范》（JTJ 212—2006）

河港工程总体设计是综合考虑港址选择、水域、陆域布置和工艺流程及各种配套设施，经分析论证后确立相互关系，使港口形成各主要方面相互适应协调的生产体系。河港工程总体设计规范用于指导和规范河港工程总体设计，是河港工程设计规范和标准中综合性强、涉及面广、具引领作用的一本规范。

本规范从首次制定至现行有效版本，共有 4 个版本。20 世纪 70 年代，编制的《河港工程总体及工艺设计规范》（简称"70 年代规范"）是新中国第一部河港工程总体设计技术法规。该规范的颁布实施，使河港工程建设走上了规范化、标准化的道路。由于当时港口工程技术规范各单册先后出版，历时较长，内容方面存在一些问题和矛盾，亟须进行修订。1986 年，交通部组织相关单位，对"70 年代规范"进行修订，并与其他港口工程技术规范汇编，形成《港口工程技术规范（1987）》的第一篇第二册《河港总体及工艺设计》（JTJ 212—87，简称"87 版规范"）。根据国家计委要求，交通部又组织相关单位在"87 版规范"基础上，编制了国家标准《河港工程设计规范》（GB 50192—93，简称"93 版规范"），并于1994 年 8 月 1 日起执行。随着国家经济社会的需要和建设的飞速发展，以及不少新技术、新工艺、新材料、新设备的涌现，"93 版规范"已难适应新的需要。为此，2002 年，交通部水运司组织相关单位，编制了《河港工程总体设计规范》（JTJ 212—2006，简称"06 版规范"），于 2007 年 5 月 1 日实施。

"70 年代规范"和"87 版规范"两个版本的主要内容基本相同，主要包括一般规定、港址选择、装卸工艺、总平面设计等内容。

"93 版规范"包括总则、港址选择、装卸工艺、总图设计、给水、排水、供电、照明及控制、通信、节能、环境保护等技术内容。较之"87 版规范",该版本内容更为全面,章节安排更为合理,在装卸工艺和总图设计两章中增加了较多内容,形成了较系统完整的有关河港总体设计的技术规定。

"06 版规范"包括总则、港址选择、总平面设计、装卸工艺、铁路和道路、给水和排水、供电、照明和控制、通信、船舶交通管理和助航设施、环境保护等内容。在编写过程中,规范组开展了两个专题研究,分别是"挖入式港池布置的研究"和"枢纽河段港口设计水位的确定"。根据专题研究成果,主要修订内容包括:①《河港工程设计规范》规定的挖入式港池回旋水域宽度取 1.2 倍设计船长,偏小,修订为 1.2~1.5 倍设计船长;②《河港工程设计规范》规定的河网地区和山区河流的设计高水位重现期标准偏高,山区河流分级直立式码头设计高水位的保证率标准偏低,进行了相应调整。此外,修订了泊位年通过能力的计算公式。

河港工程总体设计相关规范经历了从无到有、从简单到系统完整逐渐丰富的过程,是综合性强、涉及面广、具引领作用的一本规范。各版本规范全面用于指导和规范我国的河港工程建设,促进了我国内河航运事业的发展,对保证河港工程质量、保护资源、节能减排意义重大,带来了显著的经济和社会效益。

目前,"06 版规范"正在修订中,主要修订内容有:①增加"术语""消防""自动控制与计算机管理""供热、通风、空调与动力""安全""职业卫生""节能"7 章的内容;②补充统计码头作用天数时船舶作业标准的规定;③修订船舶回旋水域的有关规定;④补充挖入式港池是否设置回旋水域的有关规定;修订挖入式港池尺度的有关规定,新增一种情况下的宽度计算公式;⑤补充丁靠码头的泊位长度和码头长度的有关规定;⑥补充船舶是否需系首尾缆的有关规定;⑦修订泊位通过能力计算公式;补充汽车滚装泊位通过能力计算公式;⑧局部修订港内道路技术指标;⑨补充汽车衡、交通安全设施等方面的要求;⑩补充管道、廊道等其他运输方式的规定;⑪补充道路与铁路立体交叉的要求。

(3)《邮轮码头设计规范》(JTS 170—2015)

随着人民生活水平的不断提高,我国出境旅游的人数呈快速增长的趋势,推进了我国邮轮经济的迅速发展,国际邮轮航线停靠我国港口越来越多。邮轮码头作为邮轮经济发展的关键设施,其建设需求既十分迫切也十分重要。国内一些邮轮码头的建设在规模确定、作业标准、设计船型选用、上下船工艺、通关流程和通关设施、岸供电及作为邮轮码头必须向邮轮提供哪些配套服务设施等方面,仅按照各自的了解和理解进行设计和营运管理,缺乏系统、可操作、针对性强的技术规定,不利于指导实际工程的实施和保证质量。为此,有必要编制规范以统一我国的邮轮码头设计技术,保障邮轮码头安全生产,促进邮轮经济健康持续发展,满足邮轮码头方便、舒适、环保、经济地运行,更好地展示和提升我国的对外形象。

《邮轮码头设计规范》（JTS 170—2015）是在广泛调研国内外邮轮码头的基础上，总结我国邮轮码头设计、施工、营运等经验，充分吸收国外邮轮码头设计的技术成果，根据国家有关政策要求，借鉴其他行业的相关标准，经广泛征求意见和反复修改完善，编制而成。内容共分 8 章、2 个附录，并附条文说明。主要内容包括术语、基本规定、邮轮码头选址、平面布置、工艺、码头结构与附属设施、配套设施等。该规范适用于新建、改建和扩建的邮轮码头设计，其他种类码头兼顾邮轮靠泊时，与邮轮和游客相关的码头设施设计也应符合该规范的有关规定。该规范在编写过程中还进行了 3 项专题调研："邮轮岸供电技术调研""邮轮设计船型尺度调研"和"游客出入境通关设施调研"。"邮轮岸供电技术调研"主要调查收集了国内外船舶岸供电设施、邮轮电气系统及岸电接口、船舶岸供电系统和设备的主要供应商等资料，为我国邮轮码头设计规范中岸供电方面内容的编写提供了借鉴。"邮轮设计船型尺度调研"主要获取和统计了各大邮轮公司船型参数，给出了设计船型尺度建议值和典型邮轮尺度建议值，为规范编制提供了重要依据。"游客出入境通关设施调研"主要调查国内外邮轮港口关于游客组织、现场票务办理和服务、行李托运和海关检查、检验检疫设施设置、水陆区域交通与安全管理等内容，为规范工艺和配套设施等章节内容的制定提供技术支撑。

（4）《液化天然气码头设计规范》（JTS 165—5—2016）

《液化天然气码头设计规范》的 3 个主要版本依次为：《液化天然气码头设计规程（试行）》（JTJ 304—2003，以下简称"03 版规程"）、《液化天然气码头设计规范》（JTS 165—5—2009，简称"09 版规范"）和现行《液化天然气码头设计规范》（JTS 165—5—2016，简称"16 版规范"）。

液化天然气的运输、装卸都需要专门的船舶及装卸工艺设施。与其他货物相比，液化天然气码头的建设有特殊要求，考虑到此类码头在国内尚未有建设经验，为规范、指导液化天然气码头设计，交通部组织相关单位编制了"03 版规程"，自 2004 年 3 月 1 日实施，主要对液化天然气码头在港址选择、作业条件、平面设计、水工建筑物结构设计、码头安全设施及风险评估等方面的特殊要求做了规定。

由于"03 版规程"是在国内尚未有一座液化天然气码头建成投产的情况下超前编制的，在试行期间，考虑到各港址的具体情况不同，部分条款的使用引起了一些疑问或争议。因此，交通运输部组织相关单位对其进行修订，修订后的"09 版规范"于 2010 年 1 月 1 日实施。本次修订有以下重要变化：液化天然气码头与周边环境、后方储罐的安全距离改为通过安全评估确定；在不影响安全航行的前提下适当减小了航道宽度；突破了相关标准的限制，适当减少了泊位长度；按照《抗震设计标准》专题研究的建议，新增了水工建筑物抗震验算原则，细化了码头结构抗震设计要求；新增了防波堤的结构安全等级规定，提高了直接掩护罐区的护岸结构安全等级;允许码头消防水炮与消防船共同覆盖液化天然气船舶。"09版规范"的内容适用于海港液化天然气大型泊位的设计,对于指导海港液化天然气码头的建设和管理、保证工程安全和质量发挥了重要作用。

为了满足长江等内河沿岸城市水运输入液化天然气的需求,以及沿海液化天然气接收站水运外输液化天然气的需求,同时考虑到在长江等内河航行的船舶越来越多地采用液化天然气作燃料以后的大批燃料水运补给问题,交通运输部水运局组织有关单位开始对"09版规范"进行修订。修订过程中开展了2项专题研究:"8万立方米以下小型液化天然气船舶系泊物理模型试验"和"内河液化天然气运输船风险评估及预防措施研究"。修订后的"16版规范"于2016年11月1日起实施。

"16版规范"主要包括液化天然气码头的港址选择、作业条件、平面设计、泊位通过能力、水工建筑物结构设计、接收站陆域形成和码头安全设施等技术内容。修订的重要变化主要有:按照停靠船舶的舱容提出了码头大、中、小分类;依据"8万立方米以下小型液化天然气船舶系泊物理模型试验"的有关结论,同时参照国外资料和国内已投产的LNG码头实际运营经验,补充了8万立方米以下液化天然气运输船进出港航行、靠离泊、系泊、作业等不同阶段的作业条件,同时增加了船舶装卸作业时的允许运动量参数;调整了液化天然气泊位与油品或液体化学品泊位相邻间距规定;提出了河港液化天然气码头泊位长度、设计水深等参数的确定原则;将码头靠船墩中心距修订为船长的25%～45%;调整了在港系泊的液化天然气船与其他通行船舶的净距要求;对海港码头进出港航道提出了设置移动安全区的要求,取消了原规范"前后1n mile范围内不得有其他船舶航行"的要求;进出港航道尺度计算,取消了"不应小于5倍设计船宽"的规定,直接采用《海港总体设计规范》中油船或其他危险品船的计算参数;调整了进出港航道与其他船舶共用的条件;修订了泊位通过能力计算公式;修订了码头消防冷却水供给强度;取消了码头前沿水幕系统的垂直方向覆盖范围要求;增加了码头疏散逃生通道设置自动水喷雾系统的要求;调整了液化天然气码头的消防船配置要求。

2. 工程结构类

(1)《港口工程结构可靠性设计统一标准》(GB 50158—2010)

可靠度理论在港口工程中应用的研究始于1983年,先后经历了《港口工程结构可靠度设计统一标准》(GB 50158—92,简称"92版标准")和《港口工程结构可靠性设计统一标准》(GB 50158—2010,简称"10版标准")。

1985年,国家计委下达了编制建筑结构、铁路、公路、港口、水利水电工程结构可靠度设计统一标准的任务,相关单位开始编制《港口工程结构可靠度设计统一标准》。港口工程结构为了实现结构设计向可靠性的转变,对荷载(混凝土结构自重、码头堆货荷载、门式起重机荷载、集装箱场箱角荷载、港口铁路车辆荷载、波浪力、海港工程设计潮位等)进行了统计分析;对材料性能(混凝土强度,码头回填砂、块石的重度和摩擦角,混凝土与碎石间的摩擦因数等)进行了统计分析;对混凝土结构构件的几何尺寸进行了统计分析;对土压力和钢筋混凝土构件承载力计算模型不确定性进行了统计分析。在参数统计分析结果的基础上,对混凝土结构、高桩码头、板桩码头、重力式码头的可靠度进行了计算和校准。相关研究成果编写了《港口工程结构可靠度》一书。

"92版标准"是在上述相关研究基础上编制而成的,于1993年4月1日实施,其主要内容包括:总则、极限状态设计原则、作用、材料、岩土性能和几何参数、结构分析、极限状态表达式、质量控制。该标准实施后,以统一标准为准则编制、修订各册港口工程设计规范的工作,在水运工程界全面展开。先后着手修订荷载、混凝土设计、地基、桩基、高桩码头、重力式码头、防波堤、抗震设计及海港水文等9本规范,新编《板桩码头设计与施工规范》。"92版标准"的编制总结了我国多年港口工程结构的实践经验并参考借鉴国内外有关标准,实现与国际接轨;并且方便、直观,完成从可靠性理论到实用的转变。对提高港口工程结构设计水平、推进港口建设事业的发展起到了重大作用。

1998年国际标准化组织发布了《结构可靠性总原则》(ISO2394:1998);欧洲共同体委员会自1990年起着手编制欧洲标准,1991—1999年,共发布了以可靠性理论为基础的9部标准作为《欧洲试行标准》(ENV);修订后的《建筑结构可靠度设计统一标准》(GB 50068—2001)于2001年颁布。根据这些新的情况,为与国际更好地接轨,相关单位开始对"92版标准"进行修订。修订后的"10版标准"自2010年12月1日起实施,主要包括总则、基本规定、极限状态设计原则、基本变量、结构分析、极限状态表达式和质量控制等技术内容。

"10版标准"编制中进行了3项专题研究:①作用和抗力分析。通过对相关结构设计规范作用和抗力进行分析,协调统一极限状态的设计表达式。②港口工程结构安全分级。根据国内港口建筑物设计、使用的现状,针对98版标准遗留的问题,在已有工作的基础上,进行调研、分析;明确各类码头的分级。③港口工程结构设计使用年限调查。结合混凝土防腐规范和钢结构防腐规范的修订,参考国内外的标准、国内设计的情况和已建港口工程的实际水平,进行调研、分析;根据使用要求和采取措施可以达到的水平,推荐各类码头的设计使用年限目标。

"10版标准"主要特点包括:①提出了港口工程结构的设计使用年限。根据港口工程结构的功能,设计使用年限划分为永久性港口建筑物50年和临时性港口建筑物10年2个档次;②新增了一种结构设计状况。"92版标准"分为持久、短暂和偶然3种状况,本次修订将地震状况从偶然状况中分离出来,改为持久、短暂、地震和偶然4种状况;③完善了正常使用极限状态设计作用组合。"92版标准"分为频遇和准永久2种组合,本次根据结构损坏的可逆与不可逆,新增了标准组合,调整为标准组合、频遇组合和准永久组合3种;

④增加了作用按有无界值的分类;⑤提出了在结构设计时要考虑环境对结构和耐久性的不利影响;⑥通过对港口工程各结构设计规范中设计表达式的总结、归纳,分 3 种情况给出了极限状态设计的抗力表达式;⑦对承载能力极限状态和正常使用极限状态设计表达式与港口工程结构设计的相关规范进行了衔接;⑧将作用分项系数从《港口工程荷载规范》中移至本标准。

"10 版标准"对港口工程结构符合可持续发展要求、做到安全可靠、耐久适用、技术先进、经济合理、确保质量起到了重要作用;对协调和统一各结构设计规范的安全等级、设计使用年限、设计状况、分项系数表达式、作用分项系数等基本准则,起到关键作用。

(2)《港口工程荷载规范》(JTS 144—1—2010)

荷载是港口工程建构筑物设计的最基本的输入要素之一,关系工程的安全、使用寿命及工程经济性。我国的港口工程荷载规范经历了 20 世纪 60 年代初的《港口工程设计标准及设计规范》(简称"60 版规范")、《港口工程技术规范(试行)》第三篇"荷载"(简称"76 版规范")、《港口工程技术规范》(JTJ 214—87)第四篇"荷载"(简称"87 版规范")、《港口工程荷载规范》(JTJ 215—98,简称"98 版规范")和现行《港口工程荷载规范》(JTS 144—1—2010,简称"10 版规范")的发展过程。

"60 版规范"中,荷载规范内容并没有独立成册,具体技术内容在设计规范中。

"76 版规范"是将"60 版规范"中荷载部分的内容剥离出形成的,并作为 1976 年制定的《港口工程技术规范(试行)》中的第三篇。"76 版规范"由 12 章和 10 个附录组成,包括一般规定、荷载分类及组合、建筑物自重、堆货及人行荷载、流动起重运输机械荷载、铁路荷载、汽车荷载、缆车荷载、船舶荷载、风荷载、冰荷载、水流力;附录包括常用材料容重、货物堆存容重、流动起重机机械荷载资料、小汽车及常用国产平板挂车荷载、缆车荷载计算数据、船舶撞击力的计算、船舶靠岸时撞击的法向速度、波浪引起的船舶撞击力的计算、水流力计算的有关系数、规范条文中用词和用语的说明。

"87 版规范"主要是对"76 版规范"在使用中存在的问题进行了修订,并作为 1987 年颁布的《港口工程技术规范》中的第四篇。其修订的主要内容为:计量单位由工程制改为国际单位制;增加了"地震力及确定依据的规定"部分,明确地震力属于特殊荷载;"水流力计算"部分补充了"墩柱"内容;修订风荷载内容;条款编号规则改为以规范各章独立自然顺序编号等。

"98 版规范"是在"87 版规范"基础上,结合港口工程结构可靠度设计要求修订而成的。其主要内容包括 13 章和 7 个附录,正文包括总则、符号、作用的分类及组合、自重力、堆货和人群荷载、起重运输机械荷载、铁路荷载、汽车荷载、缆车荷载、船舶荷载、风荷载、冰荷载、水流力;附录包括常用材料重度、货物堆存重度、起重机运输机械荷载标准值、小汽车及国产平板挂车荷载、作用于船舶上的水流力、系泊船舶在波浪作用下的撞击力、本规范用词用语说明。"98版规范"实现了由以往定值极限状态设计法（安全系数法、容许应力法）向以可靠度理论为基础、以分项系数表达的概率极限状态设计法的转轨，由"荷载"转轨为"作用"，并规定了港口工程结构作用的分类和其作用效应的组合原则、有关荷载的分项系数、各项荷载标准值的取值及计算方法、设计表达式等，在设计理论上实现了重大突破。修订后的规范还增加了"集装箱堆放及车辆荷载""矿石船、集装箱船船舶受风面积计算公式""冰荷载对桩或墩产生的极限冰压力标准值的计算公式"等。

随着集装箱船大型化快速发展，"98版规范"中有关"集装箱码头荷载"的条文已经不适应集装箱码头的建设。2007年7月颁布了《港口工程荷载规范（JTJ 215—98）局部修订（集装箱码头荷载部分）》。局部修订内容集中在集装箱设备及堆场堆存的荷载上，修订后的内容与"98版规范"的保留部分配套使用。

"10版规范"是在"98版规范"基础上，为适应我国船舶大型化发展和深水专业化码头建设的发展需要修订而成的，突出了保证港口工程建设的安全性、适用性和耐久性。其内容包括总则、术语、基本规定、自重力、堆货和人群荷载、起重运输机械荷载、铁路列车荷载、汽车荷载、载货缆车荷载、船舶荷载、风荷载、冰荷载、水流力等技术内容。"10版规范"编制过程中开展了"系泊船舶在横浪作用下的撞击力研究""港口工程冰荷载计算方法的确定""港口工程荷载标准值的确定研究"3项专题研究；对河港集装箱横向缆车荷载进行了现场测试。根据专题研究成果，对部分不完善、不合理的有关荷载取值或计算方法进行了修订，如冰荷载、系泊船舶在横浪作用下的撞击力、船舶受风面积等；对新的起重运输机械荷载、堆货荷载进行了补充、延伸，如海港大型专业化散货码头和集装箱码头专用装卸设备荷载，专业化集装箱、矿石、煤、LNG、LPG、滚装码头堆货荷载，大型重量的门座起重机荷载、叉式装卸车荷载，河港装载集装箱的横向缆车荷载等。增加了"专业机械化码头堆货荷载标准值"。对有关荷载的取值和计算方法与国际接轨。"10版规范"在理论上和实践上均具有较强的先进性、合理性和可操作性，适应了我国港口工程荷载种类、内容、形式、数值的新变化，并覆盖了新范围，是港口工程设计、施工及港口运营的重要依据。

（3）《高桩码头设计与施工规范》（JTS 167—1—2010）

《高桩码头设计与施工规范》（JTS 167—1—2010）的5个主要版本依次为：《水运工程钢筋混凝土高桩码头施工及验收规范》（JT 2004—64，简称"64版规范"）、《钢筋混凝土高桩码头》分册（1974年单册试行，编入《港口工程技术规范（1983）》，简称"74版规范"）、《钢筋混凝土高桩码头》分册（编入《港口工程技术规范（1987）》（JTJ 216—84），简称"87版规范"）、《高桩码头设计与施工规范》（JTJ 291—98，简称"98版规范"）和现行《高桩码头设计与施工规范》（JTS 167—1—2010，简称"10版规范"）。

高桩码头是我国港口工程中主要的码头结构形式之一,也是我国应用最为广泛的码头结构形式之一。其在沿海和内河港口得到广泛应用,在万吨级以上的深水泊位中占的比例更高。

20世纪50年代末至60年代初,针对高桩码头结构,交通部组织编制了"64版规范",总结了这一阶段高桩码头的技术和经验。"64版规范"属于我国第一套港口工程建设行业标准之一,其编制模式和内容编排主要受苏联工程技术规范的影响。

20世纪70年代,交通部要求各单位分别对原有港口工程方面的技术规范进行修订和补充,《钢筋混凝土高桩码头》规范于1974年作为《港口工程技术规范(1983)》的分册开始试行。"74版规范"内容包含了设计与施工,对于高桩码头的上部结构规定的内容有:梁板式结构、无梁板式结构、桁架式结构和墩式结构等。结构设计采用安全系数法。

1986年2月,在"74版规范"基础上,仅做微小修改后,《钢筋混凝土高桩码头》被编入《港口工程技术规范(1987)》第五篇第二册,即"87版规范",于1988年10月1日正式实施。"87版规范"的主要内容依然延续"74版规范",仅附录有所调整,取消了一些施工记录表。

20世纪90年代初,交通部又组织对该规范进行修订,修订后形成《高桩码头设计与施工规范》(JTJ 291—98),即"98版规范",并于1998年作为单行本发布。"98版规范"在"87版规范"的基础上作了较全面的修订,主要包括:①在结构设计方面,采用了以概率统计为基础的极限状态设计法,根据《港口工程结构可靠度设计统一标准》(GB 50158—92)的规定,具体采用的是以分项系数表达的极限状态设计法,改变了原来定值的安全系数法,理论上比原来的定值法有较大进步,但真正做到以概率统计为基础的极限状态设计法,还需要更多的基础积累和统计样本;②70年代和80年代建设的码头面临的问题,如外海高桩码头的钢筋混凝土结构防腐问题、结构的空间分析问题、简化的平面结构计算中如何考虑力的分配问题、对单向板简化计算的论证、计算方法的优化、桩帽受力分析方法的引入等;③增加了大水位差码头、柔性靠船桩等的设计章节。

"10版规范"自2010年9月1日起实施,主要包括总则、术语、基本规定、梁板式码头和其他类型码头设计、接岸结构设计、施工等内容。该规范适用于港口工程中上部结构采用梁板式、无梁板式、桁架式等形式的高桩码头和高桩墩式、柔性靠船桩码头的设计与施工,其他形式的桩基码头可参照执行。与"98版规范"相比,现行规范的主要修订内容包括:①增加了术语、耐久性和接岸结构设计等章节,对高桩码头设计和施工中特有的专用名词进行了解释,对高桩码头使用寿命和结构耐久性设计以及接岸结构提出了进一步明确的要求;②对可靠度的计算分析方法进行了部分修改,其中主要对作用和作用状况的划分进行了调整;③对码头空间和平面计算方法的原则进行了细化;④增加了支座宽度对梁内力计算影响的计算原则和方法的规定;⑤对柔性靠船桩设计做了较大的修改,另立一章,改为"柔性靠船桩码头设计";⑥补充调整了全直桩码头、墩式码头、分层式靠船码头构件设计及构造要求;⑦修改和补充了外海码头施工测量控制和质量控制等方面的原则和要求;⑧对桩帽、面板等构件的相关规定进行了调整和理顺工作。

（4）《重力式码头设计与施工规范》（JTS 167—2—2009）

我国最早的有关重力式码头设计与施工的技术规范是由交通部建设总局提出,交通部批准颁布试行的《重力式码头建筑物设计规范》（JTB 2001—62,简称"62 版规范"）和《水运工程方块建筑物施工及验收技术规范》（JTB 2002—63,简称"63 版规范"）。"62 版规范"只有方块、沉箱和干地施工 3 种结构,1965 年交通部曾对该规范作了一次修改,但改动不大。"63 版规范"则只有方块码头的有关内容。设计重力式码头时需同时参看交通部颁的《港口工程设计标准及技术规范（第一部分）》,其中不少内容只提出项目而无具体规定,如土压力计算,只提出应作为主要荷载考虑,具体计算没有规定;有些内容并未配套,如规范说明详见地基规范,但地基规范当时一直未出版;还有一些内容来自苏联的某些标准和规范,与我国实际情况不尽相符,有待修改和补充。

1971 年,交通部组织有关单位,对原有港口工程方面的技术规范进行修订和补充,修订后的规范定名为《港口工程技术规范》,分为 6 篇 13 册和 4 个单册,并决定编就后陆续以单行本刊行。《港口工程技术规范》第四篇"水工建筑物"第一册"重力式码头"从 1975 年 12 月 1 日开始试行（简称"75 版规范"）。

该次规范修订过程中共调查了大小码头共 100 座,编制了重力式码头图集,进行了两项力所能及又能赶上修订规范之用的专题试验——"基底摩擦系数大型室外试验"和"卸荷板结构的土压力试验",并取得了成果,为规范修订提供了科学依据。"75 版规范"是对"62 版规范"和"63 版规范"的全面修订和充实,其内容涉及荷载分类及荷载组合、主要计算参数（指标）、土压力计算方法、基底合力作用点控制、沿基床底面滑动的稳定性、安全系数、基槽底宽、基床夯实、倒滤层设置、基床整平等影响重力式码头规范质量的 10 个主要技术问题,经认真调查、分析、论证、对比计算之后体现在规范条文中。"75 版规范"收纳了已有较成熟经验的扶壁结构和已有相当经验的空心方块结构,增加了土压力计算方法,根据实际工程经验增添了码头后方水力吹填施工控制的内容,可以认为是当时重力式码头设计与施工水平和较成熟经验的总结。

自 1975 年以来,由交通部陆续颁布试行的《港口工程技术规范》及有关规定共 20 个单册,均明确由交通部水运规划设计院负责管理。由于各册先后出版,历时较长,内容方面存在一些问题和矛盾,在试行中亦收集到一些修改意见。1986 年有关单位成立汇编和修订组,进行汇编和局部修订工作。在这过程中,重力式码头规范也相应作了少量局部修订,总体上与"75 版规范"并无实质性变化。经汇编和修订后的《港口工程技术规范（1987）》为港口工程建设的技术法规,作为部颁标准,自 1988 年 10 月 1 日起实行。在

《港口工程技术规范(1987)》中,重力式码头是其第五篇"水工建筑物"的第一册,编号为"JTJ 215—87"(简称"87版规范")。

交通部于1990年度技术标准工作会议后,相关单位开始对"87版规范"进行全面修订。在此次规范修订过程中,相关部门就近10余年来规范的执行情况和存在问题广泛进行了用户回访、调研,开展了多项专题试验研究,如"重力式码头抗滑稳定设计研究""混凝土与碎石间摩擦系数统计分析""孤立墩抛石基床承载力试验报告"等。新一轮重力式码头设计与施工规范的修订工作侧重在两个方面:一是根据《港口工程结构可靠度设计统一标准》(GB 50158—92)修改结构设计方法,在基本维持过去设计安全水准的前提下,将以安全系数表达的定值极限状态设计法修改为以分项系数表达的概率极限状态设计法;二是将部分新的成熟的设计与施工经验纳入规范,主要增加重力式墩式沉箱码头、开孔沉箱码头、坐床式圆筒码头和空心块体码头、爆夯法密实基床、水垫搬运预制件、土工织物倒滤层等设计与施工内容,扩大了规范适用范围,并提高了实用性。修订后的《重力式码头设计与施工规范》(JTJ 290—98,简称"98版规范")自1999年6月1日起施行。

随着我国港口建设事业的飞速发展,外海深水码头和大型化、专业化码头不断涌现,对重力式码头的设计理论、施工工艺及质量控制等带来了新的课题和挑战。为及时反映国内外该领域的领先技术,保持规范的先进性和适用性,交通部组织有关单位对"98版规范"进行了修订,修订后的《重力式码头设计与施工规范》(JTS 167—2—2009,简称"09版规范")于2009年9月1日起实施,主要包括设计与施工的基本规定,方块码头设计,扶壁码头设计,沉箱码头设计,坐床式圆筒码头设计,现浇混凝土码头和浆砌石码头设计,基础施工,构件预制、出运及安装,抛填棱体和倒滤层、倒滤井施工,胸墙施工,回填和竣工整体尺寸等技术内容。

"09版规范"编制中开展了"重力式码头抛石基床滑移破坏计算模式研究"和"重力式码头抗滑、抗倾稳定性按可靠指标 β 设计的方法"专题研究。对沿基床底面抗滑稳定性计算模式做了修正,同时对深基槽的抛石基床设计增加了可分别设计为基床和换填地基的新规定,以更符合当时大量出现的深厚基槽抛石换填的实际情况。增加了可直接用JC法按可靠指标 β 进行重力式码头结构稳定性设计的内容。

"09版规范"的主要修订内容包括:从设计、施工两方面减少使用期码头变形影响的措施;对构件尺度、材料性质、构造要求等的参数修订;基床底面以下的抛石体按地基换填处理的说明;沿基床底面抗滑稳定性计算模式的修订;码头墙身结构推荐按空间问题采用数值分析方法计算;码头抗滑、抗倾稳定性按分项系数设计的安全水平进一步校准,及直接按可靠指标 β 设计的方法;对基础施工有关内容的修订;构件预制、出运及安装工艺的修订。

(5)《板桩码头设计与施工规范》(JTS 167—3—2009)

板桩结构是港口码头主要结构形式之一。20世纪90年代以前,限于当时的经济条件和技术水平,我国板桩码头的建设数量较少,且多为中小型码头。当时工程建设多参考国外规范或其他行业标准,《港口工程技术规范(1987)》及之前的分册中均无板桩码头设计与施工内容。

自 20 世纪 90 年代起,随着国家进一步对外开放,港口建设加快发展,各地相继建设了大量深水码头,而作为码头主要结构形式的板桩结构,其应用严重滞后于重力式码头和高桩码头结构,与国外特别是欧、美、日等国家相比,差距更大。欧美国家板桩码头应用非常普遍,其设计、施工技术先进,标准化程度较高。在这种情况下,交通部组织有关单位编写了《板桩码头设计与施工规范》(JTJ 292—98,以下简称"98 版规范"),自 1999 年 6 月 1 日起施行。

"98 版规范"的编制总结了国内外工程建设实践经验和科研成果,对板桩码头的设计、施工做出了有关规定。其主要内容包括:总则、构造设计、设计计算、构件设计、板桩码头施工。规范还以应用较多的有锚板桩码头的设计、构造和施工为主,对一些在特定条件下可以采用、具有一定建设经验的其他形式板桩码头的计算、构造和施工也作出了相关规定。"98 版规范"以《港口工程结构可靠度设计统一标准》(GB 50158—92)为依据,结构设计采用了以概率理论为基础、以分项系数表达的极限状态设计方法。

随着板桩码头建设技术的快速发展及众多深水板桩码头的建设,新结构、新技术和新的设计计算方法不断涌现,"98 版规范"已不能适应板桩码头的设计和施工发展需要,急需将新的技术和实践经验纳入规范中。因此,交通运输部组织有关单位对其进行修订,新修订的《板桩码头设计与施工规范》(JTS 167—3—2009,以下简称"09 版规范")自 2009 年 9 月 1 日起实施。主要内容包括:总则、术语、基本规定、构造、设计计算、构件设计、施工。

"09 版规范"编制过程中,进行了板桩码头可靠度设计方法、大变位对水平地基反力系数 m 值的影响试验、竖向弹性地基梁法的深化、斜拉桩式板桩结构内力计算新方法等专题研究工作。主要修订内容包括:①将前墙和锚碇墙(板)稳定计算表达式中的结构系数 γ_d 修改为抗力分项系数 γ_R,且经过对国内 14 个板桩码头实例的可靠度分析和校准,其数值将前墙 1.0 和 1.15、锚碇墙(板)1.15,均调整为 1.25;②对附录 A 进行修改,完善了水平地基系数 m 值的取值范围;③取消了自由支撑法有关内容;④取消了不考虑锚着点位移的竖向弹性地基梁法内容;⑤提出对于大刚度且入土较深的单锚板桩断面,采用考虑锚着点位移的竖向弹性地基梁法计算时,将算得的陆侧负弯矩适当加大的有关要求;⑥通过计算分析和模型试验验证,对原附录 B"斜拉桩式板桩码头内力计算"进行修改,提出了一种新的计算模型和方法;⑦补充了高强钢拉杆内容;⑧对构造设计的部分条文进行了修改,如混凝土的最低强度等级、地下墙的厚度、前墙排水孔的位置等;⑨对剩余水头与排水孔位置设计的关系处理做出规定;⑩对锚定板前被动土压力增大系数计算公式进行了修正;⑪增加了遮帘式板桩码头和卸荷式板桩码头两种新结构形式的内容;⑫对板桩码头施工方法和质量标准有关内容进行了充实和完善。

"09版规范"发布实施后,已成功指导了唐山港曹妃甸港区、京唐港区和盐城港滨海港区几十项大型深水板桩码头项目的设计和施工,彻底改变了过去板桩码头只能建设中小型码头的历史,开创了采用深水板桩码头新结构建设10万吨级乃至更大吨级码头的新纪元,取得了良好的经济效益和社会效益。规范的实施,对保证工程质量,提高板桩码头设计和施工水平,促进板桩码头深水化、大型化发展具有重要意义。

(6)《防波堤设计与施工规范》(JTS 154—1—2011)

防波堤是港口工程重要的组成部分。防波堤规范自1980年首次颁发后,经历了1987年、1998年和2011年3次修订,共形成了4个版本,分别为《港口工程技术规范(试行)》中第四篇"水工建筑物"中的第四册《防波堤》(简称"80版规范")、《港口工程技术规范(1987)》中第五篇"水工建筑物"中的第四册《防波堤》(JTJ 218—87,简称"87版规范"),《防波堤设计与施工规范》(JTJ 298—98,简称"98版规范")和《防波堤设计与施工规范》(JTS 154—1—2011,简称"11版规范")。

"80版规范"作为国内防波堤设计所依据的第一本规范,其中的防波堤结构形式仅限于当时有较多实践经验的斜坡式和直立式两种,规范条款是在统计了国内多个已实施工程的设计参数,同时借鉴了部分国内外发布的标准、专题和论文的科研成果的基础上制定的。

1987年,在经历了近10年的研究和实践后,交通部组织修订了《港口工程技术规范(1987)》,其中第四册为"防波堤"。除局部修订外,其内容保持了前一版本的基本框架。"87版规范"主要包括一般规定、斜坡堤设计、直立堤设计、斜坡堤施工和直立堤施工5章内容,规范对斜坡式和直立式防波堤结构的断面尺度、构造、结构计算、施工工序、施工工艺和质量控制等进行了规定。

与"87版规范"相比,"98版规范"总结和吸收了这期间国内外防波堤工程的实践经验和科研成果,设计方法由安全系数法转变为采用概率论为基础,计算方法采用分项系数表达的极限状态设计法。另外,纳入了我国20世纪80—90年代在防波堤和护岸工程中应用到的一些新的断面形式、护面形式和施工工艺等成果,增加了抛石潜堤、宽肩台斜坡堤、新型护面块体等内容,补充了开孔消浪沉箱直立堤、座床式圆筒直立堤、桩式直立堤和透空式防波堤等一些新型直立式结构形式;施工部分增加了爆破排淤法加固软基等新工艺、新技术和新方法,针对不同情况,适当调整了防波堤的施工精度和允许偏差。"98版规范"由定值设计法转变为以概率论为基础的极限状态设计法,这对提高我国防波堤工程的结构设计水平、实现国际接轨具有重要意义。

"11版规范"以"98版规范"为基础,结合我国国情以及工程应用中较为成熟的新结构、新技术,同时借鉴国外的实践经验,对"98版规范"遗留的问题进行了深入研究并进行了一定的补充和完善。通过开展"开孔沉箱结构物波浪力计算方法的确定""半圆型防波堤可靠度分析研究""削角直立堤可靠度分析方法研究"和"深水防波堤物理模型试验研究"等专题研究,对上述几种结构的计算方法、分项系数、构造要求等进行了补充完善,修订内容主要包括:①新增了"半圆型防波堤"的设计和施工内容;②完善了开孔沉箱直立堤波浪力计算的内容。分别给出了波峰、波谷工况下最大总水平波浪力时和最大总垂向波浪力时的合力及波浪力分布的计算方法;③补充了关于斜向波作用的计算方法;④增加了削角胸墙直立堤稳定计算的极限状态表达式,考虑同一作用的相关性,对公式中的分项系数进行了修正;⑤考虑与国际接轨、水下施工难度等因素,对扭工字、扭王字块体的稳定系数 K_D 进行了适当调整,适当增加了护面块体的安全储备;⑥增加了深水斜坡堤结构形式,并对其设计原则、方法和构造等进行了规定;⑦补充了新型结构沉箱墩式透空堤的结构断面及构造要求;⑧结合水运行业的习惯和行业标准的相关规定,补充了防波堤常用石料的分类、加工要求及规格尺寸等,以便统一认识,控制施工质量。"11版规范"共分为9章和10个附录,主要包括总则、术语、基本规定、斜坡式防波堤设计、直立式防波堤设计、其他形式防波堤设计、斜坡式防波堤施工、直立式防波堤施工、其他形式防波堤施工等技术内容。

根据交通运输部2007年版《水运工程建设标准体系表》,相关单位正在编制《防波堤与护岸设计规范》。规范的修订重点:①将防波堤和护岸的设计内容整合,施工内容纳入《防波堤与护岸施工规范》;②针对港口护岸的主要类型和特点,对护岸的断面形式、尺度、构造和计算等内容予以规定,其他设计原则、方法参照防波堤和码头部分;③对斜坡式护岸平均越浪量进行专题研究,并对其控制标准予以规定;④补充箱筒形基础结构防波堤的设计内容。

防波堤规范作为国家港口工程基本建设的指导性文件,不仅指导了工程设计、施工,在国家水运工程建设中发挥了巨大作用,也对行业技术进步作出了贡献。

3.地基基础类

(1)《水运工程地基设计规范》(JTS 147—2017)

水运工程地基设计规范先后经历了《港口工程技术规范》第五篇"地基"、《港口工程技术规范(1987)》第六篇"地基基础"(JTJ 219—87)、《港口工程地基规范》(JTJ 250—98)、《港口工程地基规范》(JTS 147—1—2010)和《水运工程地基设计规范》(JTS 147—2017)4个版本。

1978年,《港口工程技术规范》第五篇"地基"制定完成,用于指导港口工程领域的工程建设,1987年经少量修改纳入《港口工程技术规范(1987)》合订本,列为其中的第六篇"地基基础"(简称"87版规范")。随着水运及港口建设的发展,筑港技术在理论上和实践中都得到迅速发展,出现了许多科研成果和新技术、新工艺、新材料。"87 版规范"已不适合当时港口建设的需要,为此,交通部组织相关单位修订原规范,总结经验并开展试验研究。尤其是在制定《港口工程结构可靠度设计统一标准》(简称《统标》)和贯彻《统标》修订规范过程中对地基可靠度及风化岩特性等进行研究、开展了调查、收集资料、概率统计分析、可靠度计算分析和编制计算机程序等项工作。使得修订后的规范既总结了国内经验,吸收了部分国外先进技术,又实现了向以可靠度理论为基础,以分项系数表达极限状态设计方法的转轨,并与国际标准《结构可靠度总原则》(ISO2394)的接轨。修订后的《港口工程地基规范》(JTJ 250—98,简称"98 版规范")于 1999 年 6 月 1 日起施行。

"98 版规范"进行的主要研究和修订有:①对土的物理力学指标进行大量统计分析,提出新的土的抗剪强度统计方法;②开展风化岩试验研究,增加"全风化"分档,对风化岩指标的变异性进行分析,使岩石岩体风化程度的划分比国标《岩土工程勘察规范》(GB 50021—94,简称"国标")更全面,国标仅给出波速值划分,本规范增加了"点荷载""回弹值""标贯值"划分。使风化岩的分带与国标保持一致并与国际接轨;③开展地基承载力计算模式及可靠度研究,用新的极限平衡理论公式代替原规范汉森公式(Hanse n),验证了原安全系数 K 对应的可靠指标 $\beta = 3 - 4$;④开展边坡稳定计算模式及可靠度研究,进行大量计算分析,得到不同计算模式的关系。对持久状况增加采用直剪、固结快剪指标的简化 Bishop 方法(考虑水平条间力);⑤通过综合分析给出反映地基和港工特点的地基承载力和边坡稳定的分项系数;⑥开展地基沉降可靠度研究,提出地基沉降可靠度计算方法;⑦对地基土性指标的变异性进行随机研究的探讨;⑧对软基处理,补充增加反映港工特色并具国内领先水平的各种方法,如真空预压法联合堆载预压、爆破排淤填石法、水上深层水泥搅拌法等。

《港口工程地基规范》(JTS 147—1—2010,简称"10 版规范")于 2010 年 9 月 1 日起施行,主要包括港口工程岩土分类、地基承载力、土坡和地基稳定、地基沉降、地基处理等技术内容。

"10 版规范"主要在以下 6 个方面进行了改进:①采用了"非均质地基极限承载力计算新方法",应用广义极限平衡法建立了适用于非均质土、非均布边载的一般地基情况的地基极限荷载计算模式,解决了对一般地基情况没有适用方法计算的问题;②采用了"计算土坡和地基稳定的复合滑动面新方法",消除了目前常用方法在某些条件下不适用的问题,计算的安全系数(分项系数、与可靠度)更准确、更可靠,应用方便;③采用了"用十字板强度回归的抗剪强度指标计算软黏土土坡稳定的新方法",用回归出的抗剪强度指标分析已建立工程的土坡稳定更符合实际;④对应力固结度和应变固结度进行了明确的区分,建立了应变固结度与应力固结度的关系,在应力固结度计算中,给出了考虑竖向应力线性条件下的竖向固结度计算的精确解公式,计算结果更准确;⑤增加了用经验双曲线法推算最终沉降的经验方法,克服了三点法选点的任意性,推算结果更加合理;⑥改进了土性指标统计参数的确定方法,将随机场理论(目前为一维随机过程)引入岩土基本变量及抗剪强度统计新方法中,实现了从"点特性"到"空间平均特性"的过渡。

2010 年以来的水运工程地基处理设计,主要按照《港口工程地基规范》(JTS 147—1—2010)、《水下深层水泥搅拌法加固软土地基技术规程》(JTJ/T 259—2004)、《港口工程碎石桩复合地基设计与施工规程》(JTJ/T 246—2004)、《真空预压加固软土地基技术规程》(JTS 147—2—2009)和《水运工程爆破技术规范》(JTS 204—2008)等标准执行,但这些规程、规范往往仅涉及地基设计和地基处理的某一方面,缺乏系统性和全面性,且有的规程、规范已颁布很久,已经同我国水运工程事业的快速发展不相适应,同时随着水运工程建设的快速发展,也涌现出一批水运工程地基设计新方法。为此,交通运输部组织有关单位编制了《水运工程地基设计规范》(JTS 147—2017,简称"17 版规范"),于 2018 年3 月 1 日起实施,主要包括水运工程岩土分类及工程特性、地基承载力、土坡和地基稳定、地基沉降、地基处理、地基监测和检测等技术内容。

在"17 版规范"制定过程中,结合我国水运工程的特点、现状和发展趋势,开展了"降水强夯法加固原理及效果""自密封真空预压技术"和"深厚软土地基加固方法调研"3 项专题研究,为规范制定提供了以下内容:①提出了降水强夯法的适用范围,总结了降水强夯法的降水系统和强夯工艺的设计原则与方法,将降水强夯法首次正式纳入规范;②提出并验证了一种新吹填土快速加固新技术"滤管踩入式自密封真空预压法",探明了自密封真空预压技术的加固机理,为真空预压法条文的编写提供了依据;③明确了深厚软基的定义,并充分调研了适用于深厚软基的地基处理方法,包括真空预压法、深层搅拌法、高压喷射注浆法、水泥粉煤灰碎石桩法、砂石桩法、大直径薄壳圆筒结构及爆破排淤填石法等,为规范编写提供依据。

"17 版规范"在地基承载力和土坡与地基稳定计算方面沿用了"10 版规范"的最新成果,采用了非均质地基极限承载力计算新方法、土坡与地基稳定的复合滑动面计算新方法和用十字板强度回归的抗剪强度指标计算软黏土土坡稳定的新方法,增加了用经验双曲线法推算最终沉降的经验方法,解决了以往缺少非均质土承载力计算模式和公式的难题,使计算的承载力和边坡稳定更符合实际、更合理,这等于是提高了计算精度,减少了设计盲目性,减少了工程事故的发生,从而节省资金,具有潜在的巨大的经济效益。

"17 版规范"的正式施行为提高我国水运工程的建设水平起到了重要作用,已成为水利、公路等其他行业重要的参考规范。本规范的颁布实施进一步提高了水运工程地基设计和施工水平,保障工程质量,其经济效益和社会效益都是非常巨大的。

（2）《港口工程桩基规范》（JTS 167—4—2012）

《港口工程桩基规范》的3个主要版本依次为：《港口工程技术规范（1987）》"桩基"分册（JTJ 222—87，简称"87版规范"）、《港口工程桩基规范》（JTJ 254—98，简称"98版规范"）和《港口工程桩基规范》（JTS 167—4—2012，简称"12版规范"）。

桩基在我国港口工程中应用广泛，华北、华东及华南沿海地区均有大量应用，长江等内河港口也有较多应用。20世纪60—70年代，港口工程桩基规范就已逐步形成。在《港口工程技术规范（1987）》中，"桩基"作为第二册，与第一册"地基"并列组成第六篇"地基基础"。20世纪90年代，交通部又组织编制《港口工程桩基规范》（JTJ 254—98），并在对《港口工程桩基规范》（JTJ 254—98）进行局部修订的基础上，陆续编制了《预应力混凝土大直径管桩设计与施工规程》（JTJ/T 261—97）、《港口工程嵌岩桩设计与施工规程》（JTJ 285—2000）、《港口工程灌注桩设计与施工规程》（JTJ 248—2001）等标准。

"87版规范"内容包括预应力混凝土和钢筋混凝土预制桩、钢管桩。"98版规范"内容包括预制预应力混凝土桩、预应力混凝土管桩、钢管桩和钢筋混凝土桩，灌注桩和嵌岩桩可参照执行。"98版规范"的主要修订内容有：①桩结构和承载力实现了以可靠度理论为基础，以分项系数表达的概率极限状态设计方法的转轨；②增加了预应力混凝土管桩设计与施工；③改进了长桩吊运计算方法；④修订了试桩方法、极限承载力确定方法和承载力经验参数值；⑤改进了桩受水平力作用的计算方法；⑥补充了外海桩基施工规定和控制标准。

"12版规范"修订中开展了"大直径钢管桩轴向承载力经验计算方法""桩的六点吊内力计算和吊点位置优化""预制混凝土打入桩单位面积桩侧摩阻力和桩端阻力""桩计算长度及附加弯矩的确定""港口工程灌注桩轴向承载力计算方法分析验证""港口工程灌注桩后注浆技术调研分析""水平力作用下嵌岩桩的计算方法研究""水平力作用下非弹性长桩的计算方法研究"8项专题研究与调研，基于"98版规范"做了如下修订：①轴向承载力计算经验值有所调整，且适用范围增加；②水平力作用下的计算增加了非弹性长桩；③长桩吊运计算增加了六点吊；④桩芯长度、锚杆长度等增加了技术要求；⑤部分桩型和节点构造规定有所变化；⑥施工设备性能和适用范围有所调整和补充。但由于试验资料十分有限，在部分情况下，承载力、变位等的定量计算等仍有待做进一步研究。"12版规范"共分13章和20个附录，主要包括术语、基本规定、承载力、各类型桩的结构设计与施工，以及轴向、水平静载荷试验等技术内容。该规范适用于港口工程中预制混凝土桩、钢管桩、灌注桩和嵌岩桩的设计、施工和静载荷试验。

随着近年来多项重大工程的开工建设，设计水平、施工技术和实践经验不断积累，港口工程桩基的设计与施工技术也经历了从无到有、从有到精的过程。该规范对推动我国港口工程桩基技术的发展，使桩基工程的设计与施工更好地做到技术先进、经济合理、安全适用、确保质量具有重要意义。

（四）航道工程类

《航道工程设计规范》（JTS 181—2016）

随着我国水运工程建设的发展，为及时采用航道建设的新技术、新经验，更好地指导航道工程设计，根据 2007 年版《水运工程标准体系表》，交通运输部组织相关单位制定了《航道工程设计规范》（JTS 181—2016，简称"16 版规范"），自 2017 年 1 月 1 日起实施。

"16 版规范"是在《航道整治工程技术规范》（JTJ 312—2003）、《水运工程导标设计规范》（JTJ 237—94）等行业标准的基础上，总结近 10 多年来航道工程设计中的实践经验及创新成果，整合其他现行规范中与航道工程设计内容有关的规定，并结合我国水运工程建设的现状和发展需要制定而成。其主要内容包括总则，术语，基本规定，天然径流航道，沿海及潮汐河口航道，枢纽上下游航道，运河航道，湖区、桥区和内河进港航道，航标工程，整治建筑物设计等。"16 版规范"具体技术特点主要体现在以下几个方面：①本规范系水运工程专业的工程设计规范，具有鲜明的专业特色。内容完整、全面系统。编写基础之一的《航道整治工程技术规范》（JTJ 312—2003）是近年来的航道工程设计的实践经验，同时，本规范不断纳入成熟的新成果、新思想，保证了本规范的先进性和适用性；②编制既符合国家标准又具有我国水运工程航道工程设计特色。本规范在了解我国水运工程的特点的基础上，结合我国各相关通航内河特点，对天然径流航道、沿海及潮汐河口航道、枢纽上下游航道、运河航道、湖区、库区及内河进港航道、航标工程、整治建筑物设计等进行了全面的、系统的规定，保证了该规范的全面性及适用范围广的特点；③水运工程多修建于水陆交接岸坡地段，与航道有关的涉水设施，包括枢纽、沿江防洪工程、临河及过河建筑物、海上和海底建（构）筑物、渡口及其航线、取排水设施、管线等均与航道工程设计息息相关。本规范在考虑航道设计的同时，也对相关的涉水设施进行了一定的规定；④规范应与时俱进，保持先进性。为满足当前国内水运建设的大发展，本规范吸取了大量近年来在航道工程设计方面的并经过实践检验的成熟经验、成熟理念及理论，如长江中下游整治的经验、长江口整治的经验、控导理念等。这保证了本规范的适用性，也为工程设计节约资源、节约成本、增进效率、提高工程质量提供了保障。

"16 版规范"在实践中发挥了对我国内河航道工程建设的指导作用，特别是对长江干线一批国家重大航道整治工程的实施具有重要的指导意义，对实现我国内河高等级航道建设、长江经济带建设具有重要意义。

（五）航运枢纽及通航建筑物工程类

1.《渠化工程枢纽总体设计规范》（JTS 182—1—2009）

自 20 世纪 90 年代起，党和国家高度重视内河水运发展，提出了要加快发展"畅通、高效、平安、绿色"的内河水运，把内河水运摆在经济社会发展的重要位置。为了统一渠化工程航运枢纽总体布置的设计要求，在满足各类建筑物的基本要求和协调上、下游梯级关系的基础上，对挡水、泄水建筑物、通航建筑物和水电站等进行合理布置使渠化工程枢纽总体布置设计达到科学化、标准化，有关单位编制了《渠化工程枢纽总体布置设计规范》（JTJ 220—98，简称"98 版规范"）。该规范为国内第一次编制，填补了行业空白。随着渠化工程建设技术的不断进步，为适应渠化工程建设发展的需要，交通部水运司组织相关等单位对"98 版规范"进行了修订，修订后的《渠化工程枢纽总体设计规范》（JTS 182—1—2009，简称"09 版规范"）于 2009 年实施。

"98 版规范"的内容包括：总则、基本资料、设计原则与标准、枢纽主要建筑物的选型与布置要求、总体布置、通信、安全监督及其他辅助设施、方案评价。其中明确了渠化工程总体布置设计的主要内容和不同阶段所需的资料，细化了渠化工程等级划分标准，提出了挡水、泄水、通航和水电站等建筑物的选型和布置要求，对渠化工程枢纽坝址坝线选择、主要建筑物高程设计、枢纽集中布置和分散布置形式等总体布置相关内容进行了详细要求和说明，给出了渠化工程枢纽方案评价的技术、经济指标和综合评价要求。

"98 版规范"的编制总结了我国多年渠化工程的实践经验并参考国内外有关资料，首先考虑以改善通航条件为前提，做到充分利用水资源，全面规划，综合利用，统筹兼顾，正确处理通航与水利、水电以及灌溉等的关系，为渠化工程枢纽总体布置设计提供了技术依据。对提高渠化工程设计水平，推进内河航运建设事业的发展起到了重大作用。

"09 版规范"是在"98 版规范"的基础上，总结 10 年来我国渠化工程枢纽总体设计的总体经验，借鉴国内外相关设计标准，通过深入的调查研究和广泛征求意见，并结合我国渠化工程建设的实际情况和发展需要编制而成。主要包括枢纽工程等别、设计标准、设计水位、渠化梯级布置、枢纽总体布置、枢纽水工建筑物选型与布置、通信、助导航、安全监督和辅助设施、环境保护设计等技术内容。

"09 版规范"的主要特点包括：①增加了渠化工程总体设计应包括的主要内容，对可行性研究和初步设计阶段坝址、坝线的选择做了规定，对渠化工程总体设计的原则和调度原则做了规定；②明确了枢纽工程等别、设计标准和设计水位确定的原则，强调渠化枢纽工程设计水位的确定应保证通航水位的衔接，满足通航标准要求，并兼顾水资源综合利用；③按照国家现行有关标准中的强制性条文的规定，对按发电、灌溉、总库容确定工程等别的分等指标进行了修订，增加按防护对象规模的分等指标，并对水库总库容重新进行了界定;④新增了设计水位一节,规定了确定枢纽通航水位、校核水位、检修水位和施工水位等的原则;⑤新增渠化梯级总体布置一章,强调了上下梯级水位衔接和水资源综合利用。强调了渠化梯级间水位应优先采用设计最低通航水位时,设计水深满足通航要求的衔接方式;⑥增加了枢纽总体布置应根据航运远期发展规划的需要,预留二线或多线通航建筑物位置的规定。新增了施工期的通航、施工导流、工程安全度汛等有关要求。增加了渠化枢纽总体布置进行水工模型试验、船模模拟试验和泥沙模型试验的有关规定;⑦将环境保护设计单独作为一章,除增加了环境保护设计的内容及范围的规定外,还增加了水土保持设计、坝区供水与污水排放、对坝区固体漂浮物、沉淀物和固体废弃物处理等相关规定。

"98 版规范"和"09 版规范"先后指导了全国水运主通道的西江、湘江、嘉陵江、赣江、松花江、汉江、涪江和信江上的一大批渠化枢纽工程的建设,对实现内河航道梯级渠化、提高航道等级、改善通航条件、完善综合运输体系具有重要意义。

2.《船闸总体设计规范》(JTJ 305—2001)

20 世纪 80 年代,全国 20 余家单位共同编制了《船闸设计规范》(JTJ 261～266—87)(试行),其内容共分 6 篇,分别为总体设计篇、输水系统设计篇、水工建筑物设计篇、闸门、阀门设计篇、启闭机设计篇及电气设计篇,于 1987 年实施。其中,关于总体设计的规范为《船闸设计规范(第一篇　总体设计)》(JTJ 261—87)(试行)(简称"87 版规范")。

《船闸总体设计规范》(JTJ 305—2001,简称"01 版规范")是在"87 版规范"的基础上修订而成,主要包括船闸规模、船闸设计水位和高程、总体布置、船闸通过能力和耗水量计算、船闸附属设施和施工通航等技术内容,并于 2002 年 1 月实施。

"01 版规范"修订过程中,对船闸建设规模的设计水平年、船闸门槛最小水深、引航道布置和通航水流条件、施工通航等内容进行修订,并增补了连接段设计、开通闸的条件、多级船闸通过能力计算、环境保护、消防和救护等内容,同时按新的行业标准编写的要求对原规范书写格式和章、节、条等进行了重新编排。

多年来,"01 版规范"被广泛应用于船闸的建设和管理中,经济效益和社会效益十分显著。

3.《船闸输水系统设计规范》(JTJ 306—2001)

渠化是解决内河水运、提高水资源综合利用效能的一项根本性的工程措施。内河渠化建筑物中通航船闸是必不可少的水工建筑物之一,而船闸输水系统设计不仅决定了通航船闸建设后的运行效率,且关系到过闸船舶的安全。新中国成立后,限于我国当时的技术水平,船闸输水系统设计多参考国外的相关标准规范,一直没有船闸输水系统设计方面的标准和规范,直至1987年才开始试行船闸输水系统设计相关规范,即《船闸设计规范

(第二篇 输水系统设计)》(试行)(JTJ 262—87)(简称"87 版规范")。为体现船闸输水系统的设计、科研、运行管理等方面的最新技术和成果,有关单位对"87 版规范"进行了修订,修订后的《船闸输水系统设计规范》(JTJ 306—2001,简称"01 版规范")于 2002 年 1 月 1 日开始实施。

"87 版规范"是从当时我国的实际情况出发,在总结新中国成立 40 年来,船闸建设的实践经验、科研成果和国外先进技术的基础上编制而成的。随着船闸工程建设的发展,原规范已难以满足需要,同时国内又有一批技术更为先进的高、中、低水头船闸相继建成并投入运行,为我国船闸建设积累了丰富的设计和运行经验。此外,近年来对世界上规模最大,技术难度最为复杂的三峡船闸输水系统,进行了多种方案深入的研究,取得了大量具有国际先进水平的成果。

"01 版规范"主要包括集中输水系统设计、分散输水系统设计、输水系统水工模型试验和原型观测等内容,其主要特点包括:①调整和增补了分散输水系统选型的判别式;②增加了新型输水系统形式——倒口及槛下输水形式的布置和适用范围等方面的说明;③完善了高水头船闸阀门防止空化措施的相关要求;④增加船闸输水阀门进行非恒定流空化试验的要求、以及进行非恒定流空化试验的相关说明;⑤补充了船闸输水系统水工模型试验缩尺影响的校正方法;⑥增加了船闸输水鹅颈管状廊道、竖梁式反弧门及环形短廊道复合阻力系数等内容和规定。

"01 版规范"自 2002 年开始施行以来,正值我国内河船闸建设大发展期间,为船闸输水系统的设计、科研、运行管理起到了积极重要的作用,已指导了全国水运主通道的西江、湘江、赣江、松花江、北江、京杭运河和信江等水系上的近百座船闸工程的输水系统设计、布置和建设。这一规范中的"输水系统选型的判别式""新型输水系统布置形式"等内容纳入了国际航运协会最新出版的《船闸的创新设计》,对提高船闸运行效率、提高闸室内船舶安全性以及提高我国在国际水运界的地位具有重要意义。

4.《船闸水工建筑物设计规范》(JTJ 307—2001)

为适应船闸工程建设的需要,统一船闸水工建筑物设计的技术要求,提高船闸设计水平,做到技术先进、经济合理、安全可靠和适用耐久,交通部组织有关单位编制了《船闸设计规范(水工建筑物设计)》(JTJ 263—87,简称"87 版规范")。该规范为国内第一次编制,填补了行业空白。随着船闸工程建设技术的不断进步,为适应船闸工程建设发展的需要,交通部水运司组织相关单位对"87 版规范"进行了修订,修订后的《船闸水工建筑物设计规范》(JTJ 307—2001,简称"01 版规范")于 2002 年实施。

"87 版规范"中的内容包括:一般规定、结构设计原则、地基、防渗与排水、荷载、闸室结构设计、闸首结构设计、导航靠船结构和护坡护底设计、观测设计。其中明确了船闸工程设计应具备的原始资料,细化了船闸水工建筑物级别的划分标准,提出了结构设计的原则,对船闸工程的地基、防渗与排水、荷载、闸室结构设计、闸首结构设计、导航靠船结构和护坡护底设计、观测设计等相关内容进行了详细要求和说明。"87版规范"的编制总结了我国多年船闸工程的实践经验并参考国内外有关资料,为船闸水工建筑物设计提供了技术依据。对提高船闸工程设计水平,推进内河航运建设事业的发展起到了重大作用。

"01版规范"在"87版规范"基础上修订而成,并独立成为一本规范,其主要内容包括总则、基本规定、结构设计原则、地基、防渗与排水、荷载、闸室结构设计、闸首结构设计、导航和靠船建筑物及护坡和护底设计、观测设计等技术内容。"01版规范"的主要特点包括:①进一步明确了不同设计阶段对基本资料的内容和深度的要求所应符合的相关规范或编制办法;②对土基上船闸结构抗滑稳定验算进行了修订,增加了有软弱夹层或缓倾角结构层时的抗滑稳定计算公式,增加了抗滑稳定计算计入基岩抗力的内容;③对岩土分类及岩石风化分级进行了修订,增加了对应不同抗剪强度指标的地基稳定安全系数值;④增加了高压喷灌、防渗土工布和劈裂灌浆等技术,增加了对反滤层的规定;⑤设计系缆力采用缆绳的破断力,对闸面荷载进行了修订,增加了黏性土土压力的计算方法;⑥对扶壁结构各构件厚度、双铰底板铰的位置、底板地基反力计算及底板厚度等进行了修订,增加了"板桩、地连墙结构设计"内容;⑦对靠船墩间距、护坡坡度等进行了修订,增加了模袋混凝土护坡的内容;⑧对原型观测做了更具体的规定。

"87版规范"和"01版规范"已指导了全国水运主通道的长江、西江、湘江、嘉陵江、赣江、松花江、汉江、涪江和信江上的一大批船闸工程的设计,对提高船闸设计水平,使船闸水工建筑物做到技术先进、经济合理、安全可靠、适用耐久具有重要意义。

（六）修造船水工建筑物类

《船厂水工工程设计规范》（JTS 190—2018）

为了总结新中国成立以后船坞工程的建设经验,规范船坞工程的设计要求,根据"交通部〔81〕基技字3号文"的有关规定,行业相关单位编制完成了1987年版的《干船坞设计规范》（简称"87版规范"）,该规范为国内发布的第一版关于船厂建筑物的正式标准,其发布实施填补了行业内空白。

"87版规范"是在交通部部颁《港口工程技术规范》的基础上进行编制的,对于《港口工程技术规范》中已作规定的内容不再重复,仅对干船坞特有部分做出规定。规范共分为三篇,第一篇为《工艺设计》（JTJ 251—87）,其内容包括船坞位置及轴线的一般规定、船坞主要尺度、工艺布置、工艺荷载和动力公用及灌水排水系统的工艺要求;第二篇为《水工结构》（JTJ 252—87）,其内容包括一般规定、地基、坞室结构的一般设计、坞口结构的一般设计、排水减压式船坞的专门设计、锚拉式船坞的专门设计、浮箱式船坞的专门设计、温度应力和防裂措施、围堰与基坑、观测等;第三篇是《坞门及灌水排水系统》

（JTJ 253—87），其内容包括坞门、灌水排水系统等。该规范结合我国已建的船坞工程的设计和生产经验，从平面布置原则、工艺布置要求及荷载确定、船坞不同结构形式及计算、配套设施设计及坞门设计等方面对船坞建设所涉及的各技术环节进行了详细规定。

近几十年来，干船坞的建设无论从规模上还是技术上都有了突飞猛进的发展。这期间积累了丰富的实践经验，需要加以总结和提炼；船台滑道、舾装和修船码头建筑物的设计在行业内一直无规范可循；此外，《干船坞设计规范》作为水运工程建设技术标准的一部分，须与水运工程的其他规范、标准配套使用，而水运工程的其他规范、标准已于1998年实现了向可靠度设计方法的转轨，"87版规范"却仍旧以安全系数法为基础。基于以上种种原因，为了与现行规范相协调，同时总结经验，补充完善船厂工程设计规范的相关内容，交通运输部组织对"87版规范"进行了修订，形成了《船厂水工工程设计规范》（JTS 190—2018，简称"18版规范"），自2018年8与1日起实施。

"18版规范"适用于新建、扩建或改建的船厂水工工程设计，规范内容主要包括总则，术语，基本规定，干船坞平面布置和工艺设计，干船坞结构设计，干船坞灌水排水系统，坞门设计，船台滑道平面布置和工艺设计，船台滑道结构设计，码头和浮船坞系泊设计，动力及公用设施等技术内容。

"18版规范"编制中开展了"船坞墩荷载横向分布研究"和"干船坞坞墙可靠度分析与设计"等专题研究，对原规范内容等进行了调整、补充和完善，修订内容主要包括：①根据《港口工程结构可靠性设计统一标准》（GB 50158—2010），补充了船厂水工建筑物的设计年限和安全等级，结构设计由安全系数法转轨为以可靠度指标为基础的分项系数法，对极限状态设计的作用、设计表达式、分项系数和耐久性设计等内容进行了补充规定；②适应大型船舶的修造要求，对船坞主尺度的确定进行了适当调整，修正、完善了船舶进出坞吃水参数；③依据现有船型特点和坞墩布置情况，调整了坞墩荷载的计算方法；④调整了船厂起重设备和常用流动机械的设计参数；⑤增补了船台滑道和码头的平面布置、工艺设计和结构设计等相关的内容。

"87版规范"和"18版规范"的发布和实施满足了我国修造船事业发展的需要，对促进我国水运工程建设的技术进步、保证工程质量起到了重要作用。

四、施工类与质量检验类标准

为加强水运工程施工管理，提高水运工程施工技术和管理水平，统一水运工程施工的基本要求，保证工程质量和施工安全，促进技术创新及其推广应用，交通运输部先后组织编制了《水运工程施工通则》（JTS 201—2011）、《水运工程地基基础施工规范》（JTS 206—2017）、《水运工程爆破技术规范》（JTS 204—2008）、《疏浚与吹填工程施工规范》（JTS 207—2012）、《航道整治工程施工规范》（JTS 224—2016）、《船闸工程施工规范》

（JTS 218—2014）、《水运工程混凝土施工规范》（JTS 202—2011）、《水运工程大体积混凝土温度裂缝控制技术规程》（JTS 202-1—2010）、《港口设备安装工程技术规范》（JTJ 280—2002）等施工技术规定和《水运工程质量检验标准》（JTS 257—2008）、《水运工程测量质量检验标准》（JTS 258—2008）、《水运工程混凝土质量控制标准》（JTS 202-2—2011）、《海港工程高性能混凝土质量控制标准》（JTS 257—2—2012）、《长江南京以下12.5 米深水航道建设工程整治建筑物质量检验专项标准》（JTS 265—3—2017）、《长江口深水航道疏浚工程质量检验标准》（JTS 265—4—2017）等质量检验标准。

（一）施工类

1.《水运工程施工通则》（JTS 201—2011）

《水运工程施工通则》（JTS 201—2011,简称《通则》）是在广泛研究的基础上,总结了我国水运工程施工管理的经验,归纳了行业对水运工程施工的基本要求,借鉴了有关国际先进标准,广泛地征求了有关方面的意见,经反复修改而成。主要包括施工管理、临时工程、通用工程、港口水工建筑物及道路堆场、疏浚与吹填、航道工程、船厂水工建筑和设备安装等技术内容。其主要特点包括:①实践标准编制新思路,开创了水运工程标准编制的新篇章。《通则》作为水运工程建设标准中第一本通用标准,在水运工程建设标准发展中具有"里程碑"意义,它率先实现设计标准和施工标准分离,探索性实践全文强制标准的编制,为实现强制性标准和推荐性标准的分离,以及逐步过渡到"强制性标准"和"技术法规"共存的标准管理模式奠定了基础;②首次尝试通用标准的编制,突出了规范内容的通用性。《通则》作为水运工程建设标准中第一本通用施工标准,对水运工程施工管理及施工技术进行了基本规定,为统一水运工程施工的基本要求、提高水运工程施工技术和管理水平、保证工程质量和施工安全奠定了基础;③首次将施工管理技术内容纳入规范,突出了标准内容的创新性。在建设标准中创造性地纳入施工管理内容,对现场调查、图纸会审与设计交底、施工组织设计、施工技术与安全技术交底、典型施工、工序施工质量控制、隐蔽工程验收、工程竣工验收和质量保修等相关内容进行了重点规定,在吸收各施工企业管理经验的基础上提出的现场调查的内容和要求、施工组织设计的编制技术规定,为规范水运工程施工管理提供了依据;④查漏补缺现有规范内容,突出标准内容的全面性。首次在施工规范中提出船厂水工建筑物施工、船闸施工和航标施工的内容,为指导相关规范的制定和具体施工提供了依据,完成了对水运工程全专业内容施工的规定,与标准名称匹配较好,为施工类标准的进一步发展奠定了基础。

2.《水运工程混凝土施工规范》（JTS 202—2011）

20 世纪 60 年代初,交通部组织编写并发布实施《港工混凝土技术规范》（JTB 2003—

63）。其内容大多是参照苏联20世纪50年代有关规范的条文和内容,主要包括应用范围及混凝土分类、技术要求、原材料(包括水泥、细集料、粗集料、外加剂、拌和用水)、配合比设计、施工技术要求、质量检查。

20世纪60年代末,交通部集中了当时行业内主要的相关技术力量,进行了广泛的调查研究,安排了相关的专题试验,汇总了近50万字的编写背景资料和专题报告,形成《混凝土和钢筋混凝土(施工部分)》,于1977年7月作为《港口工程技术规范》第六篇　第二册试行(简称"77版规范")。"77版规范"的"技术要求"中增加了对钢筋保护层最小厚度的规定,"原材料"中增加了对钢筋质量的规定,"配合比设计"中增加了混凝土配合比设计的计算公式,增加了按耐久性要求的水灰比最大容许值,增加了"模板工程"和"钢筋工程"两部分内容。

"77版规范"试行之后,有关施工、科研、设计单位和大专院校积累总结了一些新经验,有关部门在广泛征求使用中的意见的基础上,总结经验,安排开展课题研究。同时,国家相继颁发了《水泥》《混凝土用砂、碎石或卵石的质量标准及检验方法》《热轧钢筋》等标准,为了与之相适应,交通部对"77版规范"进行了修订,形成了《混凝土和钢筋混凝土(施工部分)》(JTJ 221—82,简称"82版规范"),并作为《港口工程技术规范》第六篇"基本工程"的第二册。修订的主要内容包括:①对混凝土部位根据港口工程所处环境重新进行划分;②对混凝土的标号(现称强度等级)和抗拉标准强度进行了修改;③依据国家标准补充了硅酸盐水泥和粉煤灰水泥2个新品种;④粗集料中增加了石材质量、山皮水锈颗粒含量、针片状颗粒含量的规定;⑤修改了施工配制强度的规定;⑥混凝土配合比设计、模板工程、钢筋工程、混凝土工程、验收标准等内容。

1986年2月,有关单位组织成立了规范汇编、修订组,对已有的规范篇、册进行汇编,在条文内容上没有做更多的修订,汇编至1987年形成的《港口工程技术规范(1987)》中,成为其中第七篇"混凝土和钢筋混凝土"中的第二册《混凝土和钢筋混凝土施工》(JTJ 221—87,简称"87版规范")。

1990年,交通部组织相关单位对"87版规范"进行修订。为了与《水运工程建设标准体系表》保持一致,体现该规范的系统性和完整性,新修订的规范最后定名为"水运工程混凝土施工规范"。《水运工程混凝土施工规范》(JTJ 268—96,简称"96版规范")主要修订的内容包括:根据《混凝土强度检验评定标准》(GBJ 107—87)修订了混凝土标准尺寸;相应地修改了混凝土施工配制强度的确定原则和混凝土强度检验评定标准;增加了泵送混凝土、真空混凝土、管桩混凝土等施工方面内容;对原规范的大体积混凝土防裂措施、水下混凝土、施工缺陷修补、钢筋工程、预应力混凝土工程作了较多补充;增补了在特定条件下,采用超声-回弹综合法对混凝土强度进行检测及评估方法的内容;删除了原规范中一些不适用的规定。

随着水运工程建设事业的迅速发展,相关的新材料、新工艺、新技术、新装备不断涌现(高性能混凝土、活性掺合料、PHC桩、大管桩预制工艺等),一批相关的国家标准相继颁发,在这种形势下,交通运输部水运局组织相关单位对"96版规范"进行了全面修订,并于2011年颁布了《水运工程混凝土施工规范》(JTS 202—2011,简称"11版规范")。本次修订主要内容包括:①原材料方面的内容,按现行的国家标准对水泥、集料部分进行了修订,掺合料部分根据有关标准和近年来水运工程中掺合料使用情况及经验的总结,增列了硅灰、粒化高炉矿渣粉,修订和补充了原粉煤灰部分的相关内容,外加剂和拌和用水部分与有关国家标准行业标准协调;②配合比设计部分经调查了解和试验专题研究并根据水运工程混凝土施工的水平,将采用计算法求水胶比的计算式列入有关规定的条文说明中;③"模板工程"各节均做了适当修改和补充,增加了永久性模板内容;④"特殊混凝土施工"中新增"自密实混凝土施工""水下预填骨料升浆混凝土施工""膨胀混凝土施工""合成纤维混凝土施工"及"喷射混凝土(干喷工艺)施工"等规定;⑤将《水运工程混凝土施工规范》(JTJ 268—96)局部修订项目"膨胀混凝土施工"、《港口工程粉煤灰混凝土技术规程》(JTJ 273—97)、《港口工程液态渣混凝土技术规程》(JTJ 274—98)的内容纳入了本规范各有关章节;⑥增列了"引气剂溶液泡沫度检验(手摇法)"等4个附录;⑦取消了对水泥强度等级要求,"钢筋工程"中的"材料检验""特殊混凝土施工"中的"管桩混凝土施工""混凝土外加剂的性能指标""不同配方减水剂的使用效果和适用范围""粉煤灰混凝土配合比设计计算方法""统计特征值计算方法和混凝土强度验收计算实例""水泥砂浆枪喷面的技术要求""温度、龄期对混凝土强度增长的影响"及"超声—回弹(芯样校核)综合法检测混凝土强度及评定方法"等;⑧充分吸纳了自"96版规范"执行以来15年来水运工程混凝土施工技术的进步和发展成果,如高性能混凝土,引气混凝土强度等级大幅度的提高,集料杂质含量要求的提高,抗氯离子指标的提出等。

"11版规范"是自港口工程混凝土施工规范编制和不断修订完善以来的第6个版本,对提高混凝土的耐久性及施工技术水平和施工质量,保证水运工程混凝土结构的耐用年限起到积极作用。

3.《水运工程爆破技术规范》(JTS 204—2008)

《水运工程爆破技术规范》(JTJ 204—2008,简称"08版规范")是在《水运工程爆破技术规范》(JTJ 286—90,简称"90版规范")和《爆炸法处理水下地基和基础技术规程》(JTJ 258—98,简称"98版规范")的基础上进行合并修订的。"08版规范"除了包括"90版规范"的主要内容外,还包括了水下爆破排淤填石、水下爆破夯实软基等"地基和基础规范"的相关内容。

"08版规范"于2009年1月1日起正式实施,包括总则、术语、基本规定、爆破设计、爆破施工、爆破安全、质量检查与检验等技术内容。适用于水运工程中爆破开挖、拆除、清障,爆破法处理水下基础和基础的设计、施工和质量检验。

"08版规范"的修订分别对水下裸爆的无人自动投药船的加工及使用、气泡帷幕在水下爆破中的减震作用、水下爆夯、水下爆破排淤填石在换填深度和爆破用药量以及施工组织等方面进行了实地调研,还开展了"内河航道整治炸礁工程研究""水中冲击波参数测试验证研究"等专题研究,总结分析了水运爆破工程的现状。新规范的主要特点包括:①参照《爆破安全规程》(GB 6722—2003)对"90版规范"的条文进行了逐条研究,对不适应当前爆破技术发展的水下硐室爆破相关条文进行了删减。增加了部分体现当前爆破新技术、质量检测和加强爆破安全管理的条文。随着国家对安全和环境保护要求越来越高,同时增加了环境保护的专门章节;②在"地基和基础规范"中规定水下爆破排淤填石的最大厚度为12米。同时,随着施工技术的不断进步和发展,水下爆破技术换填25米以上软基的施工技术日益成熟,已取得了良好的工程效果,"08版规范"将最大换填厚度修改为25米;③在水下炸礁工程中除采用传统的水下硬式扫床方法外,"08版规范"增加了多波束扫测应用于水下炸礁工程质量检测的相关条文。

"08版规范"既能指导水运工程爆破设计与施工、提高设计和施工技术水平,又能体现当前先进爆破技术和水运工程爆破特点,对提高生产效率和工程质量、保障施工安全具有重要意义。

4.《疏浚与吹填施工规范》(JTS 207—2012)

根据2007年版《水运工程建设标准体系表》中新列"疏浚与吹填工程施工规范"的要求,《疏浚与吹填施工规范》(JTS 207—2012,简称"12版规范")是在《疏浚工程技术规范》(JTJ 319—99)、《疏浚工程土石方计量标准》(JTJ/T 321—96)和《淤泥质港口维护性疏浚工程土方计量技术规程》(JTJ/T 322—99)施工部分的基础上,结合10多年来我国疏浚技术高速发展的实际情况和总结疏浚与吹填工程的施工经验,增加了疏浚信息管理和施工中的技术测定等内容,采纳了国际有关研究成果,并兼顾疏浚与吹填工程施工与国际接轨的需要编制而成的。"12版规范"主要包括施工准备、疏浚施工、吹填施工、施工现场管理、土方计量和施工技术测定等技术内容。其主要特点和关键性技术包括:①在测量与调查方面,参考了美国陆军工程兵团的疏浚测量手册,也遵循了国际航运协会有关疏浚现场调查的许多规定;在技术上,积极提倡采用新技术,但也保留一些常规实用的技术,以便满足广泛的要求;②在疏浚土的勘察和分类方面,尽量采用国际航运协会规定的疏浚土分类方法和勘察试验项目与方法,在技术上做了比较多的修改;对于黏性土,不再采用贯入击数作为主要判别指标,而采用抗剪强度;根据疏浚施工的实际情况将有机质土及泥炭、淤泥划分为同一级土。选用天然重度作为淤泥工程特性的主要判别指标,液性指数作为判别指标,用烧灼减量作为辅助判别指标;③在疏浚设备与特性方面,增加疏浚设备的特性、选择、产量估算等内容,疏浚工程设计必须把疏浚设备放在特别重要的地位进行考虑,突出贯彻解决疏浚设备与疏浚土的矛盾、提高疏浚产量和疏浚精度的编制思想；④在管道水力输送方面，增补了泥泵与管路水力输送的工况，所提供的基本方法也是当今世界上常用的方法，可以促使技术水平的提高；⑤在环境保护方面，重视环境问题，注重环保与挖泥船效率的协调关系；⑥在计量方面，一是对挖泥船的分级标准重新进行了规定，不同船型、不同级别船舶的适应范围也按新的划分标准制定，船舶级别划分也因此作了调整以保持规范的整体一致性；二是总体上随着施工技术的提高，计算超深、计算超宽的取值有较大幅度的降低；⑦在现场技术测定方面，增加了施工中的技术测定的内容，施工中的技术测定是施工单位技术工作的主题，是现场施工技术管理的重要工作内容，也是疏浚公司重要的技术基础工作，做好施工中的技术测定对于合理选择和使用设备、优化施工工艺、提高生产水平、正确估算工期和造价十分重要。

5.《水运工程地基基础施工规范》（JTS 206—2017）

《港口工程地基规范》于1978年制定，1987年经少量修改纳入《港口工程技术规范（1987）》合订本。随后又相继发布了《港口工程地基规范》（JTJ 250—98）和《港口工程地基规范》（JTS 147—1—2010）。

《水运工程地基基础施工规范》（JTS 206—2017，简称"17版规范"）是在《港口工程地基规范》（JTS 147—1—2010）、《水下深层水泥搅拌法加固软土地基技术规程》（JTJ/T 259—2004）、《港口工程碎石桩复合地基设计与施工规程》（JTJ/T 246—2004）、《港口工程桩基规范》（JTS 167—4—2012）、《真空预压加固软土地基技术规程》（JTS 147—2—2009）、《水运工程塑料排水板应用技术规程》（JTS 206—1—2009）、《港口工程粉煤灰填筑技术规程》（JTJ/T 260—97）、《重力式码头设计与施工规范》（JTS 167—2—2009）8本规范基础上编制而成，并自2017年5月1日起实施。

"17版规范"主要内容涵盖地基处理、基础工程和基坑工程3大门类、20多种地基基础施工方法。主要创新技术内容包括："降水强夯法""水下挤密砂桩""箱筒型基础""砂被基础"和"升浆基床"5项地基基础施工新技术（工法）是首度引入。针对"降水强夯法"，开展了"降水强夯法施工工艺及质量控制标准的研究"，列举代表性工程6项；针对"箱筒型基础"，开展了"箱筒型技术结构施工技术专题研究"，列举代表性工程7项；针对"挤密砂桩法施工技术（SCP）"，开展了"SCP测试验证"，列举代表性工程4项。这些创新，形成了质量具有保障的、可操作的地基基础处理方法，保证了纳入规范的新方法的严谨科学性，为推动新技术的推广应用打下坚实的基础，充分体现了规范制定的先进性。

"17版规范"中规定了"设备计量"的要求，对过程控制的有效性具有重大意义；增加环保、安全方面的规定；强调测量控制点的"复核"；强调检测及监测内容；强调试验性或典型施工以保证工程质量；改正了旧规范中的一些错误，如"爆破排淤填石法"中的"药包埋入深度"、个别记录表格等；补充了"碎石桩法"中的新设备；强调"水泥搅拌桩法"中水泥、外加剂、土的匹配性;提出了"真空预压法"的无砂法真空预压先进环保技术;强调了"基坑支护"中基坑四周天然边坡处理的重要性,这一条对于内河大型基坑开挖工程尤为重要,并引入了具有水运工程特点的土石围堰合拢技术;强调水下混凝土配比设计的特殊性,注重配合比校核;首次提出"重力式结构基础"的夯实基床预留沉降量的计算方法等。

6.《航道整治工程施工规范》(JTS 224—2016)

航道是水运发展的基础,航道工程建设也必将成为水运现代化建设的重要的组成部分。通过多年的工程建设与实践,积累了丰富的建设管理及施工技术经验,为统一航道整治工程施工技术要求,提高施工技术水平,保障航道整治工程施工质量和安全,交通运输部组织相关单位编制了《航道整治工程施工规范》(JTS 224—2016,简称"16 版规范"),自 2017 年 1 月 1 日正式实施。该规范主要包括施工准备、土石方与地基基础、护滩与护底工程、筑坝与导堤工程、护岸工程、清礁工程、工程观测与维护等技术内容。

"16 版规范"具有以下主要特点:①根据不同地区河流特点,充分考虑天然河流(包括潮汐河口、枢纽上下游)及人工运河航道整治工程的不同特点,全面、系统反映当前主要的航道整治施工技术,确保本标准的完整性和系统性。除了对护滩、护底、筑坝、护岸、炸礁等常规整治技术进行规范以外,还增加了施工准备、土石方与地基基础、工程观测与维护等内容,全面地反映了航道整治工程施工全过程,明确了航道整治工程施工各环节的技术要求,实现了航道整治工程施工从现场踏勘与资料调查、工前测量、图纸会审与设计交底、施工组织设计、工程技术与施工安全交底、典型施工、工序施工质量控制、工程验收、工程观测与维护等施工过程的全覆盖,更好地指导工程实施;②该规范制定正值我国水运建设蓬勃发展之时,黄金水道建设上升为国家战略,规范中广泛吸纳了长江、西江、京杭运河等内河航道治理的最新成果。如山区河流治理、平原蜿蜒河段治理、感潮河口治理等施工技术以及近年来的水下隐蔽工程检测技术等均在该规范中得到具体体现;③贯彻了生态环保绿色的建设理念,实现了航道整治施工技术进步与环境保护相适应。本规范积极采用新技术、新工艺、新设备、新材料以及技术成熟、经济环保的创新成果,在规范中提出生态护岸、清礁工程、凿岩施工等施工技术内容,将当前环境保护的新要求与航道整治工程技术结合起来。

7.《船闸工程施工规范》(JTS 218—2014)

随着国家对水资源的大力开发和内河航运事业的蓬勃发展,内河通航建筑物的建设也得到了很大的发展,已经陆续修建了一批大型的航电枢纽、船闸工程。为适应我国水运工程建设市场发展,交通运输部组织制定了《船闸工程施工规范》(JTS 218—2014,简称"14 版规范"),于 2015 年 1 月 1 日实施。主要内容包括总则、术语、基本规定、施工围堰、基坑、地基与基础施工、船闸主体、引航道、闸阀门制作和安装、启闭机安装、电气与控制系统、联合调试、附属工程等。

"14版规范"对施工围堰设计与施工、基坑设计与施工、主体结构混凝土施工、焊接工艺评定和闸门安装要求等作出规定。主要创新点包括:①针对船闸工程施工特点,对水运行业大型临时工程(施工围堰和基坑)的设计与施工作出了专门规定;②船闸主体结构混凝土施工方面,根据"船闸工程震害反馈分析和质量动态检测控制技术"专题研究成果,为降低输水廊道的水流摩擦力,减少船闸使用过程中混凝土的磨损,本规范对混凝土平整度和模板的变形量提出了严格要求。结合船闸工程的特点、施工工艺和大体积混凝土施工要求,对混凝土坍落度、粗集料级配和粒径做出相应规定,并要求尽量减少胶凝材料用量;③水工金属结构是船闸中的重要部位,工作条件及环境较差,且焊接方法及工艺较多,本规范提出了对首次采用的钢材、焊接材料、焊接方法、焊后热处理等均应进行焊接工艺评定和试验的要求;④针对船闸工程震害进行专题研究,对震害反馈分析和质量动态检测控制技术进行了深入研究,为船闸抗震设计、耐久性检测提供了依据。

(二)质量检验类

1.《水运工程测量质量检验标准》(JTS 258—2008)

《水运工程测量质量检验标准》(JTS 258—2008,简称"08标准")是根据我国水运建设事业的发展和水运工程测量质量检验的需要,在深入调查研究的基础上,总结水运工程测量质量检验的实践经验,吸收和借鉴国内外测量工程的先进技术成果,经广泛征求意见,并结合我国水运工程测量的实际情况编制而成的,于2009年1月1日正式实施,主要包括测量质量检验和测量质量评分等技术内容。该标准按平面控制测量、高程控制测量、地形测量、水位控制测量、水深测量、变形测量、施工测量、水文观测和制图9个单位工程,分别给出了操作性较强的质量检验内容和质量标准。

"08标准"的发布实施结束了我国水运工程测量没有统一的质量检验标准的历史,进一步加强了水运工程测量质量控制、质量检验及质量管理,预防了因测量质量造成工程质量隐患,确保了水运工程质量。

2.《水运工程混凝土质量控制标准》(JTS 202—2—2011)

水运工程混凝土质量控制标准主要有两个版本:《水运工程混凝土质量控制标准》(JTJ 269—96,简称"96版标准")和《水运工程混凝土质量控制标准》(JTS 202—2—2011,简称"11版标准")。

20世纪80年代海港码头调查结果表明,我国在80年代前建成的高桩码头的混凝土结构大部分仅5~10年就出现锈蚀破坏,究其原因除了施工质量存在一定问题外,主要是当时对氯离子侵入引发钢筋锈蚀的严重性认识不足。交通部组织相关单位对当时的标准进行修订,于 1987 年颁布实施了《海港钢筋混凝土结构防腐蚀技术规定》(JTJ 228—87)和《海港预应力混凝土结构防腐蚀技术规定》(JTJ 229—87)。

20 世纪 90 年代针对 1987 年以后按规定设计施工的码头进行的调查结果显示,虽然码头结构的腐蚀程度相对较轻,但 10 年后也出现了不少锈蚀裂缝。调查发现,由于施工质量的原因,混凝土的水灰比常难以保证,混凝土的实际保护层厚度普遍低于设计要求,从而导致混凝土结构的耐久年限较短。因此,交通部在 1996 年颁布了《水运工程混凝土质量控制标准》(JTJ 269—1996),有效保证了港口工程混凝土的施工质量,提高了结构物的耐久性寿命。

随着我国水运工程混凝土施工技术水平的不断进步,大量新技术、新材料、新工艺广泛应用于工程实践,水运工程建设水平整体提高,"96 版标准"已不能适应水运建设行业混凝土工程的发展需要,2006 年 4 月交通部水运司组织开展了《水运工程混凝土质量控制标准》的修订工作。

"11 版标准"是在"96 版标准"基础上修订而成的,其主要内容包括:基本规定、混凝土组成材料质量控制、混凝土配合比控制、混凝土施工过程质量控制、硬化混凝土质量控制五个方面,明确规定了各种劣化环境和各个部位混凝土质量控制的技术指标。对"96 版标准"修订的主要内容有:增加了引气混凝土强度等级,提高了钢筋的最小保护层厚度和最低胶凝材料用量,降低了最大水胶比,增加了掺合料的品质要求、增加了机制砂或混合砂中石粉含量要求,增加混凝土抗折强度质量验收规定;增加了评价海水环境钢筋混凝土结构使用寿命的混凝土抗氯离子渗透性指标及试验方法——电通量法。同时增加了泵送混凝土、抗冻混凝土、大体积混凝土、水下普通混凝土、水下不分散混凝土特殊要求的混凝土配合比规定。

"11 版标准"于 2012 年 1 月 1 日起实施,成为我国港口工程、通航建筑物等混凝土质量控制的重要技术依据。"11 版标准"明确规定了各种劣化环境和各个部位混凝土质量控制的技术指标,并将一些先进、成熟的技术如水下不分散混凝土技术、海水环境浪溅区混凝土抗氯离子渗透性指标、机制砂细集料技术要求等纳入标准中,适应了水运工程混凝土质量控制技术发展的新要求,满足了工程建设经济适用、技术先进的要求,对提高建筑的安全性、实用性、耐久性具有重要的技术指导意义。

3.《水运工程质量检验标准》(JTS 257—2008)

《水运工程质量检验标准》(JTS 257—2008,简称"08 版标准")由交通运输部批准发布,并于 2009 年 1 月 1 日起实施,是对原《港口工程质量检验评定标准》(JTJ 221—98,简称"98 版标准")及其局部修订、《港口设备安装工程质量检验标准》(JTJ 244—2005,简称"05 版标准")、《航道整治工程质量检验评定标准》(JTJ 314—2004,简称"04 版标准")、《疏浚与吹填工程质量检验标准》(JTJ 324—2006,简称"06 版标准")、《船闸工程质量检验评定标准》（JTJ 288—93，简称"93 版标准"）、《干船坞工程质量检验评定标准》（JTJ 332—98）、《塑料排水板质量检验标准》（JTJ/T 257—96）和刚起步编写的《航标工程质量检验标准》等有关水运工程质量检验评定标准的整合和修订。

（1）"98 版标准"沿革

《港口工程质量检验评定标准》是水运工程行业最早出台的质量检验评定标准，自1982 年的第一个版本，至 2008 年"98 版标准"整合前，先后进行了三次较大的修订。

1979 年，交通部组织所属的四个航务工程局在各局自编的部分工程项目质量检验标准基础上，编制了《水运工程质量检验评定标准（航务工程）》，并于 1982 年由交通部基建局以文件的形式颁发试行。

1987 年，交通部基建局正式下达了新标准的编写任务，编写完成的《港口工程质量检验评定标准》（JTJ 242—89）于 1989 年 8 月 3 日由交通部正式批准颁布，并于 1990 年 1 月1 日起实施。该标准对原《水运工程质量检验评定标准（航务工程）》进行了五个方面较大的修订与补充：①在分项工程的检验评定中，将"检验项目"分为"主要项目"和"一般项目"两个检验项目；②进一步统一了分项工程质量检验方法；③在分部工程和单位工程质量评定中，增加了质量检验资料核查的规定；④调整了部分分项工程项目的允许偏差值（如不同区域沉桩的偏位等），并与《港口工程技术规范》的有关编写组进行了协调；⑤增补了软土地基加固、码头附属工程、给排水工程、码头供电及照明安装工程等项目的质量标准。

"98 版标准"在由交通部组织有关单位，在总结 89 版标准实施后经验的基础上制定而成，并于 1999 年 5 月 1 日起正式实施。《港口工程质量检验评定标准》（JTJ 221—98）在内容上增加了大管桩、地连墙、格型钢板桩、土工织物等新技术、新工艺和新材料的质量标准，增加了水工建筑物单位工程的观感质量评分，改进了质量检验评定的程序和方法，《标准》中明确提出了"政府监督、社会监理、企业自检"的质量管理体系，明确了有关单位在水运工程质量检验评定中的职责权限，符合我国国情，有利于各方面共同为保证和提高港口工程质量发挥作用。

2004 年，"98 版标准"进行了局部修订，其修订的内容主要包括：①增补了水下抛石基床爆炸法夯实等 10 个分项工程的质量标准，修订了混凝土工程等 4 个分项工程的质量标准；②对工程质量检验资料核定表进行了修订，调整了工程质量检验资料核定项目；③对工程观感质量评价表进行了修订，调整了观感质量的检查项目，增加了观感质量评价的具体标准；④根据各地要求增加了对工程质量检验资料用表内容和格式的统一规定。

（2）"06 版标准"沿革

交通部基本建设局为统一疏浚工程质量检验评定尺度，提高疏浚工程的质量水平，于1981 年组织编制了《水运工程质量检验评定标准（疏浚工程分册）》，并于 1983 年颁发试行。该标准将疏浚工程的质量分为"合格""良好"和"优质"三个等级。

1988 年实施的《疏浚工程质量检验评定标准》(JTJ 243—88),针对上一版修订的主要内容为:①增加了质量检验评定单位划分标准的条款;②疏浚工程质量评定等级由"合格""良好"和"优质"三个等级改为"合格"和"优良"两个等级;③《港口工程技术规范》在航道设计水深中对船舶航行时龙骨下的富裕深度已考虑了土质的影响,本标准对有设计备淤深度的疏浚工程,允许偏差不再考虑土质的影响。对历史遗留的无设计备淤深度的航道疏浚工程,仍考虑了土质的影响;④删除计算断面、计算超深和计算超宽的规定;⑤常年维护性疏浚工程,改为以设计通航水深及设计通航水深保证率作为检验和评定工程质量等级的标准;⑥增加了吹填工程的质量标准。

2006 年实施的《疏浚与吹填工程质量检验标准》(JTJ 243—2006),主要修订内容为:取消了工程质量"合格"和"优良"的等级划分,规定结合疏浚工程质量管理的发展,对疏浚工程的单位工程划分及质量检验要求进行细化和补充;对疏浚与吹填工程的测量及竣工图等的技术要求进行了明确和补充。

(3)"93 版标准"沿革

"93 版标准"对船闸工程质量检验评定等级做了规定,对船闸工程的基槽开挖及引航道开挖、地基处理工程、混凝土工程、砌筑工程、桩基工程、混凝土及钢筋混凝土预制构件安装工程、土石方工程、沉降、伸缩缝和止水工程、钢结构工程、启闭机及附属设施工程、供电、照明、控制设备安装工程等的质量检验评定标准和检验方法等都作出明确的规定。

2004 年,交通部决定对《船闸工程质量检验评定标准》(JTJ 288—93)进行修订。至2007 年 8 月"08 版标准"整合前,该标准已经基本完成了征求意见稿。之后即按交通部水运司关于对水运工程质量检验标准进行整合的要求,将船闸工程的质量检验评定标准的内容统一纳入《水运工程质量检验标准》。

《船闸工程质量检验评定标准》修订征求意见稿对原标准的主要修订内容为:①对船闸的单位、分部和分项工程划分进行了调整;②增加了船闸工程感观质量评价标准;③在水工结构工程部分补充了抛石基床、土工织物滤层等分项工程的标准;④在闸阀门金属结构制作与安装分部工程中补充了高强螺栓连接等分项工程的质量标准或检验要求;⑤修改了船闸启闭装置质量检验的标准,将船闸启闭装置分为液压式和机械传动式两大类,机械传动又分为固定卷扬式和移动式两种,分别补充了这两大类启闭装置的制作(组装和出厂试验)成品质量和安装质量检验项目,补充了相关的内容和要求;分项工程也做相应调整和补充;⑥对电气与控制系统的质量标准和检验要求进行了部分调整和增补等。

(4)"05 版标准"沿革

交通部 1995 年颁布实施的《港口设备安装工程质量检验评定标准》(JTJ 243—95),主要包括港口装卸设备、输运机械、港口电气设备、控制系统、港口管道、港口环保等方面的内容。在章节编排和条文内容方面考虑了港口设备安装工程的特点和方便操作的原则。"05 版标准"是对其进行的修订，主要修订内容为：取消了原标准将工程质量等级分为"合格"和"优良"的规定，增加了翻车机类的安装标准，对原标准的部分分项工程的质量标准进行了修订和充实。

（5）"04 版标准"

"04 版标准"编写过程中，有关部门对我国广东、广西、四川、贵州、上海、江苏、浙江、安徽、江西、湖南、湖北等省份，长江流域和黑龙江流域的航道整治工程进行了广泛调查。该标准对主要航道整治建筑物、护岸、航道护底与固滩和炸礁等的质量标准与检验评定进行规定。

（6）《航标工程质量检验标准》沿革

《航标工程质量检验标准》是交通部 2006 年度水运工程建设标准定额编制计划所确定的制定项目。该标准制定工作大纲于 2007 年 3 月由交通部水运司批准，但是在编制工作开展不久，即根据部水运司对现行及在编水运工程量检验标准进行整合的要求，将该本标准的制定工作统一纳入《水运工程质量检验标准》。

（7）《水运工程质量检验标准》（JTS 257—2008）

"08 版标准"其主要修订内容如下：

①第 1 篇　水运工程质量检验统一规定

总则中增加了"水运工程施工的招标文件、合同文件和工程技术文件对施工质量的要求不得低于本标准的规定"。基本规定中提出了对水运工程施工质量控制、质量检验和验收的基本要求。同时，对涉及工程结构安全和重要使用功能的质量特性检验，增加了监理单位见证取样、抽样检测和监督机构验证性检验的规定；水运工程质量检验的划分中，在单位、分部、分项工程划分的基础上，增加了建设项目、单项工程和分项工程检验批的划分，对原标准的规定进行了上、下延伸；水运工程质量检验与合格标准中取消了将工程质量分为"优良"和"合格"两个等级的做法。规定单位工程、分部工程、分项工程及检验批的施工质量必须达到"合格"标准，"不合格"的工程不得验收，不得使用；适当提高了分项工程、分部工程和单位工程"合格"的质量标准。分项工程允许偏差的合格率不仅由原来的 70% 及其以上改为 80% 及其以上，而且对最大偏差值进行了限制；在分部工程和单位工程检验中，增加了对质量控制资料核查和对有关工程安全和主要使用功能项目进行抽查检测的规定；水运工程质量检验的程序和组织中，在保留原有规定的基础上，进一步明确了建设、设计、施工、监理等工程建设行为主体单位的质量责任，以及质量监督机构在水运工程质量检验与验收中的职责。

②第 2 篇　通用工程质量检验

"混凝土结构"一章中增加了混凝土构件表面缺陷及分级标准、构件分项质量标准、混凝土构件表面附加防腐蚀等分项工程的标准,并对混凝土结构或构件的实体质量检测进行了明确规定。在软土地基加固工程一章中补充了挤密砂桩和碎石桩等分项工程的质量标准等。

③第4篇　码头与岸壁工程质量检验

根据重力式码头、高桩码头和板桩码头设计与施工规范的修订,对有关分项工程的质量检验标准进行了同步修订。同时,还针对当时个别工程所发生的位移滑坡事故,对码头的接岸结构和后方回填的施工及检验原则、施工程序、施工观测和现场监测等提出了明确要求。

④第5篇　防波堤与护岸工程质量检验

增加了半圆体结构形式防波堤和护岸的标准,并结合深水防波堤和有景观要求护岸的施工经验及资料,对有关分项工程的质量要求进行了适当调整。

⑤第6篇　道路与堆场工程质量检验

增加了地下管网和堆场主要构筑物的质量标准。

⑥第7篇　船闸工程质量检验

充实了船闸各类闸阀门及启闭装置的制作与安装的标准;根据施工质量水平的提升,增加了观感质量要求,适当提高了船闸主体和主要尺寸偏差的标准。

⑦第8篇　干船坞、船台与滑道工程质量检验

在对《干船坞工程质量检验评定标准》(JTJ 332—98)修订的基础上,新增加了船台与滑道的质量检验标准。

⑧第9篇　航道整治工程质量检验

根据航道整治工程实际情况补充了铰链排制作与铺设、钢丝网格护面和混凝土块体护面等分项工程,同时增加了观感质量要求,并适当提高了堤坝和主要混凝土构件的质量标准。

⑨第10篇　航标工程质量检验

新增加内容主要包括岸标、浮标、信号标志、航行水尺和遥测监控系统的制作与安装等。

⑩第11篇　设备安装工程质量检验

对部分章节进行了调整,增加了观感质量要求。

⑪附录

新增水运工程施工现场质量管理检查记录、混凝土结构实体质量检测规定、航道整治工程实船适航试验规定、航标助航综合效果测试规定和水运工程施工质量资料技术规定5个附录。

"08 版标准"基本涵盖了码头、防波堤、护岸、船闸、干船坞、船台与滑道、疏浚与吹填、

港区道路与堆场、航道整治、航标和码头设备安装等工程的施工质量标准和质量检验要求，对进一步规范水运工程施工质量管理、保证工程质量起到重大的促进作用。

五、试验类标准

试验类标准是水运工程建设标准的重要组成部分，共分为模拟试验类、材料试验类两部分标准规范。试验类标准大多形成于 20 世纪 80—90 年代，并几经修订和完善，形成了目前的试验标准，为我国众多水运工程乃至行业外工程的试验研究提供了依据。现行的相关标准主要有《海岸与河口潮流泥沙模拟技术规程》（JTS/T 231—2—2010）、《波浪模型试验规程》（JTJ/T 234—2001）、《内河航道与港口水流泥沙模拟技术规程》（JTJ/T 232—98）、《通航建筑物水力学模拟技术规程》（JTJ/T 235—2003）、《港口工程离心模型试验技术规程》（JTS/T 231—7—2013）和《水运工程混凝土试验检测技术规范》（JTS/T 236—2019）。

1.《海岸与河口潮流泥沙模拟技术规程》（JTS/T 231—2—2010）

为指导和规范海岸与河口潮流泥沙试验方法和模拟技术，提高模拟试验研究成果的可靠性和质量，更好地为水运工程建设提供科学依据，交通部组织有关单位制定了《海岸与河口潮流泥沙模拟技术规程》（JTJ/T 233—98，简称"98 版规程"），于 1999 年 5 月 1 日正式实施。但限于当时的理论研究和实践经验不足，对考虑波浪作用的潮流泥沙物理模型和数学模型未能编入规程。2005 年，交通部水运司组织有关单位对"98 版规程"进行了修订，修订后的《海岸与河口潮流泥沙模拟技术规程》（JTS/T 231—2—2010，简称"10 版规程"）于 2010 年 9 月 1 日起正式实施。

"10 版规程"主要包括总则、术语、基本规定、潮流定床物理模型试验、潮流泥沙物理模型试验、波浪潮流泥沙物理模型试验、波浪沿岸输沙物理模型试验、平面二维潮流泥沙数值模拟、三维潮流泥沙数值模拟、平面二维波浪潮流泥沙数值模拟和波浪沿岸输沙数值模拟等内容，提出并规定了物理模型和数值模拟中诸如边界条件的确定、波浪动力的概化方法、不同物理模型相似性和模型沙的选择、变率的要求、验证精度控制等细节问题。

"10 版规程"提出了完整的海岸与河口潮流泥沙成套模拟技术和方法，体系更加合理，内容更加丰富，提高了规程的指导性和适用性。

2.《波浪模型试验规程》（JTJ/T 234—2001）

《波浪模型试验规程》的两个版本依次为《波浪模型试验规程（试行）》（JTJ 301—88，简称"88 版规范"）、《波浪模型试验规程》（JTJ/T 234—2001，简称"01 版规范"）。

1973 年以来，由于我国沿海大量港口工程的兴建，波浪模型试验研究工作的需求持续增长，从事波浪研究的单位不断增加，一些从事波浪研究的科研单位和高等学校陆续从国外引进了不规则波造波机，在一些工程试验中开始从事不规则波实验研究。为了使波浪模型试验更具有科学性和先进性,总结这一阶段波浪模型试验的经验教训,统一试验标准和方法,1986 年交通部组织波浪观测和试验研究协调组进行"88 版规范"的编制,并于 1998 年 12 月起试行。

"88 版规范"为水运行业第一本正式的波浪模型试验规程,适用于波浪与港口工程建筑物相互作用的模型试验研究,对海洋环境的模拟和相应仪器设备、模型试验数据的采集和分析、整体和断面模型试验做了具体规定。全篇由 4 章组成,分别是一般规定、模型试验的基本要求、整体模型试验、波浪与建筑物的相互作用。其中第四章又分为 5 节,即一般要求、斜坡式建筑物、直墙式建筑物、桩墩式建筑物、浮式建筑物等。

在试行的 11 年中,"88 版规范"在统一波浪模型试验技术要求和分析方法等方面发挥了重要作用。然而,随着我国海岸和港口工程建设更大规模的发展,以及模型试验技术的进步,其内容在深度和广度上已与当时形势不相适应。同时,国内从事波浪试验研究和具有相应设施的单位也由 20 世纪 80 年代的几家一跃为数十家。为了进一步统一和规范波浪模型试验新的技术要求,促进科研质量的提高,1999 年交通部水运司组织相关单位,在进行大量调查研究,总结国内外最新波浪模型试验技术的实践经验,广泛征求有关单位和专家意见的基础上,对"88 版规范"进行了修订,增加了海底管线、波浪泥沙物理模型试验和波浪数值模拟的相关内容。修订后的"01 版规范"于 2002 年 5 月起实施。

"01 版规范"由 9 章组成,分别是总则、术语、基本规定、整体物理模型试验、斜坡式和直墙式建筑物断面物理试验、桩基和墩柱建筑物及水下管线物理模型试验、浮式建筑物物理模型试验、波浪泥沙物理模型试验、波浪数值模拟等,还有 7 个附录。

"88 版规范"和"01 版规范"对我国海岸工程波浪试验起到了重大推动作用,已成为从事该领域波浪试验研究的基本依据,尤其是为近年来对外承接工程和科学研究项目提供了坚实的技术支撑,并得到了国际同行的普遍认可。

3.《水运工程混凝土试验检测技术规范》(JTS/T 236—2019)

混凝土是水运工程建设中构成工程主体用量最大、最主要、最基本的工程材料。新中国成立初期,我国既缺乏水运工程建设经验也没有专业队伍,更谈不上编制自己的港口工程建设技术规范。20 世纪 60 年代初,交通部曾组织编写了几个单册技术规范。1986 年 2 月,有关单位成立了规范汇编、修订组,对港口工程行业已有的规范篇、册进行汇编,形成了《港口工程技术规范(1987)》,作为《水运工程混凝土试验检测技术规范》前身的《混凝土试验》(JTJ 225—87,简称"87 版规范")以汇编版第七篇"混凝土和钢筋混凝土"第五册的形式出现,这是我国最早的混凝土试验检测方法。

长期以来,我国水运工程混凝土及原材料的试验检测一直参照苏联标准,"87 版规范"的建立填补了我国水运工程材料标准的空白。其内容共包括 7 章 73 节和 7 个附录,对混凝土原材料(包括水泥、砂、石、外加剂)、混凝土拌合物性能、混凝土物理力学性能、混凝土耐久性及混凝土施工质量检查的检测方法进行了详细的规定。对保证我国的港口工程建设质量，提高建筑物耐久性，推动技术革新和降低工程造价起到了积极作用。

随着水运工程事业的发展，工程技术的进步，新材料、新工艺的应用，使得对原规范的修订成为必须和可能，为此交通部水运司组织了有关单位于 20 世纪 90 年代开始对"87版规范"进行修订。为了与此时交通部制定并颁发的《水运工程建设标准体系表》保持一致，体现该规范的系统性和完整性，新版规范最后经报批定名形成《水运工程混凝土试验规程》（JTJ 270—98，简称"98 版规程"）。

随着我国水运工程建设的快速发展，混凝土施工中应用的新材料、新技术，对保证水运工程混凝土结构的安全性和耐久性起到积极作用，需要有适合水运工程特点的、与之配套的试验检测手段来保证混凝土及原材料的质量。交通运输部水运局组织有关单位参编，共同制定了《水运工程混凝土试验检测技术规范》（JTS/T 236—2019，简称"19 版规范"）。其内容共 14 章 153 节和 6 个附录，并附条文说明。与"98 版规程"相比，"19 版规范"的主要变化有：增加了"术语""基本规定""拌合用水"三章；增加了硅灰、粒化高炉矿渣粉等新材料的性能检测方法；"外加剂"中除增加了氯离子含量、pH 值、总碱量等匀质性性能检测外还增加了部分混凝土拌合物性能检测的内容；增加了"混凝土拌合用水"一章，从而覆盖了混凝土的所有组成材料的检测；"水泥砂浆"由原规程附录部分改为规范的主要章节，并完善了检测参数；"混凝土拌合物"中增加了自密实混凝土、水下不分散混凝土的性能检测内容，增加了坍落度经时损失、扩展度经时损失、倒置坍落度筒排空试验、间隙通过性试验、漏斗试验、均匀性试验、抗离析性能试验、温度试验、绝热温升试验等；"混凝土耐久性"中增加了 3 种混凝土抗氯离子渗透性试验检测方法。

"19 版规范"中"外加剂表面张力""外加剂溶液泡沫性能试验""混凝土拌合物含气量测定（包括水压法、气压法、密度法）""混凝土抗冻性""混凝土动弹性模量试验""硬化混凝土中气泡参数测定""山皮水锈颗粒含量测定""卵石中软弱颗粒含量测定""真空脱水混凝土""离心混凝土""水下预填骨料升浆混凝土"等方法极具水运工程特色，被国内其他行业引用，是我国水运工程建设者和科研人员 40 余年辛勤劳动的结晶，是根据我国原材料的水平、混凝土施工水平、施工设备机具、管理水平及我国的国情，纳入了近年来水运工程中混凝土施工的新材料、新技术和新经验等最终形成的，对提高混凝土的耐久性及施工技术水平和施工质量，保证水运工程混凝土结构的耐用年限起到了积极作用。

4.《内河航道与港口水流泥沙模拟技术规程》（JTJ/T 232—98）

随着国民经济建设的飞速发展，特别是近年来社会主义市场经济的快速拓展，我国内河航道与港口水运工程建设及其模拟研究工作进入一个蓬勃发展的新时期。因此，统一模拟实验方法，规范模拟研究工作，更好地为内河航道、港口建设工程的规划、研究、设计提供可靠的科学依据，确保内河航道、港口水运工程质量已成为当前迫切需要解决的重要问题。

物理模型和数学模型是研究和解决内河航道与港口工程中的水流泥沙问题最基本、最重要的手段。物理模型和数学模型涉及的模拟理论比较严谨,需要大量的现场实测资料,并合理地选择相似条件或正确合理的确定有关参数进行模型设计,以确保物理模型试验和模拟计算结果的可靠性。但由于内河航道自然条件复杂,在实际模拟研究工作中经验性较强,科技人员的经验和处理方法有时决定了研究成果的准确性和正确性。有鉴于此,1994 年交通部组织编写了《内河航道与港口水流泥沙模拟技术规程》(JTJ/T 232—98,简称"98 版规程")。

"98 版规程"概括和总结了国内外内河航道与港口水流、泥沙模拟技术成功的理论和经验,综合反映了当时我国内河水流泥沙模拟技术研究最新状况。

"98 版规程"自 1999 年 5 月 1 日实施以来,为统一规范内河水流泥沙模拟技术要求,使模型研究工作走向标准化,提高模拟研究工作成果质量,起到了重要作用。

5.《港口工程离心模型试验技术规程》(JTS/T 231—7—2013)

我国自 1983 年首次引进土工离心模拟技术,并成功地进行了深圳五湾码头坍塌原因离心模型试验以来,相关技术对港口工程的科研、设计、施工与修复等工作起到了重要支持和推动作用,既保障了工程的安全性,又促进了工程的经济性。但由于当时国内外尚无统一的港口工程离心模型试验技术规程,不能适应水运事业迅速发展的需要,为了使港口工程离心模型试验更具有科学性和先进性,统一、规范试验标准和方法,交通运输部组织编制了《港口工程离心模型试验技术规程》(JTS/T 231—7—2013,简称"13 版规程"),于 2014 年 1 月 1 日起实施。规程主要包括总则、术语和符号、基本规定、试验仪器设备、模型设计、模型制作与试验以及试验成果与分析等内容。"13 版规程"适用于港口工程离心模型试验,通航建筑物和船厂水工建筑物的离心模型试验可参照执行。

"13 版规程"的制定使我国港口工程离心模型试验有了可遵循的技术依据,使各类试验规范化、标准化和具有可比性,有利于在港口工程中进一步推广应用离心模拟试验的成果。"13 版规程"在模型试验适用范围、模型设计参数、试验数据采集及观测、试验成果分析与工程应用等各方面进行了明确规定,一方面为港口工程设计施工中的安全可靠、经济合理提供了强力技术支撑,另一方面可与国际相关技术接轨,从而使我国港口离心模型试验技术进入国际先进行列。

6.《通航建筑物水力学模拟技术规程》(JTJ/T 235—2003)

随着我国内河水运的发展,枢纽及通航建筑物开始大量建设,通航建筑物水力学试验研究工作的需求也相应增长。为统一通航建筑物水力学模拟的技术要求,有效控制模拟成果质量,更好地为通航建筑物工程建设提供准确,可靠的科学依据,交通部组织编写了

《通航建筑物水力学模拟技术规程》（JTJ/T 235—2003，简称"03 版规程"），这是我国水运行业第一本通航建筑物水力学模拟的技术规程，于 2004 年 1 月起实施。

"03 版规程"适用于枢纽通航水流条件和船闸、升船机、中间渠道的通航水力学模拟，运河通航水力学模拟可参照执行。规程主要对水流物理模型相似的控制条件、枢纽通航整体模型试验验证的允许偏差、特殊条件下模型的试验方法和要求等做出了明确规定。"03 版规程"由 8 章组成，分别是总则、术语、基本规定、枢纽通航整体模型试验、船闸水力学模型试验、升船机水力学模型试验、中间渠道通航水力学模型试验、通航水力学数值模拟等。

"03 版规程"有效地指导和规范了有关通航建筑物水力学模拟研究工作，极大地促进了我国通航建筑物水力学模拟技术的进步，已成为从事该领域水力学试验研究的基本依据，为我国内河高等级航道网的开发建设提供了坚实的技术支撑。

六、检测与监测类

水运工程检测与监测是施工质量监控、合格验收评定、运营安全监控、降低风险的重要手段。水运工程项目的施工质量受到施工设计、施工材料、施工设备、施工工艺、人员素质、操作方法、管理措施以及各种自然因素等的影响，具有隐蔽工程多、工程量大、施工复杂等特点；水运工程试验检测使用的仪器设备种类繁多，能否合理选型和规范使用，对工程检测与监测数据结果的精准性有较大的影响；水工建筑物的受力情况复杂，在正常运营时，不可避免会受到台风、地震、海啸、洪水等自然灾害以及水灾、船撞等偶发事件影响其安全性。为此，交通运输部及时组织有关单位制定了《水运工程混凝土结构实体检测技术规程》（JTS 239—2015）、《水运工程试验检测仪器设备技术标准》（JTS 238—2016）、《水运工程水工建筑物原型观测技术规范》（JTS 235—2016），确保了水运工程建筑物及设施的工程质量和安全运营。

1.《水运工程混凝土结构实体检测技术规程》（JTS 239—2015）

交通部从 1976 年开始，组织相关单位对检验混凝土实体检测技术进行研究，先后以青岛红星大坝、葛洲坝水利枢纽、石臼港工程建设和天津国际大厦超高层等 10 余个重点工程为实验场所，对混凝土均匀性、混凝土缺陷检测和强度检测的方法进行了专项研究，于 1999 年编写完成了《港口工程混凝土非破损检测技术规程》（JTJ/T 272—99，简称"99 版规程"）。

"99 版规程"是在总结航务系统 40 多年来混凝土非破损检测技术工程实践经验的基础上，参照国外有关标准编写而成的。规程主要内容包括总则、术语和符号、一般规定、混凝土缺陷的检测和混凝土强度检测等。随着水运工程建设的快速发展，对混凝土结构使用性、安全性和耐久性重视程度提高，原有的混凝土结构实体检测技术已不能满足检测需求,故交通运输部组织有关单位对"99 版规程"进行了修订,并于 2015 年 5 月 1 日起实施《水运工程混凝土结构实体检测技术规程》(JTS 239—2015,简称"15 版规程")。

"15 版规程"编写时参考了国内外相关标准,采纳引用了国内外先进的检测技术和评定方法,形成了内容较丰富、全面、系统、适应性强、可满足水运工程混凝土结构实体检测需求,并便于统一执行的一本规程。其主要内容包括总则、术语、基本规定、混凝土缺陷检测、混凝土强度检测、混凝土耐久性检测、混凝土中钢筋检测。与"99 版规程"相比,"15 版规程"对一般规定内容进行了扩充,对混凝土缺陷检测和混凝土强度检测两章进行了局部修订,增加了"混凝土耐久性检测"和"混凝土中钢筋检测"两章内容。

"15 版规程"是在充分借鉴国内外相关标准规范,对国内水运工程现状进行充分调研,对检测项目进行实践检验的基础上制定的,充分保证了检测方法的实用性、适用性、合理性、成熟性和可靠性。具有如下特点:

(1)检测类别明确,针对性强。《规程》根据实施主体和检测目的将水运工程混凝土结构实体检测划分为三类,并对三种分类的适用范围、样本容量进行了明确的规定,方便施工、监理和建设单位对项目的系统化管理。

(2)内容全面,步骤清晰,可操作性强。规程是人员操作应依据的规则和操作流程的具体化指南。《规程》整体表述逻辑性强、层次清晰,基本规定增加了检测内容和检测程序、抽样原则、检测数据整理和检测报告等内容,内容全面,检测方法明白易懂,检测人员易于操作。

(3)符合技术发展特点,优选仪器类型。《规程》所用仪器设备均为目前国际上常见并经实践验证数值准确可靠,并能满足水运工程检测环境、检测目的和检测要求的仪器设备。《规程》的测试方法和测试步骤也都针对优选仪器设备所编写。

(4)合理吸纳国内外标准,检测方法切实可行。《规程》的编写参考了大量国内外相关标准,对不同检测方法和判定标准进行比较分析,对实体检测结果与标养试件、同条件养护试件的数据相比对,从而确定引用或制定符合水运工程特点的检测方法,使检测方法合理、可行,检测结果更加可靠。

(5)检测项目齐全,应用性强。《规程》检测项目齐全,是在原有基础上的扩展和延伸,符合水运工程混凝土结构原型观测、耐久性评估、安全性评估、使用性评估对检测项目的需求,可应用于各阶段各类型水运工程混凝土结构的实体检测工作。

(6)评定方法新颖实用,精准性强。《规程》判定方法多采用初判、复判、单个构件判定的方法,将不合格范围精准确定至单一构件,对于工程整体评定,后期制定整改措施、处理方案以及维护保养提供了充分的技术依据。

2.《水运工程试验检测仪器设备技术标准》(JTS 238—2016)

《水运工程试验检测仪器设备技术标准》(JTS 238—2016,简称"16 版标准")是我国水运行业第一个试验检测仪器设备的技术标准。

进入 21 世纪以来,随着我国内河水运基础设施建设的提速,水运工程结构及模型试验仪器检测的需求逐渐增多,为规范水运工程试验检测仪器设备选型,统一仪器设备基本技术要求,提高试验检测数据的可靠性,更好地为水运工程建设服务,交通运输部组织有关单位编写了"16 版标准",并于 2017 年 1 月起实施。

"16 版标准"适用于水运工程试验检测仪器设备的选型、技术参数和工作条件确定、性能检查,涵盖港口、航道、防波堤、护岸、通航建筑物、船坞等海岸、近海或内河水运工程的室内和原型试验检测,以及水运工程水力参数室内模型试验,对混凝土工程原材料、混凝土试件、土工与地基承载力、桩基、建筑物构件和水力参数六大门类中的 30 类主要试验检测项目进行了具体规定。

"16 版标准"主要包括总则、术语、基本规定、混凝土工程原材料试验检测仪器设备、混凝土试件试验检测仪器设备、土工及地基承载力试验检测仪器设备、桩基试验检测仪器设备、建筑物构件试验检测仪器设备、水力参数试验仪器设备等技术内容。

"16 版标准"总结了水运工程试验检测的实践经验,有利于促进我国水运工程试验检测仪器设备选型、使用的规范化和标准化,逐渐成为水运工程相关行业试验检测仪器设备选型的重要参考依据。

3.《水运工程水工建筑物原型观测技术规范》(JTS 235—2016)

《水运工程水工建筑物原型观测技术规范》的两个版本依次为:《水运工程水工建筑物原型观测技术规范》(JTJ 218—2005,简称"05 版规范")和《水运工程水工建筑物原型观测技术规范》(JTS 235—2016,简称"16 版规范")。

原型观测的目的主要是验证建筑物设计和计算方法、施工期安全控制以及运营期安全控制等。从理论研究、模型试验和原型观测三种研究手段来看,原型观测无疑是进行研究工作的最为完善的方法。为保证水运工程水工建筑物原型观测水平,统一原型观测要求,交通部组织编写了"05 版规范",于 2006 年 5 月 1 日起施行。"05 版规范"主要由位移和变形观测、力与应力观测、振动观测、耐久性观测等主要技术内容组成。明确了每种水运工程水工建筑物的必测项目和选测项目,并对每种观测项目对应的观测周期、观测方法、测点布置、测点数量等做了明确规定。

为了适应现代水运工程的发展现状和技术需求,提高原型观测技术水平,交通运输部组织有关单位对"05 版规范"进行了修订,修订后的"16 版规范"于 2016 年 9 月 1 日起施行。"16 版规范"主要内容包括观测设计、外观观测、变位与变形观测、力与应力观测、振动观测、冻融观测、腐蚀观测、观测报告等。

"16 版规范"丰富和更新水工建筑物原型观测的项目内容和要求,强化、丰富观测设计的内容,提出每种水工建筑物的观测设计原则,对每个观测项目对应的观测周期、测点设置、观测数量都做了明确的规定,更具技术领先性和可操作性。在对原型观测技术国内外调研的基础上,系统研究了水运工程水工建筑物原型观测新技术及远程无线测试技术,完成了"无线测试技术在原型观测中的应用"专题研究,提出了远程无线自动观测技术要求。

"16版规范"主要做了以下修订:①侧重编写原型观测的内容和要求,对观测方法、观测仪器等做原则规定和建议,不规定具体方法、具体仪器;②"位移和变形观测"改为"变位与变形观测";③"观测设计"升级为章,规定每种水工建筑物的观测设计原则;④删除"混凝土温度应力",增加"水流力";⑤"耐久性观测"改为"冻融观测"和"腐蚀观测"。

"05版规范"和"16版规范"统一了水工建筑物原型观测技术要求,规范了原型观测实施,保证了原型观测质量,自发布以来,在我国水运工程领域得到了广泛的应用,使原型观测技术能更好地应用于水运工程,对促进我国水运行业的技术进步,保障水运工程水工建筑物安全运营发挥了重要作用。

七、监理类标准

水运工程建设监理制度,经过试点、稳步发展到1996年开始的全面推行,已成为水运工程建设中不可缺少的重要环节,所起的作用也越发显著,因此健全水运工程项目监理制度,使监理工作科学化、规范化是十分必要的。为加强水运工程建设质量管理,规范水运工程施工监理行为,提高综合经济效益和工程管理水平,有效控制工程工期和费用,交通运输部组织有关单位制定了《水运工程施工监理规范》(JTS 252—2015)、《水运工程机电专项监理规范》(JTS 252—1—2013)等规范。

《水运工程施工监理规范》(JTS 252—2015)

《水运工程施工监理规范》是交通运输部关于水运工程建设施工阶段监理的强制性行业标准,是水运工程施工监理工作的主要依据。目前共依次发行了两个版本,分别为《水运工程施工监理规范》(JTJ 216—2000,简称"00版规范")和《水运工程施工监理规范》(JTS 252—2016,简称"16版规范")。

"00版规范"为第一本水运工程建设行业的监理规范,主要包括施工招标期、准备期、施工期、交工验收及保修期的监理,信息与资料管理等内容。对监理单位的资质、监理的主要依据、现场监理机构的组织形式和人员构成、现场监理机构的主要权利和义务,现场监理机构及人员的主要职责都做了明确的规定。对在施工准备期、施工期和交工验收及保修期,现场监理机构及人员进行质量控制、进度控制、费用控制和合同管理的主要内容、工作程序、工作方法和措施等都提出了具体要求。对工地会议、施工监理交底的内容及组织方式;信息和资料的收集、整理和保存;监理文件和工作记录的格式等也进行了规范。

随着水运工程建设的快速发展，工程建设管理模式日趋多元化，国家关于工程建设一系列新法规发布实施，使监理工作职责和定位发生了新的变化。为此，交通运输部组织有关单位对"00 版规范"进行了修订，形成了"16 版规范"。

"16 版规范"主要包括施工准备期监理、施工期监理、机电设备监理、缺陷责任期监理、合同管理、监理资料管理等内容。"16 版规范"修订的主要内容包括：①将交工验收及保修期监理改为缺陷责任期监理，取消了施工招标期监理和施工监理交底的内容，增加了机电设备监理、施工安全监理和施工环境保护监理；②取消了旧规范中部分不适用的术语，增加了"施工监理""监理单位"等术语；③补充调整了项目监理机构的主要职责等内容，补充了总监理工程师、总监理工程师代表和其他监理人员的任职条件等要求。对项目监理机构平行检验检测机构的选择进行了明确；④增加了危险性较大工程和采用新技术、新工艺、新材料、新设备的工程的专项施工方案审查和分包单位资格审查的规定；⑤增加了施工安全监理和施工环境保护监理的内容；⑥增加了旁站范围、旁站交底的规定，对平行检验的频次进行了调整；⑦对旧规范中工程进度、费用控制和合同管理等方面不适应当前水运工程施工监理工作需要的规定进行了补充和调整；⑧由于监理信息管理工作贯穿施工监理各阶段，其载体表现为工程资料，将"00 版规范"的信息与资料管理的有关规定合并编写为监理资料管理。

"00 版规范"和"16 版规范"分别在水运工程施工监理发展的不同阶段扮演了重要的角色，促进并推动了水运工程建设项目管理水平的不断提升。规范的发布实施，有利于明确监理工作的行为准则，进一步发挥监理在水运工程建设中的重要作用，对引导监理市场健康有序发展、促进监理企业提高服务质量具有重要意义。

八、节能环保类

随着科学技术的不断发展以及我国改革开放的不断深入，节约能源的技术方法也在不断引进、发展及更新，在港口装卸工艺、港务船舶、建筑材料、港口建筑集中供热、空调通风及供电照明等各个方面都有节能新技术新方法不断出现并应用。目前，行业内现行的环保设计类标准有《水运工程节能设计规范》（JTS 150—2007）、《港口工程环境保护设计规范》（JTS 149—1—2007）、《码头船舶岸电设施建设技术规范》（JTS 155—2012）、《码头油气回收设施建设技术规范（试行）》（JTS 196—12—2017）、《煤炭矿石码头粉尘控制设计规范》（JTS 156—2015）、《绿色港口等级评价标准》（JTS/T 105—4—2013）、《港口建设项目环境影响评价规范》（JTS 105—1—2011）、《内河航运建设项目环境影响评价规范》（JTJ 227—2001）等，在编的标准有《绿色水运工程建设标准》、《内河航道绿色生态建设技术导则》等。

（一）节能环保设计类

1.《水运工程节能设计规范》(JTS 150—2007)

《水运工程节能设计规范》的 3 个主要版本依次为:《水运工程设计节能规范》(JTJ 202—87,简称"87 版规范")、《水运工程设计节能规范》(JTJ 228—2000,简称"00 版规范")、《水运工程节能设计规范》(JTS 150—2007,简称"07 版规范")。

随着我国改革开放和经济建设步伐的加快,能源短缺已成为我国经济发展的重要制约因素。为了规范港口节能设计工作,交通部组织编写了"87 版规范",之后,继续组织编写了"00 版规范",于 2001 年 4 月 1 日起施行。

"00 版规范"是指导和规范水运工程节能设计的强制性行业标准,主要包括总则,一般规定,港口陆域布置,港口装卸工艺及装卸机械,港口锅炉房及热力管道、工业厂房及民用建筑,供水、排水,供电、照明,港务船舶,通航建筑物,助航标志等技术内容。

"07 版规范"是在"00 版规范"的基础上修订而成的,主要包括总则、基本规定、港口总平面布置,港口装卸工艺及装卸机械,生产和辅助生产建筑,供热、通风和空气调节,给排水及污水处理,供电、照明,控制和管理,港务船舶,通航建筑物,助航标志等技术内容。

在前版的基础上,"07 版规范"主要做了以下修订:①增加了对港址选择、港池回旋水域、航道和锚地布置的节能规定。从降低综合物流运输、车船运输能耗的角度对港口平面布置从水域、陆域、高程、道路布置、港口标志标线进行了规定;从资源充分利用角度对工作船码头、施工临时码头布置进行了规定,突出了水运工程区域、总体节能概念;②把夏季制冷,建筑照明等纳入节能考虑的范畴,对节能数据加以更新,把遮阳和隔热的理念引入到规范的节能措施之中;③取消和修订了原有规范一些过细或已不符合现有科技水平的规定,并在原有热源和热力管道节能设计的基础上,增加了采暖、通风、空气调节、空调冷源与监测控制等节能设计内容,涵盖了暖通空调各个方面;④增加了选择节水型器具和太阳能热水器、水源(地源)热泵、空气源热泵等节能型供热设备提供生活热水内容;⑤增补了供电、照明节能要求和新技术;⑥补充了消防船、环保船、航测船内容,强调港务船舶要把保证港口功能放在首位,在此基础上提高船舶利用率。

随着科学技术的进步和实践经验的积累,我国水运工程节能设计技术也逐步发展,做好节能设计,对建立资源消耗低、环境污染少、增长方式优、规模效应强的可持续发展绿色港口,达到全面提升我国港口社会、经济和环境综合效益的目的,具有重要意义。

2.《港口工程环境保护设计规范》(JTS 149—1—2007)

《港口工程环境保护设计规范》的 2 个版本依次为:《港口工程环境保护设计规范》

（JTJ 231—94，简称"94 版规范"）、《港口工程环境保护设计规范》（JTS 149—1—2007，简称"07 版规范"）。

为适应国家环境保护政策，加强交通行业环境保护，交通部颁布了《交通建设项目环境保护管理办法》《交通行业环境保护管理规定》等规定。同时，为了从技术角度为港口环境保护提供支撑，交通部组织编写了"94 版规范"。进入 21 世纪，根据科学发展观国家提出了新的环境保护要求，我国环保技术水平也随之进步，交通部水运司组织对该规范进行了修改，于 2007 年发布了"07 版规范"。

"94 版规范"为水运行业港口工程第一本正式的环境保护设计规范，主要包括生产废水与生活污水、粉尘和废气、噪声、绿化、固体废弃物、石油码头事故溢油清污应急措施、施工期污染防治等主要内容。该规范适用于海港、河港的新建、改建、扩建和技术改造项目的环境保护设计；厂、矿及其他专用码头的环境保护设计可参照执行。规范编制期间开展了全国沿海、内河多个港口的现场调研，取得的有关污水水量水质数据、适合港口特点的污水处理工艺类型和煤炭矿石码头除尘抑尘工艺资料等为规范的编制提供了科学、坚实的支撑。规范结合国内外港口水域事故风险应急案例系统提出了港口船舶溢油事故应急措施要求，结合港口建设期间的环境污染特点，提出了施工期污染防治及生态保护要求等。相关内容具有使用范围广的特点，很好地为当时的港口环境保护设计提供了技术支持。

"07 版规范"是在"94 版规范"的基础上进行修订的。规范修订时遵守我国当时的实际情况，结合当时的环境标准、港口污染防治工艺以及生态保护要求，提出新的设计要求，使港口建设项目环境保护设计既符合当时交通行业环境保护技术、管理的水平，又能满足和保证港口建设项目的顺利进行。《规范》修订期间，对有代表性的典型港口开展了调研。规范主要包括术语、基本规定、生产废水和生活污水、粉尘和废气、噪声、固体废物、港口生态、环境污染事故等内容。与"94 版规范"相比，"07 版规范"增加了设计应执行的新颁布的国家现行相关法律法规要求，强调环境保护设计应贯彻清洁生产、节约用地和节约能源，充分利用原有的环境保护设施，统一规划，远近结合，留有发展余地，以达到防治污染和减缓生态影响等原则；增加港口选址应回避重大法律障碍和环境制约因素的规定内容；补充清洁生产、污染物排放总量控制和事故应急预案等内容；总结了国内港口在生产废水和生活污水、粉尘和废气污染治理设备设施配置及处理效果，结合当时环境保护政策和港口污染防治技术水平，对港口各类污染物的发生量进行了复核，对污染处理、处置工艺进行了完善；增加水资源缺乏、对排水有特殊要求的区域污水处理回用的工程设计措施；将"94 版规范"第 6 章"绿化"充实调整为"生态恢复"，增补了生态恢复及补偿措施的要求；将"石油码头事故溢油清污应急措施"充实调整为"环境污染事故"，根据《国家和地方突发公共事件总体应急预案》和《国际海事组织 73/78 防治公约》的要求，补充了相关内容。我国港口工程环境保护设计技术逐步发展,"07 版规范"的制定为保障经济社会发展、港口环境保护起到了积极的作用。

3.《码头船舶岸电设施建设技术规范》(JTS 155—2012)

码头船舶岸电技术作为我国水运行业推进节能减排工作的重要内容之一,在行业内有着广泛的推广应用前景。伴随着我国码头船舶岸电技术的不断成熟和发展,以及建设绿色港口的发展趋势,船舶岸电应用需求也在不断增加。为了统一我国码头船舶岸电技术要求,确保船舶岸电安全可靠、技术先进、经济合理和维护方便,交通运输部水运局组织有关单位编制了《码头船舶岸电设施建设技术规范》(JTS 155—2012,简称"12 版规范")。

"12 版规范"主要包括码头船舶岸电系统的用电负荷、设备布置、计量、继电保护、计算机管理与监控系统、防雷接地和安全防护、电气设备等技术内容。规范主要特点如下:①对新建集装箱码头、干散货码头、邮轮码头和客滚船码头提出了建设船舶岸电设施的要求;对改、扩建的集装箱码头、干散货码头、邮轮码头和客滚船码头在建设船舶岸电设施时要求综合考虑平面布置、用电容量等方面的内容,保证港口码头安全生产;②综合考虑我国港口码头运营特点,提出了放射式、树干式和组合式等多种科学、合理的船舶岸电技术方案;③根据目前我国集装箱船、干散货船用电情况,提出了港口码头在建设船舶岸电设施时岸电容量的计算方法和船舶辅机相关参考数据;④重视码头船舶岸电安全运行,在岸电系统中针对继电保护、防雷接地和计算机监控等方面提出了具体技术要求,保证码头船舶岸电系统在运行过程中安全可靠;⑤结合国际相关岸电标准草案的内容,针对我国港口码头作业特点,对向多船舶提供供电服务的岸电系统提出了设置隔离保护的要求;⑥要求码头船舶岸电系统采用独立计量系统,对向多船舶提供供电服务的岸电系统提出分船独立计量的要求;⑦注重岸上向船舶提供用电服务的质量,对船舶岸电设施输入侧和输出侧供电质量(电压、频率和瞬变响应等)做出了明确的规定;⑧对船舶岸电设施中的主要设备提出了功能、布置、选型和防护等多项相关技术要求。

"12 版规范"自颁布实施以来,在上海、连云港、深圳、广州、大连、天津等多项港口岸电设施建设工程项目中发挥了重要指导作用,成为港口岸电建设工程咨询、设计、施工工作的重要引用标准之一,在行业节能减排、环境保护工作中意义重大。

4.《码头油气回收设施建设技术规范(试行)》(JTS 196—12—2017)

近年来我国部分码头开展了油气回收工程设计施工工作,但由于国内缺乏相关设计、施工、验收标准规范,大多缺乏对国外的实例参考和相关技术标准的应用。2007 年,中石油发布的《油气回收系统工程技术导则》(Q/SH 0117—2007),及 2012 年住建部发布的《油品装载系统油气回收设施设计规范》(GB 50759—2012),均适用于石油化工企业、石油及液体化工品库、加油站等油气回收设施的工程设计，不适于港口码头。因此，为提高港口节能减排效益和环境保护水平，统一码头油气回收处理系统的设计、施工、检验和验收要求，交通运输部组织制定了《码头油气回收设施建设技术规范（试行）》（JTS 196—12—2017，简称"17版规范"），并于2017年9月1日起施行。

"17版规范"主要包括码头油气回收设施的设计、施工、设施检验和验收、设施维护和管理等技术内容，其制定符合交通行业节能减排及可持续发展的政策，进一步规范和指导了码头油气回收设施设计和管理，并对接国际海事组织船舶防污染相关法规，在港口码头环境保护与节能减排的要求等方面具有重大意义。

5.《煤炭矿石码头粉尘控制设计规范》（JTS 156—2015）

在我国水运行业，煤炭、矿石的运量在散货运输总量中占据首位，煤炭、矿石码头作为运输系统的重要节点是产生和扩散粉尘的重点区域，其产生的粉尘对大气、水体均会造成污染，直径10微米以下的可吸入性粉尘颗粒，还会对人体造成不可恢复性的伤害。近年来，遵循"创新、协调、绿色、开放、共享"的发展理念，国家高度重视环境污染问题，出台了一系列政策性文件。交通运输部结合交通运输行业的特点，从制定政策、完善机制、强化管理入手，推动全行业深入开展环境治理、节能减排，积极倡导绿色港口建设。在以往的水运行业规范中，对煤炭矿石码头粉尘控制方面较少涉及，有的相关规范仅提出了原则性要求，无具体设计方法及指标要求，可操作性不强，已不能满足绿色港口建设的需要。因此，为贯彻国家环境保护相关政策，交通运输部组织编制了《煤炭矿石码头粉尘控制设计规范》（JTS 156—2015，简称"15版规范"），于2016年5月1日起实施。

"15版规范"主要包括总则、术语、基本规定、粉尘控制对总平面布置的要求、装卸设备粉尘控制，煤炭、矿石堆存粉尘控制，汽车转运粉尘控制、粉尘控制配套设施和设备维护与监测等内容。"15版规范"对码头与环境敏感区的防护距离、堆场防风抑尘网布置参数、码头区设计速度等作出了规定；对工艺设备除尘抑尘功能设计、落料口与落料点最大落差等提出要求；提出了干法除尘风量计算公式；分别规定了煤炭、矿石堆场最低含水率目标值；给出了堆场射雾器的配置设计原则及雾滴最大粒径要求；提出了堆场内装卸作业汽车的冲洗要求、冲洗强度、冲洗时间等参数；提出了配套供水、供电、自动控制方面的设计要求及参数指标。附录中给出了堆场抑尘洒水量计算方法、喷枪喷洒时间计算公式以及防风抑尘网挡风板尺度参数等内容。

"15版规范"主要特点有：①为我国首部针对煤炭矿石码头粉尘控制的设计规范，使得煤炭矿石码头粉尘控制设计有据可依，填补了行业空白。②提出了煤炭、矿石露天堆场与环境敏感区的防护距离要求，对煤炭、矿石码头选址提出了限制性条件。③系统地对不同种类矿石进行了起尘规律研究，揭示了矿石起尘量与堆垛表层含水率、风速变化以及堆垛表层板结对起尘的影响。分别给出了煤炭、矿石堆垛表层最低含水率要求值。④针对不同季节气候条件,提出了洒水次数、洒水量及洒水时间计算公式;对装卸工艺设备提出了采用水雾或干雾喷嘴及指标要求;对于带式输送机转运站干法除尘,提出了除尘风量计算公式。⑤确定了防风抑尘网的高度、开孔率等参数取值范围,对堆场防风抑尘网设计具有指导意义。

"15版规范"以煤炭矿石码头粉尘控制设计、实现港口粉尘防治为目标,对我国绿色港口建设具有重要意义。除应用于煤炭、矿石码头粉尘控制设计外,对于煤炭、矿石散货物流园区粉尘控制设计也具有指导意义。

(二)节能环保评价类

1.《绿色港口等级评价标准》(JTS/T 105—4—2013)

2011年交通运输部发布的《"十二五"水运节能减排总体推进实施方案》(交水发〔2011〕474号),把建立绿色港口发展长效机制作为水运节能减排标准规范的一项重要内容。借鉴国外开展绿色港航和生态港口认证以及国内住房及城乡建设保护部开展全国绿色建筑评价标识工作的经验,确认可将绿色港口等级评价作为推进港口节能减排工作的长效手段之一。为此,2012年交通运输部组织相关单位制定了《绿色港口等级评价标准》(JTS/T 105—4—2013,简称"13版标准"),于2013年6月1日起实施。

"13版标准"的内容包括设定评价对象、设置评价项目、确定评价内容、选择评价指标、设计评价方法和划分评价等级等方面的要求。

①设定评价对象。"13版标准"选择码头作为评价对象而且目前阶段仅考虑生产性码头,此外,为进一步降低制定标准的难度,加快标准制定进程,将评价对象进一步限定为专业化的集装箱、干散货和液体散货码头。

②确定评价项目、内容和指标。"13版标准"设置"理念""行动""管理"和"效果"4类评价项目;每类评价项目下设有2项或3项评价内容,总计10项评价内容;每项评价内容下设有2个或3个评价指标,共计23个评价指标。

③设置评价方法。评价方法除了主要依据对评价对象满足各种绿色发展要求的程度的综合计分确定绿色港口等级外,针对各绿色港口等级还设置了其他必要条件,以便有效推进绿色港口的建设,将一些企业没有自觉性和积极性采取的措施设置为必要条件。

④划分评价等级。为使评价结果具有激励性,以目前绿色发展程度较高的码头能够评为3星级绿色港口为基础,通过评价试验确定了不同星级绿色港口的评价综合得分要求以及应满足的必要条件。

实践证明绿色港口等级评价工作的开展达到了预期的效果,明确了绿色港口的内涵、规范了绿色港口的评价、推动了港口转型升级,受到港口的欢迎,尤其是为港口环境保护和节能减排从业人员,发现差距、设定发展目标、争取领导支持、推动相关工作开展提供了依据。

2.《港口建设项目环境影响评价规范》（JTS 105—1—2011）

《港口建设项目环境影响评价规范》主要有《港口建设项目环境影响评价规范》（JTJ 226—97，简称"97 版规范"）、《港口建设项目环境影响评价规范》（JTJ 105—1—2011，简称"11 版规范"）2 个版本。

环境保护是我国的一项基本国策，是实现可持续发展、建设社会主义现代化强国的基础。根据《中华人民共和国环境保护法》《建设项目环境保护管理办法》和《交通建设项目环境保护管理办法》，为了统一港口建设项目环境影响评价标准，通过环境影响评价质量，使港口建设项目达到"经济效益、社会效益和环境效益统一"，交通部组织相关单位编制了"97 版规范"，于 1998 年 5 月 1 日起实施。

"97 版规范"为水运行业第一部正式的港口建设项目环境影响评价规范，主要包括工程分析、水环境影响评价、大气环境影响评价、生态环境影响评价、声环境影响评价、事故风险污染分析、防治污染措施与环境经济损益分析等主要内容。该规范适用于海港、河港的新建、扩建和技术改造项目在工程可行性研究阶段的环境影响评价。

"11 版规范"是在"97 版规范"的基础上修订而成的，包括基本规定、工程分析、现状调查与评价、水环境影响评价、大气环境影响评价、生态环境影响评价、声环境影响评价、环境风险评价、公众参与、防治污染措施及其经济技术论证等主要内容。该规范适用于海港、河港的新建、扩建和技术改造项目在工程可行性研究阶段的环境影响评价。

"11 版规范"为港口建设项目适应新的环境保护法律法规及技术规范明确了具体要求，为港口建设在环境保护方面起到了很好的指导作用。

3.《内河航运建设项目环境影响评价规范》（JTJ 227—2001）

从 20 世纪 90 年代初开始，国家加大了内河航运建设的投资力度，一批内河航运建设相继开工建设。根据《中华人民共和国环境保护法》《建设项目环境保护管理条例》和《交通建设项目环境保护管理办法》，交通部"交基发〔1996〕1091 号"下达了《关于下达一九九六年水运工程标准、定额计划的通知》，提出规范的编写要求，交通部组织有关单位编制了《内河航运建设项目环境影响评价规范》（JTJ 227—2001，简称"01 版规范"），并于 2002 年 1 月 1 日起实施。

"01 版规范"为水运行业第一部正式的内河航运建设项目环境影响评价规范，主要内容包括环境影响评价类别、环境要素评价等级的划分、评价范围、评价内容、评价重点、工程分析、环境现状评价、环境影响评价、污染防治和生态保护措施等主要内容。该规范适用于内河通航建筑物、航运枢纽和航道工程建设项目的环境影响评价，内河船坞、船台和滑道建设项目可参照执行。

九、工程信息类

随着科技的不断进步,信息化建设已逐步走入水运工程建设中,数字化、信息化、智能化技术在水运建设行业内被广泛应用。目前正在施行的规范有《集装箱码头计算机管理控制系统设计规范》(JTJ/T 282—2006)、《港口地区有线电话通信系统工程设计规范》(JTJ/T 343—96)、《甚高频海岸电台工程设计规范》(JTJ/T 345—99)、《海岸电台总体及工艺设计规范》(JTJ/T 341—96)等,在编标准有《港口电子口岸建设技术规范》《内河数字航道工程建设标准》《水运工程设计信息模型应用标准》《水运工程建筑信息模型应用统一标准》等。

《集装箱码头计算机管理控制系统设计规范》(JTJ/T 282—2006)

随着我国集装箱运输事业的发展,集装箱码头建设工程日益增多。集装箱码头计算机管理控制系统的应用不断普及和深入,已成为码头建设必不可少的重要组成部分。为了指导并规范计算机管理控制系统的设计工作,使其贯彻国家的有关方针政策,做到技术先进、经济合理、安全适用和确保质量,不断提高我国集装箱码头建设的现代化水平,有关单位依据交通部水运司"水运技术字〔2001〕73号文"的要求,在总结国内外集装箱码头计算机管理控制系统建设经验并广泛征求意见的基础上,编制了《集装箱码头计算机管理控制系统设计规范》(JTJ/T 282—2006,简称"06版规范"),对集装箱码头计算机管理控制系统的主要设计内容及技术要求做了规定,是集装箱码头计算机管理控制系统设计的依据。

"06版规范"是第一本针对专业货种码头计算机管理控制系统的行业规范,主要内容包括计算机管理控制系统的功能、构成,信息网络中心、监控中心、无线局域网、集装箱大门、冷藏箱远程监控、装/卸设备远程监控、工业电视、网络布线、供电以及接地的技术要求。规范适用于新建、扩建和改建的吞吐量大于10万(TEU)的专业化集装箱码头计算机管理控制系统的建设,对吞吐量小于10万(TEU)的集装箱码头,也可以参照执行。

"06版规范"对当时集装箱码头涉及到的各种计算机管理控制系统都有涉及,对系统的功能、构成、相关专业要求、设备配置等提出了要求,为计算机控制专业人员的设计工作提供了行业指导,也有利于项目经理和其他相关专业了解集装箱码头计算机管理控制系统的功能和基本构成。

十、安全类

港口作为支持国民经济发展的重要基础设施,其地位和作用日趋明显,港口运营安全也日显重要。为贯彻"安全第一,预防为主,综合治理"的安全生产方针,保障港口生产作业安全,把好港口安全源头关,夯实港口安全基础,实现港口建设项目本质安全要求,规范港口建设项目安全评价工作;同时,为满足水运工程建设发展的需要,统一水运工程施工安全防护的技术要求,进一步实现水运工程安全防护的标准化,加强对水运工程施工安全防护的管理,有效管控水运工程施工过程中的安全风险。交通运输部及时组织有关单位制定了港口建设项目安全预评价、港口建设项目安全验收评价、水运工程施工安全防护技术方面的标准和规范,确保了港口建设项目"三同时",实现了港口建设项目的本质安全性,保障了水运工程建筑物及设施的施工安全和港口企业安全平稳运行。

（一）《港口建设项目安全预评价规范》（JTS/T 170—2—2012）

港口行业专业性强,港口装卸储运作业安全具有明显的行业特性,为落实安全评价制度,保障港口生产作业安全,把好港口安全源头关,夯实港口安全基础,实现港口建设项目本质安全要求,迫切需要根据国家法律法规的要求,按照交通行业建设类标准,统一港口建设项目安全预评价的技术要求,提高港口建设项目安全预评价质量,保障港口建设项目投产后人员的健康和生命安全及财产安全,制定适应港口行业要求的港口建设项目安全预评价规范。同时,2011年根据《危险化学品安全管理条例》新修订的《港口危险货物安全管理规定》重新设计了港口危险货物建设项目安全条件审查制度,制定了港区危险货物储存安全管理的相关要求,也迫切需要通过制定港口建设项目安全预评价规范,为新的《危险化学品安全管理条例》和《港口危险货物安全管理规定》有效实施提供技术保障,保障安全条件审查的有效性,强化港口危险货物建设项目源头安全管理的力度。为此,交通运输部组织相关单位共同编制了《港口建设项目安全预评价规范》（JTS/T 170—2—2012,简称"12版规范"）,于2013年1月1日起实施,主要内容包括总则、术语、基本规定、前期准备、危险和有害因素辨识与分析、建设方案安全评价、事故危险性评价、有害因素危害评价、安全对策措施及建议和评价结论。该规范为国内第一次编制,填补了行业空白。

"12版规范"的施行,提高了港口建设项目安全评价质量,消除和减少了港口建设项目的安全隐患,达到了最低事故率、最少事故损失和最优的安全投资效益,实现了港口安全管理关口前移、源头管理目标。同时,该规范也为新的《危险化学品安全管理条例》和《港口危险货物安全管理规定》的有效实施提供了技术保障,为水运工程建设快速、安全发展提供了技术支撑。

（二）《港口建设项目安全验收评价规范》（JTS/T 170—3—2012）

为落实安全评价制度,保障港口生产作业安全,把好港口安全源头关,夯实港口安全基础,实现港口建设项目本质安全要求,迫切需要根据国家法律法规的要求,按照交通行业建设类标准,统一港口建设项目安全验收评价的技术要求,提高港口建设项目安全验收评价质量,保障港口建设项目投产后人员的健康和生命安全及财产安全,制定适应港口行业要求的《港口建设项目安全验收评价规范》。同时,2011 年根据《危险化学品安全管理条例》新修订的《港口危险货物安全管理规定》重新设计了港口危险货物建设项目安全验收制度和制定了港区危险货物储存安全管理的相关要求。也迫切需要通过制定《港口建设项目安全验收评价规范》,为新的《危险化学品安全管理条例》和《港口危险货物安全管理规定》有效实施提供技术保障,保障安全设施验收的有效性,强化港口危险货物建设项目源头安全管理的力度。交通运输部组织有关单位共同编制了《港口建设项目安全验收评价规范》(JTS/T 170—3—2012,简称"12 版规范"),自 2013年 1 月 1 日起施行。

"12 版规范"主要内容包括总则、术语、基本规定、前期准备、危险和有害因素辨识与分析、安全技术和条件评价、安全生产管理状况评价、主要安全设施"三同时"落实情况评价、事故危险性评价、隐患整改情况意见及安全对策措施和评价结论。

"12 版规范"施行后,得到了广泛应用,指导了全国所有的港口建设项目安全验收评价,对于准确分析和预测水运工程建设项目可能存在的危险、有害因素种类和程度,以及存在的安全隐患,提出具有针对性、合理可行的隐患整改措施、安全对策措施及建议,落实"安全设施与主体工程同时设计、同时施工、同时投入生产和使用",实现港口建设项目的本质安全性,保障港口企业安全平稳运行,避免或减少人民生命财产的损失,发挥了重大的作用,产生了重大的经济效益。

(三)《水运工程施工安全防护技术规范》(JTS 205—1—2008)

21 世纪初以来,随着我国水运建设事业的蓬勃发展,水运工程施工安全防护技术在工程建设和安全生产中发挥了重要的作用。为了满足水运工程建设发展的需要,统一水运工程施工安全防护的技术要求,进一步实现水运工程安全防护的标准化,加强对水运工程施工安全防护的管理,交通部水运司组织相关单位编制了《水运工程施工安全防护技术规范》(JTS 205—1—2008,简称"08 版规范"),于 2009 年 1 月 1 日起实施。主要内容包括:施工安全技术准备,通用作业的安全防护,预制构件起吊、出运和安装,桩基施工,深基坑支护及开挖,疏浚和吹填施工,主要施工船舶安全操作,特殊条件下施工及施工船舶调遣和海上防风等方面的安全防护技术内容。

"08 版规范"的编制总结了我国多年水运工程施工过程中安全防护的实践经验并参考国内外有关资料,首先考虑以改善施工现场安全防护条件为前提。对提高水运工程安全施工水平,推进水运工程施工安全发展重大作用。规范自颁布以来已指导了全国水运工程施工过程中安全防护设备设施等内容的配置，对实现水运工程施工现场安全防护标准化及作业标准化具有重要意义。

第四节　工程运行与维护类标准

一、概述

工程维护是工程全寿命周期的重要阶段，项目建成投入运营后的维护管理，直接影响到建筑物及设施的安全运营。港口和航道工程结构、通航建筑物以及各类设施等，长期处于海水环境、淡水环境、冻融环境、化学腐蚀等各类环境中，随着时间的推移，结构将遭受各类腐蚀会逐渐劣化损坏，沉降、位移、外力作用也会导致结构受损，波浪、水流冲刷会导致堤坝、岸波破坏，泥沙沉积使航道变浅，船闸故障影响船舶通行等，直接影响水运工程结构的使用功能，甚至造成安全隐患。为此，交通运输部及时组织有关单位制定了港口工程、航道工程、通航建筑物的维护技术标准，并及时对标准修订完善，确保了水运工程建筑物及设施的安全运行。

港口、航道和通航建筑物工程维护技术标准的实施，提高了水运工程结构和设施的管理和维护质量，保障了水路运输安全、畅通、经济、环保、节能，满足了我国经济发展的迫切需求，促进了交通运输行业的技术进步。

二、港口工程类

港口设施和水工建筑物的维护与管理在保证码头正常运营、安全生产过程中有重要作用。目前正在实施的标准主要有《港口设施维护技术规范》（JTS 310—2013）、《码头结构加固改造技术指南》（JTS/T 172—2016）、《港口水工建筑物修补加固技术规范》（JTS 311—2011）、《港口水工建筑物检测与评估技术规范（JTJ 302—2006）和《沿海导助航设施维护技术规范》等。内容涵盖港口设施管理、技术状态、检查周期和方法、检测评估、维护维修、加固改造、日常技术管理等。

（一）《港口设施维护技术规范》（JTS 310—2013）

港口设施维修与管理的质量好坏、工期长短、效率高低将直接影响到码头功能的实现，影响到港口能力的发挥，影响到港口的生存与发展。《港口设施维护技术规范》的制定在我国港口设施的维护管理中起到了指导和推动的作用，为我国港口事业的发展提供了保障。《港口设施维护技术规范》历史上有两个版本，分别是《港口设施维护技术规程》（JTJ/T 289—97，简称"97 版规程"）和《港口设施维护技术规范》（JTS 310—2013，简称

"13 版规范"）。

"97 版规程"是当时我国第一项有关港口设施维修与管理的技术规范,编写于"九五"初期,当时的港口管理体制正处在新的改革初期,许多港口仍采用以建代管、自建自管的管理模式,规程的出台直接影响到港口设施维修与管理水平的总结与提高。

"13 版规范"是在"97 版规程"的基础上修订而成的,于 2009 年 9 月 1 日起实施。随着"九五""十五"期港口建设的迅猛发展,港口管理体制和港口经营模式的多样化,港口投资体制的多元化等,对港口设施的维修技术与管理理念提出了新的更高的要求。"13版规程"纳入了国内外先进的港口设施维护新技术和新的管理经验,为港口设施维护提供了技术支持。其主要修订内容有:①增加了港口设施、保养、小修、中修、大修、改扩建和技术状态等 7 个术语;②技术状态分类标准对港口主要设施和附属设施分别进行了分类。主要设施技术状态分为:好(一类)、较好(二类)、较差(三类)、差(四类)和危险(五类)等五个等级。附属设施技术状态分为:好和差两个等级;③对主要港口设施的重要部位进行了技术状态分类,并进行了量化。根据部位不同,承载力不同,易损情况不同,对不同等级进行了量化,范围定在 0% ~25% 之间;④将检测分为经常性检查、定期测量观测和定期检测三个层次进行编写。在出现异常等情况时还应进行特殊检测。根据不同的检测结果进行评定;⑤增加了防波堤与护岸、港池与航道、港区道路与堆场的维护,将原规程的码头护舷维护改为停靠船设施维护、将钢结构维护改为混凝土和钢结构防腐蚀;⑥增加了技术档案的内容。

港口设施的维修与管理在我国港口的管理与经营中占有十分重要的地位,规程的实施有力地保障了港口设施的耐久性、安全性和适用性。

（二）《港口水工建筑物修补加固技术规范》（JTS 311—2011）

随着我国水路运输的快速发展,大量在役港口水工建筑物由于使用和环境条件的影响,出现材料劣化、功能降低的现象日益严重,迫切需要对其进行修补加固,但我国当时尚无统一的港口水工建筑物修补加固技术规范,为保证港口水工建筑物的使用安全,有效延长其使用寿命,降低全寿命使用成本,交通运输部组织有关单位制定了《港口水工建筑物修补加固技术规范》（JTS 311—2011,以下简称"11 版规范"）。

"11 版规范"主要内容涵盖了港口水工建筑物的混凝土结构和钢结构的破损修补、加固和必要的防腐措施,以及恢复结构安全性、使用性和耐久性。针对结构受到海水、冻融和碳化腐蚀引起的耐久性破损,或者使用过程受到撞击、沉降、位移等造成的结构损坏,按照修补加固的目标使用年限和使用要求,分别规定了相应的修补加固技术措施,从材料、工艺、检验与验收、试验方法等做了明确规定。主要章节内容包括混凝土结构破损修补、混凝土结构加固、钢结构修补与加固、检验与验收等。

混凝土结构修补加固的主要内容有：混凝土开裂、剥落损坏采取的立模浇筑混凝土、喷射混凝土、聚合物水泥砂浆、混凝土裂缝灌浆修补；水下构件采取的水下不分散混凝土、水下包覆层材料修补；混凝土外粘型钢、粘贴钢板、粘贴碳纤维加固；混凝土结构修补加固后采取的表面涂层、硅烷浸渍、电化学脱盐和外加电流阴极保护防腐蚀措施。

钢结构修补加固的主要内容有：加大截面法加固、连接的加固、裂纹修复与加固；钢结构耐久性修复采取的表面涂层、牺牲阳极阴极保护和和外加电流阴极保护。

"11版规范"自颁布实施以来，在已建港口水工建筑物混凝土结构、钢结构的维护、维修或功能改造提供了必要的技术依据。作为一部专门的港口水工建筑物修补加固规范，它统一了我国在修补加固技术领域的技术需求，全面提高了我国对已建工程损坏结构的修补加固质量，满足了修补加固后的港口水工建筑物的安全性、适用性和耐久性，满足了我国水运工程大量已建港口水工建筑物亟待维修改造的技术需要。

（三）《码头结构加固改造技术指南》(JTS/T 172—2016)

2007年，水运局组织开展了天津、秦皇岛、宁波、广州、湛江5个港口的17个不同结构形式的泊位作为加固和改造试点。2009年10月，交通运输部发布了《关于沿海港口码头结构加固改造有关事宜的通告》，对沿海码头结构加固和改造工作具有重要的指导作用。《码头结构加固改造技术指南》(JTS/T 172—2016，简称"16版指南")是根据我国港口工程建设发展的特点和实际情况，针对码头结构加固改造的技术需求编制而成的。

"16版指南"主要内容包括码头结构检测评估与状态判别、高桩码头结构加固改造、重力式码头结构加固改造、板桩码头结构加固改造、斜坡式码头结构和浮码头结构加固改造等。它适用于沿海和内河港口码头结构加固改造工程的设计和施工，船厂码头结构加固改造工程可参考使用。对于码头结构检测评估与状态判别，指南明确了加固改造中对特殊部位的检测要求，以及对结构的整体评估要求。对于不同形式码头结构加固改造，指南均从基本原则、加固改造主要方法、计算、构造、施工、检验等方面给出明确规定，并辅以案例介绍，为设计人员提供参考。

"16版指南"在编写过程中，还进行了3个专题研究。"码头结构加固改造方法和施工技术研究"研究了码头工程加固和改造的分类，提出加固和改造常用方式以及各自特点和适用范围，研究并制定新老组合结构计算方法，以及新老组合结构连接措施。"回淤岸坡变形作用对高桩码头结构影响分析"通过实测、模型试验和计算分析等方法，对岸坡变形作用的计算方法等进行研究，在此基础上提出推荐的方法，做出必要的规定。"高桩码头结构实际受力状态和承载力研究"研究并提出了高桩码头结构受力状态检测方法，以便掌握结构的实际应力状态，便于加固和改造后评价在外荷载作用下结构的安全性和适用性,且研究并提出高桩码头结构的承载力评估方法。

"16 版指南"实施以来对保证港口安全生产、指导码头结构加固改造工程的设计和施工有重要意义。

三、航道与通航建筑物工程维护类

水运工程航道与通航建筑物维护,是满足船舶通航畅通、安全航行的基本要求,目前正在实施的标准主要有《内河航道维护技术规范》(JTJ 287—2005)、《船闸检修技术规程》(JTS 320—3—2013)、《三峡船闸设施安全检测技术规程》(JTS 196—5—2009)和《三峡船闸通航调度技术规程》(JTS 196—6—2012)等。

（一）《内河航道维护技术规范》(JTJ 287—2005)

内河航道维护是航运发展过程中必不可少的环节,是保护航道畅通、提高航道等级和服务水平的关键,是为船舶提供良好、安全航行条件的必然要求。《内河航道维护技术规范》主要有两个版本,分别是《内河航道维护技术规范》(JTJ 287—94,简称"94 版规范")和《内河航道维护技术规范》(JTJ 287—2005,简称"05 版规范")。

"94 版规范"是在国家要求加快提升航道维护水平和航道畅通保障能力的背景下,为贯彻落实交通部《水运工程标准规范十年规划设想和五年计划》编制而成的。规范于1994 年 12 月 1 日起实施,主要包括维护任务分类与组织、航道维护观测、助航标志维护、滩险河段航道维护、整治建筑物维护、过船建筑物维护、维护计划与技术考核等技术内容。

"94 版规范"是新中国成立以来第一部内河航道维护技术规范,适用于天然河流及其潮汐河口、湖泊、水库、人工运河的航道维护,其中提出了航道维护工作的任务、分类和组织方法,明确了航道水文测验、浅滩浅段维护测量和长河段航道图测绘等的观测方法和要求,对航标的设置与维护、检查与保养及航道测报与通告等相关内容进行了详细要求和说明,细化了浅滩、急滩、运河及水网浅弯窄段航道的维护和改善方法,给出了整治建筑物、船闸、小型斜面升船机和引航道及衔接段航道的维护周期、维护原则、特殊情况下的处理办法,总结了内河航道维护计划与技术考核的指标和考察要求等。

"05 版规范"于 2006 年 5 月 1 日起开始实施,主要包括航道维护观测、航标维护、滩险河段航道维护、航道整治建筑物维护、潮汐河口航道维护、年度维护计划和技术考核、航道保护等技术内容。"05 版规范"中增减内容包括:①新增第 7 章"潮汐河口段航道维护",提出了潮汐河口段航道分类标准、维护观测内容,规范了潮汐河口浅滩航道和航标的特殊维护要求等;②将"94 版规范"的附录 A 转为正文的第 9 章"航道保护",并规范了关于临河工程、过河建筑物工程、枢纽工程和采砂、弃渣活动的有关规定;③删除或淡化了"94 版规范"航运管理方面的内容;④删除了"94 版规范"第 4 章"助航标志维护"中"基层班组的主要配备"、第 5 章"滩险河段航道维护"中"维护力量配备"、第 8 章"维护计划与技术考核"中"船舶通航情况考察"和"技术资料整编"以及附录 B 至 F 的内容;⑤在技术考核中新增潮汐河口航道维护水深年保证率的要求;⑥对规范适用范围做了重新界定,指出内河航道是指河道上游可通航的上端点至口外海滨段的拦门沙外端;⑦原"过船建筑物维护"因另有专门规范,"05 版规范"中未列入。

《内河航道维护技术规范》自颁布以来,指导、规范了全国内河航道维护工作,对我国内河航道的维护工作起到了积极的推动作用。

(二)《船闸检修技术规程》(JTS 320—3—2013)

全国已建和在建的船闸数量众多,各类船闸,尤其是大中型船闸的检修具有共同的技术特性,为统一船闸检修的主要技术要求,提高船闸检修质量,交通运输部组织有关单位编制了《船闸检修技术规程》(JTS 320—3—2013,以下简称"13 版规程"),并于 2014 年 1 月 1 日起实施。

"13 版规程"总结和吸纳了船闸行业重要科技成果及船闸检修工程实践成功经验,规范了船闸检修的范围、内容、技术要求、主要工艺和方法、质量检验等要求,对船闸大修工程组织管理的必要流程做了规定。

"13 版规程"的颁布实施,对于确保全国内河船闸的安全运行和航运畅通发挥了重要作用,完善了船闸行业管理,提高了船闸检修工作水平,使得船闸检修工作规范化、科学化、标准化。有利于防止船闸失修失效,有效预防事故发生,保证或者延长船闸设备设施的使用寿命;有利于推动船闸检修技术的不断进步和发展,提高船闸检修的技术经济合理性;有利于提高船闸检修的有效性,减少总的船闸检修停航时间,减少航运企业的大额经济损失,充分发挥船闸通航的社会经济效益。

(三)《三峡船闸设施安全检测技术规程》(JTS 196—5—2009)

三峡双线五级连续船闸是三峡水利枢纽的重要组成部分,是目前世界上规模最大、技术最为复杂的双线连续船闸,其设施的安全运行对长江航运的发展起着至关重要的作用。三峡船闸初期运行实践表明,定期对设施进行系统的安全检测是十分迫切和必要的。同时,为强化船闸运行期间安全检测工作,推动船闸运行期间的水运行业标准体系建设工作,以三峡双线五级船闸设施安全检测工作为依托,借鉴了水利水电部门在大坝运行安全监测、检查及管理等方面的经验,相关单位编制了《三峡船闸设施安全检测技术规程》(JTS 196—5—2009,以下简称"09 版规程"),于 2009 年 9 月 1 日实施。

"09 版规程"主要内容包括:安全检测范围、分项项目、检测周期、安全检测工作的组织等,规定了水工建筑物、闸阀门、启闭机、电气设施、附属设施和输水系统的安全检测技术要求。规程对检测的内容、方法和要求进行了规定,明确了分项项目检测成果和检测报告的具体要求。

规程对三峡船闸设施安全检测主要有:①水工建筑物的闸首及挡水坝、闸室、输水廊道、引航道水工建筑物、安全监测设施的检测及其安全性分析,并分为基础、混凝土破损、混凝土裂缝和混凝土结构缝渗漏检测等;②闸阀门安全检测及其安全性分析;③启闭机的液压启闭机、桥式启闭机检测及启闭机安全性分析;④电气设施的供电系统、电力拖动系统、监控系统、防雷和接地装置检测及电气系统安全性分析;⑤附属设施的浮式系船柱、防撞警戒装置、抽水设备、消防系统的检测及附属设施安全性分析;⑥输水系统安全检测有:输水系统水力特性安全检测、闸阀门水力学安全检测、引航道通航水流条件检测、船闸水力学安全性分析。

"09版规程"颁布实施近10年以来,为规范三峡船闸安全检测及设备设施管理、指导三峡船闸设施检修工作发挥了重要作用。

（四）《三峡船闸通航调度技术规程》（JTS 196—6—2012）

长江三峡水利枢纽是长江干流上的骨干水利枢纽,是具有防洪、发电、航运等综合利用效益的特大型工程。对长江航运而言,三峡水利枢纽起到了承上启下的作用,是实现长江航运发展目标的重要组成部分。三峡船闸通航调度是充分发挥三峡工程航运效益的主要手段之一。随着长江航运的发展,过坝需求迅猛增长,三峡船闸投入运行后面临巨大的通航压力,为使三峡船闸通航调度工作更加科学、规范,以适应新形势下的通航发展需要,交通运输部组织有关单位制定了《三峡船闸通航调度技术规程》（JTS 196—6—2012,简称"12版规程"）。

"12版规程"是在广泛收集相关行业标准和三峡船闸设计建设及运行管理资料的基础上,结合三峡工程和葛洲坝船闸有关通航调度实践编制而成的。规程主要包括通航调度条件、调度原则、安全技术要求、船舶过闸申报、调度计划编制和执行、统计和分析、应急通航调度、通航调度协调等通航调度的技术内容。

"12版规程"是为规范三峡—葛洲坝枢纽通航调度工作而制定的专项技术标准。规程详细规范了通航调度行为,明确了三峡—葛洲坝水利枢纽通航调度的工作流程和技术要求。规程对三峡河段的水文、气象、航道、锚地等通航环境信息和船舶流时空分布、船闸运行状态等信息进行了系统的梳理,运用科学的调度技术和管理手段,进行统筹规划和合理调度,保障了船闸安全、高效运行和船舶过闸快捷、通畅、安全、有序,达到了充分发挥三峡工程航运效益、合理利用水资源的目标。

"12版规程"已在三峡船闸和葛洲坝船闸通航调度中得到应用,成果应用产生的效益主要表现在有效提高了三峡船闸和葛洲坝船闸的运行闸次,显著缓解了船舶待闸问题,有效减少了航运企业的经济损失。此外,成果应用对保障三峡—葛洲坝船闸安全运行、充分发挥三峡水利枢纽综合效益、促进长江航运和中西部地区经济发展具有重要意义。

第五节　工程造价类标准

一、概述

工程造价事关建设项目的经济合理性和工程质量与安全。水运工程造价标准是我国交通运输水运工程建设勘察、规划、设计、施工、安装和维护等不同阶段开展工程计定价等造价管理活动的重要依据,主要包括各类项目估、概、预算编制规定,各类工程(工作)定额,各类费用计算办法、计价规范等。水运工程造价标准已基本覆盖我国远海、沿海、内河区域的水运工程建设各阶段、各环节。

水运工程造价标准制修订始于1955年,经历了新中国成立初期、20世纪70年代"三年大建港"时期、改革开放以来三个重要历史阶段,水运工程行业先后制定和发布了水运工程造价标准制修订项目共99项(次),造价标准从计划经济时期满足投资计划制定要求以工程计量为主,已转化为基本适应市场经济工程计价需求,以量价分离,体现控制量、竞争费、指导价为主要特征的造价标准体系,已成为水运工程标准体系的重要组成部分。

1984年3月,为适应水运建设发展的需要,交通部在部属单位第一航务工程局成立了交通部水运工程定额站,同年5月,在部属单位上海航道局成立了航道工程分站。业务由交通部基建局领导,经费由部在事业费内核拨并包干使用。1989年4月,为适应改革发展的需要,交通部水运工程定额站和交通部疏浚工程定额站(以下简称"两站")明确成立,并划归交通部水运规划设计院领导,但实际挂靠关系并未改变。1993年4月,为适应政府职能转变、精简机构和人员的需要,交通部水运工程定额站划归交通部第一航务工程勘察设计院管理。1995年2月,为加强对水运工程定额的管理,进一步明确了交通部、省级交通主管部门、部定额站、省定额站的职责分工以及定额工作的具体要求,成为长期以来开展定额工作的重要依据。1998年交通部机构改革后,"两站"不再作为部属事业单位,分别划归中交第一航务工程勘察设计院有限公司和中交上海航道局有限公司。为进一步强化政府关于交通运输行业水运工程定额行政管理职能,2016年9月,交通运输部决定撤销挂靠在企业的交通部水运工程定额站和交通部疏浚工程定额站,同年10月,经交通运输部批准,在部属事业单位交通运输部天津水运工程科学研究院成立了交通运输水运工程造价定额中心,负责交通运输水运工程造价定额研究和标准制修订等具体事务性工作。

时至今日,在标准的制修订周期、编制及管理、计价体系的建立与支持等各方面,交通运输部水运工程造价标准管理均居全国工程造价管理行业前列,造价标准体系具有较高水平,得到水运工程建设各方的认可,为合理确定和有效控制工程造价、合理配置资源、提高建设资金使用效益提供了重要保障。

二、制修订历程

20 世纪 50 年代,为满足计划经济条件下基本建设资金管理和工程及费用计量的需要,交通部组织部属建设、设计、施工等单位开展了大规模的工程及费用测定、施工消耗量统计分析等工作,截至 1964 年,这一期间完成制修订并发布了 8 项(次)造价标准。20 世纪 70 年代"三年大建港"时期,为适应港口建设的大发展的需要,在交通部的直接领导下、由交通部水运规划设计院组织有关建设、设计、施工等单位进行了新一轮大规模的工程及费用测定、施工消耗量统计分析等工作,截至 1979 年,这一时期完成制修订并发布了 9 项(次)造价标准。1980 年以来,我国进入改革开放时期,国内基本建设领域得到长期持续发展。随着改革开放的不断深入,水运工程建设得到快速发展,新技术、新设备、新工艺、新材料的应用不断刷新,技术进步步伐加快,工程造价标准制修订及管理亦随之进入新时期。这一时期交通部批准成立了水运工程造价标准制修订及管理的专业机构,并逐步细分专业为水运工程和疏浚工程,由专业机构负责制修订及管理的全部工作,造价标准制修订的各项工作在经历改革和发展的一系列进程中得到稳步推进,逐步实现了技术专业化、工作规范化,标准制修订及管理工作和人员的技术水平得以不断提高,标准的制修订周期得以缩短,造价标准基本可满足水运工程建设的需要。改革开放以来完成制修订并发布了 82 项(次)标准。

现行(或可供参考)水运工程造价标准见表 5-5-1。

水运工程造价标准

表 5-5-1

序号	造价标准名称	主编单位	备 注
1	《水运建筑安装工程统一施工定额(试行)》	交通部	交通部(80)交基字 829 号颁布(参考使用)
2	《船厂水工建筑及设备安装工程定额(第二册水工建筑工程定额)》	交通部水运工程定额站	中船总、交通部船总计〔1996〕1429 号发布(参考使用)
3	《船厂水工建筑及设备安装工程定额(第三册起重机、船坞及移船下水设备安装工程定额)》		
4	《疏浚工程预算定额》	交通部疏浚工程定额站	交通部交基发〔1997〕246 号发布(现行)
5	《疏浚工程船舶艘班费用定额》		
6	《疏浚工程概算、预算编制规定》		

序号	造价标准名称	主编单位	备注
7	《沿海港口建设工程概算预算编制规定》	交通部水运工程定额站	交通部交水发〔2004〕247号发布(现行)
8	《沿海港口水工建筑工程定额》		
9	《沿海港口装卸机械设备安装工程定额》		
10	《沿海港口水工建筑及装卸机械设备安装工程船舶设备艘(台)班费用定额》		
11	《沿海港口水工建筑工程参考定额》		
12	《水运工程物理模型试验参考定额》	交通部天津水运工程科学研究所	交通部交水发〔2004〕713号发布(现行)
13	《水运工程工程量清单计价规范》(JTS 271—2008)	交通部水运工程定额站	交通运输部2008年第42号公告发布(现行)
14	《水运工程数学模型试验研究参考定额》(JTS/T 274—1—2011)	南京水利科学研究院	交通运输部2011年第8号公告发布(现行)
15	《水运工程定额编写规定》(JTS 111—2013)	交通部疏浚工程定额站	交通运输部2013年第53号公告发布(现行)
16	《内河航运建设工程概算预算编制规定》(JTS 116—1—2014)	交通部水运工程定额站	交通运输部2014年第28号公告发布(现行)
17	《内河航运水工建筑工程定额》(JTS 275—1—2014)		
18	《内河航运设备安装工程定额》(JTS 275—3—2014)		
19	《内河航运工程船舶机械艘(台)班费用定额》(JTS 275—2—2014)		
20	《水运工程混凝土及砂浆材料用量定额》(JTS 277—2014)		
21	《内河航运工程参考定额》(JTS/T 275—4—2014)		
22	《水运工程建设项目投资估算编制规定》(JTS 115—2014)	交通部水运工程定额站	交通运输部2014年第39号公告发布(现行)
23	《沿海港口建设工程投资估算指标》(JTS 272—1—2014)	交通部水运工程定额站	交通运输部2014年第40号公告发布(现行)
24	《水运工程测量定额》(JTS 273—2014)	交通部疏浚工程定额站	交通运输部2014年第41号公告发布(现行)

续上表

序号	造价标准名称	主编单位	备 注
25	《水运工程测量概算预算编制规定》（JTS 116—4—2014）	交通部疏浚工程定额站	交通运输部2014年第50号公告发布（现行）
26	《远海区域疏浚工程参考定额》		交通运输部交水函〔2014〕1082号印发（现行）
27	《远海区域疏浚工程船舶艘班费用参考定额》	交通部疏浚工程定额站	交通运输部交水函〔2014〕1025号印发（现行）
28	《远海区域疏浚工程计价暂行办法》		
29	《港口设施维护工程预算编制规定》（JTS 117—1—2016）	交通部水运工程定额站	交通运输部2016年第13号公告发布（现行）
30	《海上沉船清除打捞工程船舶机械艘（台）班费用定额》	交通运输部天津水运工程科学研究院	交通运输部2017年第48号公告发布（现行）
31	《海上沉船清除打捞工程计价办法》	交通运输部天津水运工程科学研究院	交通运输部2017年第48号公告发布（现行）
32	《海上沉船清除打捞工程定额》		
33	《远海区域水运建设工程概算预算编制规定》（JTS/T 119—2018）	交通部水运工程定额站	交通运输部2018年第29号公告发布（现行）
34	《远海区域水工建筑工程定额》（JTS/T 292—1—2018）		
35	《远海区域水工建筑工程船舶机械艘（台）班费用定额》（JTS/T 292—2—2018）		
36	《远海区域水工建筑工程参考定额》（JTS/T 292—3—2018）		

三、主要造价标准基本情况介绍

（一）《沿海港口建设工程概算预算编制规定》及配套定额

随着我国水运工程建设的快速发展,水运基础设施建设投资逐年加大,为合理确定和有效控制工程造价,保障水运建设投资效益和资源的有效配置,根据水运工程建设特点和工程计价差异,我国将水运工程造价标准细分为沿海港口和内河航运工程两类。

沿海港口建设工程的造价标准为《沿海港口建设工程概算预算编制规定》及配套定额,主要适用于新建、改建、扩建的沿海港口建设工程,是编制沿海港口建设工程概算预算的主要依据,也是编制沿海交通运输支持系统相关工程、修造船厂水工工程等水运建设工程概算预算的计价依据,并可作上述工程其他建设阶段的计价参考依据。主要版本依次为:1994版《沿海港口建设工程概算预算编制规定》及配套定额(简称"94版沿海编规及配套定额")、1999版《沿海港口建设工程概算预算编制规定》及配套定额(简称"99版沿海编规及配套定额")和2004版《沿海港口建设工程概算预算编制规定》及配套定额(简称"04版沿海编规及配套定额")。现行版本为04版沿海编规及配套定额,主要包括交通部"交水发〔2004〕247号文"发布的《沿海港口建设工程概算预算编制规定》《沿海港口水工建筑工程定额》《沿海港口装卸机械设备安装工程定额》《沿海港口水工建筑及装卸机械设备安装工程船舶机械艘(台)班费用定额》《水运工程混凝土和砂浆材料用量定额》《沿海港口水工建筑工程参考定额》。

1.《沿海港口建设工程概算预算编制规定》

《沿海港口建设工程概算预算编制规定》(简称"04版沿海编规")适用于沿海港口建设工程概算预算编制及管理,主要特点是在"99版沿海编规"的基础上,根据国家法律法规和相关政策规定,结合沿海港口建设工程项目造价管理实际情况,对沿海港口建设工程总概算、工程费用概预算、总概算工程建设其他费用、预留费用、建设期贷款利息等各项费用构成、费用计算和概预算的编制及管理进行全面修订,形成了满足沿海港口建设工程概算预算编制及管理的规定。

"04版沿海编规"主要内容包括总说明,港口建设工程总概算和预算的编制及管理,水工建筑和设备购置及安装工程费,港口建设工程其他费用,预留费用,建设期贷款利息5章及附录概(预)算表格等。详细规定了总概算和施工图预算的组成、费用计算原则、依据、文件组成及相关管理规定;具体规定了水工建筑和设备购置及安装工程费用、工程建设其他费用内容和计算办法、预留费用和建设期贷款利息费计列规定及计算办法,以及概预算表格样式等;其中,对于沿海港口工程建设中采用商品混凝土、高性能混凝土时的计价,根据工程实际需要制定了相应的计算调整办法;依据沿海港口工程施工管理特征,调整降低了钢桩及大型金属结构、橡胶护舷等成品半成品材料(构配件)等施工取费计费基数;根据相关规定,调整完善了工程建设其他费用项目及费用构成内容和相关计费规定等。

"04版沿海编规"的实施,对于加强工程造价管理和概算预算的编制及管理、规范计价行为、保障工程建设投资的合理性、提高沿海港口工程建设项目投资效益、优化资源配置具有重要意义。

2.《沿海港口水工建筑工程定额》

《沿海港口水工建筑工程定额》(以下简称"04版沿海水工定额")适用于沿海港口水

工建筑工程概算预算定额直接费的计算,主要特点是在"94版水工定额"基础上,根据国家法律法规和相关政策规定,依托近年来沿海港口工程建设中出现的新技术、新工艺、新材料、新设备的大量应用情况,针对近年沿海港口水工建筑工程结构大型化、港口建设专业化施工中的工艺工效、工料机消耗等变化情况,进行了定额项目的补充完善、定额工艺的调整,以及定额工效的提高等全面修订。"04版沿海水工定额"主要内容包括总说明和土石方工程、基础工程、混凝土及钢筋混凝土构件预制安装工程、现浇混凝土及钢筋混凝土工程、钢结构制作及安装工程和其他工程6章定额。土石方工程部分主要是剔除了落后工艺子目,补充了抓斗挖泥船挖泥等缺项子目;基础工程部分主要是调整提高了基础打入桩定额工效,补充了长桩定额,调整完善了基础灌注桩、地连墙定额,补充完善了软基加固定额等;形成了适应市场化计价需求、满足沿海港口水工建筑工程概算预算费用编制的计价定额。

"04版沿海水工定额"作为沿海港口水工建筑工程定额计价的主要依据,对于合理确定和有效控制沿海港口工程造价,规范工程计定价行为和加强工程造价管理具有重要的意义和作用。

3.《沿海港口装卸机械设备安装工程定额》(JTS 275—3—2014)

《沿海港口装卸机械设备安装工程定额》(以下简称"04版沿海安装定额")适用于沿海港口装卸机械设备安装工程概算预算定额直接费的计算,主要特点是根据国家法律法规和相关政策规定,在1994版定额基础上,结合当时沿海港口装卸机械设备安装工程施工工艺及工料机消耗情况,进行定额项目及内容、工效调整等修订,形成适用于沿海港口装卸机械设备安装工程概预算编制、计算定额直接费的定额。"04版沿海安装定额"主要内容包括总说明和船舶装卸机械设备安装工程、库场装卸机械设备安装工程、车辆装卸机械设备安装工程、输送设备安装工程和其他设备安装工程5章定额。

"04版沿海安装定额"自颁布实施后,曾在全行业得到应用,但随着沿海港口大型装卸机械设备安装基本采用供货安装调试一体化方式实施,目前本定额仅作为需要单独实施设备安装工程时概预算编制、计算定额直接费的参考依据。

4.《沿海港口水工建筑及装卸机械设备安装工程船舶机械艘(台)班费用定额》

《沿海港口水工建筑及装卸机械设备安装工程船舶机械艘(台)班费用定额》(以下简称"04版沿海船机定额")适用于沿海港口工程概算预算定额直接费中船机费用的计算,主要特点是根据法律法规和政策规定,参考《全国统一施工机械台班费用计算规则》,在1999版定额基础上,结合当时沿海港口工程的工程船舶机械使用及管理等情况,对沿海工口工程施工船舶机械规格能力、选型、定员及动力消耗等进行调整,施工机械计算参数参考全统计算规则调整等全面修订;形成适用于沿海港口工程概预算编制、计算定额直接费的船舶机械艘（台）班费用定额。"04版沿海船机定额"主要内容包括说明,工程船舶和工程机械艘（台）班定额等。

"04版沿海船机定额"作为沿海港口工程定额计价计算船机使用费的依据,对于沿海港口工程计定价及工程造价管理具有重要作用。

5.《水运工程混凝土和砂浆材料用量定额》（JTS 277—2014）

《水运工程混凝土和砂浆材料用量定额》（以下简称"14版配合比定额"）是在"04版配合比定额"基础上,结合水运工程混凝土等复合材料实际消耗情况,补充航运枢纽大粒径混凝土等内容,进行定额修订,形成新的水运工程混凝土和砂浆材料用量定额,适用于水运工程概预算定额计价时混凝土等复合材料的计价。"14版配合比定额"主要内容包括说明、普通混凝土、抗冻混凝土、砂浆材料用量定额等。

"14版配合比定额"作为水运工程定额计价确定混凝土、砂浆费用的基本依据,对于水运工程计定价及工程造价管理具有重要作用。

6.《沿海港口水工建筑工程参考定额》

《沿海港口水工建筑工程参考定额》（以下简称"04版沿海参考定额"）适用于沿海港口水工建筑及相关工程概算预算定额直接费的参考计算,主要限于工程项目选型资料不具备定额制定条件要求的分部分项工程项目,是针对项目实施特定的施工条件、施工工艺、工料机消耗等情况,为编制概算预算提供参考而制定的。

"04版沿海参考定额"主要内容包括总说明和格型钢板桩码头、水上钻孔灌注桩、航道整治建筑物、大管桩（B型）、水上陆上深层水泥拌和体、其他和静载试桩工程计费办法7部分定额,以及附录等。

"04版沿海参考定额"作为沿海港口水工建筑及相关工程编制概算预算定额直接费的参考依据,对于沿海港口工程计定价及工程造价管理具有一定参考作用。

（二）《内河航运建设工程概算预算编制规定》及配套定额

《内河航运建设工程概算预算编制规定》及配套定额适用于内河水域及入海河流口门以上水域新建、改建、扩建的内河港口工程、航道疏浚工程、航道整治建筑工程、航运枢纽工程、通航建筑物工程和其他航道附属设施工程,是编制内河航运建设工程概算预算的主要依据,也是编制内河交通运输支持系统相关工程、修造船厂水工工程等水运建设工程概算预算的计价依据,并可作为上述工程其他建设阶段的计价参考依据。主要版本依次为:1992版《内河航运建设工程概算预算编制规定》及配套定额（简称"92版内河编规及配套定额"）、1998版《内河航运建设工程概算预算编制规定》及配套定额（简称"98版内河编规及配套定额"）和2014版《内河航运建设工程概算预算编制规定》及配套定额（简称"14 版内河编规及配套定额")。现行版本为"14 版内河编规及配套定额",主要包括交通运输部 2014 年第 28 号公告发布的《内河航运建设工程概算预算编制规定》（JTS 116—1—2014）、《内河航运水工建筑工程定额》（JTS 275—1—2014）、《内河航运设备安装工程定额》（JTS 275—3—2014）、《内河航运工程船舶机械艘（台）班费用定额》（JTS 275—2—2014）、《水运工程混凝土和砂浆材料用量定额》（JTS 277—2014）及《内河航运工程和参考定额》（JTS/T 275—4—2014）。

1.《内河航运建设工程概算预算编制规定》（JTS 116—1—2014）

《内河航运建设工程概算预算编制规定》（简称"14 版内河编规"）适用于内河航运建设工程概算预算编制及管理,主要特点是在"98 版内河编规"的基础上,根据现行法律法规和政策规定,结合当前工程建设造价管理的需要,对内河航运建设工程总概算、工程费用概预算、总概算工程建设其他费用、预留费用、建设期贷款利息等各项费用构成、费用计算和概预算的编制及管理进行全面修订,进行了基于工程造价管理的内河航运单位工程项目划分,形成了满足当前内河航运建设工程概算预算编制规定。

"14 版内河编规"的主要内容包括总则、术语、概算预算编制及管理、概算预算费用及项目组成 4 章和附录 A"概算文件样式"、附录 B"施工图预算文件样式"、附录 C"工程费用项目及计算规定"等。"14 版内河编规"详细规定了总概算组成和费用计算原则、依据、文件组成;具体规定了工程建设其他费用内容和计算办法、工程费用内容和计算办法、根据技术规范和工程建设实际,制定出单位工程项目组成和内容和专项概算的编制及管理原则,细化了概预算编制及管理规定,规范了内河航运建设中外部配套项目概算编制及管理内容。本规定的章节设置还考虑了今后工程费用计算规定动态调整的需求。

"14 版内河编规"的实施,对于加强工程造价管理和概算预算的编制及管理、规范计价行为、保障工程建设投资的合理性、提高内河航运工程建设项目投资效益、优化资源配置具有重要意义。

2.《内河航运水工建筑工程定额》（JTS 275—1—2014）

《内河航运水工建筑工程定额》（简称"14 版内河水工定额"）适用于内河航运水工建筑工程概算预算定额直接费的计算,主要特点是在"98 版内河水工定额"基础上,根据国家法律法规和相关政策规定,依托近年来内河航运建设快速发展出现的新技术、新结构,以及工程建设中新工艺、新材料、新设备大量应用情况,针对近年内河航运水工建筑工程,特别是航运枢纽工程（电站部分除外）各专业工程定额缺项,以及航道整治工程中护岸工程中出现的新结构、施工工艺、工料机消耗等变化情况,进行定额项目的补充、定额工艺、工效调整等全面修订,提高了水工定额的适用性。

"14 版内河水工定额"主要内容包括总说明和土石方工程、基础工程、混凝土及钢筋混凝土构件预制安装工程、现浇混凝土及钢筋混凝土工程、整治建筑工程、辅助工程、脚手架工程和其他工程8章定额，详细规定了定额的适用条件、使用要求、工程量计算规则等。

"14版内河水工定额"作为内河航运水工建筑工程定额计价的主要依据，对于合理确定和有效控制内河航运工程造价，规范工程计定价行为和加强工程造价管理具有重要的意义和作用。

3.《内河航运设备安装工程定额》（JTS 275—3—2014）

《内河航运设备安装工程定额》（简称"14版内河安装定额"）适用于内河航运工程中启闭设备、起重运输设备、港口装卸设备等安装工程，大型金属结构制作安装工程概算预算定额直接费的计算，主要特点是在"98版内河安装定额"基础上，根据政策规定和技术标准，针对内河航运建设工程中各类闸门启闭设备、起重设备安装工程、钢闸门等大型金属结构制作安装工程、港口装卸设备安装工程等施工工艺、设备结构规格变化、工料机消耗等情况，进行定额项目的补充、定额工艺、工效调整等全面修订，为满足工程计价需要，重点补充了航运枢纽工程、通航建筑物工程大型钢闸（阀）门制作安装的部分定额子目和起重设备安装工程部分定额子目，形成了适用于内河航运设备安装及大型金属结构制作安装工程概算预算费用编制的计价定额。

"14版内河安装定额"主要内容包括总说明和钢闸（阀）门及大型钢结构制作工程、钢闸（阀）门及大型钢结构安装工程、启闭机安装工程和装卸及起重运输设备安装工程4章定额，详细规定了定额的适用条件、使用要求、工程量计算规则等。

"14版内河安装定额"作为内河航运设备安装工程计价的主要依据，对于工程计定价及工程造价管理具有重要作用。

4.《内河航运工程船舶机械艘（台）班费用定额》（JTS 275—2—2014）

《内河航运工程船舶机械艘（台）班费用定额》（简称"14版内河船机定额"）适用于内河航运及相关工程概算预算定额直接费的计算，主要特点是在"98版内河船机定额"的基础上，根据政策规定和技术标准，针对工程建设中工程船舶机械设备大型化、专业化的实际情况，以及施工船舶机械作业及管理情况，进行船机补充和计算选型、定员及动力消耗等全面修订，形成适用于内河航运水工建筑和设备安装工程概算预算编制的、用以计算施工船舶机械艘（台）班单价的费用定额。

"14版内河船机定额"主要内容包括总说明，工程船舶、工程机械2章定额，详细规定了定额的适用条件、使用要求、船舶机械艘（台）班一类费用的各项费用内容，二类费用中人工、动力费等计算办法，以及停置艘（台）班费用计算参考办法，以便于工程计价。

"14版内河船机定额"作为内河航运工程编制概算预算定额直接费中船舶机械使用费的计算依据，对于工程计定价及工程造价管理具有重要作用。

5.《水运工程混凝土和砂浆材料用量定额》(JTS 277—2014)、《内河航运工程和参考定额》(JTS/T 275—4—2014)

《水运工程混凝土和砂浆材料用量定额》(JTS 277—2014)、《内河航运工程和参考定额》(JTS/T 275—4—2014,简称"14 版内河参考定额")适用于内河航运及相关工程概算预算定额直接费的参考计算,主要特点是根据国家相关技术标准,结合内河航运工程建设中出现的新技术、新工艺、新材料、新设备,以及工程计价中具有一定参考作用或限于工程项目选型资料不具备定额制定条件要求的分部分项工程项目,针对项目实施特定的施工条件、施工工艺、工料机消耗等情况,为编制概算预算提供参考计价依据。

"14 版内河参考定额"主要内容包括说明和现浇混凝土工程、整治建筑物工程及航标工程 3 节定额,详细列示了定额的使用条件、工程量计算办法等内容。

"14 版内河参考定额"作为内河航运及相关工程编制概算预算定额直接费的参考依据,对于工程计定价及工程造价管理具有一定的作用。

(三)《疏浚工程概算、预算编制规定》及配套定额

为适应水运建设的发展,疏浚施工技术、手段和能力得到快速发展,疏浚设备逐步走向大型化、多样化和智能化。为合理确定和有效控制工程造价,根据疏浚工程特点和施工特性,自 20 世纪 80 年代,在对水运工程计价属性进行划分的前提下,将水运工程造价标准细分,单独分列出疏浚工程计价标准,划分后的疏浚工程计价标准,反映了水运建设疏浚工程设计及施工的实际情况,有效保障了水运工程建设的长期、可持续发展。

疏浚工程的计价标准适用于沿海和内河水运工程建设中的航道、港池疏浚工程、陆域吹填工程,以及航道维护性疏浚工程,是编制上述工程概算预算的主要计价依据。主要版本依次为 1991 版《疏浚工程概算、预算编制办法》及配套定额(简称"91 版疏浚编办及配套定额")和 1997 版《疏浚工程概算、预算编制规定》及配套定额(简称"97 版疏浚编规及配套定额")。现行版本为"97 版疏浚编规及配套定额",主要包括交通部"交基发〔1997〕246 号文"发布的《疏浚工程概算、预算编制规定》(简称"97 版疏浚编规")、《疏浚工程预算定额》(简称"97 版疏浚工程定额")、《疏浚工程船舶艘班费用定额》(简称"97 版疏浚船舶定额")。

1.《疏浚工程概算、预算编制规定》

《疏浚工程概算、预算编制规定》(以下简称"97 版疏浚编规")适用于航道、港池等疏浚工程概算、预算的编制,陆域吹填工程和维护性疏浚工程可参考使用。主要特点是在"91 版疏浚编办"的基础上,根据当时法律法规和政策规定,结合当时疏浚工程实际情况和计价需要,对疏浚工程费用概算预算项目构成及计算、概算编制及管理、概预算表格等内容进行全面修订,进行了基于工程造价管理的疏浚工程费用项目划分,形成了满足疏浚

工程概算预算费用编制的规定。

"97 版疏浚编规"主要内容包括总说明和直接工程费、间接费、计划利润、专项费用、税金 3 章和附录 A"疏浚工程各项费用计算表"、附录 B"山区航道施工增加费费率表"、附录 C"调遣期间自航船舶航速表"、附录 D"疏浚工程船舶及辅助船舶准备结束调遣艘班数量表"、附录 E"疏浚工程概预算表格"等;详细规定了疏浚工程费用计算原则、依据、文件组成;具体规定了疏浚工程费用内容和计算办法等。

"97 版疏浚编规"的实施,对于加强疏浚工程造价管理、规范计价行为具有重要意义和作用。

2.《疏浚工程预算定额》

《疏浚工程预算定额》(简称"97 版疏浚工程定额")适用于疏浚工程概算预算定额直接费的计算,主要特点是在"91 版疏浚工程定额"基础上,结合当时疏浚工程的施工装备及工艺、工效等情况,进行了定额项目及内容补充、工艺及工效调整等全面修订。"97 版疏浚工程定额"增加和完善了挖泥船施工不同土级的定额,通过提高船舶艘班利用率和调整疏浚船舶的生产效率,理顺了各种规格的挖泥船施工不同土级的定额的关系,形成适用于疏浚工程预算编制、计算定额直接费的定额。

"97 版疏浚工程定额"主要内容包括总说明和自航耙挖泥船、绞吸挖泥船、链斗挖泥船、抓斗铲斗挖泥船、吹泥船及其他 6 章以及附录 A"疏浚岩土分级标准"、附录 B"计算超宽超深"、附录 C"疏浚工程船舶选择"、附录 D"沿海港口和长江中下游工况参考表"等。其中详细规定了定额的适用条件、使用要求、工程量计算规则等。

"97 版疏浚工程定额"作疏浚工程定额计价的主要依据,对于合理确定和有效控制疏浚工程造价具有重要的意义和作用。

3.《疏浚工程船舶艘班费用定额》

《疏浚工程船舶艘班费用定额》(简称"97 版疏浚船舶定额")适用于疏浚工程概算预算定额直接费中船舶使用费的计算,主要特点是在"91 版疏浚船舶定额"的基础上,结合水运建设疏浚工程的实际,针对疏浚工程中船舶设备大型化、智能化等应用情况,以及施工船舶作业及管理情况,进行船舶补充和计算选型、定员及动力消耗等全面修订。"97 版疏浚船舶定额"取消艘班费施工班制的差异,提高了修理费、材料费及人工费标准,重新核定船舶定员;实行燃料费和人工费基价制、改燃料单价为全部按照市场价计算等。形成了适用于疏浚工程概算预算编制、计算施工船舶艘班单价的费用定额。

"97 版疏浚船舶定额"主要内容包括总说明和船舶艘班费用定额等,详细规定了定额的适用条件、使用要求,船舶艘班一类费用的各项费用内容,二类费用中人工、动力费等计算办法,以及停置艘(台)班费用计算参考办法,以便于工程计价。

"97版疏浚船舶定额"作为疏浚工程编制概算预算定额直接费中船舶使用费的计算依据,对于工程计价及工程造价管理具有重要作用。

(四)《海上沉船清除打捞工程计价办法》及配套定额

随着我国"一带一路"倡议和"海洋强国"战略的实施,海洋经济迅猛发展,各类涉海活动快速增加,沉船事故时有发生。为深入贯彻"绿色交通"的发展理念,保证通航安全和遏制污染事故,我国沿海海域沉船亟须快速清除。为积极推进沉船清除工作的开展,保证清除工作计价、定价的合理性和准确性,交通运输部的发布实施了《海上沉船清除打捞工程计价办法》及配套定额,解决了公益性沉船清除打捞工程计价无据可依的问题,确保了国家投资公益性海上沉船清除打捞任务顺利实施,引导和规范了我国沿海水域沉船打捞活动,促进我国打捞行业良性、有序发展。

现行《海上沉船清除打捞工程计价办法》及配套定额适用于中国沿海海域内政府投资的公益性沉船清除打捞工程造价文件的编制,是编制海上沉船清除打捞工程项目估算及概算的主要计价依据,主要包括《海上沉船清除打捞工程计价办法》(JTS 118—2017),《海上沉船清除打捞工程定额》(JTS 291—1—2017),《海上沉船清除打捞工程船舶机械艘(台)班费用定额》(JTS 291—2—2017)。

1.《海上沉船清除打捞工程计价办法》(JTS 118—2017)

《海上沉船清除打捞工程计价办法》(简称"17版打捞工程计价办法")主要特点是根据现行法律法规和政策规定,结合沿海公益性打捞实际情况和计价需要,对打捞工程费用估算概算项目构成及计算、估算概算编制、估算概算表格等内容进行了规定,进行了基于工程造价管理的打捞工程费用项目划分,形成了满足打捞工程估算概算费用编制的计价办法。

"17版打捞工程计价办法"主要内容包括总则、术语、造价文件编制、估算概算费用及项目组成共4章和附录A"估算文件样式"、附录B"概算文件样式"、附录C"工程费用项目及计算规定";详细规定了打捞工程项目计算原则、依据、文件组成;具体规定了打捞工程费用内容和计算办法等。

"17版打捞工程计价办法"的实施,对于加强打捞工程造价管理、规范计价行为具有重要意义和作用。

2.《海上沉船清除打捞工程定额》(JTS 291—1—2017)

《海上沉船清除打捞工程定额》(简称"17版打捞工程定额")适用于打捞工程估算概算定额直接费的计算,主要特点是结合当前打捞工程的实际情况,根据典型打捞工程选型项目的作业环境条件、工程内容、施工方案等,确定定额子目步距划分、施工装备及工艺、工效;整合优化打捞工程定额结构,仅划分为整体打捞、拆解打捞、其他工程三部分,既涵盖了沉船打捞全部工作内容,又便于使用,形成适用于打捞工程估算概算编制、计算定额直接费的定额。

"17版打捞工程定额"主要内容包括说明和沉船整体打捞工程、沉船拆解打捞工程、其他工程3章以及附录A"主要人工材料基价单价"等,详细规定了定额的适用条件、工作内容、使用要求、工程量计算规则等。

"17版打捞工程定额"作为打捞工程定额计价的主要依据,对于合理确定和有效控制打捞工程造价具有重要的意义和作用。

3.《海上沉船清除打捞工程船舶机械艘(台)班费用定额》(JTS 291—2—2017)

《海上沉船清除打捞工程船舶机械艘(台)班费用定额》(简称"17版打捞工程船机定额")适用于打捞工程估算概算定额直接费中船舶机械使用费的计算,主要特点是结合打捞工程的实际,针对打捞工程中通用和专用船舶机械应用情况,以及船机作业及管理情况,选择打捞工程典型船舶机械设备,调查收集船机计算价值、年有效工作时间、修理费用、辅助材料费用以及定员、动力消耗等资料,参考水运建设行业相关计价标准船舶机械费用计算规则,确定打捞工程船舶机械使用费,形成了适用于打捞工程估算概算编制、计算施工船舶艘班单价的费用定额。

"17版打捞工程船机定额"主要内容包括总说明和工程船舶、工程机械2章定额,详细规定了定额的适用条件、使用要求,船舶机械艘(台)班一类费用的各项费用内容,二类费用中人工、动力费等计算办法,以及停置艘(台)班费用计算参考办法,以便于工程计价。

"17版打捞工程船机定额"作为打捞工程编制估算概算定额直接费中船舶机械使用费的计算依据,对于工程计定价及工程造价管理具有重要作用。

(五)《水运工程工程量清单计价规范》(JTS 271—2008)

随着国家工程建设市场化进程的不断深入和水运工程建设的蓬勃发展,工程建设领域招投标得到广泛实施。工程建设实施招投标,对于促进市场发展、节约工程投资、激发市场主体积极性、加快建设进度、优化资源配置起到了重要的积极作用,同时也推进了工程建设管理与国际接轨的进程。

为满足水运工程建设市场化需要,进一步规范水运工程实施阶段的计价行为,根据国家九部委2007年56号令发布的《〈标准施工招标资格预审文件〉和〈标准施工招标文件〉试行规定》等相关规定,交通运输部结合水运工程建设实际,参考《建设工程工程量清单计价规范》(GB 50500),制定了《水运工程工程量清单计价规范》(以下简称"08版规范"),由交通运输部 2008 年第 42 号公告发布。

"08 版规范"主要内容包括总则、术语、工程量清单编制、工程量清单计价、工程量清单及其计价格式 5 章和附录 A"工程量清单表式"、附录 B"工程量清单计价表式"、附录 C"水运工程工程量清单项目"及附录 D"水运工程工程量计算规则"等。规范明确了工程量清单作应为招标文件的组成部分;详细规定了工程量清单的编制原则、工程量清单文件组成、分项工程量清单应采用的统一格式要求等;详细规定了工程量清单计价文件的组成、工程量清单计价文件编制原则等;详细规定了工程量清单及工程量清单计价文件格式要求;给出了工程量清单及工程量清单计价文件各种表格样式;详细规定了一般项目清单及按专业工程划分的分项工程量清单的项目编码、项目名称、计量单位、工程内容、项目特征内容要求和格式等;详细规定了水运工程工程量计算规则等内容。

"08 版规范"主要适用于水运工程招投标、合同报价、工程计量支付、工程结算等工程计定价活动。自发布实施以来,该规范已在水运工程建设中得到广泛应用。规范的施行,对于规范水运工程实施阶段计价行为、统一计价方法、促进市场公平竞争、发挥市场主体资源优势、合理控制工程造价、推进水运工程建设持续发展具有重要的意义。

第六章
水运工程建设科技创新与应用

第一节 综 述

新中国成立初期,国内科学研究力量有限,仅能对一些重点码头的加固和改造进行试验研究。从1963年开始,水运科学研究工作者开展了《1963年至1972年科学技术发展规划》研究工作,水运科研工作得到较稳定的发展。这一时期,科研人员在港口工程结构、航道整治、地基处理方面进行了开拓性研究,取得了预应力长桩设计施工监测、河口及航道泥沙运动规律和整治、港区减淤、砂井预压加固地基等一批有水平、有使用价值的研究成果。在持续10年之久的"文化大革命"中,交通部以及地方的许多交通科研机构被撤销,水运工程建设科研工作一度处于停顿状态。从20世纪70年代"三年大建港"开始,有关水运方面的研究机构得以恢复和建立,原有的科学研究机构也得到了完善和充实。在这一阶段,比较重要的研究成果有葛洲坝枢纽泥沙模型试验、分节顶推船队、钢筋混凝土浮船坞建造等,适应了当时水运建设与运输发展的需要。

改革开放近40年来,科技创新作为改革开放的重要内容,始终与国家发展同步,从打基础、建设施、组队伍、补短板开始起步,经过多年持续努力和改革发展,发挥了引领和先导作用,为经济社会发展、科技进步和国家安全作出了重要贡献。科技创新发展历程可划为五个阶段,在每个阶段中,交通运输主管部门以国家科技发展为导向,制定行业政策,在行业相关企事业单位及科研技术人员的共同努力下,取得了具有划时代意义的研究成果,逐步建立形成产学研用科技创新体系,创新能力显著增强。

第一阶段,科技界率先解放思想、拨乱反正,落实了知识分子政策和待遇,大批科研人员重新走上科研岗位;重建了科研机构、科研基础和科研制度,恢复正常科研秩序;重建了科技创新的发展基础,打开了与西方发达国家科技交流合作的窗口。科研工作走上正轨,科研人员焕发活力,开启了中国科技事业全面发展的新阶段。

1978年3月,为贯彻落实全国科技大会精神,交通部召开全国交通系统科技大会,明确提出发展交通科技的16项任务。根据国家关于"全面规划,加强领导"指示精神,交通部编制了《1978—1985年交通科学技术发展规划》,提出了实现交通运输现代化,要三年大治,打好基础;八年跃进,改变面貌的总体目标。同年交通系统一批在"文革"中被撤销的科研机构得以重新恢复,交通系统广大科技人员以极大热情投入到科研工作中,取得了一大批科研成果,有力地促进了交通事业的发展。到1985年底,取得了真空预压加固软土地基法、大直径预应力钢筋混凝土管桩、天津港集装箱码头计算机管理系统、湛江港散粮圆筒仓自动化系统、大型水平埋刮板输水机,大跨距岸壁式集装箱起重机(外伸距由原来的35米骤增到45~50米)、集装箱正面吊运机、天津港国际集装箱集疏运系统研究等科技成果,完成了国家"六五"时期(1981—1985年)港口建设关键技术的攻关任务。

第二阶段,中央着力推动科技服务经济建设和充分激发科研人员活力,逐步打开了科技创新的发展局面。通过实施"稳住一头,放开一片"政策,改革拨款制度,建立科研合同制等,逐步破除了计划经济体制下科技管理的弊端。通过创办高新技术园区、支持科研人员停薪留职"下海"等方式,进一步促进科技与经济的紧密结合。

1985年,中共中央继续加大科技体制改革,交通部发布了《关于推进交通科技体制改革的若干意见》,交通科研机构以运行机制和管理制度改革为重点,逐步走上了按照市场机制运行、自主发展壮大的道路。1990年,交通部在济南召开了全国交通科技工作会议,这一时期科技体制改革主要以结构调整为重点,推动科技与经济密切结合。

1994年1月,交通部在全国交通工作会议上指出交通科技体制改革要进一步深化,积极促进科技经济一体化,实行"稳住一头,放开一片"的方针。1995年,在深化部直属科研单位体制改革工作中,重点抓了公路、水路和船舶运输3个行业科研中心建设的调研和论证工作,按照"分流七个所、组建三中心、放开一大片、稳住近千人"的基本思路,坚持"精心组织、慎重操作、分批实施、逐步到位"原则,积极开展"稳住一头,放开一片"工作,基本完成了运行机制转换和制度创新工作。

"七五"期间(1986—1990年),针对内河航道等级低、船舶技术落后的状况以及提高海上煤炭运输能力,交通部组织了内河航运技术开发和煤炭海运系统成套技术研究的国家科技攻关和技术装备攻关项目,形成了浅水煤炭运输船舶以及航道整治、筑港、港口装卸装备、新型运输船舶和内河集装箱运输技术,取得了显著的经济效益。

"八五"期间(1991—1995年),研究形成了珠江口和长江口拦门沙航道整治、内河航道疏浚技术等多项单项技术,为解决河口航道通航能力低和淤积严重的问题发挥了重大作用。

第三阶段,着力建设国家创新体系,加快构建面向21世纪的科技创新发展格局。1995年,中央作出关于加速科学技术进步的决定,把科技创新置于国家优先发展的战略地位,加快建设面向21世纪的中国特色国家创新体系。

1995年11月,为响应"科教兴国"战略,交通部召开了全国交通系统科技工作会议,提出并开始实施"科教兴交"战略。在组织实施"科教兴交"战略中,紧密结合水运基础设施建设和运输生产中的关键技术问题，加强领导，增加投入，采取重点攻关、重大技术装备开发、行业联合科技攻关等多种形式，在众多领域取得了重大突破。

1997年，交通部颁布《公路、水路交通主要技术政策》，原《公路、水运主要技术政策》（1985年1月颁布试行）同时废止。该版《技术政策》分别从港口、航道、船舶运输三个方面对水路交通在科技进步进程中的行为进行了规范。两次发布的公路水路行业技术政策，从实施情况来看，大部分内容已得到较好落实，推动了水路交通先进、成熟、适用技术的广泛应用，促进了技术更新换代，提高了交通运输行业发展的质量效益，有力地支撑了近年来水路交通的快速发展。

1999年8月，党中央、国务院作出《关于加强技术创新，发展高科技，实现产业化的决定》后，交通部召开了交通行业技术创新电视电话会议，提出了具体的贯彻落实意见，并就加强技术创新，应用先进技术促进交通产业升级，制定公路水路交通科技发展"十一五"计划和西部开发"十五"科技规划，对新时期交通科技发展的重大战略问题作出了安排。

"九五"期间（1996—2000年）国际集装箱运输电子信息传输（EDI）技术和示范工程、深水枢纽港建设关键技术和集装箱运输装备等一批国家级和部级的重大成套技术研究成果的出现，有效地提升了水路交通整体技术水平。

第四阶段，进入21世纪后，2001年12月，交通部召开了全国交通科技创新工作会议，提出了通过推进科技创新，促进交通产业升级，努力实现交通运输生产力跨越式发展的新举措，并强调企业是技术进步和创新的主体，充分利用高等院校、科研单位的设备条件和人才优势，走"产学研"结合的创新之路，增强企业的技术创新能力。同年，配合国家西部大开发战略，启动了西部交通建设科技项目。经过多年技术攻关，均取得了多项突破。

"十五"期间（2001—2005年）在攻克一系列外海深水港建设技术难题的基础上，成功建设了上海国际航运中心洋山深水港区一期工程，表明我国深水码头建设技术已达到了国际先进水平。在已有技术积累的基础上，我国在海岸河口泥沙治理、航道整治与通航技术领域取得了具有世界先进水平的研究成果，已经完成的长江口深水航道治理一、二期工程，使长江口水深由7米增加到10米，提高了长江口航道的通航能力。针对三峡航运枢纽、通江达海水运通道建设重大工程中遇到的关键技术问题，开展科技攻关，取得了一批通航枢纽、山区河流整治与港口建设技术成果，为内河航道、港口建设提供了重要的技术支撑。

2005年9月，交通部颁布了《公路水运交通科技发展战略》，提出交通科技发展的战略指导方针是：按照"以人为本、需求引导、综合集成、强化创新、重点突破"的基本方针，推进交通科技发展的战略性调整，提升公路水路交通的总体科技水平，为实现全面建设小康社会交通发展目标提供强有力的科技支撑。2005年，交通部在《公路水路交通科技发展战略》的基础上印发《公路水路交通中长期科技发展规划纲要(2006—2020 年)》(以下简称《纲要》),明确未来 15 年公路水路交通科技发展的指导方针、发展目标、重点任务、实施方案和保障措施。《纲要》确定的总体目标是:建立适应交通现代化要求和符合交通科技自身发展规律的创新体系,构筑布局合理、资源共享、配置优化的交通科研基地和科技信息共享平台,建设一支高水平的交通科技队伍,形成强大的自主创新能力;紧密结合交通建设和发展实际,突破一批重大关键技术,强化科技成果的转化和应用,全面提升公路水路交通的科技含量,为交通全面协调可持续发展提供有力保障。《纲要》确定交通科技发展重点任务:一是交通科技创新体系建设;二是交通科技重点领域研发。为确保重点任务的完成,按照整体推进、分步实施、分类指导原则,《纲要》把交通科技创新体系建设任务分为重点科研实验基地平台、科技信息、资源共享平台和优秀科技人才 3 项建设工程加以实施;将交通科技重点领域研发任务按照基础研究行动计划、重大技术突破计划和应用技术推进计划 3 类研发计划加以推进。

2006 年 1 月,第四次全国科学技术大会在北京举行,部署实施《国家中长期科学和技术发展规划纲要(2006—2020 年)》。这是 21 世纪召开的第一次全国科技大会,会议强调,要围绕建设创新型国家的奋斗目标,进一步深化科技改革,大力推进科技进步和创新,大力提高自主创新能力,推动经济社会发展切实转入科学发展的轨道。至此,科技创新进入自主创新能力跃升的快车道。为推动规划纲要全面实施,中央进一步加大科技投入,2006 年以来,我国出台一批激励政策和改革举措,实施"千人计划"和"万人计划",进一步推动我国科技创新加速发展。

根据中央的战略部署,交通部党组认真总结了公路水路交通发展的历史经验,深刻分析了交通发展面临的形势,围绕交通发展目标,提出了建设创新型交通行业的重大战略任务,提出科技创新是推动交通生产力发展的主导力量,将加强交通科技创新体系建设作为实现创新型交通行业的重点任务之一。要建立以市场为导向、以企业为主体、产学研相结合,适应交通发展要求、符合交通科技自身发展规律的科技创新体系;要加强科研基地建设,构建科技信息资源共享平台,整合交通科技资源,显著提高交通行业的自主创新能力。

"十一五"期间(2006—2010 年),针对离岸深水港设计、施工和养护中的重大技术难题开展研究,在码头泊稳条件、深水航道选线及设计参数和岛群中建港水动力等方面取得了技术突破,提高了工程质量和结构耐久性;以长江口深水航道整治为重点,加强不同类型河流滩险整治理论和关键技术攻关,保障了长江、西江等流域内河航道建设工程及航运梯级开发的顺利实施;加强了信息通信等高新技术的集成应用,港口物流管理、集装箱电子标签推广应用等方面取得明显进展,提升了水运信息化水平。在节能环保技术方面,面对资源节约与环境保护的更高要求,积极开展了内河船舶标准化、港口与车船节能减排等技术研究,对集装箱轮胎吊实施了"油改电"技术改造,经济社会效益显著,增强了水运交通可持续发展能力。

第五阶段，创新驱动发展战略成为国家战略，科技创新也进入了新时代，开启了建设世界科技强国的新征程。党的十八大以来，交通运输行业继续深入实施创新驱动发展战略，坚持三个面向（面向世界科技前沿、面向经济发展主战场、面向国家重大需求），强化四个引领（重大科技突破引领、信息化智能化引领、标准化引领、创新人才引领），与科技部联合制定印发了《"十三五"交通领域科技创新专项规划》，面向综合交通运输发展，瞄准重大、核心、关键科技问题，成为"十三五"时期我国交通领域科技创新工作的重要依据。

2014 年，聚焦"综合交通、智慧交通、绿色交通、平安交通"发展，为加快发展现代交通运输业提供有力的技术支撑，交通运输部发布的《公路水路交通运输主要技术政策》（1997 年 6 月颁布执行的《公路、水运交通主要技术政策》同时废止），水运工程作为 7 个领域之一，共包含 9 条技术政策，分港口和航道两个专业方向，总结了建设、维护及通航保障等环节的主要技术政策。此外，在运输服务领域，有关水路交通主要有推广应用港口装卸专业化、智能化技术，推进内河船型标准化，推广应用内河船舶物联网技术等 3 条技术政策。在安全应急领域，主要有加强水运工程基础设施防灾减灾体系建设，大力发展水运安全防控与监测技术等 5 条技术政策。在节能环保领域，主要有推进水运工程环保技术研发及应用，推广应用节能新技术，以"鼓励港区车辆、船舶使用液化天然气（LNG）等清洁燃料""鼓励靠港船舶使用岸电"等措施加强港口大气污染综合防治等 6 条技术政策。与水路交通密切相关的 23 条技术政策着重反映了水路交通各领域取得的应用面广、效益显著的新成果，兼顾了当前和今后一个时期应大力发展的新技术。

"十二五"期间（2011—2015 年），交通运输行业深入实施"创新驱动"发展战略，围绕基础设施、运输服务、智能交通、安全应急、节能环保等领域关键技术问题，依托重大工程，统筹推进重大科技研发、创新能力建设，加大科技投入，推进建设交通运输国家重点实验室和国家工程研究中心，取得了新的进展和成效。在水运工程基础设施建设领域，重点开展了长江黄金水道能力提升、大型跨海通道工程建设等重大技术和装备研发，在内河航道系统整治技术、海上人工岛建设等方面取得重大突破，显著提升了长江干线运输能力，有力支撑了港珠澳大桥等重大工程建设。在运输服务领域，重点开展了内河船型标准化、西部港口物流枢纽建设与运行关键技术、港口多式联运等技术研发，在先进物流组织、运输装备标准化和运输服务信息化等方面取得了一批创新性科研成果，支撑了行业试点示范工程实施，提升了运输服务能力和水平。在智能交通领域，重点开展了交通运输实时监控和监管、地理信息系统（GIS）、电子数据交换（EDI）和数据标准化等技术研发和集成应用，在船联网、物流信息平台、数字航道等方面取得了显著进展，提升了交通运输的信息化、智能化发展水平。在节能环保领域，重点开展了清洁能源与可再生能源应用、基础设施与工艺装备节能技术研发等工作,在靠港船舶使用岸电、新能源应用等方面取得了重要技术进展,结合重大示范工程实现推广应用,提升了节能减排和资源利用效能。

第二节 港 口 工 程

一、港址选择与总体布置

(一)综述

1.港址选择

改革开放前,我国港口建设经历了恢复发展时期、三年大建港时期,这期间基本在原有港址上进行建设,选址技术发展缓慢。改革开放后,我国港口建设迎来了长足发展,对系统研究更加重视,前期投入不断加大,基础资料积累增多,伴随城市发展,不断需要新址建港,由此选址技术不断进步。20世纪80年代是港口发展的又一高潮期,选址建设了众多港区,初步形成了我国沿海大、中、小港口相结合的港口布局。选址技术上,既有在原址建设大型深水码头,又有开辟新港址、新港区,港址选择也趋于多样化,除在基岩海岸、沙质海岸选址外,在河口地区也进行了大型深水港的选址。同时,在日照港开始建设离岸开敞式大型码头,为大型深水码头选址提供了经验。以天津港、连云港港海岸为代表的淤泥质海岸研究更加系统深入,泥沙淤积已不再是港口发展的制约因素。此外,与一般海岸不同,江苏如东洋口港是独一无二的在辐射沙洲环境条件下建设的。

自20世纪90年代起至2010年,我国港口建设进入快速、有序发展阶段。这一时期注重专业化码头的选址布局和建设,重点建设了煤炭、矿石、集装箱、原油、散粮等大型专业化码头,并改造了一批不适应发展需要的老旧码头。同时,我国在不同成因和物质组成的海岸又开辟了新港区。其中,淤泥质海岸港口摆脱了泥沙淤积的困扰,且港口疏浚弃土得以充分利用;此前,对于在粉沙质海岸建港相关理论与实践经验较欠缺,经过多年的科学探索,已初步掌握了粉沙质海岸泥沙的运动机理及淤积规律,并应用于工程实践,通过采取有效的防淤减淤措施,在昔日的"建港禁区"进行选址,取得较好的经济与社会效益。内河港口建设进一步加快,重点选址建设了一批新港区。

影响港址选择的因素较多,有地理位置、经济、社会、生态、自然条件等。港址选择时需考虑港址与腹地经济、地区经济、城市发展、沿海经济区布局、城市综合物流、水利及军事要求、老港与新港址,以及与环境的关系等。同时港址选择应注重港址集疏运条件,包括水运、公路、铁路、管道等运输方式,充分发挥各种集疏运的优势,尽量减小对环境的影响。除上述因素外，港址自然条件，包括水文气象条件、地质地貌条件等，是影响港址选择的重要因素。2010年以来，以建设资源节约型、环境友好型港口为目标，港口选址更为科学，从国家战略、区域发展、岸线资源，港口性质、规模、功能，技术水平等多方面进行综合论证，选择适当的自然条件，既节省了工程造价，又使港口建筑物对环境的影响减至最小，实现了资源利用最大化。

2. 总体布置

港口总平面布置主要是根据港口的地位、作用、性质、功能、当地的自然条件及港区的特点和发展要求，按照统筹规划、节约资源、环境友好、远近结合、功能明确、方便管理、协调发展、集疏运畅通等原则进行港口水域和陆域布置。从新中国成立初期借鉴苏联经验到20世纪70年代三年大建港，至20世纪80年代技术不断提高和完善，再经过大量的工程实践及经验积累，21世纪初形成了相对完整的总体设计标准，我国建港技术也经历了从学习引进，到消化吸收，再到创新提升的过程。尤其是改革开放以来，港口设计技术不断出现新的突破，从20世纪80年代的淤泥质海岸到20世纪90年代的粉沙质海岸，21世纪的沙岛—潟湖海岸，以及之后的废黄河口侵蚀海岸和辐射沙洲海岸。2010年以来，船舶大型化、港口深水化、建港自然条件复杂化、环境及资源承载能力受限等愈发凸显，对港口总体布置设计理念和设计方法提出新的要求，此时的港口不仅仅是水陆运输转换的枢纽，并赋予物流仓储、金融贸易等更广泛的外延内容，平面布局规划不再是单一的码头规划，而是把新发展理念贯穿到港口规划、建设、管理、运营的全过程。我国沿海港口建成了一大批大型集装箱、大型专业化原油和矿石、成品油及液体化工、商品汽车、液化天然气及邮轮等新型专业化码头，在选址、规划、平面布置等方面极具代表性，港口总体布置技术创新体系日趋完善。

（二）主要技术创新

港口建设部分成果达到国际领先水平，表现为港址选择理论方法更加全面，港口平面布局规划理念更加开放等。具体来说，包括淤泥质海岸、粉沙质海岸、沙岛—潟湖海岸、废黄河口侵蚀海岸、辐射状沙洲潮汐水道等特殊海岸港口选址和布置的创新技术。

1. 淤泥质海岸

淤泥质海岸主要由江河携带入海的大量细颗粒泥沙，在波浪和潮流作用下输运沉积所形成，大多分布在江河入海沿岸和河口地区，在我国主要分布在辽东湾、渤海湾、苏北、浙闽港湾和珠江口外等岸段。新中国成立以来，以淤泥质海岸的天津港、连云港港为研究重点，进行了大量卓有成效的研究工作并取得重大成果。20世纪70年代，处于淤泥质海岸的天津港随着泊位建设及减淤措施的实施，淤积情况得以缓解，并研究得出天津港淤积基本规律、港内回淤率与港池深水面积之间的关系等成果,为在淤泥质海岸选址建港提供了理论基础。20 世纪 80 年代淤泥质海岸研究更加系统深入,建设了天津港东突堤、南疆等新港区。20 世纪 60—80 年代,我国淤泥质海岸港口建设多为由岸向海逐步延伸,小范围围垦,多步骤拓展的方式,随着经济的高速发展,造成港口内部较长时间段的泥沙淤积量较高。20 世纪 90 年代后,港口建设调整为大尺度规划、大面积围合、大范围造陆的方式,即根据总体规划一次性建设外围防护堤,围合区内部根据需要分区分块可分期也可以同期开发拓展。

淤泥质海岸选址时应考虑广阔滩地的利用,充分利用基建疏浚土方及维护土方,采取填筑式筑港方式。对于与河口相邻的港址,水域尺度应满足泄洪排涝的要求。淤泥质海岸港址要对软土地基的变形和不均匀沉降予以高度重视,避免由此引起地基失稳、结构滑坡等工程事故。过去主要采用部分疏浚吹填结合部分远距离运输回填料,随着施工船舶设备的发展,大规模疏浚吹填已经变成简单施工,海域生态环境也得到了改善。另外,随着技术的发展,在淤泥质海滩建设长航道已经不是关键性的技术难题。

2. 粉沙质海岸

粉沙质海岸分布于我国的辽东、冀北、鲁北、鲁南、苏北、浙东等海岸线上,是介于淤泥质海岸和沙质海岸之间的一种特殊海岸,泥沙的活动性很大,在风浪作用下,极易起动,也很容易沉降。20 世纪 90 年代起陆续在此类海岸建港,但出港航道严重淤积,特别是外航道骤淤,迫使港口停航封港,所以解决港口港池航道淤积是粉沙质海岸港口建设的首要问题。依托黄骅港和京唐港区等重大港口工程建设,我国系统地开展了粉沙质海岸泥沙水力特性、运移形态、淤积规律、航道治理方法及工程应用的研究,借助卫星遥感等技术手段,监测泥沙分布及移动变化,掌握了粉沙质海岸泥沙的运动机理及淤积规律,通过采取有效的防淤减淤措施,解决了粉沙质海岸瓶颈问题。唐山港京唐港区、黄骅港、潍坊港、滨州港、东营港、南通港吕四港区等粉沙质海岸上的港口均已形成港口基本平面布局。

主要创新技术包括:

(1)粉沙质泥沙运动规律的发现及理论的创新。系统研究了粉沙质海岸泥沙中黏土含量对沉降速度和床面泥沙起动的影响,提出了不同粒径粉沙对应的沉降速度、起动摩阻流速与黏土含量的关系,提出了粉沙质海岸定义和界定标准,划分了海岸的类型。发现并揭示了粉沙质海岸滩面泥沙易起动、易沉降的特点,在波浪、水流共同作用下底部呈现高浓度含沙水体的运动状态,揭示了粉沙质泥沙运动特征以及底部高浓度含沙水体运移是引起港口航道泥沙骤淤的主要原因。从理论上提出了滩面泥沙在波流共同作用下临底部高浓度含沙层厚度和含沙量的计算方法。依据粉沙质海岸泥沙运动三层运动模式理论,建立了风浪作用下滩面泥沙运动对航道影响的解析式,揭示了粉沙质海岸航道骤淤的机理。

（2）粉沙质海岸航道模拟技术的创新。提出了粉沙质海岸在风暴潮作用下复合沿岸输沙概念及计算方法。开发了粉沙质海岸破波带内外岸滩按不同粒径模型沙模拟动床的试验技术，利用波浪潮流共同作用下泥沙物理模型成功复演了典型风暴潮航道骤淤过程。提出了更符合粉沙质海岸泥沙运动规律的波流挟沙力公式，建立了描述风、浪、流耦合作用下泥沙运动和航道骤淤的二维和三维数学模型。

（3）粉沙质海岸航道等港口水域的设计理论创新。提出了粉沙质海岸港口布置基本原则，确定了粉沙质海岸港口挖入式、近岸填筑式、离岸港岛式布置模式和适用条件。建立了粉沙质海岸航道骤淤量概率统计分析方法，提出了航道骤淤重现期的概念。提出了粉沙质海岸港口航道双防沙堤掩护的防淤减淤措施，防沙堤宜采用出水堤和潜堤相结合的方式，有效地阻止了泥沙淤积。

3. 沙岛—潟湖海岸

沙岛—潟湖海岸深槽近岛，陆地与沙岛之间有大片可供利用的滩涂，开发风险是海岸地貌的演变规律复杂，影响深槽稳定的因素众多，滩涂开发与深槽稳定的关系难以把握。截至20世纪90年代后期，由于缺乏系统研究，这类海岸一直未作为大型港口开发建设的港址。自20世纪90年代后期起，依托曹妃甸港区开发建设工程，多家单位对在沙岛—潟湖海岸建设港口开展了大量的研究工作。基于地层剖面解析和动力地貌演变分析，阐明了沙岛—潟湖海岸动力地貌体系形成机理，揭示了曹妃甸沙岛成因及潮沙深槽动力形成机制中的岬角效应，提出了保持宏观动力地貌格局和沙岛—潟湖海岸滩槽稳定的控制性要素，构建了滩涂开发与深槽稳定的关系，论证了曹妃甸港区开发建设的可行性和开发基本原则。研发了适合沙岛—潟湖海岸复杂自然条件的多因子动力地貌演变数值模拟系统，自主开发了波浪潮流共同作用下泥沙运动物理模型模拟成套技术。

据上述研究成果，提出了沙岛—潟湖海岸大型综合港口工程总体布局思路，形成了一整套充分利用该类型海岸环境条件进行港区总体布局的新方法，即因势利导、因地制宜，借助沙脊"二分水"的特点，以深槽和沙岛为龙头构建连岛大堤和港区南北轴线，形成东西两翼分区的格局，借助潟湖潮沟构筑"纳潮河"连通东西两翼，分隔南北形成岛、陆相间的格局。充分利用甸前深槽建设20万～40万吨级开敞式大型深水码头；合理利用潟湖潮沟形成挖入式港池；充分利用沙岛和滩涂圈围造地，形成临港产业的发展空间；通过纳潮河的构筑，有效维护潮沙动力特性、加强水体交换，最大限度地降低港区建设对周边海域的影响。

4. 辐射沙洲海岸

南黄海辐射状沙脊位于现代长江三角洲以北、苏北废黄河三角洲以南的苏中岸外浅海区。因海域浅滩宽阔，动力复杂，滩槽多变，在缺少冲淤演变动力机制和滩槽稳定性充分认识的情况下,该区域被认为是建港禁区。20世纪80年代以来,全国海岸带调查和后续相关研究项目曾对辐射状沙洲区开展过整体性的研究,初步摸清了辐射沙洲的动态演变脉络。特别是20世纪90年代以来的一系列港口开发条件研究,逐步认识到辐射沙洲部分深水潮沙通道长期存在,具有开发利用前景,突破了辐射沙洲不宜建港的传统观念。然而,由于海港开发的角度和地学的角度对辐射沙洲滩槽稳定性有着不同时空尺度的理解与要求,洋口港在开发时面临巨大挑战。在把握辐射沙洲"潮流塑造—风暴破坏—潮流恢复"的形成演变特征基础上,认识了洋口港海域滩槽演变控制因素和演变自然规律,以及针对港口工程方案的工程稳定性和可持续开发条件,形成了辐射沙脊港口开发关键技术。

主要创新技术包括:

(1)水道沙洲系统的稳定性论证。提出沙洲–5米以浅的部分受风浪影响程度较大,形态多变,但–5米以下的核心区主要由周边水道潮流动力的消长变化和潮流动力场格局所控制,并标定出西太阳沙稳定核心区的范围。准确模拟了潮沙潮流环境极为复杂的洋口港"水道—沙洲"系统的流场特征,设计了烂沙洋开敞海域复杂流场环境下潮流物理模型,提出了"顺应自然、审慎改变"的港口开发布置原则。

(2)辐射沙脊港口开发工程稳定性风险识别。提出洋口港滩槽工程稳定性包括潮流动力控制下的长周期演变趋势和大浪作用下的短周期冲淤动荡两个方面,并分别开展有针对性地系统研究。明确提出大浪作用下脊槽相间海域的滩冲槽淤是紧密联系的相互响应过程。针对港区潮流动力场变化的趋势和港区外围沙洲活动对港区可能影响等潜在的工程稳定性风险,提出了"顺应自然演变趋势,有针对固沙稳槽构建稳定潮流动力场格局和实现规模开发"的洋口港可持续开发途径。

辐射沙脊区近岸浅滩后备土地资源和潮沙水道深水岸线资源是港口开发的主要依托,滩槽稳定性是港口选址的首要条件。在此基础上,港口总平面布置形式应结合滩槽分布格局而定。浅滩区陆域围填加长栈桥连接深槽是辐射沙脊港口起步阶段的主要布置形式。辐射沙脊烂沙洋海域,确定以航道—栈桥码头—人工岛—陆岛通道格局为指导。

5. 废黄河口侵蚀海岸

废黄河口位于江苏省滨海县,公元1855年铜瓦厢决口,黄河尾闾改由山东利津入渤海,陆源泥沙断绝致使海岸演变逆转为海洋动力作用下的全面蚀退。至1971年,废黄河口附近岸线已侵蚀后退近20千米,河口附近的六合庄曾随海岸蚀退三度搬迁。尽管后期建造堤防设施有效控制了岸线整体蚀退,但水下三角洲及近岸浅滩的冲蚀仍在继续,废黄河口海岸一直是我国典型的侵蚀性海岸,也是数百年来岸线侵蚀后退最大的海岸。岸线后退控制和水下岸坡持续侵蚀,造就了深水靠岸的优越水深条件,但由于缺乏侵蚀性海岸建港关键技术问题的系统研究,长期以来一直被认为不宜建港。

1993 年以来,科研人员连续进行了十多年的现场固定断面监测和水下地形及水文泥沙观测,采用动力地貌分析、水槽试验、数学模型、物理模型等手段,开展了废黄河口海岸侵蚀与建港关键问题的系统研究。基于海床侵蚀下限和侵蚀平衡剖面的论证,提供了废黄河口侵蚀性海岸建港工程可行性的基础;通过海岸侵蚀防护及海洋动力泥沙环境协调性的系统研究,明确了侧向口门布置的有掩护挖入式港口建设方案;针对海床自然冲刷与工程局部冲刷耦合影响的研究,形成了侵蚀性海岸港口工程冲刷防护的关键技术。

主要创新技术包括:

(1)废黄河口海岸的侵蚀下限与侵蚀平衡剖面。论证了废黄河口海岸海床侵蚀下限在 −15 米左右,集成波流共同作用下的综合水动力场模型、泥沙运动模型和岸滩地形变化模型,建立了废黄河口侵蚀性海岸"动力—泥沙—地形"系统演化预测模型,进行了海岸侵蚀平衡剖面的计算预测。

(2)与海洋动力和海岸侵蚀防护协调的港口布置。通过潮流、波浪数学模型和潮流泥沙物理模型及波浪整体物理模型的系统研究,科学确定了采用侧向口门布置的有掩护挖入式港口建设方案。

(3)侵蚀性海岸港口工程冲刷防护的关键技术。确定了海港工程建设引起局部冲刷的部位与幅度及工程防冲护底的区域范围;提出采用具有整体性与柔性特征的混凝土联锁排新型护底结构的必要性;对海洋动力作用下混凝土联锁排护底结构的稳定性和防护区外缘海床冲刷对联锁排稳定性的影响进行了系统的理论与模型试验研究;确定了满足设计条件下护底结构稳定性要求的排头与排内压载块体规格;得出了护底区外缘海床冲刷造成联锁排下沉变形的范围和变形区的稳定坡度,合理确定了各防护区域混凝土联锁排护底的铺排防护范围及其相应的排头区块体范围。

6.港口外迁

在港区布置方面,随着经济的不断发展,位于城市或中心城区的港区,已经无法满足港口泊位水深、航道水深和陆域纵深的要求,同时城市的发展要求更多的临水或临海空间,这些因素促使港口的建设外移。为了实现港区功能调整、岸线资源节约利用,一些港口进行港区搬迁改造,将距离城区近的码头搬迁或进行功能调整。秦皇岛港实施了西煤东迁工程,将市区内的老码头及煤炭堆场转移至远离市区的东港区;天津港实施了北煤南移工程;大连港进行了寺儿沟油码头迁移工程;青岛港将原位于老港区的铁矿石、煤炭作业全部转移到前湾港区;上海港对黄浦江沿岸的老码头采取了关、停、并、转的措施;厦门东渡港区 19 号泊位改造工程,将原煤炭散货泊位搬迁至海沧港区;宁波港对原北仑二期工程的煤炭专用泊位进行改造,功能变更为集装箱专用泊位,而煤炭泊位选择在距离城区较远的北仑港区穿山半岛北侧建设。这些港区搬迁及功能调整均在港口总体布局方面实现了环境保护的目的,港口在规划和布置上注重环保,树立绿色港口理念,这既符合社会发展需要,也可避免港口重复搬迁造成资源浪费。如营口鲅鱼圈港区的资源整合就是伴随港口环保理念的提升而逐步实现的,如果环保方面的规划设计能够超前一些或者一步到位,港口便可省却搬迁之苦。

7. 河口及内河港口

河口港是指位于江河入海口或江河下游潮区界内的港口。在河口港址选择中,受径流与潮流影响,港址选择应充分分析径流和潮流两种动力因素对河床塑造的影响。河势稳定是岸线稳定的根本,岸线稳定是港口选址开发利用的先决条件;港址宜选在落潮流速强和流路顺畅的岸段;支汊或边滩内倒套河段宜选在涨潮流动力较强,流路顺畅,且具有一定水深处,并应论证倒套的稳定性;选址应充分考虑泥沙运动对港口的影响;应处理好河口泄洪制导线与港口规划的关系,港口选址其边界、水域宽度等应满足港口使用及泄洪的要求。河口港一般沿江、河两岸而建,如上海港、虎门港等。由于受江河水面宽度及主航道的限制,河口港的码头前沿线一般距离主航道较近,港口水域较小,船舶掉头可能占用主航道。由于受潮流和径流的共同影响,一般码头面顶高程高于后方陆域地面高程。为降低工程投资,此类港口的码头作业区与后方陆域大多采用栈桥连接,用栈桥作为降低陆域高程的过渡段,然后根据陆域地形情况进行平面布置。

平原河流地区河道形态众多,情况复杂多变,河道整治和航道整治的难度相对较大,相对于河口地区,平原地区的经济发展速度、建港条件的改善等方面均有所不及。因而平原河流的港口呈现平稳发展的势态,港口岸线的开发利用随着航道整治工程、护岸工程的开展逐渐发展。山区河流水位变幅大、流速快、流态紊乱,宜港岸线不多,20世纪90年代以前,山区河流的港口建设几乎处于停滞状态,除少量的天然良港外,基本以临时简易的装卸作业方式为主。三峡工程及其他渠化工程的建设,给山区港口选址带来了契机,山区河流的大量渠化将不宜建港的山区河流变成优良的岸线。内河港口如武汉港、重庆港等多建在岸线较为平顺的江河两岸的微凹、微冲河段。内河港受洪水影响,水位暴涨暴落。两岸陆域地面高程较高,特别是山区河流。此类港口的特点是码头面顶高程远低于后方陆域地面高程。因此,一般采用斜坡式码头＋栈桥相结合的方式,逐步提升高程与陆域相接。大型泊位,一般采用直立式水工结构＋栈桥相结合的方式。内河港口的堆场,一般采用不同高程、分段式布置;港口总体运距较远,装卸工艺较为复杂。

(三)典型工程案例

1. 淤泥质海岸:天津大港港区

天津大港港区位于天津市海岸线最南端,规划定位于近期以工业港为主,主要满足工业区内重工大项目的配套使用需要,远期具备运输大宗散货功能。大港港区海域的泥沙性质与天津港的基本一样,海区潮流属往复流、潮流动力较弱,海区水体含沙量总体较低,海区滩面泥沙粒径较细。大港港区规划建设规模较大,港区面积 30 平方公里,形成岸线长度约 26 千米。主要技术创新包括:港区建设和河口行洪相结合,通过向深水区延伸防波堤的方式减少泥沙淤积。

港区紧邻独流减河口布置,规划选址中综合考虑了港区开发建设和河流安全行洪。港区北侧为独流减河入海口,规划行洪能力 4500 立方米/秒。大港港区选择依托独流减河口开港方式,将岸线集中在独流减河口南侧区域,并在独流减河口北侧布置防波堤,设置两个南北走向港池,分别为西港池和东港池。在航道两侧 4 米水深处布置两个隔堤,形成港区口门。对于泥沙淤积问题,由于本海区水体含沙量较高,经反复探讨方案和实验论证,需要通过向深水区延伸防波堤的方式减少泥沙淤积。

对于淤泥质海岸港区陆域形成和围海造陆,将港池航道疏浚土方吹填至造陆区形成陆域是较为经济和环保的处理方式。大港港区陆域形成中,在合理吹程范围内的疏浚土方,采用绞吸船直接挖泥吹填;在吹程范围以外,采用耙吸式挖泥船进行疏浚。

2.粉沙质海岸:黄骅港煤炭港区

黄骅港是河北沿海的地区性重要港口,是我国北方主要的煤炭装船港之一。黄骅港煤炭港区陆域利用港池航道疏浚土在近岸填筑而成,港池布置于水域浅滩,由防波挡沙堤掩护。黄骅港建设初期受大风泥沙骤淤困扰,进港航道一直未达到设计尺度,2003 年 10 月 10—13 日,黄骅港外航道发生了 45 年一遇的泥沙骤淤,总预计量约 970 万立方米,最大淤强 3.5 米,淤强大于 2 米的长度超过 16 千米。2004 年开始实施外航道整治工程,经研究论证,确定了防治 10 年一遇的泥沙骤淤标准。整治工程在外航道两侧新建防沙堤,单侧防沙堤长约 10.5 千米,新口门位于约 6.0 米水深处,较好地解决了外航道大风骤淤问题。2011 年煤炭港区实施 5 万吨级双向航道工程,航道底高程 −14.0 米,可满足 5 万吨级散货船舶全天候、7 万吨级散货船舶乘潮进出港,航道有效宽度 270 米(口门附近航道底高程 −15.0 米, 有效宽度 290 米),边坡 1:5,内航道长 3.5 千米,外航道长 43 千米。

在煤炭港区北侧又开发建设了综合港区,综合港区进港航道已于 2010 年投入使用,航道规模为 10 万吨级散货船舶乘潮单向通航,2012 年,分两期拓宽、浚深至 20 万吨级航道,航道设计底高程 −18.3 米,航道有效宽度 250 米(口门附近航道有效宽度 280 米),边坡 1:5,航道总长度为 56.8 千米,可满足 20 万吨级散货船舶乘潮进出港要求。2008 年,综合港区起步工程建设南、北防波挡沙堤,总长度 23409 米,口门位于 6 米水深处,防波挡沙堤采用出水堤与潜堤相结合。2012 年,为满足 20 万吨级航道建设防、减淤要求,在南、北防波挡沙堤基础上,延伸建设南、北防沙堤,共 17.6 千米,将堤头延伸至 −8 米水深处,北防沙堤已建成,南防沙堤在建。

3. 沙岛—潟湖海岸：曹妃甸港区

曹妃甸位于渤海湾北部，所处海域具有建设深水大港的优良港口岸线资源，同时其毗邻京津冀都市圈，腹地为我国煤炭、钢铁、建材、电力、化工等能源原材料生产最集中的地区。根据港区资源特点及其功能定位，为了充分适应临港冶金、石化、能源、装备制造等产业发展和煤炭、原油、铁矿石及综合运输的需求，围绕甸头和三个港池，形成矿石和原油大宗散货作业区、通用码头作业区、煤炭和干散货专业化作业区、液体化工品作业区，及部分临港工业专用岸线。港口主要功能区布局如下：

（1）甸头区域。利用天然深槽形成大型深水码头岸线约5.9千米，根据岸线特点及后方陆域情况，西部约1.6千米岸线布置4个大型干散货码头，专供首钢进口原料及辅料使用；中部约2.4千米岸线布置6个大型干散货泊位，主要提供公共运输服务；东部约1.9千米岸线布置4个大型原油码头，主要用于支持后方临港石化工业的发展。大型原油码头东侧，浅滩外15米水深处作为10万吨级左右液化天然气泊位备选港址，形成岸线900米。

（2）西翼第一港池。口门外仍处于甸前深水区范围，规划港池内主要发展5万～10万吨级泊位，重点安排三个码头功能区：东侧岸线自钢厂北边线向南，主要为钢铁泊位区；东侧岸线自厂北边线以北，安排为通用码头作业区，具体类型可包括通用杂货泊位、多用途或集装箱泊位、通用散货泊位等；港池西侧7.8千米岸线及其后方1.5千米纵深的陆域为分别安排专业化煤炭下水码头及其他专业化散货码头作业区，主要满足"北煤南运"和临港工业区其他大宗散货的运输需求。

（3）西翼第二港池。口门处位于西侧次深槽的末端，主要安排5万吨级以下泊位。二港池东侧岸线约4.5千米，岸线及集疏运条件适合于发展以管道输送为主的液体化工品泊位；西侧岸线与陆侧填筑板块相连，根据临港工业发展需要机动使用，码头作业区陆域纵深1.2千米。

（4）二港池外侧。依托南堡深槽作为10万吨级左右的液化天然气泊位备选港址，或布置其他液体散货、干散货泊位，两港池之间南侧护岸外可以利用的岸线长度约3.8千米，后方作业区预留纵深约500米。

（5）东翼第三港池。利用老龙沟直通沙岛内侧潟湖浅滩的天然条件，在老龙沟辐射水域西侧开挖形成第三港池，兼做老龙沟潮流通道的纳潮水域。

4. 辐射沙洲海岸：洋口港区

洋口港区海域辐射沙洲分布广泛，其中烂沙洋是辐射沙洲中最大的潮沙通道。目前辐射沙洲地形与潮流场格局相一致，辐射沙洲水下沙脊与潮沙通道的总体格局在相当长的时期内将保持相对稳定，但仍存在各主要潮流通道之间小沙体的合并和增高淤浅。本区域泥沙来源少、潮流动力强，"水道—沙洲"系统具备长期稳定的条件。结合地形条件，港区规划采用"码头—栈桥—人工岛—陆岛通道—沿岸陆域"的布置格局。码头、人工岛、沿岸陆域各自履行接卸、中转货物及发展临港工业的功能。栈桥、陆岛通道用来沟通这三大功能区，用作联系通道。

西太阳沙人工岛选在核心稳定部分的中心，宽度1000米、长度2570米，总面积约2.5平方千米。人工岛共分为四个功能区，液化天然气接收站在人工岛东北角，占地面积0.3平方千米，相邻区域布置为液化天然气发展预留用地，面积0.2平方千米。液化天然气功能区南侧，近期为杂货及应急石料堆场，远期随着前方码头功能的转变改建为液体散货罐区。人工岛中部为公共设施区，面积0.1平方千米，包括人工岛管理中心、变电所、供水调节站及污水处理厂等，可结合市政设施进行设计规划。在公共设施区南北两侧为液体散货罐区，用于原油、成品油、液体化工品的中转及仓储，总面积0.69平方千米。人工岛的东部布置为干散货及杂货堆场，面积为1.05平方千米，用以洋口港区远期矿石、煤炭等散货及集装箱的场地。人工岛北侧码头布置分为三个区域，即液化天然气码头区、液体散货码头区、干散货及杂货码头区。码头与人工岛之间通过栈桥连接，根据码头布置情况及泊位性质，规划液化天然气栈桥、化工及油品管线桥和干散货及杂货码头栈桥各1座；进出港航道利用烂沙洋北水道深槽。在人工岛南侧布置14个液体化工泊位，泊位岸线总长约2355米，进出港航道利用烂沙洋南水道深槽。人工岛与陆地之间通过陆岛通道进行连接。通道由引桥和实体引堤组成，总长12.6千米。陆岛通道总宽度约20米。

5. 废黄河口侵蚀海岸：盐城港滨海港区

盐城港滨海港区位于江苏北部的废黄河三角洲地区，此岸段向海凸出，深水近岸，但海域开敞无掩护，海岸处于侵蚀状态。20世纪80年代以来，进行了江苏省海岸带和海涂资源综合调查及废黄河三角洲海岸建港条件的研究，突破了废黄河三角洲侵蚀性海岸不宜建港的传统观念。现有研究已大致勾勒出公元1128—1855年间海岸淤长以及公元1855年后海岸的蚀退过程，对废黄河三角洲海岸动力、泥沙环境、侵蚀动态、侵蚀机制、岸滩侵蚀剖面的塑造等也有了较深入的研究，侵蚀性粉沙质海岸建港中的泥沙问题及骤淤研究也取得一定成果。

滨海港区位于翻身河北岸向海突出岸段，该段岸线深水贴岸，是江苏省海岸10米、15米等深线距岸最近的岸段。在建设时充分利用该段岸线，向海一侧通过建设南北两座防波堤对港内形成良好掩护，向西构建挖入式港池，两侧布置泊位，并分别向西北和西南开挖港池，使港内水域呈"Y"型。同时考虑港区长远发展和充分利用南北防波堤形成的较宽阔水域，规划在北堤内侧布置大型多用途泊位，外侧填筑陆域，形成相应的码头作业区及仓储物流用地，并在北侧预留远景发展区，以满足大型临港产业开发的运输需求；在南堤内侧布置大型液体散货泊位，从而使整个港区形成"挖入式与外填式相结合，近期和远期分期实施"的港口发展格局。规划起步工程防波堤堤头位于 −10 米等深线附近,口门宽 600 米。为改善港内淤积状况和减少口外航道维护量,远期将堤头延伸至 −14 米等深线附近,防波堤延伸方向和航道走向均为 85°～265°。掩护区内主港池宽 800 米,南北两个分支港池宽度分别为 400 米和 500 米。考虑到充分利用滨海港腹地内发达的内河水运资源,规划在西南港池末端开挖人工航道连通翻身河。根据港口的定位和主要功能,港区将在主港池南北两侧分别布置散货作业区、液体化工品及成品油作业区、通用作业区、多用途作业区、远景预留发展区和支持系统区,并在作业区后方布置相应的仓储物流区和临港工业区。

6. 港口外迁:秦皇岛港煤炭港区

秦皇岛港是"北煤南运"大通道中的主枢纽港,也是我国最大的煤炭输出港。改革开放以后,国家选择秦皇岛港作为"西煤东运、北煤南运"的主要装船港,对乙码头进行了煤炭专业化改造。之后,煤一期至煤五期专业化煤炭装船码头在东港区原油码头两侧先后建设投产。煤一期至煤五期的建设是从西向东、从近岸到深水,除煤一期码头为顺岸布置外,其他几期工程的码头均采用了突堤的布置形式。秦皇岛港煤炭港区的典型工程是五期工程,位于秦皇岛港东港区煤三、四期码头工程的东侧,建设 5 万～15 万吨级泊位 4 个,岸线长度 1187 米,年通过能力为 5000 万吨。随着煤五期工程的建设(同期建设了煤四期扩容工程),使秦皇岛港的煤炭年通过能力达到了 1.93 亿吨。

煤五期工程的码头总长度为 1187 米。前沿水深分为两段,南段(899 米)的 3 个泊位码头前沿设计底高成为 19.7 米,北端 5 万吨级泊位(288 米)码头前沿设计底高程取为 −14.9 米。码头面高程为 7 米,码头和堆场之间有挡土墙分隔。堆场区位于现有矿石堆场的南侧,部分利用已形成的陆域,其余为利用疏浚土吹填造陆形成。堆场纵深约 800 米,长约 1100 米,为东西向布置,分为 10 条堆存区,设计有 6 条堆料线和 5 条取料线。堆场布置充分利用了现状,面积约 77 万平方米,位于矿石堆场的南侧,煤五期工程堆场适当占用了部分预留的矿石堆场,减少了煤五期工程的陆域形成面积,控制了工程投入,也缩短了施工工期。

7. 内河港口:武汉新港阳逻集装箱港区

武汉新港阳逻港区位于长江中游武汉河段北岸阳逻经济技术开发区内,阳逻港区所处的阳逻水道上接天兴洲汊道,下讫牧鹅洲弯道,为上、下两弯道之间的顺直微弯过渡段,属平原性河流。河势稳定,码头处岸线平顺,近岸水深条件好,水流平顺。多年来河床基本上处于相对稳定状况,具备兴建集装箱码头的水域条件。阳逻港区是武汉新港最大的专业集装箱港区,港区已完成三期工程布置:一期工程 2 个 5000 吨级泊位已建成投产,通过能力 25 万 TEU/年;二期工程 4 个 5000 吨级泊位于 2011 年建成,通过能力

75 万 TEU/年;三期工程已完成工程起步阶段,4 个 5000 吨级泊位于 2015 年建成,通过能力 74 万 TEU/年。

阳逻港区规划控制力度不足,因多种原因港区上游岸线兴建了水泥厂码头,占用集装箱港口岸线约 800 米,影响了集装箱港口的规模化发展。港区对外集疏运为平江路,现为双向六车道,港区及后方开发区的车辆均只能通过该道路连接到外部通道,随着港区及开发区的发展,道路的能力已经不能满足需求。阳逻开发区内围绕集装箱运输的港口物流增值服务发展不同步,从远期来看,规划设计中对于港区配套物流园区应留有充分的发展余地。

二、装卸工艺与作业设备

(一)综述

三年大建港期间,我国沿海港口建成一批机械化、半机械化大型专业码头,包括大连港和湛江港的 5 万吨级油码头及其他沿海和长江港口的油码头,港口原油吞吐能力净增 3000 万吨。秦皇岛港一期煤炭码头工程形成 1000 万吨的装船能力,连云港港煤炭码头形成 275 万吨的装船能力,大连、天津新港、上海、黄埔、湛江和八所等港还增加了散粮、矿石等散装货物的吞吐能力。20 世纪 80 年代以来,水运工程建设进入了新阶段,国家出台了一系列政策,包括实行"以港养港,以收抵支"的港口建设费征收制度,鼓励货主单位自建专用码头,实行谁建、谁管、谁受益,鼓励腹地各省市集资建港等。通过技术创新,改造、扩建和新建了大批深水泊位,港口机械化和自动化水平大大提高,进一步改善港口货物集疏运系统。第一次建成了天津港 2 万吨级、上海港张华浜 3 万吨级等大型专业化集装箱码头和深圳赤湾、蛇口 3.5 万吨级散化,大连 10 万吨级原油,秦皇岛、日照 10 万吨级煤炭,上海宝钢、宁波北仑 10 万吨级矿石等专业化的散货码头。20 世纪 90 年代,先后在宁波、茂名、舟山、青岛、惠州等地建设投产了一批大型集装箱码头和 10 万吨级、15 万吨级、20 万吨级、25 万吨级成品油、矿石以及原油码头。2001—2005 年,船舶不断大型化,沿海港口建成投产了 10 万吨级以上泊位 39 个,其中 10 万吨级集装箱、成品油、煤炭、矿石码头 26 个和一批 30 万吨级原油矿石码头。

21 世纪以来,船舶的大型化专业化,促使码头提高作业效率,加快船舶周转速度。随着"资源节约型、环境友好型"港口建设要求的不断深入和信息化的快速发展,我国港口在智慧港口、效率港口、平安港口和绿色港口建设方面取得丰硕成果,自动化码头建设快速发展,厦门远海、青岛前湾四期、上海港洋山四期自动化集装箱码头相继建成营运,传统集装箱码头的自动化改造也取得阶段性成果;大型煤炭、矿石码头堆场斗轮堆取料设备远程操控技术逐步发展成熟并开始得到应用;防风抑尘网在煤炭、矿石码头普遍应用,大大改善了大宗散货码头的环保条件;集装箱码头电动轮胎式龙门起重机的全面推广应用和集卡"油改气"的应用,港口生产取得了很好的节能减排效果。钢厂成品码头则向专用的全天候港池＋全天候船库组合方向发展。在码头规模、码头等级、装卸效率、营运管理等方面,我国都已达到世界先进水平,形成了布局合理、设施完善、现代化程度较高的港口运输体系。我国港口装卸设备及工艺通过自主创新,取得长足进步,产品设计开发能力和生产工艺水平迅速提高,不论是产品类型、数量质量、生产规模,还是售后服务等方面都走在前列。

我国港口码头的平面布置形式主要是按照地形因地制宜和满足陆上集疏运及库场作业两方面的要求进行设计,常见的平面布置形式有顺岸式布置、突堤式布置、防波堤内侧布置、岛式或开敞式布置4种。随着集装箱、矿石、煤炭、原油四大货种运量的迅猛递增,大型专业化泊位的不断建设,港口总平面布置逐渐呈现按功能分区的布置形式,即划分为集装箱作业区、散货作业区(矿石、煤炭)、危险品作业区和杂货作业区,基本实现了"黑""白"分家。港区道路宽敞、集疏运畅通,路网呈环形布置;港区布置了相应的绿地、人文景观,环境得以彻底改善。港口陆域平面布置呈现港内生产＋临港工业＋保税区(或物流园区)的布置形式;港内陆域生产区纵深倍增;临港工业区、保税区(或物流园区)占地面积进一步扩大,陆域纵深达 1.0 ~ 1.5 千米。建成了一批大型化、专业化、现代化的矿石、煤炭和原油泊位,码头离岸较远并开敞式布置,码头与后方陆域采用长栈桥连接。

新时期,我国陆续建成了一批港口深水航道项目和大型开敞式码头项目。设计思路更加开拓,设计标准更加先进,平面布置方案更加优化。在码头前沿顶高程计算上,新的标准充分考虑了良好掩护、部分掩护与开敞式码头的普适性,理论体系科学、深入、全面。在码头前沿水深计算上,新标准对开敞式码头系泊船舶在波浪作用下的运动进行了系统研究,分析了大型开敞式码头船舶在横浪作用下船舶下沉量与波高的比值关系,调整了横浪系数,体现了船舶在横浪作用下更大幅的运动响应。在码头泊位长度的计算上,新的标准针对码头泊稳条件开展了较为系统的研究,创新提出了优化离岸深水港码头泊稳条件的技术成果,提出了短泊位的理念和方法,节省了岸线长度,对建设资源节约型港口意义重大。

(二)煤码头

1.技术发展与主要创新

改革开放前建设的少数几座专业化煤炭出口码头中,设备简单,工艺落后,基本采用小型、简易机械设备多线装船作业;堆场采用坑道形式,利用皮带输送机进行装船作业;卸车采用链斗卸车机和底开门自流卸车作业。改革开放以来,随着国内装卸设备制造水平的提高,堆存系统把堆场的地下坑道作业改为地上装卸设备作业,配置了斗轮取料机、斗轮堆取料机和单悬臂堆料机等；大型专业化煤炭码头火车卸车系统采用翻车机作业。自20世纪80年代中期开始，我国出口煤炭码头建设开始向泊位吨级大、码头通过能力高的方向发展，特别是装卸设备的规格、生产效率和作业范围日益增大，港口装卸新工艺、新技术高速发展。2010年后，我国煤炭码头生产系统，无论是技术上还是服务功能上，已处于世界先进行列。

"北煤南调"形成了我国北方建设大型煤炭出口码头，南方建设煤炭进口卸船码头的总体格局。改革开放前，我国煤炭码头堆场采用坑道形式，靠煤炭自流和皮带输送机进行装船作业，卸车采用链斗卸车机和底开门自流卸车作业，技术较为落后。1983年竣工的秦皇岛煤码头一期工程，率先采用了额定能力2000吨/小时的移动式装船机，堆场采用堆料机和斗轮取料机进行作业，额定能力均为2000吨/小时，卸车采用每小时翻卸25次的单翻翻车机作业。1985年建成投产的秦皇岛煤码头二期工程，首次采用了额定能力6000吨/小时的移动式装船机、额定能力3000吨/小时的斗轮取料机、额定能力3600吨/小时的堆料机和C型额定能力3600吨/小时的双翻翻车机。随后我国又相继建成了日照港煤码头一期工程、秦皇岛煤码头三期工程、青岛港前湾港区煤码头工程、天津南疆煤码头工程、黄骅港煤码头一期工程、国投京唐港煤码头工程、国投曹妃甸大型煤码头工程等。新建的煤炭出口码头，泊位吨级从2万吨级相继增加到10万吨级，工程的年运量也从1000万吨增至5000万吨，规模之大，世界上首屈一指。装卸设备也逐步向大型化发展，装船机额定能力已达到8000吨/小时；斗轮取料机额定能力已达到6000吨/小时；堆料机额定能力已达到7780吨/小时；翻车机已从翻卸1节逐步发展成4节，这在世界上也是绝无仅有的。同时在港口设置了煤炭采制样系统、粒度筛分系统和配煤系统，增加了港口的服务功能。

改革开放初期，卸船采用门座起重机、带斗门机和10吨桥式抓斗卸船机，堆场开始采用专业化堆取料机，但额定能力较小，堆取料大多在800/500吨/小时上下，利用储煤仓或单斗装载机装车。20世纪80年代后期建成的进口煤码头，卸船设备额定能力有了较大提高，带斗门机的额定能力达到500吨/小时，桥式抓斗卸船机的额定能力达到1000吨/小时，同时，出现了额定能力1200吨/小时的链斗卸船机，堆场大多配备堆取料机，其堆取料额定能力达到1500/1000吨/小时，并开始采用装车楼装车，提高了装车效率。20世纪90年代以后，我国又相继建成了3万吨级、5万吨级和最大15万吨级煤炭进口泊位，桥式抓斗卸船机的额定能力达到2100吨/小时，链斗式卸船机的额定能力达到1250吨/小时，堆场设备采用的堆取料机的堆取料额定能力达到3000/1250吨/小时，形成了泊位吨级大、卸船能力高的现代化煤炭进口码头。

新中国成立初期，堆场主要有坑道和地面2种形式，采用轨道式龙门起重机抓斗抓取堆存作业。改革开放后，建成秦皇岛港煤码头、连云港港煤码头、黄埔港煤码头等，装卸工艺有了较大提高。20 世纪 90 年代以来,我国煤炭堆场装卸设备设计制造能力大幅提高,一些能够在电厂码头堆场采用的圆形露天料场、封闭的圆柱形筒仓、球形顶料仓、短条形罩棚堆场等形式的堆场布置已经在港口应用,如黄骅港、滨海港区、曹妃甸港区等。现代化的煤炭堆场采用堆料机和取料机作业,有堆、取分开和堆、取合一两种机型。

随着港口建设"资源节约型、环境友好型"要求的不断深入和信息化、智能化技术的快速发展,促使煤炭码头在智能、节能、环保等方面加快转型升级,推动码头装卸工艺向"作业高效化、运转自动化、决策智能化、绿色节能化"的方向发展。

2. 典型工程案例

黄骅港。一期工程建设 2 个 5 万吨级和 1 个 3.5 万吨级煤炭装船专用泊位,设计煤炭出口能力 3000 万吨/年,2002 年 1 月投产;一期完善项目建设 1 个 1 万吨级泊位,设计煤炭出口能力 500 万吨/年,2003 年 6 月投产;二期工程建设 2 个 5 万吨级和 1 个 10 万吨级煤炭装船专用泊位,卸车能力 3600 万吨/年,装船能力 3000 万吨/年,于 2004 年 10 月建成投产;三期工程于 2010 年开工建设,2012 年底建成并投入使用。黄骅港共拥有专业化的煤炭装船泊位 7 个,设计能力达到卸车 7100 万吨/年,装船 6500 万吨/年。黄骅港扩容工程全部完成后,全港煤炭码头设计能力将提升至卸车 8800 万吨/年,装船 7800 万吨/年。黄骅港铁路采用折返式布局,翻车机区位于堆场区南侧,由翻车机翻卸下来的煤炭经皮带机输送至堆场储存。堆场由南向北依次为一期堆场、二期堆场和三期筒仓区。与之相对应,堆场东侧的码头区由南向北依次为一期码头、二期码头和三期码头,码头均为栈桥式布置。辅建区布置在翻车机区以北、堆场以西的位置。从码头平面布置来看,煤炭从进港到装船的总体运行方向(由西向东)与港口的整体布局配合得非常紧密。

秦皇岛港煤五期工程。位于秦皇岛港东港区,2006 年投产,现有矿石泊位的东侧,码头采用栈桥式布置,建设 2 个 5 万吨级、1 个 10 万吨级和 1 个 15 万吨级泊位,设计年通过能力为 5000 万吨。堆场为东西向布置,分为 10 条堆场,设计有 6 条堆料线和 5 条取料线。铁路卸车场是为大秦线扩容到达 2 亿吨能力的配套工程,运量为 5000 万吨/年。铁路车场布局仍为"小环"布置,卸车场线路有效长为 2800 米,能直接接发牵引定数为 2 万吨的列车。

唐山港曹妃甸港区。根据唐山港总体规划,一港池西侧 7.8 千米岸线及其后方 1.5 千米纵深的陆域为分别安排专业化煤炭下水码头及其他散货码头作业区,主要满足"北煤南运"和其他大宗散货的运输需求。根据工程的进展情况,煤炭作业区共分为 4 期工程,分别为煤码头起步工程、煤码头续建工程、煤码头(二期)工程和煤码头三期工程,设计年吞吐量均为 5000 万吨。除煤码头续建工程采用突堤式布置,其余 3 期工程均为南北向顺岸连续布置,紧邻煤炭泊位北侧布置为通用散货泊位。

(三)油气码头

1.技术发展与主要创新

国内现有的石油码头,主要傍依沿海、沿江建设的炼油、石化及油库设施分布,一般由企业自建自管,划属本企业储运系统的水路收发区,为本企业服务。部分港务集团也建有石油码头,为一个或多个石油用户服务。20世纪70年代至2000年,我国主要油气及化工品码头建设取得重大进展,2万吨级以上泊位达20多个。2000年以来,该类码头的主要技术发展趋势是:码头吨级大型化和专业化、装卸货种多样化、装卸工艺流程自动化、安全卫生和节能环保设施日益完善,设计、施工及运营管理上已经形成较为完整的标准体系。

2000年以来,随着我国液体散货码头工艺设备性能的提高,也进一步提高了码头的卸船效率。特别是大型油船配泵的扬程较高、流量大,码头上的设备相应配套,卸船效率高,大大缩短了船舶在泊时间,提高了泊位通过能力。

液体散货码头上的装卸设备主要为装卸臂,也有的采用输油软管,液体化工品码头采用软管装卸较多,装卸臂在港口油品码头上运用广泛。我国早期建设的油品码头均采用进口输油臂或软管,后来我国自行研制的输油臂取得成功,自20世纪90年代以来逐渐在工程中使用。2010年以来,国内万吨级以上的油品码头基本上都配备了输油臂,装卸臂与油船集油口的连接方式也由传统的螺栓连接改为手动或液动型快速连接器,装卸臂的口径和尺寸也不断增加,移动式装卸臂也在港口得到应用,港口使用的装卸臂基本实现国产化。除装卸臂以外,传统的输油软管在原油、成品油以及液体化工品装卸中使用也很广泛,特别是小吨位、多货种的油品泊位。

储罐按材料分为金属储罐和非金属储罐,20世纪60—70年代我国港口储油罐多采用地下式非金属油罐,如钢筋混凝土油罐、砖油罐等,但此类油罐施工工期长、施工复杂、易渗漏、不易维修、安全性相对较差,随着各油港码头挖潜改造工程的进行,港口非金属油罐逐渐被淘汰,转而采用相对安全可靠、施工方便的金属油罐。金属油罐形式很多,港口使用较多的是拱顶罐和浮顶罐(内浮顶罐)。储罐发展呈系列化、安全、环保、大型化趋势。随着港口运输船型的大型化,原油进口量的不断增加,港口油库采用的储罐也越来越大,单体10万立方米、15万立方米油罐在我国大连、青岛、宁波等港口油库中大量使用。

2.典型工程案例

大连港鲇鱼湾22号原油泊位工程。码头按开敞式码头设计,轴线为47°~227°,基本顺流。采用"蝶"形平面布置,设有4个靠船墩、6个系缆墩,1个工作平台。回旋水域位于开敞水域,水流流速较大、流向与码头轴线平行,回旋水域直径按2.5倍船长计算。进港航道设计与已建30万吨级原油码头共用航道。码头通过194米引桥与陆域相连。工作平台、靠船墩、系缆墩之间以人行桥连接。经过数值模拟优化墩台布置,确定泊位长度为 447 米,是国内 30 万吨级原油码头泊位长度最短的工程,油轮系缆力更加均匀。系靠船墩高程优化和阶梯状处理,可改善小型兼靠油轮系缆条件,配备激光靠泊系统辅助油轮系靠泊,靠泊更加安全可靠,在国内工程中首次使用快速脱缆滑车,在船上缆绳数量不变的情况下增加对油轮的约束能力。

深圳大鹏液化天然气码头。码头建设规模为 1 个 8 万 ~ 16.5 万立方米液化天然气船泊位,结构按 21.6 万立方米液化天然气船预留,设计吞吐量近期为 350 万吨/年,中期为 600 万吨/年,远期达 900 万吨/年。码头采用离岸栈桥式布置,码头岸线走向与等深线基本平行。码头基本对称布置,中部为工作平台,上面设置操作系统、登船梯、消防塔、靠泊辅助系统等设施。工作平台两侧对称布置 4 个靠船墩,内外侧各 2 个,6 个系缆墩呈"一"字形布置在平台后方两侧,各部分之间以人行钢引桥连接,码头中部工作平台由栈桥与接收站护岸连接,栈桥与工作平台相交处设置平台扩大区,分别布置车辆掉头区和控制房,在栈桥根部、接收站护岸内侧平行护岸设置斜坡段连接栈桥人行道和接收站道路。

(四)金属矿石码头

1. 技术发展与主要创新

我国第一座现代化的 10 万吨级矿石中转码头是北仑矿石中转码头,该码头是上海宝山钢铁总厂的主要配套工程,于 1982 年 12 月竣工验收并投入试生产。2008 年我国共有 10 万吨级及以上矿石泊位 31 个。形成了以大连、营口、唐山、天津、青岛、日照六港为主,秦皇岛、烟台、锦州三港为补充的环渤海地区外贸铁矿石接卸运输布局;由宁波—舟山港、上海港和长江口内南京、镇江、南通、苏州港等港口组成的长江三角洲地区外贸铁矿石运输体系港口布局;以湛江、防城两港专业化泊位为主,深圳、珠海、广州三港通用散货泊位为有益补充的华南沿海矿石接卸系统港口布局。我国金属矿石码头从装卸工艺上分为两大类,一类是通用散货码头,装卸船采用门机抓斗作业,堆场采用流动机械,泊位能力比较小;另一类是大型专业化矿石码头,配有先进的装卸机械和配套设施,如大连港、营口港、唐山港曹妃甸港区、青岛港、日照港、连云港、宝钢马迹山港等专用矿石码头。这些码头装卸效率高,单个泊位年通过能力可达 1000 万吨以上。

自 20 世纪 80 年代起,我国金属矿石码头不断发展,在装卸机械、通过能力、工艺系统等方面取得长足进步。从北仑 10 万吨级矿石中转码头,到 2002 年宝钢马迹山港区 20 万吨级矿石码头,2004 年大连港矿石 30 万吨级码头、日照石臼港区 30 万吨级矿石码头,2013 年青岛港董家口港区 40 万吨级矿石码头。矿石运输船载重已达 40 万吨,青岛港董家口港区成为国内第一个该等级码头,开启了中国港口干散货作业的"大船时代",创造和保持着世界铁矿石接卸最高效率,单船卸率达到 10156 吨/小时。

青岛港董家口港区矿石码头主要创新包括：

（1）工艺系统创新。系统完善，可以实现装卸船、装火车、装汽车、皮带机直输钢厂、水铁转运、矿石卸船直接转水、矿石筛分、矿石精配等功能。

（2）水工结构创新。40 米宽的码头平台仅设一个椭圆形沉箱，单个重 6020 吨的沉箱，减少了一半的沉箱数量；同时与传统结构相比大大增强了码头结构的横向联系，避免了前后轨的不均匀沉降；转运站基础、变电所平台均设在同一个沉箱上，同时沉箱基础采用升浆处理；为有效减小作用在悬臂结构上的波浪浮托力，将预制悬臂部分的尺度加厚并做成削角斜坡结构。

（3）系缆布置创新。创新性地提出了"后置系船柱"的方法，使本码头横缆长度增加了约 30 米，加强了对船舶横向运动的约束。

（4）节能环保创新。工程建设注重采用清洁能源及节能环保，建有地源热泵空调系统、空气源热泵空调系统、太阳能供电系统、太阳能供水系统、岸电、矿石污水及生活污水处理站、LED 节能灯、挡风抑尘墙、干雾除尘系统等设施。

2. 典型工程案例

舟山港马迹山港区宝钢矿石码头。分两期建设，一期工程设计吞吐量为 2000 万吨，卸、装各为 1000 万吨，建设 20 万吨级卸船码头 1 座，卸船采用桥式抓斗卸船机，布置 1 路带式输送机卸船线；建设 3.5 万吨级装船码头 1 座，装船采用移动式装船机，布置 1 路带式输送机装船线；堆场设 2 条斗轮堆取料机作业线。二期工程设计吞吐量为 3000 万吨，卸、装各为 1500 万吨，建设 30 万吨级卸船码头 1 座，卸船仍采用桥式抓斗卸船机，在一期卸船作业线的后侧布置 2 路带式输送机卸船作业线，在一期装船码头的西侧建设 5 万吨级和 1 万吨级装船码头各 1 座，装船仍采用移动式装船机，布置 2 路带式输送机装船作业线，设 4 条斗轮堆取料机作业线，形成卸船—进场、出场—装船、卸船—装船 3 大工艺流程。

大连港 25/30 万吨级矿石码头。码头卸船原设计配置单机额定能力 2500 吨/小时桥式抓斗卸船机 3 台，地面配置双线输送线。卸船机为 4 卷筒差动补偿绳索牵引桥式抓斗卸船机，卸船机额定/最大能力 2500/3125 吨/小时。码头火车装车采用高效装车楼系统，装车楼额定能力 4500 吨/小时、最大 5625 吨/小时，可对 50～100 吨的普通敞车进行装载作业。列车运行方式为贯通式，装载过程中列车低速从楼下通过。大连矿石码头全封闭装车楼系统装载 1 列 60 节车辆的列车仅需要耗时 1 小时左右。堆场配置额定能力堆料 5000 吨/小时、取料 4500 吨/小时斗轮堆取料机 3 台，堆场按 3 条斗轮堆取料机作业线及 6 个料场的方式进行布置。堆场中间两两相对的两个料场，在堆场容量偏紧时，也可以合为一个大料场进行使用。斗轮机采用 3 支点、整体摇摆变幅结构形式；斗轮驱动采用低速大扭矩液压马达驱动方式；堆场地面输送机为双向运行，斗轮机采用双尾车结构。

上海罗泾港区矿石码头。2 个 20 万吨级（减载）卸船泊位各配备 4 台单机额定能力 2100 吨/小时的桥式抓斗卸船机，跨下布置 2 条带式输送机，输送能力 4200 吨/小时，非金属矿石卸船泊位位于装船码头端部，配备 1 台单机额定能力 800 吨/小时的桥式抓斗卸船机，清仓作业采用推耙机与单斗装载机。矿石装船码头共 8 个泊位（4 个待装泊位），其中 1 个泊位布置在矿石卸船码头内侧，配备 1 台单机额定能力 4200 吨/小时移动装船机，其余 7 个泊位配备 3 台单机额定能力 2100 吨/小时移动回转式装船机，装船机跨下布置 4 条带式输送机，其中 1 条非金属矿石卸船专用带式输送机，输送能力 800 吨/小时。堆场布置 9 条料场，在堆场右侧设置供料接口，堆场配备 DQLK2100/4200·42 型斗轮堆取料机 4 台、QLK1500·37 型斗轮取料机 3 台、S-35 型堆料机 2 台。堆场共配置 4 条可逆带式输送机，输送能力 4200 吨/小时，2 条单向带式输送机，输送能力 4200 吨/小时，3 条可逆带式输送机，输送能力 1500 吨/小时。

（五）集装箱码头

1. 技术发展与主要创新

我国海上国际集装箱运输始于 20 世纪 70 年代，直到 20 世纪 90 年代初期，基本形成以近洋直达、境外中转运输的集装箱码头体系，装卸工艺比较单一。装卸船作业采用集装箱装卸桥的吊上吊下方式，堆场作业大部分采用轮胎式集装箱龙门起重机（RTG）装卸工艺模式，少数码头为跨运车工艺模式。1995 年以后，以上海港为枢纽组织远洋直达运输的格局逐步形成，集装箱码头作业进入新工艺、新技术蓬勃发展阶段。特别是 2000 年以后，形成上海、深圳、青岛、宁波、天津、广州、厦门、大连等 8 大港口为龙头的集装箱干线港布局。2010 年以来，我国集装箱码头技术进一步发展成熟，随着集装箱船舶日益大型化，双 20 英尺吊具和双 40 英尺吊具集装箱装卸桥（简称岸桥）的普遍应用，码头装卸效率大幅提升；堆场轮胎吊从"油改电"到电动轮胎吊的全面推广应用和集卡"油改气"的应用，港口生产取得了很好的节能减排效果；随着科学技术的进步和人力成本的上升，国内自动化集装箱码头建设呈蓬勃发展态势，厦门远海、青岛前湾四期、上海港洋山四期自动化集装箱码头相继建成营运，传统集装箱码头的自动化改造也取得丰硕成果，"高效、绿色、节能和自动化"成为集装箱码头装卸技术的总体发展方向。在集装箱码头建设技术方面，我国已经掌握了具有世界先进水平的综合集成技术，码头等级、规模、先进程度已居世界前列，集装箱码头吞吐量连续多年居世界首位，我国的集装箱码头装卸设备研制已达到世界领先水平，世界正在运营的集装箱码头主要装卸设备有 70% 以上由上海振华重工（集团）股份有限公司生产。

传统专业化集装箱码头的装卸船作业均采用集装箱装卸桥（岸桥），水平运输采用集装箱拖挂车，堆场一般采用空、重箱分开堆放的方式，空箱堆场通常采用空箱堆高机作业，重箱堆场主要采用轮胎式集装箱龙门起重机（简称轮胎吊或 RTG）和轨道式集装箱龙门起重机（简称轨道吊或 RMG）。该集装箱装卸工艺系统在我国应用已十分广泛和成熟，2010 年以来的技术进步主要体现在装卸效率的提升和装卸系统的节能减排。传统集装箱码头装卸工艺设计的重点主要在于如何结合项目的功能定位、建设条件和建设目标进行设备的选型，特别是岸桥的主要技术参数和堆场电动轮胎吊供电方式的选择。自动化集装箱码头装卸工艺系统主要由码头装卸、堆场装卸和水平运输三个作业环节组成，码头与堆场间的水平运输设备有自动导引运输车（简称 AGV）、跨运车和集卡三种，并已逐步形成了以下三种典型工艺系统："岸桥 + AGV + 自动化轨道吊""岸桥 + 跨运车 + 自动化轨道吊""岸桥 + 集卡 + 自动化轨道吊"。

集装箱码头平面布置主要包括港区平面布局、码头（轴线、水深、高程、码头长度、宽度）、水域（码头前沿停泊区、船舶掉头区、进港航道、锚地）、陆域（堆场、道路、主要生产辅助建筑物、港区大门）、集疏运（疏港道路、铁路）等内容。港区要求良好的掩护条件、开阔的陆域、较丰富的码头岸线和大容量、畅通的集疏运系统。港区平面布局向大港湾、大顺岸、大突堤发展。在自然岸线丰富的港口，集装箱码头倾向于顺岸式的布置，如上海港洋山港区、外高桥港区和广州港南沙港区；在有优越的天然港湾的情况下，多采用在湾内布置顺岸式码头，如大连港大窑湾港区、青岛港前湾港区；自然岸线资源较少的港口，集装箱码头呈宽突堤、长突堤布置，如天津港北疆港区。集装箱码头前沿轴线以长、直、顺为优。集装箱码头的水深应当满足码头最大设计船型和未来可能靠泊的更大型船舶的需要。

2. 典型工程案例

天津五洲国际集装箱码头。码头于 2003 年 8 月建成投产，码头岸线长 1200 米，陆域纵深 289 米，拥有泊位 4 个，为采用轨道式起重机工艺系统的传统集装箱码头。码头前沿配置 12 台集装箱装卸桥，后方陆域横向设 5 块集装箱堆场，每块堆场纵向布置 5 个轨道吊箱区，轨道式起重机采用无悬臂形式，轨内布置 9 列集装箱和 1 条集卡车道，相邻箱区"背靠背"布置，集卡车道侧的箱区间设有穿越车道，堆场共配置 31 台轨道式起重机。由于设备使用年限已达到 14 年，结合轨道式起重机电控系统的更新对堆场装卸工艺进行了自动化升级改造。在轨道内增加一条超车道，并将超车道布置在靠轨道侧，避免吊具经过超车道，同时增设围网，将自动化区域进行封闭。为更好地满足自动化轨道式起重机作业，改造中增设箱角基础，更换现有轨道式起重机的电控系统，加装自动化功能模块，实现轨道式起重机的自动化作业。改造后，轨道式起重机在场内堆取箱和对内集卡的作业为全自动化，仅对外集卡的抓、放箱采用人工远程操控模式。此外还通过卫星定位系统（北斗）实现全部生产单元实时数据采集，将岸桥、轨道吊以及集卡在内的与码头生产相关的全单元工作状态进行数据化处理。

洋山深水港区四期工程集装箱码头。码头岸线长 2350 米，建设 7 个大型集装箱深水泊位,码头结构按靠泊 15 万吨级集装箱船舶设计,设计年通过能力为 630 万 TEU。自动化作业区域采用围网封闭,堆场垂直码头布置。水—水中转比例高,后方陆域纵深较小。结合项目的建设目标和工程条件,经多方案比选采用了"双小车岸桥 + 提升式 AGV + 自动化轨道式起重机"的全自动化装卸工艺方案,整个装卸系统中仅岸桥主小车对船和轨道式起重机对外集卡作业采用自动化 + 人工干预的远程操控以确保安全,其他作业过程均实现了自动化。自动化堆场采用了无悬臂和带悬臂两类自动化轨道式起重机,其中自动化堆场的西侧端部箱区采用双悬臂轨道式起重机,主要用于港区间互拖箱的作业,轨道式起重机的堆场内侧悬臂用于 AGV 作业,外侧悬臂用于互拖集卡作业,其他箱区则根据水—水中转比例和船舶大型化对海侧端的效率要求,在通常采用无悬臂轨道式起重机的基础上,部分箱区采用单侧悬臂轨道式起重机。与典型的采用单一无悬臂轨道式起重机的自动化堆场相比,该方案结合项目的集疏运特点,较好地解决了堆场容量最大化以及堆场设备与码头设备能力匹配的问题。

(六)散粮码头

1. 技术装备发展与主要创新

改革开放前我国基本上没有专业化的散粮码头,一般通过杂货码头装、卸散粮,进口粮食利用门机抓斗进行"车—船"直取、码头灌包作业;出口散粮利用门机,袋装上船、舱口"割包"装船作业。20 世纪 80 年代以来,天津港和大连港率先引进了夹皮带卸船机和气垫皮带机输送系统,我国港口开始陆续引进国外先进的卸船设备,并在港口建设散粮中转筒仓。同时,一些港口还将运粮用的铁路敞车和棚车换成散粮专用车,提高了码头的通过能力。20 世纪 90 年代中期,根据我国粮食流通状况,增建散粮进、出口码头,并配套建设筒仓、装卸设备及装、卸车系统设施等;改造铁路输运系统配备散粮专用车辆;改造现有的收纳库、中转库,使其能接纳铁路散粮专用车辆;增加仓库,提高仓储能力。这些工程已于 2000 年前后陆续投入运行,使得我国主要的散粮运输走廊基本实现散装化,大大降低了散粮运输过程中的物资消耗、粮食损失并节省大量资金。特别是建成了目前世界上规模最大、技术最先进的大连北良有限公司粮食码头工程,成为我国现代化散粮码头的标志性工程。2000 年后,我国又陆续建设了一批接卸大豆的粮油业主码头。另外,为适应粮食市场的需要,在粮食码头范围又建设了一大批粮仓,其中有一部分是具有中转功能的港口库,也有一部分仓储功能的国家粮食储备库。

我国专业化散粮码头按其功能主要分为散粮进口码头、散粮出口码头和散粮进出口码头。专业化的散粮进口码头装卸工艺流程为:①卸船→进筒仓;②卸船→直取装车;③出筒仓→装车;④倒仓(或并仓)。散粮进口卸船码头卸船机多以"少机"方案设置,一般情况下每泊位上设置 2 台机械连续式移动卸船机,20 世纪 80 年代后建设的散粮码头多选用直立式圆筒仓。我国现有散粮码头卸船机能力大多为 4000~1000 吨/小时,一般每泊位配备 2 台,泊位年通过能力一般在 200 万~350 万吨/年之间。

我国的散粮进出口码头有两种形式,其一是散粮出口及进口泊位分别设置的多泊位散粮码头,如大连北良粮食码头;其二是散粮进、出口系统共同设置在同一个泊位上,称为专业化散粮进、出口兼用码头,如连云港散粮码头。散粮码头装卸机械设备包括机械连续式散粮装船机、散粮卸船机、散粮码头水平输送设备和散粮垂直提升设备。天津港、秦皇岛港散粮码头均在码头至筒仓之间的散粮第一次提升输送工艺,采用斜皮带机输送方式,特别是大连北良散粮码头、大窑湾散粮进口码头均采用了世界上先进的全皮带机散粮输送系统。

散粮码头的平面布置可分为 3 部分:第一为水域布置,包括码头、港池和航道;第二为陆域仓储部分布置,可以分为港口中转功能和粮食储备功能两部分,从储仓结构上又可分为直立式圆筒仓、大直径独立筒仓和平房仓;第三为集疏运部分,可以分为铁路集疏运、公路集疏运和水路集疏运。在集疏运系统中还应考虑散粮换装设计,其内容包括装、卸车(火车、汽车)和支线(接收、发放)船泊位等系统设施。粮码头粮食仓储区一般选择在距离码头较近、适宜机械化装、卸船和装、卸车作业,且基础条件适合建仓的位置,仓储设施主要分 3 种类型,即:直立式圆筒仓、大直径独立圆仓和平房仓。散粮码头集疏运方式上主要采用火车、汽车和小型货船。

2. 典型工程案例

大连北良有限公司粮食码头。该码头是东北粮食走廊运输通道的"下海龙头",于 2000 年 6 月建成投产,总体工艺布置由装、卸船码头区,计量塔和筒仓装卸车作业区三部分组成。三者形成三角形布置,之间由高架的斜皮带机连接成一座大型散粮中转设施。铁路到发场和装卸场采用横列式布置;2 个玉米出口泊位组成两侧靠船的突堤式码头;小麦、大豆进口码头顺岸布置;其北侧的玉米码头、南侧的铁路大堤及防波堤构成环抱式港池;不同设施之间的散粮输送作业由高架的栈桥式皮带机相连。港内铁路由到发场和装卸场两部分组成,两者成横列式布置。装卸工艺系统设计方案具有装卸车(火车)、存储、计量、取样检验和装卸船 5 大功能,设有 6 个主要系统,共形成 7 大骨干工艺流程:玉米卸车进筒仓流程、玉米卸车直接装船流程、玉米出仓装船流程、小麦卸船进筒仓流程、小麦卸船直接装车流程、小麦出仓装车流程及倒仓流程,装船、卸船、装车、卸车 4 种作业可以同时进行。港内散粮输送设备采用全皮带机工艺方案,工艺系统的控制与管理采用自动化控制系统(分布式计算机网络系统)。

连云港港散粮码头。码头于 1993 年建成投产,是我国最早的散粮专业化进、出口兼用泊位,设计能力为年进口小麦及出口玉米各 100 万吨,其中进口小麦按散装及灌包后袋装出运量各 50 万吨,出口玉米按全部袋装到港拆包散装出口。该码头具有装船、卸船、包储、计量、熏蒸、灌包、拆包、商检取制样、装卸火车(汽车)等多种功能。工程包括:3.5万吨级码头1座(兼顾停靠5万吨级船),容量为7万吨的钢筋混凝土圆筒连体群仓及工作楼1座,拆、灌包仓库及散粮装车楼1座,铁路装车线5股道。码头配置效率为550吨/小时的机械连续式散粮装、卸船兼用机2台,由2条长640米覆盖带密封的可逆带式输送机与工作楼连接,每条带式输送机输送能力为600吨/小时。工作楼内配置斗提机、埋刮扳机、计量秤等各类设备共计282台套。整个工程设有完善的供电、控制、通信、计量、熏蒸、除尘、消防系统以及商检制样设施。

(七)邮轮与游艇码头

1.技术发展与主要创新

改革开放以来,现代邮轮产业发展迅速,形成了一套完整的市场体系,1997年上海迎来第一批真正意义上的邮轮旅游客人,拉开了中国邮轮产业发展的序幕。2000年以来,随着三亚、上海北外滩等一批专业化邮轮码头的建成营运,我国邮轮码头的建设步入高速发展的轨道。2006年7月,歌诗达公司"爱兰歌娜"号邮轮在上海北外滩客运码头以上海为母港实现首航,标志着我国发展邮轮产业迈出了坚实的第一步。一批专业化邮轮码头建成营运,主要有:上海港国际客运中心(北外滩客运码头)3个8万总吨泊位;上海吴淞口国际邮轮码头1个10万总吨泊位和1个20万总吨泊位;三亚凤凰岛邮轮码头1个8万总吨泊位;厦门港国际邮轮中心(厦金客运码头)1个14万总吨泊位;天津港国际邮轮码头2个泊位,最大可停靠22万总吨客轮。另外,青岛的邮轮码头已投入使用,大连、深圳的邮轮码头建设工作也已进入实施阶段。

一般邮轮港的泊位数量根据预测的客流量进行分析计算,数量不宜小于2个,对于有发展预留考虑的港口,船舶吃水按10米设计,邮轮进出港口均不考虑乘潮,在水域掩护条件良好的港口,其回旋圆直径可适当减小,但不小于1.5倍的设计船长。货舱门的门槛一般比较低,因此码头前沿顶高程不宜设计过高。码头泊位长度,应满足邮轮安全靠离作业和系缆要求,码头设计时允许采用艏艉系缆墩系泊方式。邮轮码头的码头前沿作业地带宽度不宜小于30米。

游艇港最好设300~1000个泊位,一般港内泊稳允许波高应在10~30厘米之间,当波高较大时,应考虑采取防波堤等掩护措施。游艇港内各功能水域包括港池、系泊水域、航道、回旋水域等,港池应布置在平稳且具有足够水深和面积的水域。港内系泊水域布置系船岸壁、栈桥、系船柱、系船浮筒等系泊设施,它由船舶停泊水域,连接水域组成。船舶航行水域可分为入口航道、内航道和泊位通道,航道宽度一般应按双向航道设计。防波堤做成宽、矮为宜,防波堤口门水深应参照航道确定,港内护岸应考虑消浪设计,在设计中应注意景观效果。系泊设施一般可分为系泊岸壁、栈桥、系船柱和系船浮筒等4种形式,游艇港内系泊一般采用梳式浮栈桥，此外，在岸边固定结构和浮栈桥之间，常设引桥跳板，浮式栈桥应根据风况、潮流等自然条件，结合系泊目的、港区系泊的规模进行布置。

游艇最基本的类型可分为机动艇和帆船，此外还有双体船及房艇。一般游艇按尺寸大小分为小型艇（6 米以下）、小型游艇（6～10.5 米之间）、中型游艇（10.5～18 米之间）、大型游艇（18 米以上）。大型豪华游艇在尺度上又分 35～40 米、41～44 米、45～50 米等；按功能分类有休闲艇、商务交际艇、赛艇、钓鱼艇等；按动力类型划分有帆艇、机动艇，帆艇又分为无辅助动力帆艇和辅助动力帆艇，机动艇又分为舷外挂机艇、艇内装机艇，艇内装机艇还可分为小汽艇和豪华艇两个档次；按材质划分有木质艇、玻璃钢艇、凯芙拉纤维增强的复合材料艇、铝质艇和钢质艇。

2. 典型工程案例

三亚凤凰岛 8 万总吨邮轮码头。码头位于三亚湾内，是我国第一座专业化的邮轮码头。码头东及南侧有南边岭和鹿回头岭组成的半岛掩护，对本海域的常浪向和强浪向 S～SE 均有很好的阻挡，统计波浪影响的作业天数每年近 6 天，因此，无须设置防波堤；码头采用离岸"T"型布置，确保尽量少占用宝贵的土地资源；码头突出布置，加之适当的景观装饰，造型新颖、奇特的钢引桥，形成一优美的景观；同时使得泊稳条件更好。码头采用系缆墩结合平台的布置方式，艏艉缆墩和横缆墩均设在后方的海堤上，不仅改善了缆绳受力、提高了邮轮作业的安全性，也大大节省了工程投资。

深圳七星湾游艇基地。该码头是综合性游艇码头工程，兼作第 26 届世界大学生运动会的帆船比赛赛场。基地共 395 个泊位，设计低水位情况下水深约 5 米，主航道宽度 60 米，支航道宽度按 1.5 倍船长控制，可靠泊 120 英尺及以下游艇和沃尔沃帆船赛的主要船型。基地主要包括防波堤、护岸、浮码头、引桥、供油及补给泊位、下水坡道、门式起重机（预留）、干仓位、集装箱停车位、游艇冲洗区、游艇维修区、公共停车场、大运会指挥/测量中心（航海俱乐部/销售展示中心）、观赛/会员区、酒店/会员寓所、摄影台、颁奖平台/公共广场等设施。平面布置方案充分考虑了大运会赛事与基地日常经营的不同特点，对浮码头尺度和港池水深进行了优化。

三、港口水工建筑物

（一）综述

1. 港口水工建筑物形式

水工建筑物是港口和船厂的重要组成部分，包括码头、防波堤（防沙堤、导流堤）、护岸、船台滑道、船坞以及港口所附属的导航建筑物等，其承受的作用荷载复杂（包括波浪、潮汐海流、冰凌、风、地震等自然力使用荷载和施工荷载）、施工条件有异、建设周期长、投资较大。水工建筑物在总体结构上有许多共同之处,例如必须保证建筑物有足够的强度、稳定性和所要求的沉降、变形及耐久性等,同时还要考虑方便施工和节省投资等。从国际、国内港口的发展来看,港口水工建筑物的结构形式仍未超越传统的重力式、高桩和板桩式三大结构,但是对三大传统结构已有了许多创新,而且开发了一批新的结构形式。与此同时,港口水工建筑物的设计理论、计算方法、试验研究水平,以及施工能力和工艺也都取得了长足进步。

新中国成立后的 40 年,港口工程建设以中小码头为主,码头设计水深一般不超过 12 米,重力式码头块体、沉箱、扶壁结构体量不大,方块最大为 200 吨左右,沉箱一般为 500 吨级。20 世纪 80 年代初开始采用圆筒重力式码头,圆筒高不超过 15 米,重力式码头卸荷板也广为采用,高桩码头常用预应力钢筋混凝土方桩,钢管桩、直径为 1200 毫米的大管桩,单桩承载力一般为 5000 千牛以下。这种码头岸坡易变位,接岸处理不当会有蠕动,致使桩、梁、板及其接缝间变形、开裂,梁板结构技术处理水平尚待改进,使用年限一般仅 30 年。

板桩码头最早于 1951 年在天津港建成,多采用钢筋混凝土或钢质,锚碇采用锚定板或叉桩,深水板桩码头几乎都是采用钢板桩结构,水深达 11 米。20 世纪 90 年代至 2010 年,码头结构设计理论发生了很大变化,已逐步从以结构承载能力安全系数表达的定值极限状态设计法向基于可靠性理论的概率极限状态设计方法演变。随着吹填造陆技术、高桩施工技术、沉箱预制出运技术的发展,深水港在我国沿海相继建设,如洋山集装箱深水港、盐田集装箱深水港、大连矿石码头及一批油码头等。

2010 年以来,传统水工建筑物结构形式得到进一步发展和提升,国家大力推广和应用已有创新成果,通过积累总结经验,掌握了新结构的设计理论和计算方法,并体现在新版结构设计规范中。如深水遮帘式板桩码头结构、分离卸荷式板桩码头结构、半圆形防波堤结构等;另一方面通过持续不断地技术开发和深化研究,大胆探索和创新,因地制宜地开发水工建筑新结构、地基处理新技术、新材料等,借助先进的计算机数值模拟技术和物理模型试验,揭示其作用机理,逐步掌握新结构的设计计算方法,如重力式复合结构、桩基码头 T 构地连墙组合新型结构、钢管组合板桩新型结构、箱筒型基础防波堤结构、新型桶式基础结构等。

2. 结构设计与应用技术

自 20 世纪 90 年代至 2010 年,港口水工建筑物结构设计已普遍采用基于可靠度的以分项系数表达的概率极限状态设计方法,在土与结构相互作用方面,考虑土体弹塑性特性的设计计算方法也广泛应用于工程中。结构设计采用大型数值分析计算软件已成为一种趋势,CAD 辅助设计技术也得到全面推广和应用。新型结构,如大直径薄壁圆筒、开空消浪沉箱、遮帘式板桩、梳式防波堤结构、新型消浪块及嵌岩桩等,经过仿真模拟计算、模型试验和分析总结后,也得以推广应用。2010 年以来针对复杂条件下建港技术的研究和新结构、新材料、新技术的开发应用,对一些复杂的技术难题的理论研究也取得了较大成就,部分课题代表了世界前沿性的技术难题,如软黏土在波浪作用下的软化问题、波浪—结构—地基相互作用问题、长周期波与建筑物的作用问题等,逐步揭示其机理,取得了突破,部分研究成果达到了国际领先的水平。

重力式结构是我国水工建筑物中应用最广的码头结构形式之一,主要有重力式岸壁码头和墩式码头。21 世纪以来,其建设技术取得了重大的进步。①从有掩护水域走向"开敞、深水、大型化",建成一批深水重力式岸壁和离岸重力墩式泊位,码头等级最大已经达到 40 万吨级,断面结构和构件日趋大型化。②采用 SCP 技术加固软土地基建造重力式码头。继 20 世纪 80—90 年代采用水下深层水泥搅拌法(CDM)加固软基建造重力式码头取得成功后,我国在吸收国外技术的基础上,自主开发了新一代水上挤密砂桩法(SCP)加固软土地基的技术和装备,成功应用于洋山深水港三期工作船码头、港珠澳大桥救援码头等工程中,采用高置换率挤密砂桩复合地基在软基上建造了重力式沉箱码头。③新结构在工程中广泛应用。带卸荷板的大型方块结构、大直径钢筋混凝土薄壁圆筒结构、重力式复合结构等新结构相继开发应用。

高桩结构在我国沿海、河口软土地基区域,如上海及长江下游、天津等地区应用广泛。码头建设规模由以前的万吨级发展到 40 万～45 万吨级,如散货船达到了 40 万吨级,油船达到了 45 万吨级。其建设技术发展表现为:①桩的自由高度越来越长,直径越来越大,抗压抗弯能力越来越强,桩型也日趋多样化。②接岸结构取得了新进展,如采用大型钢管板桩加斜顶桩组成的接岸结构形式,采用 CDM 加固地基的重力式接岸结构形式,以及先期对接岸结构区域的地基进行加固等。③成功采用了大直径全直桩码头结构,依靠大直径直桩的抗弯能力抵抗码头水平荷载,如舟山武港码头工程等。④不断提高高桩结构的预制化、装配化程度。⑤码头结构朝长桩大跨方向发展,上部结构采用大跨度纵横梁和预应力叠合板,另外还开发了桩基码头 T 构地连墙组合新型结构、嵌岩导管架码头新结构等,并在工程中得以应用。⑥高性能减水剂、混凝土防腐涂层材料和工艺、控裂混凝土、高耐久性混凝土等的应用,使混凝土耐久性、耐冻性、钢筋防锈蚀能力大幅提高。⑦新材料的应用及防腐工艺的改进,钢结构防腐能力大幅度提升。

板桩码头由于其结构的局限性,在向大型化发展过程中遇到了极大的困难,主要是板桩断面的抗弯能力无法满足码头水深加大的需要,遮帘式、分离卸荷式板桩码头新结构的开发使板桩码头深水化成为可能。通过数值计算、离心模型试验和现场观测,开发了相应的计算理论、计算方法,并得到原型观测验证,应用深水板桩码头新结构建成了 20 万吨级深水板桩码头,实现了我国板桩码头向大型化、深水化的发展。板桩码头除采用传统钢筋混凝土板桩、矩形地连墙、普通钢板桩外,还应用了钻孔排桩、T 形地连墙、"HZ"组合型钢板桩、BOX 型组合钢板桩、钢管组合板桩等结构形式。

3. 施工技术

港口水工建筑物在软基处理技术、土工织物软体排技术、水下整平技术、预制技术与沉箱拖运技术等方面取得了很大进步,成功开发了多种有效的软基处理方法,其中真空预压法、爆炸挤淤法居世界领先水平。这些地基处理方法在洋山深水港区、广州南沙港区、天津港、大连大窑湾港区、宁波北仑港的建设中得到广泛应用。根据特殊需要,工艺技术面向开敞式、深水化及大型化,取得较大进步。

第一,抛石基床抛填密实由原夯实向爆夯工艺转化,速度快、效果好,成功研发了水下基床抛石整平机械化施工工艺,开发了水下预填矿石集料升浆混凝土施工技术。第二,水下软基处理施工工艺得到长足发展,水上施插排水板技术、水上振冲砂桩技术及水上搅拌桩技术得到了应用,并逐步形成规范化施工,我国成功引进开发了水下深层水泥搅拌法(CDM)加固软土地基的技术和装备,成功地用于天津港、烟台港,在软基上建造了沉箱重力式码头。第三,土工织物在港口水工建筑物中也得到广泛应用,其应用技术已能做到规范化施工,开发了大型软体排铺设船,应用了土工织物等材料。第四,测量技术得到了提高,采用 GPS 定位技术使定位达厘米级,深水打桩与定位技术对建深水高桩码头起到促进作用,利用声波传感器实现打桩贯入度的自动记录和输出。第五,大型沉箱及高桩的预制技术得到提高,在大型沉箱的预制中,滑模技术越来越成熟,而在混凝土桩结构预制中,为保证预制构件与现浇结构的整体性,开发了缓凝水冲法工艺。第六,开发了大型沉箱出运工艺,在预制构件拖运与安装方面,半潜驳可载重 8000 吨,起重船起重能力不断提高,可进行大型构件水上吊装作业。第七,打桩设备与技术有了长足发展。研发了一批大型打桩船;打桩锤已有 D250 型柴油锤,100 吨的 MHU-1900 型液压锤;桩的质量检测技术有新的发展,已拥有 2000 吨级、4000 吨级单桩承载力的静载测试系统,测试数据的采集、计算全部自动化,同时开发出了"动静法"高应变动荷载试验技术。第八,研究开发了组合钢板桩振沉成套施工技术及"T"型地连墙施工技术,并成功应用于新型板桩码头施工中。第九,抗盐污染高性能混凝土的开发应用使海洋环境下水工建筑物使用年限达到 50 年以上,新型高效混凝土外加剂研制成功并应用于工程,微膨胀收缩补偿混凝土较好地解决了混凝土的开裂问题,同时粉煤灰大量应用于港工混凝土并制定了应用规程。

(二)重力式码头

重力式码头主要有实心方块、空心块体、扶壁、沉箱、薄壁大圆筒等结构形式,在我国港口使用较多,分布较广。改革开放初期,重力式码头由于水上起吊安装能力不足,修建的重力式码头多以实心方块和空心方块为主。20 世纪 80 年代末,重力式码头主要采用方块重力式、沉箱重力式、扶壁重力式、圆筒重力式等形式,圆筒重力式是当时新型结构形式。20 世纪 90 年代末,重力式码头结构形式变化不大,但结构形式与施工工艺方面则在逐步变化,不仅可在有掩护水域内建造和使用,在无掩护的开敞水域亦有建造经验。进入 21 世纪,随着预制技术、起吊与安装技术的提高,重力式码头日益向"大型化、深水化"发展,在大型深水码头中,方块码头、扶壁码头所占比例减少,而沉箱结构码头和圆筒结构码头所占比例呈上升趋势,有空腔(或半空腔)的重力式结构是重力式码头的首选。

1. 设计

20 世纪 80 年代,码头设计基于结构的极限状态,在原基础上改变不大。20 世纪 90 年代,在国家标准《港口工程结构可靠度设计统一标准》(GB 50158—92)的基础上,采用分项系数表达的概率极限状态设计方法,同时将新的成熟的设计经验纳入规范,增添了无掩护水域建造重力式码头、重力式墩式沉箱码头、开孔沉箱码头、坐床式圆筒码头、空心方块码头设计等内容。21 世纪,增加了深基槽回填,可区分为基床和换填地基以及沿基床底水平滑动计算模式的修正等设计内容。重力式岸壁码头设计水深已达到 18.5 米以上,墩式码头设计水深达 27 米以上,最大水深达 30 米以上。深水码头重力式结构以沉箱和圆筒为主,最大码头达 40 万吨级。施工设备吊装能力大幅提高,并采用大型半潜驳、浮船坞和浮运等多种工艺进行海上运输。设计主要创新技术主要是重力式码头静力、动力设计计算方法和码头顶高程确定方法。

2. 施工

重力式码头施工工艺流程与关键点为:基槽开挖与地基处理→基槽抛石与夯实、整平→构件预制与出运→构件安装→回填→上部结构,随着技术的发展,各流程均有所创新。基槽开挖一般采用分层开挖,先挖港池,后挖基槽。当地基为非岩基时,一般采用耙吸式挖泥船开挖,也有用抓斗(铲斗)挖泥船开挖;当地基为岩石时,视岩石风化程度,采用炸礁船水下爆破后,用抓斗(铲斗)挖泥船清除。当持力土层埋藏较深时,该软弱覆盖层必须进行加固处理,较佳的方法是水下深层搅拌桩法(CDM)、挤密砂桩法(SCP)、振冲置换(砂桩、碎石桩)、打设沉降控制桩(SRP)、排水固结和预压等,我国已基本掌握各种地基条件下的加固技术。基床抛石施工控制关键是抛石范围和高程,并预留地基沉降量和夯沉量。水下施工的抛石基床夯实工艺有锤夯、爆夯或其他密实方法,还有一种重锤夯实法,锤重一般为 15 吨,适用于黏性土、湿陷性黄土、碎石类填土地基的深层加固。在专业预制厂(场)内预制的构件一般由起重能力 500 吨以内的门式起重机和驳船码头出运,在施工临时预制场,多利用气囊水平搬运至水边,再由大型起重船吊装上驳船,对超过 2000 吨的大型沉箱可在预制场台座预制,也可在已有的船坞、浮坞、岸壁上或其他适宜的地点预制。大型沉箱的下水可采用滑道、浮船坞、半潜驳或干坞等工艺,方块、扶壁、圆筒以及 1000 吨以内小型沉箱等预制构件主要采用起重船水上吊装,1000 吨以上的沉箱主要采用灌水沉放安装,沉箱安放最重要的是第一个沉箱要安装准确,通常是粗安之后待安放好第二个沉箱,再抽水、起浮,重新安放至准确的位置。回填一般包括三个阶段:第一,空心体内回填,大型沉箱安放后一般要求经过 1～2 个低潮,复测位置符合设计要求后及时向箱内填料;岸壁式沉箱码头,先进行箱内填料,再箱后填料;墩式沉箱码头采用船运填料,机械抛填。第二,抛填棱体和倒滤层、倒滤井施工。第三,陆域回填,分为陆上抛填和水上吹填。岸壁式重力式码头的上部结构多为混凝土或钢筋混凝土胸墙,且多为就地浇筑,个别为预制安装。对于码头胸墙,可以就地浇筑,也可预制。扶壁码头的胸墙施工在扶壁底板上回填压载后进行。胸墙混凝土浇筑在下部安装构件沉降稳定后进行。体积较大的胸墙,混凝土宜采用分层、分段浇筑。胸墙的分段长度要与地基沉降大小相适应。带引桥的重力墩式码头的上部结构为钢梁(桁架)或后张预应力梁,多在预制厂(场)内制作,水上安装。

(三)高桩码头

高桩码头的基桩一般采用预应力混凝土桩、预应力混凝土管桩和钢管桩。高桩码头的上部结构形式较多,其中梁板式应用最为广泛。进入 20 世纪 90 年代后,高桩码头结构排架间距进一步加大,构件尺寸变大,数量变少,普遍采用纵、横向梁系等高连接的形式。随后进行了新结构、新形式的尝试,比如在码头前沿设置多层系靠船结构,或采用独立系靠船结构使高桩梁板码头在大水位差地区的成功应用,以及全直桩的结构形式、带前板桩的全直桩高桩结构形式、柔性靠船桩码头形式的应用,使高桩码头适用性变得更为广泛。重庆寸滩港区一期集装箱码头首次采用架空直立式码头,解决了内河大水位差超过 30 米情况下建设码头的难题,具有码头结构高度大、水平强度刚度大,可连续或分级布置系靠泊设施、适应大水位差能力强,透空式结构对水流影响小、靠泊条件好等优点。该结构适用于近岸地形陡且水域深槽贴近岸边,货运规模较大的情况,是内河集装箱码头的首选结构形式,但也存在结构结点多、施工复杂、造价高等缺点。

2000 年以来,高桩码头结构有了更多的创新和发展,码头结构朝着长桩大跨方向发展,上部结构采用大跨度预应力纵梁、预应力叠合面板等,构件的尺度增大、数量减少,多种梁板合一构件预制等。高桩码头采用预应力方桩断面边长加大到 650 毫米,出现了大直径 PHC 桩,直径达 1400 毫米,随着打桩设备大型化及桩生产工艺的提高,单节桩长增大到 60 米左右,发展了嵌岩桩技术及斜桩施工技术,斜率可达 3:1。未来高桩结构将研究采用大直径桩基、导管架结构、组合结构等,以适应大水深和恶劣的环境条件。

1. 设计

高桩码头设计主要由三部分组成:码头桩基、码头上部结构、接岸结构。桩基的布置有直桩或斜桩和叉桩组成以及全直桩形式,排架间距和桩距应满足使用、施工要求,并考虑码头的结构特性等。一般把桩基与横梁一起作为同一体系考虑,泥下桩与土的作用采用嵌固点法、m 法等,此外引进了非线性的 p-y 曲线法,提出了可查表计算的 NLL 法来确定桩的内力和位移。梁板式结构是高桩码头采用最多的上部结构,其结构主要由面板、纵梁、横梁、桩帽和靠船构件组成,包括管沟及门机轨道梁等。一般采用预制安装,主要构件(如横梁、门式起重机轨道梁、面板等)可采用预应力钢筋混凝土技术。国内高桩码头接岸结构主要有直立式和斜坡式两大类。接岸结构设计可经技术经济比较后选择合适的结构形式,并根据结构特点进行结构的受力分析和稳定性验算。一些新的接岸形式的产生,如有锚钢筋混凝土墙、插入式大直径钢圆筒结构、斜顶板桩承台等,土工加筋驳岸在内河中上游地区也有较多应用。另外,得益于计算技术的发展,桩基工程设计计算向非线性计算模型发展。

2. 施工

主要创新包括:测量定位,桩基与预制构件预制、出运,桩基施工等三个环节。我国开发的 GPS 海上打桩定位系统技术已正式应用于高桩码头桩基测量控制,GPS 实时相位差分技术(RTK)已使远至 10～20 千米的测量定位精度达到厘米级。桩基与预制构件预制、出运包括 PHC 桩预制、出运,混凝土大管桩预制、出运,混凝土构件预制、出运。PHC 桩为先张法预应力高强混凝土管桩,根据设计桩长一般由两节管节组合并一次性拼接成桩,PHC 长管桩和拼接整桩吊运根据桩长采用二点吊、三点吊、四点吊或多点吊。混凝土大管桩为后张法预应力管桩,根据设计桩长由不同数量的管节组合并一次性拼接成桩,管节与管节接缝处涂以黏结剂黏结。高桩码头混凝土预制构件主要有预制纵横梁、预制面板、预制靠船构件和水平撑等。混凝土构件出运,在厂内运输和出运到驳船上采用门式起重机进行吊运,在驳船上装驳时搁置垫木处于同一水平面上。桩基施工包括锤击法沉桩施工、水冲法沉桩施工、嵌岩灌注桩施工和锚杆嵌岩桩施工。锤击沉桩主要是利用柴油锤、液压锤、气动锤等将桩打入持力层,我国锤击沉桩经历了自落锤、蒸汽锤、D40 系列柴油锤、D70 系列柴油锤等阶段,正在使用更新的柴油锤。在较厚的密实砂层和沙砾层中,需采用水冲法沉桩。当码头桩基施工区域覆盖土层浅薄甚至缺失的情况下,设计人员通常采用嵌岩桩基结构来满足工程的需要。当建筑物需要承受较大的水平力,往往采用斜向嵌岩灌注桩。我国水运工程中锤击沉桩的可打性和桩身完整性检测技术已达到国际先进水平,并且桩的检测也向数字化、信息化发展。高性能混凝土已应用于现浇高桩码头混凝土结构,如洋山深水港、盐田港三期建设,并且为提高码头现浇混凝土面层质量,很多码头采用掺聚丙烯纤维混凝土的措施,如上海外高桥集装箱码头工程、南京龙潭港工程等。高桩码头接岸结构多采用抛石棱体加挡土墙结构和后板桩斜顶桩结构,根据开挖深度,抛石棱体有一坡到顶的小棱体和中棱体、大棱体结构,施工时需进行水上或陆域抛石回填。

（四）板桩码头

板桩码头的优点在于施工容易,造价相对较低,有钢筋混凝土板桩码头、钢板桩码头、格型钢板桩码头和地下连续墙式板桩码头。20世纪60年代,主要以钢筋混凝土板桩结构占优,码头泊位只有几千吨,进入20世纪70年代则发展成拉杆式描锭板桩,通过采用钢板桩,万吨级板桩码头得以建设,随着结构形式的进一步发展,到20世纪90年代地连墙式板桩码头开始建设,码头从几千吨发展到3.5万吨级。20世纪80年代和90年代建成板桩码头49座,其中21座为钢筋混凝土板桩结构,16座为钢板桩结构,主要建设集中于广东沿海和河北京唐港,最大码头为5万吨级,地下连续墙技术不断发展。在板桩码头大型化、深水化方面,我国也取得了突破性的成果,相继推出了遮帘式(半遮帘式、全遮帘式)、卸荷式(整体卸荷式、分离卸荷式)等新的结构形式,使得板桩码头由主要建设中小型码头的状况发展到建设了一大批10万吨级深水码头,使得板桩码头设计水深可达17.6米,地下连续墙结构、钻孔排桩结构及大型组合钢板桩结构(HZ型组合钢板桩、BOX型组合钢板桩等)、T形断面地下连续墙结构等新形式也得到了广泛的应用。

在新结构开发过程中,国家进行了大量模型试验,采用大型离心机(400GD)进行的离心模型试验和现场测试,积累了丰富的技术资料,编制、修订了《板桩码头设计与施工规范》,并对板桩码头结构形式分类为无锚、单锚、多锚、斜拉桩式、遮帘式和卸荷式,在施工方面则根据结构与材料施工设备特点,分钢板桩、板桩墙、地连墙等不同施工方法。板桩码头大部分是用于中小型码头的建设,我国板桩码头的设计理论和方法积累经验相对较少,对设计计算的三种方法:弹性线法、竖向弹性地基梁法和自由支承法一度存在争议,经过多年研究验证,此问题已经解决。

1.设计

传统的板桩码头主要有单锚板桩、双锚板桩、无锚板桩和斜拉板桩,无论是钢板桩和地下连续墙,其断面抵抗矩的增大仍难免于受各种条件的限制。斜拉桩式板桩码头中前墙入土按稳定性计算,发展了地连墙板桩码头的结构形式,设计新的格形桩墙式地连墙板桩码头在埃及成功应用。2002年,推出了半遮帘式地连墙板桩码头结构新形式,把京唐港的14、15号泊位改造为5万吨级深水码头,随后又推出了全遮帘式板桩码头结构,建成了10余座10万吨级的板桩码头;2007年,推出了分离卸荷式板桩码头结构形式,建成了5座10万吨级的板桩码头,最大已达20万吨级。2009年,我国水运设计企业在埃及塞得(SAID)东港集装箱码头中设计了桩基T构地连墙结构形式。

2.施工

我国建成的板桩码头主要有钢筋混凝土板桩码头、钢板桩码头、格型钢板桩码头和地下连续墙式板桩码头。钢筋混凝土板桩码头(含预应力钢筋混凝土板桩结构),板桩施工一般采用预制沉桩法,施工质量易保证,造价比钢板桩低,码头建成后,一般不需要特别的维护措施。钢板桩板桩码头的板桩及锚碇系统的施工方法与钢筋混凝土板桩码头基本相同。1978年我国引进地下连续墙技术,1992—2000年在京唐港挖入式港池中建成14个1.5万~3.5万吨级泊位地连墙式板桩码头。地连墙的成槽机具,总的可分为抓斗成型机与粉碎成型机两大类。水运工程地连墙的成槽方式,基本上是采用两端单钻导孔,组合钻或抓斗成槽。地连墙的墙体施工有现浇成型与预制插板两种方式,如京唐港30号泊位为深水通用散货泊位,与31号泊位相接段采用遮帘式地连墙板桩结构。

(五)防波堤

20世纪70年代中期,秦皇岛港建成了我国第一座开孔消浪沉箱直立堤,这一时期所建成的连云港港西大堤和汕头港导流防沙堤是我国当时最长的防波(沙)导流堤。20世纪70—80年代,国家对传统结构形式的改进和完善,并在此基础上编制了相应技术规范,使防波堤设计和施工走向正轨。新型消浪结构预制块已研发成功,同时也发展了一些新型直立堤结构,土工织物及软体排技术广泛应用于防波堤与护岸中。除了设计、施工技术上的进步外,高强、高性能的混凝土普遍应用于混凝土工程中,混凝土防裂、控裂技术也得到了很大发展。21世纪以来,出现了箱筒型基础防波堤结构和新型桶式基础结构。

1.设计

抛石斜坡堤是一种常用形式,当水深不太大时,以异形人工块体护面的抛石堤已为主导形式,用砌石、条石护面也可以用到水深、波浪相对较大的地区,如山东石岛黄海船厂防波堤。为减轻护面块石的质量,可采用宽肩台动态平衡斜坡堤,国内在大连北良粮食码头工程中首次应用。改革开放以后,人工块体的选用有了新的变化。钩连块外形较为粗壮且安放一层,可省混凝土约40%,和扭工字块体稳定性相近,因此,各类防护性工程钩连块体(即扭王字型块体)做护面常被优先考虑。国内20世纪70年代开始开发研究异型块体,系统完善的成果很少,因此一直引用国外几种常用的人工护面块体,20世纪80年代开发研制出规则安放的栅栏板并纳入规范,加大了系统开发研制新型消浪块体的力度,其中经多次试验、不断改进的"双联型"消浪块体被用于印度尼西亚的某电厂防波堤的修复工程。

1967年,青岛中港西北堤延长工程首次设计了第一座方块堤身的削角直立堤,以后得到广泛应用和发展。1975年,国内第一座开孔消浪直立堤建于秦皇岛港的油码头,消能室位于港的内侧,以改善港的泊稳条件,其后在秦皇岛港煤码头一、二期以及青岛港前湾港区一期工程的突堤式煤码头,内侧的堤身均设置了前后上部舱格连通的消能室。1997年国内首次在厦门国际会展中心临海路堤设计并成功实施消浪块岸壁工程,1999年国内自行开发研制了新型消浪块,即"双柱型"消浪块,之后于2000年前后连续在厦门五缘湾围海路堤、烟台滨海北路拓宽工程、威海金线顶整体改造等景观工程中推广应用。

1986年开始施工的连云港港西大堤在国内首次采用"爆炸排淤填石法"处理深厚软基的新技术和新方法,从1985年至2006年我国采用爆炸挤淤处理软基的防波堤工程已超过50项,并且先后制定了相应的技术规程和技术规范。1994年交通部规范考察团从日本引进半圆体混合堤技术,结合国内条件对结构进行了改进,提出了完善的设计理论与方法,使得半圆形构件的防波堤达百余千米,且创造了前所未有的高速度和高质量。20世纪80年代初,我国对大直径圆筒结构该种结构的断面形式、圆筒的受力状态及筒体与土相互作用机理及施工工艺等进行系统研究且已取得一些相关成果。2003年以来,为适应天然地基承载力,在天津北大防波堤及长江口深水航道整治一期、二期工程中采用了一种基床式基础轻型重力式结构断面,之后研发出一种箱筒形基础防波堤结构形式。该研究2008年被列入"十一五"交通重大科技专项《离岸深水港建设关键技术》课题,研究者分析了箱筒形结构在波浪作用下的破坏模式、受力特点及断面稳定的特点等,对箱筒形结构实施过程浮游、沉放等施工工艺和方法的研究也取得进展。随着水深的增加,斜坡堤结构断面加大,用海面积增大,环境影响大,导致工程量激增,不能适应又好又快地工程建设要求,因此,开发了软土地基上单桶多隔仓混凝土桶式基础结构。

在水深较大,波浪较小的地区内建设上部挡浪下部透空的桩式或墩式透空堤,有利于港内外水体交换并对周围环境影响较小。国内对透空堤的研究相对其他浮式、压气式等发展较快,1986年首次在上海炮台湾船坞基地设计并成功实施了一种桩式透空堤,后来在浙江渔港防波堤工程中被应用和发展。"八五"期间,我国首次在大连大窑湾岛堤工程中设计并成功实施一种沉箱墩式透空堤,并经研究论证,对该堤布置、堤型及相对尺寸、消浪效果和堤前反射、泄流通道流速等主要数据和参数进行研究分析,都取得了一定成果。

2. 施工

防波堤施工根据其结构特征主要分斜坡堤施工和直立堤施工。斜坡堤施工主要是堤身结构与护面块预制铺设;直立堤施工主要结构一般为沉箱,施工技术与沉箱重力式码头相似。斜坡式防波堤施工包括基床与垫层施工、堤身抛填块石和方块施工、预制和安装护面块体、安放块石和砌石护面和斜坡堤胸墙施工。对软弱地基,软弱基床可开挖处理,也可采用爆炸法处理软土地基。基床垫层根据工程特点可采用砂垫层和土工织物垫层。斜坡堤砂垫层抛填时,应通过试抛确定抛砂船的驻位,当水深较深、流速较大时宜采用泥驳抛砂或其他措施。抛砂时分段施工,砂垫层抛填后应即时用块石等覆盖,分段长度根据自然条件和施工条件确定,垫层施工完后,采用整平机整平。抛填块石根据设计要求、施工能力、潮位和波浪等影响确定分层、分段的施工顺序。直立式防波堤建筑物的主要组成部分是基床、墙身和上部结构,功能和构造与重力式码头基本相同。沉箱防波堤的堤身是用钢筋混凝土沉箱构成,沉箱中充填块石或砂,沉箱断面一般采用矩形。直立式防波堤关键施工工艺包括基础施工、方块和沉箱预制、方块和沉箱安装、直立堤上部结构等。重力式沉箱直立堤施工基本与重力式码头相似,施工工艺与上述一致,船机设备随设计与施工条件而变。

箱筒形结构防波堤是新型结构,其施工技术有别于传统重力式防波堤施工。箱筒结构施工主要工序包括基础结构预制、运输、负压下沉及上部结构施工等。科研人员结合桶式基础结构的特点,制定了桶式基础结构预制、搬运、下水、浮运、下沉、纠偏等成套工艺技术,创建了桶式基础结构的浮游稳定性计算方法、下沉纠偏新工艺和施工自动控制系统等,为该结构的推广应用奠定了技术基础。此外,防波堤主要施工设备除重力式沉箱结构施工所用的设备外,还有基床抛石整平船、大型软体排铺设船、袋装砂施工专用船及水上插板船等。

(六)港口水工建筑物维修加固及改造

港口水工建筑物维修加固工作不同于一般建筑物。既要考虑港口水工建筑物所处特殊环境的适用性,又要考虑其加固后继续耐环境作用,例如加固结构的耐久性问题、港口水工建筑的承载力问题等。在我国港口水工建筑物维修加固技术得到了较大发展,如老结构耐久性修复增强技术、老结构维修加固新材料研制(潮湿表面黏结胶、水下环氧黏接剂、水下灌浆材料、聚合物改性修补砂浆、湿固化重防腐涂料等)、混凝土冻融破坏的修复技术、钢筋锈蚀修复新技术、碳纤维加固技术等。

通过引进、消化和吸收世界先进技术以及技术创新,我国水运建设技术在新材料、新工艺、新结构、新设备等方面取得了辉煌的成就;与码头改造密切相关的技术取得了巨大的发展,如抛石基床整体化与墙后减压技术、板桩——高桩混合结构新体系、大直径预应力管桩制造技术、嵌岩桩施工技术等;港口水工建筑改造尚没有形成较为成熟的技术体系和统一的标准,大多针对单个工程本身特点选用适合的改造方法和技术,但根据在港口改造升级方面的工程经验,也总结出了一些相对较为可行、有效的改造技术和方法。

我国在港口水工建筑物维护、原型观测、检测评估、维修加固及改造技术等诸多领域内取得了丰富成果,相继出台了一系列的法律、法规、标准或规范。港口水工建筑物的管养水平也迅速提高,电子计算机已经大量应用于解决工程实际难题的数字计算和数据处理工作中,为港口水工建筑物的原型观测、检测、评估及维修加固和改造的设计提供了有力工具。

1. 维修加固技术创新与应用

20世纪90年代,港口工程的维修加固技术不断发展,修复材料从无机材料发展到有机高分子材料,从修复破损的表面发展到构件的裂缝修补,从黏结、修补非受力构件到粘结、修补结构构件,从单纯的堵漏发展到既堵漏又补强、恢复构件的整体强度,但整体上来说,修复技术发展比较缓慢。进入 21 世纪,针对港口码头的维修加固技术的研究越来越多,技术得到很大发展,一些新的加固方法、新材料、新工艺不断涌现出来,国家也编制了相应技术规范,如 2011 年编制了《港口水工建筑物修补加固技术规范》(JTS 311—2011),2013 年发布了《港口设施维护技术规范》(JTS 310—2013)。

(1)混凝土结构破损修补

海洋环境中氯离子的存在加速了混凝土内钢筋的锈蚀,此外,冻融循环的环境在外力作用下(如船撞事故)也常常会导致结构物发生耐久性损伤或局部损坏。过去采用手动工具对维修部位进行开凿,再用普通砂浆或混凝土对损坏部位进行简单修复,出现了各种高效的混凝土结构物破损修补技术。

①维修施工工艺

移除损坏区域劣化的混凝土,完全露出锈蚀的钢筋;对钢筋进行除锈处理,更换截面积不足的钢筋;高压淡水彻底冲洗旧混凝土和钢筋表面,清除粉尘和不牢固附着物;采取钢筋防腐蚀措施;恢复混凝土或砂浆保护层;对维修部位进行养护;对混凝土表面进行防腐处理。

②损坏的钢筋混凝土处理

1984 年以前,移除损坏混凝土的方法主要是锤子加凿子,以后施工中开始采用风镐移除损坏的混凝土,2001 年出现带有防震功能的电锤,更适合在码头下部狭窄区域施工。移除损坏混凝土施工前必须进行承载能力验算。钢筋的除锈方法有手动钢丝轮除锈、喷砂除锈以及高压淡水除锈等,对于剩余截面积不足的钢筋应焊补新钢筋。出现超高压水设备,可进行水力清拆,但尚无国产,价格昂贵,国内尚较少采用。

③混凝土保护层修复技术

传统的混凝土保护层修补方法不外乎立模浇注普通水泥混凝土或人工涂刮普通水泥砂浆,应用范围受限,维修效果差,现在则出现了喷射混凝土施工技术、聚合物砂浆、自密实混凝土、水下不分散混凝土、改性水下环氧灌浆液等一系列新技术新材料,施工效率和施工效果均有了质的飞跃。喷射混凝土法施工适用于氯离子、冻融循环和外力作用下等因素引起的混凝土耐久性损伤或局部损坏,喷射混凝土有"干拌"和"湿拌"两种施工法。对于不宜安装模板浇注混凝土的构件维修还可以采用砂浆维修的方法进行维修,常用于海工结构物维修工程的砂浆主要有:水泥预缩砂浆、环氧水泥砂浆以及聚合物水泥基砂浆。对于保护层厚度较大或维修体积较大的混凝土构件,采用喷射混凝土维修或砂浆维修则需要分层多次施工,如果施工条件允许,优先考虑安装模板并浇注高流动性自密实细石混凝土维修。对于由于外物碰撞而导致的海工结构物水下部位局部破损的维修,可以采用水下不分散混凝土进行立模浇注。

④裂缝处理技术

化学灌浆法应用前混凝土裂缝并没有很好的修补方法,随着材料科技的发展,开始出现了化学灌浆法处理混凝土裂缝。在水工建筑物维修领域中,对于非锈蚀形成的裂缝,如果确定裂缝稳定不再发展,常采用化学灌浆法、填缝法和电化学沉积法对裂缝进行封闭处理。

（2）混凝土耐久性修复

①电化学脱盐技术

电化学脱盐(简称 ECE)保护技术始于 20 世纪 70 年代中后期,但因采用很高电流密度($\geqslant 54A/m^2$),造成混凝土开裂、渗透性增大以及钢筋—混凝土界面结合强度下降等负面作用,其应用发展一度受到阻碍。我国的研究始于 20 世纪 90 年代初期,但发展很快,目前已进行大规模工程应用,技术经济效益明显。

②外加电流阴极保护技术

外加电流阴极保护技术发展比较快,应用已达几百万平方米,并制定了相应的标准和规范。我国从 20 世纪 80 年代中后期开展海工钢筋混凝土上部结构外加电流阴极保护研究,并在湛江港 2.5 万吨级油码头引桥上部结构、连云港港二码头东侧钢筋混凝土梁板底部和江苏盐城大丰挡潮闸胸墙进行了工程试点。由于缺乏相关技术规范、仪器设备的质量难以保证等因素,该技术在我国的研究与进展相对迟缓。

（3）混凝土结构加固技术

混凝土结构加固技术的发展历程代表了我国港口工程的整个维修加固技术的发展,从新中国前 40 年的较低水平到逐渐发展和成熟,各种新加固方法、新材料、新工艺不断涌现,维修加固技术水平不断提高。维修加固设计计算方面,虽然有些情况下依然是沿用港工新建工程结构设计规范,但较之初期已有较大改观,考虑各种承载能力退化因素的抗力计算方法以及考虑新老结构共同作用、二次受力的加固设计方法已在某些工程案例中得以应用。2011 年颁布的《港口水工建筑物修补加固技术规范(JTS 311—11)》系统、全面地对比进行了总结,加入了许多最新的港口水工建筑物修补加固技术。

①增大截面综合加固技术

增大构件截面加固法是应用最早、范围较广、较为传统的一种加固方法,从早期针对单一构件的修补发展到针对结构强度、整体刚度和稳定性、抗裂性的提高,技术途径从单一的增大构件截面到增加构件受力钢筋、加厚结构上层面板、喷锚混凝土多种形式综合运用,技术不断积累,工艺不断成熟和完善。

②外粘型钢及钢板加固技术

20 世纪 60 年代,随着环氧树脂黏结剂的问世,外部粘钢加固法开始出现。20 世纪 80 年代以来,我国进行了大量的研究,粘贴钢板加固技术也逐步应用推广,尽管随着用于粘钢的胶材料性能越来越优良,粘钢加固得到不断发展和进步,但是粘钢加固却没有得到进一步的推广和应用,黏结剂耐久性问题及钢板的防腐问题是主要阻碍因素。

③预应力加固技术

自 20 世纪 90 年代以来,体外预应力加固技术迅速发展起来。因体外预应力索通常由多根钢绞线组合成的集中钢索,故称为体外预应力索。2004 年,SRAP 工艺使得预应力加固技术水平向更高层次迈进,采用镀锌软钢丝束和弹簧组合(SR 加固材料)对混凝土构件施加预应力,配以多功能复合砂浆(简称 AP 砂浆)对混凝土结构进行综合修复加固,该工艺已在许多工程中成功推广。

④海工混凝土结构碳纤维加固技术

进入 21 世纪,海港码头迫切需要维修与加固,然而以往方法都不能达到理想效果,于是碳纤维复合材料加固技术得到应用。我国引入该技术始于 20 世纪 90 年代中期,现已广泛用于桥梁、工业民用建筑。2003—2007 年,海工混凝土结构碳纤维加固成套技术专项课题组解决了关键技术问题,并将相关研究成果纳入《港口水工建筑物修补加固技术规范》的制定,填补了海工混凝土结构碳纤维加固研究的空白。

⑤维修加固新材料

伴随着水路交通建设的发展,各种建筑材料不断更新换代。在裂缝修补时,新型聚合物砂浆的使用,避免了材料浪费和对海水的污染。高性能混凝土的问世及应用,使喷射混凝土增大截面修复时,结构混凝土具有更高的强度和更好的密实性、耐久性。为了改善喷射混凝土的性能,通常在混凝土中加入速凝剂、钢纤维等材料,而对于在水下施工的混凝土加固,水下不分散混凝土内掺有速凝剂,能够减少水泥浆的流失率,自密实填充模板内的空隙。此外,碳纤维复合材料的出现,使维修加固材料发展到一个新的高度。

(4)钢结构修补加固技术

钢结构修补加固技术得到了长足的发展。目前,很多水运工程转入运营和养护阶段,其修补加固工作日益严峻,这更加促进了钢结构修补加固技术的发展。在材料方面,市场已能提供各种性能要求的高强耐腐蚀及耐候钢材,同时一些先进的复合材料也应用到钢结构的修复加固中,如 CFRP、GFRP 等,为钢结构的修复加固提供了重要的可选方法;在设计加固修复方法方面,已形成了加大截面法、裂纹修复法、增设支点法等较为成熟的施工工艺;在耐久性方面,随着研究的深入和实践的积累,也已形成了一套较为可靠的修复加固方法,如表面涂层、外加电流阴极保护、牺牲阳极阴极保护法等。

钢结构修补加固应由专业设计单位进行加固设计,由专业施工单位施工。加固设计要考虑结构加固后继续使用的年限以及设备荷载是否有变化,加固的范围和程度应有所区别;加固设计还要考虑生产与加固施工的相互影响;以及现场条件对施工方法和施工质量的影响;加固施工往往要求在很短的停产时间内甚至是在不停产条件下完成;这些都为维修加固带来了困难和挑战。钢结构修补加固技术可在施工快捷、尽量减少对原钢结构的影响以及提高持荷状态下结构的耐久性等方面展开进一步研究,如新型复合材料加固钢结构相关技术的标准化,钢结构加固件应力腐蚀及疲劳腐蚀问题的研究、钢结构加固水下施工工艺等。

2. 码头改造技术创新与应用

随着老旧码头的逐渐增多以及港口转型升级、挖潜增效方面的需求,码头结构加固改造工程增多,促进了加固改造技术的逐步成熟,码头结构加固改造是当今世界码头工程建设的主要方式。为了适应船舶大型化、适应新货种装卸、恢复或提高结构功能等,我国对码头改造技术进行了大量研究,并在部分主要沿海港口试点,已收到了良好效果。由于码头结构类型多样、货种多样、业主要求多样等,码头结构加固改造的技术方法也具有多样性。码头改造需进行码头结构改造专门论证(包括码头设施检测、靠泊船型论证、码头结构安全度验算和技术改造方案设计等)。与码头改造技术密切相关的如抛石基床整体化与墙后减压技术、板桩—高桩混合结构新体系、大型桩式柔性靠船结构设计与施工技术、粘接和修补及化学灌浆技术、定向控制爆破拆除技术、抗盐污染高性能混凝土技术、计算机信息技术等,我国均取得了巨大的进步,提升了码头技术改造能力。

(1)码头结构改造的类型

码头结构改造,按结构形式主要分为重力式码头改造、高桩码头改造、板桩码头改造等。按改造目的主要分为码头前沿水深、装卸货种、装卸工艺和使用荷载均不变,改造后的码头可停靠比原设计船型稍大的船舶;码头前沿水深浚深,装卸货种、装卸工艺和使用荷载均不变,改造后的码头可停靠比原设计船型更大的船舶;还有就是码头前沿水深不变,装卸货种、装卸工艺和使用荷载均改变及码头前沿水深浚深,装卸货种、装卸工艺和使用荷载也均改变等。结构形式相同的码头改造,其改造技术具有可借鉴性。

(2)安全性评估验算项目及主要方法

①重力式码头

重力式码头主要分为如下结构形式:实心方块码头、空心方块码头、沉箱码头、扶壁码头、圆筒码头等。安全性评估验算项目主要有:对墙底面和墙身各水平缝的抗倾稳定性;沿墙底面和墙身各水平缝、基床底面的抗滑稳定性;基床和地基承载力、地基沉降;整体稳定性;主要构件如卸荷板、沉箱、空心方块等的承载力。码头水深不变,码头结构改造后可适应较原设计船型吨级大的船舶靠泊;码头前沿水深增加,以适应较大吨级的船舶靠泊。重力式码头结构加固改造的技术难点主要是码头前沿的浚深直接影响重力式结构的稳定性,加固改造有3条技术途径:新建结构如新建码头、墩台,扩大胸墙块体、墙后减压承台法等;升浆改变基床散粒力学特性,固化基床,直接传导荷载至地基基础;结合目前较为成熟的地基加固技术,改善后方填料性质,减少或隔离直接作用于墙身的土压力。

②高桩码头

高桩码头由桩基础和上部结构组成,主要结构形式有:梁板式、无梁板式、框架式等。安全性评估验算项目主要有:桩基承载力、上部结构承载力、岸坡稳定。码头水深不变,码头结构改造后可适应较原设计船型吨级大的船舶靠泊;码头前沿水深增加,以适应较大吨级的船舶靠泊。高桩码头加固改造的重点和难点是如何布置桩基,改造的方法较多,可分为码头前沿线变化的结构加固改造和前沿线不变化的结构加固改造两大类。根据该分类,结合所收集的国内外码头结构加固改造的技术方案,总结出码头前沿线不变前提下可采用分离式墩台法、局部加固法、板桩加固法、扩大护舷法等基本方法或上述基本方法组合的方法;码头前沿线变化前提下可采用前方桩台法、分离式墩台法等基本方法或上述基本方法组合的方法。

③板桩码头

板桩码头根据其结构不同,主要可分为无锚板桩码头、单锚板桩码头、斜拉桩式板桩码头等。安全性评估验算项目主要有:板桩码头的整体稳定性、前墙和锚碇墙或锚碇桩的稳定性、前墙和锚碇墙或锚碇桩的承载力、拉杆的承载能力、导梁、轨道梁、胸墙或帽梁的承载力。码头水深不变,码头结构改造后可适应较原设计船型吨级大的船舶靠泊;码头前沿水深增加,以适应较大吨级的船舶靠泊。板桩码头结构加固改造的关键技术之一是采取有效措施降低作用在板桩上的土压力,提高板桩结构的安全性以达到码头结构加固改造的目的。加固改造的技术途径可从以下考虑:新建结构如新建桩台、墩台,将原板桩码头作为直立式驳岸使用或设置新板桩及锚碇设施;调整、加密或新设拉杆和锚碇设施;在墙后设置新结构如半遮帘、全遮帘桩、减压平台,减少或调整墙后土压力的大小及分布;结合较为成熟的地基加固技术,改善后方填料性质,减少直接作用于板桩墙的土压力。具体加固改造技术方法有墙前桩台法、墙前墩台法、墙后地基加固法、新建板桩法、墙后减压承台法、墙后半遮帘或遮帘桩法、调整锚碇设施法。

第三节　航　道　工　程

一、内河航道建设与整治技术

(一)综述

1.发展过程

改革开放以前,我国内河航道整治已经历了两个阶段:第一阶段为新中国成立初期至

20 世纪 60 年代中期,以利用河道自然条件为主,结合以解决局部河段碍航为主要目标的分散型、应急型航道整治工程,航道里程得到大幅度延伸,但航道维护标准较低;第二阶段为 20 世纪 60 年代中期初至 20 世纪 70 年代末,开始对一些河流进行系统航道整治,航道标准总体有所提高,同时由于全国大兴水利,出现了许多碍航闸坝,造成河流断航,内河航道里程由 16.2 万千米缩短至 11 万千米。

改革开放初至 20 世纪 90 年代中期,按照形成干支联通网水运规划布局,我国重点开展了水运主通道的建设,同时继续开展对中小河流的系统整治。交通部提出了建设"三主一支持"(公路主骨架、水运主通道、港站主枢纽和交通支持系统)的长远规划设想,其中包括内河水运主通道、港口主枢纽布局规划。

20 世纪 90 年代中期至 2018 年,步入了全面建设发展阶段。随着航运迅速发展、运量迅猛增加、船舶向大型化发展,1995 年交通部确定"两横一纵两网"为我国内河航运"九五"期建设重点,实施了一批航道、港口建设项目,内河水运基础设施建设成效显著。这一时期开始实施的长江中下游航道整治和长江口深水航道治理工程,标志着我国大江大河的整治技术取得重大突破。国家也出台了相关政策意见,包括:2011 年的《国务院关于加快长江等内河水运发展的意见》,2014 年的《国务院关于依托黄金水道推动长江经济带发展的指导意见》,2016 年的《长江经济带发展规划纲要》和《关于推进珠江水运科学发展的若干意见》,2017 年的《珠江水运发展规划纲要》。这一时期,长江荆江河段、武汉至安庆河段、南京以下 12.5 米深水航道建设工程的实施,标志着内河水运进入了快速发展和技术成熟期。

2. 主要技术创新

按河流特性,我国天然河流内河航道整治可以分为七种类型:以长江干线上游川江为代表的山区河流航道整治;以长江干线中下游为代表的平原河流航道整治;以长江南京以下 12.5 米深水航道为代表的径潮流共同作用下航道整治;以长江口为代表的潮沙河口航道整治;以西江、嘉陵江航道整治为代表的枢纽上下游航道整治;以京杭运河、江汉运河为代表的运河航道整治以及以汉江下游及河口段治理为代表的分汇流口门航道整治。自 2006 年开展内河水运建设示范工程活动以来,为更好地体现绿色生态、人与自然和谐共生的理念,内河航道整治更加广泛地采用生态护岸、护坡、护滩、生态涵养区等新技术。

航道整治采用的基本方法有两种:一种是利用水流与泥沙之间的相互作用原理,通过各类整治建筑物、炸礁、疏浚等改变河床边界及断面形态,起到减少淤积、加大冲刷,增加航道水深和宽度的作用。山区河流航道一般采用疏浚、炸礁、整治建筑物相结合的方法;平原河流、潮沙河口采用整治建筑物与疏浚相结合、以整治建筑物为主的方法,部分少沙、淤积缓慢的航道采用疏浚为主的方法。另一种是将河流梯级化,以减少滩险、调缓比降、提高水深,获得满足航运需要的航道条件。主要用于山区航道、以及平原河流中部分流量较少、比降相对较大的河段改善航道。

依托国家科技支撑技术项目、国家高技术发展计划项目(863)、交通运输重大科技专项、西部交通建设科技项目等,并结合国家重点工程,攻克了一大批关键技术瓶颈,航道治理技术不断进步,包括:长江上游库区复杂水动力变化下滩险航道治理技术、大型枢纽运行条件下长河段平原河流航道治理技术、径潮流共同作用下复杂分汊航道控导治理技术、长江口航道减淤技术、长江航道大型整治工程施工安全控制关键技术及应用、枢纽航道治理技术、运河整治技术、分汇流口支汊航道治理技术等。

(二)长江干流航道

20世纪50年代初开始长江干线航道整治,其建设历程可分为三个阶段。第一阶段为20世纪50年代至20世纪90年代中期,主要致力于长江上游即"川江"航道的治理,中下游航道主要按天然条件维护。第二阶段为20世纪90年代中期至2002年底,开始对长江中下游严重碍航滩险的整治。第三阶段为2003年至2018年,2003年起,长江干线航道进入了按照规划目标进行的全面、系统治理。

1. 山区河流——川江航道整治技术

卵石浅滩整治经验包括通航汊道的选择,应充分论证各汊道的优缺点,选择适宜的通航汊道;新开碛槽的整治技术,开辟碛槽为枯期通航汊道应采用修筑整治建筑物与疏浚相结合的方法;新开航槽设计,挖槽定线要保证挖槽的方向与主流方向一致。在卵石急滩宜采取上疏下抬的方法调整主航槽急滩段比降。对于江心礁石滩险,采用炸除整个孤礁达到设计水深的要求;对于岸边的石梁突嘴,其炸礁方案为适当切除部分石梁突嘴,从而平顺岸线。对于峡谷急滩整治经验,以拓宽泄水断面,减缓坡降流速为主,炸除岸边碍航礁石,增宽缓流航槽,构成适宜船舶上水航行的错口滩形式;有的急滩主要是由于不良流态而碍航,可通过整治消除不良流态。川江航道整治工程采用的主要方法有筑坝、疏浚、炸礁三大类。在川江50多年的整治过程中,筑坝获得了广泛的应用。通过多年实践,川江卵石浅滩疏浚,采用液压硬臂式抓斗挖泥船,配以自航式开体泥驳和双机双舵带缆艇更适合川江的疏浚施工。炸礁工程可分为水下炸礁和陆上炸礁,水下炸礁是川江航道整治的主要施工方法。

1978年至1989年先后安排了兰叙段(重庆兰家沱至宜宾)航道整治一期工程和二期工程,共整治滩险26处(其中一期整治11处,二期整治15处),航行条件得到较好改善,但由于维护未能及时跟上、整治建筑物出现水毁、河道无序采砂等,未能有效维持整治效果。川江整治建筑物主要有丁坝、顺坝、锁坝、潜坝,其中以丁坝的数量最多。在20世纪90年代以前,叙渝段航道整治建筑物的坝面主要为抛石结构和干砌条石结构,坝体水毁十分严重。20世纪90年代以后,坝面结构开始采用浆砌条石,水毁现象明显减少,但流速较大、受水流顶冲集中冲刷的整治建筑物水毁现象还比较常见。水毁最为严重的是丁坝和锁坝,其次是顺坝,潜坝总体情况较好。

21世纪初期,我国实施了长江泸州至重庆段航道建设工程和长江宜宾至泸州段航道建设工程,并以长江干线长江宜宾至泸州段航道建设工程为依托,进行了"航道整治建筑物新结构新工艺研究"。工程首次采用扭王字块作为坝体护面结构、混凝土镶嵌卵石耐磨坝面,将铰链排运用在坝体背水坡形成护面结构,增强了整治建筑物的整体稳定性和耐磨性。钢筋混凝土空心箱体、扭王字块护面、块石混凝土坝面、混凝土嵌卵石耐磨坝面等可有较好的推广使用前景。叙渝段航道系统整治意义包括:揭示了山区河流非均匀卵石沙波运动规律及碍航机理,建立了反映卵石推移质输沙带的长河段数学模型,提出了针对山区河流顺直型、弯曲型及弯曲分汊型等三类卵石滩险航道整治新方法及整治建筑物新结构形式,研发了基于水沙动力因子协同调控的卵石滩群航槽控导技术。朝天门至涪陵河段航道处在三峡水库变动回水区,在整治过程中开发了变动回水区卵石输移音频与压力实时观测系统、变动回水区末端推移质动床模型设计方法、变动回水区整治参数确定方法、变动回水区消落期航槽维护技术等。涪陵到三峡大坝段是三峡水库常年库区,整治过程中开发了库区流速含沙量萦动同步观测系统、基于原型沙的库区细颗粒泥沙冲淤模型试验技术、库区急弯分汊淤泥质浅滩导流坝分流治理技术等。两坝间河段位于宜昌市境内三峡水利枢纽与葛洲坝水利枢纽之间,2007年以来,两坝间航道主管部门长江三峡通航管理局启动了两坝间航道整治工作,乐天溪航道整治工程已竣工验收,提高通航流量的莲沱段航道整治工程正在实施,将于2021年完工,在此过程中开发了两坝间深水急险滩航道整治技术和两坝间大流量通航随船测试技术。

2. 长江中下游航道整治技术

20世纪90年代以前,国家重点对长江上游航道进行了治理,宜昌以下航道则主要利用自然水深通航,在局部河段需年年"战枯水",采取维护措施,保障航道畅通。20世纪90年代至2002年,长江中下游航道建设以疏通重点碍航浅水道为主,国家实施了长江中游界牌河段综合治理工程、长江航道清淤应急工程等。2002年《长江干线航道发展规划》颁布以来,长江中下游航道开始大规模建设。长江中下游航道整治基本原则为河势控制与浅滩整治相结合,枯水整治与中洪水整治相结合,以河势控制为基础,浅滩段枯水河床局部整治为重点;因势利导,不同时机采用不同治理对策;统筹兼顾,综合利用、协调发展;随着认识的不断深化,以及河道条件的变化,对设计不断进行优化,实行动态管理。以荆江河段航道整治一期工程为代表,形成和完善了长江中下游径流河段航道治理技术,包括:新水沙条件下航道演变与水沙运动的响应理论、基于航道滩槽联动性的"固滩稳槽"整治新方法、多因素影响下航道系统治理新结构和新工艺、贯穿生态保护新理念的航道治理技术等。

新水沙条件下航道演变与水沙运动的响应理论包括:复杂条件下原型观测新技术、长河段滩槽联动模拟技术、三峡工程蓄水运行下长江中游水沙输移新特性、新水沙条件下长河段滩槽调整机理、新水沙条件下荆江航道变化趋势与碍航特性。荆江工程提出了"统筹兼顾、系统治理,因势利导、循序渐进"的长河段系统整治原则以及"固滩稳槽"整治思路,研究成果经鉴定达到了国际先进水平,包括三峡工程下游长河段设计最低通航水位确定方法、"固滩稳槽"的整治参数确定方法、新水沙条件下长河段"固滩稳槽"整治方法。

荆江河段地质条件复杂,防洪形势严峻,针对强冲刷条件、取排水设施制约、防洪险工段、不良地质条件等多因素影响,从适应河床变形能力、加强结构强度、促进淤积的角度,研发了 D 型联锁软体排、大型钢丝网笼和仿沙波软体排护底(固滩)新结构、新工艺,可控式网箱和仿生水草垫防冲促淤新结构,透水框架一体式预制及群抛新工艺;从解决取排水设施、防洪险工段制约的角度,研发了适用于防洪险工段的航道整治工程结构形式及工艺,提出了半透水式坝体结式、直立式自嵌式加筋挡土墙新结构、新工艺;从解决地质、水文及降水等复杂因素影响的角度,研发了排水垫和水平排水管两种适用于不良地质岸坡的排水反滤新结构和水平排水新结构。

荆江河段生态保护区多,环境保护要求高。针对航道治理与生态保护相融合的治理技术不成熟的问题,荆江工程首次从河流系统功能和航运功能相协调的角度,提出了生态航道的概念体系和评价方法体系;在揭示河床水生物环境、岸滩植被生长与航道整治工程的响应关系的基础上,研发了系列生态环保的航道整治建筑物新结构及工艺;通过建立施工全过程的生态监控体系,提出了建设期生态风险防范和防护措施,维护了生态保护区内整治河段水域、陆域生态的完整。

护滩是长江中下游航道整治中发展出来的一种新的整治技术。长江中下游河道分布有大量的淤积体,其中具有一定规模的成型淤积体构成不同类型的滩体,通常由沙质组成,具有较强的可动性。从 1994 年长江中下游第一个大中型航道整治工程——界牌航道整治工程开始采用护滩措施以后,护滩技术得到广泛应用。长江中下游滩体规模通常很大,一般不可能对洲滩进行全覆盖守护,根据以上各类滩体冲刷破坏特征,可分别采用盾形集中守护、连续守护、间断守护以及几种守护形式的组合等形式。

长江中下游已建的航道整治工程采用的整治建筑物主要有四种类型:筑坝、护滩、护底、护岸。在长江中下游已建航道整治工程中,筑坝工程有丁坝(勾头丁坝)、锁坝、潜坝、顺坝和各种组合型的鱼骨坝、梳齿坝等;从构成坝体材料的结构特点看,有堆石坝、钢筋混凝土箱体坝(简称"箱体坝")、沙枕填芯(袋装沙)—块石盖面混合坝、沙枕填芯—模袋混凝土盖面混合坝(简称"模袋坝")等。

护滩建筑物结构包括系结砂袋软体排(简称系袋排)、X 型系结混凝土块软体排(简称 X 型排)、混凝土块铰链排、穿绳混凝土块软体排(简称穿绳排)、CSB 固化河沙块。长江中下游各类坝体、鱼嘴、护岸均采用护底。对常年不出露的水下心滩(潜洲)、汊道底部的守护控制,护岸形式有斜坡式、直立式、混合式三种。在长江中游航道整治工程中,整治建筑物边缘往往受到水流淘刷,容易遭受破坏,应用了四面六边透水框架,以减缓整治建筑物周围的水流作用强度。

(三)长江主要支流航道

1. 综述

(1)整治过程

长江主要支流岷江、嘉陵江、乌江、汉江、湘江、赣江等河流航道是我国内河水运体系的重要组成部分。岷江下游航道一直在进行整治与维护,针对乐山下游 33 千米处长滩,1998 年国家实施航道扩建工程,使得航道条件得到较大改善。2005 年岷江中游成都段建成Ⅵ级航道,国家并在此基础上逐步对航道进行治理,使其达到Ⅴ级航道标准。20 世纪50 年代和 70 年代,嘉陵江航道经过两次大的整治和诸多零星整治,通过炸礁、疏浚和筑坝,基本解决了一些重点滩险的碍航情况。20 世纪 80 年代末期马回枢纽的建设,拉开了嘉陵江渠化建设的序幕。根据相关规划,乌江下游主要是结合梯级开发来提高航道等级。1979 年乌江渡枢纽建成,但该枢纽未同步建设过船建筑物,仅预留了位置。目前,乌江渡至龚滩 431 千米航运建设工程正在实施,按Ⅳ级航道标准整治构皮滩、思林、沙沱、彭水等四个库区回水变化段,整治重点滩险 68 处。20 世纪 90 年代初,我国首先进行了汉江襄樊至利河航段整治工程,使航道标准达到Ⅳ级。针对汉江游荡性河段河床演变规律及整治技术,设立了"七五"国家科技攻关项目,包括游荡性河道演变规律及治理方法的研究、浅滩整治参数的确定、典型浅滩整治措施的河工模型试验、新型整治建筑物的开发等。2003—2006 年,国家实施了汉江丹江口至襄樊段航道整治工程,按照Ⅳ级、通航 500 吨级船舶航道标准建设。20 世纪 80 年代末,已基本形成了以洞庭湖为中心,湘江为主干,300、500 和 1000 吨级船舶直通长江的航道格局。"八五"期间,国家实施了湘江一期航道整治建设工程,对株洲至城陵矶 257 千米按千吨级航道标准进行整治;"九五"期间,国家建成了大源渡航电枢纽,渠化了衡阳至大源渡Ⅲ级航道 62 千米;"十五"期间,国家实施湘江二期航道整治建设工程,开工建设株洲航电枢纽,船闸于 2004 年 12 月通航,城陵矶以上 439 千米千吨级航道贯通。2006 年,湘江三期航道整治工程竣工。赣江的航道治理也在持续进行,经过从 20 世纪 60 年代至 90 年代的历次整治,改善了航道条件。2003 年国家又一次启动了吉安—樟树的航道整治工程,整治后 151 千米河段可达到Ⅴ级航道标准。

(2)主要技术创新

我国在这些河流上实施了一系列的航道整治建设工程,取得了明显的技术进展:①航道整治建设起点较高,属于河段总体开发或系统治理。不是单滩的整治,而是河段系统整治或总体开发,实行总体设计,并且在实施航道整治工程的同时,同步建设港口、助航、通信、维护管理等配套设施,工程综合效益较高。②梯级渠化和"航电结合"的航道开发建设得到实施。在岷江、嘉陵江、乌江(三条河流均未全线通航)等河流的治理中,逐步从单纯的航道整治走向了梯级渠化开发,在湘江、嘉陵江、汉江、赣江等河流的治理中,开拓了"航电结合、以电促航"的建设新思路,例如,湘江大源渡、株洲、长沙、土沽塘和汉江崔家营航电枢纽的建设等,不仅使得航道条件大为改善,而且体现了水资源综合利用。③加深了对复杂滩险特性的认识,研究手段明显进步。山区河流往往是滩滩相连的滩群,例如乌江羊角碛滩群就是一个典型的复杂急险滩,通过滩性分析、河工模型试验、数值模拟计算等细致的研究工作,充分认识了滩群特性,并在此基础上,确定了切实可行的整治工程方案。该滩的整治不仅解决了乌江航道开发建设中的技术难题,而且使我们对于山区河流复杂滩险的特性有了更深的认识,研究的技术手段也明显进步。又如,汉江襄樊至皇庄河段属于游荡性平原河道,在科技攻关中,进行了多项理论分析研究,并针对典型滩段进行原型观测和河工模型试验,做了充分的论证和研究。④采用了新材料、新工艺和新技术。上述许多整治工程中均采用了当前先进的工程新材料、新工艺和新技术。例如汉江游荡性河段整治中采用了丙纶布护底和沙枕填芯的新材料与新结构,利用疏浚工程卵石弃料充填沙枕作坝芯、水上加盖混凝土护面结构等,株洲枢纽建设中采用了格宾石笼和模袋混凝土护底的新型结构。

2. 梯级渠化工程

渠化工程是发展内河水运、提高水资源综合利用效能的一项根本性工程措施。渠化工程除通航外,同时具有蓄水、防洪、发电、灌溉和旅游等多种功能。我国内河航道建设除少数河流外,在20世纪70年代以前以整治为主,20世纪80年代后采用梯级渠化与航道整治相结合进行总体开发。自20世纪90年代以来,党和国家高度重视内河水运发展,2009年内河航运发展座谈会上,时任国务院副总理张德江提出了要加快发展"畅通、高效、平安、绿色"的内河水运,把内河水运摆在经济社会发展的重要位置,水运建设进入了快速发展的新时期。2011年政府发布了《国务院关于加快长江等内河水运发展的意见》,提出要利用10年左右的时间,建成畅通、高效、平安、绿色的现代化内河水运体系。除长江葛洲坝和三峡枢纽形成约700千米可通航3000~5000吨级船舶的渠化航道外,各级交通部门还在全国水运主通道的西江、湘江、嘉陵江、赣江、松花江、汉江、涪江和信江等开工建设了一大批渠化枢纽工程,并探索出以电促航、滚动发展的道路,通过兴建枢纽,实现内河航道梯级渠化,从而提高了航道等级,航道条件得到根本性改善。梯级渠化结合库区航道整治工程, 是山区河流航道建设的有效途径, 主要用于山区河流改善航道通航条件。

湘江是国家规划确定的内河水运重要水道之一,并被纳入长江水系国家千吨级航道建设的规划框架中。规划湘江干流永州苹岛至衡阳段 278 千米航道按Ⅲ级标准建设,衡阳至城陵矶段航道 439 千米按Ⅱ级标准建设。在湘江干流根据以航运、发电为主、综合利用水资源的开发方针,国家共规划了太洲、潇湘、浯溪、归阳、近尾洲、土谷塘、大源渡、株洲和长沙共 9 个梯级,其中苹岛至松柏达到Ⅲ级航道标准,松柏至衡阳达到Ⅲ级航道标准,衡阳至长沙达到Ⅱ级航道标准;长沙以下河段,规划以航道整治与流量调节相结合的措施,达到Ⅱ级航道标准。湘江干流苹岛至衡阳河段,国家在潇湘枢纽已建 100 吨级船闸、浯溪和近尾洲枢纽已建 500 吨级船闸的基础上,规划布置 1000 吨级二线船闸;规划在归阳和土谷塘 2 座梯级各布置 1000 吨级一线船闸。衡阳至长沙河段,国家在大源渡、株洲航电枢纽已建 1000 吨级船闸的基础上,规划布置 2000 吨级二线船闸;规划长沙综合枢纽布置双线 2000 吨级船闸。长沙至城陵矶河段利用枯水期长沙综合枢纽和其上游梯级枢纽联合调度调节的下泄流量,通过实施必要的航道整治工程,将航道水深提高到 2.6 米以上。

截至 2016 年 10 月,9 级梯级开发规划中已建成潇湘、近尾洲、大源渡、株洲、浯溪、湘祁、长沙、土谷塘 8 个梯级。长沙综合枢纽是湘江规划枢纽中最下游一级,正常蓄水位为 29.7 米,总库容为 6.75 亿立方米,电站装机 57 兆瓦,坝顶高程 39.7 米,坝顶长 1.75 千米,渠化航道 135 千米,建设年通过能力达 9400 万吨的 2000 吨级双线船闸。枢纽于 2009 年 9 月开工建设,2014 年 12 月建成。在渠化枢纽布置上,要合理选择枯水期最低通航水位,如大源渡和株洲枢纽是湘江干流下游相邻的两个以航为主、航电结合、多目标综合开发的梯级,相距 96 千米,两梯级最低通航水位完全衔接,两坝间航道畅通。当枢纽位于有江心洲的河段时,利用江心洲将各水工建筑物分隔布置。如湘江株洲枢纽坝址位于微弯分汊河段,由空洲岛分隔为左右两汊,船闸布置在较顺直汊右岸台地,电站布置在左汊左岸,泄水闸布置在两汊河中,空洲岛上布置土石副坝。当坝址处河面较窄、弯曲或河面虽然开阔、顺直,但将通航建筑物及电站布置在岸上开挖的渠道内时,可采用分散布置形式。如湘江大源渡航电枢纽,船闸布置于左岸渠道中,电站布置在河床内。此外,关于湘江航电枢纽梯级联合调度的探索也取得良好效果,在水情测报系统联网共享、共同提高防洪功能、有效提高通航保证率、确保枯水季节下游城市的供水、实现发电效益的最大化等方面做了有益的探索。

3. 平原河流航道整治

在平原河流航道整治技术方面,整治工程一般运用输沙平衡的原理,通过兴建各类低水整治建筑物改变浅滩平面和断面形态,以增大浅区水流流速和挟沙能力,加大对浅区的冲刷,提高航道水深、增大航宽。2000 年以来,长江中下游航道整治技术有了新的发展,运用平原河流浅滩整治基本原理,结合长江中下游河道特性形成了一些新理念、新方法,包括:河势控制与浅滩局部整治相结合的整体治理思路;对受三峡工程影响的沙卵石河段、沙质河段通过守护洲滩等措施,用以保护有利滩槽形态,防止航道向不利方向变化;对具有周期性变化规律的浅滩河段根据所处不同演变阶段,分别采用守护、调整、控导等不同整治措施;部分浅滩不再单纯采用传统的"束水攻沙",而是采用调整河床断面形态增大设计航槽内水流挟沙能力;基本不改变分流比的前提下整治分汊河道浅滩;开发了护滩、护底等整治技术。

长江支流航道中,平原河流航道以汉江下游航道为代表。汉江下游航道达标建设目前正在稳步推进。在航道建设方面,国家相继开工建设了蔡甸至河口段航道整治工程、汉川至蔡甸航道整治工程、汉江中下游局部航道整治工程、兴隆至汉川段航道整治工程、汉江碾盘山至兴隆段航道整治工程等,其中汉江汉阳闸至南岸嘴航道整治工程正在实施。兴隆至汉川段航道整治技术,基于平原河流航道整治的基本理论,结合汉江下游南水北调后面临的长低水历时、长江回水顶托、防洪限制整治建筑物高度等情况,提出了5类不同浅滩的航道整治思路和工程措施:宽浅散乱浅滩治理思路与工程措施、汊道浅滩治理思路与工程措施、过渡段浅滩治理思路与工程措施、复式浅滩治理思路与工程措施、弯道浅滩治理思路与工程措施。汉阳闸至南岸嘴航道整治技术,通过对南水北调工程实施后汉江河口段复杂水沙变化特点进行分析,系统全面总结了汛后中水历时大幅度缩短、长江回水顶托过程变化等复杂水沙条件改变对河段航道条件的影响;采用整治与疏浚相结合的手段,针对不同的浅区,采取不同的工程措施;践行生态优先的环保理念;开展多种整治工程结构科技创新;建设人工智能航道管理。

4. 京杭运河航道建设

改革开放以来,京杭运河的建设有了大规模进展,陆续扩建了济宁至杭州段966千米,沟通了淮河、长江、钱塘江。航道建设标准总体上济宁至徐州240.5千米为Ⅲ级航道(预留Ⅱ级),徐州至扬州404.5千米为Ⅱ级航道,镇江至杭州321千米为Ⅳ级航道,京杭运河扩建目前还在继续之中。作为京杭运河的延伸,国家还建设了杭甬运河239千米,通航标准为Ⅳ级,形成了我国东部地区南北物资交流的水运主通道,促进了沿河地区经济社会的发展。2000年以来,国家相继建设了苏申内港线、苏申外港线、长湖申线、芜申线宜兴段、杭申线等航道。此外,随着国家特别是长江三角洲地区高等级航道网规划的实施,一批以Ⅲ级为主、Ⅳ级为辅的高等级航道正在建设之中,如连申线、盐河、刘大线、丹金溧漕河、江汉运河等。

在先进理念的指导下,运河建设在提高航道等级和通过能力的同时,为构建环境友好型、资源节约型、服务型的现代化航道,在提高内河航道现代化方面也进行了初步探索。

(1)建设节约型航道方面。一是与城市规划相结合,构筑环境友好型航道,如京杭运河宿迁城区段综合整治工程、湖嘉申线湖州双林河段航道建设工程;二是与道路水利工程结合,实现土方综合利用,如京杭运河常州市区改线段工程;三是利用拆除护岸材料,变废为宝;四是老驳岸加固出新,减少工程对周围环境影响;五是淤泥土综合利用,在航道驳岸建设中,开展了土袋加固和回填应用研究。

(2)建设生态、景观型航道方面。生态航道将生态设计引入航道护岸设计中,航道建设在满足航运功能的前提下,最大限度保护沿岸生态环境、保持生态平衡,营造自然、和谐的水岸环境,生态护坡技术得到提倡和应用,因地制宜营造生态景观,建设具有地域特色的生态航道。在京杭运河扬州市区段整治中,开展航道驳岸技术与生态景观结合应用研究,为增加航道景观、亲水效果,改变传统驳岸一墙到顶的做法,分级设置挡墙,一级挡墙充分考虑船舶撞击概率,采用抗撞击性能好的结构形式,二级挡墙布置在常水位以上,采用生态景观型的护岸,二级护岸采用多种新材料适应不同的生态、景观要求,如生态袋、生态混凝土、格宾、防木桩、联锁块护坡、陡墙混凝土等。

(3)以人为本,构筑和谐水路交通。在航道沿线根据需求和外部条件设置服务区和锚地,解决船舶的生产生活补给问题并提高服务广大船民的水平,从功能、环境方面体现以人为本的新理念,如京杭运河宿迁三线船闸建设、湖嘉申线湖州段航道建设工程;在标志标牌建设中,注重新材料、新结构的引用,如利用现代信息技术的 LED 显示屏应用于内河航道的信息标志建设;新型护岸消浪结构,在苏南运河三级航道整治工程中,部分航段采用新型护岸消浪结构,在重力式墙身的水位变幅区,采用钢筋混凝土结构,迎水面布置格栅、墙身设空箱形式,形成消能室。驳岸采用钢筋混凝土空箱结构,部分填充老驳岸废弃墙身,迎水面布置较大的透水通道,既起到消能作用,也为生物生存留下空间。驳岸墙面增加凹凸,除起消能作用外,也避免墙身单一产生视觉疲劳,增强了观赏性。

(4)依托信息化工程,推进智慧航道建设。京杭运河江苏段整治依托信息化工程,推进智慧航道建设,建设航道要素感知平台、通航船舶感知平台、助航设施感知平台等 3 套感知监控平台,依托航道沿线的通信骨干网络,实现传感数据、视频数据、船员交互数据、遥控遥测数据、船舶数据和录入数据等的采集,分层分类存放、实现快速增删改查,建设航道管理部门内部的运行和展示平台。通过系统的建设,实现航道的水上巡航。

(四)珠江航道

1.西江干流航道治理

西江航运干线西起南宁,东至广州,全长 854 千米,是珠江水系的主要水运通道。西江具有含沙量小、输沙量大,输沙量年际变化较大的特征。两岸地貌主要为低山丘陵,为河流侵蚀堆积地形,河床质以岩质和沙质为主。西江航运干线滩险较多,大部分滩险为石质或沙质险滩,集急、险、弯、浅等碍航特征为一体。

1978 年经国务院批准,西江干流航道确定为国家内河Ⅲ级航道,纳入国家建设计划。其中广西桂梧段航道整治工程于 1986 年 10 月开工,1990 年 12 月通过国家验收;广东段航道建设工程于 1985 年开工,1990 年 12 月通过国家验收。2004 年 6 月以后,西江航道按提高标准设计。2006 年贵港至梧州段航道开工建设,2009 年年底验收;西江广东段于 2008 年开工,计划 2010 年底主体工程完工。

整治原则为:统筹兼顾,综合利用水资源;综合规划,分期实施,逐步提高航道等级,实现预期的经济效益;因势利导,稳定河势,整治工程布置尽量利用节点及主导河岸,兼顾沿河现有工农业给排水及防洪设施和水运等需求;调整中水河槽,稳定枯水河势,兼顾洪水水流动力。西江干流航道整治主要以筑坝束水攻沙为主,疏浚措施为辅,并配以护岸、炸礁等工程措施,通过筑坝工程固定边滩,堵汊并流,束水归槽。同时,结合枢纽的建设,渠化航道。

主要技术创新为:

(1)采用二级整治水位。西江三滩河段上游受枢纽下泄不稳定流、下游受潮汐影响,含沙量小,泥沙颗粒小,泥沙运动较为复杂。如果仅采用一级中水整治流量,因枯水输沙不足,需要加长丁坝,一级丁坝将会造成工程量浪费,故对于三滩采用中水与枯水二级整治流量相结合的方法进行航道整治,既节约工程量,又提高了枯水航槽的冲刷效果。

(2)采用不护底的抛石坝加浆砌块石直立墙的坝体结构。西江一期整治时,采用一种不护底抛石坝加浆砌块石直立墙结构形式,节省了大量的工程量,取得了较好的效果。

(3)针对西江水电开发与航运建设之间的特殊关系,黄金水道建设面临制约因素多、难度大等问题提出了多重复杂因素影响下将减缓水位降落与提高航道尺度相结合的长洲枢纽坝下高等级航道综合治理技术,以及基于水位备降的大藤峡枢纽下游水位未衔接段连续滩群系统整治技术和汇流口汊道急滩航道整治技术。

2. 北江航道整治

北江具有明显的山区河流特性,含沙量较小,属于少沙河流。其中游浅段基本都分布于枢纽下游河段,河段主要因河面宽、水深浅、局部滩段弯曲半径小和不稳定流影响而碍航,受采沙影响飞来峡枢纽坝下河段航道时常发生出浅碍航。

北江航道整治从 1955 年开始,主要采用人工扒沙疏浚来维护通航水深,直到 1959 年才开始以抛石坝形式进行整治。北江干流于 1965—1970 年间进行了全线整治,采用抛石筑坝和疏浚相结合的方法。1992 年北江下游按内河 V 级航道全面整治,于 2005 年底竣工验收;北江中游按 V 级航道建设,于 2010 年底完工。

北江下游整治以筑坝束水攻沙为主,疏浚措施为辅,通过筑坝固定边滩,堵汊并流,束水归槽。北江中游整治基本方法是:飞来峡枢纽以上河段以疏浚为主、筑坝为辅,稳定边滩、调整流向,配以护岸、炸礁;飞来峡枢纽以下河段以筑坝为主、疏浚为辅、配以适当护岸,从根本上改善河段的航行条件。

北江航道整治工程中,大塘护岸工程段采用三维土工网植草的护坡结构,在传统的斜坡式干砌块石护岸结构的基础上,中水位以上的结构采用植草护坡。经草种的耐淹、抗旱试验,确定了以百喜草为主的四种种植草种,同时结合不同的土工网进行了成片种植试验,并形成了一整套施工工艺。

3. 东江航道建设与治理

1965—1972年东江干流航道开始了较全面的整治;20世纪80—90年代初,国家继续整治了下游的大炮山、水西尾和东岸浅滩;20世纪90年代末至2003年冬,国家又进行河源至惠州的"四滩"整治;进入21世纪后,国家开展了东江中游和下游航道整治工程。东江的整治以筑坝束水攻沙为主,疏浚措施为辅,通过整治固定边滩,堵汊并流,束水归槽。东江由于受采砂影响,河床下切而导致水位流量关系逐年变化,航道整治设计时采用了基于流量保证率出发分析确定设计最低通航水位的方法。

4. 珠江三角洲高等级航道网建设与治理

珠江河道平面蜿蜒曲折,各水道纵横交错,河道宽度变化幅度大,两岸有防洪及城市布局修建的水利堤围;网内各水道同时受径流和潮汐的影响,各水道水文泥沙特性具有一定差异;珠江三角洲为冲积平原,不过各水道一般同时具有砂(泥)质和岩质浅滩的特性;随着上游水利枢纽的修建和人类采砂的影响,上游来沙大幅减少,河道水深迅速增加。

1949年10月—1990年期间,珠江三角洲河网主要航道陆续进行了整治、浚深。20世纪90年代以来,珠江三角洲高等级航道网相关规划从最初的小范围"三纵三横"骨干航道逐步完善成为由16条航道组成,覆盖整个珠江三角洲,连接粤东,粤西的"三纵三横三线"高等级航道网。通过已经实施的航道整治工程,珠江三角洲高等级航道网内绝大多数航道已经达到内河Ⅲ级以上通航条件的要求。

珠江航道网建设的原则有:浚深与整治建筑物相结合,一般先采取疏浚、炸礁等措施达到设计通航标准,然后通过整治建筑物巩固航道尺度,部分限制性航段需采取裁弯或局部改变航道尺度等措施;整治工程尽量避免退堤征地;制定了河网区河道行洪控制线和河口整治规划治导线,航道整治应兼顾防洪需求;对疏浚弃土进行综合利用,根据土质可分别用作建筑材料、吹填土或水利堤围护脚等。

针对珠江三角洲河道水文、泥沙特点,结合受枢纽建设和采砂影响河道水深明显增加的实际情况,对不同类型浅滩采取了有特色的整治措施。

(1)石质型浅滩或局部浅点。对于这类浅滩一般直接采用清礁措施予以清除。挖槽断面设计在设计航槽宽度和航道水深的基础上,适当考虑加宽、加深。此外,由于珠江三角洲地区河道一般较窄,船舶密度较大,对靠近桥梁和堤围等建筑物的礁石,清礁施工优先采用对周边环境影响较小的锤击法施工。

(2)分、汇流口浅滩。对于该类型浅滩首先采取疏浚措施使水深达到通航要求,必要时辅以丁坝等整治建筑物压束水流,维持航道水深。对于分汊河道,通过河床演变分析预测河道冲淤趋势,根据汊道条件选择航道走向,在不通航的汊道修建潜锁坝改善通航汊道的水流条件。

(五)松花江航道

松花江干流分为上、中、下游三段。上游为三岔河—哈尔滨,地处松嫩平原,河道蜿蜒于草原湿地之间,弯曲狭窄,分汊较多。中游为哈尔滨—佳木斯,两岸地势较高,多丘陵与台地。下游为佳木斯—同江,地处三江平原,两岸为低平的冲积平原,河岸侧蚀严重,河道宽阔,河段多分汊。松花江为季节性冰冻河流,每年4月中旬至11月中旬为通航期,其余为冰冻期。从20世纪40年代开始,就陆续对松花江局部河段进行了零星清石、试验性整治工程或疏浚措施。20世纪50年代国家开始实施浅滩整治和维护性疏浚工程。20世纪80年代,国家主要完成了三姓浅滩一期航道工程。20世纪90年代初起,国家对松花江中下游河段进行了较大规模的系统治理,经过治理使沙河子至同江全线达到Ⅲ级航道标准。

以三姓浅滩二期航道整治工程为例,主要技术创新包括:

(1)松花江航道整治理念有了突破和提升。首先选择合适的时机利用航道条件较好的时期进行航道整治;二是对于两岸不稳定的复杂分汊河道的整治,以控制中洪水河势为主要目标,并以此为基础考虑航道条件的改善方案。

(2)土工织物、絮凝剂砂浆灌注坝体防冰等新材料、新工艺在航道整治工程中得到广泛应用,雷诺护垫、格宾挡墙、耐特龙边坡等新结构在护岸工程中得到应用,加上GPS定位、多波束测深系统在整治工程中的应用,大大提高了施工精度和效率。

(3)积累了丰富的冰冻河流航道治理经验。

(4)冬季施工技术得到广泛应用。在封冻期,打冰眼探测各建筑物所在位置的河床情况,按设计绘制冰上施工码方图,然后按图将块石码筑在冰面上形成坝体,待春季冰融后,冰上坝体将靠自重沉入河底,从而完成主体工程。根据水位变化情况,冬季着重施工远离航道的浅滩区工程项目,夏季注重施工工程护底项目,采取"冬建夏平,夏建冬补"工作方法。

(5)絮凝砂浆混凝土灌注结构防冰技术。采用了以下几种防冰措施:铁丝笼结构、石辊结构、铁丝网罩面结构、钢筋混凝土预制块结构及絮凝砂浆混凝土灌注结构,其中絮凝砂浆混凝土灌注结构使用最广泛。

(六)其他内河航道

1.河道概况

(1)澜沧江

澜沧江是湄公河的上游,流域面积81万平方公里,是亚洲唯一的一江联六国且有"东方多瑙河"之称的著名国际河流。澜沧江在云南省境内的思茅区、西双版纳州河段长262千米，其中下段30千米左右为中缅界河，河床大多为石质基岩河床，局部放宽段存在卵石河床甚至沙质河床，河势稳定，河床冲淤变化较小，除少数放宽段存在浅滩段外，大部分碍航段是急、险滩。澜沧江下游航道开发整治基本上为三个阶段：第一阶段开始于20世纪70年代中期，1976—1987年，澜沧江小橄榄坝至243号界桩段被列为国防航道建设；第二阶段为1989—1995年，国家进行了南得坝—小橄榄坝104千米河段的整治，按Ⅵ级航道标准设计，通航100吨级船舶；第三阶段为1991—1998年，为开发澜沧江湄公河国际航运，国家针对景洪以下至中缅243号界桩71千米界河段，按Ⅵ级航道标准进行了整治，共整治滩险10余处。

（2）淮河

由于淮河出口十分不畅，干流和主要支流上游每年汛期有泥沙下泄，形成了造床作用明显的推移质运动，导致中、下游河段河床长期处于淤积状态，河床日益升高。20世纪50年代初至60年代中期，国家针对田家庵、八公山等诸多淮河干流段的浅滩进行了大规模的治理。20世纪70年代中期至80年代末，国家先后两次对淮河干流的浅滩航道进行疏浚清淤。20世纪90年代初至2018年，国家在淮河干流除常规的疏浚维护外，还实施了与航运相关的工程建设。

（3）闽江

南平以上为闽江上游，属山区河流。南平—水口电站称闽江干流，为闽江中游，河床呈"V"形峡谷，是闽江的主要来沙河段。水口电站到闽江口长140千米为闽江下游，属丘陵区域河流，河床多分汊、地形多变。闽江近代航运已有近百年历史。从20世纪80年代起，国家就对重点碍航河段进行了治理。2000年以后，国家在闽江下游实施了闽江南港航道综合治理工程。

（4）黄河

黄河是我国第二大河流，上游龙羊峡以上为高寒草原河流，流域内湖泊沼泽多，水量相对较丰；龙羊峡至河口镇以及中游水量最为贫乏，水陡流急，其穿越的黄土高原区则是泥沙的主要来源区；下游为平原冲积河流，水面平缓，河床变化剧烈，河口段表现出游荡性河道特征。我国于20世纪80年代以后着手开始进行科学论证；20世纪90年代初，开始在黄河北干流实施试点工程，整治滩险6个，其中府谷至吴堡段244千米和船菠萝至禹门口段40千米基本达到Ⅵ级航道标准。2000年以后，黄河中上游航运开发建设步伐加快。

黄河下游河道整治技术研究始于20世纪50年代，"结合引黄供水沉沙淤背固堤"、锥探灌浆、铅丝笼沉排坝、土工织物沉排坝、堤坝土工织物截渗技术、椭圆头丁坝等一系列科技成果的研究应用，都促进了河道整治技术的发展。1987年，水利部和中科院联合建议设立"黄河治理与水资源开发利用"科技攻关项目,1992年6月被正式列为国家"八五"科技攻关计划,随着项目的完成,又使黄河下游堤防隐患探测技术有了新的飞跃。

2.主要技术进展

20世纪50年代以来,我国在澜沧江、淮河、闽江、黄河等河流上的一系列航道整治建设工程,取得了相应的技术进展,主要表现在:①航道建设实施全河段总体开发系统治理。上述工程大部分是20世纪90年代后实施的,大多不是单滩的整治,而是实施全河段总体开发系统整治。②实现水资源综合利用,采用符合本河流实际的航道整治原则与方法。淮河及沙颍河等支流航道的开发建设,遵循水资源综合利用的原则,经过充分论证,确定了梯级开发与疏浚清淤相结合的方法。黄河上游航运的开发,也是利用了大型水利水电枢纽的库区并对变动回水区段通过重点滩险治理,实现通航的目标。③采用先进的研究手段,在充分认识滩险特性的基础上研究确定科学的整治方案。④注重采用新材料、新工艺和新技术。例如,闽江水口电站坝下至福州航道整治工程中,坝体采用了土工布沙枕填芯、块石盖面的"金包银"混合结构形式。又如,黄河兰州段整治工程中,采用了GPS RTK技术、Eps 2003电子平板测绘软件等新技术。淮河及沙颍河航道治理中,大量采用了土工织物防渗、土工布沙袋、混凝土软体排和联锁块等新型结构形式。

二、河口航道建设与整治技术

(一)长江口航道

1.航道建设情况

长江口是巨型丰水、多沙的分汊河口,平面上呈喇叭形,崇明岛将长江口分为南、北两支;长兴岛和横沙岛又将南支分为南、北两港;九段沙将南港又分为南、北两槽,形成长江口三级分汊、四口入海的总格局。长江口属大径流、中等潮差河口,长江口泥沙主要来自长江流域,长江入海各汊道的局部区段均相对稳定地存在水深浅于其相邻上、下游河段的拦门沙。

1958年以来,国家针对长江口航道治理进行了多学科、长期、系统的研究,取得了丰硕的成果。1990年,交通部组织安排了"长江口拦门沙航道演变规律的研究"科技攻关专题,目标是提出打通拦门沙10.0米航道的技术方案。国家"八五"科技攻关取得重大突破后,长江口深水航道的治理进入了工程建设程序。1995年11月交通部和上海市人民政府联合向国家计委报送了"长江口深水航道治理工程项目建议书"。1997年,国家计委和交通部相继批准了一期工程可行性研究报告和初步设计。1998年1月长江口深水航道治理一期工程开工,2002 年 9 月通过国家验收。长江口深水航道治理二期工程于 2002 年 4 月开工,2005 年 11 月通过国家验收。长江口深水航道治理三期工程于 2006 年 9 月开工,2010 年 3 月 14 日顺利通过交工验收,同时开始试通航,标志着长江口 12.5 米深水航道全线贯通。长江口 12.5 米水深目标的实现表明我国大型河口治理的研究和工程技术已经处于世界领先水平。

2. 总体治理原则及治理方案

长江深水航道的治理原则有:北槽深水航道治理工程应有利于长江口的综合治理;应注意维持分汊河型,保持邻汊的自然功能;整治与疏浚相结合;疏浚与围垦造地相结合;因势利导,稳定河势;以“动态分析”观念确定治理方案;分期实施治理方案,分期取得经济效益。

2006 年 5 月交通运输部主持召开鉴定会,由包括 9 位院士在内的 24 位专家组成的鉴定委员会认为,长江口属丰水多沙、多级分汊、滩槽交错、潮流径流交互作用的巨型复杂河口,整治难度极大,国外尚无类似河口深水航道整治的成功经验,因此工程的首要关键是科学论证深水航道的航槽定线和治理工程的总体布置方案。通过长期的勘测资料分析和物理模型、数学模型等深入的试验研究,在基本掌握水沙运动特点和河床演变规律的基础上,提出了“在长江口总体河势基本稳定的条件下,可以选择北槽先期进行工程治理”的科学论断,制定了“中水位整治、稳定分流口、采用宽间距双导堤加长丁坝群,结合疏浚工程”的总体治理方案。

通过国家“八五”攻关研究,明确整治建筑物的总体布置应确保稳定河势、保持北槽落潮动力和输沙优势,以调整、稳定北槽流场,形成上下平顺衔接、有一定宽深尺度的深泓,从而能适当将被整治河槽调整为平面微弯、断面相对窄深的形态为主要目的,从总体上发挥“导流、挡沙、减淤”的功能。整治建筑物主体工程采用“分流口工程(鱼嘴和潜堤)、宽间距双导堤及长丁坝群”的布置形式。整治建筑物工程的总平面布置包括分流口工程和双导堤和丁坝群工程,分流口工程由 3.2 千米潜堤和鱼嘴组成,鱼嘴由 1.6 千米南线堤和南导堤上段构成;南、北导堤分别布置在北槽两侧滩面,轴线基本沿滩面等高线走向布置,使之与落潮主流向趋于一致。一期工程航道主轴线依北槽河床的自然深泓布置,出导堤后的口外航道主轴线向北偏折约 30°,指向正东,一期工程航道穿越北槽拦门沙浅滩,起止于北槽上下口天然水深 8.5 米处,总长度 51.77 千米;二、三期工程航道均沿一期航道轴线分别向上、下游延伸至天然水深 10.0 米和 12.5 米处。

3. 主要技术创新

长江口深水航道治理一、二期工程中取得的一系列重大关键技术主要有:①全沙模型相似理论和旋转流场模拟等物理模型试验技术,考虑径流、潮流、波浪和盐水等多因素共同作用的全沙数学模型,航道回淤预测数学模型,软黏土地基在波浪重复荷载作用下软化的加固处理技术等,这些均属国内外首创的科技成果。②航槽护底软体排结构及材料,充沙半圆体、半圆形沉箱、空心方块等导堤结构,大型软体排铺设专用船,座底式基床抛石整平船,连锁块成片预制船上成型工艺等,这些均属原始创新或集成创新的新结构、新工艺和新设备。③无验潮水下地形测量、长江口高程异常网等新技术的研发和应用,大批专用工程船舶的开发,不但克服了远离陆域、水上作业的困难,保证了工程质量和生产安全,加快了施工进度,而且带动了水运工程全行业的技术进步。

长江口水沙运动及河床演变规律研究的主要创新为:集成运用各种先进技术手段对长江口拦门沙航道治理的自然条件进行研究;首次对多级分汊的长江河口各汊道进行综合分析;首次对各入海汊道作为深水航道的治理条件做了全面、系统的分析比较,提出了应选择北槽整治的论断;创造性地做出了下游拦门沙浅段可以在总体河势相对稳定,但上游河段尚存在局部不稳定因素的情况下,先期予以整治的论断。

长江口深水航道总体治理方案研究的主要创新为:首创宽间距双导堤、长丁坝群的整治建筑物布置形式;北槽的总体治理方案创造性地制定了宽间距双导堤和长丁坝群的整治建筑物总平面布置方案;充分利用落潮流优势,创造性地确立了中水位整治的设计思想;充分考虑了利用北槽落潮优势流挟沙入海的有利条件,将导堤顶高程确定在中水位;针对潮汐河口的特性,自主研究提出了治导线宽度计算公式。

关于整治建筑物设计及施工技术的主要创新为:本工程创新开发了袋装沙堤心斜坡堤,开发了多种半圆形堤身结构、空心方块斜坡堤结构,解决了结构选型、设计方法、施工技术和装备研究等众多技术难题。在护底软体排结构的设计理念、基本选型、压载结构设计等方面取得了众多创新成果,并开发了以大型专用软体排铺设船为核心的施工工艺技术。袋装沙堤心斜坡堤结构设计吸取了国内海塘护坡等工程的成功经验和几例严重破损工程的教训,在提高结构的抗浪稳定性方面采取了诸多新措施。自主开发了充砂半圆体结构和半圆形沉箱结构两种新型半圆形结构,创新提出了具有"导流、挡沙"功能的新型空心方块斜坡堤结构。

疏浚工程的技术创新体现在:大型挖泥船技术改造提升了我国疏浚装备能力;吸取国外先进技术,研制开发了新型的液压主动耙头;首次将航道细化为多个单元,进行精细化的施工管理。

对于减淤措施研究的创新:针对北槽中段回淤严重、分布集中的特点,通过对实测的水、沙和河槽容积等资料的分析,取得了对南北槽分流分沙比认识上的突破。认识到当时总平面布置下北槽中段流场输沙动力不足是造成回淤集中于中段的动力原因,从而对工程总平面布置进行了进一步优化,提出并实施了北槽上、中段丁坝加长工程,取得了良好的减淤效果。

（二）珠江口航道

1. 航道建设情况

伶仃洋虽然潮差不大，但由于纳潮量巨大，加上喇叭状湾形的幅聚效应，使得潮差从湾口向湾顶逐渐增大，潮流也随之沿程增强，属于不正规半日混合潮流类型。河床质的粒径具有中滩粗、边滩细，湾顶附近较粗、湾口一带较细的分布特点。伶仃洋的河床冲淤具有汛期湾腰段淤积、湾口和湾顶处冲刷和枯季两端淤积、中部冲刷的季节性变化特征，但其自然冲淤率一般都很小。20 世纪 90 年代以来，受人类活动的影响加剧，内伶仃洋的滩槽冲淤发生突变，如西滩面积减小、中滩北蚀南淤、东滩向后略退、西槽加宽变深、东槽上缩下展，内伶仃洋水域在面积缩减的同时容积则在增大。

广州港出海航道主要有两个浅段，即莲花山浅段和伶仃浅段。1975—1979 年，按虎门以内底宽 140 米、水深 9.0 米，虎门以外底宽 160 米、水深 8.6 米的标准对该航道进行拓宽浚深，至 1981 年 12 月，2 万吨级船舶可乘潮进入黄埔新港，1.5 万吨级船舶可乘潮进入黄埔老港。1996 年 6 月至 1997 年 12 月，广州港对桂山锚地至大虎锚地长约 80 千米的航道进行了疏浚，随后航道一期工程于 1998 年 11 月正式开工，至 2000 年 11 月底工程全线竣工。广州港出海航道二期预备工程于 2004 年 3 月开工建设并于同年 10 月竣工投用，到 2006 年底，南沙港区至黄埔新港之间长约 50 千米航道也按上述尺度完成疏浚施工。广州港于 2006 年起对桂山锚地至南沙港区之间长达 67 千米的航道进行了拓宽浚深施工，于 2007 年 9 月完成。2009 年 9 月，广州港出海航道三期工程开工建设，于 2011 年底建成。

2. 工程关键技术

（1）通过疏浚措施解决了拦门沙碍航问题。广州港出海航道通过基建疏浚实现了拦门沙航道的增深和拓宽。试验研究和工程实践均表明：对于伶仃洋这样的潮流型河口湾，因其具有潮量大、风浪小、主流集中、含沙量低等特点，并且潮流脊型滩槽格局长期保持稳定，航槽具备良好的可挖性与可塑性，无须依靠整治建筑物，通过疏浚开挖即可实现航道逐步增深的目的。

（2）抛、吹结合，解决了疏浚土处理难题。在出海航道二期工程设计中，依据疏浚弃土尽可能综合利用、化废为宝的原则，结合南沙港区开发需要大量泥沙充填的有利条件，对出海航道内伶仃岛以北航段的疏浚土通过二次吹填处理，内伶仃岛以南航段的疏浚土则就近至黄茅岛抛泥区抛卸。如此处理，既降低了疏浚成本，又缩短了施工工期，既为南沙开发提供了充沛的泥土资源，又减少了水下抛泥对海洋环境的影响。

三、沿海航道设计技术

(一)综述

近年来,我国在沿海深水航道设计与施工方面取得了重大成就,许多沿海深水航道相继建成。广州港 15.5 米深水航道开挖成功,湛江港 30 万吨级航道、天津港 25 万吨级航道、连云港港 15 万吨级航道成功扩建,宁波舟山港虾峙门口外 30 万吨级深水航道整治,京唐港区 20 万吨级航道工程竣工,黄骅港外航道整治工程及综合港区 20 万吨级航道工程竣工,大大巩固、提升了这些港口的地位。

航道选线主要研究内容为:沿海港口进港航道选线的原则;影响航道转弯半径的因素和确定航道转弯半径的方法;影响两弯道间直线段长度的因素和确定方法。航道设计水深的研究包括:影响船底富余水深的因素和确定船底富余水深的方法;确定航道备淤深度的原则和方法。航道断面主尺度研究主要包括:影响船舶航迹带宽度的因素和确定船舶航迹带宽度的方法;影响航道内船岸间距、船船间距的因素及其确定方法。航道通过能力的研究主要包括:影响航道通过能力的因素;航道通过能力和航道服务水平的关系;确定航道通过能力的方法;提出确定双线航道的初步标准。

(二)主要技术创新

沿海深水航道设计与施工关键技术主要有:通过对国内外关于海港航道主尺度确定方法的对比分析研究,分析各自的适用条件和考虑的主要因素,判断合理的适用范围,结合我国的实际情况,提出对现行规定的修订和补充建议;对大型船舶特别是集装箱船和液化天然气船,在转弯半径和航迹带宽度等设计参数的确定中,考虑横风的影响,提出相应的确定方法;在船底综合富余水深的确定中,考虑适航水深及其他影响因素,对现行规定做出修订;在备淤深度的确定中,对骤淤强度较大的航道,增加骤淤备淤深度,提出骤淤备淤深度确定方法;建立港航系统仿真模型,初步探索建立航道服务水平评价体系,研究航道服务水平与航道通过能力的关系,初步提出需建设双线航道的标准。

到 2005 年前后,我国可用的深水岸线已经所剩无几。要解决无处建港的问题,可以进一步优化现有港口、实现"浅水深用",例如天津港和黄骅港;还可以走向深海,依托天然岛礁或人工岛建设离岸深水码头,例如上海洋山港。深水港口的改造和建设提出了"在岛群建设大规模离岸深水港的水动力学"和"强输沙大型河口的淤泥粉砂质或细粉砂质海岸的运动力学"等复杂问题。过去国内对这些问题的研究仅限于模型试验,缺乏理论计算的支持,岛群建港所涉及的泥沙淤积的机理、预测和治理等都是离岸深水港建设中亟待解决的关键技术问题。建设离岸深水港还存在大量实际的工程难题需要解决:深水航道选线设计、离岸深水港泊稳条件、适用于 40 米以上深水的自动化抛石整平船、具有良好抗腐蚀性能和耐久性且施工方便的海工混凝土、兼具稳定性和经济性的重力式—桩基式复合结构等新课题，都成为研究重点。

2006 年，国务院颁布的《国家中长期科学和技术发展规划纲要（2006—2020 年）》将离岸深水港列为优先发展的交通基础设施建设技术攻关项目。随后，交通部也将其列入《公路水路交通"十一五"科技发展规划》重大专项，并确定由中国交建作为课题牵头单位。2006 年 12 月，交通部科技教育司与中国交建正式签订了"十一五"重大科技攻关专项"离岸深水港建设关键技术研究"任务书（合同）。该项目从"海洋动力环境与深水港规划布置""海工建筑物耐久性与寿命预测""波浪作用下软土地基强度弱化规律与新型港工结构设计方法"和"深水大浪条件下外海施工技术与装备"四个重点研究方向，对离岸深水港建设的关键技术问题组织科技攻关，最终目标是形成我国离岸深水港建设的成套技术体系。

该课题研究成果为港口建设向离岸、深水方向发展提供了坚实的技术支撑，解决了港口在选址、耐久性、结构设计形式的选择以及施工装备选择方向的技术难题，使我国具备了"在世界任何地方建港的实力"。不少研究成果已在洋山港、曹妃甸、黄骅港、天津港、广州港等实际工程中得到了应用。"离岸深水港建设关键技术与工程应用"项目还荣获 2013 年度国家科学技术进步奖一等奖。在参评国家科学技术进步奖的过程中，项目有三大原始创新得到了专家们的一致肯定：①土体广义极限平衡新理论及地基计算软件；②波浪—防波堤—地基相互作用问题研究，提出了重力式 + 桩基式的码头复合结构；③自动化深水基床抛石整平船，提高工效四倍以上。

为了解决风、浪、流条件较为恶劣的外海开敞海域的船舶安全作业规范这一新问题，科研人员首次制定了以 6 个船舶运动量表示的集装箱、油品和干散货码头装卸作业标准，提出并验证了多参数系泊船舶运动量、系缆力、船舶撞击能量的半经验半理论计算公式，并开发了系泊船舶时域模拟计算软件 Tmoor 和拟动力模拟计算软件 Qmoor。

该项目在新的施工装备和建筑材料也取得了大量进展。中交三航局于 2006 年掌握了挤密砂桩施工的基本工艺，并研制出我国第一代挤密砂桩船、砂面检测仪等全套施工设备。科研人员提出了"定点定量抛石"的全新整平理念，通过精确控制水下高程和抛石方量实现"抛平"的效果，借鉴公路摊铺机原理，进一步以"摊平"取代了"抛平"，在青岛港董家口港区 40 万吨级矿石码头等 5 项工程中成功应用。"海港工程混凝土结构耐久性寿命预测与健康诊断研究"子课题首次建立了海工混凝土耐久性质量控制指标与设计使用年限之间定量关系，建立了海洋环境钢筋混凝土锈蚀开裂寿命预测模型，实现了"定量耐久性设计"的重大技术突破，研制出具有自主知识产权的可监测混凝土中氯离子浓度的多元传感器，在国内首次开发了海工混凝土结构耐久性设计、健康诊断和寿命预测软件。

"港工自密实自养护抗裂型耐久混凝土关键技术研究"子课题的研究团队解决了在外海条件下港工混凝土的快速施工、养护和抗裂等技术难题,形成了适合离岸快速施工的原材料控制、混凝土配制、现场质量控制的整套技术。"FRP 筋混凝土结构在港口工程中的应用研究"子课题论证了在港口工程一般结构中使用 FRP 配筋的可行性,首次提出了适用于我国港口工程建设的 FRP 筋混凝土结构设计理论和计算公式,以及 FRP 筋强度试验方法和相互连接方法。

(三)典型工程案例

1. 广州港出海航道工程

广州港出海航道原为天然航道,为适应港口运输需求不断增长和船舶大型化的发展趋势,广州港出海航道经历了几次大规模的整治建设。从 1989 年至 2018 年,国家先后实施了广州港出海航道一期(3.5 万吨级)、二期(5 万吨级)、三期(10 万吨级单向、5 万吨级双向)工程,广州港深水航道拓宽工程(10 万吨级集装箱船与 15 万吨级集装箱船双向通航)。广州港出海航道三期工程分为两个阶段实施,第一阶段工程通航标准为双向通航 5 万吨级集装箱船,并兼顾 10 万吨级集装箱船单向乘潮通航要求,第二阶段工程按最终设计规模实施。采用的创新技术包括:

(1)创造性地在国内率先提出了在单向长航道中段设置大型船舶应急避让区航段的设计方案,大大缩短了船舶等待航道时间,经济效益显著。

(2)在华南地区首次开展沿海大型航道的通过能力专题研究,为建设规模和建设时机的确定提供了量化支撑数据。

(3)创造性地提出了非直接接触式的特殊施工工艺,成功解决了在海底天然气管线覆盖层上方 1 米处进行疏浚施工的技术难题,确保了管线和施工船舶的安全。

(4)采用带高压冲水耙头的大型耙吸船(局部配合以大型抓斗挖泥船)施工的手段,成功解决了伶钉航道局部存在的约 180 万立方米硬土(硬黏土、密实砂和铁质胶结砂层)的开挖难题,避免了炸礁施工对环境和航道通航的负面影响。

(5)成功解决了 9000 多万立方米疏浚土的处置难题,疏浚土处理方案经济、环保、高效。

(6)生态环境保护目标明确,措施得当,成功解决了航道建设与生态环境保护之间的矛盾。

(7)采用多种方法和手段,充分论证工程建设规模和航道设计尺度。

(8)经综合比选,确定了总体效益最优的航道平面布置方案。

2. 连云港港 30 万吨级航道工程

为改善连云港港航道条件,适应船舶大型化要求,促进区域经济社会发展,国家按

"一次立项,分期实施"的原则,开工建设连云港港 30 万吨级航道工程。一期工程包括连云港港区 25 万吨级航道和徐圩港区 10 万吨级航道,航道全长 77.8 千米,其中连云港港区 25 万吨级航道长 52.9 千米,徐圩港区 10 万吨级航道长 24.9 千米,2011 年开工,2013年交工验收,2016 年竣工验收。二期工程将连云港港区 25 万吨级航道和徐圩港区 10 万吨级航道扩建至 30 万吨级航道,航道全长 70.5km,其中连云港港区 30 万吨级航道长 52.9千米,徐圩港港区 30 万吨级航道长 17.6 千米,连云港港区 30 万吨级航道于 2017 年开工,徐圩港区 30 万吨级航道于 2019 年开工。连云港港 30 万吨级航道是我国继长江口深水航道之后投资规模最大的沿海航道工程,也是世界上目前规模最大的淤泥质浅滩深水航道。一期工程肩负着攻克关键技术问题,支撑最终规模建设的使命。一方面,设计单位聚焦航道布置、主尺度设计、疏浚工程设计、航标设计等方面,精心设计,有效降低工程投资,提高船舶航行安全度;另一方面,坚持以科技创新支撑工程建设,向科技要质量、要效益。依托一期工程,开展了国家 863 科研"开敞海域淤泥质浅滩深水航道建设关键技术研究"和"超软地基新型围堤结构关键技术研究"等研究,攻克了航道总体设计、岸滩稳定性、航道回淤、围堤结构等关键技术难题,取得了一批创新成果,并成功应用于一期工程建设,为我国开敞海域淤泥质浅滩"浅水深用"建港提供了有力的技术支撑和成功范例。

3. 天津港 30 万吨级复式航道工程

天津港复式航道是在现有航道(大船航道)南北两侧各挖 1 条平行于大船航道的万吨级单向航道(小船航道),北进南出,使大小船分流,各行其道,大船航道与南北两侧的小船航道构成复式航道。其中占进出港船舶总数约 70% 的万吨级及以下小船从两侧小船航道进出港,大船航道只航行 30% 的万吨级以上船舶,大大减小了大船航道的通航密度;大小船分道航行,也提高了船舶通航的安全性。大船航道和小船航道中间设 80 米宽分隔带,用浮标标示,在复式航道内大船航速可以充分发挥,小船进出港分道航行,增加了航道的通行能力。自 2008 年起,中交第一航务工程勘察设计院有限公司等相关单位以天津港为依托开展了复式航道技术研究,以解决天津港航道通过能力与船舶通航需求的冲突问题。为了保证复式航道的顺利实施和开通,研究人员针对复式航道进行了航道设计方案、泥沙回淤预测、助航设施配置方法、通过能力、交通组织模式、通航标准和通航风险评价对策等专题研究。

天津港复式航道主要解决了影响人工海港航道通过能力的瓶颈问题。主要创新技术包括:

(1)针对大型人工复式航道复杂通航环境,首次提出复式航道概念及设计方法,提出了多因素影响下人工复式航道的设计原则、航道断面模式与尺度以及复式航道航标配布等设计方法,突破了人工复式航道设计关键技术。

(2)创新性地构建了基于时空消耗的人工复式航道通过能力计算理论模型,以及考虑船舶航行作业模式和气象特点的模拟仿真方法,首次提出了考虑多因素的航道服务水平评价指标体系和评价方法,建立了满足通航要求的复式航道交通组织模式。

(3)基于船舶操纵理论、水域环境、船舶交通流特征及航行经验,首次提出不同船型组合、不同航段人工复式航道船舶航行安全规则与标准,为复式航道船舶通航安全提供了技术指导。

(4)结合人工复式航道特征、水域交通流和水上交通安全,首次建立了完整的复式航道水域通航风险系统评价及预测模型。针对船舶碰撞和搁浅风险,系统提出了基于事故种类的复式航道风险评价模型及可视化方法。

(5)揭示了人工复式航道泥沙淤积机理,首次提出了淤泥质海岸复式航道泥沙淤积预测公式,并利用构建的三维潮流泥沙数学模型进行模拟,成果符合实际,为复式航道设计、建设及维护提供了理论和数据支撑。

第四节　航运枢纽工程

一、航运枢纽总体布置

自 20 世纪 80 年代以来,为渠化河流、有效提高航道等级,交通部门投资兴建了一批航运枢纽工程。航运枢纽的建设起到了壅高上游水位、调节下游流量、渠化航道、永久性提升航道等级的作用,大大推动了沿江(河)航运业和相关产业的发展,促进了水资源综合利用,带动了流域地区经济社会发展。其他行业(如水利部门)为主导建设的水利枢纽建有通航设施的,某种程度上也起到了促进航运的作用。在这里统一用航运枢纽的概念来表述。根据航运枢纽所在航道形成原因的不同,可以分为天然河流航运枢纽和运河航运枢纽。

(一)天然河流航运枢纽

通航枢纽与一般无通航要求的枢纽的不同点突出表现在总体布置上。一般枢纽的坝址选择着重于坝线的选择和布置,即河流的横断面选择及沿断面上的布置。渠化工程枢纽则在同样选择河流横断面的前提下,还要考虑平行于河流的通航建筑物及其引航道的轴线布置,其难点在于总体布置不仅需要考虑枢纽泄洪、发电问题,同时还要考虑枢纽运行时上下游水流对船舶航行的影响,需要统筹考虑协调泄洪、发电和航运之间的关系,在很大程度上影响了渠化工程枢纽坝址选择和枢纽的总体布置。

《渠化工程枢纽总体布置设计规范》将枢纽总体布置大体分为"集中式"及"分散式"两种形式,并对两种形式的枢纽总体布置提出了布置原则。为了更好地对枢纽总体布置进行分析、研究及提出设计的方法、原则,根据实践及国内的实例在"集中式"及"分散式"两大类基础上进一步分为"集中式"的同岸布置、异岸布置,"分散式"的旁侧布置、裁弯取直、引水布置及特殊布置六类。

1. 集中式布置

该布置是将枢纽中所有水工建筑物集中布置在同一河床中,船闸或其他形式的过船建筑物的工作水级与枢纽挡、泄建筑物的工作水级基本相同。根据船闸、电站与泄洪闸的相对位置,通常可分为以下两类:

(1)异岸布置。电站、船闸布置在同一河床的各自岸侧,分别与相邻岸线相连接,其间一般布置有泄水、冲沙等水工建筑物将其分隔开。船闸布置在天然状况下河流主河槽一侧。

(2)同岸布置。电站、船闸相邻布置在河床的同一岸侧,船闸靠岸与岸线相连接,泄水、冲沙等其他水工建筑物布置在电站的外侧河床中。船闸侧应为天然状况下河流主航槽一侧。

2. 分散式布置

分散式布置与集中式布置相反,枢纽的电站和船闸分散布置在河床以外的其他地方,即船闸(或电站)的水工建筑物与位于河床中的挡、泄水建筑物相互分开布置,无直接联系;其水工建筑物的上、下游的水流流态基本不受挡、泄水建筑物上、下游水流流态的直接影响,主要有以下三类:

(1)旁侧布置。船闸(或电站)布置在枢纽挡、泄建筑物的附近,但其布置已基本不受枢纽挡、泄建筑物水流条件的影响;船闸的工作水级与枢纽挡、泄建筑物的工作水级基本相当,不因船闸上、下引航道口门间截取河段的天然落差而过大影响船闸工作水级大小。

金银台枢纽位于嘉陵江干流上(阆中市下游河溪镇境内),是嘉陵江广元—重庆17级梯级开发、自上而下的第5个梯级,上距阆中城区11千米,下距河溪镇约1千米。枢纽上游正常挡水位与沙溪场枢纽尾水相接,下游尾水与红岩子梯级正常挡水位衔接。枢纽所在河段为一连续弯曲河段,上游河弯为右弯河道,至金银台水文站河段向左弯曲,下行至河溪镇再向右弯去。枢纽所在河段两岸山形陡峭,特别是凸岸岸边,从上弯道至下弯道间有一条形山环抱凸岸,条形山内侧有一较低洼的"何家沟"向下游延伸至河溪镇。金银台船闸布置于左凸岸的何家沟内,上、下引航道分别穿越上、下游的条形山,与上、下弯道的凹岸主航道衔接,连接平顺,水流条件较好。

(2)裁弯取直。"裁弯取直"与"旁侧布置"在形象上的区别就在于截取的河弯的大小,"裁弯取直"的地形、河道条件就是必须有一个弯道有一定长度而颈部又十分接近的"Ω"形弯道。由于弯道有一相当的长度,"裁弯取直"开发的枢纽一般都充分利用了河道天然的沿程落差形成的水头,船闸(或电站)的工作水级为枢纽挡、泄建筑物的工作水级与裁弯截取的河道天然落差之和。从航运角度看,还因裁去了弯道而缩短了航程。

马回枢纽是嘉陵江广元—重庆17级开发、自上而下的第9个梯级,枢纽所处河段为一回头河弯,平面成Ω形,回头弯道总长17.2千米,河弯颈部上、下游间最窄处的直线距离仅700米,且有一天然槽沟位于其间,具有裁弯取直、通航、发电的良好地形条件。马回枢纽坝轴线布置在河弯颈部小儿窝下游300米处,自左岸向右岸及上游依次布置副坝、溢流坝、泄洪闸、小儿窝电站、石盘沟船闸。

(3)引水布置。"引水布置"也是一种利用筑坝和河流天然比降形成的落差结合混合开发的枢纽,"裁弯取直"是利用走捷径的方法取得水头,而"引水布置"则采用沿河布置的断面规则、坡降平缓、沿程阻力较小的人工渠道与天然河流的比降差来取得水头,其船闸(或电站)的工作水级也为挡、泄建筑物的工作水级与前述的比降差之和,从航运角度看,却因人工渠道较长,而缩短航程较少。

涪江为长江上游的一条主要二级支流,三块石—莲花寺枢纽是涪江绵阳—合川20级电航梯级开发(四川16级,重庆4级)、自上而下的第17个梯级(重庆市的第1级)。涪江河面开阔,两岸低平,完全采用河床式的筑坝抬高水位发电、渠化通航,投资较大,无经济效益,而采用低坝蓄水,利用天然坡降,明渠引水至下游发电、通航的布置形式较为适宜,在涪江20个梯级中采用较为普遍。三块石—莲花寺枢纽则在上游三块石筑坝抬高水位5.0米,并建有进口船闸,明渠引水15.3千米至潼南县城对面的莲花寺建电站、出口船闸发电、通航。

3. 特殊布置

"特殊布置"是有别于前面的各类形式,且条件特殊,数量不多,不能自成一类的枢纽,其特殊的主要原因大致为自然和非自然条件。如下尾水渠通航布置即属于特殊布置的一类。

(二)运河航运枢纽

1. 运河航运枢纽的特点

运河航运枢纽是沟通不同河流、水系河流、湖泊,满足航运需求与水资源综合利用的综合性枢纽工程。通常具有以下特点:

(1)运河航运枢纽除布置有通航建筑物和泄水闸外,一般还布置有抽水泵站,以使水网地区航道水位满足水利规划调控要求。

(2)运河航运枢纽一般通过泵站和泄水闸人工控制、维持运河道水位稳定,枢纽上、下游水位变幅小。

（3）运河水源稳定,航道水深有保证,运河通航枢纽可常年通航。

（4）运河通航枢纽布置除考虑常规泄水闸泄水运行工况外,还需考虑泵站抽水运行时船舶在口门区的航行安全问题。

（5）枢纽通航建筑物设计及选型要考虑运河水量平衡问题,必要时需要考虑省水船闸或升船机等低耗水或不耗水的通航建筑物形式。

2.运河航运枢纽及运河航道等级规划原则

运河航运枢纽应与运河航道等级同步确定,枢纽及运河航道等级规划总体遵循四个原则:

（1）适应性原则:与经济社会发展和生产力布局相适应。

（2）协调性原则:与完善综合运输体系、水资源开发和行业整体发展相协调。

（3）通达性原则:延伸航道的服务范围,提高通达度,尽量与中心城市、工矿基地和主要港口沟通。

（4）合理性原则:正确处理需要与可能的关系,突出重点、注重效益、有所为有所不为;同时突出前瞻性、宏观性、政策性和战略性。

杭甬运河是京杭运河的延伸,沟通钱塘江、曹娥江、甬江三大水系,全长239千米。工程于2003—2009年实施,全线按Ⅳ级航道标准进行建设,并为远期提升为Ⅲ级航道预留条件,共建设有新坝、塘角、大库、通明、蜀山、姚江六座航运枢纽。

二、船闸工程

（一）综述

我国是世界上最早修建人工运河通航建筑物的国家,大多数为水头小于20米的中、低水头船闸。20世纪50年代,开始施工的京杭运河整治扩建工程拉开了我国现代化大型中低水头船闸建设的序幕,国家兴建了泗阳、淮阴、淮安、邵伯、施桥等2000吨级以上的大型船闸,其闸室有效尺度为230米×20米×5米,但它们船闸水头一般为3～5米,输水系统均为集中输水形式。1999年国家启动了京杭运河船闸扩容工程,建设的三线船闸平面尺度达到260米×23米×5米,在苏北运河11个梯级中,淮安、淮阴、宿迁、皂河、泗阳、刘老涧、邵伯、施桥等三线船闸已经建成,是运河上最大的船闸群;2007年西江长洲1号、2号船闸建成通航,其中1号船闸平面尺度达200米×34米,同年位于封冻河流松花江上的我国首座平面尺度达180米×28米的大顶子山船闸通航;同期还建成了一大批1000吨级船闸,如右江那吉和金鸡枢纽船闸、湘江株洲船闸、汉江崔家营船闸等;随后,西江航运干线桂平二线船闸、长洲三线和四线船闸等一批更大尺度的船闸相继建成,其中长洲三、四线船闸有效尺度达到340米×34米×5.8米。

我国高水头船闸的建设始于20世纪60年代。1965年建成总水头21.7米的广西西津电站连续两级船闸,把我国高水头船闸的建设规模推向1000吨级。1970年建成的水头19米的浙江富春江七里垄电站船闸是我国当时水头最高的单级船闸。20世纪80年代先后建成的长江葛洲坝水利枢纽的1号、2号、3号船闸及江西赣江万安电站船闸把我国高水头船闸的建设迅速推向世界先进水平。葛洲坝1号、2号船闸有效长度280米,宽度34米,设计水头27米,不但是我国当时平面尺度最大、输水技术指标最高的船闸,也是世界上技术指标最高的内河船闸之一,这两座船闸的灌水时间分别为9.5分钟和10分钟,灌泄水体积287000立方米,最大流量分别为980立方米/秒和900立方米/秒,截至2020年均为世界上最大的内河船闸。葛洲坝3号船闸的闸室虽然稍小(120米×18米),但其闸室水面平均上升速度达4.40米/分钟,与法国东泽雷船闸相近(水面平均上升速度最大达4.64米/分钟)。1988年建成的万安电站船闸,其水头高达32.5米,不但是我国水头最高的单级船闸,也是世界为数不多的水头超过30米的船闸之一。20世纪90年代我国又先后建成福建闽江水口电站及湖南沅水五强溪电站的连续三级船闸,其总水头分别为59.0米及60.9米,中间级闸首最大工作水头分别达41.5米和42.5米。2003年6月通航的三峡工程双线连续五级船闸,其总水头更高达113米,中间级水头45.2米,为世界上规模最大、水头最高、技术难度最复杂的船闸工程,代表着世界最高水平。21世纪以来,红水河大化(水头29.0米)、乐滩(水头29.1米)、桥巩(平面输水阀门,水头24.65米)、桂江巴江口(水头26.6米,空腹式平面阀门)、嘉陵江草街(水头26.7米)、乌江银盘(水头36.46米)等船闸相继建成,建成试通航的大藤峡船闸单级水头达到了40.25米(闸室平面尺度为280米×34米×5.0米)是国内水头最高的单级船闸。截至2020年我国已建和在建的总水头20米以上的船闸占世界总数的1/4,居世界第二位。

国内外水头小于10米的低水头船闸输水形式绝大多数采用集中输水系统。集中输水系统在我国经历了几十年的发展,种类繁多,有三角门门缝输水、闸门上开小门输水、闸门门下输水、槛下输水和短廊道输水等形式,其中应用最多的为短廊道输水形式。

采用集中输水系统的船闸,输水廊道只布置在上、下闸首,其结构简单、施工方便、造价便宜,对于低水头船闸而言是一种性能较优的输水系统形式,因此应用较为广泛。集中输水系统关键性技术问题主要在于两方面:①输水时间与分散输水系统相比相对较长;②闸室充、泄水分别集中于一个区段(闸首)完成,水流由一个闸首流向另一闸首,闸室内纵向水流明显,且水流消能能力有限,船舶停泊条件难以满足,且需设置镇静段。因此,集中输水系统应用时限制条件较多,一般用于低水头或水力指标不高的船闸之中。

对于水头在10~20米的中水头船闸,其输水系统形式多采用简单分散输水系统,如闸墙长廊道短支孔输水系统,或采用以下较为复杂的分散输水系统,包括:①闸底长廊道顶、侧支孔出水;②闸墙长廊道闸室中部横支廊道输水系统;③闸墙长廊道闸室中段纵横支廊道支孔出水；④槛下长廊道与闸底长廊道分区段出水；⑤闸墙长廊道闸室中心水平分流闸底支廊道二区段出水。

对于水头大于 20 米的高水头船闸，由于水力指标高，对输水效率及闸室消能技术要求高，一般采用复杂的等惯性分散输水系统。

（二）主要技术创新

1. 船闸平面布置技术方面

从 20 世纪 90 年代起，随着我国经济的快速发展，通航要求和货物运输量迅速增加，对船闸平面布置提出了新要求，主要体现在如下三个方面：①船闸的通过能力成为考虑其平面布置的一个主要因素，船闸平面布置需要尽可能满足大的通过能力；②山区河流上水电站建设和通航要求相结合，提出了如何在弯曲的山区河流上进行船闸的平面布置；③东部平原地区需要建设复线或多线船闸，同时土地资料不足和移民困难，提出了尽可能减小两线船闸之间的间距的要求。在研究满足这些新要求的工作中，我国在船闸平面布置技术上又有了一些新突破，比如运河上多线船闸工程平面布置、高通过能力要求下船闸平面布置、船闸坝上布置等。

2. 船闸输水系统创新技术方面

20 世纪 80—90 年代，针对集中输水系统设计了复合格栅式消能和倒口消能两种新型消能设施，解决了常规集中输水系统消能效果差的问题，将集中输水系统最大适用水头由 9 米左右提高至 13 米。2000 年以后，研发了一种具有分散输水特性的集中输水系统——局部分散输水系统，将分散输水系统闸室出水孔段集中布置在上闸首及靠近闸首的闸室段。它融合了集中与分散两种输水系统的特点，具有工程量小、施工方便、降低波浪力系数、缩短输水时间及不需设置镇静段等优点，可以应用于主通道上 10 米左右水头的大型船闸。

在进行广西郁江桂平一线船闸输水系统研究时，首次提出了闸墙廊道侧支孔输水系统出水孔外设置消力槛消能的布置形式，可有效降低闸室初始水深，并将应用水头由国际的 9.2 米提高至 15.55 米。随后结合桂平二线船闸、西江长洲三线四线船闸、赣江峡江船闸等工程，对双明沟消能在中水头大型船闸及闸底长廊道输水系统中的应用进行了详细研究，提出的双明沟消能布置较单明沟消能空间增大一倍，并通过调整明沟间消力槛过水孔的高度进一步调整闸室内的横向水流分布，使闸室获得了较好的水流条件，提高了停泊在闸室内过闸船舶安全性，并可减少支廊道数量，简化闸室结构。

针对世界上水头最高、技术最复杂的三峡双线连续五级船闸输水系统的技术难题，进行了长达 20 年的试验研究工作，并在试通航和运行初期进行了多年的原型观测，采用等惯性分散输水系统成功解决了输水系统方面的技术难题。针对我国中西部地区一些受地形限制而无法布置双侧输水廊道的船闸,研究提出了一种适合高水头船闸的单侧闸墙主廊道输水系统及双阀门布置形式,并确定了阀门段叉管体型,取得了一系列有价值和创新的成果。针对多沙河流船闸,结合葛洲坝三座船闸运行经验,创造性提出了在闸室分支廊道的首尾两个出水支孔上加设辅助冲沙管的全新减淤措施,解决了多泥沙通航河流闸室泥沙淤积问题。

在长洲水利枢纽三线和四线船闸工程中,首次提出了双线巨型并列船闸互通省水布置,发明了满足船闸高效输水、保证闸室船舶停泊安全的输水系统创新形式,解决了巨型船闸高效输水消能、船舶安全快速过坝与节省船闸耗水量的技术难题。

3. 船闸输水阀门防空化创新技术方面

21 世纪以来,我国在高水头船闸阀门防空化技术理念和设计方法上取得重大突破,各船闸工程着重强调被动防护措施,允许阀门发生空化,采用"因势利导"策略,通过各种通气技术形成的气垫作用防止阀门及廊道边壁发生空蚀破坏,从而解决阀门空化难题。

20 世纪 80—90 年代,针对葛洲坝船闸运行初期闸首振动和阀门安全问题,发明了门楣自然通气减振技术,应用于葛洲坝三座船闸技术改造,率先解决了已建船闸建成后存在的声振问题;20 世纪 90 年代,结合三峡船闸对高水头船闸阀门水力学进行了深入研究,针对三峡工程提出了阀门防空化综合技术、全包式反弧门门型、廊道衬砌形式、阀门启闭系统结构布置、末级船闸超长泄水廊道安全保障技术等成果,保障了三峡船闸安全运行。进入 2000 年后,发展了我国独创的门楣自然通气技术,在反弧形阀门成功应用的基础上,将该技术推广应用于平面阀门,并提出了适合平面阀门的门楣通气形式,应用于桥巩等船闸;提出了完全被动防护的"平顶廊道体型 + 小淹没水深 + 门楣自然通气 + 廊道顶自然通气"新技术,具有结构简单、施工方便和节约投资等优点,将其成功应用于国内单级船闸运行水头最高的大化、乐滩工程;提出了"新型阀门段廊道体型 + 综合通气措施"新技术,为 40 米以上的超高水头单级船闸建设奠定了基础,大大提高了船闸适用范围;提出了在平面阀门门槽中设置强迫通气措施,解决了低淹没水深条件下大型船闸平面阀门空化问题;根据工程规模、水头及重要性,给出了解决高水头船闸阀门空化难题各种创新技术的适用范围和设计原则。

4. 提高已建枢纽船闸通过能力方面

分别从已建船闸改扩建技术、已建船闸通航条件改善措施、优化多级输水方式及调度运行技术、提高船闸管理自动化水平及提高过闸船舶吃水标准(提高单次过闸货运量)等方面,研究了提高已建船闸通过能力的关键技术,取得了一批创新性成果。结合富春江七里泷枢纽船闸工程,首次提出了在没有规划二线通航设施位置的枢纽上船闸扩能改造技术;以沅水最下游两个梯级五强溪和凌津滩枢纽的碍航问题为切入点,对已建枢纽船闸下游引航道口门区和连接段复杂滩险、急流碍航航道提出有效整治措施,提高了通航效率;提出了三峡船闸完建期 156.00 米水位船闸四级运行方式下一闸室船舶待闸的重大创新技术,提高过闸闸次 50%;提出了一次过闸载重吨位这一计算船闸通过能力重要参数的新的确定方法,应用于京杭大运河苏北船闸、三峡和葛洲坝船闸通过能力计算;开发的航运联合调度系统和船闸过闸计算机调度辅助决策支持系统,规范了过闸信息处理流程,优化了过闸排挡操作,有效地缩短了船舶一次过闸时间,提高了闸室利用率,提升船闸综合通过能力;研究建立了船舶进出船闸闸室等狭浅封闭水域的船舶最大下沉量计算公式,在满足船舶安全航行和停泊安全前提下提高已建船闸工程船舶吃水标准、增大船闸通过能力。

5. 船闸水力学基础理论与模拟技术方面

工作人员通过基本方程理论解析的方法,提出了船闸输水初始流量增率计算方法;通过建立船闸输水系统水力学模型缩尺效应的新校正方法,解决了船闸水力学模型缩尺效应问题;确定了船闸水力设计重要参数,如船闸输水初始流量增率、阀门后水流收缩系数、临界空化数、输水廊道复合管单支孔阻力系数等。20 世纪 90 年代,我国科技工作者结合三峡船闸阀门水力学研究,研发了国内外唯一的超大型船闸恒定流及非恒定流减压设备,解决了船闸阀门非恒定流空化难以模拟的技术难题;集成创新了多项物理模型测试新技术,如船闸充泄水非恒定流模拟与测控技术、船闸复合模型技术、三维 PIV 测速应用技术、小尺度自航船模技术等,大大提高了物理模型试验水平;研发了通用船闸水力计算软件并成功推广应用;建立了闸室水动力学三维数学模型、长惯性输水系统动态耦合模型、闸室内船舶系缆力计算模型、阀门段流场数值模型等,解决了船闸水力学数值模拟技术中的难题。2000 年以来我国高度重视船闸水力学专项监测,形成了船闸原型调试这一系统技术,通过对船闸运行的状态及其各种参数的长期连续监测,了解船闸运行状况,保障船闸安全正常运行,推进了船闸设计和建设技术的发展。

（三）典型工程案例

1. 长江三峡工程

三峡船闸位于长江上游距宜昌市 38 千米的三斗坪镇附近,是三峡水利枢纽的重要组成部分。船闸总作用水头为 113 米,中间级最大作用水头为 45.2 米,截至 2020 年为世界上设计水头最高、工程规模最大的大型船闸,船闸闸室有效尺寸为 280 米 × 34 米 × 5.0 米。规划最大船队 12000 吨。设计年单向货运量 5000 万吨。

三峡船闸输水系统采用"闸墙长廊道闸底 8 纵支廊道四区段出水顶盖板消能"的布置形式,输水阀门采用双面板全包反向弧形门。1、6 闸首阀门采用"顶扩廊道 + 门楣自然通气"的防空化措施,其余阀门采用"底扩廊道体型+大淹没水深+快速开启+门楣自然通气"的防空化措施。

2. 广西长洲水利枢纽船闸工程

长洲水利枢纽是西江下游河段广西境内的最后一个梯级,横跨两岛三江,是一座以发电为主,兼有航运、灌溉和养殖等综合利用效益的大型水利枢纽,现有通航建筑物为四线船闸。其中,长洲一线船闸闸室有效尺度200米×34米×4.5米,输水系统采用闸墙长廊道闸室中部横支廊道侧支孔出水明沟消能布置形式;长洲二线船闸闸室有效尺度为190米×23米×3.5米,输水系统采用闸墙长廊道侧支孔出水形式。一、二线船闸设计最大水头均为15.55米,分别于2011年和2007年建成通航。

长洲三、四线船闸并列布置于一、二线船闸右岸,闸室有效尺度均为340米×34米×5.8米,正常运行设计最大水头为18.2米,于2015年投入运行。三、四线船闸输水系统采用闸底长廊道侧支孔出水形式,消能设施为复合阶梯明沟;同时,双线船闸通过设置在两闸室中部的联通廊道及输水阀门实现"互充互泄"省水运行。长洲三、四线船闸采用了一体式平面阀门结构形式,提高了阀门自振频率,解决了特大型平面输水阀门有害振动技术难题;通过"平顶廊道体型+小淹没水深+门楣自然通气+廊道顶自然通气"技术,以及平面阀门门槽强迫通气技术,解决了平面阀门空化难题,保障了阀门安全运行。

3. 京杭运河泗阳三线船闸工程

21世纪初期,依托京杭运河泗阳三线船闸(有效尺度260米×23米×5米,设计水头7.0米)发展起来的局部分散输水系统创新技术成果,已应用至龙洲垸、高石碑、石虎塘等多座中低水头大型船闸上。泗阳三线船闸承担着相当繁重的水运任务,为提高通过能力,对输水时间有较高的要求,其设计输水时间为8.0分钟。在如此大规模的船闸上采用集中输水系统,要求满足如此高的水力指标,是很难实现的,但在上闸首及靠近上闸首的闸室内布置了145米长的出水段,形成闸墙廊道侧支孔局部分散输水形式后,降低了闸室内波浪传播的强度,使得波浪力系数由集中输水方式的1.925下降至0.293(船首停泊靠近上闸首)~0.49(船尾停泊靠近下闸首),仅为集中输水系统波浪力系数的15.2%~25.5%。同时,船舶可停泊在闸室内出水段上方,不需要像集中输水系统一样设置镇静段,可节省工程投资。模型试验结果表明:当阀门开启时间为7分钟时,闸室内2×2000吨船队的纵、横向系缆力均可满足规范要求,输水时间也仅7.58分钟,满足设计要求。原型中船闸实际运行情况表明,闸室输水水流条件良好。

4. 广西郁江桂平枢纽船闸工程

桂平航运枢纽工程位于广西西江流域桂平市郁江河段,是一个集航运、发电、灌溉于一体的综合枢纽工程。桂平一线船闸闸室有效尺度183米×23米×3.5米,设计最大水头为 10.5 米,采用设消力槛的闸墙长廊道侧支孔输水系统形式。桂平二线船闸闸室有效尺度 280 米×34 米×5.6 米,规模与三峡船闸相当,为国内闸室尺度最大的内河船闸之一,船闸设计水头为 10.5 米,设计过闸船舶为 3000 吨级单船与 2×2000 吨级船队。为了实现桂平二线船闸充、泄水运行时对水流的高效充分消能,获得良好的闸室水流条件,工程采用了闸底长廊道侧支孔出水双明沟消能输水系统形式,并通过模型试验确定了双明沟具体布置,使部分水流进入第一道消能明沟后,由挡槛底部的过水孔进一步进入闸室闸墙两侧的第二道明沟,不仅显著提高了消能效果,改善了闸室船舶停泊条件,还尽可能地减小了闸室的开挖量,节省了工程投资 4300 余万元。

三、升船机工程

(一)综述

我国升船机的建设起步较晚,20 世纪 50 年代才开始升船机的设计研究工作,直至 80 年代所建升船机几乎都是运载船舶为 50 吨级以下的小型干运斜面升船机。1966 年在安徽寿县建成我国第一座湿运纵向斜面升船机,仅能运载 30 吨级的小型船舶,运行数年后即被废弃。1982 年安徽龙湾建了我国第一座小型水坡升船机。1989 年 10 月江苏沭阳水坡升船机投入运行,设计最大运载船舶 60 吨级。我国 20 世纪 80 年代前已建最大的升船机为湖北丹江口水利枢纽的垂直斜面升船机,最大干运船舶 150 吨级铁驳船或湿运 50 吨级船舶,其近期提升高度分别为 45 米及 35.5 米,克服总水头 68.5 米,最大提升总质量 450 吨,后期克服水头可提高至 81.5 米,垂直升船机提升高度改为 58 米。我国第一座垂直升船机于 20 世纪 50 年代末建在浙江新安江水利枢纽工程中,第二座垂直升船机是湖北陆水垂直升船机。第三座垂直升船机是丹江口升船机,坝上为垂直升船机,经中间渠道,再接上、下两面坡的斜面升船机入坝下航道,为干运 300 吨,湿运 150 吨。这些升船机的设计简单,干运过坝有损船体结构,运转时没有平衡重系统和安全保障装置。1980 年以前我国已建升船机约 63 座,这些升船机绝大多数设备简陋,机电设备性差;大多采用船舶干运方式,过机船舶吨位小;提升重量小,没有平衡系统,运转功率大、费用高,加之设计布置、安装施工存在的缺陷以及管理水平的落后,因此已建升船机与国外升船机的差距较大。

20 世纪 90 年代开始,我国升船机的研究水平、设计思想有了质的突破,升船机建设水平有了大幅提升,至 21 世纪初先后建成、闽江水口等一系列钢丝卷扬平衡重式垂直升船机。特别是 2000 年以后,我国在大型垂直升船机建设方面取得了长足的进步,长江三峡 3000 吨级、金沙江向家坝 1000 吨级齿轮齿条爬升式升船机,乌江思林、沙陀、彭水 500 吨级钢丝绳卷扬提升式升船机,澜沧江景洪 500 吨级水力式升船机相继建成投运,乌江构皮滩三级垂直升船机也已进入机械设备安装调试阶段,还有红水河龙滩升船机建设(复航前期研究)、岩滩改扩建,右江百色枢纽升船机(复航前期研究)等多座垂直升船机正在研究中。

(二)主要技术创新

1.钢丝绳卷扬全平衡升船机安全保障技术

升船机的运行安全问题是升船机建设必须面对的极为重要问题,特别是建在水利水电枢纽通航建筑物的升船机,其运行必然会受到电站机组尾水流量变化和枢纽泄水建筑物泄洪流量的影响,我国建设者结合具体工程实际,在选择升船机安全保障设施时,对有关问题,进行了深入细致的分析和研究,并针对运行不利的条件、设备故障和极端事故采取了相应技术措施,取得了良好的成效。

通过对国外垂直升船机事故假定条件的分析,我国设计者对钢丝绳卷扬提升式垂直升船机可能发生的事故进行了极为仔细的分析,普遍认为该机型可能发生影响运行安全的因素有两类:一是机电设备发生了必须停止运行的重大故障;二是升降运行中的承船厢发生了超量漏水事故导致系统平衡条件被破坏。

对于必须停止运行的机电设备故障,最为严重的当属整机供电系统发生停电事故。运行中的承船厢突遇供电中断事故时,主提升设备必须使承船厢能在额定升降速度下较平稳地停下来,以策安全。为此,可以通过制动系统的事故紧急制动程序,实现主提升系统的动态紧急制动。为应对此类故障,国内各升船机均采用了制动系统的调压分级制动技术,并通过现场的反复调试,获得了事故紧急制动程序的各项控制参数。

为解决船厢漏水引起的船厢安全问题,一般主提升机上布置有工作制动器和安全制动器,船厢上设置了安全锁定装置,作为防止船厢漏水的安全措施。安全制动器布置在转矩卷筒上,工作制动器设在电机轴上,制动器均采用弹簧上闸、液压松闸的盘式制动器。正常停机时,工作制动器首先上闸,延时数秒后安全制动器上闸;事故时工作制动器紧急分级制动,如工作制动器紧急制动失效,安全制动器可以进行紧急制动,通过安全制动器解除转矩平衡重对船厢的作用,保障平衡系统不被破坏。

除以上基本安全保障措施之外,20世纪90年代,水口升船机专门研制了一套承船厢安全锁定装置,利用该装置可将升降运行中发生超量漏水的承船厢及时锁定在钢梯上。其工作原理为4套安全锁定装置设置在主提升机械的吊具上,每套锁定装置设有两个齿锁定块,船厢失水后,平衡重侧重力拉动船厢上升,齿锁定块即能自动锁定承船厢。锁定动作前,通过升船机集中控制系统对厢内水量的自动检测和判断,自动从正常运行程序转入承船厢超量漏水锁定运行程序,在漏水量达到主提升设备失去控制能力前,使承船厢运行到达钢梯的可锁定部位,停机并等待锁定自动投入。该安全锁定装置经现场原型失水试验证明工作原理和运行程序正确,能有效锁定超量失水的承船厢,锁定荷载达到设计要求。

2008年,在水口升船机可控平衡重的基础上,乌江思林升船机提出采用增加可控平衡重的数量的方法解决船厢漏水问题。其原理为:可控卷筒和转矩卷筒上布置的可控平衡重和转矩平衡重的总重量等于船厢内水体重量,并在各卷筒上布置与所挂平衡重重量相匹配的安全制动器。升船机正常运行时,可控卷筒上的安全制动器处于开启状态,可控卷筒和可控平衡重的功能与定滑轮和重力平衡重的功能相同,主要用于平衡船厢及船厢内的水体重量,减小电机的功率;船厢发生严重漏水时,可控卷筒上的安全制动器处于闭合状态,可控卷筒上的可控平衡重不再对船厢发生作用,可控卷筒和可控平衡重的功能与转矩卷筒和转矩平衡重的功能完全相同,通过制动器克服船厢内水体减少引起的船厢侧与平衡重侧的重量差,保证升船机始终处于平衡状态。该方法的主要技术优点如下:①可以在船厢完全漏空情况下,保证升船机仍处于平衡状态,解决了钢丝绳卷扬提升式升船机船厢漏水的安全问题;②通过增设可控卷筒及可控平衡重数量,在不增加升船机电机功率的条件下,提高了升船机极端事故下的安全性,并可以实现升船机船厢在任意位置锁定,极大提高了升船机的运行安全,且工程造价较低;③可较为方便地对已建的卷扬提升式升船机进行改造,只需将传统卷扬提升式升船机部分定滑轮改造为设置有安全制动器的安全卷筒。

2. 钢丝绳卷扬船厢下水式升船机创新技术

钢丝绳卷扬船厢下水式升船机是为适应我国河流大幅水位变化的一种特有形式。20世纪90年代,结合红水河岩滩升船机对船型体型、船厢出入水等特性开展了研究,2008年开始,结合乌江构皮滩第一、三级升船机,对该形式升船机开展了深入系统研究。该型主要用于适应下游水位的大幅快速变化,钢丝绳卷扬提升部分平衡升船机原理与钢丝绳卷扬全平衡升船机基本相同,二者的区别主要体现在船厢结构形式、主提升机械设备及其平衡系统等方面。

由于该形式升船机为满足船厢下水对接要求,为降低入水时电机功率,平衡系统采用部分平衡方式,即平衡系统平衡重重量小于船厢船厢总提升重量,一般平衡块总量近似为船厢净重加船厢一半水体的重量。为克服船厢侧多余的重量,必须通过较大功率驱动电机来解决,因此下水式升船机驱动设备设置的数量较多,且功率较大。

同时船厢出入水过程还面临一系列特殊水力学问题,如出入水过程船厢上千吨的水动力荷载变化、船厢吸附力和拍击力构成的附加水动力荷载、船厢与船池水体的流固耦合作用导致的升船机运行稳定性问题等,针对船厢下水式升船机特有的水力学问题,下水式升船机由于船厢需要入水,入水的承船厢主纵梁断面采用"工"字形断面以避免浮力对入水的影响,并且为减小船厢出水入的吸附力和拍击力,船厢底部一般设计成三角形。此外,需要在船厢梁系腹板顶部开设一定数量的排气孔,以快速排出船厢出入水时梁系间的气体,减小空气补排不畅通产生的附加荷载。

3. 水力式升船机创新技术

我国升船机大多应用于中西部高库大坝通航,升船机提升高度大、上下游水位变幅大且变率快,受枢纽电站运行影响显著,传统的钢丝绳卷扬提升式和齿轮齿条爬升式升船机应用受到了较大限制。

早在1932年,苏联的 Н·Л·普则列夫斯基就提出了一种不需外加提升动力的半水力式垂直升船机,承船厢带水的全部重量由平衡重、作用浮筒加以平衡,浮筒装在圆形竖井中升降,通过向竖井中充泄水使浮筒升降,从而驱动升船机升降。1959年在三峡升船机选型阶段,对半水力式进行了专门研究。郑大迪于20世纪90年代提出了水力浮动式转矩平衡重升船机,将半水力式升船机的平衡重改变为在竖井中运行的作用浮筒,建立比尺为1∶40的原理性模型,探讨了其工作原理。长江勘测规划设计研究院于2000年对水力式升船机用于三峡工程的总体布置及升船机设备、结构布置的方案进行了比选研究。在沙沱水电站的通航过坝设施设计中,曾经将水力式升船机作为比选方案,就升船机的总体布置以及承船厢、平衡重浮筒装置结构进行了初步设计。

水力式升船机综合了船闸和传统升船机特点,利用水能替代传统升船机的电机作为驱动承船厢升降运行的动力和安全保障措施,它具有机构简单、安全可靠等优越性。水力式升船机主要由与船闸类似的输水系统、充泄水阀门和竖井等组成的水力驱动系统,以及与传统升船机类似的承船厢、平衡重和机械同步系统等组成。

水力式升船机的基本原理是将平衡重做成重量和体积合适的浮筒,浮筒井(简称竖井)布置在升船机塔楼中,承船厢布置在两侧塔楼的中间,悬吊承船厢的钢丝绳布置在船厢两侧,钢丝绳绕过升船机塔楼顶部的卷筒、动滑轮后固定在钢丝绳固定端均衡梁上。平衡重浮筒及配重重量大于承船厢及其承载水体和船体重量,利用充泄水工作阀门实现竖井内水位的升降,改变平衡重浮筒的入水深度实现浮筒的浮力变化,利用此浮力变化在船厢重与浮筒重之间产生的差值来驱动承船厢升降运行。

水力式升船机承船厢上升时开启输水管道上的泄水阀门,竖井水位与下游连通,竖井内的水位下降,平衡重受到的浮力随竖井水位下降同步减小,平衡重通过塔柱顶部机械同步系统驱动承船厢及厢内船舶上升运行,下降过程与之相反。水力式升船机在承船厢荷载发生变化时,利用平衡重淹没水深的相应变化,使船厢与平衡重之间达到新的平衡状态,平衡系统具有自平衡的特点,能解决承船厢入水对接、严重漏水等传统电机驱动升船机难以克服的技术难题。

相对于传统电机驱动的升船机,水力式升船机平衡系统具有自平衡的特点,承船厢提升重量的快速大幅变化不会给升船机的安全及设计带来不可逾越的技术障碍,能轻松实现承船厢入水对接,不仅省去了下闸首及顶紧、密封机构等部分辅助设备,缩短船只过坝时间,而且可根据下游航道水位变化随机简便地寻找适当的减速点和准确的停位点减速停机,能较好解决我国通航枢纽水位大幅快速变化的升船机对接难题。因此,水力式升船机在解决大尺度、下水式升船机船厢重量大幅变化方面具有传统电机驱动的升船机不可比拟的技术优势,比较适合我国通航发展的需要,而具有广阔的应用前景。

4. 齿轮齿条爬升式升船机

齿轮齿条爬升式垂直升船机与钢丝绳卷扬提升式垂直升船机的关键不同之处在于承船厢驱动设备的形式与布置,以及安全保障系统的机构形式和工作机理。齿条爬升式升船机安全保障设置主要有"长螺母柱—旋转短螺杆"和"长螺杆—旋转短螺母"两种形式,两种安全装置的工作原理基本相同,都是利用螺纹副的自锁条件,将失去平衡的承船厢锁定在承重的塔柱结构上。"长螺杆—旋转短螺母"方案船厢运行过程带动短螺母绕长螺母柱旋转,事故时船厢不平衡荷载通过短螺母传递到长螺杆再传递到塔柱;"长螺母柱—旋转短螺杆"则在船厢运行过程带动短螺杆在长螺母柱内旋转,事故时船厢不平衡荷载通过短螺杆传递到螺母柱再传递到塔柱。由于"长螺杆—旋转螺母"式安全装置长螺杆的制造、安装技术难度很大,应用范围受到很大限制,只适用于提升高度较小的情况,因此国内该形式升船机均采用"长螺母柱—旋转短螺杆"的安全保障形式。

"长螺母柱—旋转短螺杆"安全装置由螺母柱、旋转短螺杆、导向小车、支撑杆、转向角齿轮箱和传动轴等设备组成,除螺母柱安装在升船机塔柱承重结构上外,其余设备均在船厢上。升船机正常运行时,螺杆在螺母柱内空转,其旋升速度与驱动机构齿轮的爬升速度同步,螺杆与螺母柱的螺纹副上、下均保持一定的间隙,避免承船厢正常升降时螺纹副接触,短螺杆的旋转由驱动机构驱动,驱动机构通过机械传动系统将动力传给短螺杆。在承船厢发生漏水事故时,驱动机构齿轮的压力将逐渐增大,当齿轮压力超出弹簧的预紧力范围后,弹簧便被压缩产生变形,造成螺纹副的一侧的间隙减小,此时,驱动机构的齿轮和短螺杆停止转动。如不平衡力继续增加,随着齿轮压力的不断增大,弹簧将继续压缩,螺纹副间隙继续减小,直至螺纹副间隙完全消失,承船厢即被锁定在螺母柱上。

从承船厢升降机构和安全机构的方案不难看出该机型与钢丝绳卷扬提升式机型相比的最大差别是:

(1)在发生承船厢失水和船厢室进水等极端事故时,能快速锁定船厢。

(2)升降机构和安全机构的机电设备集中安装在承船厢托架上,增加了承船厢侧的质量,使平衡重数量也相应增加,从而大大增加了系统运动部分的质量。

(3)由于齿条、螺杆安装在土建塔柱上,使承船厢及托架与土建塔柱之间形成极为紧密的联系配合和约束关系,不仅对土建施工的精度有着极高的要求,也使抗震设防设计增加了极大难度。

螺纹副的合理间隙与螺纹螺距的确定是齿条爬升式升船机安全装置设计的主要难点。根据三峡升船机的设计研究,探索了一种行之有效的技术措施,即首先根据升船机的运行要求,设计并确定齿轮参数,然后根据安全机构的强度和自锁要求,初步确定螺杆、螺母柱的基本参数,再根据安全机构传动系统传动比的需要,确定驱动系统相应齿轮副的传动比,并据此实施机械传动装置的制造,最后根据实际传动比,精确调整螺杆、螺母柱的螺距。按照既定的螺距进行螺杆、螺母柱的加工制造,可有效减小传动比误差,虽然对螺母柱螺纹的尺寸精度和螺距精度有一定的要求,但螺杆在螺母柱内为无接触转动,因此,对螺纹表面的粗糙度无过高要求。

5.升船机试验模拟技术方面

国外升船机的运河特征,导致其提升运行及对接过程水力学问题相对简单,一般仅进行船厢水力学局部模型试验,研究船厢水深与船舶进出船厢航行速度。我国升船机水动力学及其引发的运行安全问题的技术复杂性,决定了我国需要在物理模型试验技术上要有重大突破。20世纪90年代以前我国建设的一大批升船机,受当时的研究水平以及工业水平影响,建成后运行安全与可靠性差,留下升船机不好用、不好管的不良口碑。自水口升船机开始,我国高度重视升船机物理模型试验技术的研发,在国内外率先提出了集水力学、机械提升、电气控制于一体的大尺度升船机模型试验技术,随后结合乌江思林、澜沧江景洪及长江三峡等不同类型升船机的研究,进一步完善了升船机物理模型的相似理论研究,针对不同类型升船机提出了适合各自特点的相似准则和模型设计方法,研发了大尺度升船机全整体模型试验平台。该平台的技术优势是:能完整模拟升船机"水—机—电—结构"的系统耦合作用,全面研究升船机各种工况下承船厢、电气拖动系统、机械同步系统、钢丝绳提升系统等运行特性与船舶受力特性,尤其是检验无法在原型开展的一些极端事故工况下(船厢水漏空、钢丝绳断绳、沉船、电机故障切除、同步轴断裂等)升船机的运行安全性,发现和解决问题,并为升船机原型安装和调试积累经验。

(三)典型工程案例

1.长江三峡齿轮齿条爬升式升船机

三峡升船机是三峡工程的两大通航建筑物之一,主要为客船和特种船舶提供快速过坝通道;通过与三峡船闸联合运行,提高三峡枢纽的航运通过能力,提升枢纽通航质量。三峡升船机方案比选经历了漫长过程,自1958年开始三峡升船机进行了平衡重式、浮筒式、水压式、液压式、水力式及半水力式和带中间渠道的两级齿轮齿条爬升式等多方案的研究比较。在1993年5月三峡工程初步设计中,升船机形式推荐采用"钢丝绳卷扬全平衡垂直提升式"。1995年之后,设计单位对齿轮齿条爬升式升船机方案进行了专项设计研究。2003 年 9 月，为进一步提高升船机的安全可靠性，三峡升船机方案由钢丝绳卷扬提升式改为齿轮齿条爬升式。三峡升船机设计过船规模为 3000 吨级，船厢有效尺寸 120 米×18 米×3.5 米（长×宽×水深），船厢总质量（含水）约 15500 吨，为一槽形钢结构，由 256 根钢丝绳分成 16 组悬吊，平衡重总质量与船厢总质量相等，约为 15500 吨；升船机采用交流变频拖动，驱动电动机功率为 8×250 千瓦；三峡升船机最大提升高度 113 米，上游通航水位变幅 30 米，下游通航水位变幅 11.8 米，下游水位变率 ±0.50 米/小时，具有提升重量大、提升高度大、上游通航水位变幅大和下游水位变率快的特点，是世界上技术难度和规模最大的垂直升船机。2009 年 6 月，三峡升船机主体工程施工。2016 年 9 月，三峡升船机开始试通航。

2. 闽江水口升船机

水口升船机位于福建闽江干流的水口水利枢纽上。枢纽设有双线通航建筑物，包括一线垂直升船机和一线 3 级船闸。水口升船机位于水利枢纽右岸，列于连续三级船间的右侧，并与船闸共用上、下游引航道。升船机规模为 2×500 吨级，采用钢丝绳卷扬全平衡垂直提升式，是我国已建规模最大的钢丝绳卷扬全平衡升船机。升船机主提升机额定总提升力为 2400 千牛，由 4 套对称布置、闭式传动的双卷筒卷扬设备组成，主提升机采用直流传动，电机总功率 4×160 千瓦。每套卷扬设备包括 1 台 160 千瓦直流电机、1 台传动比为 366 的减速器、2 套卷筒组、2 套安全制动器和 1 套工作制动器。水口升船机平衡重块总质量 5500 吨，其中转矩平衡质量 710 吨，可控平衡质量 400 吨，重力平衡质量 4390 吨。平衡系统的主要特点：①除设置重力平衡质量和转矩平衡质量外，还设置了可控平衡质量。②只在重力平衡质量与承船厢之间设置平衡链，在转矩平衡质量组、可控平衡质量组与承船厢之间不设平衡链，该部分钢丝绳的不平衡质量由主提升机承担。水口升船机 1993 年开始建设，于 2003 年 11 月建成并投入运行。

3. 澜沧江景洪水力式升船机

景洪升船机位于澜沧江中下游河段规划 8 个梯级的第 6 级，是首座采用我国自主发明技术的水力式升船机，升船机按 500 吨级船型过坝标准设计，最大提升高度 66.86 米，提升质量 2920 吨，单次升降运行时间约 17 分钟。

景洪水力式升船机水力驱动系统由 1 根 2.5 米输水主管，通过 4 级"等惯性 + 等阻力"分解成 16 根直径 1.6 米的分支管路与布置在塔柱两侧的 16 个直径为 6.5 米的竖井连接，最大限度保证各竖井输水流量的一致性和水位升降的同步性。充水控制设备布置在上游阀室，由充水阀门、稳压减振箱和限制性主动补气系统等组成。泄水控制设备布置在下游阀室，由泄水阀门和主动补气系统等组成。充/泄水阀门是水力式升船机运行的主要控制设备，充泄水阀门各布置 3 台直径为 1.6 米的活塞阀，活塞阀控制输水流量变化从而实现对升船机运行的精确控制。为保护升船机的安全,在主输水管路进出口还布置了快速事故检修闸门,在充/泄水阀门出现设备故障时,该闸门可快速关闭切断水流以保护升船机的安全。机械系统布置在升船机顶部,由16个卷筒以及钢丝绳、制动器、同步轴、膜片联轴器等组成,具有均衡不平衡荷载和主动抗船厢倾覆等功能。为了提升船厢稳定性与安全性,景洪升船机还在船厢4个端头设置了特有的导向系统,采用自反馈柔性设计。上游对接密封装置采用了独创的充气密封技术,结构简单、操作方便。间隙水充排采用了闸顶过流补水、管道直排泄水的技术措施,大大缩短了船厢上游对接时间。上闸首布置有上闸首工作大门和上闸首事故检修闸门,景洪升船机采用承船厢下游入水式,在下闸首仅布置了下闸首检修闸门。2008年景洪升船机主体工程全面开工建设。2016年11月,景洪升船机正式对外通航。

4.乌江思林钢丝绳卷扬全平衡升船机

思林钢丝绳卷扬全平衡升船机位于乌江干流中游河段的第8个梯级,可通行500吨级船舶,最大提升高度为76.7米,最大提升质量3300吨。

思林升船机在水口升船机基础上进一步完善了平衡重的配置方案,增加了水口升船机可控平衡重的配置数量,实现了升船机"可控平衡重"向"安全平衡重"转变,完全采用"安全平衡重"解决升船机漏水安全问题。思林升船机转矩平衡重、安全平衡重、重力平衡重的配置分别为900吨、1400吨和1000吨。

5.乌江构皮滩三级升船机

构皮滩水电站枢纽位于乌江干流马骡渡—大乌江通航河段内,上距乌江渡水电站137千米,下至思林水电站89千米。构皮滩水电站最大通航水头199米,上游通航水位变幅45米,是世界水头最高、水位变幅最大的通航建筑物。构皮滩升船机是世界首座采用三级升船机方案的通航建筑物工程,其第一、三级垂直升船机为世界规模最大的钢丝绳卷扬船厢下水式升船机,第二级为钢丝绳卷扬全平衡式垂直升船机,提升高度达127米,为世界上提升高度最大的垂直升船机;各级升船机间通过通航隧洞和渡槽相连接,运行条件复杂,多项技术指标突破国内外已建升船机的技术指标。

第五节　海 工 工 程

一、人工岛工程

(一)综述

人工岛工程主要包括岛身填筑、护岸和岛陆之间交通联系3部分。岛身填筑一般有先抛填后护岸和先围海后填筑两种施工方法。护岸的结构形式常采用斜坡式和直墙式。先抛填后护岸适用于掩蔽较好的海域,用驳船运送土石料在海上直接抛填,最后修建护岸设施。先围海后填筑适用于风浪较大的海域,先将人工岛所需水域用堤坝圈围起来,留必要的缺口,以便驳船运送土石料进行抛填或用挖泥船进行水力吹填。人工岛建设过程中应考虑实际用途需要、工程因素、建岛处地基资料、自然条件等各种因素。在工程施工中主要把人工岛分为浅海人工岛与离岸人工岛,浅海地区所建造的人工岛的施工形式大多为先抛填后护岸,通过挖泥船及管道从海底吸取砂石在海中填筑人工岛的岛身,随后进行岛堤防护。离岸人工岛的施工形式几乎全部为先护岸后填筑,施工过程主要有工序打桩、地基处理(铺排)、抛石、防护以及吹填。

从我国人工岛领域的发展来看,2014 年完成的"斜坡式岛壁的海上人工岛建设关键技术研究"成果总体上达到了国际先进水平;三亚新机场人工岛项目起步工程,建设护岸 2523.86 米,填海面积约 46.88 公顷,采用直径 30 米的钢圆筒围成岛壁结构,刷新了钢圆筒直径的纪录;"海洋吹填人工岛地基与防护结构等重大工程建设技术"取得突破;可以快速建造的漂浮式人工岛设计施工技术也在不断成熟;今后,大型化、工厂化、标准化、装配化的海洋工程设计施工理念将得到进一步到的普及。

(二)典型创新技术及应用

1. 澳门国际机场人工岛工程

澳门国际机场位于澳门凼仔岛—路环岛东侧开敞海域,是我国第一座海上人工岛机场,也是澳门有史以来最大的建设项目,被称为 1993 年世界十大工程之一,工程总投资 73 亿澳元,整个工程分航站区、人工岛跑道和联络桥三大主体部分。澳门国际机场人工岛主要工程为机场人工岛、北堤填海、堤坝等。澳门国际机场在建造的过程中,最重要的工程便是填海,整个填海的地段从空中俯瞰呈条状,填筑工程位于澳门凼仔岛与路环岛以东的海域,人工岛西护岸的北南两端分别距凼仔岛和路环岛 700 米和 300 米,人工岛设计长 3590 米,南端宽 397 米,北端宽 269 米。工程从 1992 年 1 月起,要求在 42 个月内完成,由中国港湾建设总公司总承包,参与施工的有广州航道局和第一、三、四航务工程局。中国港湾建设总公司根据自己的技术优势提出了切实可行的替代方案,即采用 PHC 桩的梁板式结构,该方案造价低、工期短,经多国专家评审通过;人工岛护岸的设计采用清淤换砂斜坡堤结构。1993 年在施工的关键时刻,施工现场经过几次台风的袭击考验,工程损失很小,说明在开敞海域的台风多发区采用该护岸设计方案的科学性和可靠性。

澳门国际机场人工岛由砂石构筑而成,原海底泥面标高在 2.0~4.3 米(MCD,澳门海图基面)之间,岛的外围护岸长 7773 米,采用清淤换砂基础、堆石体结构形式;护岸内先行清淤,其中安全区清淤至 5.0 米,跑道及滑行道基槽清淤至 16.0~24.0 米,然后全部填砂,构成岛体,至岛面标高 4.8~8.0 米。工程基槽清淤 1966 万立方米,东西沙坑和临时航道清淤 600 万立方米,总清淤量达 2566 万立方米;抛填砂总量为 3366 万立方米。尔后对澳门国际机场跑道区与安全区进行地基加固,跑道区采用强夯加固及插塑料排水板超载预压地基加固,安全区采用插塑料排水板超载预压地基加固。按照设计要求,采用多种先进的仪器设备进行检测,如孔隙水压力、深层沉降、沉降盘、测斜、十字板试验等多项检测项目,加固后的地基满足飞机场的设计要求。最后在岛面中部铺设一条长 3381 米、宽 60 米的混凝土跑道,在南段靠近西护岸是一条长 1550 米、宽 44 米的混凝土滑行道;在安全区建造了候机大楼、指挥塔、停机坪以及货运仓库等设施。1995 年 12 月 8 日,澳门国际机场正式投入营运。2002 年 11 月,澳门机场场道工程荣获中国土木工程学会颁发的中国土木工程最高荣誉——第二届中国土木工程詹天佑奖。

2. 港珠澳大桥工程东、西人工岛

港珠澳大桥采用桥—岛—隧组合方案,其中用于桥隧转换的人工岛分别为东、西两个海中人工岛。人工岛的建设不仅涉及外海无掩护条件下在深厚软土地基上构筑岛壁结构、形成陆域以及加固软基等大量复杂工程的设计和施工,同时需要提供稳固的深基坑支护结构,优质快速地现浇岛上段隧道形成沉管隧道安装对接条件。我国近年通过一系列工程建设和科学研究,在桥梁、隧道以及外海施工领域取得了长足的进步,积累了一定的经验,但在外海修筑功能如此特殊、建设条件如此复杂、技术难度如此之高和施工进度如此紧迫的人工岛为首次。

如何快速建成港珠澳大桥岛隧工程中作为基石和起点的东、西人工岛,成为岛隧工程建设的重大技术关注焦点。传统筑岛方案如斜坡堤、直立式沉箱、格型钢板桩等在工期、止水、环保等方面存在诸多限制,攻关人员在充分调研国内外筑岛技术前提下,研发并形成了一套外海环境下利用深插钢圆筒作为人工岛岛壁兼做深基坑围护结构的全新快速筑岛技术。东、西人工岛所处工程地质条件和环境条件复杂,采用深插钢圆筒筑岛快速筑岛,属国内外首次,其稳定分析、振沉、止水副格连接结构、施工工艺等均无相关设计标准可循、无工程经验可借鉴,需开展系列专题研究。比如插入式钢圆筒成套施工技术包括钢圆筒制造、运输、振沉、定位纠偏等施工工艺,其中钢圆筒振沉工艺和定位纠偏是核心工艺;结合功能要求,提出了符合外海深插钢圆筒快速筑岛要求的大型整体式深插止水弧形钢板副格的研发思路。人工岛岸壁采用钢圆筒围闭止水结构:将人工岛回填砂围闭于钢圆筒围堰内,使人工岛具备了采用降水联合堆载预压加固深层软土,同时降水过程回填砂中的自由水自上而下发生渗流,产生的渗透力密实回填砂层,形成了外海人工岛饱和回填砂及深厚软土地基同步快速加固技术。监测与检测包括:钢圆筒振沉及稳定监测、大超载比降水堆载预压地基处理监测检测、岛壁挤密砂桩复合地基检测。

依托港珠澳大桥东、西人工岛工程,通过深入开展理论和机理研究、数值模拟、模型试验、现场测试和反演分析等手段，对深插式钢圆筒结构在深厚软土地基中的工作机理及设计方法、可打入性、副格及止水结构、施工技术、地基处理等关键技术进行了研究，形成了深插钢圆筒快速筑岛成套技术，解决了外海深厚软土地基上大型人工岛快速填筑及海上深基坑围护结构的技术难题，在人工岛中获得了成功的应用。具体技术创新如下：

（1）构建了深插钢圆筒结构机理、设计方法及失稳判别标准体系，确定了钢圆筒的主尺度。钢圆筒直径22米，壁厚16毫米，最高50.5米，质量约540吨，最深插入约30米，基坑底标高为16米，可在18米水头差作用下实现整岛止水的干施工基坑围护结构，结构安全，止水可靠。

（2）建立了适用于深插钢圆筒的可打性分析方法。采用的8台APE600型振动锤组同步联动系统确保了振动入土30米深，同时个别圆筒成功穿透了埋深约8米、厚度约2.5米、标贯接近30击的硬黏土。

（3）研发了深插钢圆筒施工成套技术，实现了外海快速筑岛。包括钢圆筒工厂化预制、装配化运输和大型化及标准化振沉与纠偏在内的施工成套技术，在215天内完成东、西人工岛120个钢圆筒的振沉和242片副格的插入，形成了总计约3000米的深水岸，同步形成了2个10公顷外海深基坑，钢圆筒平面定位精度控制在35厘米内，平面扭角偏差控制在2度以内，垂直度基本控制在1/500以上，施工精度高。

（4）研发的新型整体式深插止水弧形钢板副格结构，使其具有可深插入16米的刚度，具备超预期偏差的适应性。副格填充止水材料后，实现了钢圆筒之间的连接及止水，整岛止水性能良好。

（5）结合钢圆筒深基坑围护结构提供的整岛止水条件，提出的新型地基快速同步加固技术，实现了更好的加固效果并满足了紧迫的施工工期要求。优化了岛上隧道结构的基础，使得岛上隧道各结构段之间的差异沉降控制到了毫米级水平。

二、沉管隧道工程

（一）综述

我国香港地区1972年建成了跨越维多利亚港的城市道路海底隧道，到了20世纪90年代初，广州、宁波两市的沉管隧道相继建成通车，其中1993年建成通车的广州黄沙至芳村珠江水下隧道，成为我国大陆第一座城市道路与地下铁道共管设置的水下隧道。截至2020年，全世界已经建成了140多条沉管隧道，然而，长大型沉管隧道却发展缓慢，世界上已建成的大型沉管隧道工程仅有丹麦厄勒海峡通道、韩国釜山隧道、土耳其博斯普鲁斯海峡隧道。

沉管技术是综合了近海工程、水工工程、地下工程以及隧道工程的复合性技术,来自各方的风险因素较多,且无完整适用的专业规范可供参照。2010 年以前,沉管隧道建设技术一直掌握在荷兰、美国、日本等少数国家手中,我国尚处于起步阶段,没有在外海敞开水域建设沉管隧道的经验,只有小型跨江、跨河沉管隧道建设经验,直到港珠澳大桥的出现。港珠澳大桥是由隧、岛、桥组成的跨海交通集群工程,隧道采用沉管方案,沉管段总长5664 米,共分 33 节,每节长 180 米、宽 37.95 米、高 11.4 米、单节质量约 7.6 万吨,最大沉放水深 44 米,采用节段式半刚性管节结构,是世界上最长的沉管隧道,也是综合难度最大的沉管隧道之一。

水道河床稳定和水流并不过急是适合沉管法施工的两个条件,前者便于顺利开挖沟槽,并能减少土方量;后者便于管段浮运、定位和沉放。采用沉管法施工的水下段隧道,比用盾构法施工具有较多优点:容易保证隧道施工质量,工程造价较低,在隧道现场的施工期短,操作条件好、施工安全,适用水深范围较大,断面形状、大小可自由选择。

1. 沉管制作方法

按管段制作方式可分为船台上制作和干坞中制作两大类型。船台型管段制作是利用船厂的船台,先预制钢壳,将其沿滑道滑移下水后,在浮起的钢壳内灌注混凝土。干坞型管段制作是在临时的干坞中制成钢筋混凝土管段,向干坞内放水后,将其浮运到隧址沉放。干坞型管段断面大多为矩形,不存在圆形断面的缺点;不用钢壳,可节省大量钢材。制作工艺的关键是控制混凝土的容量和管节(结构)尺寸精度,以及控制钢筋混凝土结构的裂缝,以实现结构的自身防水。钢壳式管段则在隧址附近的船坞制作,然后拖到隧道施工现场附近进行舾装,再拖至施工现场灌注混凝土;对混凝土管段,则在隧址附近的干船坞中浇制混凝土管段,管段造好后浮运至施工现场沉放。接头设计和处理技术是沉管隧道的关键技术之一。接头有 2 种形式:刚性接头,接头具有与其连接管段相似的断面刚度和强度;柔性接头,接头允许在 3 个主轴方向上有相对位移。接头的位置、间距和形式应按照土壤条件、基础形式、抗震以及可加工性来决定。同时,还应考虑接头的强度、变形特性、防水、材料以及细部构造。

2. 沉放

浮箱吊沉法是比较新的一种管段沉放法。通常在管段上方放 4 只方形浮箱,用吊索直接将管段系吊,浮箱分成前后两组,每组两只浮箱用钢桁架联成整体,并用锚索将各组浮箱定位,在浮箱顶上安设起吊卷扬机和浮箱定位卷扬机。这一沉放法的主要特点是设备简单,适用于宽度 20 米以上的大、中型管段。小型管段可采用方驳杠吊法,即在管段两侧分设 4 艘或 2 艘方驳船,左右两艘之间设钢梁作杠吊管段的杠棒。

3. 水下连接

对钢筋混凝土制作的矩形管段,普遍采用水力压接法,利用作用于管段后端封墙上的巨大水压力,使安装在管段前端周边上的一圈尖肋形胶垫产生压缩变形,形成一个水密性良好的止水接头。施工中在每节管段下沉着地时,进行符合精度要求的对位,然后使用预设在管段内隔墙上的2台拉合千斤顶(或利用定位卷扬机),将刚沉放的管段拉向前一节管段,使胶垫的尖肋略微变形,起初步止水作用。完成拉合后,即可将前后两节管段封墙之间被胶垫封闭的水,经前节管段封墙下部的排水阀排出,同时利用封墙顶部的进气阀放入空气。排水完毕后,作用在整个胶垫上更为巨大的水压力将其再次压缩,达到完全止水。完成水力压接后,便可拆除封墙,使已沉放的管段连通岸上,并可开始铺设路面等内部装修工作。

4. 基础处理

处理沉放管段基础的目的是使沟槽底面平整,为了提高沟槽底面的平整性,绝大多数建成的水底隧道采用垫平的方法。早期大多采用一种在管段沉放之前先铺砂石作为垫层的先铺法,该法缺点较多。另一种垫平的方法为后填法,即先将管段沉放在沟槽底上的临时支座上,并使管底形成一定的空间,随后用垫层材料充填密实。后填法中最早用的是灌砂法,仅适用于底宽不大的船台型管段。20世纪40年代初发明的喷砂法,适用于宽度较大的大型管段。20世纪70年代日本采用了压浆法、压混凝土法等管段基础处理的新技术。基槽开挖可选用戽斗式挖泥机、带切泥头的吸泥机或挖泥机、带抓斗的起重机等设备。现有3种不同的基础,即喷砂基础、注砂基础和砾石基础。

(二)典型创新技术及应用

1. 外海深厚软土沉管隧道基础沉降控制创新

港珠澳大桥沉管隧道建设过程中,在世界上首次提出了"组合基床+复合地基"的沉管隧道基础方案,创造了一个新的沉管隧道工后不均匀沉降指标,将沉管隧道的工后沉降世界标准由20厘米缩小到5~6厘米以内,解决了软土隧道沉降控制的世界性难题。为实现沉管隧道地基加固方案,进行了沉降变形协调理论研究、复合地基沉降计算方法研究、新型组合基床研究、精细化施工装备研发以及沉管隧道沉降监测技术研究。其中精细化施工成套技术与装备包括:深基槽高精度挖泥关键技术与设备、深水清淤关键技术与设备、外海深水基床抛石及夯平装备、外海深水基床高精度铺设整平装备。

2. 外海深水沉管基床技术创新

该技术包括外海深水沉管基床高精度铺设技术和沉管隧道基床回淤监测及预警预报系统。首次研制完成了江河通用的恶劣条件下先铺法深水高精度整平成套施工技术和装备,创新点包括:研制出外海深水基床高精度高效率铺设整平装备,开发了高精度外海深水基床铺设整平测控系统,研制了具有自主知识产权的外海深水基床高精度铺设施工管理控制系统,形成了外海深水碎石基床高精度铺设成套技术。针对沉管基槽出现的泥沙异常淤积现象,采用现场观测资料、遥感图片分析和数学模型等综合的研究技术路线,搞清了基槽发生异常淤积的原因,找出了主要泥沙来源。在此基础上,依据现场精细化观测大数据资料,开发了一套沉管基槽高精度、高效率的多因素复合型基槽回淤预报模型系统,适时预报每个管节安放窗口期基床淤积,为工程施工提供科学依据。

3. 半刚性沉管结构创新

一般的沉管其矩形断面受力有限,埋深在 3~5 米,优点是通过面积最大。盾构圆形断面受力情况好,但通过面积不经济。半刚性沉管结构的提出,以及永久预应力体系的开发,开创了沉管新型结构体系,将沉管应用推向深埋,大大增加了沉管隧道的竞争力与适用性。

港珠澳大桥岛隧工程建立了深埋沉管隧道半刚性沉管结构体系。半刚性管节保持了已有节段式管节优点,利用特殊的纵向预应力系统取代节段式临时预应力系统,加强了节段的抗剪能力及防水安全性,可通过调整预应力度来调节半刚性管节刚度,实现最优方案配置。半刚性管节与整体式管节相比,保持节段接头一定的柔性,降低了沉管结构内力,减少了结构开裂及漏水风险,可以减少管节浮运安装施工次数,减少相应的管节接头、临时端封门及舾装件的数量,既节省成本又降低风险。

4. 工厂法沉管预制厂建设集成技术创新

借鉴工厂化生产理念,改变了沉管预制的生产方式,通过连续作业生产,实现了世界最大沉管的标准化预制,保证了预制沉管的质量和进度可控,生产的 100 万立方米混凝土成品无浇筑裂缝,同时解决了预制厂生产场地狭窄及沉管存放难题。工厂法预制沉管管节采用浅坞区和深坞区的设计,可使大型预制构件的生产、舾装、起浮、出运过程分开,从而实现流水线化作业,充分节省了施工时间。

工厂法沉管预制关键技术包括:①创新设计了直线、曲线沉管全断面钢筋笼胎架及顶推滑移系统,全断面液压模板及全断面混凝土浇筑技术,实现了"直线＋曲线沉管"的匹配浇筑与超大沉管百万立方米混凝土无裂缝;②集成开发了三点并联主动式支撑系统、分散同步连续顶推系统、导向动态纠偏系统,实现了 8 万吨"直线＋曲线沉管"的长距离顶推及三维姿态毫米级控制,形成了一套超大曲线沉管长距离顶推工法;③开发了沉管工厂法预制全过程线形动态控制系统,实现管节毫米级线形控制目标,形成一套适用于沉管工厂法预制高精度管节线形控制方法。

5. 外海深水沉管浮运安装技术集成创新

集成开发了沉管安装成套施工工艺体系,包括六大保障系统(作业窗口管理系统、对接窗口管理系统、回淤测报预警系统、异常波监测预警系统、运动姿态监控系统、结构安全监控系统）与八大安装系统（安装装备系统、锚泊定位系统、压载控制系统、对接拉合系统、压接控制系统、深水测控系统、管节精调系统、浮运导航系统），节约技术引进费用15亿元，实现了沉管安装作业窗口100%精准度预报，掌握了沉管安装施工作业的核心技术，打破了国外企业的技术垄断和专利封锁，完善了国内施工企业的产业链条。

利用外海深水超大沉管浮运安装成套技术，成功安装了33节沉管，完成了所有沉管的安装任务，长度超过了国内所有沉管隧道里程总和。创造量产"一年安装十节"的中国速度，获得了以下主要成果：沉管安装成套施工装备，研发出1艘整平船、2艘沉管安装船、1艘多功能回填供料船等；沉管安装成套施工技术，编制完成《外海沉管隧道施工成套技术方案》共27项，其中重大方案22项，并按照工序内容编制详细的施工作业指导书；沉管安装标准化管理体系，建立了一套外海超大沉管安装施工标准化管理体系和沉管安装安全标准化管理体系；沉管安装风险管理体系，建立了我国首套标准的沉管安装施工风险管理体系；深水深槽沉管安装技术，开展了基槽内流态实时监测研究、沉管姿态实时监测研究和导向托架技术改造等。创新点如下：

（1）自主研发了沉管浮运导航、系泊定位、沉放对接、精调、监测监控等沉管浮运安装成套技术与装备，填补了多项国内外技术空白。

（2）首次系统研究了超大沉管外海复杂条件下浮运安装关键技术要素，提出了超大沉管浮运安装设备设计参数及作业控制参数。自主研发了超大沉管安装船等装备，形成了外海、深水、深槽超大沉管浮运安装成套技术。

（3）首次开展了复杂海洋环境条件下受限航道超大沉管拖航阻力及操控性研究，自主研发了数字化浮运指挥系统，实现了超大沉管多拖轮拖航可视化远程集中指挥。

（4）首次研发了超大沉管深水安装多缆协同锚泊系统，在研究沉管水下动力特性、多种大抓力锚型深厚软土中的受力机理和工作特性的基础上，形成了超大沉管深水安装锚泊关键技术。

（5）首创了高精度沉管对接导向系统，集中操控的数控拉合系统、水力压接系统、压载水系统，高精度测控系统等，形成了数字化可视化深水沉管水下无人安装集成控制成套技术。

（6）首次揭示了先铺法沉管水下轴线调整过程受力机理及运动规律，发明了180米长、7.6万吨质量沉管深水条件下管内精调系统，实现了毫米级精确调整，保障了沉管隧道的线形受控。

6. 可逆式主动止水最终接头创新

传统施工利用围堰进行干施工，这种方案工期需要1年以上；或带水施工潜水作业，工期也需要半年以上。为此攻关人员针对整体式主动止水最终接头机理、整体式主动止水最终接头设计方法、整体式主动止水最终接头制造关键技术、外海深水超长沉管合龙口形态控制技术、整体式主动止水最终接头安装关键技术、沉管体外后注浆基础成套技术研究与应用六个方面进行了研究,形成了整体式主动止水最终接头技术的系列成果。整体式主动止水最终接头总体概念是:最终接头采用倒梯形钢壳混凝土三明治结构,陆上工厂制造完成钢壳、钢壳内灌注高流动性混凝土形成三明治结构,选择作业气象窗口,运输最终接头到位,大型浮式起重机吊装下沉就位后,顶推内藏在最终接头内的千斤顶系统压缩临时止水 GINA 实现与海水隔离,抽排结合腔水,快速实现主动止水。形成管内干作业环境后,在管内干环境施工,分别实现最终接头与其两侧已沉沉管结构的连接,实现隧道贯通。最终接头采用楔形形式,钢结构带液压缸可止水,节约建设工期 6 个月,实现了毫米级的精准对接,极大提高了最终接头安装对接作业的精准度和应急处理突发事故的能力,创造了世界沉管隧道工程的"中国标准",开辟了崭新的沉管隧道最终接头解决途径。

三、跨海大桥基础工程

(一)综述

我国发展跨海大桥是从 20 世纪 80 年代开始的,1987 年动工并于 1991 年 5 月建成通车的厦门大桥,在我国首次采用海上大直径嵌岩钻孔灌注桩。1997 年通车的广东虎门大桥作为连接珠江三角洲的重要交通工程,所用的基础形式是钻孔灌注桩基础。2005 年建成的东海大桥是我国第一座真正意义上的外海跨海大桥。2011 年建成的杭州湾跨海大桥,获得"中国建筑工程鲁班奖"和"中国土木工程詹天佑奖"。2011 年,中国交建"强潮海域跨海大桥建设关键技术"获得"国家科学技术进步奖"二等奖,中国交建设计、施工总承包的印度尼西亚泗水—马都拉跨海大桥项目是应用中国标准的典范。

2012 年,国家发布《桥梁通航安全影响论证研究报告编制规定》(JTS 110—9—2012),为桥梁工程管理提供了依据,中国交建"短线匹配法节段预制拼装体外预应力桥梁关键技术"获得"国家科学技术进步奖"二等奖。2013 年,中国交建参与建设的东南亚最长跨海大桥——马来西亚槟城二桥实现贯通,世界抗震等级最高的美国旧金山新海湾大桥建成通车。2015 年,"大跨度桥梁结构和行车抗风安全的气动控制技术"获得"国家技术发明奖",舟山大陆连岛工程西堠门大桥获得"2014—2015 年度中国建设工程鲁班奖"和"国际咨询工程师联合会菲迪克(FIDIC)2015 年杰出工程项目奖"。

跨海大桥一般都在潮急浪高的海洋环境下,一年中的施工时间往往不到一半,而桥梁基础结构的施工对风浪、急流则更加敏感,不同的海洋地理位置具有不同的工程特性。作为跨海大桥的重要组成部分,下部基础结构的技术研究无疑有着十分重要的意义。根据我国路网规划,正在修建的和需要修建的跨海大桥有长江口越江通道、象山大桥、舟山群岛联岛工程、青岛海湾大桥、琼州海峡大桥和跨渤海湾大桥等。跨海大桥大型深基础发展趋势如下：新的结构形式、创新的施工技术、大型化、专业化的施工机械、采用信息化施工技术。

（二）典型创新技术及应用

港珠澳大桥东连香港、西接珠海、澳门，是集桥、岛、隧为一体的超大型跨海通道。由中国交通建设股份有限公司联合体承建的岛隧工程是大桥工程的施工控制性工程，由沉管隧道、东、西人工岛三大部分组成。项目特点除了规模大、工期紧、难度高、风险大等，还具有社会关注度高、三地政府共建共管、采用设计施工总承包模式等特点，以及面临白海豚保护区、复杂的通航环境、工期及接口限制等限制条件。2003 年 7 月开始筹备工作，2009 年 10 月港珠澳大桥正式进入实施阶段。港珠澳大桥岛隧工程自 2011 年正式开工，到 2017 年主体工程建设完成，经历了东、西人工岛钢圆筒搭设完成、第一节管节沉放、隧道贯通、岛隧工程建成等过程。港珠澳大桥为全球第一例集桥、岛、隧道为一体的跨海大桥，是世界总体长度最长、海底沉管隧道最长的跨海大桥，堪称"全球最具挑战的跨海项目"。由中国交建联合承建的长达 6.7 千米的海底沉管隧道是当今世界上最长、埋深最深、综合技术难度最高的沉管隧道，创造了"一年十管"的中国速度、"半个月内连续安装两节沉管""最终接头毫米级偏差"等一项项震撼人心的世界纪录。

马来西亚槟城第二跨海大桥是东南亚地区最长的跨海大桥，是我国与东盟实施互联互通工程项目合作中继马都拉大桥后的又一重要地标性工程，也是马来西亚最大的土建工程和中国企业在境外实施的最长的跨海桥梁项目。槟城二桥主通航孔桥为 117.5 米 + 240 米 + 117.5 米三跨双塔门式斜拉桥，施工项目包括桩基础、承台、塔柱、预应力钢筋混凝土边主梁和斜拉索工程等。该桥索塔基础采用 21 根 230 厘米/200 厘米变直径钻孔灌注桩，其最大设计桩长为 126.9 米，桩端嵌入微风化基岩深度达 8 米，最大成孔深度达 133.15 米，工程总投资额逾 90 亿元人民币。这一工程是我国在英标体系下，国内先进的桥梁设计、施工工艺在境外的成功应用；是国内先进桥梁建造技术与国外先进管理以及标准体系的有机结合；对于今后在基础设施建设领域走出去有很强的指导意义和示范作用。该项目在海上超长大直径嵌岩钻孔灌注桩施工技术研究、热带海洋环境下桥梁承台大体积混凝土温控技术研究、灌注桩自平衡试验与静动法试验研究等方面都取得了技术上的突破。

泉州湾跨海大桥是福建当时在建的最长桥梁，中国交建旗下四公司承建了泉州湾跨海大桥路基土建工程 A4 标段，这是跨海大桥的主桥标段，合同额 9.6 亿元。该工程起于晋江南塘，与泉州市环城高速公路晋江至石狮段相接，在石狮蚶江跨越泉州湾，经惠安秀涂、张坂，终于塔埔，路线全长 26.68 千米，其中大桥长 12.45 千米，桥梁宽度 41 米，采用双向八车道标准,设计速度 100 千米/小时。大桥 2011 年 8 月 8 日开工建设,合同工期 36 个月。该大桥主桥为双塔分幅式组合梁斜拉桥,采用中国传统古风的门塔——"三柱式古典门"结构,庄重古雅,简洁大方,寓意泉州兼容并蓄的人文性格,主塔高 157.1 米,刷新了泉州的最高建筑高度,成为泉州新地标。主桥组合梁采用环氧胶干拼施工,为业界首创。混凝土桥面预制板横向预应力通过反拱获取,也为国内首次使用。

此外,中国交建还参与建设了广东南澳大桥、连云港大桥、浙江杭州湾跨海大桥、浙江舟山金塘跨海大桥、浙江嘉绍跨海大桥等一系列重要跨海大桥项目,在跨海大桥建设中利用了新的技术与机械装备,积累了宝贵的经验。

四、海上风电基础工程

(一)综述

2010 年 7 月,由中交三航局承建的我国第一个海上风电项目——上海东海大桥 100 兆瓦海上风电示范项目并网发电,标志着我国海上风电正式起步。"十三五"以来随着海上发电标杆电价的到位、行业技术的进步、产业链的优化以及开发经验的累积,我国海上风电的发展逐步破冰,并进入"爆发式"发展阶段。中交三航局克服了重重困难,在海上风电基础施工技术与装备、海上风电安装技术与装备等方面形成了一系列具有自主知识产权的创新成果。2017 年全球海上风电新增装机容量 3.3 吉瓦,其中中国占全球新增容量的 22%,已成为海上风电第三大国。我国东部沿海地区海上风能资源较为丰富,从 2007 年中海油渤海钻井平台 1.5 兆瓦实验机组开始,我国海上风电场已投产约 38.9 万千瓦,次于英国、丹麦、比利时和德国,位居世界第五位。其中主要包括上海东海大桥海上风电示范项目 102 兆瓦、江苏如东 32.5 兆瓦潮间带试验风电场和江苏如东 200 兆瓦潮间带示范风电场。

在施工方面,中国交建旗下第三航务工程局承担了海上风电的施工工作,中交第一、二、四航务工程局等均具有以主要设备参与海上风电施工的能力。国家能源局、国家海洋局联合印发《海上风电开发建设管理暂行办法》《海上风电开发建设管理暂行办法实施细则》,出台海上风电 13 项技术标准,涵盖海上风电规划、预可研、可研、风能资源测量及海洋水文观测、地质勘察、施工组织设计、钢结构防腐、概算定额、概算编制规定、变流器等。

海上钻井平台建设技术是海上风力发电技术的支撑,我国一直坚持自主设计。2013 年,国内首个从设计到建造具有完全自主知识产权的钻井平台 SuperM2 型 300 英尺自升式钻井平台"振海 1 号"成功售给新加坡公司。2014 年 3 月 21 日,振华重工为新加坡 KS 公司建造的首座 300 英尺自升式钻井平台建造完工并正式命名为"爪哇之星 2 号",该平台是振华重工建造的首座钻井平台,不仅具有 100% 中国自主设计知识产权、也是我国核心配套件国产化程度最高的钻井平台，填补了我国在钻井平台自主设计、核心配套件等相关领域的技术空白。现有海上风电安装船类型主要有起重船、自航半自升安装船、自升式平台、自航自升式风电安装船。

随着国家清洁能源战略的不断推进以及海上风电建设能力的不断增强，海上风电建设呈现出三大发展趋势，相应地对技术研发工作提出了新的要求。一是单机容量大型化趋势。大型风机要求风机的基础结构具有更高的力学性能，因此需要开发具有更高承载力、更好稳定性且便于外海施工的新型基础结构；同时，风机基础的大型化也对海上施工提出了更高要求，需要采用新工艺、新设备以适应新型基础的外海施工。二是海上风电场的建设将从近海逐渐扩展到深远海。当水深达到 40 米以上时常规的固定式基础不仅实施难度大，而且经济性急剧下降，因此在深远海域建设漂浮式风电将成为必然，需要研发一整套漂浮式风电基础的设计与施工技术。三是随着离岸距离的增加和信息化技术的进步，海上风电场的维护将很快进入数字化时代，需要开发适应远程监控的数字化维护技术；另一方面由于风力发电设施的设计使用年限一般为 20～25 年，国内第一批建设的海上风场将进入维护以及退役拆除阶段，为此风电维护技术和拆除技术将成为一个重要的研发方向。

（二）典型创新技术

1. 海上风电基础施工技术与装备

包括多桩钢筋混凝土承台基础施工技术、单桩基础施工技术、导管架基础施工技术和重力式基础施工技术。

（1）多桩钢筋混凝土承台基础施工技术。多桩承台基础国内首次应用于 2008 年上海东海大桥 100 兆瓦海上风电示范项目中，属国际首创，已列入挪威船级社 DNV- OS- JlOl2011 版海上风电机组主要基础形式。此类结构由于在水运工程领域具有较好的技术基础，施工设备资源丰富，对地质条件、水深条件的适应性好，非常适合我国海上风电起步阶段的建设。自从在东海大桥 100 兆瓦海上风电示范项目中成功应用以来，陆续在辽宁、河北、江苏、上海、浙江、福建等近十座海上风电场建设中得到了推广应用。

（2）单桩基础施工技术。包括超大直径无过渡段钢管桩高精度沉桩技术和砂被整体铺设技术，该项技术已在我国辽宁、河北、江苏、福建、广东等海上风电场得到了推广应用。我国率先取消了单桩基础结构过渡连接段方式，代替了国际通用的单桩＋过渡段及灌浆施工，提高了效率，节约了成本。我国研发的一整套超大直径钢管桩高精度沉桩技术可保证沉桩垂直度控制在 3‰以内；桩基护底创新采用砂被整体铺设技术，通过研制的专用吊架及自动脱钩系统，实现施工过程可视化控制，有效解决了传统砂被需候潮作业的施工难题，保证了砂被铺设质量。

（3）导管架基础施工技术。导管架基础通常为多根固定桩基础和多根钢管桁架组合形成的构架，利用多根钢管桩固定，安装在水下及海床内。我国通过研究形成的海上风电导管架基础施工成套技术和设备，在江苏滨海、东台、浙江舟山、广东桂山等海上风电场项目中得到了推广应用，具体包括：形成了先桩法和后桩法两套施工工艺，研发了水下导管架调平和锁定技术，解决了水下导管架精细调平的难题；研发了优固特品牌 UHPG 系列无收缩水泥基灌浆料，打破国外产品垄断，填补了国内空白；研究形成了"海上风电导管架灌浆作业装置"以及配套的灌浆工艺，达到国外同类设备水平，填补了国内空白。

（4）重力式基础施工技术。海上风电重力式基础一般采用预制圆形空腔结构，空腔内填充砂、碎石，使基础有足够自重抵抗波浪、水流荷载以及使用荷载对基础产生的水平滑动、倾覆。通过研究，首次将水运工程行业的水下挤密砂桩技术用于海上风电基础，形成新颖的重力式基础，与一般的开挖换填＋重力式基础以及大直径嵌岩桩基础相比，大大节约了工程造价，缩短了工期。汕头南澳洋东海上风电项目和兴化湾二期重力式基础海上风电项目，都采用了水下挤密砂桩加固重力式风电基础地基方案。

2. 海上风电安装技术与装备

包括整体安装技术与装备和分体安装技术与装备。

整体安装是将风机的塔筒、机舱、轮毂和叶片等部组件在预装场地装配好，直接吊运至指定的基础上（"吊运一体式"）或在驳船上装配好后整体运输至现场，由大型起重船整体起吊安装至指定的基础上（"吊运分离式"）通过高强度螺栓副与基础连接，实现风力发电机组本体成型。整个施工过程分为整机拼装、整机运输和海上安装三个阶段。主要技术创新点包括：国内首次研发了风机整机陆域拼装、整机运输以及整机安装成套技术，研制了整机安装专用设备和监控技术，形成了我国近海风场风电机组安装的成套技术和装备；建设了国内首座标准化、工厂化风机整机拼装基地，研究形成了塔筒、机舱、叶轮等部件模块化风机拼装技术；开发了海上风机整体运输专用船，实现了海上高耸风机长距离安全稳定运输；研发了整机吊装吊架体系、柔性安装系统和精定位系统，实现了浮吊作业条件下 SMW 风电机组整机安装加速度小于 $0.15g$ 和定位精度小于 1.5 毫米的高精度安装。高桩承台基础的整体安装技术在国内首次应用于 2008 年上海东海大桥 100 兆瓦海上风电示范项目中，随后在东海大桥二期、三峡响水、国电普陀、临港二期等工程中应用；导管架基础的整体安装技术在国内首次应用于 2017 年珠海桂山海上风电场示范项目。

分体安装方式要利用专用的风电安装船，为安装提供一个平稳的工作平台，现场分件或部件进行安装。分体安装施工技术主要包括陆域拼装、海上运输、海上分体安装等。主要技术创新为：针对自升式平台船，开发了风机分体安装工艺，针对我国普遍存在的深厚软土地基条件下的船舶稳定性以及桩腿上拔难题，研究确定了桩腿插入深度与上拔力计算公式，并通过研制的一整套拔桩减阻系统降低拔桩阻力，首次采用绕桩吊，大大提高工效;研发了基于实时监测和自动调载的半潜式坐底平台分体式风电机组安装工艺;研发了平板驳加履带吊的安装方式,解决了潮间带风机安装难题。自升式平台分体安装在中广核如东、三峡响水、中闽平海湾等工程中应用;坐底式平台分体安装在三峡响水、河北建投乐亭、鲁能东台等工程中应用。

（三）典型工程案例

1. 东海大桥海上风电场一期工程

东海大桥100兆瓦海上风电示范项目建成于2010年,位于上海市东海大桥东侧1000米以外海域,共布置34台单机容量3兆瓦的风电机,总装机容量102兆瓦。风机基础采用高桩混凝土承台基础,采用套箱法施工工艺进行承台C4S高性能海工混凝土浇筑。风机塔架与基础承台采用过渡段塔筒连接。过渡段塔筒与钢管桩通过钢板连接,采取等高、对称、同时焊接等工艺措施,实时测量监控,确保过渡连接段塔筒上法兰水平度偏差不超过2.5毫米。工程采用整体安装技术,在工程驳船上进行风机预拼装、整机运输,利用起重船以及柔性吊装体系和精定位系统完成整机吊装。工程开创了国内海上风电的先例,施工技术达到国际领先水平,在我国海上风电场建设领域具有里程碑式的意义。

2. 如东中广核150兆瓦海上风电场示范项目

中广核如东150兆瓦海上风电场示范项目位于江苏省如东县近海烂沙洋水道边缘海域,离岸直线距离约25千米。风电场总装机容量为152兆瓦,共布置38台单机容量4.0兆瓦风机,是国内首个满足"双十"规定、首个采用无过渡段单桩基础结构形式的海上风电场。钢管桩桩顶直径为5.5米,桩底直径为6.0~6.5米不等,单根最大质量约950吨,最长93米。单桩基础施工采用工艺法兰替打保护桩顶法兰技术,并运用砂被整体铺设技术,全部大直径钢桩沉桩后垂直度均在3‰以内。风机为西门子4兆瓦机组,安装应用自升式平台分体安装技术,采用了轮毂、机舱在大码头基地组拼、海上进行单叶片安装方案。该工程填补了国内近海风电场法兰式单桩基础结构的空白,此后海上风电大直径单桩基础施工技术在国内海上风电场建设中得到广泛应用。

第六节　疏浚与吹填技术

一、综述

从20世纪90年代起,我国疏浚工业步入快速发展时期,一大批高技术含量的创新产品相继问世,现代电子技术、自动化技术和计算机技术以及导航定位技术迅速发展。引进了 GPS 定位系统,研制了"自航耙吸挖泥船耙头位置监控系统""自航耙吸挖泥船装载系统""疏浚工程(耙吸挖泥船)电子图监控系统""耙吸挖泥船和绞吸挖泥船工况监测系统"等。在挖泥机具和辅助设施方面研发了耐磨双金属复合绞刀齿、复合叶轮、复合衬板等,还开发了水上自浮管。在施工工艺方面主要有利用绞吸挖泥船进行的大量风化岩石的疏挖和水下分层吹填工艺、自航耙吸挖泥船和绞吸挖泥船接力吹填工艺、围堤袋装沙堤芯水下充灌工艺、码头后方吹填沙工艺、无围埝吹填沙工艺等。

进入 21 世纪以来,我国疏浚与吹填项目的规模越来越大,推动疏浚与吹填设备与技术得到了跨越式发展。各疏浚公司加大了设备更新力度,通过改建、新建和购买,疏浚船舶规模不断扩大,大型自航耙吸挖泥船舱容超过了 10000 立方米,达到了 18000 立方米,绞吸挖泥船总装机功率超过 20000 千瓦,其设计生产率达到了 4500 立方米/小时。抓斗挖泥船斗容达到了 50 立方米,自航开体泥驳舱容达到了 2000 立方米。截至 2020 年,通过采用国内设计、国内建造、关键设备引进的技术路线,我国建造了多艘国产万方大耙。国产绞吸挖泥船从简单到复杂,技术不断完善和进步,航区从国内近海到国际无限,建造出具有自主知识产权的"滨海型"绞吸挖泥船,该型船最大生产能力达 4000 立方米/小时。

在施工技术方面,针对工程的复杂性,研究和应用了新的施工技术,主要有大型耙吸挖泥船高强度集中抛砂与艉喷施工技术应用于大回填量成陆工程、绞吸挖泥船"三锚五缆"施工技术、大型绞吸船开挖珊瑚礁灰岩施工技术、硬底质深水航道扫浅施工技术、铲式耙平器扫浅施工工艺、自航耙吸挖泥船"双耙带链辅助扫浅"施工工艺、"凿岩棒配合抓斗船"施工技术等。在挖掘与输送机具方面通过自主创新研制出具有自主知识产权的疏浚机具耐磨合金、新型高效主动耙头、新型系列化绞刀、疏浚珊瑚礁的铠装胶管、三叶片叶轮、球型快速接头、12 米锰钢钢管等专用输送机具。在信息与控制技术应用方面,开发了耙吸挖泥船综合平台管理系统、绞吸挖泥船综合平台管理系统、抓斗挖泥船定位定深监控系统、挖泥船船岸信息一体化系统。在定位与测量技术方面,基本保持了和国际先进水平同步,引进了 DGPS 定位系统、侧扫声呐、多波束测深仪、数字式浅地层剖面仪等。水深测量和出图全部由计算机控制,可实现远距离传输,还可以进行水下障碍物探测、水下地形 3D 图测量等,所有测量数据都可以和挖泥船进行交换。

随着疏浚吹填工程的大量展开,一些吹填输送工程受条件限制要求长距离输送,为解决以上难题,接力泵站、接力泵船以及各种接力方式应运而生,实现了疏浚土的直接长距离输送。自 20 世纪 90 年代开始,临港工业的发展对围海造地吹填的需求大大增加,仅天津港近 20 年来就围海造陆 10.5 平方公里,吹泥达 8000 万立方米以上;广州港南沙港区陆域围填面积约 212 平方公里;洋山、黄骅、烟台二期港区、青岛前湾港区、广州新沙港区、金山化工基地、黄骅发电厂、澳门机场以及香港新机场等均是通过疏浚吹填或挖砂吹填形成的。2008年,我国建造了两艘3500立方米水上接力泵船,通过先进的电脑控制系统操纵泥泵主机,可实现单联和并联,使用单泵可输送3千米,双泵联动则可将泥泵输送至7千米以外的工地。2008年8月,通过"新海豹"轮上的两个泥泵和接力泵船上的另一台泵,将绞吸式挖泥船排距延长到了12.7千米,刷新我国长排距疏浚吹泥纪录,这项技术创新在曹妃甸工业区仓储区围海造地工程中无故障应用超过7个月。2008年建成投产的"新海蛟"轮采用三泵串联方式,在曹妃甸工业区仓储区围海造地工程施工中,单船排距达到了12.8千米。2009年10月,3500立方米/小时绞吸挖泥船"新海燕"轮串联"航绞接1号"在曹妃甸仓储区工程中,依靠子母双船四泵接力,一举成功实现超长排距吹砂达16.17千米,再次打破了全国陆基排泥系统和水上吹泥船、绞吸船、耙吸船的吹泥排距最长纪录。

新中国成立以来,我国在内河疏浚技术方面取得了丰硕成果和宝贵经验。像长江、珠江等大江大河河口段的疏浚宜采用自航耙吸式挖泥船、绞吸式挖泥船等大型挖泥船,中小河流的疏浚则采用中小型挖泥船。平原河道还可用扰动法疏浚,如利用冲沙船、小型自航耙吸式挖泥船拖耙施工等。山区河道疏浚一般采用钢耙(横耙、纵耙)、抓斗船施工等方式。内河航道礁石浅滩的开挖,多采用裸露爆破、钻孔爆破方法炸礁,用抓斗、反铲、铲斗等挖泥船清渣,有条件时也可采用硐室爆破法。内河一般急流坡陡,且有泡旋回流,给施工带来困难。对此,改进设备,合理选用设备,开发新技术尤为重要,这也促进了内河航道开挖技术的发展。

2000年以后,我国环境保护尤其对水环境整治力度不断加大,先后在昆明滇池、安徽巢湖、大理洱海、杭州西湖、无锡五里湖等湖泊实施了污染底泥的疏挖与处置工程,并在设计与施工中采取了有效的环保疏浚措施,如在设计上要求超挖限度,采用环保型挖泥船或经过环保改造的挖泥船进行施工,采用DGPS定位,对余水进行处置等。1997年,我国实施了内陆湖泊大型环保疏浚的首例工程——滇池草海污染底泥疏挖及处置工程。通过环保疏浚工程,去除了大量的污染物,基本实现了国家要求在世博会期间"滇池草海水体旅游景观有明显改善"的要求。同时,伴随着这些工程的实施,为环保疏浚事业的发展营造了良好的社会环境,积累了一定的经验,加快了环保疏浚技术的研究步伐。国内环保疏浚工程技术人员在底泥污染沉积物的研究,环保疏浚机具的研究,环保疏浚集成技术的开发,环保疏浚工程设计、施工等方面取得了实质性的进展。

二、疏浚工程技术

进入21世纪以来,我国疏浚技术发展成效显著,尤其近十年来在疏浚装备技术和施工工艺技术研发中取得了显著的科技进步,例如挖泥船整船研发已由完全依赖进口实现了国产化,对耙头、绞刀、泥泵、自动化控制系统等挖泥船关键部件核心技术已基本掌握,在挖泥船特殊、复杂工况下的施工工艺技术创新与研究已达到国际先进水平。

（一）沿海疏浚工程技术

1. 主要技术创新

（1）土质三维可视化技术

疏浚土质三维分类统一建模技术采用分类建模的思想，包括地形、土层、航道等建模，最终得到统一的三维模型。基于模型，可进行一系列土质分析，包括虚拟数字钻孔、任意方向的剖切分析、二维剖面自动生成、疏浚工程量计算、施工检测图分析、三维土质实时查询、土质可视化分级等。

（2）耙头技术应用和改进

耙头主要由固定体、活动罩和可拆卸耙齿等几部分组成，传统耙头主要靠泥泵运转在耙头吸腔内产生真空，与外围水体形成压力差，促使水流挟带泥沙从耙头周围的缝隙流入耙头，适用于疏浚淤泥、散沙、粗砂等土质。以新型主动耙头为代表的新一代耙头，广泛应用于多艘新建耙吸挖泥船。传统耙头的活动罩与固定体通过固定拉杆相连，影响耙头的吸入浓度，新耙头采用液压缸替代了原有的连接方式。

（3）绞刀技术

绞吸船绞刀可分为开式绞刀、闭式绞刀和齿式绞刀。开式绞刀挖掘性能差，很少采用，使用最普遍的是闭式绞刀。闭式绞刀按切削刃形式又分为光面刃、长城齿刃和尖齿绞刀。按刀齿安装形式又可分为固定齿绞刀和活络齿绞刀。截至 2020 年，绞吸船多采用活络刀齿，活络齿一般有尖齿、凿齿和扁齿三种。

（4）挖泥船计算机监控技术

国内计算机疏浚监控系统大致经历了 20 世纪 90 年代中后期的技术引进阶段、21 世纪以来的消化吸收阶段、"十一五"以来的集成再创新阶段。挖泥船监控系统一般包括定位定深系统、疏浚过程监视系统、设备控制系统、无线数据传输系统、计算机辅助决策系统等子系统。疏浚监控系统具体应用于耙吸挖泥船监控系统、绞吸监控系统、抓斗挖泥船监控系统和仿真训练系统等。2012 年，"耙吸挖泥船精确与高效自主疏浚集成控制关键技术"实现了对挖泥船疏浚作业进行精确定位、检测和自动控制。2014 年，"耙吸挖泥船动力定位与动态跟踪系统"，动力定位与动态跟踪功能和性能指标整体达到国际领先水平。

（5）斗式船凿岩锤、平抓抓斗技术

2005 年 5 月，在广州港莲花进行了抓斗船换装凿岩锤进行水下碎岩工艺研究，并在其他工程中推广、应用。对于中风化岩的区域，岩石较软，适宜使用撞击面积较大的凿岩锤。对于微风化岩，适宜使用笔状凿岩锤。在凿岩过程以笔状凿岩锤为主，辅助锥形凿岩锤。抓斗船平挖技术的研究对指导未来施工有着重要的工程意义，30 立方米非自航抓斗式挖泥船"金雄"轮具有定深、自动挖掘整平及碎岩功能,该船在营口港仙人岛港区进行了"抓斗船平抓挖泥"试验。

（6）大型挖泥船珊瑚礁疏浚技术

2000年开始,通过研究珊瑚礁开挖工法,解决了珊瑚礁开挖生产率较低的问题,圆满完成了苏丹港绿地、达玛与新集装箱泊位疏浚及吹填项目,编制了《绞吸船开挖珊瑚礁灰岩施工工法》,有效地指导了该项目的挖泥施工。

2. 典型工程案例

天津港深水航道疏浚工程包括天津港航道疏浚工程、天津港25万吨级航道疏浚工程、天津港航道拓宽一期工程、天津港航道拓宽二期工程、天津港航道拓宽三期工程。天津港航道全长44千米,总基建工程量约12292.09万立方米,维护工程量约2142.16万立方米。该项目分5个单项工程分别交互实施,并于2010年4月28日完工,使天津港航道由主航道和两侧万吨级航道共同组成复式航道,实现了大、小船分道航行,互不干扰;能够满足25万吨级油轮和10万吨级集装箱船舶双向航行。疏浚泥土采用自航耙吸船自挖自吹至指定纳泥区内,用于吹填造陆。工程量大、工期紧、投入船舶多、施工区域狭窄、与生产船舶干扰大、运距远、自航耙吸船自挖自吹是该工程的显著特点。该工程投入具有艏吹功能的自航耙吸船14艘,其中:35000立方米舱容1艘、16000立方米舱容1艘、13000立方米舱容1艘、11000立方米舱容1艘、7000立方米舱容2艘、5400立方米舱容5艘、4500立方米舱容2艘、3500立方米舱容1艘;抓斗船3艘、吹泥船1艘及其配套的辅助船舶。抓斗船分段进行浅水区表层开挖,清除杂物,为耙吸船开辟工作面。自航耙吸船采用自挖自吹施工方法,在施工区挖泥装舱满载后,航行至吹填船窝区接管吹填。施工船采用定点、定深、拉抽屉方法进行硬土质孤立浅点的清扫;对于浅埂,则用大角度回转切割成孤立点后,再进行定点清扫;对于软土质成区域的孤立浅点,使用双耙挂锚链的方法进行扫浅。该工程采用先进疏浚技术及施工方法,获得了多项科技创新成果,但在软土质基础的纳泥区内,吹填管线的架设和延伸难度很大,需要研究探讨淤泥质吹填物的纳泥区内管架立桩的架设与拆除方法。

（二）内河疏浚工程技术

1. 主要技术创新

（1）水力挖泥船的施工技术

水力挖泥船有自航耙吸船、绞吸船、斗轮船和吸盘船几种类型,施工时进挖方向可以顺水施工,也可逆水施工。施工有自航施工和碇泊施工两种。自航耙吸式挖泥船自航施工,边航行边挖泥;其余挖泥船均采用碇泊施工。随着科学技术的进步,也出现了部分泵式挖泥船采用自航施工。挖泥方法有纵挖法(沿槽纵向)和横挖法(垂直于挖槽)。

(2)斗式挖泥船的施工技术

斗式挖泥船有顺水和逆水施工两种进挖方向,几种形式的斗式挖泥船均采用碰泊挖泥作业方式。机动顺耙钢耙船施工时,在浅滩的上游将钢耙下放至河底,靠水流的推力和钢耙船倒车的拉力顺水流向下游耙动沙、卵石等淤积物,使其一部分细颗粒由水流夹带走,粗颗粒推至下淤深槽。机动横耙钢耙船施工时,到达浅滩上游后抛锚或下定位桩定位,利用两个锚耙自船底耙向航槽的左、右侧,耙动的沙、卵石等沉积物,部分被水流冲走,粗颗粒由钢耙带到航槽外侧,由此反复。

(3)爆破开挖施工技术

内河航道的爆破工程主要是水下炸礁工程,有裸露爆破法、钻孔爆破法和硐室爆破法三类,爆破开挖工程包括爆破和清渣两部分。裸露爆破工程是将药包布置在被炸部位的表面进行爆破,石渣由水流冲走,也有的需要清渣,一般流速大、礁石范围不大时常采用水下裸露爆破法。水下钻孔爆破主要采用钻爆船进行钻孔爆破,钻爆船主要结构包括钻机和空压机,清渣一般采用抓斗式、铲斗式、链斗式、反铲式挖泥船。

2. 典型工程案例

长江干线航道洪、枯水期维护疏浚,主要指长江中下游的维护疏浚。洪水期主要任务是避免挖槽回淤、疏浚淤积性泥沙;枯水期航道滩低槽平,主要任务是航道疏浚和清障。中下游洪、枯水期维护疏浚施工环境主要分禁航施工和不禁航施工。随着长江口 12.5 米深水航道上延项目的实施,下游航道在洪、枯水期的维护量将大大增加。中游航道河床底质以沙质为主,在枯水季节,常常需要采取挖泥船疏浚。我国已实施的长江干线航道洪、枯水期维护疏浚,施工技术特点为:自航耙吸式挖泥船在航道维护疏浚中使用广泛;具有首冲功能的耙吸挖泥船维护疏浚技术得到了应用;维护疏浚中采用了合理的操纵方法。

三、吹填工程技术

(一)主要技术创新

1. 大型绞吸船长距离吹填技术

在国内沿海多项长距离吹填施工中,总结了一些有效的施工技术措施:增大泥泵扬程;降低管道磨阻;在泥泵柴油机功率允许范围尽可能采用大管径排泥管。通过优化各种施工参数实现绞吸船远距离泥浆输送一直是技术人员的目标,经过多年实践积累,摸索出一套适合我国沿海中细沙地质条件下的施工优化方案。

2. 绞吸船装驳技术

为解决远离海岸航道中硬质疏浚土处理的难题，对绞吸挖泥船进行了技术改造，使其具备靠驳装驳能力，改由传统的接排泥管外排卸泥为直接装驳卸泥，将绞吸船直接装驳施工技术运用到航道扫浅和突击节点进度施工中，成功地解决了支航道及主航道由于自航耙吸船开挖黏土层造成的垄沟难以清除的难题。随后，该施工技术在其他项目得到更广泛的推广使用，使绞吸船增加了新的疏浚作业泥土处理方式。

3. 耙吸船吹填技术

在长江口、洋山以及国外的工程中，我国疏浚公司总结经验、开拓创新，形成了一套耙吸挖泥船针对中粗砂艏吹施工的施工工法，并且在工程中得到了广泛的应用。技术难点：①通过 SCADA 系统的操作，优化控制吹砂浓度和流量；②在确保抽舱管路不堵塞的前提下，减少吹砂时间；③提高耙吸挖泥船在中粗砂艏吹施工中的施工效率；④挖掘自航耙吸挖泥船吹泥的功能，提高船舶的施工适应能力。

4. 接力泵（船）长距离吹填

大型绞吸船与接力泵船串联超长排距施工技术适用于输送排距超过大型绞吸挖泥船输送能力的超长排距疏浚与吹填工程，以及当大型绞吸挖泥船输送泵出现故障时，为提高设备使用率，采取此工法加接接力泵船进行疏浚与吹填施工，同时也适宜于其他行业其他介质的超长排距管道输送。

（二）典型工程案例

冀东油田人工岛建设工程中利用了袋装沙堤心的围堤和岛体陆域吹填的施工工艺，围堤与吹填相互依托、紧密结合、交叉同步进行，孤岛施工。围堤结构分段全面展开，水上作业，超前护底、流水作业、层层推进，及时保护，分段分级抬高形成围堤，同时进行人工岛岛体陆域吹填施工。围堤结构采用"袋装砂棱体＋吹填沙堤心"斜坡堤，反滤结构采用"袋装碎石＋无纺布"，护面结构采用"护面块体＋块石垫层"，护底结构采用"抛石＋砂肋连锁块"混合型软体排平护，上部结构采用"钢筋混凝土防浪墙＋混凝土路面"。深水软体排和袋装砂棱体采用大型多功能铺排船进行施工，水上抛石和预制件安装采用吊机船进行施工，上部结构施工混凝土供应采取在人工岛上建立混凝土搅拌站，护面块体采用陆上预制，工程所用材料和构件全部经由临时码头倒驳船运至施工现场。陆域吹填施工主要采用绞吸船进行施工，地基处理采取无填料振冲的施工工艺。

四、环保疏浚工程技术

(一)综述

随着废物倾倒、废水排放造成的污染,导致沿海、湖泊和河流环保问题日渐突出。20世纪70年代,《伦敦公约》和《奥斯陆—巴黎公约》相继制定,由此出现了新兴的环境科学与疏浚技术相互交叉的综合性边缘性工程领域——环保疏浚。环保疏浚是一种异位处理处置污染底泥的技术,主要是利用水力或机械的方法将污染底泥疏挖出来运输到其他地方后再进行处理处置,即将水体的内污染源转移走,以防止污染水体,并增加水环境容量以及为水生生态系统的恢复创造条件。

该工程近30年以来在我国得到了较大的发展。我国先后在昆明滇池、安徽巢湖、大理洱海、杭州西湖、无锡五里湖等湖泊实施了污染底泥的疏挖与处置工程,并在设计与施工中采取了有效的环保疏浚措施,如在设计上要求超挖限度、采用环保型挖泥船或经过环保改造的挖泥船进行施工、采用DGPS定位、对余水进行处置等。1997年,我国实施了内陆湖泊大型环保疏浚的首例工程——滇池草海污染底泥疏挖及处置工程,通过环保疏浚工程,去除了大量的污染物,基本实现了国家要求在世博会期间"滇池草海水体旅游景观有明显改善"的要求。

一项成功的环保疏浚工程应达到以下效果:减少水体悬浮细颗粒;彻底清除污染底泥;疏浚过程中损失水量最小;对挖出的底泥实现无害化、减量化、资源化处置。在我国,环保疏浚主要利用水力或机械疏浚方法清除江河湖库的污染底泥。在挖取底泥、输送底泥和处置底泥的过程中应防止二次污染,因此应尽量减少泥沙搅动,并采取防扩散和泄漏措施,保证高浓度吸入;高定位精度和高开挖精度,彻底清除污染物,并尽量减少超挖量;避免输送过程中的泄漏对水体造成二次污染;对疏浚的污染底泥进行安全处理。

针对污染湖泊、河流,实施环保疏浚,可以有效地削减污染底泥负荷,彻底清除受纳水体内污染源,为削减水体富营养化和水质恢复创造条件,促进湖泊大型水生生态系统的恢复。污染底泥疏浚的同时进行吹填造地及绿化,有利于改善周边地区的生态环境。

(二)主要技术创新

我国环保疏浚工程涉及的关键技术主要包括:污染底泥勘测技术、环保疏浚船机技术、堆场二次污染控制技术和污染土处置与处理技术。环保疏浚成套技术与装备则包括污染底泥精确勘测鉴别与生态风险评估技术、高浓度环保疏浚与输送技术和装备、规模化模块化高效减量化技术和装备以及污染底泥分类资源化利用技术。上述成果先后在太湖竺山湾、官桥湖(庙湖)、龙阳湖、南湖、墨水湖一期、墨水湖东区、南湖二期、深圳宝安河道等污染底泥疏浚和处理工程中得到应用,效果显著。各项目完工后实现污染底泥取样原状率达到90%,浚后检测实现厘米级,脱水底泥含水率低于40%,疏浚余水处理后主要污染物指标达到《污水综合排放标准》（GB 8978—1996）中规定的二级排放标准等主要指标。此外,首次将底泥脱水减量技术与市政污泥结合起来,应用于老港垃圾填埋场污泥减量化技术研究及工程示范项目,针对老港污泥暂存库区已填埋污泥含水率高、有机质浓度大、二次深度脱水减容难的特点,研究深度脱水技术,使得脱水后污泥含水率降至55%左右,通过工程示范,实现了污泥高效减量。主要技术创新有:

（1）针对我国还未建立污染底泥鉴别和评估技术体系的现状,以及采用常规勘测技术进行污染底泥勘测存在定位精度不高、底泥采取率低、对上层流态污染底泥扰动大等问题,研发和集成了污染底泥精确勘测鉴别与生态风险评估技术。精确定位技术主要采用了实时动态（RTK）定位技术与全球导航卫星连续运行参考站综合服务系统（CORS）,回声探测仪的校正、水位观测基点布设,提高测量精度,平面控制精度优于5厘米。污染底泥原状取土技术的核心是主研制的中闭锁式原状取土器,取土器与自制的取样钻探平台组合使用,进行底泥原状取样,取样原状率可达到90%以上。

（2）针对目前国内环保疏浚工程大多存在疏挖过程扰动剧烈、污染释放风险大、疏挖污染泥浆浓度低、输送浓度效率不高、处理处置工程量大、缺乏满足检测厘米级高精度疏浚的浚后检测技术等问题,研发了污染底泥原状高浓度环保疏浚技术、污染底泥高浓度输送技术以及污染底泥高精度浚后检测技术,综合形成了高浓度环保疏浚与输送技术和装备。离心泵—管路系统输送底泥浆体的最适宜输送密度探讨表明最适宜密度为1.25 ~ 1.35吨/立方米。高精度浚后检测技术推荐环保疏浚检测使用RTK无验潮模式,常规检测方法下的测深误差估算为10.6厘米,采用推荐检测方案的测试误差估算为7厘米。

（3）针对脱水干化是我国的技术瓶颈问题,工作人员在大量实验研究的基础上,研发集成了规模化模块化高效减量化技术和装备,包括无疏浚泥浆堆场疏浚技术、脱水减量一体化成套技术与设备集成、脱水干化集成优化控制系统研发技术等。目前底泥脱水减量技术主要有自然干化、预压脱水、土工管袋、电渗析脱水和机械脱水等脱水减量技术,综合考虑减量效果、占地面积以及规模化应用等问题,应用比较广泛的主要是真空预压与机械脱水技术。针对高效机械脱水减量系统处理单位比较分散,且存在重复建设钢筋混凝土硬质施工场地、施工管理粗放扰民等问题,进行了脱水干化一体化成套技术与设备集成研发。按照脱水减量工艺,主要分为六个单元:除杂单元、浓缩单元、调理搅拌单元、脱水单元、水处理单元、备用发电单元。脱水减量系统中各设备手动操作控制,自动化水平较低,人员使用较多。通过自主研发的底泥脱水减量集成优化监控系统,可增强装备整体自动化水平,优化工艺,提升精度,提高设备台班利用率,并实现实施监控。

（4）疏浚底泥是很有利用价值的巨大潜在资源,但要因地制宜地进行利用。底泥由于受纳污染物种类复杂,局部区域重金属或持久性有机污染物与大量存在的氮磷营养盐污染底泥混杂在底泥中,给底泥处理带来困难,因此针对不同污染物类型底泥进行分类处理,研发了绿化用土资源化技术、路基用土资源化技术和建材用土资源化技术,实现底泥的资源化利用。

①绿化用土资源化技术。对于氮磷营养盐污染型河道疏浚底泥,利用自主研发的底泥改性缓释和改良技术,使得底泥符合《绿化种植土壤》(CJ/T 340—2016)标准,并对10余种植物进行小试和中试试验,植物长势良好,因而可用于绿化土及湖荡湿地的营建或生物栖息地的建设。

②路基用土资源化技术。对于氮磷营养盐污染型河道疏浚底泥,经过特定的技术固化后,底泥 CBR 值可达到30%以上,远超路基填料最小强度(CBR)要求,从而实现就地取材和资源化。

③建材用土资源化技术。针对重金属、持久性有机物或复合污染型河道疏浚底泥,工作人员研发了经稳定化无害化后的底泥用作免烧砖、加气混凝土砌块等新型建材制备技术。底泥制成的免烧砖强度可达到 MU20 水平,加气混凝土砌块强度可达到3.9兆帕,满足 A3.5B06 级强度要求。

第七节　地基处理技术

一、概述

伴随我国港口建设的蓬勃发展,对地基处理技术也提出了更新、更高的要求,随着工程实践经验的丰富,在水运工程领域我国的地基处理技术总体上已达到国际先进水平,部分技术已处于国际领先水平。地基处理方法经历了由简单到复杂、由单一方法处理到多种方法联合使用、由传统方法到创立新方法、由仅考虑工程要求到重视环境生态保护的过程;处理水平也由低水平到高水平、由以强度控制为主到以变形控制为主的转变;处理中所用材料也不断更新、工艺不断进步、施工设备能力不断加强;地基处理规程、规范也不断充实、完善、更新。

我国水运建设中常用的地基处理方法有:排水固结法、强夯法、爆破挤淤法、水下挤密砂桩法、振冲法等。这些方法已得到广泛应用,并有不少改进与发展,组合加固技术不断涌现,例如刚性桩复合地基加固技术的出现,此外还开发了浅表层快速加固技术,使以往不能加固的新近吹填的超软土变得能够加固。我国还编制了《港口工程后张法预应力混凝土大管桩设计与施工规程》(JTS 167—6—2011)、《水运工程先张法预应力高强混凝土管桩设计与施工规程》（JTS 167—8—2013）、《吹填土地基处理技术规范》（GB/T 51064—2015）、《海岸软土地基堤坝工程技术规范》（GB/T 50943—2015）、《水运工程地基设计规范》（JTS 147—2017）等规范。

我国水运工程地基处理技术呈现出两大发展趋势。一方面，地基处理技术和装备向着大型化、智能化方向发展，满足工程大水深、高环保、高质量的要求，如水下挤密砂桩技术、深层水泥搅拌桩技术等。另一方面，为满足陆上特定地质条件下快速高效高环保地基加固要求，通过改进原有地基处理工艺形成了新的地基处理技术，如超软弱吹填土复杂处理关键技术、新近吹填淤泥地基新型大面积砂被工作技术、无砂法真空预压加固技术及高能量强夯技术等，形成了一个以新代旧的趋势。在水运事业快速发展的当下，土地资源日益匮乏，大量临水、深水域软土区域项目陆续开展，通过改进设备、更新材料、改进工艺等方法和思路，将有力促进地基处理技术的发展和提升。

二、排水固结法

排水固结法一直以来在我国水运工程中应用广泛，尤其在大面积软弱土加固处理上应用最多。2009 年以来，排水固结法在处理超软弱吹填土复杂地基、新近吹填淤泥地基形成工作垫层等方面进行新的开拓，理论上针对成层超软弱地基，提出了真空联合堆载预压下土体强度增长和复杂分层地基固结度计算方法，为准确计算复杂地基的强度增长和评估卸载时机及估算工后沉降提供了新方法；成功解决了超软土浅表层快速加固中存在的技术难题，研发了适用于新近吹填淤泥地基的大面积砂被工作垫层工艺技术，开发了新型直排式分级真空预压技术，实现了新近吹填淤泥地基真空预压一次性处理。

（一）堆载预压法

堆载预压法主要用于解决软弱地基承载力不足和压缩量过大的问题，经过几十年的发展，我国已形成了一套较为完善的堆载预压加固技术，成为软基加固最常用的一种方法，仍在不断发展和完善。传统的堆载材料多为土石料，1992 年国内创造性采用围堰充水的方法，利用水荷载进行堆载预压，解决现场堆载料不足的问题。为了适应水上施工需要，国内相继开发了铺设砂被软体排、水上插板等施工工艺，还开发了水上施工船舶设备，包括插板船和铺排船，形成了一整套堆载预压加固水下软基施工技术。堆载预压法还与其他加固方法（真空、强夯、降水、电渗等）进行联合应用。

（二）真空预压法

20 世纪 80 年代，在塘沽新港进行了几次真空预压技术现场试验，并于 1984 年在连云港碱厂工程中采用真空预压法进行软基处理，取得了显著的加固效果，之后该法不断完善,广泛应用于水运工程中。20世纪90年代,真空预压技术在理论研究、施工工艺、对周边环境影响以及防护技术方面都取得了丰硕的成果。21世纪以来,研究人员相继提出了多种真空预压法加固机理新解释,出现了无砂法真空预压、直排式真空预压、水气分离式真空预压等新的地基处理技术。

（三）真空联合堆载预压法

20世纪80年代,国内对真空预压、堆载预压以及两种方法联合作用进行大量的试验研究。20世纪80年代中后期,先后在天津港四港池后方堆场、上海港某装卸区进行了现场试验研究,取得成功,随后,该方法在天津、上海、广州、汕头等地开始推广应用。该法将真空预压与堆载预压相结合,具有真空预压法、堆载预压法的双重特点,垂直排水系统、水平排水系统、插板工艺、密封墙技术、潮间带施工工艺、排水系统优化设计方法等都已应用于真空联合堆载预压法。1994年国内采用回填砂、充水、真空荷载进行联合加固潮间带海域获得成功,开发出综合地基加固及快速造陆技术。20世纪90年代以来,先后建立了真空联合堆载预压砂井地基固结解析解、真空联合堆载加固地基渗流分析理论、真空联合堆载预压沉降的半经验半理论方法、真空联合堆载预压沉降简化计算方法等。

（四）浅表层快速加固技术

浅表层快速加固机理与真空预压法相同,利用了真空预压法无须堆载材料、可以在短时间内一次性将荷载加上去而不会引起地基失稳、也不会对环境造成污染的特点实施对超软弱吹填土加固。在我国,浅表层快速加固技术已经形成整套施工工艺技术,其加固装置由密封膜、排水垫层、抽真空滤管、排水板或袋装砂井、格栅层等构成。浅表层快速加固技术解决了原有真空预压无法在流泥或浮泥上施工的问题。

三、强夯法

随着我国大型基础设施建设的发展,高填方工程和围海造陆工程越来越多,吹（回）填土层的厚度越来越大,其地基的稳定、沉降及其处理的难度也越来越大。强夯法作为性价比最优的地基处理方法,在基础设施建设中不断实践和发展,在应用过程中不断提高夯击能。强夯夯击能从最初的1000千牛·米提高到18000千牛·米以上,处理深度从5米提高到15米左右;施工机械设备也得到了显著改善,国内专业施工企业联合高校科研力量,先后研发了多款专门用于强夯施工的机械设备,大幅缩小了与国外强夯水平的差异,其应用领域从工民建扩展到港口码头、石油石化、机场、道路交通等行业,应用领域十分广阔。

（一）强夯法加固非饱和地基

强夯法是将重锤从高处自由落下,在地基内产生冲击力和振动力,使地基得以加固。强夯法地基处理开始主要用于非饱和土地基,到 21 世纪初,在国内已经成为一种比较成熟的地基加固技术,相继提出了强夯碎石体施工方法、振冲碎石桩与强夯复合使用施工方法等。我国强夯施工设备经历了 30 多年发展,能级已达到 15000 千牛·米,但施工设备仍大多以中小起重量(150～500 千牛)的履带起重机,增加辅助装置来实现 8000 千牛·米以下能级强夯作业。国内强夯机主要有两种:一种以 W200A 起重机为代表,在强夯臂杆中后部加装防后倾装置而成强夯机,另一种以 W1001、QU25、W200A 起重机等为代表,加装辅助门架形成代用强夯机。上海洋山港区后方物流园区集装箱堆场项目、漳州港 1 号、2 号、泊位集装箱堆场项目、大连港大窑湾港区 88 万平方米后方堆场项目都是该方法应用成功的案例。

（二）强夯法加固饱和地基

对于饱和黏性土,强夯法使用较慎重。经过多年实践,我国相继发展了塑料排水板联合强夯处理饱和淤泥质地基土技术以及袋装砂井联合强夯处理饱和淤泥质地基土技术,成功将强夯法应用于软弱饱和地基中。方法如下:在饱和淤泥质土地基内,打设一定间距和深度的塑料排水板,在表层铺设砂垫层,构成淤泥土地基排水系统,采用低能级夯击能,夯击地基,根据地基内的仪器判定淤泥土地基内孔隙水压力消散时间和程度,确认夯击间歇时间。通过变形观测,确认最佳夯击锤数和收锤标准,判定强夯处理效果。

（三）真空预压联合强夯快速加固技术

真空预压法和强夯法各有优点和不足,在采用真空预压加固软土后,辅加动力,会增强软土的渗透性,加速排水固结。真空预压与强夯相联合,将静力排水固结和强夯的优点结合,二者具有明显的互补性。真空预压联合强夯快速加固技术施工工艺与真空预压法、强夯法相似,其关键技术在于如何实现两种工法的良好衔接。土体固结度是一种较好的衔接标准,控制固结度达到 50%～70% 较为合理。具体的施工工艺如下:首先对疏浚土等软土地基进行真空预压处理 30 天(预估值)左右,等土体的固结度达到 50%～70% 时,即可对真空预压卸载并揭除密封膜,然后进行强夯加固处理,夯击能控制在 1000～2500 千牛·米。

（四）降水联合强夯加固技术

降水联合强夯加固技术将降水技术与强夯技术有机结合,压密夯实与排水固结共同作用,从而达到加固软土地基最终目标。深井降水联合强夯法施工工艺如下:砂垫层施工、塑料排水板插设、泥浆搅拌墙施工、深井井点打设、深井潜水泵安装、抽水预压及维护、强夯施工和场地整平。真空井点降水联合强夯法流程如下:根据场地土质情况和处理目标确定降水和强夯施工参数,先开始真空(井点)排水,再进行强夯施工,多次循环真空(井点)排水、强夯施工,直至满足设计要求。

四、水下挤密砂桩法

水下挤密砂桩是水下软土地基加固新技术,用中密或密实的砂桩置换软土形成复合地基,快速、大幅度地提高地基承载力。20世纪50年代初国内引进砂桩技术以来,该技术在陆上已得到较多推广使用,在水下施打砂桩则起步较晚,但进展较快,已陆续在一些工程中得到了应用,不过受水下砂桩施工技术限制,工程中打的砂桩均为普通砂桩。自2005年在上海洋山二期成功使用自主研发的水下挤密砂桩船进行水下砂桩加固地基以来,结合港珠澳大桥建设,对挤密砂桩复合地基设计计算方法、施工技术、施工装备以及质量检测技术进行了深入的研究,形成了我国沿海软土地基地区具有适用性的水下挤密砂桩(SCP)复合地基设计计算方法,以及具有自主知识产权的挤密砂桩(SCP)海上施工设备和施工技术和检测技术,水下挤密砂桩施工技术与设备也获得了进一步推广,并成功应用于南海明珠人工岛工程地基处理工程(30万立方米水下挤密砂桩)。

五、振冲法

1976年我国开始引进振冲法并试制振冲器,1977年首次将振冲法应用于南京船舶修造厂船体车间的软土地基加固。20世纪90年代以前,振冲法在港口水运工程中应用较少。20世纪90年代后,振冲法才在适用范围、施工场地及施工质量控制等方面取得了较大发展。振冲器从原有的单一振动方式,发展为双向振动方式,功率也从30千瓦、55千瓦发展至75千瓦、125千瓦,在曹妃甸原油码头及配套设施工程10万平方米原油储罐吹填砂土地基加固过程中采用了130千瓦振冲器,国内还开展了180千瓦振冲器试验研究,振冲施工也由陆上推广到水上作业,并且开发出振冲施工的电控系统。同时,振冲加固效果的检测方法也由单一的静载试验、重型动力触探试验发展到碎石桩桩身大吨位静力触探试验及桩间砂土标准贯入试验等多种方式。振冲法还不断与其他地基处理方法联合,形成了新的地基处理方法,如振冲密实与强夯法相结合、多点胁迫振冲联合挤密法等,以满足日趋复杂的工程建设需要。

六、深海水泥搅拌桩(DCM)技术

海上深层水泥搅拌桩(简称DCM)是一种高效地基处理技术,具有适用范围广、处理

深度大、质量稳定、环保和非疏浚等特点。该技术在日韩应用较为广泛,但由于技术封锁和重视程度不够,国内一直没有全面掌握DCM核心技术。随着国际市场对环保和质量要求的日趋提高,DCM施工应用越来越广泛。保证DCM成桩质量的主要参数:一是有效喷浆量,即喷射在桩体范围内水泥浆量;二是搅拌切土次数,即喷浆后与加固土的搅拌混合次数。2009年以来,水下深层水泥搅拌法开始大规模地在我国水上工程地基处理中推广应用,尤其是在粤港澳大湾区,已完工的惠州大亚湾澳头护岸工程,正在建设中的香港机场第三跑道项目、香港综合废物处理设施项目、深圳至中山跨江通道项目以及拟建的香港东涌填海项目,均采用水下深层水泥搅拌法对相关构筑物下部的软弱地基进行加固处理,加固水下软土工程量达数千万立方米。伴随着水泥土搅拌法建设需要,其设备得到了较快发展。如中交第四航务工程局有限公司自主研发了"四航固基"号,其具有自动化程度高、设备先进、处理能力强、安全环保等优点,打破了日韩技术封锁,填补了国内技术空白。"四航固基"配备3组DCM处理机,桩架间距4~6米,每台处理机处理面积为4.63平方米,单日处理方量可达2400立方米。

第八节　港口装卸机械及船机设备

改革开放以来,除从国外购入一些必要的大型先进施工机械外,我国还引进了国外大量的先进技术,加上国内的自主开发,促使施工机械的技术含量和施工能力获得了空前的提升,这些设备正在我国的水运工程建设事业中发挥着重要的作用。港口装卸设备涵盖了港口起重、运输、装卸、储运等作业流程,具有结构高大复杂、控制先进灵活、工况繁忙恶劣、对可靠性和节能环保要求高等特点。进入21世纪以来,我国沿海主要大型专业化码头装卸设备总体上达到了世界先进水平,个别机型已处世界领先地位。国产的港口机械已稳步进入世界市场,其中集装箱码头岸桥、场桥遍布世界70多个国家和地区,世界市场占有率在75%以上,散货装卸设备如装、卸船机、斗轮堆/取料机、环保型链斗卸船机等也居本行业前列。2009年以来,我国港口装卸设备产品进入了一个全新发展时期,自主研制了额定生产能力3800吨/小时的链斗式连续卸船机、3E级和3E plus级超大型岸桥等大型港机设备;研发了岸桥综合节能技术;研制了市电供电轮胎吊、锂电池节能轮胎吊、全功能小车轮胎吊等低碳环保型设备,我国已从港机生产大国迈向港机生产强国的行列。

一、大型港口装卸机械

(一)集装箱码头装卸设备

1.岸桥

集装箱码头的主要装卸机械是岸边集装箱起重机(岸桥)。我国研制岸桥始于20世纪70年代末,产品主要供应国内码头。1992年我国为加拿大设计制造了一台前伸距44.2米、额定起重量为50.8吨的岸桥,打开了岸桥出口的大门,并逐步开拓、占领国际市场。1997年我国研制了第一台弯折(鹅颈)主梁式岸桥并出口美国奥克兰港。2000年研制了第一台双小车岸桥。2003年研制了世界首创的主梁升降式岸桥。2005年我国首创一次可吊两个40英尺箱或四个20英尺箱的双40英尺岸桥,之后又首创了双40英尺双小车岸桥,是世界上装卸速度最快的岸桥,为码头自动化创造了有利条件。2010年,我国设计出了供中小型码头装卸集装箱、件杂货,也可用抓斗装卸散货的220型多用途轻型岸桥,并研制出了国产的中部吊点可移动的双箱吊具等。2012年起,我国自动化码头进入高速发展期。2014年,国内首个自动化码头——厦门远海码头投入试运营。2015年,我国率先设计完成3E级超大型岸桥,并陆续开发出双小车3E plus机型,以满足自动化码头市场需求。2017年,亚洲最大自动化码头——青岛港开港;同年,世界单体最大自动化码头——洋山四期投入运行,采用的都是双小车岸桥。

3E plus岸桥技术创新包括:轻量化设计研究、攻克制约超大型岸桥作业效率的技术瓶颈、提升整机运输水平、新型可再生能源应用。鹅颈岸桥关键技术包括:超大型折臂岸桥、最大折臂比、独特的俯仰锥定系统等新型结构设计,新型电控和液压控制、新型拖链设计等新型机构设计。低姿态岸桥关键技术包括:超矮型桁架大梁、后倒式立柱结构、"0"形新式悬挂系统等新型结构设计,新型闭环起升缠绕系统、超矮型小车总成、新型桁架机房结构等新型机构布置。

2.集装箱堆场装卸设备

集装箱堆场的主要装卸机械是轨道式集装箱龙门起重机(轨道吊)和轮胎式集装箱龙门起重机(轮胎吊)。集装箱龙门起重机承担着堆场的堆码和对集装箱拖挂车的装卸作业。20世纪主要机型是场桥,进入21世纪后轨道式集装箱龙门起重机(RMG)得到了较快的发展和应用。轮胎式集装箱龙门起重机(RTG)场桥一般由柴油发电机组驱动。我国从2004年开始研制集装箱堆场自动化装卸系统,该系统分别用高低两种轨道吊来进行堆箱区的堆存和集卡车的装卸作业,2005年系统首次在上海港外高桥集装箱港区建成应用,之后又研发出了一种新型集装箱自动化码头装卸系统。2007年世界首创的环保型高效全自动化集装箱码头示范区在上海长兴岛诞生。

（二）散货系统设备

20世纪70年代末到80年代末，我国散货装卸机械基本是引进日本、欧洲技术，并由中外企业合作生产制造。20世纪90年代后，我国相继研制了一系列散货机械。现在我国的装船机、卸船机、斗轮堆/取料机、翻车机及胶带输送机等散货装卸机械已达到了国际先进水平。装船机与码头输送机系统相衔接，用于大宗散货的连续装船作业。20世纪70年代末，我国与外商开始合作设计制造大型装船机，20世纪80、90年代曾制造过2500吨/小时、3000吨/小时、4500吨/小时、6000吨/小时等型号的装船机。之后我国自行设计制造了宁波港用5000吨/小时大型全回转装船机，设计制造了第一台出口澳大利亚的非回转臂架5000吨/小时装船机，设计制造了首钢秘鲁码头的6600吨/小时铁矿石装船机。2006年我国建造了8000吨/小时环保型散货装船机。在装船机自动控制技术上，我国还自主研发首台全自动化的装船机，2008年在上海罗泾二期散货码头实现了世界一流的高效智能自动化装卸作业。2010—2012年我国又接连为巴西淡水河谷及LLX公司设计制造了10000吨/小时和12000吨/小时全回转装船机。

卸船机可分为间隙式和连续式两类。桥式抓斗卸船机和链斗卸船机分别为间隙式和连续式卸船机的主流机型。桥式抓斗卸船机主要用于接卸煤炭和矿石等散货，早期主要有载重小车式抓斗卸船机和主辅小车补偿式抓斗卸船机。20世纪80年代中期，我国引进日本技术为上海石洞口电厂制造了1250吨/小时桥式抓斗式卸船机。1993年我国自行设计的第一台1750吨/小时大型桥式抓斗卸船机出口印度尼西亚。2006年我国为澳大利亚EPA港设计制造了一台生产能力为1000吨/小时，适用于抓斗和集装箱两用的多功能卸船机。2009年，国内为青岛董家口港区设计制造了3500吨/小时机械差动式桥式抓斗卸船机。链斗卸船机具有高效、低耗、装机功率小、整机轮压平均、工作平稳、操作简单、易于实现自动化操作等优点，物料输送过程完全密闭，对环境污染小。2010—2012年，国内分别为曹妃甸矿石二期码头、珠海神华煤炭码头设计制造了3800吨/小时矿石用链斗卸船机和1800吨/小时煤炭用链斗卸船机。2014年，我国向越南沿海电厂出口了1500吨/小时煤炭用链斗机。

斗轮堆取料机是一种连续、高效、低耗的大型散货堆取、转运、输送机械，广泛应用于散货码头、火力发电厂、矿山、钢铁冶金、水泥建材、化工、煤炭等原料储运场。2017年我国为巴西淡水河谷设计制造的12000吨/小时全自动取料机代表了国际先进水平。

翻车机是一种用倾翻敞车的卸车方法，将其所载散货一次性地卸出的大型高效机械设备。翻车机可分为侧倾式、"O"形转子式和"C"形转子式三种。其中转子式翻车机使用较多。2008年投产的国投曹妃甸煤码头翻车机采用了"O"形转子式，每次翻卸4节车厢，设计年卸车能力达到5000万吨。

二、大型疏浚设备

（一）设计建造技术突破

1. 自航耙吸式挖泥船

耙吸挖泥船是一种装备有耙头挖掘机具和水力吸泥装置的大型自航、装舱式的挖泥船，是疏浚船队中必不可少的一种主力船型。我国自航耙吸船的设计、建造始于20世纪70年代初，当时研制并建成了两艘4500立方米的自航耙吸船。20世纪70年代中后期，我国先后进口了一批1500～6500立方米的自航耙吸船。进入20世纪90年代，自航耙吸船的主尺度不断被改写，功能也趋多样化。21世纪初，我国对6500立方米耙吸船实施扩容改造，改造后的舱容量达到9000立方米，利用三艘26000吨级散货船成功改造成为舱容量为13000立方米的自航耙吸船。2002年从荷兰IHC公司订购了12888立方米及10028立方米的自航耙吸船。随后，我国自主设计、建造了以16888立方米为代表的一批达到或接近国际先进水平的自航耙吸船。2016年，中交广航局建造的"浚洋1号"耙吸式挖泥船在广州举行交付仪式，被称为中国挖泥船中的新一代"巨无霸"。

2. 绞吸式挖泥船

20世纪50、60年代，我国仿制了一批40立方米/小时、60立方米/小时拼装绞吸船，20世纪70、80年代又开发了一批80～200立方米/小时内河及沿海型绞吸船，总建造量超过百艘，基本满足了当时国内水利建设的需要。20世纪90年代初，"百船工程"的350立方米/小时及800立方米/小时斗轮船、喷水清淤船、使用岸电的250立方米/小时全电动绞吸船以及500～1500立方米/小时出口型绞吸船等相继问世。进入21世纪以来，从最初的2500立方米/小时绞吸船到现在的4500立方米/小时绞吸船；从三缆定位系统到钢桩台车系统加三缆定位系统；从双泵串接到带水下泵的三泵串接；绞刀功率从850千瓦到4000千瓦；最大挖深从22米到30米，从非自航到自航；排距从3500米到7000米等，我国的绞吸船进步巨大。在国内自主设计建造的这批绞吸船中最具代表性的有：自航绞吸船"天鲸号"和非自航绞吸船"天麟号"。

3. 抓斗挖泥船

我国抓斗挖泥船的设计、建造始于20世纪70—80年代，斗容在0.5～4.0立方米，最大挖深8～30米。20世纪90年代末期我国从日本进口一些8～13立方米抓斗挖泥船，生产能力为350～520立方米/小时。进入21世纪后，我国成功建造了27立方米、30立方米抓斗船各一艘，生产能力为900立方米/小时，其中船舶定位系统除保留原有的锚泊设备即四锚定位系统外，还在船尾区域布置了倒"品"字形的钢桩定位系统，两套定位系统相互独立，满足了无法采用四锚定位情况下的施工作业需要，如进出频繁的航道及码头基槽开挖等作业情况。抓斗船的钢桩提升方式由原先的钢缆发展为液压齿轮、齿条式，尾部的主桩可以在前后15°的范围内摆动，实现了船舶在纵向的前行或后退，此外在原有定位和排斗轨迹等管理控制的基础上，采用了双DGPS定位和声呐旁扫技术。

4. 开体泥驳

20世纪70年代以前，我国的泥驳多为开底方式。20世纪70年代中期经自行设计，国内船厂建造了一批500立方米非自航开体泥驳。随着疏浚业的发展，1000立方米以上的非自航和自航开体泥驳在我国开始大量建造和营运。为了满足海上构筑物不断向深海发展以及对环境保护日益重视的要求，设计和建造大型、自航开体泥驳已成一个世界趋势。与国外相比，国内已建造出装载量为4180立方米的开体泥驳，运营更为经济和高效。

（二）关键疏浚设备应用

1. 高效泥泵

真空吸入方式疏浚的核心设备是泥泵，其中泥泵的效率和耐磨性是它的两大特征和技术难点。2000年以前，国产泥泵的设计、制造几乎属于空白。21世纪初，国内相关企业掌握了高效、耐磨大型泥泵的设计、制造技术，完成了28000立方米/小时大型高效泥泵的设计和制造。在此基础上又向市场推出了吸口550~1200毫米，流量3000~28000立方米/小时的系列泥泵产品，先后在国内新建的大型自航耙吸船和非自航绞吸船上使用。

2. 高效主动型耙头

耙头是耙吸船施工的主要机具之一，一直是国外疏浚企业关注的重点及国外技术垄断的核心部分。国内相关企业经过研究和创新，生产出一种能够适应挖掘各类土质的挖掘型耙头。国产耙头不但有效保障了耙头活动罩与泥面的良好贴合，而且还能增加耙齿的入土深度，加上带高压冲水的耙齿，挖泥效率有了明显提高。

3. 艏喷/艏吹系统

20世纪末，艏喷/艏吹装置在我国特大型围海造地工程项目中成功运用，解决了耙吸船无法在水深小于8米的水域中处理泥舱中泥沙的问题，使得耙吸船只需依靠本船设备就可实现"挖、储、运、吹"一条龙施工作业，拓宽了耙吸船的施工范围。21世纪初，我国又攻克了液压锁紧机构、球面体副、密封等技术难点和关键点，设计开发了DN800、DN850、DN900、DN1000系列的艏喷/艏吹装置产品。

4. 疏浚集成控制管理系统

2003年我国挖泥船"监测控制与数据采集系统"成功面世。2004年新研发的"挖泥船自动化控制系统"也应用成功。本系统主要包括挖泥船全平台综合智能管理监视与控制及疏浚辅助决策系统,涵盖了耙吸挖泥船和绞吸挖泥船两种主要船型。目前,该系统已在国内新建的耙吸船、绞吸船上得到了广泛的应用。

5.计算机辅助决策系统

计算机辅助决策系统是一种疏浚施工智能化系统。通过实时采集与疏浚施工作业相关设备、疏浚机具、海况、气象等运行参数、信号数据,按不同的寻优原则,对这些随机的、有效的数据进行分类、分析和处理,并与不同施工工艺、技术要求、土质状况等建立的数学模型进行拟合比较,运用模糊决策理论确定最佳施工参数组合。该系统具有完全自主知识产权。

三、大型施工设备

(一)工程船舶

1.起重船

起重船按航行方式可分为非自航式和自航式,按起重设备的结构形式可分为全回转式和变幅扒杆式。另外,还有一种起重设备为既不变幅又不回转的专用起重船,一般是为某类特定的构件吊装设计和建造,如大型桥梁安装船、海上风电安装船等。1980年我国从日本进口了一批200吨级起重船,以后国内陆续建造了一批500~700吨级别的起重船;2000年以后,各种大型起重船在国内相继建成。双扒杆变幅式起重船在起吊大型构件时具有一定的优点,四个主钩头分布范围大,减小了不必要的横向分力。大型全回转式起重船因其技术含量和造价较高,只有在特殊需要的领域获得应用。2014年,振华重工自主设计建造的世界最大全回转深水自航起重船——12000吨级全回转起重船臂架总装完成,该起重船是振华重工继"蓝鲸"号7500吨级起重船之后打造的又一艘大型全回转起重船。

2.打桩船

打桩船有变幅式、全回转式及吊打式三种类型。变幅式打桩船的桩架可绕船艏前支点做俯仰动作,适合施打垂直桩和斜桩,通用性强、建造和施工成本较低。2000年前,国内打桩船架高多在50米左右,新建打桩船桩架高度多在70~95米,原有架高50米的打桩船也多数进行了技术改造,桩架的变幅机构几乎全部采用液压油缸形式。全回转式打桩船桩架安装在大型回转式起重机上,既可变幅又可水平旋转。吊打式打桩船多由起重船或方驳吊机改装,主要用于打桩数量较少的工程。打桩船的桩锤多采用柴油锤,随着环保等方面的要求,液压打桩锤也得到广泛应用。

3.软体排铺设船

在长江口航道治理工程一、二期工程中,我国动用了15艘软体排铺设船,铺设面积高达 1189 公顷。铺设船多为适宜的方驳改造而成，少数是针对工程需求专门设计和建造，当时的软体排一次铺设宽度为 40 米，船舶的理想尺度约 70 米×24 米×4.2 米，满载排水量约 4000 吨。在铺设船上，一般在甲板的一舷安装长轴卷筒，卷筒的长度根据铺设宽度而定，另一舷装有与卷筒等长度的倾斜滑板，砂肋或连锁块在甲板上充填或绑扎，利用吊机将处理好的排体移向滑板并向下溜放，以后的过程就是利用排体的自重、卷筒的随动释放和适当的移船速度来控制软体排的铺设。铺设船还安装了 DGPS 定位系统。

4. 抛石整平船

国内用于水运工程建设的抛石整平船有三种类型，一是坐底式抛石整平船，二是平台式抛石整平船，三是漂浮式抛石整平船。主要用于重力式码头、港口航道治理等工程的基床抛石整平工作。1998 年以前，国内的水下抛石基床整平工作主要采用较为原始的潜水员水下手工作业方式。国内整平船的正式研制始于 1998 年，截至目前，总体技术达到了国际先进水平。为满足长江口航道整治二期工程的基床抛石、整平需要，我国又开发了大型坐底式基床抛石整平船。与长江口深水航道治理二期工程同期，我国于 2002 年底研发了平台式抛石整平船，于 2008 年又进行了深水整平船的研发，将原坐底式基床抛石整平船改造为漂浮式深水整平船。

5. 砂桩船

砂桩船主要由船体、移船系统、管架系统、提升绞车系统、供砂装置、供气和供水系统、动力装置及施工管理系统等部分组成。砂桩船分为非挤密砂桩船和挤密砂桩船两种。非挤密砂桩船形成的砂桩未经打回方式进行扩径。挤密砂桩船是利用套管的自重、砂重、气压和振动锤的振动力将砂和原有土壤紧固在一起，并通过打回的方式进行扩径，达到软基加固目的的一种专用施工船舶。

6. 混凝土搅拌船

国产第一代混凝土搅拌船相对简易，搅拌能力都在 100 立方米/小时以下，满载连续生产能力在 400 立方米以内，在我国，相当数量的搅拌船是采用方驳改造而成。国产第二代混凝土搅拌船可在蒲氏风力 6 级以下、波高 1.2 米以下作业，蒲氏风力 8 级时可在现场抗风生存；生产效率大于 100 立方米/小时，最大高达 270 立方米/小时；一次满载可以连续生产混凝土 700 立方米，最高达到 1300 立方米。

7. 拖轮

我国早期配合水运工程施工的拖轮尺度和动力装置较小，船长在 20～60 米，功率在 150～1200 千瓦，保有量不过几十艘，部属企业拥有的拖轮数量和性能已能满足配合施工的需要。随着我国非自航船舶的大型化和用途的不断拓展，用于拖带和配合施工作业的拖轮也进一步向大型化、智能化和多用途方向发展。

8. 半潜驳

安全、可靠地接卸大型沉箱或混凝土预制大件已成为半潜驳的主要任务。我国第一代首倾式半潜驳，主尺度 69.15 米 ×20.8 米 ×3.88 米，载重量 3000 吨，艏部搭岸可接卸 1200 吨沉箱。第二代为四塔柱坐底式半潜驳，是 2000—2003 年我国开发研制的一种新型坐底式接、运、卸混凝土沉箱的专用船舶。该驳主尺度 53 米 ×34.5 米 ×4.5 米（载货区甲板净宽 22 米），最大下潜深度 18.2 米，最高可提升 3000 吨。在我国，专门用于水工建设的半潜驳已经过多次完善，近期建造的半潜驳也对以往存在的缺点有所改进，其中改进最大的是接货方式，即从艏部和舷侧两个方向都可接货，既可坐底也可搭岸完成接货作业。

9. 浮船坞

浮船坞应用于大型沉箱的出运在我国始于 20 世纪 80 年代初，到现在，浮船坞已使沉箱的出运规格从百吨级跃上了千吨级，出运的最大沉箱规格达到 7000 吨。同时，出运方式也由原来的单一坐底，发展为坐底、对岸搭接两种方式。这类浮船坞，大多是我国从日本引进后改造而成，也有根据实际需要自行设计、建造的浮船坞。造万吨级以上的浮船坞将是解决超大型沉箱预制、运输和安装的主要途径。

10. 特种运输船

我国早期的半潜船多为千吨级的非自航船，典型的船型是以救捞系统为代表的半潜式驳船。目前，为了满足国内外的大型船舶调遣和港口机械的运输业务，我国新造和改造了共计 6 艘大型半潜船，最先进的半潜船已经安装了动力定位装置，该装置由位置测量系统、控制系统、推力系统三部分构成。通过卫星导航系统配合动力定位系统，运输船可在人为的设定下自动抵达指定的装卸货物地点。我国潜在的市场需求将促使半潜船继续向大型化、智能化和多样化的方向快速发展。

（二）大型施工机械

国内千吨级的汽车式起重机下线，打破了国外千吨级全路面汽车式起重机的垄断地位。我国从 20 世纪 90 年代开始涉足履带式起重机的研发和制造，现在中小吨位的产品基本上实现国产化；千吨级的产品已在国内几个企业正式生产，技术上也开始转向更加成熟的欧美产品方案。500 吨及以上的旋转起重机主要是用于国内外火力发电厂的建设需要，在混凝土预制场的出运码头上也获得了部分应用，相对滑道和其他方式下水而言，大大提高了 500 吨及以下大型预制件的出运能力。

国外旋挖钻机的最大扭矩可达 482 千牛·米、发动机功率 570 千瓦、钻孔直径 4 米、钻深 100 米以上。我国开发的亚洲最大旋挖钻机，钻孔深度 110 米、钻孔直径 3 米。用于水运建设的旋挖钻机最大钻孔直径为 2 米,最大钻孔深度为 83 米。国内潜孔钻机的成孔直径一般在 300 毫米以内,钻孔深度 20~80 米,适用于坚固性系数为 8~16 的岩石。该类钻机可用于河道、水电等工程中钻凿岩石锚索孔、锚杆孔、爆破孔、注浆孔等钻凿施工,也可为船舶在岩底海域制作锚泊固定点。国内大型工程钻机的成孔直径在 1~3 米(软土时更大),钻深 10~120 米。常见的有磨盘式工程钻机和潜水工程钻机两种,主要用于高层建筑、港口、码头、水坝、电力、桥梁等工程的大口径灌注桩施工,也可用于钢管桩的嵌岩施工。

过去国内大型施工机械主要依赖进口,自采取中外合资和引进关键技术后,在国内配套生产的产品质量获得了较大的提升,有些大型施工机械已经完全实现国产化。汲取西方国家的先进技术、走自主开发的道路已是我国大型施工机械的主要生产方式。

第九节　环境保护技术

改革开放以来,我国在水运环境保护方面取得了长足进步。1979 年,在北戴河第一次交通行业环境保护工作会议上,普及环保意识被列为交通环保工作方向之一。1983 年,环境保护被列为我国的基本国策,港口、水运行业的环保队伍建设与设施建设也随之开始起步,港口企业防污设施正式运行,交通环保逐步向纵深发展。20 世纪 80 年代,国内各大港口开始进行大规模基础建设,我国建立了专职的环保机构,环境保护工作逐步形成完善的体系。20 世纪 90 年代后期,交通环保工作在生态保护、水土保持、污染控制等方面都取得了突破性的进展。21 世纪以来,随着交通行业在环保方面投资不断加大,制度不断完善,交通环保技术与理论不断创新,资源节约型、环境友好型交通建设的新格局正在形成,其中一批创新性科研成果对交通行业环境保护工作起到了重要的技术支撑作用。

港航业是国家基础性、战略性行业,未来港航要朝绿色方向发展。加快发展绿色港航,核心是以资源环境承载力为基础,以节约资源、提高能效、控制排放、保护环境为目标,推进绿色循环低碳交通基础设施建设、节能环保运输装备应用、集约高效运输组织体系建设。2020 年以来,交通运输部全面贯彻党的十八大和十九大会议精神,积极推进绿色水运发展,促进生态文明建设,进行了大量卓有成效的工作,主要包括:全面推进船舶与港口污染防治、积极推进长江经济带绿色航运发展、大力推动靠港船舶使用岸电、积极推进行业应用液化天然气、积极推动港口船舶污染治理等。

在法律、法规和标准规范方面,《中华人民共和国环境保护法》《中华人民共和国港口法》《中华人民共和国海洋环境保护法》《防治船舶污染海洋环境管理条例》《防治船舶污染内河水域环境管理规定》和《交通行业环境保护管理规定》等相关法律法规规章的颁布实施,《港口工程环境保护设计规范》《港口建设项目环境影响评价规范》等标准规范的制定及完善,为水运工程环境保护工作逐步走上规范化、法制化、科学化提供了有力的支撑保障。

一、水运工程建设期环境保护

(一)疏浚和吹填施工

疏浚挖泥作业通常采用绞吸式挖泥船,其作业方式为:首先定位,下绞刀开始挖泥作业,泥沙流经泵吸入泥舱后,经输泥管吹至后方护岸或围堰内吹填造陆区,经在吹填区沉淀后,表层清水再经溢流口排入水中。港池疏浚、陆域吹填施工对环境的影响主要发生在挖泥与溢流两个环节。针对疏浚施工悬浮物,通常从设备选择、工艺控制、作业周期等几个环节来控制悬浮物可能造成的污染。移动作业宜选用自航耙吸式挖泥船,港内或支航道可选用抓斗式或绞吸式挖泥船施工,推荐使用绞吸式挖泥船。疏浚时采用防污帘,防止产生的悬浮物扩散。疏浚作业时应减少超挖土方量,溢流时间控制在 30 分钟左右,回避鱼类的迁徙期和产卵孵化期,同时进行现场监测。为保护环境,合理利用资源,应用疏浚土(淤泥)固化处理技术。

针对吹填,采取如下防治措施:疏浚物质的转运,检查挖泥船底部泥门密封条的密封性能,经常维修保养控制泥门开关的传动装置,及时更换液压杆上的密封圈,恶劣气象条件禁止作业;尽量减少抛泥作业,充分利用疏浚物来形成陆域,陆域吹填前在吹填区周围设置围堰,在吹填区内设置分隔围捻和防污屏等工程措施,严格控制吹泥区溢流口悬浮物排放,吹泥作业期间关闭溢流口,使用先进实用的测流测沙仪器,控制悬浮泥沙排放浓度。

(二)爆破与炸礁

通常从施工安排、工艺选择、施工监控等方面采取环保措施。制订科学、严谨、周密的施工方案,尽量减少爆破量,爆破与炸礁应避开施工地区的鱼汛期;采用先进的施工工艺;确定爆破方案前,预先安排选用较小药量进行 1～2 次试爆;在爆破过程中,安排附近水域渔损状况观察、死鱼样品检验以及底栖渔业资源试捕调查,根据实际情况及时调整施工方案。

陆域爆破通常从单响药量、施工工艺、爆破技术选择三个方面采取环保措施:严格控制单响药量;使爆区侧向或背向保护物;一次起爆药量逐渐加大;精心设计施工,对炮孔先验收后装药;加强堵塞,捣实堵塞物以防止冲炮;在进行浅孔台阶爆破时,在爆破区和海水之间架设防护屏障。建议采用深孔控制爆破技术,炸药量受到控制;爆破时间应考虑风向,避免炮烟朝敏感区飘散。

(三)施工现场环保

对陆域生态的保护主要集中在施工期,可采取如下措施:合理控制爆破量,避开不利气象条件作业;设置临时排水系统;及时对临时用地进行植被恢复;及时对开山处进行护坡整治和植被恢复;开山采石坡度控制在 70% 以下。国内针对水运工程构筑物建造,采取的生态恢复及补偿措施主要有海洋生物人工放流增殖技术和人工鱼礁技术。

项目建设单位在投标书中明确施工期的环境保护目标和措施,内容包括水、气、声、渣和特殊污染物的处置与管理。项目建设单位向工程承包商提供有关的环境保护法律法规,并与工程承包商签订必要的有关施工方案、采用的设备、工期安排、环保达标以及奖惩等的协议。施工期的环境管理主要依靠环境监理和监测手段。从工程施工期开始直至运营期间,建设单位均应进行环境监测分析记录,建立监测档案,从而为环境管理及污染治理提供依据及服务。2011 年交通运输部编制了《港口建设项目环境影响评价规范》(JTS 105—1—2011),为港口建设中的环境保护提供了依据。

(四)码头船舶岸电技术

码头船舶岸电技术是指船舶在码头停靠期间,接用码头陆域电源向船载系统及设备提供电能,从而停止使用船舶上的自备发电机,减少燃油发电的使用。码头船舶岸电技术可有效解决船舶在靠港期间排放燃油废气对港口地区空气造成污染的问题,可以进一步改善港口区域大气环境。此外,关闭船舶发电机后,还可以有效减少噪声,改善乘客、乘员的休息环境,目前国内外已经开展该项技术应用。

2012 年国务院发布的《节能减排"十二五"规划》将靠港船舶使用岸电列为节能减排重点工程之一。2015 年修订的《中华人民共和国大气污染防治法》中,明确要求"新建码头应当规划、设计和建设岸基供电设施;已建成的码头应当逐步实施岸基供电设施改造。船舶靠港后应当优先使用岸电"。2016 年发布的《"十三五"生态环境保护规划》进一步要求落实珠三角、长三角、环渤海京津冀水域船舶排放控制区管理政策,推进靠港船舶优先使用岸电。2017 年 7 月交通运输部发布了《港口岸电布局方案》,大力推进我国岸电设施建设应用进程。青岛港招商局码头 2009 年首先完成了 5000 吨级支线集装箱船舶接用岸电改造工作。2010 年,连云港、上海、深圳蛇口分别开展了岸电建设的试点工作,我国开始大力推广岸电技术应用。

截至 2017 年底,国内已在大连、青岛、上海、宁波、厦门、深圳等多个沿海港口码头建设了多套船舶岸电设施,在江苏、浙江、重庆等京杭运河、长江干线流域的内河码头也建设了多套船舶岸电设施,国内岸电技术的发展应用目前已走在世界前列。码头船舶岸电系统通常由岸基供电、岸船接口和船舶受电三部分组成,技术创新包括变频技术、自动不断电船岸电源切换技术、岸电电源并列运行技术、大水位差岸电应用技术等。

二、水运工程运营期环境保护技术

(一)污水处理技术

水运工程运营中所产生的污水分为港区污水与船舶污水。按照污染物类型不同,港区污水主要包括生活污水、生产污水[码头面油污水、油库洗罐污水、机修油污水、集装箱洗箱水、含煤(矿)散货污水]、初期雨水;船舶污水主要分为船舶压舱水、船舶机舱油污水、船舶洗舱水和船舶生活污水。港区污水处理方式根据其处理设施是否自建可以分成3种:一是港区污水经预处理后纳入市政污水管道,排入市政污水处理厂处理;二是建设港区污水处理厂,整个港区污水统一收集处理;三是各建设项目自建污水处理设施。目前国内污水接收单位及陆上接收设施不足,尤其内河码头,难以满足到港船舶的污染物接收处理需求。

1. 施工装备油污水处理

船舶对海域的污染主要是油类污染。船舶油污水包括船舶压舱水、洗舱水和机舱水。船舶压舱水含油浓度为1000～2000毫克/升,其产生量取决于运输船舶的类型。油轮更换油品种类或进船坞修理时在洗舱站进行清洗产生油轮洗舱水,一般洗舱水量为油轮载重量的10%(有的约为20%),含油浓度为10000～15000毫克/升,洗舱水量取决于洗舱技术和到港油轮清洗的频率。机舱油污水由机舱内管道或阀门滴漏以及冲洗机器而产生,浓度为2000～50000毫克/升。机舱油污水量取决于港口作业船舶和到港船舶的艘次以及在港船舶油水分离器的安装率。港口油污水发生量及产生方式不仅与船舶到港的数量有关,更与港口油类吞吐量有关。

压舱水和洗舱水是港口油污水最大来源,而与二者产生量关系最密切的是港口油品吞吐量。船舶航行中产生的机舱油污水由船舶自行处理按规定排放,在港期间产生的生活污水、油污水由岸上接收或由污水接收船接收处理,严禁在港口水域排放。从国内港口的经验来看,采用污水接收船接收处理更为方便有效,而且也有利于污水特别是油污水的回收利用。但是,由于污水接收船舱容有限,只能接收机舱油污水,压舱水和洗舱水由于产生量较大,污水接收船处理方式基本不可行,只能通过管道输送到码头后方处理。

(1)码头及船舶油污水的收集:石油化工码头平台冲洗水或初期雨水,均由码头污水坑收集,用污水泵排往后方的污水处理设施。船舶的压舱水、洗舱水通过油污水管道,排往后方油污水设施。船舶机舱油污水由污油接收船或通过管道进入港区油污水处理系统。

（2）罐区含油污水的收集：罐区洗罐含油污水用管道收集后输送至污水处理厂处理。罐区初期含油雨水用明沟收集后再用管道排到防火堤外，然后输送至污水处理厂处理。工艺油泵区含油污水经明沟收集，经水封井后排至污水处理厂处理。

（3）油污水的处理：油污水处理工艺主要为除油和除悬浮物两部分，除油方式包括重力流程、压力流程、气浮流程和旋流流程。其中重力流程和气浮流程综合采用是港口油污水处理主要工艺。污水首先通过重力分离，然后再添加絮凝剂，经气浮工艺进一步减少污水中油类，最后再经高效过滤器过滤，出水排放或进入下一级处理系统回用。

2. 化学品污水处理技术

散装化学品船清洗或更换货种时将产生化学品污水。按照 MARPOL73/78 公约附则 Ⅱ，有化学品进出口业务的港口尤其是卸货港及船舶修理港必须有足够的岸上接收设施。港口仓储企业清罐污水、码头和储罐泄漏冲洗污水也属于港口化学品污水处理范围，接收处理较为困难。在港口废水处理中，化学品污水处理技术难度最大，通常的办法是用流动接收设备接收，或交货主带回，或送往化工公司重新利用，或纳入污水处理厂集中处理。

3. 煤（矿）污水处理技术

重力式码头面通常设置明沟和集污池收集煤（矿）污水，池内设泵，将污水抽吸至堆场处煤（矿）污水沉淀池；堆场周围设置明沟收集煤污水。堆场外设置煤污水沉淀池，明沟内污水汇集至煤污水沉淀池，池内设泵，将污水抽吸至港区污水处理站处理，处理后的出水循环利用，作为生产环保用水，水量不足时，由港区生产水补充。港口煤（矿）污水均采用收集、初次沉淀、混凝、二次沉淀处理工艺。

4. 生活污水处理技术

根据 MARPOL73/78 公约附则 Ⅳ 第 8 条，需要港区接收的船舶生活污水主要为在港期间排放的生活污水。港区生活污水通常由其自建的污水处理设施或依托生活污水处理设施接收处理。大型市政污水处理厂是港区生活污水处理的首选。港区自建生活污水处理设施均采用生物处理工艺，处理设施大多采用一体化生物处理工艺。

5. 集装箱洗箱水处理技术

集装箱洗箱水水质按含有有机化合物，酸、碱和重金属，可分为 3 类，属毒性较大的污染物。集装箱洗箱水的处理与化学品污水比较相似，但更多应用活性炭吸附工艺。港口集装箱洗箱水通常经过预处理、化学处理、过滤塔进入调节池，达到一定条件后进入生活污水处理系统或进入活性炭吸附系统。

（二）粉尘治理技术

1. 湿式除尘

湿式除尘主要是对尘源喷雾洒水或喷洒化学药剂以增加粉尘颗粒的黏滞性和重量，来消除或防止起尘。湿法除尘主要有喷水、喷试剂两种方法，其中喷水法最为常用，主要设施包括：固定式喷淋器（喷嘴）、移动式喷枪、洒水车等。还开发出了磁化水除尘、泡沫除尘等方法。湿式除尘从形式上可以分为定点自动喷洒和机械和人工流动喷洒两种方式。

2. 干式除尘

干法除尘是将重点产尘部位尽可能封闭起来，同时辅助以一些集尘机械装置。我国煤炭港口装卸作业常见的干法除尘措施有封闭构造、集尘装置、覆盖与压实。干法除尘设施主要有：布袋式除尘器、静电除尘器、防风网、绿化林隔离带等。散货码头常用的除尘器为布袋除尘器。我国在神华天津煤炭码头等采用了高压静电除尘器。防风网抑尘技术在我国港口尤其是北方大型港口的堆场应用比较广泛，一些北方港口如唐山港曹妃甸港区、京唐港区等煤炭和矿石码头工程在堆场建设了防风网工程，防尘效果很好。

3. 粉尘综合处理技术

我国散货码头通常采用干湿结合的综合粉尘防治技术，一般根据不同区域、不同作业环节来采取干法湿法相结合的方式进行抑尘治理，同时应用防尘水分自动管理系统。我国常见的综合防尘形式有：装卸场地以喷洒水降尘为主，沿堆场周围设置防风网或绿化防风林带，特殊装卸起尘部位采用机械除尘或密封/半密封结合喷雾洒水等。

（三）固体废物处理处置技术

港区固体废物的来源包括两部分：港区固体废物和船舶固体废物。港区固体废物包括港区生活垃圾和港区生产固废物。港区生活垃圾主要是在港区内生活工作的人员和餐饮等活动产生的食物残渣、卫生清扫物、废旧包装袋、瓶、罐等。港区生产固废主要有码头作业地带清扫残渣、废弃工具零件、金属切削粉末和锅炉废渣等。船舶固体废物包括船舶生活垃圾和船舶作业垃圾。船舶生活垃圾多为包装物料（如塑料、纸制的箱、袋），玻璃、金属制的瓶、罐、盒以及卫生清扫物、厨房及食品残渣等。船舶作业垃圾包括甲板清扫物、作业衬垫料、废管件、油漆筒、机修、维护性废品、废工具等。

港区内的生活垃圾通常由环卫部门收集后，运送至附近的中转站，再由中转站用汽车就近送到城市生活垃圾处理厂集中处理。从长远发展的角度考虑，生活垃圾采用无害化综合处理法,危险固废采用焚烧法,工业固废采用无害化安全填埋法较为适宜。港区船舶生活垃圾和生产垃圾均不得向海里倒弃,须用密封式袋或桶盛装,由有资质的单位接收处理或与港区生活垃圾一并由市政卫生部门统一收集处理;对来自疫情港口和国外航线的船舶产生的垃圾,应由地方卫生检疫部门进行强制卫生检疫。海事部门应加强船舶垃圾的监管,通过巡查和检查《船舶垃圾记录簿》记录,严禁违章排放。

（四）溢油应急设备配备

随着油类和危险化学品运输船舶及装卸码头不断增多,水上交通事故时有发生,一旦发生破舱、沉船,造成溢油和化学品泄漏事故,将产生严重后果。围油栏、收油机是形成快速应急反应能力的关键设备,是溢油回收清理设备的配备重点。围油栏使溢油集中,防止溢油扩散。收油机可快速对大面积溢油进行回收。两种设备配合使用,可有效提高清污行动的速度。对于外海溢油事故,多选择抗风浪能力较强的重型围油栏和大型收油机。吸油材料主要用来清除回收装置不能进入或限制进入地区的溢油,可长期保存,反复使用。化学分散剂及其喷洒装置主要功能是在无法用机械回收溢油或油膜很薄的情况下,通过向新鲜的海面溢油喷洒无毒高效的化学分散剂,利用海水体中比较丰富的微生物资源,快速降解溢油。浮动油囊为无动力储油装置,由清污船或拖轮拖带,在溢油回收中主要起储存回收废油及含油污水的作用,此外还可用于事故船舶油舱残油的过驳,减少船舶事故引发的溢油事故风险。

三、码头环境保护技术

（一）固体散货码头环境保护技术

专业化的固体散货码头包括煤炭码头、矿石码头、散粮码头和散装水泥码头。其中煤炭和矿石码头因数量多、规模大,是港口粉尘污染最重要的来源。散货码头前沿装卸设备由固定的多机作业,改为移动式少机作业,并且在卸船机的漏斗处设置喷洒水装置。堆存系统由坑道的自流方式改为地上装卸设备,堆场配置斗轮堆取料机,卸车系统改为翻车机系统,并且在这些装卸设备设置密闭结构、喷洒水设施。大型散货码头水平运输由自卸车改为皮带系统。散货码头工艺系统的提升及先进装卸设备设施的应用从根本上减少了散货码头的粉尘污染。

珠海港高栏港区10万吨级干散货码头主要装卸货种为散装煤,码头采用栈桥式布置,并设有煤污水处理厂、生活污水处理厂。装卸工艺主要由装卸船作业、堆场作业、水平运输等组成。环境保护设施如下:在桥式抓斗卸船机料斗上方设挡风板,斗内安装洒水喷淋装置;皮带机输送系统采用密闭形式;在堆取料机斗轮上方两侧及头部导向罩下沿四周设洒水喷嘴;沿堆场主轴方向两侧设置固定喷洒水装置,根据风力及天气和煤堆场表面含水率的情况进行自动喷水;为防止二次扬尘,在码头面、皮带机房、栈桥等处设置固定或人工清洗装置;为防止作业区附近道路在风的作用下再次扬起煤粉尘,配备1辆洒水车,根据天气状况对道路进行洒水;皮带机转接机房采用湿式脉冲式除尘,在各尘源点设置吸尘罩;加强对港区车辆和船舶的综合管理,避免车船流量过密、交通堵塞和马达空转等现象,禁止排烟量大的车辆进入港区;在港区的周边(码头前沿除外)设置高18.2米的挡风抑尘墙。

(二)集装箱码头环境保护技术

集装箱运输是一种比较环保的运输方式,所产生的污染物主要为各类污水以及流动机械对大气环境的污染。其中集装箱洗箱水和危险品场所冲洗水是集装箱码头环保的重点,主要通过生物处理工艺处理。另外,一些集装箱码头已将堆场轮胎式集装箱龙门起重机(RTG)由柴油动力改为电力,同时船舶在靠泊期间采用岸电,这些措施使集装箱码头对大气环境的污染降至更小。

深圳港大铲湾港区集装箱码头一期工程产生的污水主要有生活污水、机修车间产生的含油废水、集装箱洗箱污水和船舶油污水。码头运营后对大气环境的影响主要来自港内流动机械、运输车辆产生的尾气,食堂油烟及道路扬尘。本工程使用电力轮胎式集装箱龙门起重机(E-RTG),不产生大气污染;另外,在运营中保持运输车辆清洁,减少道路积尘;在柴油机械的燃料中添加助燃剂,使用合格的燃油,降低尾气中污染物的排放量。食堂以天然气为燃料,产生的油烟经静电油烟处理器处理后,由独立烟道高空排放。

码头运营期产生的固体废物主要有生活垃圾、生产废物和从含油废水中分离出的油泥。港区内设有定点垃圾桶收集日常生活垃圾,港区内设置杂物堆放区、垃圾箱和卫生责任区,确定责任人和定期清理周期。一般工业固废(包括生活污水处理站产生的污泥)与生活垃圾分类存放,可回收利用的回收利用,其余则集中收集后运送到指定垃圾厂消纳处理,保证每天至少清理一次固体废弃物。码头在设备选型中尽可能选用了低噪声设备,并将空气压缩机等设备安装于室内,以减少对外环境人员的影响;码头交通配套完善,建设专用疏港道路,并与市政道路、国道和高速公路互通,工程远离居民聚集区。建设单位在疏港公路和港区干道两侧、控制大楼、辅建区以及污水处理站等构筑物四周种植草坪、绿篱笆、设置花坛等。

(三)油品、危险品码头环境保护技术

油品、液体化工码头属液态装卸、管道输送,其作业特点是连续、密闭、运量大、效率高、安全环保要求高,所装卸的货物多属易挥发、易燃易爆和有毒物品,码头前后方有管道

或槽车等输送方式。码头的装卸设备采用装卸臂或软管,港区的储存采用储罐。石油化工码头对环境产生的主要影响是各类污水、有毒有害气体以及突发事故对水域及周边环境造成的影响。工艺设备水平的提高可以减少污染物产生及降低泄漏事故概率,油品码头装卸软管升级为输油臂,减少了油品污染物泄漏入水的概率。有些码头液体化工品装卸采取全封闭工艺,产品的接收和输送通过两套独立系统,一套液体产品管线和一套气体回路管线,两套管线之间构成封闭回路。码头上配备可燃气体报警仪,栈桥根部与输油臂后侧设置截止阀。在阀区设置围堰,在码头工作平台设置集污池。

（四）清洁能源利用

1. 液化天然气清洁能源应用

国际上使用液化天然气作为船舶燃料起源于 21 世纪初的北欧。经过十几年的发展,液化天然气燃料动力船舶在北欧、北美、东亚等地得以快速推广,在全球范围内掀起了发展的高潮,截至 2019 年 4 月,国际上投入运营和正在建造的液化天然气燃料动力船舶已超过 200 艘(不含内河船舶),涵盖了散货船、集装箱船、客滚船、破冰船、平台供应船等几乎所有船型。在我国,液化天然气燃料动力船舶虽然起步比欧洲晚,但发展十分迅速,在政府、研究院所、船级社和工业界等相关方的协作努力下,我国相继出台了一系列促进液化天然气燃料动力船舶发展的政策法规,基本建立了涵盖液化天然气水上价值链的标准体系,逐步具备了液化天然气水上应用所需的工业配套能力,截至 2019 年 4 月,我国液化天然气动力船舶已达 280 余艘(以内河船舶为主)、加注站 20 座(岸基式和趸船式各 10 座)。液化天然气燃料系统一般由燃料储存、燃料供应、燃料利用 3 个主要环节组成。基于当前的技术水平和应用经验,船用液化天然气加注模式总体上可分为槽车加注、移动燃料罐更换、岸站加注、趸船加注、海上浮式加注、加注船加注 6 类。

2. 集装箱码头堆场油改电技术

2020 年以来我国港口掀起了 RTG 油改电的热潮,多种方案被提出并得到应用,全国具备条件的多数规模集装箱码头已推广使用市电 RTG（简称 E-RTG）。据港口用户反馈,相对于传统 RTG, E-RTG 具有多方面优点:一是采用低压市电,单位标箱节约能耗一半以上;二是起动平稳,避免了柴油发电机的噪声和废气污染,操作更舒适,环境污染小;三是驱动系统可靠性高,故障率低,易维护保养;四是能源循环利用,货物下降的势能可发电,并反馈至市电网。我国已建集装箱港区的 RTG"油改电"所采用的接电方式主要有滑触线接电方式和电缆卷筒接电方式,其中滑触线接电方式根据支架高度分为高架滑触线和低架滑触线两种,根据电流形式又分交流和直流两种。

（五）油气回收技术

20 世纪 70 年代,国内石油系统科研单位和企业开始研究油气回收技术和产品。20

世纪 80 年代初期,我国在吸收法油气回收技术和专用吸收剂开发以及冷凝吸收式油气回收技术研发领域取得长足进步。20 世纪 90 年代后期,上海蓝泓科技公司开发的人工制冷油气回收装置在上海耀华加油站投用。2000 年后,我国开始购买丹麦、美国等的设备并在国内试用。2003 年后,我国开始自行研制油气回收设备。2007 年以来,国内油气回收行业迅猛发展。截至 2018 年,全国已有约 30 个码头开展油气回收。随着环保和节能要求的提高,我国利用油气回收法降低油品装卸过程中蒸发损耗的技术日趋成熟,但与发达国家还存在一定差距。

四、内河生态航道建设

(一)生态护岸及结构形式

建设生态护岸,一是在护岸建设、养护、管理中,采用生态护坡技术;二是从技术方面,主要考虑将硬质结构的护岸改为亲水型、新型柔性生态护岸;三是避免航道建设中不必要的大挖大填、大改大调。我国越来越注重生态型护岸的建设,2006 年 10 月,交通部设立了内河水运建设示范工程关键技术研究课题,其中一个专题就是针对生态护岸技术进行研究。同时,交通部树立了 8 个内河水运建设示范工程,其中 4 个为航道建设示范工程。

按照采用材料不同,生态护岸可划分为植被型生态护岸和综合型生态护岸 2 种类型。植被型生态护岸应因地制宜采用根系发达的植物和植物材料对岸坡进行防护和固土,初期效果是减少岸坡表层冲刷,长期的效果是固土保沙、防止水土流失、提高岸坡的整体性,同时可以满足生态环境和景观需要。综合型生态护岸主要用于河道宽度受限或在航道治理中需要人工处理岸坡的工程,主要包括透水性预制混凝土箱式护岸、预制混凝土连锁块铺面护岸、自嵌块护岸、混凝土劈离块护岸、钢丝网石笼护岸。

护岸结构形式与航道岸坡现状密切结合,从航道沿线地形地貌、地质、施工条件、生态、环保、防洪、工程量及土地占用等多方面进行综合比选,经技术经济比较,提出经济合理、安全可靠、生态环保的护岸结构形式。护岸建议要尽量少征地、少拆迁,与水利设施、支岔河顺接,保持原有生态或恢复原有生态环境,体现出整体性、耐久性、生态性、经济性、亲水性和景观性的特点。此外,我国还出现了透水预制混凝土沉箱式护岸,是对生态护岸的一种尝试。其结构设计为微倾的预制透空沉箱,体现亲水性,提高水循环,加大孔隙率,强化岸坡抗冲刷能力。挡墙顶端箱内填土,将植被带前移,依靠植物软化"硬性"的混凝土挡墙。在湖州市东宗线进行了该新型透水预制混凝土沉箱护岸的试验。在嘉兴南郊河则采用了一种新型混凝土劈离砌块复合护面护岸,是对生态护岸的又一尝试。

(二)生态整治建筑物

生态航道是在满足水运发展需求的同时,兼顾河流生态系统健康与可持续发展的航道工程。在航道生态整治技术上,我国正在从传统的实用型整治向生态型整治方向发展。研究比较密集的是透空整治结构的生态效应,透空结构内部出现不同流速、流态,增加了栖息地条件的多样性,在满足航道整治需求的同时可兼顾多种生物的需求,具有多样流效应、庇护效应和饵料效应,对鱼类有一定的诱集作用,可提高底栖动物物种丰度、密度和生物量。生态整治技术已逐步应用到我国航道整治工程实践中,如荆江航道整治工程中透水坝体结构、三维加筋网垫、排水垫反滤结构等,长江南京以下12.5米深水航道建设中生态型护底、护滩、护坡结构和人工鱼巢等新材料的应用,取得了一定的成效。在施工工艺上逐步注重环保挖填、环保疏浚和生态保护等,适应了当今生态航道建设的需求,推动了生态航道建设技术的发展和进步。

（三）环保炸礁

炸礁工程是用水下爆破方法破碎或炸除水下礁石,改善水流流态,挖深、拓宽河流航道的工程。用炸药爆破水下岩石,常用于挖深、拓宽航道和港池,清除碍航礁石,开挖码头、船闸、船坞等水工建筑物的基坑。随着国家加强生态文明建设,环保炸礁成为许多工程的选择。由于水下炸礁会对附近地面和水体产生较强的振动效应和水冲击波,工程施工过程中要落实环保措施,废水、废气、噪声、固废等污染治理指标要符合环保要求,落实生态补偿、施工期环境跟踪监测及施工环保监理等各项措施,保证施工前、施工期及完工后的工程附近水质、沉积物质量、生态环境质量符合环境评估要求。要对附近保护对象进行监测,划定危险区域,严格控制一次起爆炸药量,必要时对重要建筑物采取防护措施。

第十节　综　合　技　术

一、工程地质勘察与测量技术

随着装备水平提升,我国工程地质勘察与测量技术取得了长足进步。工程地质勘察技术方面,我国开发了复杂水域条件下岩土勘察技术,水运工程地质勘察数据处理系统,液压升降勘探平台技术,水上单侧悬臂式勘探平台系统,波浪补偿分离式海上勘探技术,水上钻探取样新技术,软、硬土取土技术,水下清淤检测残留浮,淤泥取样技术,新型水上十字板剪切试验装置,水上孔压静力触探试验技术,室内特殊性试验技术,软土次固结沉降改进型测试法等。工程测量技术方面,我国开发了疏浚工程多波束高效水深测量,RTK三维水深测量,长距离RTK-GPS测量技术,水下障碍物探测技术,隐蔽式强制归心测量觇标,离岸长距离水深测量技术,水面流速流向跟踪测量浮标技术等。此外,2020年以来交通运输部编制了《水运工程标准勘察设计招标文件》(JTS 110—11—2012)、《水运工程测量规范》(JTS 131—2012)、《水运工程岩土勘察规范》(JTS 133—2013)、《沿海港口航道测量技术要求》(JT/T 954—2014)等多个规范,为水运工程勘测提供了依据。

（一）工程地质勘察技术

20世纪70年代初,我国水运工程地质勘察单位开始采用专用钻探船舶,使水上钻探得到了较快发展。20世纪80年代,我国先后引进浅地层剖面仪、自钻式旁压仪、十联固结仪、静力触探及十字板剪切试验等设备,使得勘察手段逐渐丰富,物探、原位测试及土工试验技术得到了均衡发展。20世纪90年代以来,我国工程地质勘察技术快速发展:在钻探技术方面,由原来的水上冲击钻探发展到回旋钻进、全程取芯钻探技术,水上钻探平台由单一的浮平台发展到浮平台与固定平台并用,减少了恶劣海况条件对钻探进度及勘察质量的影响;原位测试方面,除标准贯入试验、动力触探试验、十字板剪切试验外,静力触探试验、旁压试验、扁铲试验等也在水运工程勘察中得到了普遍应用;物探手段更加丰富,除浅地层剖面探测外,水域地震映象勘探、水域高密度电法勘探、水域瞬变电磁法勘探、侧扫声呐探测、磁力探测等均得到了快速发展;土工试验方面,由原来的人工读数,发展到的土工试验自动化、数据自动采集,技术先进的全自动三轴仪也较普遍采用。

1.钻探及取样技术

（1）水域钻探技术

水域钻探常用于港口、航道、修造船厂和航运枢纽等水运工程的工程地质勘察,利用配备有现代化的航行定位和通信系统的100~500吨级改装铁驳船和自航式工程地质钻探船,能较好适应风浪、水流较大的水域环境。在深水、流急的海域钻探作业中,快速安装、拆除的钢管打入式固定平台和铁筒立柱式固定平台在远离岸边的港口勘察中已投入使用,在远岸水域钻探施工作业时,测算孔深和孔口高程受水位涨落的影响较大,RTK及测深仪的引入很好地解决了感潮区域钻孔计算的问题。

（2）软土钻探取样技术

在软塑和流塑的软土层中钻进,一般采用套管跟进护壁,以防孔径收缩,有时亦采用优质泥浆护壁。我国普遍采用的敞口式厚壁取土器采取的土样易受扰动,近年来随着一系列固定活塞薄壁取土器、水压式固定活塞薄壁取土器、敞口提阀式薄壁取土器等研制成功和推广使用,很好地解决了软土取样的问题,采取的土样等级均达到Ⅰ~Ⅱ,明显优于厚壁取土器采取的不扰动样。

（3）松散砂土钻探取样技术

为防止孔内事故的发生,钻进时采用了人工注水的方法,使孔内水位高于地下水位,同时使用泥浆护壁或跟管钻进。在水运工程勘察中,砂土取样引入了二(三)重管单动回转取土器、内环刀取砂器等取土设备,解决了难以取到不扰动砂土样的难题,二重管回转取土器类似于双层岩芯管,若在内管内再加衬管,则称为三重管,取样时外管旋转,而内管保持不动压入取样,内管容纳土样并保护土样不受循环液的冲蚀扰动。

(4)碎石土、卵石土钻探技术

早期钻探采用投黏土球封孔堵漏或跟管护壁、金刚石或合金钻头的钻进方法,对于埋深较大的卵石层护壁效果并不理想。随着金刚石钻头制造技术的不断提高,SM 植物胶研制成功和投入使用,采用胎体较硬的金刚石钻头钻进结合 SM 植物胶护壁,提高卵石黏结力,阻止地下水回渗,保证钻孔孔壁稳定,钻进效果较好,大大提高了钻进效率和取芯率。

(5)岩溶地区钻探技术

岩溶地层的钻进一般采用金刚石单层岩芯管或双层岩芯管钻进、优质泥浆、黏土球或套管跟进护壁等方法成孔。对于岩溶一般发育区,溶蚀裂隙或全充填溶洞、溶槽区段,采用膨润土粉、水泥浆护壁效果较好,必要时向孔内投放黏土球堵漏。对于大型的无充填或充填物较少的溶洞,特别是地下水量丰富的地下暗河段,一般采用单层或多层套管跟进,变径钻探,根据孔内溶洞个数,优先采用大口径的厚壁套管,多次变径;溶洞尺寸超过岩芯管长度时,可将岩芯管接长,起到钻孔导向作用。

(6)软弱夹层钻探技术

软弱夹层钻进时由于钻具振动、管内岩芯对磨会造成取芯脱落,通常的方法有干钻、金刚石双层岩芯管钻进等钻进方法。干钻岩芯采取率较高,但每回次进尺少;水运工程勘察中钻孔普遍较浅(≤100 米),采用较多的是金刚石双层岩芯管钻进,采取到较高质量的岩芯,但钻进缓慢。20 世纪 80 年代以来,绳索取芯技术普及,逐步引入水运工程勘察领域,在不提钻的情况下,采用绳索从专用钻杆内将取芯内管直接提出地表,能获得较高的软弱夹层采取率,保持了软弱夹层岩芯的完整,提高了钻探质量和效率。

2. 原位测试技术

(1)十字板剪切试验

十字板剪切试验适用于原位测定饱和软黏性土的不排水抗剪强度和灵敏度。我国于1954 年引进使用,20 世纪 60—70 年代该技术进入了发展时期。十字板剪切上部测力设备引进了开口钢环,比较适用于机钻,被应用于水运工程勘察的原位测试中,还出现了电测十字板仪。

(2)标准贯入试验

标准贯入试验适用于砂土、粉土和一般黏性土,在水运工程中已经应用到软土和强风化岩中。我国自 1953 年由南京水利实验处引进推广该技术,最早采用绳索人工手拉的方式提起重锤,20 世纪 70 年代经过总结研究发明了自动落锤。根据标准贯入试验成果,可评价砂土、粉土、黏性土的物理状态,土的强度、变形参数、地基承载力、单桩承载力,饱和砂土和饱和粉土的液化,以及对成桩的可能性做出评估,还可利用贯入器中的扰动土样直接对土进行描述鉴别。

(3)静力触探

工程中应用的静力触探探头有单桥、双桥 2 种。此外还有量测孔压的单、双桥探头。静力触探适用于黏性土和砂性土,它的成果结合其他勘察资料和地区经验可以应用到划分土层、评价地基土的工程特性、探寻和确定桩基持力层、检验人工填土的密实度和地基加固效果。

(4)其他原位测试

在水运工程中采用的原位测试还包括载荷、旁压、动力触探和波速测试等试验。利用这些试验可以确定地基承载力、基准基床系数、旁压模量和静止侧压力系数,估算土的不排水强度等;可以划分土层,判定土层类别,查明软、硬夹层,评价地基土的工程特性,探寻和确定桩基持力层等。

3.地球物理勘探技术

(1)浅地层剖面探测

浅地层剖面探测通过换能器将控制信号转换成不同频率的声波脉冲向海底发射,声波在海水和沉积地层传播过程中遇到声阻抗界面,经反射返回被换能器转换成模拟或数字信号记录和储存,并输出为反映地层声学特征的记录剖面。浅地层剖面探测是港口工程物探应用最为广泛的技术方法之一,主要用于海底第四纪沉积物沉积层序划分、基岩面探测和海底隐蔽物体探测等。

(2)水域地震映像勘探

水域地震映像探测是国内港口工程物探应用最广泛的技术之一,主要用于水底地层划分、基岩面或持力层勘探、海底大型障碍物探测、水底地质构造(隐伏断层、基岩破碎带、古河道等)勘探以及地震区划等。

(3)侧扫声呐探测

侧扫声呐探测技术是通过发射声波信号,并接受海底反射的回波信号形成声学图像,以反映海底状况、海底目标物的位置现状和规模的一种海洋声学探测技术。侧扫声呐具有分辨率高、覆盖面积大、图像直观等特点,广泛用于海底地貌测量、海底底质划分、海底目标物探测、路由调查和航道港池疏浚等方面。

(4)磁力探测

磁力探测又称海磁探测,是一种传统的海洋地球物理调查技术,其通过测量不同磁化强度的物体在地磁场中所引起的磁场变化(磁异常),来研究这些磁异常的空间分布特征、分布规律及其与磁性体(场源)之间的关系,从而寻找场源并提供场源(探测目标体)的位置、埋深及规模。海磁探测主要用于海底管线探测、沉船探测、人工鱼礁探测、人类抛去物探测、海底管线路由探测和地质构造探测等。

4.室内土工试验技术

土工试验是自然与勘察、设计的一个桥梁，是将现场钻探采取的原状试样，在室内或现场运用各种仪器、方法，对土的工程性质进行测试，并获得一系列物理、力学性指标的工作。20世纪50年代中期，我国水运系统土工试验室均只有一些简单的杠杆式固结仪、直剪仪及天平称等设备；20世纪60年代初起，各试验室相继引进了三轴压缩仪；20世纪80年代末，几大试验室分别引进了十联全自动固结仪，同时有些单位开始对无侧限抗压强度试验数据自动采集进行研究；大部分试验室又分别引进了低压、中压气压固结仪。21世纪初，逐步引进当时国内最先进的土工试验自动化设备——KTG全自动数据采集系统，并在此基础上对该系统进行二次设计、开发，对已有的直接剪切试验仪、无侧限抗压强度试验仪及静止侧压力试验仪、电子天平等设计并配置了传感器和数据采集器，使该系统由单一固结试验采集扩展到基本覆盖所有常规试验和大部分特殊试验项目。20世纪80年代后期，水运系统试验室使用Foxpro数据库编程语言，1991—1993年，技术人员研发了第一个压缩曲线软件包，采用绘图仪绘制e-p曲线，开创了土工试验数据处理的新阶段。水运工程系统土工试验室基本上具备了国内最先进的低压、中压、高压全自动固结仪和全自动三轴压缩仪，具有测试基床系数和三轴固结条件下土的静止侧压力系数等特殊试验的全自动三轴压缩仪。新型专利的"立式电动液压推土器"的成功研制和推广使用，极大地提高了生产效率。静止侧压力系数被广泛应用于工程设计中，水运系统土工试验室研究并首创一种室内静止侧压力仪侧向变形控制器，使静止侧压力系数数据更为客观、真实。我国水运系统已拥有自创的"土工试验曲线绘制软件""自动化采集系统接口数据转换软件"。

5.特殊性岩土勘察技术

（1）软土

软土是指天然含水率大于液限且天然孔隙比大于1.0的细粒土，物理力学性质指标特点主要体现在：含水量和孔隙比高、抗剪强度低、压缩性高、渗透性弱、结构性和触变性。通过不断的探索研究，在软土的取样与试验技术方面取得了较大的进步，主要表现在薄壁取土器的应用和软土的试验上。

（2）风化岩

20世纪80年代交通部风化岩研究组为了配合《港口工程地质勘察规范》（JTJ 240—97）等规范修订，对港口工程风化岩分带评价标准及工程性质进行了专题研究。一般情况下靠近地表者，风化剧烈，向深部则依次减弱，直至新鲜岩。当时的处理方法主要是采取防水、隔离等措施，尚未建立完整的理论体系。风化岩勘察应着重查明：不同风化带划分及埋深、厚度变化;风化带的连续性、均匀性与其空间组合关系,有无侵入的岩体、岩脉、断裂构造及其破碎带和其他软弱夹层,产状及厚度;孔隙、裂隙变化规律;风化岩土物理力学性质;地下水赋存情况等。风化岩工程地质评价主要包括三个方面:岩土均匀性;岸坡、边坡稳定性;地基承载力及地基变形。

（3）溶岩

溶岩指可溶性基岩,包括石灰岩、大理岩等易溶解的岩层。常见勘察方法主要有四种:地质勘察测绘手段,主要涉及地表测绘和洞穴两方面;地球物探技术手段,主要有电阻率法、电位法、频率测深法、电磁法、声波探测、放射性测井等方法;钻进勘探手段,该法应用较多但技术有局限性且成本较高;遥感技术手段,应用现代探测技术,对远距离探测目标进行电磁波辐射探测作业。由于岩土层界面划分、地质形态、岩土参数以及综合勘察技术能力等问题,应对以上四种方法进行综合与优化利用。

（二）工程测量技术

20世纪70年代至90年代初期,随着测量技术的快速发展,水运工程测量作业手段和测量精度都有了很大的提高。在测量仪器设备上相继出现了计算器、电磁波测距仪、数字式测深仪、GPS仪器、微型电子计算机、绘图仪等,测量作业方式也随着技术的发展发生了很大的变化,逐步采用测边代替测角布网的方法,应用无线电双曲线定位系统和短程的微波测距定位系统开展水运工程测量工作。20世纪90年代以来,空间信息技术、计算机技术、网络技术等多方面技术的迅猛变革,给水运工程测量带来了巨大发展。GNSS定位导航技术的广泛应用为水运工程测量在平面控制、高程控制、地形、水深测量及施工放样等各个方面的进步起到了关键性作用;无人机航空摄影测量、无人船测量、多波束测深、测扫声呐等新技术、新设备的应用为水运工程测量在测深精度和作业强度等方面带来了巨大改善作用。

1.平面控制测量

平面控制测量的主要目的是完成点位（坐标）的传递和控制,主要工作内容包括平面控制网的布设、选点埋石、外业观测、平差计算和成果资料的编制。水运工程平面控制测量遵循从整体到局部,从高级到低级的布设原则,其布设形式包括:GPS测量、小三角（三边）、导线、角度及方向交会等。早期的水运工程平面控制测量主要采用经纬仪测角和钢尺量距的方法进行小三角（三边）、导线测量。20世纪70年代,计算机技术和信息处理技术的迅速发展大大地促进了平面控制测量技术的提高。20世纪80年代以后,光电技术飞速发展,电磁波测距、电子经纬仪测角技术以及全站仪开始在水运工程平面控制测量中广泛应用,实现了电子测距。当前水运工程测量则借助卫星导航系统,广泛采用GPS测量技术,实现了平面控制网测绘数字化。

2．高程控制测量

（1）水准测量

20世纪90年代以前，高程控制测量主要采用水准测量方法。传统的水准仪采用复合水准气泡的方式来保证视准轴的水平，操作较复杂且人为因素影响较大。进入21世纪，电子水准仪逐步发展起来，电子水准仪具有高精度的补偿器，既能够使用编码标尺进行自动测量，又能使用普通水准标尺按照光学原理测量。

（2）三角高程测量

20世纪90年代以前，三角高程测量分为电磁波测距三角高程测量（经纬仪＋红外测距仪）和经纬仪三角高程测量。20世纪90年代以后，测角精度为2″、测距精度为2毫米＋2ppm的全站仪已普遍应用，还有测角精度为0.5″、测距精度为1毫米＋1ppm高精度测量设备。在今天，更先进的仪器测距精度已达到0.6毫米＋1ppm，在200米内使用反射片时更是可达到0.5毫米＋1ppm测距精度。

（3）GPS高程测量

20世纪90年代后期，我国在采用GPS水准法进行高程控制测量已可达到四等水准测量的精度，在2001版测量规范中仅做了简单规定。进入21世纪后，我国应用GPS水准法结合地面重力数据、数字地面高程模型数据、航空重力数据、卫星重力梯度测量等技术手段，使得区域似大地水准面精化技术得到长足发展。

（4）跨海高程传递测量

跨海高程传递测量是利用潮位面引测的方法，适用于潮汐性质相同的沿海海岸和海洋工程高程引测。它充分运用了重力理论和潮汐理论，同时在若干站点同步进行潮汐观测，根据潮汐的相关特性计算各点站的高程。我国使用的自容压力式潮位计可方便进行潮位观测，使得在远离海岸区域进行潮汐测量成为可能。

（5）最新技术水平

我国在沿海、珠江流域、长江流域、黄河流域等地区均建立了高等级的高程控制网，随着高精度电子全站仪的产生，进行高精度的三角高程测量成为可能，将大地水准面的精度提高到厘米级，对于大比例尺测图、快速成图和水运工程测量十分有利。

3．地形测量

20世纪90年代以前，我国地形测量主要采用"白纸测图"。20世纪90年代初，我国开始应用激光测距仪配经纬仪实施"白纸测图"，逐步取消了用计算器计算测点的平距和高差。20世纪90年代末，全站仪"数字测图"开始在水运工程地形测量中应用，由于它对测图控制点的密度要求减小、测点的三维坐标和属性可直接测量、记录和储存，在工程中可以非常方便、安全地测得其三维坐标。进入21世纪，我国GPS-RTK实时三维动态定位的精度达到厘米级。

4.水深测量

（1）测深技术

新中国成立初期，水深测量测深工具主要是水砣和测杆，1956年，我国研制成功了三爪砣并在天津新港首次利用，从20世纪70年代到90年代末，我国经历了三爪砣与引进的双频测深仪配合使用和走航式适航水深测量系统研制的过渡阶段。20世纪60年代初，单波束测深仪在水运工程测量单位推广应用。20世纪60年代至80年代初，我国单波束测深仪器由电子管测深仪和半导体测深仪发展到了集成电路数字测深仪。20世纪90年代以来，我国的单波束数字双频、全数字变频测深仪及声速剖面仪的生产和应用等均已跨入世界先进行列。20世纪80年代初，我国先后引进了多探头、多通道高频测深系统。到20世纪90年代，陆续开始引进并应用多波束测深技术。

（2）定位技术

交会法定位是水深测量传统的定位技术，包括人工视准导标交会法（含纵横导标法）、导标一角法、角度（方向）交会法（含前方交会和后方交会），现在基本已被淘汰。无线电定位技术主要包括无线电双曲线定位、微波测距圆圆定位、微波测距极坐标定位和激光极坐标定位等。20世纪70年代到90年代初，我国开发和引进无线电定位技术。20世纪80年代初，随着微波测距定位技术的引进，这种双曲线定位系统很快就被微波测距定位系统、微波测距或激光测距极坐标定位系统所代替。水深测量中的GPS定位技术，我国从20世纪90年代初至今广泛使用。RTK三维定位技术是一种高精度实时动态GPS相位差分（RTK-DGPS）定位技术，直接在动态环境下确定整周模糊度，实时接收GPS定位信息，并按基准台发送的RTK差分改正数进行修正。

（3）水位保证技术

我国水位保证技术的发展主要体现在水位观测仪器的更新上。1960年以来，我国水位观测仪器和工具从人工读记浮子式机械水位计和木板水尺，发展到20世纪70年代的半自动化浮子式和压力传感器水位仪（潮位仪）。20世纪80—90年代，我国在沿海和内河主要港口研制或引进了自动遥报水位仪，实现了水深测量外业自动化成图。

（4）潮间带测量技术

20世纪90年代以前，我国潮间带测量主要采用人工徒步涉水配合当地笨重的泥面运载工具进行淤泥滩地水深测量。20世纪90年代末到2008年之前，我国陆续采用了RTK-DGPS实时动态载波相位差分定位技术进行潮间带水深测量。21世纪以来，我国潮间带水深测量专用气垫船的成功研制和应用，为潮间带水深测量发展创造了条件。

（5）最新技术水平

水深测量的定位技术方面，我国从借助导标依靠人工视线或光学仪器断续定位，发展到各种无线电定位和 RTK-DGPS 三维连续自动化定位。在测深、底质和航行障碍物探测方面，从使用水砣、测杆和古老而笨重的沉锤、拖缆扫海具发展到应用简单、轻便的数字化多波束测深及侧扫声呐探测系统。水深测量内业绘图方面，从使用小笔尖、硫酸纸人工绘图发展到电子计算机自动绘图和内外业一体化数字自动成图，其软、硬件技术均属当时测绘行业较超前的技术项目。2008 年以来，我国水运工程行业研制并应用潮间带水深测量专用气垫船作为运载工具，在天津港成功地进行了潮间带和吹填淤泥区水深测量。

5. 制图技术

自 20 世纪 90 年代以来，数字化地图制图技术彻底改变了千百年来繁杂的手工制图状况，并同地理信息技术等最新发展相结合，广泛应用于水运工程测量中。水运工程制图技术一般包括数据获取、数据处理和数据输出。21 世纪以来，数据的获取实现了可视化采集，尤其是水深测量定位导航及 RTK 地形测量等。数据处理软件丰富了地图的表现方法和表现形式。数据的输出包括纸质图和电子图输出，绘图仪设备输出的纸质图在接口形式、分辨率、图纸尺寸等方面已完全满足工程绘图的需要。现在应用于水运制图的软件非常多，主要有 AutoCAD 制图软件、地理信息数据处理软件等。

二、检测与评估技术创新与应用

改革开放前，我国港口工程技术的发展以工程建设为主。改革开放后，随着大量港口工程服役期的增长，我国开始系统地组织进行码头结构健康现状调查，但限于科技水平，大部分调查只能依靠一些简单的仪器或目测进行，检测评估技术的应用几乎处于空白。工程科研人员在总结和探究港口水工建筑物的损伤老化过程中逐步形成了一套港口水工建筑物的检测评估方法，加上先进检测仪器设备、检测评估手段的不断涌现，港口水工建筑物检测评估技术得到长足发展。

自 20 世纪 70 年代中期开始，我国逐渐重视对土木工程结构的检测、评估，主要应用经验法、模糊评判法、概率计算法、控制断面计算法等评估方法对码头结构可靠性进行评估。针对港工结构特点，港口水工建筑物的检测评估主要从安全性、使用性和耐久性三个方面进行，对应的检测项目、检测方法、评估验算等均有所不同。安全性检测通常包括结构整体稳定、地基基础承载力、结构构件承载力等；使用性方面一般从变形、变位、结构破损、挠度等几个方面进行检测和评估；耐久性方面则根据所处环境（海水环境、冻融环境等）有针对性地开展相应的检测评估。一般地说，港口工程结构评估方法主要分成两类：一类是评级方法，这在其他工程结构的评估标准中也被广泛采用；另一类可靠度计算，根据实测数据计算出结构可靠指标而推断现有建筑物的性能，这种方法在实际工程中的应用尚不普遍。

（一）码头结构安全性及使用性检测与评估技术

1. 码头整体变形与变位测量

对于码头保留有监测点的，主要对监测点进行复测，并与之前监测数据和竣工坐标进行对比，获得码头结构绝对位移。我国一些早期兴建的码头往往未保留永久性坐标观测点，在 20 世纪 90 年代以前，大多根据工程技术人员的经验判断；之后，对此类码头结构做了一些相对位移测量，又提出了在测量相对位移的同时，还应补充埋设观测点，并在后续定期对其进行观测。此外，测量仪器不断改进和应用使得检测更加精细、准确。

2. 码头水下结构及基础的检测

随着潜水员水下探摸及水底摄像技术的进步，我国成功清除了码头结构检测评估中的水下检查盲区。此外，港池水深探测仪的应用同样使得港池淤积检测更为高效便捷。随着磁性测厚仪、水下超声波测厚仪、参比电极等仪器设备不断涌现和发展，可以对钢管桩（钢板桩）涂层剩余厚度、钢管桩剩余壁厚、腐蚀电位、阴极保护电位等进行检测，从而为钢管桩（钢板桩）的安全性和耐久性评估提供依据。

3. 混凝土基桩完整性检测

鉴于水下探摸和水下摄像技术的局限性，水面以下的基桩完整性检测往往需要依靠桩身小应变测试来实现。《水运工程地基基础试验检测技术规程》（JTS 237—2017）对桩身完整性的低应变评价方法做了较为详细的规定。然而，既有码头在桩顶上存在桩帽或其他构件，采用低应变检测手段进行混凝土桩身完整性检测存在一定的争议。在进行这种桩基低应变完整性测试时，通常采用的做法有两种：一是在距离桩顶 1 米左右的地方锯出一对三棱体，用于放置传感器和供小锤激振；另外则是采用横向安装的加速度传感器。后者安装更加方便，且随着横向传感器的灵敏度不断提高，其结果可靠性也不断提高。

4. 码头上部混凝土结构的物理力学性能测试

结构主体混凝土构件的各项性能测试主要包括混凝土的强度、碳化深度、氯离子含量、冻融劣化性能、钢筋保护层厚度、钢筋腐蚀状态测试、结构裂缝的宽度及深度、混凝土内部缺陷等。在我国出现了如强度测试的超声—回弹综合法、钢筋保护层厚度测试仪、钢筋锈蚀检测仪、裂缝宽度测定仪、裂缝深度的超声波检测技术、混凝土内部缺陷的超声检测技术等。

5. 基于动力特性的结构无损检测

通过安装在结构上的传感设备，对结构的振动进行实时检测，可以获得结构不同阶段的振动特性；对结构振动特性的变化进行分析及处理，有可能获得结构物理参数的变化情况,从而达到损伤检测的目的。在利用结构的动力测试信号进行损伤检测,获得结构的整体损伤状况方面,我国取得了较大进展。

6. 码头结构安全性及使用性评估

码头结构的评估方法主要分为两类:分级评估和可靠度评估。分级评估是将待评估的结构进行评估单元的划分。基于可靠度的思想进行结构设计和评估是结构工程的一大进步,但其应用还主要停留在构件可靠度水平。

(二)混凝土结构耐久性检测与评估

1986 年以前,有关单位分别于 1963 年、1965 年、1980 年针对沿海港口工程混凝土结构破坏状况组织过三次调查。1980 年华南地区调查结果显示,80% 以上高桩码头都发生了严重或较严重钢筋锈蚀破坏,出现锈蚀破坏的时间有的仅 5 ~ 10 年。随后有关单位对华东地区、北方地区海港码头的调查也得出类似结果。

1986 年以前,国内对海港码头混凝土结构耐久性检测与评估还是空白。1987 年开始执行《海港钢筋混凝土结构防腐蚀技术规定》(JTJ 228—87)、《海港预应力混凝土结构防腐蚀技术规定》(JTJ 229—87),提出了设计参数和控制指标,明确了港口工程在耐氯盐腐蚀方面的要求,各项耐久性控制指标均做了相应的提高,当时的耐久性检测与评估仅限于对混凝土结构外观的材料劣化或外观破损的检查。至 1996 年我国水运工程执行《水运工程混凝土质量控制标准》(JTJ 269—96)、《水运工程混凝土施工规范》(JTJ 268—96),将浪溅区混凝土保护层最小厚度规定为 65 毫米,最大水灰比不得大于 0.40,混凝土拌和物允许外掺粉煤灰、矿渣粉、硅灰等掺合料。2002 年,《海港工程混凝土结构防腐蚀技术规范》(JTJ 275—2000)将高性能混凝土列入规范,并作为提高海港工程混凝土结构耐久性的首选技术手段,规定了混凝土的耐久性控制指标,并率先进行了附加防腐措施的规定。2006 年《港口水工建筑物检测与评估技术规范》(JTJ 302—2006)颁布实施,其对构造物安全性、使用性、耐久性规定了检测内容与方法,确定耐久性技术参数,定量进行剩余使用寿命预警评估。这是我国第一部系统规定港口水工建筑物安全性、使用性、耐久性检测与评估的技术规范,实现了耐久性检测评估技术新的突破。2012 年,国家发布《海港工程钢筋混凝土结构电化学防腐蚀技术规范》(JTS 153—2—2012)和《水运工程抗震设计规范》(JTS 146—2012),2015 年又发布了《水运工程结构耐久性设计标准》(JTS 153—2015)。2014 年,"现代预应力混凝土结构关键技术创新与应用"获得国家科学技术进步奖一等奖。

混凝土结构耐久性检测与评估主要针对处于海水环境中混凝土结构因氯离子渗入和冻融损伤引起混凝土中钢筋发生锈蚀、混凝土保护层开裂、结构承载力下降等损伤过程以及对使用年限的影响。结构耐久性检测与评估主要依据《港口水工建筑物检测与评估技术规范》(JTJ 302—2006),主要包括:腐蚀介质及工程情况的调查、钢筋锈蚀劣化耐久性检测、混凝土冻融劣化耐久性检测、混凝土外观劣化评估、混凝土结构剩余年限评估。

三、工程模拟技术

工程试验研究有两种基本手段。第一是原型观测,即在现场自然环境、地质条件下、对试验性工程、在建工程或已建成工程进行现场观测。原型观测可以获取较可靠的观测数据,但耗费巨大,同时还存在着观测上的种种困难,某些条件下很难取得可靠的数据。第二是模拟试验,主要包括物理模拟、数值模拟及复合模型模拟。随着相似理论的发展,控制测试技术的进步,物理模型的模拟更加精确,并能模拟多动力因素的综合作用;与此同时,随着科技人员对水流、波浪及其与泥沙、建筑物之间相互作用机理的认识不断深入和计算机技术的发展,数值模拟技术得到了广泛的应用,平面二维水流、泥沙数学模型已经应用于水运工程建设项目,三维数值模拟技术已逐步应用于工程建设研究;复合模型是物理模型与数值模拟的结合,可以充分发挥二者的优点。科技工作者围绕工程建设的需要,针对各种工程,为解决各类问题进行了大量的模拟技术工作,模拟技术得到迅速发展,并成为解决各种水运工程问题的有效工具。

(一)数值模拟技术

数值模拟在我国水运工程中的应用始于20世纪60年代,20世纪70年代以后逐渐成熟,由一维模型发展到平面二维模型、立面二维模型。20世纪90年代,三维数学模型开始在水运工程中应用。数学模型因其具有可模拟因素多、模拟范围大、计算效率高、运行成本低、信息数字化等特点,在水运工程中得到广泛应用。近20年来,我国数值模拟的技术进步主要体现在四方面:一是数值模拟依据的水流、泥沙、波浪等基础理论研究取得了进步;二是数值模拟计算方法取得了进步;三是计算结果的可视化取得了进步;四是专业化软件的开发及其商业化。按照水运工程中研究对象的不同,数值模拟分为内河航道与港口水流泥沙数值模拟、海岸与河口潮流泥沙数值模拟、波浪数值模拟、通航建筑物水力学数值模拟、土工数值模拟等。

1.内河航道与港口水流泥沙数值模拟

(1)一维水沙模型

一维水沙数值模拟是一个以整个河道断面平均的水力泥沙要素为模拟对象的模型,适用于长河段和河网水沙模拟。一维水沙数值模拟范围大,模拟效率高,是发展最早、理论基础和数值离散格式都相对比较成熟的模拟系统。但其只能给出水力、泥沙因子沿河道方向的变化,不能得到水力、泥沙因子沿河宽和水深方向的变化。一维水沙数值模拟系统主要应用在长河段和大型河网计算格式改进、非恒定水流模拟、泥沙模型改进等方面。

（2）二维水沙模型

二维水沙模型包括平面二维水沙模型和立面二维水沙模型两种模式。平面二维水沙模型是将水力泥沙要素沿水深方向进行平均的模拟手段，适用于水平尺度远大于垂向尺度的宽广水域。立面二维模拟是将水力泥沙要素沿横断面进行平均的模拟手段，适用于窄深的水流通道。

（3）三维水沙模型

三维水沙数值模拟是以真实三维研究对象为基础的数值模拟手段，在平面和立面上均不做概化平均。三维水沙模型一般由雷诺平均连续性方程、N-S方程（纳维斯托克斯方程）确定的流场及泥沙连续性方程和河床变形方程组成。三维水沙模型发展主要体现在垂向空间离散坐标系的选择、泥沙近底边界条件的处理、自由表面的跟踪计算、紊流模型等几个方面。

（4）软件化系统集成

在我国，内河航道与港口水流泥沙数值模拟技术发展较快，已经初步形成了一些通用化的软件系统，这些软件包括完整的前处理、计算核心、后处理等模块。前处理软件系统已经开发出二、三维正交曲线网格、矩形网格、非结构四边形和三角形网格生成软件系统，后处理软件对于一维、二维和一些三维模拟结果已经开发出二维和准三维后处理展示系统，对三维模拟数据的后处理，开发了能够展示多种场景（包括表面场、截面流场、真三维立体电影）的软件系统。

2. 海岸与河口潮流泥沙数值模拟

（1）平面二维潮流泥沙数值模拟

平面二维潮流泥沙数学模型中的数值模拟方法，按计算格式分，有显式法、半隐半显式法（ADI法、MADI法、迎风ADI法、ADI-QUICK法、三角形网格ADI法、ADE法、Casulli法等）、隐式法等；按网格形状分，有三角形、矩形、四边形、多边形、曲线坐标网格等；按数值计算方法分，有有限差分法、有限元法、单元积分法、控制体积法、特征线法、分步法、准分析法、潮波能谱法、边界拟合坐标法等；按计算域的处理分，有整体模型和局部模型法。使用的计算网格包括无结构的三角形网格和正交曲线网格。基于三角形网格的三角元方法和基于矩形网格的ADI方法已被写进《海岸与河口潮流泥沙模拟技术规程》（JTS/T 231—2—2010）。《水运工程数学模型试验研究参考定额》（JTS/T 274—1—2011）为数值模拟提供了依据。

（2）平面二维波浪潮流泥沙数值模拟

波、潮共同作用下泥沙数值模拟计算方法，把波浪作用体现在对潮流动力场的调整和对水流挟沙力及泥沙扩散系数等参数的改变方面。对于平面二维模型，该技术提出了如下改进方法：在水流挟沙能力计算中考虑波浪作用；在动量方程中增加波浪辐射应力项，在水流挟沙能力计算中考虑波浪作用;在动量方程中增加波浪辐射应力和波流底切应力项,并调整相应的冲淤函数;在水流挟沙力计算中考虑波浪作用;在动量方程中增加波浪辐射应力和波流底切应力项,在水流挟沙能力计算中用波流替换潮流;考虑波浪辐射应力、波流底切应力和波流挟沙力,通过波浪辐射应力和波流挟沙能力的耦合,实现对波潮动力场和泥沙场的综合模拟。

（3）三维潮流泥沙数值模拟

三维潮流数值模拟就是直接或间接求解 N-S 方程,三维悬沙数值模拟就是直接或间接求解三维悬沙输移扩散方程。三维潮流泥沙数学模型中的数值模拟方法亦多种多样,按数值计算方法分,有分层二维法、有限差分法、有限元法、有限差分和有限元联合法、解析法、谱方法、流速分解法、分步法、过程分裂法、边值模型法、动水压力校正法、有限体积法、坐标变换法等,按照使用的坐标系分,有直角坐标系(x,y,z)法和 σ 坐标系法。基于 σ 坐标系法的三维潮流泥沙数值模拟已经被写入《海岸与河口潮流泥沙模拟技术规程》中。

（4）数值模拟系统软件

国外数值模拟系统软件中具有代表性的有 MIKE21、Delft3D、ECOM、ECOMSED、SMS、MOHID、AD-CIRC、FVCOM 等,这些数值模拟系统软件各有特色,共同点是将建模、计算和演示集成为一个有机的系统。我国针对海岸河口地区波浪与潮流运动的特点,建立了多因子的复合动力地貌数值模拟系统,主要由底床状态、水动力、泥沙输运和地形更新等四个模块组成。

3. 波浪数值模拟

（1）大范围波浪数值模拟技术与能量平衡方程模型

SWAN 模型及其源程序的推出,使波浪模拟中的能量平衡模型再度成为热点,SWAN 被称为第三代能量平衡模型。能量平衡方程模型是一种基于能量守恒原理的波浪谱模型,各物理过程用不同的源函数表示,可适用于大范围地形的长时间计算。模拟的建立基础依赖于时间的能量平衡方程,然而,该方程不能反映由近岸海底地形和建筑物引起的波流绕射和反射效应,因此对局部区域波浪计算的精度有一定影响。我国的研究者在 SWAN 及其同类能量传输模式的基础上对绕射、变动的风场等进行了研究,并与泥沙模型、流场模型相结合,在淤积、风暴潮和台风浪复演方面取得了重大进步。

（2）中范围波浪数值模拟技术与缓坡方程模型

20 世纪 90 年代之后,折绕射波浪模型极大发展起来。国内对此进行了大量研究,包括:以双曲型缓坡方程为基础,采用有限差分法建立了短波模型 L-WAVE;采用 Kirby 所推导的含流缓坡波动方程式为基础,推导出描述不规则波与流相互作用之缓坡波动方程式,并对方程式采用有限差分法对不规则波和三维方向谱与流相互作用问题进行数值计算;使用抛物型缓坡方程和修改抛物型方程研究了双圆形浅滩地形的波浪折绕射,并与单圆形浅滩的波浪折绕射进行了比较，进而对多圆形浅滩进行数值模拟；提出了水深与流场缓变水域波浪传播数学模型，讨论了水流对波浪计算结果的影响；在基于抛物型缓坡方程的波浪变形数值模型基础上，采用堤上薄膜水的方法，计算了波浪破碎前堤后绕射及浅滩上的折射现象。

（3）小范围波浪数值模拟技术与 BoussiNesq 方程模型

描述波浪内部水质点运动及与建筑物的相互作用有多种方法，最为流行的是 BoussiNesq 方程模型。国内学者采用不同的方法提高 BoussiNesq 方程的色散精度，使得方程的适用范围逐步扩展，并推导出一个含有耗散项的三维高阶非线性和频散性波浪传播理论模型及其相应的二维四阶 BoussiNesq 型控制方程组，它适用于任意底坡变化（缓坡和陡坡），相对水深大于 1 的水域。小范围的波浪模拟与我国的水运工程建设关系密切，经过大量的数学、物理模型对比验证，在边界处理上更趋完善，模拟精度不断提高，相继提出了小港域波浪反射、局部挖深减浪、长周期波浪传播、波峰面高程确定等与实际工程密切相关的研究成果。

（4）波浪数值模拟在水运工程中应用

在我国，波浪数值模拟技术的范围已经从工程波要素推算和方案验证逐步推广至外海波要素推算、高程校核、泥沙运动、灾害复演等多个方面。波浪数值模拟技术的进步体现在以下多个方面：模拟方法取得突破性进步；应用范围快速拓展；由于波浪对于海洋港口建设的重要性以及波浪运动的复杂性，波浪理论的发展以及模拟技术的发展始终要领先于建设技术的发展。

4. 通航建筑物水力学数值模拟

（1）船闸输水系统水力特性数值模拟

船闸水力学模型试验存在固有的、明显缩尺影响，原型的输水效率比模型约提高 10% ~18%，造成了模型试验成果偏于不安全。20 世纪 80 年代，针对葛洲坝三座船闸输水系统的模型和原型观测提出了糙率校正方法；在进行三峡船闸水力学模型试验研究时，给出了兼顾 Re 数和糙率两方面因素校正沿程阻力系数的统一校正法，同时提出了闸室出水孔段局部阻力系数校正的方法。我国大规模的闸室流态三维仿真模拟目前尚未开展，但在研究输水过程局部三维水流流态、分析消能机理方面有长足进步。

（2）输水阀门水动力学数值模拟

在三峡船闸研究中，对阀门后廊道顶扩和底扩体型，采用大涡模拟方法对门后非恒定流流场进行了精细计算。三维紊流模型在雷诺数较大的高水头船闸阀门水力学研究中逐渐得以成功应用。大量的工程运行经验表明，满足结构静力设计的结构往往不符合动力作用要求，有时会发生强烈振动，乃至失效而破坏，主要由于荷载的高能区和结构动力特性的不利组合作用，或由于激励频率与结构的模态频率接近而发生共振。动态优化设计方法包括:阀门系统的动力特性;模态参数的灵敏度分析;阀门结构动态优化,根据模态分析及灵敏度计算结果,通过阀门结构系统的三维动态数学模型,对原结构进行动态修改;最后对阀门结构的动力响应进行预估。

(3)船闸工作闸门动水阻力矩数值模拟

20世纪90年代在三峡永久船闸人字门运行阻力矩研究中,从N-S方程出发,开发了三种适用于人字闸门运行的二维及三维数学模型,运用于方案比选研究,除计算动水阻力矩外,还可提供人字闸门运行过程中水位及流场等详尽资料。计算结果与物理模型基本一致。

(4)中间渠道水力学数值模拟

中间渠道是分散梯级船闸以及多级升船机的重要建筑物,是一种两端封闭的特殊渠道。中间渠道的水力学问题研究,主要技术手段为水工概化模型试验、二维非恒定流数值模拟等。后者应用相对较少,具有代表性的是在三峡通航工程方案比较中得以成功应用的二维非恒定流数学模型。

(5)引航道水力学数值模拟

1986年进行广西桂平船闸试验时,就采用非恒定流数值模拟技术计算了下游引航道的非恒定流。之后又结合广东飞来峡电站船闸与三峡多级船闸的上、下游引航道,通过物理模型、数值计算以及自航船模试验,进行了引航道非恒定流对船舶航行与停泊条件影响的综合比较与分析。在三峡船闸引航道水力学研究中,采用了对三维N-S方程沿水深方向积分后的二维水平方向的N-S方程和改进的MAC法,计算具有分叉引航道的非恒定流,并与模型试验值进行了相互验证。

(6)升船机数值模拟

升船机数值模拟方面,主要用于承船厢、塔柱结构、电气传动系统的虚拟仿真、升船机的船水耦合、升船机整体特性动态仿真等方面的研究,现在我国开始采用三维可视化技术进行升船机整体运行特性研究方面的尝试。升船机塔柱结构作为升船机的土建主体结构,一般为超大高耸薄壁的钢筋混凝土结构。升船机塔柱结构静力分析早期主要采用平面二维有限元法进行计算分析,现在已基本采用三维有限元法进行分析。动力计算一般采用规范规定的振型分解反应谱法,对于特别重要的结构,还应进行动力模型试验和采用时程分析法进行复核计算。

5.结构、土工数值模拟

(1)码头结构数值模拟

码头结构数值模拟的计算方法大体上可分为:弹性线法、竖向弹性地基梁法、自由支撑法和有限元分析法。工程实际中所用的三种线性弹性地基反力法,以竖向弹性地基梁法最为常用。对于涉及非常规结构,特别是涉及非线性问题时,常采用有限元分析法。码头结构的数值模拟主要针对三类问题:码头结构应力或内力分析、码头基桩与土体相互作用、码头桩体完整性的数值模拟。

(2)边坡稳定性分析数值模拟

边坡稳定分析的数值模拟需满足3个条件:静力平衡、变形协调、本构关系。边坡稳定分析的数值模拟方法常用的有有限差分法和有限单元法。根据安全度评估的方法,有限元法又可分为直接法和间接法两种。直接法可计算岸坡整体安全系数,适用于破坏面为平面或圆弧面的简单问题。间接法在分析过程中能自动搜索破坏面,解决复杂的工程问题。

(3)土与结构物相互作用分析数值模拟

在桩结构与土相互作用的计算模拟中,土体可采用弹性模型、非线性弹性模型或弹塑性模型等,对土的分析可采用总应力法或有效应力法。结构物一般采用线弹性模型,在土与结构物之间通常设置薄层单元或无厚度的接触面单元模拟两者的相互作用。

(4)地震动力分析数值模拟

常用的土体动力分析方法是不考虑孔隙水和土骨架之间的相对运动,即把土体整个当作连续介质,列出动力平衡矩阵式方程,用直接积分法在时域内求解,或经过 Fourier 变换或 Laplace 变化后采用复反应分析法在频域内求解。用有限元进行动力分析时,必须把实际上近于无限的计算域用人为边界截断进行处理。一般采用简单的截断边界、黏滞边界、透射边界以及有限元和无限元或边界元相结合的方法,但只适用于在频域内求解,在时域内求解的真正非线性问题,除把边界取得远一些以外,尚无其他更成熟的办法。

(二)物理模型试验技术

物理模型取得了较大发展,主要体现在三个方面:一是试验理论上的进步,特别是窦国仁提出了全沙模型试验理论,在潮流相似、波浪相似、悬沙相似、底沙相似、泥沙起动与沉降相似等方面为海岸与河口模型的建立奠定了理论基础。二是测试手段的进步,模型的控制和测试设备取得了较大的发展,如在波浪泥沙模拟中,在传统的气压式、翻版式生潮设备的基础上,发展了可逆泵、多单元流量控制等生潮设备,实现了旋转流和四面开边界的模拟。测试仪器也由传统的悬浆式流速仪、电容式潮位仪等,发展了超声波潮位仪、二、三维声学流速仪、激光测沙仪、流场实时测量系统(VDMS)等,水流、含沙量以及地形变化等测试手段完全实现了微机的自动化控制和采集,数据处理实现了智能化。三是复合模型试验技术得到发展。洋山深水港潮流泥沙物理模型和长江口全沙物理模型集中体现了我国泥沙模型试验的先进水平。

1. 海岸与河口潮流泥沙模型试验

(1)潮流定床物理模型

潮流定床物理模型主要满足几何相似、重力相似和阻力相似条件的要求。海岸与河口潮流模型要求试验范围都很大,而水深较小,受试验场地、供水、供电能力限制,一般要求水平比尺都很大,除重点研究工程建筑物周边的局部水动力条件和局部冲刷试验采用正态模型或小变率模型外,港口航道工程整体试验研究一般采用变态物理模型。一般情况下,局部模型变率较小,整体模型变率较大,有的河口海域模型变率超过 10。局部模型平面比尺一般不大于 600,整体模型平面比尺一般在 1000 以内。河口地区模型除考虑潮流作用外,也要考虑径流的影响。

(2)潮流泥沙物理模型

泥沙物理模型主要研究工程区域及其附近水域的泥沙冲淤变化程度及分布,通常在潮流定床模型试验研究的基础上采用泥沙物理模型。当工程区域潮流动力较弱且周围波浪掩护条件较好、工程区域床面地形以悬沙淤积为主时,采用悬沙淤积定床物理模型;当工程区域潮流动力较强、周围波浪掩护条件相对较好、床面冲淤变化以悬沙为主,采用悬沙动床物理模型;当床面冲淤变化以底沙运移为主,采用底沙动床物理模型;同时模拟悬沙和底沙运动可采用全沙动床物理模型。

(3)波浪潮流泥沙物理模型

当工程区域潮流动力和波浪掀沙作用较强、床面有冲淤变化并以悬沙运动为主时,采用波浪潮流泥沙物理模型。模型相似条件在满足潮流泥沙模型相似条件的基础上满足波浪运动相似条件和波浪作用下泥沙运动及输沙相似条件。波浪运动相似包括波浪传播速度相似、波动水质点运动相似、波浪折射、绕射、反射相似和波浪破碎相似等,波浪作用下泥沙运动、输沙相似包括波浪(波流)作用下泥沙起动相似、破波掀沙相似和沿岸流输沙相似。模型试验中抓住主要相似条件,选择合适的模型沙,以模型冲淤验证相似作为模型试验成功的关键,根据冲淤验证,调整模型含沙量比尺和冲淤时间比尺。

(4)波浪沿岸输沙模型

波浪沿岸输沙模型按几何相似、波浪运动相似、波浪对岸滩作用相似、泥沙运动相似和地形冲淤变化相似进行模型设计,波浪泥沙物理模型的模型变率一般不大于 3.0,平面比尺一般不大于 300。波浪沿岸输沙模型的主要难点是模型沙的选择,在破波带以内如果采用较轻质的模型沙(相对密度小于 1.30)和在破波带外采用原型沙往往很难达到理想的效果。

2.波浪模型试验

(1)波浪整体模型试验

波浪整体物理模型试验主要研究港内掉头水域和泊位处的泊稳条件、港外航道与口门附近的船舶适航条件、码头前沿波高、码头面上水情况以及防波堤、护岸处波高及越浪等。波浪整体模型试验具体可分为波浪传播与变形模型试验、港内水域平稳度模型试验、船行波模型试验等。波浪物理模型试验宜采用正态模型,波浪模型试验最关键的设备是造波机，我国经历了从进口到自主研发，从规则波造波机到不规则波造波机，从单方向不规则波造波机到多方向不规则波造波机和 L 形不规则波造波机的发展历程。工作原理也经历了机械、液压到电动的发展过程。采用不规则波与潮流相结合的方法，以现场天然沙为实验床质，进行系列比尺模型试验，得到了较好效果。

（2）波浪断面模型试验

波浪断面模型应根据波浪等动力因素及其与建筑物、岸滩等相互作用的特点，采用不同的相似准则。斜坡式、直墙式、水下管线的断面模型长度比尺应不大于40，桩基、墩柱试验长度比尺应不大于60，浮式建筑物长度比尺应不大于80。我国波浪断面模型试验所用造波机的演变过程与港池造波机技术基本同步，并且由于造波机规模较小，其造波技术一直略微领先于港池造波机。过去主要的研究内容是波浪动力，当前各研究单位逐渐建设了风浪流水槽，同时工程上也提出了考虑风浪流共同作用下的块体稳定、防波堤越浪等方面研究的需求。目前我国风浪流综合水动力作用下的断面模型试验技术已经实用和成熟。

3. 内河航道与港口水流泥沙模型试验

（1）水流定床物理模型

水流定床物理模型主要研究内河航道及港口工程对工程区域及其附近水域的水位、流场的影响，预测航道及港口工程实施后的水深和通航水流条件等。模型主要满足几何相似、重力相似和阻力相似条件的要求。对于河床变形较小的山区河流航道及港口工程问题，多采用水流定床物理模型进行研究。根据河床地形、试验场地、供水能力等特点，模型可采用正态模型，也可采用变态模型。

（2）推移质泥沙模型

推移质泥沙模型是用于研究以推移质泥沙运动为主引起河床变形的物理模型，主要研究的是卵石河床和粗沙河床的岸滩演变及工程引起的河床冲淤问题。模型一般按几何相似、水流运动相似、推移质泥沙运动相似和地形冲淤变化相似进行模型设计。推移质泥沙物理模型既可设计为几何正态，也可设计为几何变态，模型变率一般不大于3，平面比尺一般不大于200。

（3）悬移质泥沙模型

悬移质泥沙运动相似主要满足沉降相似和悬浮相似的要求，可根据研究问题性质在沉降相似和悬浮相似中选择主要相似条件，如研究淤积为主时，沉降相似为主要相似条件；研究冲刷为主时，选择悬浮相似为主要相似条件；同时存在冲刷和淤积时，则需同时满足沉降相似和悬浮相似。受模型沙选择的限制，悬移质泥沙模型通常设计成几何变态，对于小型河流，模型变率一般不大于3.0，平面比尺一般在200左右；对于大型河流（如长江），模型变率一般不大于5.0，平面比尺一般在400左右。2015年，我国编制了《河流悬移质泥沙测验规范》（GB/T 50159—2015）。

（4）内河航道与港口水流泥沙模型试验技术的进步

20世纪70年代末,我国主要的相似理论成果有李昌华的动床模型相似律、屈孟浩的动床模型相似律、窦国仁的全沙模型相似律和武汉水利电力学院的动床模型相似律等。20世纪80年代以来,在模型变态(几何变态、时间变态和比降二次变态)、模型沙选择、宽级配非均匀沙模拟、模型人为转弯、泥沙起动和扬动相似条件、沉降相似以及各相似条件偏移对试验成果的影响等方面提出了新的理论和模拟方法,并取得很好的使用效果。内河航道与港口水流泥沙、模型试验技术包括模型制作技术、水沙过程概化技术、水沙控制技术、高含沙水流模拟技术等。

4.通航建筑物水力学模型试验

（1）通航枢纽模型试验

在泥沙对通航的影响研究中采用了变态泥沙模型与枢纽定床正态模型相结合的试验方法,在通航水流条件研究中除采用常规的水力指标观测外,大量开发应用了遥控自航船模技术。自航船模通航试验主要有两类:一是船模对比试验,主要用于方案选优;二是通航情况预演试验,要求船模与实船除了几何相似外,操纵性能也尽可能相似。在模型试验数据采集、试验控制方面开发了高精度、高效率的计算机数据测控系统。在模型加工制作过程中采用了CAD/CAM自动制模技术。随着技术发展,复合模型技术也得到应用。

（2）船闸水力学模型试验

船闸水力学研究主要包括船闸输水系统、输水阀门以及工作闸门3个方面。我国船闸输水系统研究主要创新体现在:在船闸输水系统物理模型比尺选取方面,船闸模型的比尺为20~40比较合适。通过大量工程模型试验和原型实践,创新了船闸输水系统布置形式,集中输水系统复合模型得到广泛应用。船闸输水过程为一非恒定流过程,可以应用物理模型试验和数学模型计算进行研究。在输水水流流态测试技术方面,随着对输水系统消能要求的提高,需要研究输水系统局部水流结构。阀门水力学模型试验从最初的阀门恒定流常压水力学模型试验,经过多年努力,发展到非恒定流常压水力学模型试验、非恒定流减压模型试验、恒定流减压试验、门楣1:1切片模型试验、阀门流激振动模型试验等。闸门水力学模型主要用于闸门启闭过程水动力特性研究,三峡船闸人字门模型试验中,模型比尺为20,模型按重力相似设计;人字门按几何相似制作,通过配重使其满足质量分布相似。

（3）升船机模型试验

升船机整体物理模型试验方法已成为我国开展升船机整体运行特性研究的重要研究方法,仅2005—2010年国内就有澜沧江景洪水力浮动式升船机、乌江思林(沙陀)钢丝绳卷扬全平衡式升船机、构皮滩三级垂直升船机等多座大型升船机进行了整体运行特性物理模型试验。升船机船厢及引航道水力学研究方面以物理模型试验为主,主要研究:承船厢及引航道合理水深;船舶进出承船厢及引航道的航行方式;承船厢卧倒门启闭试验;中间渠道水力学问题;枢纽泄洪、电站日调节等非恒定流对升船机运行的影响等。

5.船舶航行模拟试验技术

(1)枢纽通航条件船模试验

枢纽通航条件船模试验主要用于研究水利、航电等枢纽通航建筑物上下游引航道口门区及连接段的航行水流条件。随着我国航运事业的发展,需要建设复线或多线通航建筑物,以往采用一种船模单独进行航行试验的方法已经不能满足工程建设的需要。发展了多种船模在引航道和口门区的交会、并行试验,如西江干线桂平二线船闸平面布置、长洲枢纽三、四线船闸平面布置研究中,就进行了船队与货船模型、船队与船队模型交会、并行试验。

(2)山区河流航道整治工程船模试验

在山区河流航道整治中,除航道尺度外,航道内的水流流速、水面坡降也是航道整治的重要控制指标。以往的物理模型只是通过观测航道内的水流流速、水面坡降值来判断是否满足船舶上滩要求,单纯依靠物理模型试验无法得到满意的结果。国内已在长江葛洲坝下游近坝段李家河、川江王家滩,西江岩滩、更滩、那相滩,北盘江岩架滩等滩险的整治工程中使用了船模试验技术,取得了良好效果。但与枢纽通航条件的研究相比较,在航道整治方案研究中,船模试验技术还没有得到广泛应用。

(3)进港航道通航条件船模试验

一般情况下,设计确定的航道尺度能够满足代表船舶安全航行的要求,但在通航条件比较差的开阔海域,受风、浪、流的影响,船舶航行产生的漂移较大,此时设计航道尺度能否满足代表船舶的航行要求还没有可靠的判断方法,特别对于弯道来说,航道尺度如何确定更是一个技术难题。深圳铜鼓航道北段采用了一条弯曲的"S"形航道来与现有的深圳港西部港区进出港航道进行衔接。

(4)桥梁通航条件船模试验

桥梁通航条件船模试验主要用于研究桥梁的跨度及墩位布置方案。例如芜湖长江大桥通航条件整体模型试验,采用水流定床物理模型与自航船模相结合的研究手段,对芜湖大桥两个设计桥位、多个桥型方案进行了研究。物理模型与自航船模均设计为几何正态,比尺为180,分别按照水流的几何相似、动力相似、阻力相似和船舶的几何相似、阻力相似、动力相似和操纵性相似条件设计。

6.结构模型试验

(1)静力结构模型试验

静力结构模型试验可分成两类:一类以弹性力学基本假定为前提,用线弹性模型材料制成模型,在静载荷作用下量测模型各测点的应力和变形的静力试验。另一类以弹塑性力学的基本假定为前提,用高容重、低强度、小变形模量的非线性模型材料制成模型,以模拟复杂地基的自重力及一些特殊的地质构造。结构模型试验的方法有电测法、光弹法、脆性涂层法、云纹法、全息干涉法、散斑干涉法、声波测试法等,水工结构模型试验常用电测法和光测法两种。试验的加载可根据荷载大小和类型,采用砝码、千斤顶、水压和气压等不同的加载方式。

（2）结构动力模型试验

结构动力模型试验和破坏试验是研究结构在动力荷载作用下非线性动力响应及破坏形态的一种重要手段,这类试验往往要在振动台上进行。借助于大型振动台进行模型试验研究获得的主要数据有:模型体系的加速度反应时程、模型结构的应力反应时程和结构表面的土压力时程等,以此可以对试验反映的结构动力反应规律进行分析。同时,动力模型试验可以获取结构物的振型、频率等动力参数。已建码头结构的抗震鉴定和抗震加固都需要得到结构的动力特性,建立结构动力计算模型,进行抗震分析。

7. 离心模型试验

土工离心模型试验技术是 20 世纪 90 年代迅速发展起来的一项崭新的土工物理模型技术。通过施加在模型上的离心惯性力使模型的容重变大,从而使模型与原型的应力一致,离心模型是各类物理模型中相似性最好的模型,在国内外受到广泛的重视。从 20 世纪 80 年代开始,我国科研机构建成了能力为 $450g \cdot t$、$400g \cdot t$、$180g \cdot t$、$100g \cdot t$、$50g \cdot t$、$30g \cdot t$、$20g \cdot t$、$5g \cdot t$ 大中小型土工离心机。在试验辅助专用设备方面,我国还研制建设了离心机振动台、大型数字化加荷设备、波浪力动态模拟装置、波浪模拟装置等试验专用设备。在试验研究方面,20 世纪 80 年代,我国利用改装的结构光弹离心机完成了首例土工离心模型试验,分析了深圳五湾码头的坍塌原因。结合国家重大工程项目,我国工作人员开展了地震液化与抗震技术、加筋土机理、边坡稳定、非饱和土理论、新型码头结构、海洋软土加固机理、大圆筒码头结构、CDM 深层搅拌工法、波浪—防波堤—地基相互作用、码头岸坡桩土共同作用、斜拉板桩结构、波浪作用下海底土力学特性等基本理论的研究工作。2013 年我国编制了《港口工程离心模型试验技术规程》（JTS/T 231—7—2013）。

8. 海工材料模拟试验技术

（1）室内加速模拟试验技术

室内加速模拟试验优点是实验的可控性高,结果重现性好,且周期短、费用低、灵活性较大,缺点是材料、环境与实际状态存在一定的差别。经多年发展,我国室内加速模拟试验在研究手段、控制方法及影响因素方面的进步很大,已从早期化学浸泡、盐雾试验和间浸试验等单因素模拟试验向多因素模拟试验转换;从无应力状态模拟实验向有应力状态模拟实验的转化;从早期的人工控制、手动记录发展为计算机控制和自动采集;试验设备亦从完全国外进口,发展为国产化自动化数字化。

(2)现场暴露试验

我国共有暴露试验站约70个,其中有关海港码头耐久性腐蚀的暴露试验站约有10个,正在发挥功能的有5个。本法优点是由于试件所处的劣化环境即为真实环境,故其试验结果较为真实、可靠,但缺点是所需的试验时间相对太长,试验成本较高,可重复性差,难以大量进行,同时由于针对性较强,难以适应广泛、多变的真实使用环境。早期的海工材料暴露试验试件一般放置在有掩护的港池内,有的放置在码头下方。我国现场暴露试验研究已从传统的静态海水暴露试验发展到动态海水暴露试验、从浅海扩展到深海、扩展到江/海交界,且越来越具有针对性。

四、导航助航设施

(一)综述

导航助航设施简称航标,其功能是标示航道的方向、界限及岛屿、港口、碍航物等特定标示物的位置,向过往船舶揭示与航道有关的安全航行信息,引导船舶安全、经济、快捷地航行。航标的分类有多种,按航标属性将其划分为内河航标、海区航标、军用航标和渔业航标;按航标作用形式分为视觉航标、无线电航标、音响航标、AIS虚拟航标及相关管理系统;按设标位置分为岸标和水标;按航标结构形式分为灯塔、灯桩、灯船、浮鼓、杆形标、立标等。其中,视觉航标是最基本的助航设施,无线电航标已发展为现代化、全天候的助航导航设施。20世纪70年代前,我国内河航标结构简单、航标灯信号单一,视距小。20世纪80年代后逐步实现了电气化,建成"长河二号"远程无线电导航系统/差分全球定位系统,大规模改造、新建现代多功能灯塔,形成了我国沿海现代化"灯塔链"。进入21世纪,信息技术以及新能源得到了广泛应用。海区航标技术起点高,卫星导航得到全面使用。为推进航标技术发展,确保航标产品与维护质量,国家对航标灯器、浮标、灯桩、岸标及相关航标设备生产、制作安装技术通用条件颁布了《中国海区助航标志》(GB 4696—84)、《内河助航标志》(GB 5863—93)、《内河助航标准主要外形尺寸》(GB 5864—93)等国家标准和部颁标准。航标设备生产、维护实现了标准化、系列化、规范化。2000年以来,我国高度重视航标建设与管理,依据国家标准相继颁布《内河航标管理办法》《中华人民共和国航标管理条例》等法规。在航标结构及性能改进、航标新技术、新材料、新能源、新光源、新灯器及现代智能化航标研制及推广应用等方面都取得了长足的进展。

（二）主要技术创新与应用

1. 内河航标配布技术

按照《内河助航标志》（GB 5863—93），内河航标配布按四个类别实行不同配布。一类航标配布：配布的航标夜间全部发光。白天，船舶能从一座标志看到次一座标志；夜间，船舶能从一盏标灯看到次一盏标灯。二类航标配布：发光航标和不发光航标分段配布。在昼夜通航的河段上配布发光航标，其标志配布与一类航标配布相同；在夜间不通航的河段上配布不发光的航标，其标志配布密度与三类航标配布相同。三类航标配布：航标配布密度比较稀，对优良河段的沿岸可不配布沿岸标，但每一座标志所表示的功能与次一座标志的功能应相互连贯，指引船舶在白天安全航行。重点航标配布：只有航行困难的河段和个别地点配布航标。传统的内河航标配布一般有两种方法，即分别为按照船舶上水或下水航线为主进行航标配布。一般来说，山区天然河流按照船舶上水航线为主配布，当航道宽度小于两倍航道标准宽度时，航道两侧连续配布航标。平原河流按照船舶下水航线为主配布，即当航道宽度小于规定的航标配布范围时，两侧配布航标。20 世纪末，船舶定线制逐步在我国内河推广，航标配布技术也逐步发展，特别是在航标配布技术参数上更加明确、具体、科学，采取了两侧连续航标配布准确标示航道界限。

2. 视觉航标结构与材料

浮标一般设置在水深不超过 40 米的浅海、港湾及内河。20 世纪 70 年代前，全国内河浮标规格不统一。20 世纪 80 年代后，以长江为代表的内河航道逐步用钢质标志船取代原来的竹木浮标，形成了系列规格：6.7 米、10 米、15 米标志船；直径 1800 毫米、直径 2400 毫米、直径 3050 毫米、直径 6000 毫米浮鼓。20 世纪 90 年代初，连云港布设直径 8 米，盘形，装有望板，灯器用 ML-300 型，配雷达应答器和无源雷达反射器和太阳能电源的大型浮标，使用效果良好。玻璃钢浮标重量轻，耐腐蚀，不需要油漆，海生物附着量少，且易消除，稳性好，在 8 级风、3 千牛流速的情况下倾斜角小于 20°。后来又研制开发了直径 1.2 米、重 120 千克的罐体柱形充塑浮标。2000 年以后，直径 2400 毫米 PE 塑料浮鼓投入使用，应用情况较好。我国已采用超高分子量聚乙烯材料研制出耐磨性高、抗冲击性强、柔韧度大、高耐候、自润滑、重量轻的应急沉船示位标。

针对内河船舶向大型化发展的趋势及航标经常被碰撞损坏的情况，一种利用陀螺运动消能原理研制出的可抗击 2000 吨级船舶正常航行 45°角碰撞航标的大型层叠式防碰撞灯桩在京杭运河开始使用。移动灯杆是"标灯分离"方案采用的新型航标，主要解决三峡库区消落后期和主汛期船舶夜间航行的需要，在消落后期和主汛期，移动灯杆与 175 米以上的固定岸标搭配使用，船舶白天看标行船，夜晚看灯行船，水位的涨落时仅需移动灯杆即可。

导标用于引导船舶进出港口，通过狭窄航道，进入锚地以及转向、避险、测速、校正罗经等，现在激光导标已开始应用。在国内港口的航标建设中，导标一枝独秀，其中，秦皇岛港、天津港和湛江港的导标，因地制宜，布局合理，标志独到，便于识别，得到驾引人员普遍好评，为国内港口导标建设的范例。

3. 航标遥测遥控系统

自 20 世纪 80 年代末开始，航标遥测遥控技术开始运用于海区航标的灯塔远距离监测，它具有实现自动监测灯塔工作参数、控制备用灯工作等功能。该系统主要包括故障检测和数据传输两个方面，全套设备由灯塔设备（副台）与监测中心（主台）等组成，设在灯塔的传感器采样收集主灯灯质、日光开关、电源电压、灯器电流、备用灯或无线电指向标的工作情况，一旦出现故障便向主台发出故障信息，并自动转入备用工作。我国内河航标遥测遥控系统自 20 世纪 90 年代末开始运用，采用 GPS 技术实现了定位功能，采用 GSM 短信技术作为系统信息的传输途径，在监控中心应用 GIS 电子地图开发显示界面，使操作管理人员能直观方便地实现航标位置、状态的查询显示。进入 21 世纪后，航标遥测遥控系统技术逐步成熟，在我国海区和内河航标上得到广泛应用。

4. 无线电航标

20 世纪 80 年代前，无线电指向标是沿海主要的导航设施，我国先后研制成功了 56 型、红旗-I 型、红旗-II 型和 63 型 500 瓦环射式指向标发射设备，完成了指向标站的勘察选点、工程设计、土建施工、新建设备安装以及管理人员培训等。20 世纪 80 年代后，我国对沿海指向标站进行调整和充实。20 世纪 90 年代初期先后建成海陵指向标、红坎指向标，东海海区建成牛山岛指向标、镇海角指向标，长江口的花鸟山、佘山等指向标相继恢复使用，至此，我国沿海建成无线电指向标网。为进一步提高无线电指向标性能，有关单位先后研制开发了 ZK-I 型、ZK-II 型指向标控制机，用高稳定晶振计时代替原来的机械钟，用电子逻辑编码代替机械编码。同时，我国从国外引进部分固态发射机，应用于大三山、圆岛、成山角、镇海角、牛山岛、大戢山、红坎、海陵等指向标。

20 世纪 60 年代，我国开始了"中程导航"和"远程导航"系统的研制和建设。1965 年 5 月开始研制"长河一号"导航系统（"罗兰 A"系统），并于 1968 年 7 月在成山头、射阳河和枸杞岛三个导航台投入试用，系统作用距离白天地波达 500 ~ 700 海里，定位精度 0.5 ~ 1.5 海里；夜间天波可达 1400 海里，定位精度 3 ~ 5 海里，定位过程简单。1969 年 6 月正式对国内用户开放。20 世纪 70 年代，在第一期三个导航台建设的基础上，全国建成了 10 个导航台，组成一个北起鸭绿江口、南至西沙群岛的完整中程无线电导航网。卫星导航系统已经广泛应用于中远程船舶导航。

5. 船舶自动识别(AIS)系统

虚拟航标是基于 AIS 网络而产生和发展的新型航标应用技术,是 AIS 与电子海图显示和信息系统(ECDIS)有机结合的产物。AIS 将区域内的航标信息实时动态地传送给用户,并在 ECDIS 上显示出来。虚拟航标具有航标设置或更改的速度快、设置不受天气条件限制、不会出现标位漂移、导航精度更高等优点。中国海事 AIS 岸基网络系统已经覆盖我国沿海全部水域和港口。

6. 航标灯与航标光源

航标灯光源技术由煤油燃烧光源过渡到电光源,经历了白炽灯泡、霓虹灯、卤钨灯、LED(发光二极管)航标冷光源等的技术发展过程。最初航标的常规光源是白炽灯泡,航标灯有的要求辐射红光、绿光或黄光,过去在透镜内加装滤光玻璃,但会逐渐老化、破损,影响灯光颜色,20 世纪 80 年代,在白炽灯泡外涂上红、绿、黄三种透明且耐高温的油漆,生产了有色灯泡。卤钨灯采用石英玻璃泡壳,能耐高温,玻壳比较小,其中充入少量氩气和卤素,当色温提高到 3000 开尔文时仍能维持额定的工作寿命,其光效能提高到 20 ~ 30 流明/瓦。金属卤化物灯常见的有碘化铊高压汞灯、钠铊铟灯和金属卤素灯,使用的金属卤素灯串接一个专用镇流器,灯管功率 150 ~ 1000 瓦,配用专用换泡机,使用和维护方便。航标上使用的是低压长弧氙灯,与大型牛眼透镜相匹配,有效寿命大于 1000 小时,触发电压 20 千伏,灯光效果很好,但光源温度较高。航标脉冲氙灯是一种脉冲闪光灯,其电子闪光器要产生逆变高压脉冲及触发高压,受海风盐雾的影响,故障率较高,因此使用范围受到限制。20 世纪 90 年代中期以后,LED 冷光源在内河及沿海的航标灯上得到广泛使用。

LED 具有节能、光色纯净、使用寿命长、电源适应性好等特点,作为航标灯灯光源广泛使用。LED 航标光源可根据航标灯视距要求,将 LED 管采取串联、并联均匀分布排列方式综合安装在透镜焦点附近。

航标灯灯质的控制系统经历了机械电动闪光仪、半导体闪光仪、集成电路闪光仪和单片计算机闪光仪的发展过程。由单片机控制的 LED 航标灯的显著优点为:LED 光源不产生褪色现象;理论使用寿命达 10 万小时;LED 光源能耗与白炽灯比,同样的视距功耗可降低二分之一;LED 光源由多粒管组成,各粒管不会同时熄灭,不会产生熄灯现象;防震防水性能好。单片计算机的应用与发展提高了航标灯稳定性、可靠性,方便航标维修与维护。以往的透镜为点光源的鼓形菲涅耳透镜,适用于点光源的白炽灯泡,LED 光源为环形光源,为此专门开发了与 LED 环形光源相匹配的透镜。

一体化航标灯是将底座、透镜、LED 光源、免维护电池、太阳能电池板、闪光仪、充放电保护装置集成于一体的航标灯。航标专用电池置于底座下部,闪光仪安装在底座中部,LED 光源与闪光仪相连接。梯形太阳板镶嵌在底座的斜边上。我国在一体化航标灯基础上集成遥测终端等装置,并对电池功率、防雷电干扰电路控制、太阳能充电等方面采取更深入的研制后,形成了免维护智能化航标灯,真正实现 5 年以上免维护的技术要求。免维护智能化航标灯是航标技术的重大进步和发展方向。

五、仿真技术

(一)工程结构分析

若用仿真与虚拟现实技术,则可以进行足尺寸的试验,还可以很方便地修改参数。此外,有些结构难以进行直接试验,如结构在地震作用下的倒塌分析、防撞设施的检验试验等只能采用仿真技术分析。又如在动荷载作用下,结构反应很快,试验的全过程只能在高频测试仪器和摄像仪器下进行。采用计算机模拟仿真试验,则可辅助观察其破坏的全过程,便于研究破坏行为和破坏机理。在运用传统的有限元法进行结构分析时,结构应力的结果通常采用内力图等力线的形式描绘出来,利用仿真与虚拟现实技术则可以通过颜色的深浅给出三维物体中各点力的大小,用不同颜色表示出不同的等力面,还可以利用 VR(虚拟现实)的交互性能,实时修改各种数据,以便对各种方案及结果进行比较。

(二)工程仿真设计

1. 集装箱码头仿真设计

我国已开发出多个集装箱码头仿真模型,研究主要集中在码头陆域范围,研究热点主要为集装箱码头的车流研究、集装箱拖挂车调度研究、装卸工艺方案研究、泊位的岸桥柔性调度研究以及集装箱码头铁路物流等方面。国内主要采用 Petri 网理论构建集装箱码头装卸系统仿真模型。从码头前沿局部车流着手逐步扩展到整个码头陆域范围内的车流研究,取得了较为丰富的研究成果,其研究成果先后应用于大连大窑湾集装箱码头、上海外高桥集装箱码头和青岛港前湾港区集装箱码头等项目,获得了业内的认可。

2. 大型散货码头仿真设计

我国相继开发了大型散货码头仿真模型,研究成果颇丰。大型散货码头仿真研究主要集中在 3 个方面:散货码头装卸工艺系统能力与瓶颈分析、散货堆场容量分析、堆场堆存策略分析。从 20 世纪 80 年代起,秦皇岛港已经建成了五期煤炭码头工程,各期工程建成于不同时期,基础设施、装卸设备的技术水平差别较大,并且各期工程分属于不同的下属公司,相互之间存在协调配合的问题,采用计算机仿真技术很好地评估了生产运营的瓶颈问题。

3. 航道仿真设计

我国利用计算机仿真技术研究航道通过能力问题,建立了港航系统仿真模型,提出了基于港口服务水平的航道通过能力的系统分析方法,该研究成果已成功应用于黄骅港、深圳港和厦门港等多项工程,得到广泛的认可。可以把港航系统仿真模型划分为两个部分:外部驱动系统和内部作业系统。外部驱动系统可以细分为船舶生成子系统、天气生成子系统和潮汐生成子系统。内部作业系统又可以细分为锚地子系统、航道子系统、泊位子系统和港航调度子系统。

4. 其他仿真技术应用

计算机仿真技术在水运工程中还有大量的其他应用研究,比如:港口规划中的泊位数量的确定,最典型的问题就是根据港口的货物吞吐量确定合理的泊位数量和各等级泊位数比例;内河船闸运行调度及通过能力的研究,如长江三峡船闸和西江长洲水利枢纽四线船闸;集装箱码头中集装箱拖挂车实时调度策略的研究,打破固定作业线路,尽量使集装箱拖挂车整个作业线路都为重载,提高装卸效率;码头通过能力研究,基本涉及了集装箱码头、干散货码头、液化天然气码头等各类货种的码头,研究成果较多。

(三)场景展现

1. 工程场景模型的构建与优化

工程场景模型可分为三类:相机模型、实体模型和天气模型。相机模型使得用户可以在场景中进行交互漫游,并允许用户实时跟踪观察场景。实体模型是场景的主体模型,根据模型是否具有行为特性分为静态模型和动态模型。天气模型主要通过天空球、粒子系统、光晕等技术来构造工程场景的晴天、雨天和雪天等天气景观。实体模型中的静态模型包括地形模型、地质模型、水工结构模型、机械设备模型、公路铁路模型、辅助建筑模型、管线模型、绿化物模型和波浪模型等。静态模型需要采用纹理映射技术进行形象建模,实质上就是把二维图像位图上的像素映射到三维模型对象的相应顶点上。动态模型需要进行运动建模,运动建模的方法有关键帧法和样条驱动画法。水运工程场景数据量大,为了提高显示的速度,通常采用场景分割、采用多分辨率模型、采用多分辨率纹理贴图和以面代体等场景优化策略。

2. 工程场景实时交互漫游

虚拟现实与动画最主要区别就是它的可交互性,水运工程场景实时交互漫游包括行走漫游和巡航漫游。

3. 水运工程场景实时信息查询

在水运工程场景展现过程中,将水运工程中的模型与其属性信息记录建立一一对应关系,可实现信息的可视化查询,使得用户在工程场景中进行坐标查询、距离测量、面积测量、工程量计算等。其他的查询方式还包括模型的搜索查询以及模型信息的触发式查询,如可实时查询码头结构特性、泊位种类和等级、堆场尺寸、设计波浪、潮流特点、土层特性等信息。

(四)可视化技术

1.二维可视化

二维可视化技术的发展,是从对二维流场的动画仿真开始的。自然界的流场是通过其水面漂浮物的运动被人们感知的,这被称为拉格朗日描述法。要实现二维流场的拉格朗日法动画模拟,在算法上要解决流场内示踪粒子的快速追踪、出界粒子的删除、入口边界补点、粒子疏密控制、无效显示域粒子删除、干湿动边界线判断等问题;在图形显示上要解决地形和岛屿区分、质点高效绘制、双缓存显示避免闪屏、复杂图标(指北针、距离尺度、流速尺度、同步潮位验证曲线、图例、说明文字等)绘制、影像文件制作等问题。采用图形设备接口(GDI)+图形技术可以实现二维图像制作,完成二维可视化的技术实现。

2.三维可视化

在水动力数值模拟领域,越来越多的工程问题需要三维计算来回答,由于三维可视化涉及三维场景的建立、视角的变换等,三维可视化必须建立在三维图形处理平台之上。OpenGL、WPF、OSG、VTK、OGRE是三维图形处理平台。三维图形处理平台常用于构建三维地形,通过对一系列代表不同时刻波浪场水面的三维曲面的显示,可以实现波浪场的仿真模拟。对基于拉格朗日法的三维流场的仿真可视化必须解决基于平面显示设备的立体显示方式。

(五)辅助设计

计算机辅助几何设计(CAGD)与计算机图形学(CG)的飞速发展给传统的设计模式带来了变革,许多水运设计部门和科研单位也开始着手于将虚拟现实技术应用于水运工程设计工作中。我国在此方面已做了一些初步研究:借助于BIM(建筑信息模型),以参数化的桩、梁、板等构件为绘图要素建立三维参数化码头模型。该类软件以参数对话框作为界面,使设计人员通过参数输入完成模型构建,通过构件参数之间的关联性,实现了工程三维模型的实时修改,即与修改的参数相关的所有信息均同步调整,实现了便捷高效的人机交互功能。水运工程信息模型应用技术是水运工程建设、运维技术在信息技术发展大环境下融入数字化发展大势的关键技术,给水运工程领域的工作方式变革带来重大挑战。中国交建大力推进BIM技术,成立BIM技术应用研发中心,引领行业发展,2016年顺利完成"建筑信息模型(BIM)技术应用及产业化政策研究",组织开展水运、公路BIM行业技术标准的编制工作。

我国在港口工程、航道整治工程、通航建筑物工程等领域已基本建立起成套的BIM

软件技术,包括:专业信息模型构件资源库以及标准和管理技术、专业建模技术、模型编码和管理技术、协同技术、信息模型产品质量校审技术、信息模型图纸签署技术、企业级 BIM 协同工作云平台技术、信息模型的施工深化、进度计划、过程管理技术,以及与集成和展示、专业仿真计算软件技术系统的对接技术等,初步实现了信息模型专业软件技术在水运工程正向工作中的成套化。交通运输部将 BIM 技术确定为“十三五”公路水运行业十大重点技术之首,不断推进水运工程信息模型技术的应用试点,取得了良好效果。比如:珠海集装箱码头二期工程项目采用 BIM 技术运用于施工阶段的建设管理工作;重庆港江津港区硌璞作业区改扩建工程基于信息模型开展了施工阶段的施工进度、质量等管控应用;南京扬子石化液体化工码头工程使用专业 BIM 软件技术,创建了地质信息模型、码头结构和设施信息模型、液体化工管线信息模型以及配套工程信息模型。

(六)远程监控

港口机械群远程监控是指:本地计算机或监控设备通过网络系统得到远程港口机械的运行姿态、运行状况、参数指标、视频信息、音频信息,实时了解其工作情况,利用特定的方式将其呈现给用户,实现对港口机械运行的监视,同时实现港口机械的远程管理、远程操控以及远程故障诊断和远程维护。现有港口机械远程监控系统已经实现的主要功能有数据的采集与处理、数据分析功能、管理功能和控制功能。在此基础上,研究了虚拟港口场景建模技术;研究了虚拟港口渲染呈现和场景交互技术;研究了虚拟港口快速渲染技术;在虚拟港口平台基础上,进行远程监控系统的集成测试,构建了一个基于桌面虚拟现实的港口机械群远程监控系统。将远程监控系统与虚拟现实技术相结合,对港口进行立体显示,在监控中心屏幕上显示具有很强真实感的虚拟港口场景。

Record of
Port and Waterway Engineering
Construction in
China
中 国 水 运 工 程 建 设 实 录
（1978 — 2015）

四、开 放 篇

第七章
水运工程建设对外合作与交流

我国水运工程建设的国际合作与交流,主要体现在引进外资建设国内码头、参与国外的水运工程建设、水运工程建设的技术与装备三个方面。在引进外资建设国内码头方面,大体经历三个阶段。20世纪80年代以利用国外政府贷款、国际金融机构贷款为主;20世纪90年代以中外合资、直接利用外资为主;进入新世纪,全球码头运营商、班轮公司等纷纷投资我国码头,利用外资有了更多的选择。从外商及港商投资码头泊位类型看,外资主要投向集装箱码头泊位,占总量的近90%,其次是液体化工码头和多用途码头。外资及港资投资建设的码头主要有招商局集团投资的宁波大榭、天津五洲国际集装箱码头,新加坡港务集团投资的大连大窑湾集装箱码头一期、天津东疆港区集装箱码头,东方海外投资的宁波北仑五期集装箱码头,马士基投资的青岛前湾集装箱码头、上海外高桥四期,日本邮船投资的大连港汽车码头等。利用外资建设国内码头主要是在20世纪90年代,对缓解当时我国港口建设资金不足起到了重要作用,同时通过利用资金,引进先进技术,促进了我国港口建设的技术进步和港口产业的发展。

外资参加国内的码头项目具体情况,收录在本书的成就篇第八章"沿海港口与航道工程"中。本章主要收录我国通过援建、施工承建、工程总承包、对外投资等方式,参与的国外水运工程建设情况,以及水运工程建设的技术和装备的国际合作与交流。

第一节　水运工程对外业务发展阶段

中国的对外业务在改革开放前,主要表现为对外经济技术援助。分别于1979年和1980年成立的中国公路桥梁工程公司和中国港湾工程公司的前身原交通部援外办公室,从1958年开始走出国门,承担中国政府对外援助项目建设。在20世纪80年代中国交通建设企业走向国际化的过程中,除了援建项目外,基本采取国外技术劳务承包。1980—1990年,中国企业参与国际工程以劳务输出为主,提供的是廉价劳动力。1990—2000年,以劳动密集型施工总承包为主,以成本优势参与国际竞争,经济附加值仍然很低。2000年以后,中国企业的技术优势显现,自主承建项目越来越多,高层次、高技术含量、高经济附加值的大型项目逐年增加。其中,技术劳务合作项目施工技术、工程质量、进度全部由中方负责,中国企业进入了技术和资本综合输出的阶段。中国企业不仅作为总承包商,而且作为运营商和投资方,参与国际工程建设。

本章内容重点对中国水运工程领域对外业务情况进行了梳理。按照不同年代背景,中方水运工程队伍在对外项目中的参建角色,划分为援建项目、施工承建项目、总承包项目、投资项目等几类。对于援建项目,狭义上是指中方直接参与建设实施的援助项目,广义上也可指中方利用低息贷款援助实施的项目,比如在参建瓜达尔深水港一期工程时,中方以赠款、无息贷款、优惠贷款和买方信贷等方式进行融资用于港口基础设施建设,但在该工程一、二期建设中,中方的角色更多为总承包管理单位,所以仍然将其放置在第四节"总承包项目"中。

在同一种参建类型中,按照工程属性进行分类,比如港口工程、航道工程就是两类属性完全不同的工程类型。虽然桥梁工程并不是传统意义上的水运工程,但因其水下部分更多依托水工技术的应用,故在本章中仍然予以收录。同样,为从多元化的角度反映中国水运建设企业对外建设成就,对以肯尼亚蒙内铁路等项目为代表的其他类工程项目,也做了适当收录。

水运工程标准是水运工程对外建设工作的重要组成部分,是实现水运工程"走出去"战略必不可少的基础性工作。如果说标准是软件,装备就是硬件,二者相辅相成,体现了建设队伍在水运工程建设对外合作与交流中的话语权与技术能力。过去数十年间,在装备技术方面,尤其是疏浚装备与港机装备取得了长足的进步与发展。本章最后对工程标准和装备技术两方面有关情况分别做了简要介绍。

一、峥嵘岁月阶段

中国是世界上最大的发展中国家,在发展进程中,中国坚持把中国人民的利益同世界各国人民的共同利益结合起来,在"南南合作"框架下,向其他发展中国家提供力所能及的援助,支持和帮助发展中国家特别是最不发达国家减少贫困、改善民生。

新中国成立后不久即开始实行的对外经济技术援助,是社会主义中国在当时特定历史环境下进行国际政治和外交斗争的重要手段,是当时历史条件下中国发展外部经济交往,进行国际经济合作最主要的活动形式。它的成功实施,改善了中国当时的国际环境,也为之后中国企业对外承建工程或投资奠定了重要的国际联系和市场基础。中国水运建设队伍从1958年开始走出国门,承担鸭绿江水道勘测等国际合作项目和援助越南等中国政府对外援助项目建设。

在计划经济体制下,中国经历了"总交货人部制"和"承建部负责制"等适应计划经济和中国援外基本方式的管理体制。这两种体制都采取了中央负责制定援外政策、相关部委负责援外政策执行和项目管理的方式。在"总交货人部制"下是交货人部和总交货人部负责,在"承建部负责制"下是承建部门负责,负责的内容涵盖考察工作、规划工作、计划管理、施工管理、设备材料的供应和管理,以及财务管理、出国人员选派和思想教育、实习生培训、项目竣工管理、总结和技术合作等很多细致的行政管理步骤,并填报统计报表。各交货人部和承建部之间、各省部专业援外机关之间,建立专业的行政责任网络关系和行政责任关系,通过遍布各省和部委的"援外办公室",相互协调配合,上情可以下达,全局可以统筹,保障了援外政治任务的顺利执行。20 世纪 60 年代,交通部逐渐形成了以该部领导下的稳定的中国水运建设队伍,包括 3 个航道局(交通部天津、上海、广州航道局)、4 个航务工程局(交通部第一、二、三、四航务工程局)、5 个设计院(交通部第一、二、三、四航务工程勘察设计院和水运规划设计院)。20 世纪 70 年代,援建实施了马耳他 30 万吨干船坞和毛里塔尼亚友谊港项目等代表工程。

从国际方面看,经过 20 世纪 60 年代世界经济的稳定发展,到 20 世纪 70 年代初,不少发展中国家经济实力逐步增强,利用自筹资金进行经济建设的能力明显提高;20 世纪 70 年代石油价格的两次大幅度提升,使西亚、北非的石油输出国获得了巨额外汇收入,它们一方面向其他发展中国家提供财政援助,另一方自己也掀起了规模空前的经济开发和建设高潮。国际劳务承包市场迅猛发展,各国劳务承包公司纷纷兴起并转入了激烈的竞争。从中国国内方面看,中国劳动力资源丰富,同时经过新中国成立后 30 多年建设,国民经济各部门已具有一定的物质基础,生产门类齐全,并拥有一支实力雄厚的工程设计和施工力量,尤其在三年大建港时期,中国大量采购海外装备,耗资约两亿美元先后进口了近百艘各种类型的工程船舶,实现了国内船舶装备的升级革新,生产设备和施工能力已达相当规模,此外经过 20 世纪 50 年代以来的对外经济技术援助,中国积累了大量的跨国经营与跨国技术服务特别是工程承包的经验,也具备了发展国际劳务承包公司的条件和能力。中国的对外工程承包和劳务输出,在 20 世纪 70 年代后期国际国内这样的一定历史条件下逐渐兴起。

二、国际化起步阶段

1978 年 12 月召开的中共十一届三中全会,作出了把工作重点转移到社会主义现代化建设上来的战略决策,提出了实事求是、解放思想,对外开放、对内搞活经济的发展方针,为发展中国国民经济指明了方向,同时为中国企业打入国际承包市场打开了大门。1978 年,当时的对外经济联络部分析了国内国际形势,联合国家基本建设委员会向国务院上报了《关于拟开展对外工程承包的报告》。当年 11 月,国务院很快批准了这一报告,并随后组建了中国建筑工程总公司、中国公路桥梁工程公司、中国土木工程公司以及中国成套设备出口公司 4 家企业,在发展对外工程承包业务方面迈出了重要的一步。

1980 年 2 月,为加强交通建设领域的对外交流与合作,交通部先行先试,组建了中国港湾工程公司（英文缩写为 CHEC），负责实施中国援建马耳他 30 万吨级干船坞等项目，专营对国外的工程承包业务，成为中国建筑领域最早的 5 家外经企业之一。

1981 年，中国的经济建设进入了"六五"计划时期，随着对外经济贸易部的组建和第一次全国对外工程承包与劳务合作工作会议的召开，初步形成了对外工程承包的归口管理体制，为扩大对外工程承包经营创造了良好条件。为了大力开拓对外工程承包业务，1982 年，按照国务院关于"每个省市、每个部委设立一家公司"进行试点的指示精神，除中国港湾外，国务院及外经贸部又先后批准成立了中航技、中水电、石油、化工、冶金等专业公司及省市"窗口"型企业，如四川、江苏、北京、天津、上海等国际经济技术合作公司，使享有对外工程承包经营权的企业增加到近 30 家。

1983 年初，中共中央又提出了"平等互利、讲求实效、形式多样、共同发展"四项原则，中国的对外援助更为注重结合自身实力，量力而行。于是无偿援助减少，更多以国际工程合作的方式进行。对外工程承包和劳务输出的主体是企业，按照国际惯例进行盈利性经济活动，这同政府援助已有明显的不同。由此，标志着中国的对外经济技术输出开始向企业化方向转变。此时中国的对外承包劳务公司大多数都是在原来政府各部门、各地方的对外经济技术援助机构基础上组建、发展起来的。

1984 年 1 月，水运建设系统实行工程局与设计院分离，4 个设计院隶属交通部直属一级事业单位（副局级）。中国港湾工程公司与交通部基建局政企分开，成为自主经营、自负盈亏的独立企业。水运施工建设单位由国有事业单位逐步转变为当时的"国营工业企业"，开始国企改革历程。

1988 年，交通部以〔88〕交人劳字 753 号文通知提出，为实现部机关职能转变和实行政企分开，经国家机构编制委员会批准，决定成立中国港湾建设总公司，年底正式运行。中国港湾工程公司、4 个航务工程局、3 个航道局、2 个港机厂、1 个航标厂等单位全部划入中国港湾建设总公司。中国港湾建设总公司的设立是水运行业国有企业政企分离的关键一步，也是国有企业迈向市场化的重要举措。改革之后，企业综合实力明显增加，在国际工程领域不断发展壮大，同时也为国家建设作出了巨大贡献。

1992 年，邓小平南方谈话后，国家加快了改革开放的步伐。20 世纪 90 年代中期，党中央"走出去"战略的提出为建筑企业的国际工程承包事业提供了政策支持，指明了前进方向。各级政府主管部门在指导对外工程承包企业深化改革、转换经营机制和促进对外业务的迅速拓展等方面做了大量的工作。

1995 年，交通部以"交体法发〔1995〕872 号"通知，决定成立中交水运工程设计咨询中心，将交通部第一、二、三、四航务工程勘察设计院划归该中心领导。同年 11 月 27 日，这 4 个设计院正式由中国港湾建设总公司划入该中心。1996 年 10 月 28 日，以中国港湾建设（集团）总公司为核心的中港集团经国家经贸委批准成立，构筑了以资本为纽带的母子公司体制。中港集团总公司于 1997 年 12 月 3 日在国家工商总局进行了变更登记,成为中港集团的母公司。1997 年 12 月 6 日,在中国港湾建设总公司的基础上,中国港湾建设(集团)总公司(以下简称"中港集团")正式成立,并在北京人民大会堂新闻发布厅隆重举行了揭牌仪式。

1999 年 3 月,国家经济贸易委员会以国经贸企改〔1999〕224 号文对交通部报告批复,根据《关于中央党政机关非金融类企业并入重点企业或企业集团有关问题的实施办法》,同意中交水运规划设计院、交通部第一航务工程勘察设计院、交通部第二航务工程勘察设计院、交通部第三航务工程勘察设计院、交通部第四航务工程勘察设计院、中交水运工程设计咨询中心等单位分别作为中港集团的子企业整体并入该集团公司。中港集团成为国资委直接管理的中央大型骨干企业集团之一。

劳务输出是改革开放后我国进行国际合作的主要形式。20 世纪 80 年代以中国港湾为代表的中国工程企业伴随着机构改革历程开始走向海外。早期,中国水运施工企业在技术、管理、人员储备等方面无法适应高度竞争的国际市场,唯一能与外国老牌水运施工企业相竞争的就是价格低廉的劳动力。这一阶段走出去的水运建设企业,带着大量劳动力,配备着原始、简单的施工设备进入到国际承包市场。随着对外项目的不断拓展,劳动力技能的增强,管理能力的提升,中国水运建设领域的企业渐渐告别了单一的劳务输出,开始转向工程分包。此种方式虽然较劳务输出阶段有较大进步,但由于受制于施工资质不全、对海外市场规则不了解、对所在国家地区法律不熟悉等诸多弊端,仍只能承接少部分技术含量低的工程,所获取的利润微薄。这一时期持续了 10 年左右的时间,这 10 年期间的国际技术劳务承包为中国企业国际化积累了经验,提升了中国水运工程企业的国际竞争力,为企业的可持续发展提供了宝贵的经验,也为 20 世纪 90 年代后的工程总承包奠定了基础。

三、国际化全面开展阶段

如果说 1990 年至 2000 年国际技术劳务承包仍是以劳动密集型施工总承包为主,以成本优势参与国际竞争,经济附加值仍然很低的话。那么,2000 年以后,中国企业的技术优势显现,自主承建项目越来越多,高层次、高技术含量、高经济附加值的大型项目逐年增加。其中,技术劳务合作项目的施工技术、工程质量、进度全部由中方负责。中国企业进入了技术和资本综合输出的阶段。

2000 年中央实行企业"走出去"战略。2001 年 11 月 10 日中国正式加入世界贸易组织(WTO),为改革开放注入了新的活力,也吹响了中国企业向国际市场进军的号角。WTO 大力提倡的贸易自由化原则,在对外工程承包方面体现在简化审批制度、减少审批程序、允许更多的公司参与上,这无疑为中国对外工程承包企业带来了更多的机遇。中国水运建设工程公司和设计公司更多地走向国际市场，中国产品出口关税壁垒减少，增强了企业竞争力，带动了更多的国产建筑设备和材料出口。中国入世之后，其国际工程承包企业得到成员国建筑市场的市场准入资格，与其他 WTO 成员方建筑企业一样拥有了同等的权利，并享有同等的关税减免。企业在开放发展中推动自身优势产业走出去的同时，也开始带动中国装备制造、技术、标准和服务走向世界。

2005 年 12 月，中国港湾集团与中国路桥集团合并成立了中国交通建设集团（以下简称"中国交建"），作为国务院国有资产监督管理委员会监管的中央企业。原中港集团公司改制为中国港湾工程有限责任公司（以下简称"中国港湾"），成为中国交建的全资子公司及实施海外业务的主体。中国港湾是一家国营国际承包公司，对外从事港口、船坞、船厂、工业民用建筑等工程建设，港池和航道疏浚，港口机械和工程船舶修造，以及提供劳务合作等业务。它与中国国内 4 家筑港工程公司、4 家疏浚公司和 1 家勘察设计公司结为经济联合体，组成港湾工程集团。在境外又分欧非、中东、拉美、港澳四片，分别在马耳他、科威特、墨西哥、港澳设置办事处、事务部、代表组或分公司直接办理境外承包业务。

这一阶段，以中交为代表的传统施工承包商以自身掌握"精、专、深"技术水平的专业领域为基础，提高专业整合能力和过程整合能力，为业主提供集咨询、设计、施工、采购、运营于一体的"一揽子"总承包服务，同时以一定的资金储备和较强的资本运作能力，不断提高 PPP、BOT 等项目融资模式承包业务的份额。

四、"一带一路"倡议阶段

2012 年 11 月，中共十八大召开，提出："加快走出去步伐，增强企业国际化经营能力，培育一批世界水平的跨国公司。"随着中国"走出去"战略的深入实施，2013 年习近平主席提出共建"丝绸之路经济带"和"21 世纪海上丝绸之路"的重大倡议，积极推动与沿线国家共同打造政治互信、经济融合、文化包容的利益共同体、命运共同体和责任共同体，得到国际社会的高度关注和积极响应。政策沟通、设施联通、贸易畅通、资金融通、民心相通等各项工作的有力有序有效推进，为我国企业深化与沿线国家企业合作创造了良好环境。

"一带一路"倡议提出后，以中国交建为代表的水运建设企业进入到大踏步前进的跨越式发展阶段，不断提升专业整合能力、产业链整合能力、融资能力、战略联盟能力和集成化管理能力，并从单纯工程承包向集技术、资本、管理、标准、服务输出为一体的综合性工程承包转变，从工程承包商向一体化综合解决方案提供商转变，从而实现工程承包业务全球领先的发展目标。

自 2013 年后的 5 年中，中国交建在"一带一路"相关国家和地区（64 国和港澳地区）建设项目约 430 个，其中深水码头 95 个、供应集装箱桥吊 754 台、规划开发园区项目 20 多个、境外投资运营项目 37 个。"一带一路"建设主力军的"大国重器"地位更加凸显。

中国交建承建了巴基斯坦瓜达尔港等中巴经济走廊系列工程、斯里兰卡汉班托塔港、塞尔维亚泽蒙—博尔查大桥、中马友谊大桥、肯尼亚蒙内铁路以及国内港珠澳大桥澳门口岸等"一带一路"标志性工程项目。在实现自身发展的同时造福当地人民。

在这一阶段,中国企业形成国际和国内两种资源的整合体系。海外分支机构的组织架构和运营体系逐渐成熟,开始成为独立进行市场营销、资源配置,甚至财务核算的经营单元。同时,海外分支机构与其他国家企业的战略联盟关系不断巩固和扩大,在与联盟企业分享资源、技术、项目机会和利润达到优势互补的基础上,不断增强全球竞争力;在资本运营能力和本土化达到较高水平时,开展海外并购,即收购或兼并与公司海外业务相似或互补的优秀企业,增强公司整体实力,实现公司国际化的跨越式发展。最直接表现在水运领域的是非施工类业务比重上升,如投资、开发、咨询服务、特许经营等;与金融类组织的联系更加紧密,资本运营能力增强,资本运营方式开始多元化。中国远洋海运集团、招商局集团、北部湾港务集团、上港集团、山东港口集团等大型国有企业以及以岚桥集团为代表的民营企业在水运工程建设对外投资运营领域逐渐发挥重要作用。

中远海运集团作为中国最早"走出去"以及国际化经营程度最高的央企之一,自2016年重组以来进一步加快全球化布局,突出支点作用,强化"一带一路"沿线港口布局。码头业务是中远海运集团的核心资源,是集团全球网络布局的基础和战略支撑点。截至2019年,中远海运集团全球投资经营码头共56个,在"一带一路"沿线投资额达到558亿元,投资码头18个,包括比利时、荷兰、希腊、阿联酋、西班牙、新加坡、土耳其、秘鲁等国码头。其中位于希腊的中远海运比雷埃夫斯港被称为"一带一路"建设的经典案例。

招商局集团贯彻落实国家"走出去"战略,2010年联合中非发展基金收购尼日利亚庭堪岛集装箱码头公司(TICT)47.5%的股份并开始运营该码头。2013年"一带一路"倡议提出后,招商局积极发挥自身产业综合优势,深入参与"一带一路"建设,全面推进全球化布局,不断加快"走出去"步伐。截至2018年底,招商局已经在全球20个国家投资了56个港口,大多位于"一带一路"沿线重要点位,为推动"一带一路"设施联通做出了突出贡献。其中比较重要的港口包括斯里兰卡科伦坡港、土耳其伊斯坦布尔港昆波特码头、吉布提港、多哥洛美港、尼日利亚拉各斯港等。在许多项目上,招商局与其他央企和第三方市场伙伴实现合作,2018年,招商局在斯里兰卡汉班托塔港和巴西巴拉那瓜港等重要港口取得工作业务突破。

岚桥集团有限公司是中国民营企业参与水运工程对外合作与交流的典型代表。2015年10月,岚桥集团通过竞标成功收购澳大利亚达尔文港,借助于"岚桥港—达尔文港"港港直通的优势,中澳(日照)产业园、澳中(达尔文)临港产业园进展迅速。2016年5月,岚桥集团成功收购巴拿马最大港口——玛岛港,计划建成现代化和高效率的深水港口,为实现"一带一路"沿线港群协同发展发挥积极作用。

第二节　援建项目

一、港口工程

（一）马耳他马尔萨什洛克港防波堤工程

马尔萨什洛克港是马耳他最南部的天然深水海港，由于所处地区水深浪高，马尔萨什洛克港防波堤工程，虽经数十年的酝酿，但长期未能付诸实施。直到 20 世纪 70 年代，根据中、马两国政府关于中国对马耳他马尔萨什洛克港口防波堤提供技术援助议定书的规定，中方才按中国技术规范提供该项目设计，并组织指导施工。

1979 年 1 月，交通部第四航务工程局（以下简称"四航局"）积极响应号召，率先走出国门，开始在万里之遥的马耳他建设中国政府援外工程，即四航局首个海外项目、欧洲重要中转港——马尔萨什洛克港的深水防波堤，成为中国最早"闯入"国际市场的实体子公司之一。

防波堤建在马尔萨什洛克湾西南岸口处，总长 1020 米，水深 -32 ~ -22 米，其中斜坡堤段长 252.28 米，直立堤长 717.61 米，是当年中国水运工程实践规模最大、技术最复杂的工程。1979 年 1 月至 1982 年 12 月工程进行勘测设计，1982 年底开始施工，四航局为主要施工单位。

由于马耳他受地中海季风影响，每年 10 月下旬至次年 4 月，大风出现的频率高，平风间隙时间短，一般风力都在 3 级以上，涌浪高达 7、8 米。风浪的不利因素使施工现场的海上工作日每年仅为 153 天，陆上工作日每年约为 214 天。严酷的自然条件和缺乏熟练工人等不利因素对工程的施工进度提出了巨大的挑战。

除此之外，防波堤的直立堤段要采用大型沉箱做墙身，共 28 个沉箱，其中 21 个沉箱尺寸为 26.7 米 × 26.1 米 × 24.5 米。每个沉箱混凝土浇筑量达 2842.7 立方米、重量达 6567 吨，为当时中国建筑企业预制的最大沉箱。如此巨大的沉箱预制、出运、安装、就位，是整个工程的关键，施工难度大。

1985 年底，马尔萨什洛克港防波堤工程顺利完工，成为世界上大型防波堤之一。它的胜利建成，是中马人民友谊的象征，它对提高马尔萨什洛克港的吞吐能力起到了重要作用，也标志着中国航务工程建设水平已经达到国际先进水平。四航局在马耳他援外工程中的优秀表现引起了中国国家领导人的重点关注，也得到了国家的高度认可。1984 年，时任国家主席李先念访问马耳他时，视察了工地，称赞建设者为"筑港专家"。

（二）毛里塔尼亚友谊港建设工程

20 世纪 60—70 年代,中国援助非洲最著名的两大工程是坦赞铁路与毛里塔尼亚友谊港。友谊港作为中国在非洲的第二大援建项目,被国际社会誉为"南南合作的典范"。毛里塔尼亚伊斯兰共和国 1965 年 7 月 19 日与中国正式建交。友谊港的援建工程最初始于 1971 年,最初毛方提出拟建 5 万吨级泊位和吞吐能力为 500 万吨的建设要求,但因自然条件不好、投资大,而货源不足、经济效益不好等诸多因素,中方认为不宜援建。后因毛方政府多次提出请求,并将建设要求改为万吨级泊位,吞吐能力为 50 万吨后,中国政府才同意援建,协商取名"友谊港"。工程于 1975 年正式进行勘察,1976 年批准设计方案,1977 年签订"双方会谈纪要",1978 年初步设计并签订"审查纪要",1979 年 4 月 10 日开工,1986 年 7 月底竣工验收,1986 年 10 月两国政府正式办理了移交。工程先后历时15 年。

该工程造价 1.2 亿美元,由中国以无息贷款形式提供建设资金,其中 30% ~ 40% 换成外汇支出。就当时中国的综合国力而言,可以说举国之力援助毛里塔尼亚。该项目由交通部第一航务工程局(以下简称"一航局")承建,交通部第一航务工程勘察设计院(以下简称"一航院")勘察设计,一航局组织友谊港现场技术组负责组织施工和设备安装。友谊港面向大西洋,海岸开敞且有长周期涌浪,沿岸有大量输沙,海况恶劣,施工船舶无处隐蔽,又缺少建筑用石料;同时当地特殊的气候条件对建筑材料如钢材、混凝土等都有很大的腐蚀性,与一般沿海地区不同。这些都给港口的勘察、设计、施工带来很大困难,因此从 1971 年第一次考察到 1975 年正式勘察,甚至在建设中都为不断取得第一手资料下大力气。1975 年在现场建立了测波站(自此工作近 12 年)和地貌观测组,进行了港区南北400 多千米海岸的观测与复查。工程项目包括:引桥、码头、防波堤、土建及设备安装。其中码头打桩制造了平台船,平台船能在外海 8 级大风时安全作业,用于水工工程施工在中国建港史上是第一次。项目组织者依靠多单位大协作的有利条件,邀请了国内的科研机构(南京水利科学研究院)及各大学(天津大学、大连工学院、南京大学等)的有关专家学者和施工单位有经验人员,共同研究探讨,根据必要的数学模型和物理模型试验,最后科学预测了岸线冲淤变化及年输沙量,决定了设计方案。新港平面布置为环抱式单突堤码头,通过高桩栈桥与陆地连接。近千名中国港口技术专家和工程技术人员,克服重重困难,在一些西方发达国家认为不可能建设大型深水港口的大西洋岸边,奇迹般建成了一座年吞吐量 90 万吨的深水港,共修建了 3 个泊位。

1986 年,随着友谊港防沙堤堵口工程的建成,港口北岸线因沿岸输沙被拦截,大量泥沙在此落淤,使其不断向西推进,在港北形成三角形淤积岸线。友谊港始终面临着泥沙在港北淤积和港南岸线蚀退的两大难题。通过实地勘察及数理模型预测,港北积沙将在

2016年前后绕过友谊港1~3号码头西端防波堤，入侵友谊港港池和航道，危害港区有效水域，对港口正常运营造成影响。为了保证友谊港的正常运营，中国政府又于2014年以无息贷款形式，援助毛塔政府2.9亿人民币用于建设挡沙堤。挡沙堤建成后，将保证友谊港在今后数年不受北侧淤沙的侵扰。友谊港从建成30多年没有进行过疏浚也从侧面印证了中国水运设计的合理性、科学性及高质量的工程施工技术。

（三）毛里塔尼亚友谊港扩建工程

毛里塔尼亚友谊港的扩建工程项目于2009年10月3日开工，2014年6月30日竣工，建成后，其年吞吐能力达到600万吨。2012年该港实际吞吐量达到350万吨，集装箱达到10万TEU，原有的3个泊位已远远不能满足高速增长的吞吐量需求，常常引起船舶装卸的延迟，急需扩建友谊港。其扩建经费来自中国的2.88亿美元优惠贷款。

二期扩建工程包括2个2万吨级多用途泊位、通用泊位和1个5000吨级油泊位。其中4号泊位是以靠泊集装箱船为主的多用途泊位，年吞吐量为7.2万TEU；5号泊位是以靠泊杂货船为主的通用泊位，年吞吐量为43.9万吨。此外还包括相应的港池、航道疏浚、办公楼、与后方堆场相连接的道路、丁坝、挡水土堤等工程。4、5号泊位码头总长度为650米，挡水土堤总长度为5100米，房建面积为5000平方米，港池航道疏浚总工程量为195万立方米。

2014年8月3日，毛里塔尼亚总统阿齐兹率总理和20多位部长及当地政要出席友谊港4、5号泊位工程的竣工典礼，并与中国国家主席习近平特使、时任国家卫生计生委主任李斌共同主持了竣工仪式。扩建工程增加了港口吞吐能力，解决货船积港现象，降低海上运输成本和港口通行费，从而提升了该国出口竞争力，为毛塔经济社会发展再添活力。

该项目获得第十一届全国建设工程优秀项目管理成果一等奖、2013—2014年度中国交建品牌工程。项目钢桩吊打施工质量管理小组被评为2012年全国交通行业优秀质量管理小组。

二、船坞工程

马耳他30万吨级干船坞工程

援建马耳他干船坞及修船码头工程是中国对外经济援助的首个大项目，当时国务院总理周恩来十分重视，指示有关部门和出国技术人员全力以赴，团结协作，努力完成援建任务，为国增光，并以此项工程增进中马两国人民友谊，扩大与地中海沿岸各国的友好合作。工程由一航局负责承建，一航院负责综合设计，第六机械工业部第九设计院（以下简称"第九设计院"）参加设计。一航局于1972年12月成立援外办公室，并于1975年正式开工。

当时属于世界级巨型船坞的马耳他 30 万吨级干船坞工程,是在中国国内还没有建造 30 万吨级干船坞的实践经验,又对当地各种技术条件都很不了解的情况下承担的,许多技术问题是通过国内大协作解决的。在设计过程中,一航院一方面多次派员到马耳他实地勘察,另一方面去国外考察大型船坞工程,充分掌握资料,经过设计、施工与第九设计院"三结合"作了多方案比选,并到国内有关单位调查研究后,才提出了较为合理的设计方案。

施工中一航局采用了大量施工机械和船舶 500 余(艘)件,使工程的施工基本上实现了机械化。干船坞由坞口、坞室、坞门组成。坞口系由东、西坞墩(西坞墩为泵房)及坞口底板三部分组成,坞东墩及泵房为重力式结构,坞口底板厚 8 米、长 62 米、宽 21 米,由锚杆同地基联结在一起。坞室由坞墙和底板二部分组成,采用锚杆方案。底板为分离式,锚杆长度为 6～7.5 米,个别地区为 10 米,横向分成五块,中板宽 4 米、厚 1.15～1.2 米,边板宽 12.5 米、长 13.4 米、厚 1.0 米,坞墙厚 1.35 米。坞墙沿高度方向坡度为 10:1,混凝土直接与开挖的岸壁浇注在一起坞墙上端设置了动力管线廊道,西侧廊道内墙兼作门座起重机轨道梁。坞墙的抗滑稳定(包括引船小车的引船力)由设在墙根和廊道处的锚杆承受。坞门采用单面板气压卧侧式钢质箱体门,底部装有两个铰链以使坞门起卧时通过操作舱充气和灌水绕铰轴转动。箱梁外布置有 18φ600 毫米×300 毫米×1000 毫米的圆筒橡胶,吸收坞门落底时的动能,减少冲击力,同时亦为坞门卧倒状态时的支点。坞门止水借助固定在承压钢框架外侧的 P 型止水橡胶来实现。坞门经投产使用,启闭灵活,止水严密,且实侧坞门箱梁变形与有限单元法电算结果较一致。

码头全长 450 米,是在原折线的旧码头基础上裁弯取直建成的。码头结构分两段,一段是在炸岩段修建。此段长约 332 米,为锚杆镶面板结构。为保证岩壁的稳定,150 吨门座起重机轨道梁下设 φ49 厘米钻孔灌注桩,桩距 3 米。另一段是在原码头前沿(凹入段)修建,此段长约 92 米,采用空心方块,背后回填水下混凝土。所以整个码头岸坡为混凝土所覆盖,有利于保护岩面及减少坞室渗漏。为了增强码头的整体性,沿码头长度每 9 米设置一道钢筋混凝土联系梁与坞侧轨道梁连接在一起。施工中发现凹入段毗邻部分岩面较低(−2.8 米左右),上层镶面板的锚杆无处锚固,故将上层镶面板改为空心方块,即下两层为镶面板,上层为空心方块的混合式结构。

施工过程中,中马双方共同建立了一个有效的联合机构,以加强施工管理。高峰时期中方人数 230 人,年平均人数 142 人,马方职工人数顶峰时达 600 余人。工程于 1981 年建成后,坞场码头装配 3 座上海港机厂制造的高 92 米吊重能力为 150 吨的大型吊机。其中干船坞,在中国国内获国家建委优秀设计奖、国家优质工程银质奖;在国际上获第六届国际技术银像奖,英国新土木工程杂志(New Civil Engineer)1979 年 6 月刊登了马耳他 30

万吨干船坞工程照片和报道,美国合众国际社亦做了较详细的报道。

该项目在建设过程中扩大了中国对外影响,博得了马耳他政府和人民的赞赏和好评。许多非洲国家的领导人如几内亚总统杜尔、埃及副总统等前来工地参观。1979 年地中海沿岸地区修造船会议在马耳他召开期间,与会者均参观了船坞工地并对该坞的质量给予很高的评价。意大利和菲律宾的外长以及法、英和澳大利亚外交官亦曾相继前来参观。

该工程影响深远,不仅助力了马耳他的经济发展,也促进了中马两国的友谊。船坞投产 8 个月,修船 28 艘,收到了可观的经济效益,马方称这座船坞为"金矿"。地中海沿岸国家海运界、修船界的专家参观后,倍加称赞我国工程技术人员的实干精神。2013 年,中国海军第十三批护航编队就到访过马耳他,并进行了就近补给。

第三节　施工承建项目

一、港口工程

(一)意大利瓦多自动化码头项目

瓦多(VADO)集装箱码头位于意大利北部利古里亚大区萨沃省的瓦多利古里亚(Vado Ligure)港。1982 年便开始运营的瓦多冷藏码头为地中海地区规模最大的冷藏码头之一,除装卸集装箱外,该码头在装卸冷藏货物方面(包括新鲜蔬果产品的卸货及仓储)也非常专业。其水深最深为 14.5 米,码头长度为 705 米(其中 465 米可用于装卸集装箱),并配备了 4 条铁轨。该码头的年营运能力最高达 30 万 TEU 以及 60 万个托盘。马士基集装箱码头公司(APM Terminals)是国际航运巨头马士基集团的全资子公司,于 2015 年 8 月宣布收购瓦多冷藏码头。2016 年,中远海运港口入股意大利瓦多码头。

瓦多码头于 2018 年年内投入运营,集装箱码头将实现半自动化运作,预计初期处理能力为 60 万 TEU 每年,将逐渐扩充至最高 90 万 TEU 每年。瓦多冷藏货码头的 4 条铁轨将与码头外的铁路设施相连,该设施属瓦多集装箱码头的一部分,可直达欧洲内陆目的地。

瓦多项目使振华重工成功进入国际高端市场,也是其与马士基集团在自动化码头项目上的第二次合作。在该项目中,全部设备将使用振华重工自主开发的电控系统(EZ),这也是 EZ 系统首次进入国际自动化码头市场。瓦多项目标志着振华重工的自动化码头已受到了国际市场的认可,对该公司自动化码头产品进一步在国际市场扩大影响力具有重大意义。借助全自动化码头系统的研发契机,振华重工探索与国际航运巨头马士基合作,共同研究制订全自动化码头的标准。未来,这些标准也将借助"一带一路"建设积极走出去。

（二）巴基斯坦卡拉奇港五号油码头项目

一航局承建巴基斯坦卡拉奇港五号油码头工程，揭开了中国在南亚建港的一页。1991 年 3 月码头开工，1994 年 5 月竣工。卡拉奇港五号油码头（Oil pier-V 简称 OP-V）系在原有 OP-Ⅱ与 OP-Ⅲ原址上，将旧有码头拆除后，新建的 7.5 万吨级栈桥式油码头。码头全长 191 米，栈桥部分突出岸线 131 米，水深 -14.7 米（KPD-卡拉奇港水准基点，下同）呈 T 形。全部工程既有水工、土建，又有机电设备安装，是完整的配套工程。该工程由德国公司设计，系世界银行贷款项目，施工中由该公司监理，依照菲迪克（FIDIC）条款，由中方组织施工，全部工程合同价 4.42 亿卢比（折合 2056 万美元）。这是当时一航局首次在国外严格按照国际规定进行项目管理和实施。工程采用了 $\phi 55.8$ 厘米的钢管桩桩基，上浇钢筋混凝土或后张法钢丝束预应力混凝土的桩帽、横梁、纵梁和装卸平台等上部结构。该工程设有靠船桩两根，用以承受靠船力。靠船桩为钢质、变断面，外径 2 米，内径因钢桩厚度而变化，最大厚度 5 厘米。每根桩重达 80 吨。对当时的施工人员来说，钻打这样的桩是空前的，在工程后期才进行施工。除两根靠船桩外，全部钢管桩共计 119 根，用以支撑栈桥墩 19 墩，系缆墩和装卸平台以及拦油栅端桩。栈桥上设有不同直径的各种管道26 条及消防、供电、供水设备，管道全长 4 千米。全部钢桩除油漆防腐外并设有电化学防腐设施。

（三）苏丹港口系列项目

苏丹港位于苏丹东北部，始建于 1906 年，是非洲东北部的重要海运枢纽之一，也是"一带一路"海上丝绸之路红海上重要的交通节点。在这里，中国港湾深耕 20 多年，让这座百年老港焕发出新的生机。

在 20 世纪 80—90 年代，英国人规划的苏丹港老码头只能停靠几千吨级的货轮，制约了当地经济的发展。自 1996 年开始，中国港湾通过与苏丹港务局携手合作，帮助苏丹港建设了多个大规模的集装箱码头，可以进出 10 万吨级的货轮，还建成了石油和成品油码头，使其成为红海上具有较强硬件优势的海运港口之一，也是东非重要的能源输出和货运疏散基地。

中国港湾多年来连续承建了苏丹港多个重要工程，大大改变了苏丹港的面貌和运力，南北苏丹的石油就是由中国港湾承建的原油码头运出。从苏丹港进口的物资涵盖工业品和生活用品，包括生产机具、粮食和水泥等；从港口出口的物资则以农业产品为主，比如芝麻、阿拉伯树胶。另外，萨瓦金港的牲畜码头项目也在紧张施工中，建成后将有力促进苏丹的畜牧业出口，造福当地民生。除了已经成为苏丹港标志性建筑的灯塔，中国港湾还免费帮助当地建立了海水淡化厂，以解决当地民众饮水困难的问题。

中港集团在苏丹承建了系列港口工程项目，项目内容包括设计、码头水工工程、疏浚工程、堆场道路工程、护岸工程及码头配套设备供货、安装工程等。

首个项目是苏丹港 17/18 号码头改造和两台集装箱桥吊供货工程，其合同总额为 1690 万美元。工程包括检查原码头结构水上和水下部分，制定设计加固方案，补钻孔灌注桩共 1487 延米，现浇混凝土轨道梁及混凝土路面，安装钢轨 516 米，加厚码头面层 15 厘米。按合同规定设计、制造、运输、安装和试运行 2 台 40 吨集装箱桥吊。经过精心施工，该项目以优良的质量按期完成，在苏丹的水工工程市场树立了中港集团的品牌。

1999 年初经过国际招标，中港集团获得了第二个项目，即苏丹港 17/18 号码头延长段及疏浚工程。该项目自 1999 年 5 月开工，于 2001 年 5 月底竣工，结算承包额为 2540 万美元。工程包括 5 万吨级集装箱泊位（延长段）1 个（长 142 米、宽 30 米）、港池疏浚工程 230 万立方米、码头后方堆场及道路工程 4500 平方米、护岸工程 65 米，以及消防供电、给排水等相关配套设备的供货安装工程。经过项目经理部的努力，该项目最终提前工期 8 个月完工。业主对项目的施工进度和工程质量以及与中港集团的合作非常满意。该项目也得到了苏丹政府的高度重视，包括总统、部长在内的各级官员都到施工现场参观过，对提高中港集团的知名度产生了极大的作用。

在上述工程尚未竣工时，中港集团又于 2001 年 2 月和 2001 年 5 月，分别承揽到苏丹港绿地 1/2 号泊位工程和达玛油码头工程。合同额为 2200 万美元，合同工期自 2001 年 10 月到 2003 年 6 月。工程内容包括 5 万吨级多用途泊位 2 个（长 548 米、水深 13.9 米）、工作船泊位 1 个（长 60 米、水深 6 米）、码头后方堆场及道路工程 30000 平方米、护岸工程 1140 米，以及相关配套设备的供货安装。

苏丹港达玛油码头工程系苏丹政府根据苏丹出产石油形势临时决定兴建的第一个成品油专用出口码头。该项目合同额为 1300 万美元，合同工期 1 年。项目内容主要为全部设计工作、港池疏浚（76 万立方米）、5 万吨级泊位 1 个（包括操作平台 1 个、靠船墩 2 个、系缆墩 4 个、引桥 100 米、护坡引堤 720 米、涵洞 6 座）、包括输油臂、阀门、消防炮等设备在内的油码头消防设备的供货安装等。

2003 年 7 月 26 日，苏丹港隆重举行了达玛油码头和绿地码头的竣工及开港典礼。苏丹副总统及其多位部长出席了典礼，苏丹副总统在讲话中高度赞扬了中港集团为苏丹港的发展和建设作出的巨大贡献，并称该港的发展将对苏丹及周边国家和地区的经济发展起到重要作用。

2005 年 11 月 7 日中港集团成功中标苏丹港 5 万吨级码头项目。该项目是该集团公司续承建苏丹港 17/18 号码头、绿地 1/2 号码头和达玛成品油码头之后中标的最大码头项目，合同总额为 4518 万美元。项目于 2005 年 5 月 28 日开工，2006 年 12 月 19 日竣工。

现在苏丹港拥有散货、散粮、件杂货、集装箱以及畜牧产品的装运能力,并建有专门的液态成品油装运码头。对于苏丹的内陆邻国——乍得、中非和埃塞俄比亚而言,这座港口也是重要的贸易通道,并将促进东非区域经济的繁荣和发展。

(四)斯里兰卡库达维拉渔港项目

1998 年中国港湾驻斯里兰卡办事处成立,在当地中标了第一个项目库达维拉渔港项目,工程内容包括一段 500 米长防波堤、一个钢筋笼重力式码头和港池开挖等,合同价约 500 万美元。

库达维拉渔港主体结构是一个防波堤,项目实行英标,防波堤护面块体用的都是天然石材,石料需求量大,要从几十千米的地方拉过来。项目部全体人员经过全力拼搏,历时 17 个月,使库达维拉渔港如期竣工。为了对中国公司在承建该工程中付出艰辛劳动表示感谢,当地政府在施工现场立了"中斯友谊"石碑。

(五)新加坡布星岛 7 号~8 号、9 号~10 号码头项目

新加坡是国际海运交通的枢纽之一,2005 年中国交建承揽了新加坡布星岛 7 号~8 号、9 号~10 号泊位的施工任务。项目位于新加坡西海岸石油库区的布星岛上,7 号~8 号码头项目建设 12 万吨级油码头,包括 2 个装载平台、4 个靠船墩及 6 个系缆墩;9 号~10 号码头项目将 9 号、10 号泊位从 6000 吨级升级到 5 万吨级,9 号泊位包括 2 个装船平台、2 个靠船墩及 3 个系缆墩,10 号泊位包括 1 个装船平台、2 个靠船墩及 2 个系缆墩。

(六)印度尼西亚 Awar-awar 电厂码头项目

印度尼西亚 Awar-awar 电厂项目码头工程,位于印度尼西亚东爪哇省,是为了解决印度尼西亚缺电状态而建设的 10000 兆瓦一揽子电厂项目中的一个。项目于 2010 年 4 月 1 日开工,2014 年 2 月 15 日竣工,合同额 2151 万美元,业主为印度尼西亚国家电力公司(PLN)。项目装机总容量为 2×350 兆瓦,是中印两国政府能源合作框架协议下的重要项目,由四航局参建。

水工建筑物部分包括 12000 吨级卸煤泊位一个、防波堤、护岸及重件码头等。卸煤码头泊位长度为 165 米,宽度 24 米。防波堤总长度为 2194.73 米,其中西防波堤长度为 1160.0 米,东侧防波堤分为两段,一段与码头平台、引堤合并建设,该段长度为 601 米,另一段位于码头平台北侧,为与西侧防波堤相同的结构,该段长 433.73 米。护岸结构共分 3 段,总长约 1005.38 米,其中引堤以东侧长 410.0 米,两防波堤间护岸长 489.38 米,西防波堤以西段长 106.0 米。临时码头与引堤合并建设,码头长度为 44.5 米。工程设计砼总量为 2.8 万立方米,石料总量为 23.58 万立方米。卸煤码头采用重力式沉箱结构,沉箱分为 4.41 米 ×7 米 ×8.6 米和 4.41 米 ×7 米 ×7 米两种规格,共 37 件。

该工程的工程量大，工期紧迫，沉箱单件最重为 170 吨，其预制、出运、安装的施工工艺和施工设备要求均较高，部分设备需从国内采购。同时工程石料用量较大，当地石料资源有限，陆运距离离现场约 70 千米，且运输道路车流量大，路面狭窄，防波堤及码头施工受石料的供应制约明显，解决石料的供应及运输问题是工程的关键点之一。此外项目的沉箱安装采用小台车出运工艺，该工艺对现场风浪条件要求比较高。根据当地气候条件，沉箱的安装正值当地的雨季期，因此风浪比较大，对安装有一定的影响。

为解决上述施工难点，四航局充分利用其积累同类工程施工经验的有利条件，精心组织施工，加大施工人员、设备、材料的投入，确保工程顺利实施。为确保石料的供应强度，根据施工需要要求供应商加大人力物力的投入以提高石场的日开采量，同时增加运输车辆，延长供应时间；施工现场做好石料到场后的过磅和卸料指挥工作。为确保沉箱出运安装的安全，在沉箱出运安装前（含基槽抛石整平）必须保证东防波堤引堤、码头后方防波堤和东防波堤以及西防波堤（900 米）的推填已完成，形成对港池的掩护。在施工过程中认真细化施工计划，精心组织施工，合理安排各工序的流水步距，形成流水作业条件，减少和避免施工干扰。

Awar-Awar 电厂项目码头工程是中国交建第四个电厂配套码头工程，进一步巩固了中国交建在印尼水工市场的地位。该项目完工后，大力改善了印度尼西亚东爪哇省的电力供给情况。

（七）沙特阿拉伯 RSGT 工程

沙特 RSGT 工程是四航局与中国港湾合作中标沙特 TCT 项目。该项目位于沙特吉达，由英国和乐公司设计，执行英国规范，是四航局承建的真正意义上的国际化项目。该工程主要包括 2 个重力式集装箱码头（共 1052 米）、30 万平方米的后方堆场和疏浚工程，合同额达 2.3 亿多美元，工期为 608 天。四航局二公司承担码头和后方堆场等施工，合同额 1.5 亿多美元，项目于 2007 年 11 月开工。

该工程地处沙漠地带，常年气候炎热，夏季气温有时高达 54℃，时有风沙肆虐，施工必须经受炽热沙漠风暴的"洗礼"。当地施工材料匮乏，机具不足，租赁昂贵，后勤供给、外出就医等方面极其不便；人员国际化程度高，队伍素质和技术水平参差不齐，有 12 个国内分包队和当地几百名劳工，管理难度大；工程工期紧、工程量大，规范标准高、要求严、设计变更多，同时执行菲迪克（FIDIC）条款，由英国咨工实行严格管理。面对诸多困难和挑战，四航局二公司沙特项目部员工不畏惧、不气馁、想点子、用技巧，通过技术攻关、工艺创新和优化方案战胜了一个又一个施工困难。经过近 3 年时间的打拼，在红海湾之滨建成了一座现代化的集装箱码头，受到了沙特业主的表彰和奖励，为企业开拓中东建筑市场和增进中沙关系作出了贡献。2008 年 6 月 21 日，时任中国国家副主席习近平在沙特进行国事访问期间,亲切接见了中资企业在沙特项目的负责人,并听取了四航局项目经理部的汇报。

(八)卡塔尔多哈新港码头项目

2011 年 1 月,四航局参建卡塔尔多哈新港码头与内防波堤工程,工程包括集装箱码头、通用码头、车辆码头、邮轮码头、海军码头、海岸警卫队码头等,主要内容为码头结构建造、陆上挖入式港池开挖、防波堤及护岸施工及陆域回填,均采用陆上干施工方式。各种码头岸线总长 8050 米,防波堤 2800 米,护岸 2200 米。该项目属于中东高端市场工程,项目管理公司为全球最大设计咨询公司 AECom,详细设计公司为 Worley Parson,环境管理公司为 COWI。项目于 2011 年 1 月 24 日开工,2015 年 6 月 28 日竣工,合同额 68239 万美元。

项目是中国和卡塔尔两国政府开辟经济合作领域具有里程碑意义的特级项目,对发展卡塔尔经济、提升当地交通运输能力及提高卡塔尔与周边各国的贸易竞争有重大深远的意义。四航局在项目实施过程中采用多项新技术和新工艺,在技术创新和新材料的应用方面取得突出成绩。2017 年 9 月,多哈新港迎来了落成仪式。卡塔尔多哈新港荣获鲁班奖。

(九)以色列阿什杜德哈德罗姆港项目

以色列阿什杜德新建哈德罗姆港是以色列最大的两个港口之一,主要用于集装箱、杂货以及散货的进出口,位于以色列首都特拉维夫以南 40 千米的城市 Ashdod。阿什杜德港项目的业主是以色列港口投资开发公司(简称 IPC)、设计单位是美国的 HPA(现属于美国西图嘉科集团 CH2M & Jacobs)、监理单位是以色列当地的 A. D. Y. R. 工程公司,设计与施工标准采用欧标、美标、以及部分以色列标准。项目合同额约 9.5 亿美元,2014 年 9 月 1 日正式开工,合同工期为 93 个月。此外还有 3 年质保期。

该项目由中国港湾承建、二航局负责实施。项目工作内容主要包括:主防波堤延长 600 米、Lee 防波堤护岸结构 1480 米、20 万吨级集装箱码头(Q27、Q28)岸线近 1300 米,以及工作船码头、出运码头、沉船打捞等,并利用航道及港池的疏浚物吹填形成陆域约 60 万平方米。

阿什杜德港项目位于地中海东海岸开敞海域,工程区域常年受中长周期波影响,波高 1 米以下海况统计时间不足 30%,传统的水上设备作业或移位窗口有限,施工工效低下,且泊稳情况恶劣,存在极大的安全隐患,给项目造成巨大的工程风险。

以色列是世界闻名的创新国度,阿什杜德港项目部也"入乡随俗"地积极通过工艺创新带动施工技术升级,先后依托中国交建内优势资源自主研发并生产了自升式海上碎石桩施工平台和步履式液压顶推打桩平台等创新工艺设备,不仅降低了施工风险,还大大提高了施工工效,确保了关键工期节点的提前完成。

这些技术创新成果的成功应用,得到项目业主、咨工和当地民众的高度认可,大大提高了中国交建在以色列的影响力。中国交建向发达国家展现了"中国建设、中国制造"的技术实力。以色列交通部部长卡茨曾多次视察项目现场,并向当地媒体表示采用创新技术的阿什杜德港项目是以色列的"七大奇迹"之一。

（十）墨西哥液化天然气（LNG）能源码头 WP2 防波堤项目

墨西哥液化天然气（LNG）能源码头 WP2 防波堤由 12 件特大型沉箱组成,总长度648.8 米,为迄今世界最长的深海防波堤,结构独特堪称举世无双,其体积与重量也堪称世界之最。2006 年,四航局承担了这"世界之最"的水上庞然大物施工组织工作,包括基床抛石、基床整平、沉箱出运安装、沉箱内充沙、扭王块安装等。其中沉箱安装甚是复杂,经过中方人员细心总结经验、严格论证数据、细致分析原因,修改了原来英方人员的安装方案,沉箱安装实践证明了中方人员的方案切实可行,工效又好又快。沉箱内充沙原本由英国人独立操作,虽然 24 小时轮班作业,但由于充沙方法不当,工作效率极低。中方人员接手后,立竿见影地大大提高周产量,缩短了该施工项目的总体时间。项目于 2006 年 3月开工,2008 年 8 月竣工,合同额 525 万美元。

（十一）哥伦比亚圣马尔塔港码头修复工程

1986 年 6 月中旬,交通部第三航务工程局（以下简称"三航局"）在条件限制、资料缺乏的情况下,中标中国在南美承建的第一个水工建筑工程——哥伦比亚圣马尔塔港码头修复工程,投标标价为 798.94 万美元,工期为 25 个月,于 1986 年 10 月开工,1988 年 11月竣工。

作为哥伦比亚主要港口之一的圣马尔塔港,位于该国北部加勒比海岸,全长 1033 米,水深 12 米,有 5 个泊位,码头系钢筋混凝土高桩梁板式结构,原码头建于 1953 年。修复工程主要修建一、二号码头（一号码头长 180.50 米,二号码头 130.50 米,滚装船码头80.10 米）,修复边码头（101.0 米）和三号码头（长 240 米）。码头原宽 15 米,修建后码头拓宽 17.94 米;码头岸线向海外延 2.50 米,码头内边线向陆延伸 44 厘米,总加宽为 2.94米。圣马尔塔港码头作为哥伦比亚主要的港口码头之一,经过此番大规模修复之后,为该国的海运贸易翻开了一个新的篇章。

（十二）肯尼亚蒙巴萨港 19 号泊位工程

蒙巴萨港位于肯尼亚东南沿海的蒙巴萨岛上,有铁路桥通过海堤和大陆相连,濒临印度洋的西侧,是肯尼亚的最大港口,也是东非的最大港口之一,在整个东非地区占有重要地位。其集装箱中转覆盖坦桑尼亚、乌干达、南苏丹、卢旺达和布隆迪等众多国家的港口。蒙巴萨早在 3000 多年前就是重要的通商口岸,中国明代的郑和也曾到过此地。该港是东非的工商业中心,主要工业有炼油、纺织、修船、水泥及农产品加工等。肯尼亚、乌干达的大部分外贸物资及卢旺达、坦桑尼亚以至刚果(金)东部、苏丹南部的一部分货物均由此中转。该港属热带草原气候,盛行东南风。年平均气温约 24 度,全年平均降雨量约 1200 毫米,平均潮差约 1.8 米。

港区主要码头泊位有 16 个,岸线长 2343 米,最大水深 13.4 米。装卸设备有各种岸吊、可移式吊、龙门吊、集装箱吊、抓斗吊、轮胎移动吊及滚装设施等,其中集装箱最大起重能力为 40 吨。港区有转运货棚面积达 9.2 万平方米,另有冷库及货场等。码头最大可靠泊 6.5 万载重吨的船舶。

该项目是中国路桥在肯尼亚承建的首个港口建设项目,合同金额 6674 万美元,2011年 7 月 5 日开工,工期 2 年。2013 年 8 月,蒙巴萨港第 19 号泊位正式启用。这是中国公司在肯尼亚承建的第一个港口项目,提升了蒙巴萨的货物吞吐能力。新建成的泊位为非洲东海岸最深,每年可新增 25 万 TEU 的处理能力。肯尼亚总统肯雅塔曾表示,蒙巴萨港对于东非地区的发展至关重要,肯尼亚政府将致力于把蒙巴萨港打造成东非地区最大、最方便的海港,而第 19 号泊位的建设是政府的具体行动。2017 年,连接东非第一大港蒙巴萨港和肯尼亚首都内罗毕的蒙内铁路投入试运行,"港铁联运"战略将进一步促进当地经济发展,为区域经济一体化注入强劲动力。

(十三)肯尼亚拉姆港 1~3 号泊位工程

拉姆港位于肯尼亚东北边海岸的曼达湾内,距离肯尼亚最大港口城市蒙巴萨约 250千米,距离索马里南部边境约 90 千米,肯尼亚拉姆港一期 3 个泊位建设项目是"拉姆港—南苏丹—埃塞俄比亚运输走廊项目"(LAPSSET)的组成部分,其目的是为南苏丹、埃塞俄比亚、乌干达以及刚果东部提供新的出海通道。肯尼亚政府计划投资 255 亿美元,修建一条主要公路、铁路以及一条输油管线,把处于内陆的南苏丹和埃塞俄比亚与拉姆港打通。

2012 年,中国交建从 17 家通过资格预审的国际公司中脱颖而出,获得拉姆港的承建权。项目合同工期 45 个月 + 工期延长 363 天。1~3 号泊位项目是拉姆港项目的一期工程,建设单位为肯尼亚港务局(KPA),初步设计为日本港湾咨询株式会社,深化设计及咨工单位为韩国唯信,由中国交通建设股份有限公司承建。中标价约为 4.80 亿美元。项目开工日期为 2015 年 4 月。其主要技术难点在于"高细粒含量吹填砂土地基处理"。

工程内容主要包括:新建三个泊位 1130 米,高桩码头。进港道路 560 米,港区道路1453 米,引堤 1330 米,直立式护岸 300 米(南、北护岸各 150 米),斜坡式护岸 2906 米(北护岸 837 米、西护岸 1255 米、南护岸 814 米），堆场 80 万平方米，港区房建，港池和码头挖泥 1173 万立方米，航道疏浚 58 万立方米，回填 1231 万立方米等。

（1）港池和码头挖泥 1173 万立方米，航道疏浚 58 万立方米，回填 1231 万立方米。

（2）主码头 1130 米，高桩梁板结构，植入桩 294 根，直径 120 厘米，钢管桩长 27～30 米，壁厚 12～19 毫米，钻孔深度 12～15 米。码头护岸 1130 米，斜坡式护岸，护面结构一层为 100～200 千克块石，坡比 1:2。码头接岸处为 1130 米重力式挡土墙结构。

（3）直立式护岸 300 米（南、北护岸各 150 米），斜坡式护岸 3851 米（北护岸 837 米、西护岸 1255 米、南护岸 814 米、引堤护岸 943 米）。

（4）进港道路 560 米，港区道路 1453 米，引堤 1330 米，堆场 80 万平方米及港区房建等附属设施工程。

肯尼亚拉姆港—南苏丹—埃塞俄比亚交通走廊项目耗资约 250 亿美元，被认为是非洲国家独立以来"非洲大陆最大工程"。该项目计划建造一个拥有 32 个泊位的深水港，并建设连接港口与南苏丹首都朱巴以及埃塞俄比亚首都亚的斯亚贝巴的高速公路、铁路与输油管道。新港口将配套建设炼油厂、仓库等基础设施，此外，还包括在拉穆、伊西奥洛、洛基察吉奥建设 3 个国际机场。新港口及交通运输网建成后，不仅有助于扩大区域市场规模，而且将促进地区经贸往来。南苏丹将更多通过新港口出口石油，埃塞俄比亚也可以通过新港口运输货物，减少对吉布提港的依赖。

拉姆港码头工程是肯尼亚 2030 远景规划的重点起步工程，也是中国实施"一带一路"倡议的重要组成部分，建成后将为南苏丹、埃塞俄比亚、乌干达以及刚果东部提供新的出海通道。肯尼亚政府认为，这条拉姆港—南苏丹—埃塞俄比亚通道项目（LAPSSET）将为其经济增长贡献 2～3 个百分点。

（十四）科特迪瓦阿比让港口扩建项目

科特迪瓦阿比让港口扩建项目是西非片区在建的第一大港口，采用沉箱重力式码头形式。近年来科政府致力于努力发展经济，改善投资环境，广泛吸引外资。阿比让港务局制定了阿比让港的扩建规划，通过改善港口设施，提高阿比让港的区域竞争力，进一步巩固和加强阿比让港在非洲大西洋沿岸的枢纽地位，使阿比让成为西非的国际航运中心。

中国港湾于 2012 年与港务局签署了阿比让港口扩建项目商务合同，项目合同金额 9.33 亿美元，其中 85% 资金由中国进出口银行提供优惠买方信贷。该项目由中国港湾承建，四航局、广航局（广州航道局）等参建。

该项目于 2015 年 11 月启动，工期 45 个月，主要包括：2 号集装箱码头新建工程的 3 个专业集装箱泊位，码头岸线 1250 米；滚装码头及通用码头的新建工程；东西防波堤的拆除和重建，运河口门东西两侧重建各 600 米防波堤；集装箱和滚装码头后方回填；弗里迪运河航道扩建。项目施工过程中深水基槽基地的挖填值和振冲加固是该项目的最大难点。

广航局负责该项目滚装码头及 2 号集装箱码头陆域清淤和港池疏浚、弗里迪运河航道疏浚、滚装码头及 2 号集装箱码头后方堆场吹填以及吹填区内临时袋装砂围堰工程。疏浚总工程量为 1311.8 万立方米，回填总工程量为 1171.8 万立方米，工程总额为 8086 万美元。在项目建设过程中，广航局调遣"东祥""浚海 1"分别实施码头结构的基槽开挖工作与深基槽的清淤和回填等工作。2018 年 3 月 15 日，7 万吨滚装船"GRANDE ABID-JAN"顺利停靠在科特迪瓦阿比让港口扩建项目新建滚装码头，标志着广航局参建的科特迪瓦阿比让港扩建项目滚装码头顺利移交，比计划提前 17 个月竣工。

该项目建成后，可以满足第五代集装箱船，载箱量 6000TEU，全天候进港的需要，将进一步提升科特迪瓦国家港口发展水平，更好地服务区域经济的发展。同时，该项目将直接为当地提供至少 1000 人的就业岗位，带动相关产业就业约 1600 人，并通过专业技术培训，提高当地建筑行业从业人员的技术水平。

（十五）莫桑比克纳卡拉煤码头项目

纳卡拉煤码头项目位于莫桑比克北部楠普拉省的纳卡拉港，是中国港湾和四航局进入莫桑比克的首个项目，也是与巴西矿业巨头淡水河谷公司（纳卡拉煤码头项目投资方）的第一个合同项目，作为具体实施的四航局第一次组织实施大型的离岸式深水嵌岩桩码头项目。

工程为离岸式深水嵌岩桩码头，主要工程包括建设 1 座突堤式码头的主体、引桥，以及后方岸上通道等。码头采用高桩式结构，主体长 435 米，引桥长 776 米，岸上通道长 550 米，合同工期 24 个月。项目全面采用淡水河谷内部管理体系，作为采矿企业，淡水河谷对安全管理要求非常高，其管理体系庞大且标准要求非常高，共分十二大要素、近 100 个程序文件，按美加法规规范中偏高的标准予以量化。

纳卡拉项目部克服了工期紧、环境恶劣、设计变更频繁等不利因素的影响，实现项目主体如期完工，今后无论莫桑比克政府的渔业码头项目还是美国阿拉达克、安哥拉石油公司在进入莫桑比克市场，都将优先考虑与中国港湾进行战略合作，项目的成功实施也为四航局立足莫桑比克水工市场奠定了基础。

二、航道工程

（一）巴林球铁厂疏浚项目

上海航道局（以下简称"上航局"）于 1980 年 6 月正式成立了旨在开拓海外市场的上

海疏浚公司，作为中国第一个跨入国际疏浚市场的企业，从此开始了国际化征程。1981年12月27日首派中型绞吸式挖泥船"航绞1001"轮跨出国门，远赴中东巴林承担了上航局的第一个海外项目——巴林球铁厂疏浚工程项目。巴林球铁厂疏浚吹填工程位于巴林麦乃麦市，业主为科威特阿尔扎及拉公司，项目自1981年12月开工，于1983年7月顺利竣工，工程量为760万立方米。

（二）孟加拉国吉大港卡纳富利河航道疏浚工程

天津航道局（以下简称"天航局"）1987年开始承建第一个海外国际项目——孟加拉国吉大港卡纳富利河航道疏浚工程。当时，天航局正值"事改企"之初，处于转型时期与低迷期，国内业务少，人员与装备闲置，迫切需要寻求国际工程业务。天航局把目光投向海外，但企业开拓国际市场的难度很大，正在改革中的天航局迎难而上，在参加孟加拉国吉大港疏浚工程投标的八家国际公司中排名第二，终因排名第一位的竞争对手退出，于1987年12月成功得标。

孟加拉国吉大港卡纳富利（Karnaphuli）河航道疏浚工程量约为188.3万立方米，合同工期35周，合同额为1.78亿塔卡，折合约590万美元。1987年12月，"津航浚106"轮按期在吉大港投入施工。卡纳富利河入海口浪潮汹涌，外拦门沙土质坚硬，施工十分艰难，曾被荷兰公司称为历史上最困难的工程。天航局战胜了潮差大、涌流急、回淤多的困难，圆满完成了施工任务。这是天航局走出开拓国际疏浚市场的第一步。

（三）巴基斯坦卡西姆港航道维护疏浚工程

天航局承接的巴基斯坦卡西姆（Qasim）港航道维护疏浚工程一、二期工程于1988年3月开工，1989年4月竣工，工程量分别约为112万立方米和357万立方米，施工船舶为"津航浚102"轮和"津航浚106"轮。三期工程从1989年9月至1990年4月，完成工程量309.8万立方米。四期工程于1991年启动，疏浚量约为123万立方米。五期工程自1991年10月至1992年4月，实际疏浚量278万立方米。

2000年12月—2001年5月，广航局承接巴基斯坦卡西姆港外航道疏浚工程，工程量180万立方米。

（四）泰国TPI石化码头港池航道扩建工程

泰国TPI石化码头港池航道扩建工程（位于罗勇府）是广航局有史以来承建的规模最大的、历时最长的国外疏浚工程，自1994年9月开工至2001年5月船舶撤场回国历时近7年，先后投入的船舶有广州号、玉龙、威龙、金刚等20多艘次、进出境人员达2500人次，共完成第一期至第七期工程疏浚量近3000万立方米，其中疏浚土方2200万立方米、吹沙 800 万立方米。

参建员工克服工期紧节点要求高、土质坚硬机具磨损快、吹填区域狭窄供沙受影响及季节性强、施工期短等困难，完成了合同约定的义务，在泰国市场打响了广航品牌。施工期间，中国交通部部长黄镇东、副部长李居昌先后视察了工地，对广航局的努力和成绩给予了肯定，中港总公司驻泰国办事处还将该工程作为其业绩而广为宣传。TPI 工程从信息跟踪、合同连续签订、设备和人员的出入境组织、施工组织设计、商务协调处理、工程款催收等一系列工作全由广航局筹划并组织完成，这锻炼了员工队伍，积累了境外工程管理、商务洽谈的经验，为此后承担境外工程提供了有力的支持。广航局充分利用在泰国的设备，于 1997 年 2 月又承担了泰国国家化肥码头疏浚与吹填工程，工期 8 个月，工程量 60 多万立方米。

（五）墨西哥港口系列疏浚工程

20 世纪 80 年代，上航局以船舶租赁形式为开端，成功进入南美市场。墨西哥港口系列疏浚工程自 1982 年开始施工，以精良的装备、高超的技术在南美一举树立了中国民族疏浚产业的品牌。在赢得业主赞誉的同时，后期通过公开招投标分别于 1986 年、1987 年、1988 年、1989 年先后在纳克鲁斯港、托波洛班波港、夸察科尔科斯港等港口实施了系列疏浚工程。到 1989 年底结束施工，项目合同额约 6500 万美元，累计完成疏浚土方工程量约 6537 万立方米，为墨西哥及南美地区物资尤其是石油能源运输打通了生命线，推动了当地经济发展。

（六）哥伦比亚卡塔赫纳海滩吹填工程

继墨西哥之后，上航局紧接着又在哥伦比亚承担并圆满完成了巴兰基利亚港务局码头及航道维护疏浚工程、马格达雷那河开挖工程、卡塔赫纳海滩吹填工程、圣塔马塔港吹填工程、布韦那文图拉港口航道维护疏浚工程、迪格运河疏浚工程等多项施工任务。哥伦比亚卡塔赫纳海滩吹填工程业主为大哥伦比亚商船队，合同额 385 万美元，开工日期 1990 年 3 月，项目工期半年，项目工程量为 240 万立方米，上航局投入船舶为"航绞 1001"轮。卡塔赫纳是哥伦比亚北方重要的港口，也是闻名遐迩的游览胜地。哥伦比亚卡塔赫纳海滩吹填工程也是当时中国疏浚企业少有的参与海外文化旅游相关建设工程。工程建成后，卡塔赫纳因其漫长的海岸线、湛蓝的海水、金色的沙滩，构成了秀丽迷人的滨海风光，成为哥伦比亚知名的旅游、避暑胜地和会议中心。由于吹填工程完成出色，卡塔赫纳海滩被当地市政府冠名为"中国滩"，参加施工的船员被当地市政府授予"荣誉市民"称号。

（七）阿根廷布宜诺斯艾利斯港口疏浚项目

2006 年下半年，上航局在南美的业务开始出现了重大突破。首先是上航局跟踪了十多年的阿根廷疏浚市场有了重大进展，该国布宜诺斯艾利斯拉普拉塔河北航道淤浅，需要进行疏浚维护。上航局与一家当地公司组成联营体，投标并承担了该项规模在 1400 万美元的航道维护疏浚合同，疏浚工程量 400 余万立方米，并派遣了由中国自行设计及刚建造一年多的 4200 立方米自航耙吸挖泥船"航浚 4011"轮赴现场施工。该工程为航道维护疏浚工程，开工时间为 2007 年 3 月 24 日，工期为 9 个月。由此，上航局以精良的装备、精湛的技术，一举打破了由欧洲各大疏浚公司，尤其是比利时扬德诺公司长期占领该国疏浚市场的垄断局面。之后，上航局又承担了阿根廷拉普拉塔河南航道疏浚工程，在当地造成了良好的社会影响。

2013 年 10 月 30 日至 11 月 3 日，中国海军编队实现中阿建交 41 年来对阿根廷的首次访问。此前，因布宜诺斯艾利斯港口部分航道和泊位水深不达标，上航局迅速响应使馆请求，紧急协调有关方面，临时抽调在乌拉圭施工的"航浚 4011"轮赶赴阿根廷。全体船员不辞辛劳、昼夜施工，最终在舰队抵达当天凌晨完成疏浚和水深测量，为确保海军编队航行、靠泊安全和访问成功奠定基础。2013 年 11 月 19 日，中国驻阿根廷大使馆向上航局发来感谢函，对上航局为确保中国军舰安全准时靠泊码头所做的突出贡献表示感谢，赞赏上航局员工顾大局、重责任、雷厉风行、顽强拼搏的工作作风和精神。

（八）巴西亚苏港口疏浚项目

1999 年，上航局首度成功进入巴西疏浚市场，实施了里约热内卢、圣弗朗西斯科等地的维护疏浚工程以及工程量为 700 万立方米的塞布提巴疏浚工程，以良好的合作与优质的施工，在巴西疏浚市场树立了崭新形象。2007 年，上航局通过招投标，赢得了巴西里约热内卢北部亚苏港 7800 万美元疏浚合同。为此上海航道局派遣了由中国自行设计建造的当时最大舱容的，也代表当时最先进装备水平的 13500 立方舱容自航耙吸式挖泥船"新海虎"轮赴现场施工。这项工程的承接，改变了上航局在南美、在巴西地区以前零打碎敲的局面，形成了规模，并引起了巴西政府的高度关注。项目于 2009 年 11 月竣工。

（九）巴西桑托斯港航道深化疏浚工程

上航局巴西公司 2008 年在巴西圣保罗州桑托斯港疏浚项目的招标中胜出，与巴西港口部正式签署桑托斯港航道扩建项目合同。项目建设期 1 年，维护期 2 年，合同额 1 亿美元。桑托斯港是巴西第一大港。此次航道扩建项目，主要为将现有深 12 ~ 14 米、宽 150

米的单向航道增深、拓宽为深 15 米、宽 220 米的双向航道。工程于 2009 年底开工。该项目完工后,有效缓解桑托斯港口拥堵的现状,大大提高港口生产能力,成为巴西枢纽港,继续保持其在南美地区龙头港的地位。同时,该项目的建设为中国交建继续开拓巴西乃至南美洲地区市场奠定了良好基础。在巴西,上航局陆续参与了桑托斯港、亚苏港、伊塔雅伊港和巴拉那瓜港的疏浚项目,让巴西众多港口焕发了生机。

（十）委内瑞拉奥里诺科河、马拉开波湖疏浚工程

从 20 世纪 90 年代起,上航局在南美的业务发展至委内瑞拉,分别承担了委内瑞拉包括马拉开波航道、奥里诺科航道以及圣胡安河航道在内的三大主要航道的维护疏浚工程。2011 年,上航局在委内瑞拉成功签约承揽了三项疏浚工程,合同总额达 1.5 亿美元,是当时承接的最大海外疏浚工程项目。该项目于 2012 年 12 月竣工,随后又多次续签合同。2011—2018 年,上航局先后调派了包括“新海龙”在内的多艘大中型疏浚船舶以及一大批优秀专业技术和管理人员在奥里诺科河、马拉开波湖同时实施 3 个工程项目,项目团队克服了气候恶劣、土质复杂、施工区段相隔远等诸多困难。尤其是奥里诺科河航道疏浚工程分为外航道和内航道,全长 363 千米,根据委内瑞拉国家航道局掌握的 50 年记录,工程实施期间创造了奥里诺科河 40 年来的历史最好水深,大大提高了当地矿产及石油的运输效率,对促进当地经济发展发挥了关键作用,获得了当地各方一致好评,为后续持续经营该国疏浚市场奠定了坚实基础。

上航局还积极履行企业社会承诺,拿出该项目合同额的 2% 投资扩建了当地一家医院急诊室及行政楼,积极改善当地就医环境。该医院于 2014 年 10 月正式完工并投入使用,广受当地民众和媒体的好评。上航局还发扬人道主义精神,积极配合当地政府开展应急救助,配合协助中国驻委内瑞拉使领馆和中资企业开展应急撤离、捐赠救灾物资、营救落水居民等,充分彰显中资企业国际形象。

（十一）尼日利亚卡拉巴航道疏浚工程

尼日利亚卡拉巴航道疏浚工程是尼日利亚出口加工区码头配套工程,全长 84 千米,宽 150 米,深 8 米。由天航局和上航局共同完成,天航局施工段为内航道,长 33 千米,工程量约为 451.89 万立方米。由“津航浚 211”和从香港振华公司租借的“国合丸”两船共同承担施工,工程从 1996 年 11 月“津航浚 211”投入施工开始,到 1997 年 10 月结束,历时 12 个月,提前 3 个月完成工程任务,合同额为 1840.2 万美元。尼日利亚工程是天航局在国外工程中船舶调遣最远的工地,也是自然条件最艰苦的工地。当时气候炎热,缺水、缺电,特别是没有修船条件,又赶上“国合丸”在调遣途中钢架坍塌,给施工带来意想不到的困难。经理部在当地无人承接修理的情况下,决定租用人员和设备就地修理,没有大的起

重设备,就采用分段切割,然后再对接的方法,最终完成了修复任务,为其后的施工打下了基础。此外,当地的生活条件异常艰苦,工地没有蔬菜。而且经常受疾病的困扰,当地疟疾流行,员工克服了各种困难,圆满完成施工任务。

该项工程是上海航道局首次进入尼日利亚疏浚市场的项目,对于后续在尼日利亚承接工程、拓展海外经营领域意义重大。工程完工后,打通了卡拉巴航道运输的生命线,进一步推动了当地经济发展。

(十二)纳米比亚鲸湾港集装箱码头项目

纳米比亚鲸湾港集装箱码头项目由中国港湾公司中标承建,广航局参与航道及港池疏浚工程,主要内容包括港池及泊位维护性疏浚和新集装箱码头基建疏浚部分,疏浚总量约 400 万立方米,工期约 22 个月,施工难点之一在于施工区存在富含硫化氢疏浚土,存在施工人员硫化氢中毒风险。工程于 2014 年 5 月 9 日正式开工。2014 年 11 月,广航局在施工前邀请新加坡罗力士公司提供技术服务,并对施工船“金建”船组、“新宇航 3”等进行硫化氢防护改造及设备安装。为确保施工船舶的正常施工,广航局为之安装了 40 个硫化氢监测报警设备,施工人员配备个人便携式硫化氢监测仪约 150 个,配备了 80 套防护设备、50 套救助备用设备,并安排专业工程师驻船培训和组织演练。项目合同额 3050 万美元,2017 年 11 月 11 日竣工。

鲸湾港年吞吐量超过 100 万吨,纳米比亚 90% 的海运货物通过此港完成装卸,其不仅是纳米比亚的核心物流枢纽,更是整个非洲西南部的重要港口,辐射博茨瓦纳、赞比亚、津巴布韦等周边内陆国家。项目建成后,鲸湾港集装箱码头年吞吐量将从 30 万 TEU 提升到 70 万 TEU,装卸效率更是实现质的飞跃,油码头也将成为纳米比亚政府拥有的第一个国家战略储备油设施,储备时间从 15 天增加到 30 天,同时将为当地数千人提供就业机会。对于进一步提升鲸湾港乃至整个纳米比亚的竞争力,促进地区经济发展具有重要意义。

三、桥梁工程

澳门新澳凼大桥

澳门新澳凼大桥为连接澳门半岛和凼仔岛的跨海公路大桥。1990 年由四航局中标并负责施工。1990 年 4 月开工,1993 年 12 月竣工。大桥主桥长 4414 米,匝道桥长 1108 米,主桥面宽 19 米,双向四车道。大桥结构是:主跨为钻孔灌注桩基础、预制安装工字块桥墩及纵横梁、桥面现浇沥青混凝土。大桥主桥全部位于波涛汹涌的大海上,雄伟壮观,俨若游龙,伸向海湾彼岸,是澳门地区一条亮丽的风景线,成为中葡友谊的象征。1994

年,时任中国交通部部长黄镇东在通车前由澳门总督韦奇立陪同视察了大桥。同年4月17日,时任葡萄牙总理席瓦为大桥剪彩,将大桥命名为"友谊大桥"。韦奇立在评价大桥时说:"如果说新大桥建成能改善交通条件,方便居民活动和有利于本澳的空间组织,具有物质和战略上的重要性,那么其象征作用和意义不在前者之下。新大桥为澳门而建,它是葡萄牙人和华人的杰作,是共同的愿望和同心协力的结晶,是葡萄牙和中华人民共和国目标一致、协调努力的成果。"大桥的建成,对澳门的经济发展和繁荣稳定起到了重要作用,对实现"一国两制"具有重要的政治意义。大桥的建成也显示了四航局雄厚的施工实力和丰富的施工经验,为四航局进一步跻身于国际建筑市场的竞争积累了经验。

第四节　总承包项目

一、港口工程

(一)巴基斯坦瓜达尔港项目

瓜达尔港位于巴基斯坦俾路支省西南部瓜达尔城南部,为深水港。中国政府应穆沙拉夫总统的请求为该港口建设提供资金和技术援助,于2002年3月开工兴建,2015年2月基本竣工。瓜达尔港地区面积14637平方公里,人口8.5万人。

瓜达尔深水港位于卑路支省瓜达尔镇,东距卡拉奇460千米,西距巴基斯坦伊朗边境120千米,濒临阿拉伯海,是中巴经济走廊的出海口,战略地位非常突出。该深水港是巴基斯坦的第三个主要港口,对巴基斯坦西部、北部地区的经济发展起到重要作用。瓜达尔港口一期项目工程包括三个泊位兼顾滚装的多用途码头。一期工程设计,包括3个2万吨级(结构为5万吨级)多用途码头和一个工作船码头,总长702米,采用高桩预应力梁板结构。码头设计具有诸多亮点,如根据当地的地质特点(软基)设计成满堂式高桩码头,将淤泥质粉砂先吹填造地,进行软基处理后再进行桩基施工。设计吞吐量为10万标准集装箱/年、杂货散粮72万吨/年。一期工程港池航道按3万吨散货船兼顾2.5万吨集装箱船疏浚,进港航道总长4.35千米。疏浚工程的实际工期为33个月,由上航局和四航局具体负责承建;上航局先后投入"SAMSUNG APOLO""航浚1007"等多艘绞吸、耙吸挖泥船。此外,项目还包括土建、供电、给水、消防、环保、通信、导航、装卸、计算机辅助管理和控制等配套工程。项目总造价2.48亿美元,其中中方援助1.98亿美元,巴方负责配套资金0.5亿美元。项目由中国港湾总承包管理,合同工期为37个月,实际工期为33个月。巴基斯坦时任总统穆沙拉夫亲自主持开工仪式,时任中国国务院副总理吴邦国在交通部部长黄镇东陪同下赴巴基斯坦瓜达尔港出席开工仪式。项目全部单位工程和综合质量评定为优良，被誉为"中巴友谊新的里程碑"。

瓜达尔深水港项目分两个阶段完成：一期工程中方出资，以赠款、无息贷款、优惠贷款和买方信贷等进行融资，主要用于港口基础设施建设，包括3个多功能码头和总长4.35千米的进港航道等；巴方出资主要用于缴纳各种捐税、修建港务办公楼等配套工程。第二期工程比第一期工程更加宏大，修筑10个船舰停泊处，其中有3个集装箱码头。此外，还为油轮修筑两处停泊港口，一处同停泊处和地下输油管相连的炼油厂，总投资为5.24亿美元。巴基斯坦政府拨款5.19亿卢比兴建瓜达尔港第二期发展项目，并将该项目列为2010—2011年度政府公共部门发展方案（PSDP）之一。PSDP预算文件显示，政府拨款兴建瓜达尔港口基建设施中心，该工程总成本约2亿卢比。政府还计划建设伊斯特贝高速公路，以连接瓜达尔港口成为全国公路网的一部分。政府计划通过建立邮政自动分拣系统、发展邮件/现金/货物等运送业务、兴建邮政大楼3个项目，进一步完善港口邮政业务。根据PSDP预算文件显示，这3个项目总共耗资约11.6亿卢比。港口工程施工质量达到国际先进水平，获得中国建设工程鲁班奖。

瓜达尔港位于具有重要战略意义的波斯湾的咽喉附近，紧扼从非洲、欧洲经红海、霍尔木兹海峡、波斯湾通往东亚、太平洋地区数条海上重要航线的咽喉。瓜达尔距离全球石油供应的主要通道——霍尔木兹海峡约400千米。瓜达尔港建成后，不仅会带动贫困落后的俾路支省乃至整个巴基斯坦的经济发展，还将成为阿富汗、乌兹别克斯坦、塔吉克斯坦等中亚内陆国家最近的出海口，担负起这些国家连接斯里兰卡、孟加拉国、阿曼、阿联酋、伊朗和伊拉克等国甚至与中国新疆等西部省份的海运任务，成为地区转载、仓储、运输的海上中转站，同时有力地保障了中国的能源供给安全，并且对促进两国经济发展、加深两国传统友谊具有非常重要的政治意义。

（二）巴基斯坦卡西姆国际集装箱码头工程

巴基斯坦卡西姆国际集装箱码头位于巴基斯坦最大的港口城市卡拉奇市卡西姆港。卡拉奇市有两个主要港口，分别是卡拉奇港和卡西姆港。卡西姆港是巴基斯坦第二大、第二繁忙的港口，卡西姆港货物吞吐量约占巴基斯坦港口货物总吞吐量的35%。卡西姆港位于卡拉奇市东部、印度河的旧航道上，距卡拉奇市约35千米，港区总面积大约是4平方公里，而接邻的周边工业区大约是45平方公里。有一条45千米长的航道连抵港口，为船只提供75000吨的安全航海的负荷量。

卡西姆国际集装箱码头项目为工程总承包（EPC）项目，由中国港湾总承包，四航院、二航局参与建设。四航院负责项目设计并代理中国港湾履行总包职责，二航局负责施工。项目于2008年年底开工建设，2010年年底完工，总工期24个月。

卡西姆国际集装箱码头是现有卡西姆码头的一期扩建工程,主要工程内容包括填筑16万平方米场地并建成集装箱堆场、建造727米码头岸线并将港池疏浚至水深基准点以下16米,以满足2艘10万吨级集装箱船同时停靠需求。通过以上改扩建,将现有码头建造成吞吐量为117.5万TEU的现代化集装箱码头。该码头主体使用钢管桩、钢板桩的组合形式,具有施工工艺简单、快捷,同时又节约投资的优点。该码头的建成极大地缓解了巴基斯坦沿海港口的压力,同时促进了卡拉奇市与全国的联系,加快了巴基斯坦经济建设的步伐,为巴基斯坦外向型经济发展创造了条件。

(三)巴基斯坦卡西姆港液化天然气码头工程

巴基斯坦卡西姆港液化天然气码头工程位于巴基斯坦南部卡拉奇市的卡西姆港工业区,往南约40千米出阿拉伯海。项目所在地为巴基斯坦的第一大城市——卡拉奇,长期以来都是南亚最重要的港口城市,巴基斯坦有95%以上的外贸物资及阿富汗的部分进出口货物都经过这座港口城。卡拉奇集中了巴基斯坦47%的工业、43%的工业产品和42%的产业工人。其国民生产总值占全国的20%以上,关税收入占全国的65%以上。巴基斯坦长期面临能源短缺情况,居民及工业用电常年无法正常供应,巴基斯坦政府于2013年6月初为改善能源情况批准了三期LNG项目,第一期为快速通道项目,即该项目。项目建成运营后每天可供气1100~1400万立方米,占巴基斯坦总用气市场的10%~15%,而燃气能源占巴基斯坦能源组成的达49%,项目日供气能力为1400万立方米,每年可以为巴基斯坦节省能源进口费用约20亿美元,占进口能源总额的10%左右。

项目于2014年5月5日签订实施合同,中国港湾为项目EPC总承包商,联合二航局、四航院、天航局,共同合作实施该项目。中国港湾总体协调,负责对外联络、统筹管理以及成套设备采购,二航局负责项目水工结构施工,四航院负责项目设计,天航局负责项目疏浚施工。项目合同额约5900万美元(折合3.7亿人民币)。项目总工期10个月,包括勘测、设计、模型试验、采购、施工等环节,工期十分紧张。

项目主要内容为在ENGRO原液体化学品码头西侧新设计建造一座LNG接收码头,新旧码头通过引桥相接并共用原码头栈桥延伸向陆地。工程建设包括长513米、宽7.9米的栈桥及一座总长375米的蝶形墩式码头,码头包括1个工作平台、2个靠船墩、4个系缆墩,建成后可供一艘17.3万立方米FSRU和一艘21.7万立方米LNG船(Q-FLEX)并列停靠,远期还可供一艘26.6万立方米的LNG船(Q-MAX)与FSRU并列停靠。港池近期设计底标高为-14.0米,结构按15.0米预留。

项目于2014年12月28日完成码头主平台及引桥主体结构施工,较合同节点工期提前7天;2015年2月28日完成项目整体竣工移交,较合同工期提前5天。项目在如此短工期内提前完成项目实施,得到了巴基斯坦政府、业主以及社会各界的赞许与认可。

项目采用 FSRU 和 LNG 双船并靠的模式，为国际先进的 LNG 接卸技术，目前全球实际运营的 FSRU 和 LNG 并靠码头不超过 20 个。该项目设计先进、施工高效、运营顺利，受到了包括美国国务院等方面的关注。全球保险经纪和风险管理领域的领先企业——Marsh 将该项目列入了其内参的经典成功案例。项目荣获中建协 2014 年度全国建设工程优秀项目管理成果一等奖，并且荣获 2018—2019 年度国家优质工程奖。

该项目运营后对缓解巴基斯坦能源短缺、降低生活和工业成本，促进经济发展等方面起到十分重要的作用。同时，中国公司在很短合同工期内克服多重困难顺利完成了项目，在业主、西方国家咨工对项目 HSE 和质量严格要求下，在建设期间及竣工后通过了项目投资方国际金融公司（IFC）、项目英国保险方（Marsh）、巴基斯坦环境管理公司、巴基斯坦油气委员会、巴基斯坦卡西姆港务局、项目监理方（TUV）等多家机构对项目质量保证、质量控制（QAQC）和健康、安全、环境（HSE）的工作审查，并得到一致好评，为中国工程公司树立了良好的形象。同时，按照合同规定，LNG 码头项目延期罚款额度高达 6 万美金/日，项目进度的高效管理，既保证了项目避免因工期短，施工时间不足事故而造成的质量问题，同时为项目的按期交工提供了坚定的保证，避免了巨额罚款，真正体现了"时间就是效益"，也为中国企业在巴基斯坦及海外工程领域树立良好的信誉和形象，对于带动国内企业实现"走出去"战略和"一路一带"倡议具有一定的示范意义。

（四）斯里兰卡汉班托塔港项目

汉班托塔港，又称汉班托塔深水港，位于斯里兰卡南部省汉班托塔区首府。该港一期工程包含 10 万吨级集装箱码头两个，10 万吨级油码头两个，一万吨级驳船泊位两个，工作船码头及相关辅助及配套设施若干。一期主体工程自 2007 年起在中国的援助下开始建设，于 2012 年 12 月完成，工程合同额 3.61 亿美元，实际总造价 5.80 亿美元，当地政府出资 15%，另外 85% 的资金来自中国进出口银行提供的买方信贷。二期工程位于一期工程北侧，包括 10 万吨级集装箱泊位两个，10 万吨级多用途泊位两个，1 万吨级支线集装箱泊位两个，以及堆场护岸、公务码头和人工岛等相关建筑群。二期工程于 2012 年 11 月开工，2015 年底基本完工，合同额 8.08 亿美元，全部资金来源于中国进出口银行贷款。目前计划中的两期工程已经全部完成，共建设了 8 个 10 万吨码头及两个 1 万吨码头，属于能接纳超大型船舶的深水港口。中国港湾作为汉班托塔港的建设者，以总承包方式承建了该工程，由四航院设计、四航局施工。

一期工程为通过规划引领策划参与的政府框架优惠贷款项目，码头为多用途兼顾滚装，码头结构按 10 万吨级集装箱设计，2 个 5 万吨级通用泊位，长 600 米，1 个 10 万吨级油泊位，长 310 米，除此还有进港航道、港池及调头圆、防波堤、护岸、道路、堆场、生产生活辅助建筑等。依托该工程的"利用泻湖干施工建设深水港设计施工关键技术研究"获中国水运建设行业协会科技进步三等奖。

二期工程码头主体结构——新型扶壁式沉箱,于2015年6月23日完成第639层也是最后一层沉箱浇筑。至此,二期项目现浇沉箱施工全部完成。

汉班托塔港水资源丰富、少台风,而且具有充足的大型专业化泊位及深水航道的优势,汉班托塔工业园区呈扩建式往外延伸,拥有畅通无阻的货物疏散通道。同时,汉班托塔港具有多集装箱泊位的优势,其广阔的后方腹地和拆装车间比其他单一港口拼装的吸引力更大。斯里兰卡政府希望使汉班托塔港发展成为国际航运中心,并作为"21世纪海上丝绸之路"的枢纽。因其具有离国际主航线仅10海里的地理优势,斯政府欲将其打造成为斯里兰卡第二经济中心。2017年7月,斯里兰卡与中国签署协议,中国招商局控股港口有限公司购得汉班托塔港口70%的股权,并租用港口及周边土地,租期为99年。2017年12月9日,斯里兰卡政府将正式把斯里兰卡南部的汉班托塔港的资产和经营管理权移交给中国招商局集团。

(五)斯里兰卡科伦坡南集装箱码头工程

2011年,内战结束不久的斯里兰卡将发展港口摆在重要位置,斯里兰卡港务局提出要把科伦坡港南码头建设起来,并在全球范围内公开招标。结果由中国港湾总承包、四航局负责实施科伦坡南集装箱码头项目施工任务。项目于2011年12月16日正式开工,合同额32205.32万美元。

项目码头岸线总长1200米,包括3个泊位,采用沉箱重力式结构,共67件沉箱,单件沉箱重2632吨,前沿水深为-18米,陆域面积达58万平方米。项目完工后,可接纳世界最大的集装箱船只,码头设施配备可与新加坡港、迪拜港媲美,进一步巩固了科伦坡港作为南亚地区中转枢纽的地位。

科伦坡南港为EPC项目,为尽快投入运营、实现盈利,业主将工程建设期从投标初期的60个月压缩至28个月,即使在国内实施,同类型项目的工期最少也要32个月。

为此,项目部建立了设计周报制度,并在2012年2月、7月、9月三次推动业主、咨工、设计、总承包单位召开设计协调会,顺利解决了设计滞后的问题。

工程报审的材料品类多达200种,每种材料咨工审批时间长达21天,按以往检验、报审、采购、清关的流程走下来,难以保证工期要求。项目部建立了与咨工、公司采购部门的三方沟通协调机制,并制定了材料报审及采购制度,每周进行跟踪、反馈,有计划、分步骤推进,材料报审的效率大大提升。

千余名建设者在这里集中作战,人员以及车辆、材料的进出都需要办理进港证,每个证件涉及6个政府部门,办理手续烦琐。项目部与港务局、海军、海关等多部门积极沟通,极大加速了办证流程。

当地河砂杂质多,项目部增加了两台筛砂设备;地处热带的科伦坡白天气温较高,项目部把浇注时间大多放在晚上;为了降低水化热,他们增加了冷凝机组,成功化解难题,各项工序顺利推进,沉箱浇筑从最初的 3 天浇筑 1 层提升至 1 个月浇筑 27 层。

2013 年 8 月 5 日,科伦坡南集装箱码头举行了开港仪式。码头投入仅一年多时间,科伦坡港集装箱吞吐量就从 5.8 万 TEU 提高到 68 万 TEU,增幅在全球最大的 30 个集装箱码头中名列首位。2012 年至 2017 年,五年间,科伦坡港在全球港口的排名中从第 34 位跃升至第 23 位。2016 年,科伦坡南集装箱码头项目获得中国国家优质工程银质奖。

(六)斯里兰卡科伦坡港口城项目

科伦坡港口城是中国交建与斯里兰卡港务局合作开发的综合类特大型投资建设项目,由中国港湾总承包,四航局、广航局施工,融围海造地、一级土地开发和房地产开发为一体,将为科伦坡再造一个全新的中央商务区(CBD)。项目所在地科伦坡是斯里兰卡首都,是全国的政治经济文化中心,城市中心区土地供不应求。斯里兰卡政府自 20 世纪 70 年代即计划通过填海造地方式扩大科伦坡中央商务区范围,但受多重因素影响,该计划自科伦坡南港扩建工程开始后才重新提上日程。斯里兰卡政府对科伦坡城市发展进行了定位,目标是把科伦坡打造成南亚地区的国际商业和金融中心,这一定位使得科伦坡土地短缺问题更加凸显。为解决土地供求矛盾,斯政府迫切需要实施中央商务区填海造地项目。

科伦坡港口城位于科伦坡 CBD 核心,与希尔顿酒店等标志性建筑咫尺相连,被誉为未来城市。规划建筑规模超过 530 万平方米,包括计划 3 年完成的填海造地 276 万平方米土地,计划 5～8 年初步形成规模,20～25 年全部建设完成。该项工程在 2014 年 9 月 17 日开工。

该项目包括在首都科伦坡港口附近填海造地,建造一个有高尔夫球场、酒店、购物中心、水上运动区、公寓和游艇码头在内的港口城。根据协议,填海造地后的港口城的 108 公顷土地将归中国交通建设股份有限公司所有,斯里兰卡港务局将拥有剩余 125 万平方米的土地所有权,但开发公司有 99 年的租用地契。该土地的 1/3 将由中国公司拥有并开发,其余的 2/3 交由斯里兰卡开发。项目的二期投资将达到 130 亿美元。中国公司可吸引国内和世界的投资者,到填海造地形成的土地上投资。项目直接投资 14 亿美元,带动二级开发投资 130 亿美元,创造超过 8.3 万个就业机会。

项目分两期,一期主要内容为:填海造地陆域面积约 269 万平方米,一条长约 2000 米、宽约 70 米的运河,一条总长 3245 米的防波堤(两侧含沙堤)和 10 万平方米沙滩,并完成一期规划区域内的道路、绿地、给排水、供电、通信及其他管线等基础设施建设运营维护、土地销售及开发。二期主要内容为：二期规划区域内的道路、绿地、给排水、供电、通信及其他管线等基础设施建设。总投资额约 13.96 亿美元，其中，一期投资 11.50 亿美元，二期投资 2.46 亿美元。

2015 年 3 月 5 日，斯里兰卡政府决定暂时叫停由中国企业投资建设的科伦坡港口城项目的施工。新政府对前政府批准的一些项目进行全面审查，不仅中国项目受到影响，包括澳大利亚、伊朗等国以及斯里兰卡本国的一些项目也被暂停甚至被取消。中国驻斯大使易先良 2015 年 3 月 5 日和 6 日分别紧急约见斯里兰卡总理维克勒马辛哈和外长萨马拉维拉，就斯方暂停中国公司投资开发的科伦坡港口城项目提出交涉，要求斯方珍惜中斯互利合作成果，尊重双边协定和商业合约的严肃性，切实维护中国投资者的合法权益。

斯里兰卡科伦坡港口城发展项目为中交建拟在海外进行投资的第一个综合性地产类项目，在斯里兰卡首都科伦坡中心区域位置的海域进行海上填海造地，形成科伦坡全新商业中心区、时尚的生活中心，将科伦坡提升成为一个国际化的大都市。

（七）中缅原油管道项目——缅甸皎漂马德岛港原油码头工程

中缅油气管道项目作为中缅两国建交 60 周年的重要成果和结晶，得到了中缅两国领导人及政府有关部门的高度重视和大力支持。该项目是"孟中印缅经济走廊"和中国与东盟国家开展互联互通基础设施建设的重要标志。中缅原油管道工程起点位于缅甸西海岸马德岛，全长 771 千米，设置站场 5 座，设计年输量 2200 万吨，并建设一座规模为 30 万吨级的原油码头。整个石油管道投资额超过 15 亿美元。2007 年，缅甸军政府授权国内最大的民营公司与中国云南联合外经股份有限公司协商皎漂的开发，最终缅甸军政府希望在中缅油气管道起点的基础上，把皎漂港建成大型综合港口。

中国水运勘测人员于 2007 年就到达皎漂，为中缅石油管线工程皎漂港的前期选址进行勘测。天津航道局实施了该项目原油码头港池、航道疏浚及测量任务。自 2011 年 9 月开工，前期由滨海公司组织实施，2012 年天津航道局海外事业部变为实体后接手，先后投入"通旭"轮、"天骅"船、"天麟号""津航浚 405"等挖泥船。由于项目在战区，实施有困难，施工过程中，船舶克服了长波暗涌、特大暴雨天气及第二次世界大战期间遗留的炸弹和炮弹危险，通过应用新工艺、新方法，并提前对施工区炸弹进行清除，确保了工程的顺利推进，并因中途航道设计变更将工程分为原航道施工和新航道施工两段时期，其中原航道完成工程量 414.84 万立方米，新航道完成工程量 1561.35 万立方米，新航道设计水深变更工程量 42.82 万立方米，港池疏浚量 500 立方米，合计完成工程量 2019.06 万立方米。2013 年 4 月 30 日，项目团队提前一月完成施工任务。

原油码头工程码头泊位 1 个，设计船型为 30 万吨级，兼顾 15 万吨级，其设计接卸能力为 2200 万吨/年。码头总长度 482 米,为沉箱重力墩式结构。该工程由中国港湾 EPC 总承包、一航院勘察设计、三航局施工总承包。2011 年 4 月正式开始施工,2013 年 5 月 31 日顺利完工。该工程为大圆筒重力式墩式结构,沉箱最大高度为 30.05 米,直径为 18 米,底板为八角形,总重量为 3931 吨,是当时预制最高的圆形沉箱。根据沉箱安装时最大吃水深度为 19.3 米,三航局专门订制了一艘 15000 吨的半潜驳,最大下潜深度为 26.5 米。

2015 年 1 月 30 日,缅甸皎漂马德岛原油码头在现场举行试运行仪式,马德岛港同时正式开港,原油码头也于当日首次从油轮卸油作业,这些原油最终将以每天约 50 千米的速度继续向内地推进,再经过约 650 千米长途旅行,最终抵达位于云南省安宁市的云南石化。这也意味着一条国际上新的石油贸易线路正式投入运营。这条输油管线的设计接卸油能力 2200 万吨/年,这相当于中国日石油进口总量的 5%。该工程的建成投产,不仅对中国西南地区经济发展具有积极作用,而且推动了中缅两国油气资源和工业发展互补,有效带动了缅甸石油化工产业发展,帮助提升了沿线居民生活水平。

受东南亚原油管道有限公司委托,青岛港委派专业技术团队参与马德岛原油码头的建设和运营管理。自 2009 年 8 月马德岛原油码头工程开始建设至码头工程建成,青岛港选派工程建设、运营管理等技术骨干为马德岛码头建设提供技术支持。2015 年 2 月,青岛港委派技术团队完成马德岛首船投油靠泊作业。2015 年 8 月,双方签署合作协议,委托青岛港派遣 50 名专业技术人员负责马德岛港 30 万吨级原油码头包含卸船、引航、拖轮等在内的码头运营管理服务。2017 年 4 月,马德岛 30 万吨原油码头正式投入运营。

(八)越南西贡国际码头工程(SITV)

西贡国际码头工程由中国香港和记黄埔集团投资,位于越南巴地——头顿省富美第一工业区,为一座集装箱专用码头,拥有两个 8 万吨级泊位,及约 30 万平方米的集装箱堆场。该工程是胡志明港外迁的主要目的港,对越南南部经济发展有重大意义。

整个建设项目分为三个标段,第一标为码头、疏浚和围垦工程;第二标为路面工程和服务工程;第三标是房建工程。全部三个标段都由中国港湾总承包,由二航局三公司承建。项目设计及咨询公司为越南当地的 PORTCOAST 公司,项目合同总金额为 1.67 亿美元,主要建设内容包括 729.92 米长、47.7 米宽的码头平台一座,码头为直接接岸的高桩梁板式结构;港池疏浚 96 万立方米,30 万平方米堆场围垦及软基处理,包括清表、土工布铺设、回填砂、塑排板打设、水泥深层搅拌桩及真空堆载联合预压处理等;堆场及房建设施包括水电管网,路基路面等集装箱堆场设施,以及行政大楼、维修车间、海关检查大楼等房建设施。

工程于 2007 年 12 月 31 日开工,2011 年 7 月 31 日全部交工,比合同工期提前 8 个月完成,受到各界广泛好评,并荣获国家优质工程奖(海外)银奖。

(九)马来西亚民都鲁码头防波堤项目

马来西亚民都鲁码头防波堤及附属工程一期工程位于马来西亚沙捞越州民都鲁沙玛拉祖港区。工程主要包括马来西亚民都鲁码头和防波堤及附属工程两部分,工程总造价 6.17 亿马币(约等于 11.72 亿人民币),合同工期 27 个月。中国交建旗下中国港湾作为项目施工总承包单位,三航局主要承担施工任务。项目于 2014 年 1 月正式开工,2016 年底竣工。

散货码头共四个泊位,总长度 907.2 米,外加两座连接桥。其中 1 号、2 号和 3 号泊位平台长度 678.6 米、宽度 41.7～44.35 米,4 号泊位长度 228.6 米、宽度 35.35～41.8 米,连接桥分别为:长度 64.6 米、宽度 26.1～50 米,长度 37.8 米、宽 12.9 米。码头平台均采用高桩梁板结构,桩基采用 $\phi 800$ 毫米、$\phi 1000$ 毫米 PHC 桩,桩长 29～57 米,每榀排架布置 6～8 根桩。上部结构采用现浇横梁、预制纵向梁、预制面板和现浇面层的形式,码头前沿水深为 13.5 米。码头设施主要有系船柱、橡胶护舷、钢轨等。码头主要工程量为 PHC 桩 858 根、灌注桩 59 根、预制构件混凝土 8500 方、现浇混凝土 40000 方、各类梁、板安装 5398 件。

防波堤及附属工程包括南、北两条抛石堤及附属的防波堤标志、通道台阶等工程内容。其中南抛石堤长约 1590 米,堤顶高程 6.0～8.25 米,堤顶宽度 3.6～8.4 米不等。北抛石堤长约 1460 米,堤顶高程 6.75～8.25 米,堤顶宽度 3.65～8.4 米不等。

该工程是马来西亚东马地区最大的水工码头泊位,提升了东马港口的吞吐能力,必将为沙玛拉祖工业区的发展及整个民都鲁地区的经济建设作出贡献。其次,该工程在最终成果、施工过程管理、技术质量管理等方面取得了显著成绩,业主、咨工等相关单位均对工程质量明确表示满意,并希望对以后的二期工程继续合作。该工程不仅提升了中国交建海外的品牌知名度和形象,同时为其扎根东马基建市场打下良好基础。

(十)沙特达曼港第二集装箱码头一期工程

沙特达曼港第二集装箱码头一期工程项目位于沙特东部省达曼市阿卜杜勒阿齐兹国王港港区内,该港濒临波斯湾西侧,近巴林岛西北端,是波斯湾最大及沙特第二大港口。该项目为整体规划的一期工程,主要工作内容包括一期工程的设计 700 米重力式码头岸线施工,总长约 800 米的护岸施工,45 万平方米后方陆域吹填和地基处理,40 万平方米集装箱堆场、RTG 跑道和交通道路施工,以及总长约 25000 米的供电、给水、排水、污水和消防等管网系统施工,另外还包括行政管理楼、候工楼、海关楼、码头办公室、铁路办公室、拆装箱库、冷库、危险品库、机修车间、开敞罩棚、加油站、消防泵房、污水处理站、进出口大门、冷藏箱平台等18栋房建单体和设施的修建。一期工程建成后可靠泊15万吨超巴拿马集装箱船,并具备年吞吐量90万TEU的能力。

项目为EPC总承包合同,合同金额为1.8亿美元,项目业主为沙特环球港务公司(新加坡国际港务集团与沙特的合资公司),咨工为AECOM阿拉伯公司。总承包商为中国港湾,承建商包括二航局、广航局和水规院。项目实施模式为中国港湾全权委托二航局实行总包项目实施。

该工程2012年7月开工,2015年3月完工投入使用,施工质量达到国际先进水平,先后荣获2016年"全国建设工程优秀项目管理评比"二等奖,2017年度工程建设项目优秀设计成果一等奖、2017年度中国交通建设股份有限公司优质工程奖、第十六届中国土木工程詹天佑奖。该工程是达曼港第二大集装箱码头,工程建成后,将更好地满足港口快速发展需求,对沙特及周边地区经济发展具有重要推动作用。

(十一)墨西哥曼萨尼约集装箱码头一期1A阶段工程

该项目位于墨西哥城西侧800千米的太平洋海岸城市曼萨尼约,工程处于曼萨尼约港的人工半岛上,人工半岛采用港池、航道疏浚土吹填形成,人工半岛约2千米长、500米宽,紧临港池和航道,原为覆盖红树林的浅水区域。

该工程是到2014年止墨西哥最大的港口码头工程,也是中国交建在墨西哥第一个EPC总承包项目。工程分为水工码头、后方道路堆场、后方房建、后方铁路以及相应的水电、通信、消防等系统工程。项目EPC总包为中国港湾,设计为三航院,施工为三航局。项目合同总价14.2亿元人民币,于2011年9月15日开工建设,工期718天。

工程建设2个18万DWT集装箱泊位,码头采用高桩梁板结构,总长720米,总宽35.48米。通过码头后方的大堤与后方场地连接成整体结构。码头面设计高程3.50米,码头前沿设计泥面高程16.0米。陆域形成面积387425平方米。道路总面积为88124平方米,集装箱堆场总面积为38060平方米(包括箱脚、填档区、跑道区),联锁块敷设场地76960平方米,沥青混凝土结构面层38951平方米。建构筑物面积合计约5500平方米。铁路为场内铁路,设置4股车道,局部6股车道,铁路长度合计3642米,占地面积20145平方米。工程历时2年建设,提前1个月交付业主使用。2013年8月5日,码头顺利靠泊丹麦籍万吨集装箱船。

(十二)古巴圣地亚哥港多用途码头项目

古巴圣地亚哥港多用途码头项目位于古巴第二大城市圣地亚哥市,古巴圣地亚哥海湾,在雅拉佑河口西侧。2014 年 2 月,古巴 ASPORT 公司与中国交建签署了该项目 EPC 商务合同,合同额 1.2 亿美元,总工期 36 个月。中国交建旗下的中国港湾为项目 EPC 总承包单位,三航局为施工总承包单位。该项目于 2016 年 6 月 1 日开工,2019 年 1 月 19 日正式开启试运营,是中国企业在古巴的首个工程类项目。

项目规模为建设 1 个 20000~40000 吨多用途泊位,泊位长度 231.15 米,主要工程包括护坡、堆场、道路、铁路、房建及配套建设供电照明、给排水、消防、通信、自控等设施。该项目的开港仪式具有重要的里程碑意义,为"一带一路"合作画下浓墨重彩的一笔,是双方共同的合作意愿和良好合作的基础,为将来双边关系的发展与深化提供巨大空间和广阔前景。

项目建设中,建设团队先后克服诸多不定因素,以良好的信誉获得业主的认可,树立了中交人的品牌工程。

攻坚沉桩,打赢项目开工战。2016 年初,古巴项目部开始进场施工,开工伊始,最困难的节点就是 140 根桩基的施工,项目桩基部分均采用直径 1.2 米,长度 17~25 米的钢管桩。项目所处位置的圣地亚哥港已经有了 500 多年的开港历史,码头部分年久失修,加上新建码头位置位于城市河流入海口,设计沉桩区域的地表全部被淤泥覆盖,项目部经过详细的地质勘探,多次试验,采用堆土挤淤法将地表清淤,沉桩前先进行旋挖钻引孔,再进行陆上沉桩施打。

完成施工场地"清表"工作后,在国内港口施工的机械设备在古巴热带水域却遭遇了"水土不服",打桩机在高温、高强度作业情况下出现脱焊现象,机器频繁损坏,而且加上古巴当地工业生产能力较弱,设备零部件只能靠国内采购运输到工地,打桩进度受到严重影响。项目部一边科学维护使用机械设备,一边科学安排施工进度,面对"维修空窗期",穿插进行预埋护筒、移动电箱、移动液压振动锤等分项安装和施工工作,确保整体施工进度稳步推进。

2016 年 10 月初,稳定推进的桩基施工再次遇到超强飓风"马修"的威胁,为确保安全生产,项目部立即启动应急方案,连夜转移办公设施和工程资料,固定现场机械设备,安顿好现场后,迅速转移施工人员。超强飓风"马修"造成了海地 1000 多人伤亡,古巴关塔那摩省和巴拉克瓦省 90% 的居民住宅损坏,美国佛罗里达州至少 27 人伤亡,数百亿美元的财产损失,但是项目部的抗灾举措却经受住了考验,做到了零伤亡,而且飓风过后,项目部在两天的时间内恢复了生产完成了最后 7 根桩的沉桩作业。

提质增效,科学铺排项目进度。项目部充分利用中国工人的灵活性和技术方面的优势,利用当地工人身强力壮的特点,使中国工人和当地工人有机结合起到取长补短的效果,通过中国工人的指引和现场工程师的管理,使当地工人逐渐跟上节奏。

交融天下,"建"证中古友谊。该项目所在的圣地亚哥,是一座"革命的城市、英雄的城市"，建设者们也一直秉持"履行国企责任，建好中古友谊工程"的信念，诚信履约保障项目的稳步推进，建设过程中也做出了很多事迹，得到了中古两国民众及官员的高度认可。

2018年3月中国驻古巴大使陈曦在视察工程项目时表示："圣地亚哥港项目对促进中古经济交流、引领中古关系在高水平上运行有着重要意义。"2018年7月，在项目主体工程完工之际，古巴新当选的国务委员会主席迪亚斯·卡内尔视察项目部，卡内尔视察项目后，对项目的质量和进展表示满意。卡内尔详细询问了中方员工在古巴的生活和工作情况，对项目部全体员工的辛勤工作表示衷心感谢。

如今伴随着新码头的投产，古巴的蔗糖、烟草、镍矿、水果及朗姆酒源源不断走向世界各地，这座拥有500多年历史的古巴港口城市踏上了新的发展征程。

（十三）阿尔及利亚奥兰军港项目

阿尔及利亚奥兰军港是1830年法国在此处分阶段建造的大型军港，是法国历史上重要的海军据点之一。经历两次世界大战后，该港受到一定程度的破坏，1962年阿尔及利亚宣告独立，1967年法国政府将军港租借权还给阿尔及利亚政府。2006年，阿尔及利亚国防部开始全面展开对该港防波堤和码头的修缮工作。

2007年至2018年期间，修缮工程先后由中国交建所属中国港湾总承包、三航局承建，工程分为北防波堤加固工程、东防波堤加固工程和海军基地码头加固工程，三个工程合同额共约1.96亿美元。加固工程所处区域处于阿尔及利亚北部沿海地区，属亚热带地中海式气候，项目区域最大水深30米，属深水防波堤，每年11月至次年4月为风浪季节，施工期浪高可达7米左右，100年一遇的最大波高可达10米且风向风速变化较大，海况条件恶劣，作业天数少、水深、技术要求高，施工难度极大。

2007—2010年期间三航局完成北防波堤加固工程，包括堤头及堤身工程抛石、60吨BCR混凝土块体预制及安装、突堤加固、路面钢筋混凝土等项目施工。其中堤头加固工程60吨BCR混凝土块体设计工程量为1470块。阿方多次致信肯定该项目的施工管理水平，为后续的东防波堤加工工程议标成功奠定基础。

2010年至2014年期间完成的东防波堤加固工程施工内容分为两部分：堤身外部加固、堤身内部加固。堤身加固工程及新增附加工程，主要包括堤头及堤身工程抛石、护面块体预制及安装、突堤加固（新增工程）、路面混凝土及直堤桥面板预制和安装（新增工程）等项目施工，防波堤修复段总长1.75千米，水深30~40米。该工程总体施工质量得到阿方的直接肯定，因此阿尔及利亚总统和三军总司令还接见了项目经理郭伟立先生，再次肯定他和其团队的工作能力。该项目荣获中国交建优质工程奖。

2015年至2018年期间完成的海军基地码头加固工程，主要工程内容包括3个泊位的新建工程和 14 个泊位的修复工程。施工中项目部克服了无法直接使用的概念图纸、复杂海况及极端天气等诸多挑战,解决了新建码头中起重船吊臂无法在部分有顶棚的新建泊位区段内部直接吊装、旧码头区域水下复杂孔洞修复灌浆难度大等技术难题。该工程施工临时验收通过后,得到阿方的致信感谢。施工过程中,时任阿尔及利亚政府官员两次接见了项目经理陈开堤先生,肯定了他和其团队的工作能力,同时并表示有关基地内的其他码头建造项目希望继续与中国公司合作。

(十四)埃及塞德东港二期集装箱码头项目

塞德港位于埃及东北沿海苏伊士运河的北口,濒临地中海北岸,是埃及主要港口城市之一,也是世界最大转运港之一、埃及第二大港市、世界煤炭和石油储存港之一。它是澳、新地区及南亚与地中海各港之间的转口港,也是尼罗河三角洲东部所产棉花及稻谷的输出港,主要工业有造船、化工、鱼类冷冻及加工等。交通运输有铁路可通国内各主要城市,其距离首都开罗约 280 千米,地理位置重要。

中国港湾是在埃及获得港口工程建设合同的首家中国企业。2008 年 9 月,中港与苏伊士运河集装箱码头公司在开罗签约塞得东港二期集装箱码头项目。这是中国港湾首次以 EPC 总承包方式在埃及承揽海事工程项目,合同额 2.2 亿美元,于 2011 年 7 月完工。工程建设 4 个 15 万吨级集装箱泊位,码头岸线总长 1200 米,前沿设计底高程 17.5 米(预留远期疏浚至 18.5 米)。

该项目为中港品牌开拓埃及市场奠定了良好的开局。2018 年 3 月,中港中标苏赫纳第二集装箱码头项目,合同额为 1.18 亿美元,合同工期为 18 个月,成为中国公司参与埃及海港建设的重大突破。

(十五)安哥拉洛比托港扩建项目

安哥拉洛比托港位于安哥拉西海岸的中部,是安哥拉南部的主要港口之一,为非洲大西洋岸最好的天然良港之一,也是刚果(金)和赞比亚部分物资的中转港。安哥拉洛比托港扩建项目属于 EPC 总包合同,由中国港湾总承包、四航院有限公司设计、四航局负责施工,是一个边设计边施工的项目,包括两个码头及其后方堆场,一个是集装箱码头,泊位长 414 米,为高桩梁板式结构,后方堆场(包括旱码头堆场)面积为 226076 平方米;另一个是矿石码头,泊位长 310 米,沉箱为基础的重力式结构,后方堆场面积为 160946 平方米。四航局与中国港湾签订的施工合同总额为 5.01 亿美元,施工内容包括堆场与道路、房建、排水、给水及消防、电力、控制、通讯及导航、暖通工程及后续增加的铁路专用线等。整个扩建项目从 2008 年 12 月开始施工,2010 年 5 月因资金问题停工,至 2011 年 8 月开始复工,2013 年 10 月 25 日完工,2013 年 12 月 11 日正式移交。安哥拉洛比托项目荣获 2016—

2017 年度"国际优质工程奖"。

项目实施过程中,工作团队推行全面项目管理,不断推进工程创新及新技术应用,并取得显著效果:非洲首例大型沉箱预制、出运、安装工艺;采用钢管桩管节国内制作,整桩现场拼接工艺,在保证钢管桩拼接环缝质量的前提下,有效解决洛比托港无法装卸 64 米超长钢管桩的难题,大大降低了钢管桩远洋运输综合成本;桩间距仅 150 毫米的密排钢管桩沉桩施工,通过调整桩船方位,制作专业替打,采用抱桩器定位和导向,GPS 卫星定位结合多台陆上全站仪、经纬仪校核,有效确保沉桩精度;集装箱码头现浇梁格采用全陆上现浇工艺,与预制安装工艺相比,码头整体性好,施工效率高,无须起重船等大型船机,节省了成本。

(十六)赤道几内亚巴塔港扩改建项目

巴塔港始建于 20 世纪 60 年代末,老码头长 333.5 米、宽 35 米,南北走向共有 4 个泊位,据相关统计资料,该港 2005 年全年货物吞吐量仅仅为约 65 万吨,因年久失修,旧港口破损严重,码头安全隐患多,且由于老码头没有现代化的大型装卸设备,装卸效率低,压船现象比较严重。巴塔港扩改建工程建成后大大提高了港口的靠泊数量,设计年货物吞吐量达到 600 万吨,年集装箱吞吐量达到 25 万 TEU,实现了大吨位船舶靠港功能,自动化作业提高了港口的装卸和运输效率,解决了当地货物进出口的需求,进而推动了赤道几内亚(以下简称"赤几")的经济发展。

巴塔港扩改建项目为 EPC 总承包项目,资金来源为中国进出口银行贷款及赤几自筹。该项目由中国路桥工程有限责任公司(以下简称"中国路桥")承包建设、一航院设计,一航局有限公司施工分包。

工程设计施工采用中国标准,大型设备兼顾欧洲标准。业主单位为赤几项目办、工程部、财政部,监理单位为加拿大 LAVALIN 公司。

该项目合同额 606322513 欧元,2009 年 2 月 3 日开工,2016 年 7 月 30 日竣工;2016年 11 月 16 日,由项目办、工程部、LAVALIN 监理公司、港务局和中国路桥 5 方签署巴塔港竣工初验技术报告,2018 年 12 月 22 日业主颁发了终验技术报告。

该工程位于中非西部的赤几巴塔市,工程内容主要包括新建防波堤长 2433 米;新建14.5 米码头 580 延米、12.0 米码头 630 延米,码头采用重力沉箱式;港池、航道、码头及防波堤的基槽挖泥,港机设备总计 56 台,增配 2 条 3200 马力拖轮及 1 艘引航艇;房屋建筑、道路、堆场;变电所、供水调节站、污水处理等设施;港区内外围墙、大门;新建港口的供电、照明、给排水、消防、通信、控制及计算机管理系统;环境保护措施、安全卫生设施、气象观测站、水文观测站;为赤几方提供中国国内、赤几当地的服务和培训等。

巴塔港码头均采用重力式沉箱结构,全港共有各类货船和成品油轮泊位累计 17 个:

其中,14.5 米通用码头全长 570.5 米、宽 163.65 米,共 5 个泊位(2 个 5 万吨泊位,2 个 3.5 万吨泊位,以及 1 个位于端头的 1 万吨泊位),码头上配备 4 台 40 吨门座式起重机,2 台 16 吨门座式起重机,及 1 台 50 吨的汽车式起重机、– 12 米通用码头全长 626.55 米、宽 150.9 米,共 6 个泊位(其中 2 个 2 万吨泊位,4 个 1.5 万吨泊位),码头上配备 2 台 16 吨门座式起重机,4 台 10 吨门座式起重机,在码头南端两侧分别设置了斜坡道,以适应客货滚装船作业的需要。

由 SOMAGCE 中方公司承建的 10 米顺岸式通用码头全长 874 米,共 5 个 1 万吨泊位,码头未配置装修设备。8 米凸堤式成品油码头全长 95 米,共 1 个泊位。

此外,巴塔港内由 SOMAGEC 中文公司承建的海军司令部专用小港池内有 8 米泊位 1 个,6 米泊位 1 个,5 米泊位 1 个和 4 米滚装船泊位 1 个,设计停靠各类小型海军舰艇及港作拖轮。

防波堤分为西、南两段,呈"L"型布置,总长 2433 米。防波堤采用斜坡抛石堤结构,护面采用 3 ~ 5 吨的人工块体进行防护。堤顶设置行车道,路面宽度为 19 米,外侧为防浪墙。陆域工程总面积约 32.4 万平方米,各类建筑物总建筑面积约 2.2 万平方米。

主要工程量:基槽挖泥 252.8 万立方米,抛石 900 多万立方米,沉箱预制、安装 103 个,箱内回填 45.2 万立方米,现浇胸墙 2.8 万立方米,联锁块铺设 37.9 万平方米,钢轨安装 3879 米,橡胶护舷安装 105 个,级配碎石 180800 平方米,水稳层 180800 平方米,沥青路面 3.24 万平方米,扭王字块预制、安装 32239 块,栅栏板预制、安装 3355 块,混凝土挡浪墙 37934 立方米,仓库、房屋建筑总面积约 2.2 万平方米,老码头钢管桩拆除 270 根,边梁破碎锤破碎 88 根。

赤几巴塔港扩改建工程共划分为 39 个单位工程,其中水运工程 4 项、道路堆场 7 项、房建工程 22 项、系统设备工程 6 项,均评定为合格。其中原材料共检测 2083 批次,全部合格。码头工程混凝土均方差为 1.83。工作团队严格按照相关规范及图纸要求,设置沉降位移观测点,其中 2 万吨码头共布置 65 个沉降观测点,5 万吨码头共布置 47 个沉降观测点,防波堤共布置 15 个沉降观测点,定期进行沉降位移观测。观测期间,码头和防波堤结构未出现较大的不均匀沉降和位移,施工期间未发生任何质量事故和安全、环保事故。

该工程获得 2016 年度中国路桥优质工程奖、2014 年度中交一航局优质工程奖、质量控制 QC 小组获天津市 2014 年优秀质量管理小组称号、2018 年度获得中交优质工程奖。

工程为赤几最大的水工项目,也是中国在海外市场少有的单体造价较大的工程项目,建成后将成为赤几最大的港口集散地,工程大大提高了赤几的靠泊数量,同时满足了对大吨位船舶靠港的需求,港口机械自动化作业极大提高了港口的装卸和运输效率,解决了赤几当地快速增长的货物进出口的需求,进而推动了当地的经济发展。

工程受到了国内外领导的高度重视,建设期间赤几总统奥比昂 18 次到项目进行巡视,对工程进度和质量十分满意,并盛赞中国路桥项目部施工的巴塔港扩建工程项目是"龙的工程",中国驻赤几大使赵宏声称赞巴塔港扩改建工程是中资企业在赤几建筑领域的"标志性品牌和名片",为公司站稳非洲市场打下了坚定基础。

(十七)喀麦隆克里比深水港一期工程

克里比深水港位于喀麦隆南部海域。喀政府在20世纪80年代就提出了克里比深水港的建设计划,直到喀麦隆完成经济结构调整,该项目才于2008年真正开始启动,由中国港湾通过EPC模式建设。克里比深水港一期工程由中国港湾承建,四航局、广航局等参建,2010年12月27日正式动工。项目一期合同金额4.97亿美元,85%为中国进出口银行优惠贷款,15%由喀麦隆政府出资。项目一期工程包括1个多用途码头和1个集装箱码头。该项目是喀麦隆首个大型深水港口,中国港湾在设计先行原则的指引下,经过对喀麦隆国家的进出口贸易市场需求的调研和对未来市场空间的预判,最终设计建造的集装箱码头年吞吐能力可达70万TEU,散杂货吞吐能力可达120万吨。2014年6月一期工程项目竣工,项目建成后,码头最大沉降及位移观测符合技术规范要求,码头结构稳定,附属设施使用功能正常,充分体现了中国港湾过硬的技术水平,得到了业界一致认可及好评。项目的疏浚工程由广航局承担,工程量约218万立方米,土质较为坚硬,为实施该工程,广航局投入了200立方米抓斗"东祥"、具有凿岩功能的18立方米抓斗"金建"、2000立方米自航驳"津航驳53"、1000立方米自航驳"津航驳50""进取1""开拓9"、3500立方米非自航驳"驳3502"、拖轮"山阳丸",克服了当地社会发展水平落后、卫生条件差、疾病盛行等不利因素,合理使用"东祥"高效开挖,"金建"下锚开挖外航道及凿岩功能,顺利对较硬岩层实施炸礁,最终在2014年2月份完成施工和竣工验收测量。

一期工程项目合同条件是由国际咨询工程师联合协会编写的EPC项目的FIDIC条款。喀麦隆政府认同欧美标准,并不了解中国规范及标准。为推动中国标准落地生根,中国港湾在设计报批阶段和施工阶段做了大量的前期文档工作,将准备采用的中国标准做了相应翻译,并就一些重要内容与欧美标准进行比较说明,加强沟通;同时中国港湾还聘请了法国的Atelia公司做设计咨询,保证了设计的顺利报批和施工的有序进行。经过长期的努力,业主及咨询工程师认同和接受了中国标准。喀麦隆克里比深水港一期工程项目全面采用中国规范,对中国规范在喀麦隆以及中非地区国家的推广奠定了基础,也为后续实施的高速公路项目和深水港二期工程继续采用中国标准创造了有利条件。

一期工程项目施工期间,中国港湾积极探索属地化管理方式,重视人力资源本土化的管理理念,聘用大量当地劳工,为喀麦隆政府提供了大量就业机会,在提高当地劳工的职业技能的同时极大地节约了成本,同时也为接下来的克里比疏港高速一期工程项目和克里比深水港二期工程项目储备了大量的当地专业技术人员,提升了属地化管理水平,实现了人力资源的优化配置。

此外,考虑到克里比地处非洲西海岸几内亚湾沿岸地区,全年高温、多雨,属于热带雨林气候,是疟疾、伤寒等热带疾病的重症灾区,中国港湾通过一系列措施,全力加强现场作业人员的职业健康管理工作。为改善现场施工条件,中国港湾在施工过程中自购四辆水车,每天对施工现场施工路段晒水从而降低扬尘;要求采购具有防噪音设施的大型设备,并且在施工噪音大的分项工程发放噪音耳塞,以保护员工施工安全。

中国港湾在项目建设之初,就编制了《喀麦隆克里比深水港码头环境保护方案》,并根据此方案编制了《垃圾处理机制》《施工现场余料回收机制》等配套制度。此外为了更好地推动当地生态环境的可持续发展,中国港湾聘请了专业化的环境评估公司,在施工完成之后,对开采区进行自然放坡,并在表层铺上一米左右的腐殖土,同时撒上植物种子,保护好开采区的生态平衡。

建成后的克里比深水港是喀麦隆国内最大的港口,在整个中非区域乃至几内亚湾的航运中转、货物流通、进出口贸易中发挥着重要作用。一期工程项目的成功实施后,中国港湾与法国博洛雷集团、达飞海运集团组成的联合体正式中标克里比深水港集装箱泊位25年特许经营权,这也是中国港湾第一次在非洲实现项目建营一体化,实现了历史性突破,将极大地带动港口后方配套基础设施建设,为喀麦隆经济发展提供不竭动力。过硬的工程质量和真挚的人文情怀,不仅让中国港湾赢得了喀麦隆人民的信任和支持,使中国港湾自身又承建了喀麦隆克里比—罗拉贝(Kribi – Lolabe)疏港高速公路工程和喀麦隆克里比深水港二期工程等大型基建项目,同时还带动了众多合作单位到海外拓展业务,真正实现了利益相关方合作共赢,推动经济可持续发展。

(十八)几内亚科纳克里集装箱码头工程

由中国港湾总承包、四航局参建的几内亚科纳克里集装箱码头扩建项目于2012年12月6日正式开工,主要施工内容为新建300米长集装箱码头岸线,门机后轨道梁施工、码头系泊设施安装,基床、港池疏浚等。码头工程主体结构施工包括旧码头25米×35米区域、340米长码头、码头前沿、码头后方45米铺面区域及对应海关墙和护岸施工。

2014年11月17日,几内亚共和国总统阿尔法·孔戴出席科纳克里港集装箱码头扩建项目竣工仪式,并为项目落成剪彩。仪式上,孔戴给科纳克里项目代表颁发了"优质工程"证书和"健康、安全、环境HSE管理250万安全工时"奖牌,并在致辞中给项目建设团队较高评价。他指出,中方承建的项目质量优良、整体表现卓越,尤其是中方建设者在埃博拉病毒爆发期间仍坚守几内亚,并加大人员和设备投入,保证了项目成功实施,有利于几内亚政治稳定、经济发展及招商引资。他强调,该项目的顺利实施,进一步加深了中几两国友谊,希望与中方在交通基础设施领域开展更加广泛的合作。

几内亚与国外 90% 的贸易交往均通过科纳克里港口实现,港口年收入占到国家预算的 40% 。该项目的落成运营,将进一步巩固科纳克里港西非集装箱枢纽港地位,对提升几内亚港口竞争力、加快国民经济整体发展具有重要意义。

(十九)加纳特马新集装箱码头工程

特马港是加纳第一大港,承担了加纳 80% 以上的港口物流,与首都阿克拉相距 26 千米,是西非重要的货物集散地和枢纽港。2015 年马士基集团与加纳交通部签订特马港扩建项目协议,获得 35 年特许经营权。中国港湾于 2015 年 3 月参与了 MPS 组织的特马新集装箱码头项目投标。经过多轮报价澄清,2016 年 6 月,中国港湾从 7 个参与竞标的公司中胜出,收到业主正式受标函。2016 年 9 月 16 日,中国港湾与业主签署了合同,承建由世界航运业巨头马士基集团及港口顶级运营公司法国波洛莱集团投资新建的加纳特马新集装箱码头,将在特马新建 4 个 15 万吨级集装箱码头泊位、3558 米防波堤及近 130 万平方米的陆域吹填及相关疏浚工程。合同额约 4.76 亿美元,工期 51 个月。2016 年 11 月 16 日项目正式开工,中国港湾为项目总承包商。

2017 年 7 月 10 日,加纳特马新集装箱码头工程首件 ACCROPODE™ II 型护面块体成功安装。该工程 ACCROPODE™ II 型护面块体为法国 CLI 公司专利产品,根据合同和 CLI 公司专利技术要求,ACCROPODE™ II 护面块体从预制的模板加工、预制混凝土的施工过程、质量验收均需要得到业主、咨工、CLI 专利公司的全过程见证和评定确认。同时护面块体安装必须有精确的定位和安装完成后的姿态记录,因此对安装的坡面的埋坡精度以及安装过程中对护面块体的位置和姿态的实时监控要求极高,而且安装结果需要通过第三方认证或者专利公司 CLI 的认证,施工实施和验收都面临严格的要求和考验。为此施工方案阶段确定了采用 Echoscope 实时声呐成像 + 天宝 GPS 实时定位的监测安装技术,该联合技术在中交四航局及中国港湾的施工领域尚属首例。为保证安装顺利进行,四航局和中国港湾加纳特马新集装箱码头工程项目总经部高度重视,四航局局领导和专家亲自参加块体安装典型施工会议并深入讨论安装时可能遇到的困难并指导制定解决方案。在 Echoscope 设备调试过程中,供应商工程师因档期临时改变无法到达现场的情况下,项目部技术部门勇于担当,运用合同条款中的电话服务选项,配合 Echoscope 专家远程操控进行设备调试,最终使设备成功、精确运转。通过不断地摸索与改进后,终于成功安装了首件定位精确、姿态正确的可以满足专利公司 CLI 的安装要求,并得到业主和咨工一致认可的 ACCROPODE™ II 型护面块体。ACCROPODE™ II 型护面块体的成功安装不仅标志着先进技术的成功应用,同时标志着防波堤工区所有施工工序全部开始,从而为防波堤工区的节点工期奠定基础,也为提供码头工区的水上作业全面掩护提供保障。

2017 年 10 月,加纳特马新集装箱码头工程项目总经理部提前 3 个月将 6 万平方米堆场陆域移交给业主使用。该区域的移交,为后续进行房建施工提供了有力保障,获得了业主 MPS 和咨工 AECOM 的一致好评。在陆域吹填施工中,总经部施工二部通过引进大型荷兰耙吸船,加快了陆域吹填的速度;施工一部经过多次现场实验,对比强夯工艺不同夯能级的工效及对比振冲工艺与强夯工艺的工效,最终采用高能级替代低能级、部分强夯施工区域转为振冲施工的方法,合理组织施工,扭转了 section1 陆域形成一度滞后的局面。该区域成功移交是总面积为 32.24 万平方米的 section1 堆场陆域陆续移交的第一步,也是总经部第一个提前移交的分项。该节点提前完成,为剩余堆场陆域的移交提供了经验,同时也极大地鼓舞了士气,增强了业主和咨工对中国港湾高效优质履约的信心。

加纳特马港以容纳先进的港口装卸设备和大型船舶,旨在未来一百年内,提供世界级的港口基础设施和服务,成为西部非洲重要的海运枢纽为建设目的。扩建后的特马港集装箱吞吐能力将大大提高,对于扩大西非国家间贸易、推动当地经济社会发展具有重要意义。从 2016 年 11 月开工以来,为当地提供了 1000 多个就业岗位,间接带动相关产业超过 4000 人就业,并为当地培养大批专业技术人员,提高行业整体水平。

二、航道工程

(一)俄罗斯圣彼得堡布朗克港口疏浚项目

俄罗斯布朗克(Bronka)航道与港池疏浚工程是中国疏浚企业在欧洲承揽的第一个疏浚工程,从根本上结束了圣彼得堡港依靠大船过驳装卸货物的历史,对提升圣彼得堡港的吞吐能力具有里程碑意义。项目业主为 Closed Joint Stock Company"Balt Stroy",总包单位为中国交建,天航局进行项目的管理和施工。该工程包括航道、港池、2 号泊位、油码头泊位疏浚,疏浚土全部外抛至业主指定抛泥区,合同工程量为 1382 万立方米,工程总造价约 1.1 亿美元。投入船舶为自有船"通远"轮、"通旭"轮,外租船 Bernini(25 方反铲)、MP40(14 方反铲)、NORDIC(22 方反铲),以及分包船 Alexander Uvarov(750 型链斗)。为保证履约,还增加投入 2 条外租耙吸船。从 2015 年 4 月施工以来,天航局克服船舶超长距离调遣、工况复杂及整合五国疏浚资源等困难,至 2015 年 12 月提前 2 天完成施工任务,获得业主高度评价,成为中国交建践行国家"一带一路"倡议的典范。

(二)马来西亚砂拉越州民都鲁港航道维护疏浚工程

1992 年,上航局首次进入马来西亚,承担砂拉越州民都鲁港航道维护疏浚工程,同年还承担了丁加奴州色不让大吉海滩补沙吹填工程及雪兰莪州巴生港加埔电厂码头疏浚工程。1992 年,上航局在马来西亚成立经理部,此后上航局在马来西亚连年获得业务,先后承接了两个较大的疏浚工程。其一是沙巴州哥打京那巴鲁苏特拉港旅游地吹填与护岸工程,上航局历时一年半,吹填600万立方米,吹填面积160多万平方米,1995年完成。其二是洛高宜度假村填筑工程,由上航局全责总承包,工程包括围堰及石护岸近4000米,吹填沙量220万立方米。马来西亚沙巴州哥打基纳巴卢市丝绸港湾度假村吹填工程,是当时上航局承揽的大型围堤吹填工程,吹填面积达40万平方米,为上航局BT融资项目。马来西亚疏浚经理部1992—1994年创汇658.6万美元,营业收入2246.7万美元,营业利润27.3万美元,上航局在马来西亚的疏浚业务获得了突破性的发展。马来西亚项目的成功完成,使得上航局在东南亚一带产生了很大的影响,建立了信誉,并奠定了在东南亚疏浚市场的重要地位。

（三）巴基斯坦卡拉奇港水工和吹填综合项目

中国疏浚企业在海外承担的第一个自行设计总承包工程——巴基斯坦卡拉奇港水工和吹填综合项目。卡拉奇港是巴基斯坦最大的海港和最主要的外贸港口,承担了巴基斯坦65%的海运量。巴基斯坦深水集装箱港项目(PDWCP)位于卡拉奇现有港口西侧,由疏浚与吹填工程、防波堤工程和码头工程组成,主要包括约1.5千米长的港池疏浚,工程量约1515万立方米;约9.1千米长的进港航道疏浚,工程量约1723万立方米;防波堤和码头岸墙基础扫床疏浚,工程量约65万立方米;码头与堆场吹填,工程量约为800万立方米。该综合项目是为了解决卡拉奇港目前的运输瓶颈而组织实施的,其推进过程得到了巴基斯坦政府的高度重视和大力支持,完成后将会显著改善卡拉奇港现有的基础设施,极大提升卡拉奇港的运输能力,有力促进当地经济发展。在施工中,面对海浪大、堤心被冲垮等困难,中国水利电力对外公司工程人员不惧困难,迎头赶上,根据当地的工程特点,设计应对方案,最终克服困难,在项目合同期内圆满竣工,获得巴方业主的高度评价。

（四）沙特扎瓦尔港口项目疏浚工程

扎瓦尔港口工程EPC项目主要施工内容包括3个7万吨级重力式泊位和1个7千吨级工作船泊位;配套工程包括4500万立方米疏浚、护岸、防波堤、港区内道路、堆场、消防、通信、供电、照明、供水、排水、排污、灌溉、安保设施及26个房建单体建筑。

2008年2月,广航局承建的沙特扎瓦尔港建设疏浚吹填工程开工。该工程项目基建疏浚约4500万立方米,吹填造地约3000万立方米,是广航局在中东中标的首个大型综合性项目,也是中交疏浚企业进入中东实施的首个大型工程。广航局投入了"恒龙""力龙""广州号""芭坦安耐""金雄""金建""五祥"等多艘不同船型的挖泥船参与建设。

自2011年2月投入运营以来,该工程项目运行良好,码头吞吐能力逐年提高,货运量日益增长,在两年内跻身沙特第三大工业港行列,取得了较好的社会效益和经济效益。该项目竣工交付使用时,各项技术指标均达到设计要求,设计、监理、建设、使用单位和投资方对工程质量均表示非常满意。扎瓦尔工程项目的顺利实施,标志着中国疏浚企业正式打破了欧洲疏浚公司对中东疏浚市场的垄断局面,为广航局、中国港湾、中国交建在中东地区后续市场开发奠定了坚实基础。

(五)纳米比亚鲸湾港油码头港池航道疏浚项目

纳米比亚鲸湾港油码头项目为航道及港池疏浚工程,由广航局与天航局共同完成,该工程在纳米比亚新集装箱码头项目的基础上进一步巩固了中国企业在纳米比亚市场。项目业主为纳米比亚矿业和能源部,由中国港湾总包,由广航局与天航局共同实施。工程于2015年6月试挖开工,主要施工内容是港池及航道,包括港池疏浚、泊位疏浚和航道疏浚三部分。疏浚总量约1100万立方米,工期约为20个月。项目土质以7级砂、密实砂为主,且施工区存在硫化氢。天航局施工前已对"通力"轮进行硫化氢防护改造及设备安装,并聘请新加坡罗力士公司提供技术服务。为确保"通力"轮的正常施工,天航局为之安装了11个硫化氢防护报警点,配备了36套防护设备、9套救助备用设备,并安排专业工程师驻船培训和组织演练。

广航局在纳米比亚新集装箱码头施工经验的基础上,进一步完善了抓斗船"金建"轮硫化氢安全防护方案,天航局施工前已对"通力"轮进行硫化氢防护改造及设备安装,并聘请新加坡罗力士公司提供技术服务,共同实现了项目在高危环境下生产安全可控。为确保船舶正常施工,广航局及天航局为船舶安装多个硫化氢防护报警点,配备了防护设备及救助备用设备,并安排专业工程师驻船培训和组织演练。鲸湾港油码头项目使中国企业在南部非洲进一步巩固了市场,为今后开展非洲业务进一步夯实了基础。

三、桥梁、海工与其他工程

(一)澳门国际机场人工岛工程

澳门国际机场始建于1989年,是采用人工填海方式建成的,为世界上完全建筑在海上的第二个机场,是20世纪90年代亚洲最大的工程之一。其中,人工岛工程更是整个澳门机场建设的重中之重。澳门国际机场位于澳门凼仔岛——路环岛东侧开敞海域,是中国第一座海上人工岛机场,也是澳门有史以来最大的建设项目,被称为1993年世界十大工程之一,工程总投资73亿澳元。整个工程分航站区、人工岛跑道和联络桥三大主体部分。澳门国际机场人工岛主要工程为机场人工岛、北堤填海、堤坝等。

澳门国际机场在建造的过程中,最重要的工作便是填海,整个填海的地段从空中俯瞰呈条状,填筑工程位于澳门凼仔岛与路环岛以东的海域,人工岛西护岸的北南两端分别距凼仔岛和路环岛700米和300米,人工岛设计长3590米,南端宽397米,北端宽269米。

工程从 1992 年 1 月开工起,要求在 42 个月内完成,由中国港湾总承包,由三航院负责设计,参与施工的单位有广航局和第一、三、四航局。其中,广航局承担的疏浚填筑工程合同价为 20 多亿澳门元。主要计划工程量为:基槽清淤 1979.47 万立方米,人工岛回填砂3366.16 万立方米,临时航道及存沙坑挖泥 589 万立方米,覆盖耕植土 26.88 万立方米,合计共达 5961.43 万立方米。工程的突出特点是:工程量大、施工难度大、工期紧迫、施工质量要求高。

填海之后工程需要进行地基加固,主要施工地区为澳门国际机场安全区与跑道区。跑道区采用强夯加固及插塑料排水板超载预压地基加固,安全区采用插塑料排水板超载预压地基加固。按照设计要求,加固地基采用多种先进的仪器设备进行检测,如孔隙水压力、深层沉降、沉降盘、测斜、十字板试验等多项检测项目,加固后的地基满足飞机场的设计要求。填海之后在上面建造了候机大楼、指挥塔、停机坪以及货运仓库等设施。在茫茫大海中填筑一个人工岛,修建大型国际机场,是技术难度极高的巨型工程。

澳门国际机场人工岛由砂石构筑而成,原海底泥面高程在 4.3～2.0 米(MCD,澳门海图基面)之间,岛的外围护岸长 7773 米,采用清淤换砂基础、堆石体结构形式;护岸内先行清淤,其中安全区清淤至 5.0 米,跑道及滑行道基槽清淤至 16.0～24.0 米,然后全部填砂,构成岛体,至岛面高程 4.8～8.0 米。人工岛岛面长 3590 米,其中北段长 1884 米、宽269 米,南段长 1706 米、宽 381.5 米。岛面中部铺设一条长 3381 米、宽 60 米的混凝土跑道,在南段靠近西护岸是一条长 1550 米、宽 44 米的混凝土滑行道。除跑道和滑行道之外的岛面称为安全区,表层要铺上一层厚 0.3 米、适合种草皮的耕植土。工程基槽清淤1966 万立方米,东西沙坑和临时航道清淤 600 万立方米,总清淤量达 2566 万立方米;抛填砂总量为 3366 万立方米。这一工程是 1992 年度中国企业在境外所承担的最大一项工程,该工程合同额达 52.38 亿澳门元,占整个澳门机场工程投资额的 3/4。

自 1995 年正式投入运营以来,澳门国际机场迅速地成为全球经济发展最快之地,也成为珠江三角洲与世界各地之间的重要桥梁。澳门毗邻生产厂房密集的珠海经济特区,且邻近海陆交通便利,如此得天独厚的地理位置,使澳门国际机场成为亚太地区理想的货运及速递中心。它是全球第二个、中国第一个完全由填海造陆建设而成的机场,规模仅次于日本大阪关西机场;也是澳门有史以来最宏大的工程,中资企业在境外总承包的最大规模工程,中国第一个在海上填筑人工岛作为机场跑道区的海事工程。

(二)马来西亚槟城二桥工程

马来西亚槟城第二跨海大桥(以下简称"槟城二桥")是中马两国政府间合作的项目,是马来西亚 20 年来最大的土建工程。该项目签约合同额 22 亿马币,业主为"槟城第二大桥私人有限公司"(JAMBATAN KEDUA SDN. BHD.),资金来源为中国政府优惠贷款及马来西亚政府财政拨款。合同开工日期为 2008 年 11 月 8 日,竣工日期为 2012 年 5 月 7 日。中国港湾以设计施工总承包方式承建第一标段海中主桥工程和引桥下部结构及基础工程,工作范围为主桥及桥面系、航行灯、主桥装饰灯、引桥基础及下部结构。

　　槟城二桥位于马来西亚西北部的槟城州,横跨槟城海峡南部水域,连接槟岛东南部的巴都茅和大陆侧威斯利省的巴都加湾,全长约 24 千米,其中海上桥长 16.9 千米,是东南亚最长的跨海桥梁,桥梁结构设计使用寿命为 120 年。项目建设规模巨大,总投资额 45 亿马来西亚令吉(约 14.5 亿美元),是“第九大马计划”的首要工程。桥梁设速度 80 千米/小时,分为双向 4 车道和双向摩托车道,平面线形采用“S”形曲线和两次起伏的立面线形,使大桥在景观效果和行车舒适性达到良好的效果。远处望去,大桥如同一条巨龙,蜿蜒横卧于蔚蓝大海之上。

　　槟城二桥项目,中国港湾承担的是整个工程施工难度最大的部分——水下基础施工和主桥施工。如水下基础采用混凝土管桩(PHC 桩)、钢管桩、钻孔灌注桩等形式,其中 PHC 桩需施打 5168 根,桩径为 1000 毫米,壁厚 140 毫米,桩长 53 ~ 67 米;77.7% 为斜度 1/6、1/7、1/8 不等的斜桩,在国内外海上大型水工工程中实属罕见。该项目地质情况复杂、单桩承载力高、质量标准高、施打难度大。

　　槟城二桥项目当初被明确为中国港湾的“壹号工程”,是由于以下几个因素:第一,该项目预计合同总金额超过 12 亿美元,是当时中国港湾境外最大合同额的 EPC 项目。第二,槟城二桥设计长度 22.5 千米,是东南亚最长的跨海大桥,也是中马两国经济合作当中规模最大,影响力最大的项目。第三,中国政府首次通过中国进出口银行向人均收入水平超过中国的国家提供政策性贷款支持,马来西亚政府也是首次使用中国政府软贷款。第四,融资条件是中国进出口银行成立以来在单一国别、单一项目、单一币种和单一融资品种各方面金额都是最大的一笔。第五,项目所在地既是马来西亚的华人聚居区,又是时任总理巴达维的家乡。中马两国携手合作建设槟城二桥是两国领导人的共同愿望,项目受到中马两国政府的高度重视和民众的高度关注。

　　受制于当地工作习惯和效率,以及项目管理程序要求和实际执行能力的差距,马来西亚大型项目建设周期往往较长。槟城二桥可行性研究始于 2000 年 9 月 15 日,至 2014 年 3 月 1 日全桥正式通车,时间跨度超过 13 年。该项目为中国企业在境外实施的最长的跨海桥梁项目,内部参与单位众多,主要由中国交建所属设计院及工程局实施。合同采用马来西亚公共工程局 2007 版设计建造合同,设计标准主要采用英国公路桥梁设计标准体系(BS、BD 等)及马来西亚公共工程局局颁标准(JKR),在船撞力、地震力及耐久性等部分领域参照欧洲规范体系(EN)或美国国家公路与运输协会标准(AASHTO)。

　　槟城二桥海下地质情况复杂,施工难度大,项目创下多项马来西亚当地工程界纪录,部分领域在世界同类工程中同样具备先进水平。项目产出多项杰出技术成果,其中“海上超深嵌岩钻孔灌注桩施工技术研究""高承载力混凝土管桩沉桩技术""后支点三角架挂篮浇筑斜拉桥主梁施工技术"等多项研究成果获国家专业协会奖项。

槟城二桥主通航孔桥为117.5米+240米+117.5米三跨双塔门式斜拉桥，施工项目包括桩基础、承台、塔柱、预应力钢筋混凝土边主梁和斜拉索工程等。该工程具有工程量大、难度大、施工干扰大、各方关注程度高等特点。

作为中马两国政府间迄今为止最大的合作项目和中马友谊的标志，槟城二桥项目一直为马来西亚社会各界所高度关注。项目的顺利完成极大地提升了中国公司在马来西亚的品牌形象，为后续市场开拓打下了坚实基础；并荣获2016年中国建设工程鲁班奖（境外工程）。

（三）文莱 PMB 大桥工程

文莱大摩拉岛大桥位于加里曼丹岛北部，北濒南中国海。项目业主为文莱经济发展局（后期变更为文莱达鲁萨兰企业），咨询公司为韩国 PEC 与文莱 Jurutera OMC 组成的联合体，中国港湾 EPC 设计施工总承包，二航局负责总承建和设计管理，公规院负责设计工作，设计采用欧标、英标及文莱标准。文莱大摩拉岛大桥开工时间为2015年4月9日，合同价2.61亿文币（约合2亿美元），资金来源于文莱政府全额投资，合同建设工期为36个月，运营维护期及缺陷责任期2年，项目建设期完工时间为2018年5月18日。

大桥所在地气象属热带雨林气候，全年炎热多雨，一般年降雨量为2500～3500毫米，最高气温一般为33℃，最低为24℃，平均气温28℃，平均湿度为82%，紫外线极强，无台风。桥梁所在海域位于文莱湾西航道口，濒临文莱港，海面较平静，平均海平面高度（MSL）为1.36米，桥址处最高潮位为（HAL）2.63米，最低潮位为0.0米。平均小潮低潮潮位为（MLWS）0.34米，平均大潮低潮潮位（MLWN）0.96米，平均大潮低潮潮为（MHWS）1.76米，平均大潮潮位为（MHWN）2.38米。

大摩拉岛大桥西侧为半沼泽地，植被茂密，为红树林所覆盖，东侧暂为无人孤岛，地势相对平坦，已完成大部吹填工作。根据工可地勘报告，工程所在位置覆盖层较厚，地表以下近20米为松软粉砂层，以下为坚硬的灰色黏土及砂层，但存在中密粉砂夹层，未发现硬岩。

项目全长5915米，为双向四车道公路，主要包括一座长2680米的跨海大桥，西接线路310米，东接线路2925米，桥面宽23.6米。通航净宽120米，通航净高不小于28米，设计速度为100千米/小时。西引桥（7×60+8×60=900米）、主桥（80+2×120+80=400米）、东引桥（8×60+7×60+8×60=1380米）三部分组成，主桥为连续刚构结构，主跨120米，引桥标准跨为60米。道路部分路面宽25.6米，双向四车道。软基处理采用开挖换填及排水板施工方式，路堤采用填砂路堤，路面结构层为级配碎石现场拌和铺筑，沥青路面为 10.5 厘米(黏结层) ＋4 厘米(SMA 磨耗层)。工程内容还包括沿路铺设的供水、供电、通信设施以及缺陷责任期内路、桥的运营及维护、环境监测计划(EMP)等。

这座大桥不仅是目前亚洲最大的单箱单室箱梁结构大桥,而且由于地形所限还在海边拐了一个将近 90 度的急转弯,这在世界建桥史上亦属罕见。因为海上大摩拉岛的位置是固定的,而陆地上与之连接的工业区道路早已建好,这就只能让大桥转个弯来适应地形。中国交建研发的小半径宽幅箱梁节段架设设备,攻破了大桥曲线段的施工难题,使大桥成功实现"急转弯"。

文莱是"21 世纪海上丝绸之路"的重要节点,大摩拉岛大桥项目作为文莱国家的第一个跨海大桥项目,也是中国交建第一次进入文莱市场,大桥被列为"中国造"海外大桥十大名片之一,对推进文莱城市的发展以及大摩拉岛石油和天然气开发建设起着举足轻重的作用,同时将加快大摩拉岛成为世界级产业园区的步伐,有助于重塑文莱经济发展格局,也将搭建起中国与文莱的友谊之桥。

(四)马尔代夫中马友谊大桥项目

中马友谊大桥位于马尔代夫北马累环礁,跨越 Gaadhoo Koa 海峡,连接环礁上马累岛、机场岛(瑚湖尔岛)和胡鲁马累岛三个相邻岛屿,是马尔代夫最重要的岛屿连接线工程。项目起点位于马累岛东南角,顺接规划 Boduthakurufaanu Magu 道路,随后设置桥梁跨越 Gaadhoo Koa 海峡,在机场岛南段登陆,大桥接线与机场到 Hulhumale 规划路顺接。

中马友谊大桥是 2014 年习近平主席访马期间,双方领导人共同商定,由中方援建的跨海大桥,是践行"一带一路"倡议的重点工程,将成为马尔代夫第一座开工建设的跨海桥梁。该工程是"21 世纪海上丝绸之路"的必经之地,其建设对推动中马两国在基础设施领域的合作,对响应中国"一带一路"倡议具有极大推动作用,对推进马累岛、机场岛、胡鲁马累岛未来城市发展建设起着举足轻重的作用,也能进一步带动大马累区域的经济发展,使马尔代夫告别无桥梁的历史。

从 2015 年底开始,来自中国交建的桥梁建设者们带着国家使命,跨越万里,投身到援助马尔代夫中马友谊大桥的建设中来。世界级旅游胜地,却有着世界级的建设难题,代表国家形象的中国建设者们不畏艰巨挑战,艰苦奋斗,以"争科技领先、创管理一流"的企业精神,以智慧和汗水为中国对外援助事业和"一带一路"建设做出了应有贡献。

该项目由中国商务部国际经济合作事务局组织实施,马尔代夫住房与基础设施部代表马方履行业主职能参与项目管理,项目管理单位为公规院,施工总承包单位为二航局,施工设计单位为中铁大桥勘察设计院。项目所需建设费用由无偿援助、马方自筹和援外优惠贷款三部分资金组成。项目开工时间为 2016 年 2 月 20 日,竣工时间为 2018 年 8 月 20 日,运营维护期及缺陷责任期 2 年。

项目线路总长 2000 米，其中主桥全长 760 米，为主跨 180 米 V 形墩六跨连续刚构桥，道路等级为城市主干路，大桥设计使用寿命 100 年。大桥设置两个单向通航孔，通航净宽 70 米，通航净高为 12 米，设计速度为 60 千米/小时。桥梁共计 27 墩台，149 根钻孔灌注桩，上部结构为单箱单室箱梁结构形式，整幅布置，主桥为 V 腿＋叠合梁连续刚构桥，引桥为 I 梁桥。

中马友谊大桥开创了远洋深海无遮掩环境及珊瑚礁地质条件下特大型桥梁建设的先河。建设团队克服了深水、长周期涌浪、珊瑚礁地质、景观及环保要求高、强腐蚀环境、有效窗口期短、工期紧等带来的严峻挑战，解决了珊瑚礁地质特征研究和桩基技术、深水长周期波特性研究和施工技术等关键技术难题。

（五）孟加拉国吉大港卡纳普里河底隧道项目

孟加拉国吉大港卡纳普里河底隧道项目是中国交建第一条海外大直径盾构隧道项目，国际化程度高、国内外关注度高、集团上下期望值高。项目于 2015 年 6 月签约，2016 年 10 月 14 日，中国国家主席习近平在达卡会见了孟加拉国总理哈西娜，并与其共同出席了该项目的揭牌仪式。在两国领导人的共同见证下，中国进出口银行与孟加拉国财政部正式签署了卡纳普里河底隧道项目的"两优"贷款协议，即《中国政府援外优惠贷款协议》和《优惠出口买方信贷协议》。

该项目位于孟加拉国吉大港市郊区卡纳普里河入海口位置，连接卡纳普里河东西两岸，西岸起点与规划的沿海路相接，路线自西向东沿原有的海滩路布设，然后以隧道形式依次下穿卡纳普里河至吉大港东岸，在东岸出隧道后迅速抬升以高架桥形式从 KAFCO 和 CUFL 之间的空地穿过，然后上跨 KAFCO 化肥厂传送带至东岸陆地落地，以路基形式南下，终点与 Banskhali Sarak 路相接。

项目路线全长 9265.97 米，其中西岸引道长 550 米，主体工程全长为 3315 米（隧道穿越河域宽约 1240 米），东岸引道长 5400.97 米（其中高架桥 757 米，收费广场 400 米）。S3 段包括东岸接线段路基土建工程（K5＋295～K5＋398.5、K6＋155.5～K10＋695.971，包括涵洞、路基、路面工程，长度 4643.97 米，不含收费站路面）、东岸接线段平面交叉口（K7＋459.444、K8＋431.799、K9＋045.223、K9＋591.397、K10＋693.345）、东岸接线段桥梁（K5＋398.5～K6＋155.5 跨 KAFCO 工厂大桥，长度 757 米）及全线的绿化环保工程。采用 EPC 模式进行建设管理。河底隧道主体使用中国规范设计，部分内容参考孟加拉国设计规范，双向四车道标准，设计时速 80 千米。项目合同总额 7.06 亿美元，施工工期约 54 个月。

该项目是中孟印缅经济走廊的重要一环，也是中国交建积极响应国家"一带一路"倡议，在海外承担的首个水下公路隧道设计施工总承包项目。卡纳普里河底隧道项目的建设对完善亚洲公路网,促进孟加拉国与周边国家的互联互通,推动孟加拉国国际化发展有着重要意义。

卡纳普里河底隧道工程创优目标为中国交建优质工程、鲁班奖。

(六)新加坡大士南裕廊船厂一期工程

由中国港湾总承包、三航局参与建设的新加坡裕廊船厂大士南新船厂一期工程,包括4座干船坞、3座突堤码头、4座顺岸码头、2座驳岸码头及其附属吊车道等分项工程,工程合同价4.43亿新元。项目于2009年11月18日开工,2013年7月17日竣工。

新加坡裕廊船厂大士南新船厂被誉为亚洲的"梦幻船厂",以从事修船、造船、改船、钻塔建造、离岸工程及建设的"一站式综合服务"而闻名。它也是新加坡大士南第一座大型综合船厂项目,受中国和新加坡政府高度重视,新船厂建成后将大大提升新加坡海事业的生产力。该工程的建成为裕廊船厂创造了巨大的经济效益,同时,也提升了中资企业在新加坡水工建筑市场的影响力。

新船厂选址于新加坡大士南延伸段,目前已经形成的场地南北长约5～6千米,东西宽度约1千米。船坞基坑采用放坡大开挖方式,将4个船坞分为两个大基坑进行止水降水、开挖和结构施工。工程区域由吹沙填海而成,平均填沙厚度约27～28米,局部区域在沙层下存在软弱海泥层,海泥厚度深浅不一,如果不能有效减少负摩擦力,桩基难以承受工作荷载与负摩擦力之和的竖向压力,对工程危害较大。项目部优化方案,采取"在可以拔除的钢套管内打入涂有沥青隔离层的PHC桩工艺",即在沉桩位置先打入比PHC管桩直径大10厘米的钢套管,然后将钢套管内软土以上的砂土取出,再将部分(会产生负摩擦力的范围)涂有沥青的PHC桩分节焊接后吊入钢套管内(此时因有钢套管的保护沥青涂层不会受损),最后再用拔桩设备将沉入的钢套管拔出供重复利用。这项工艺在该工程中效果很好,经对桩身大应变检测,其承载力均满足设计要求。

该工程竣工后运营正常,船坞底板、码头面层无明显裂缝,船坞坞墙、底板板缝及水泵房无渗漏情况,每两座船坞的减压排水层日排水量为1200立方米,远低于设计的4000立方米,受到了业主的好评,提升了中国港湾在新加坡的影响力,为顺利接下二期工程打下了良好基础。

目前船厂业务饱满,码头泊位前停满待修船舶,船坞内日夜进行船舶修理、海洋平台修造工作,为裕廊船厂创造了更多的经济效益。

新加坡裕廊船厂大士南一期工程荣获2016—2017年度国家优质工程奖。

(七)伊拉克摩苏尔四桥项目

1979年,中国路桥中标伊拉克摩苏尔四桥项目,工程造价金额为3000万美元,成为当年中国对外签订的最大工程承包项目。项目竣工时间为 1984 年 4 月 28 日,1985 年 4 月 28 日养护期满,取得业主的最终验收证书。

伊拉克方面高度重视摩苏尔四桥的施工情况,伊拉克总理出席了项目的通车典礼,高度赞扬项目工程质量,参加通车典礼的还有伊拉克住建部部长、工矿部部长等政府领导,伊拉克电视台当天两次播放了通车典礼的录像,第二天《伊拉克共和国报》还进行了专题报道。

(八)沙特吉赞 JIGCC 取排水项目

沙特吉赞经济城为世界上最大石油公司沙特阿美石油公司(Saudi Aramco)重大投资发展项目,集炼油、电厂、航运、行政区、生活区于一体,拟建一座日产 40 万桶标准油的炼油厂及配套电厂,电厂除向炼油厂供电外,还向腹地输出大量电力。由中国港湾总承包、四航局负责采购和施工的 JIGCC 取排水项目为经济城电厂和炼化厂引入海水作为冷却、消防用水,并将废水排入深海,合同额为 4.5 亿美元,该项目主要包括:疏浚工程、渠道工程、道路工程、桥梁工程、桩基工程、房建工程、地基加固、机电工程(含大型泵站)、变电站、HDPE(高密度聚乙烯)管道安装等 32 个专业领域。项目于 2014 年 6 月 25 日开工,2018 年 1 月 30 日竣工。

沙特吉赞 JIGCC 取排水项目的中标进一步扩大了中交集团与阿美石油公司的合作深度和广度,提升了中交集团在沙特的品牌知名度。项目建成后,将使吉赞经济城配备现代化的城市取排水设施和一座区域战略性港口,有力支撑了当地经济发展。

(九)沙特扎瓦尔港土建及机电工程

扎瓦尔港土建及机电工程位于沙特东侧海岸线的扎瓦尔半岛,在中东地区波斯湾内、科威特与巴林中间。

2008 年 1 月 15 日中国港湾同沙特港务局签订扎瓦尔港设计、采购、施工总合同,开工日期为 2008 年 2 月 16 日,合同总工期 30 个月,保修期 2 年,总合同额为 586841368 美元,预付款为 1300 万美元。广航局、二航局、一航局等参与了工程施工建设。

主要工程内容包括:

(1)疏浚工程:约 23 千米航道、调头区、港池、冷却水取水口与排放口的疏浚工程及相应的导助航设施,疏浚回填量达 4500 万立方米;

(2)码头工程:包括 1 个 7 万吨级散货泊位、1 个 7 万吨级件杂货泊位、1 个 5 万吨级液体材料泊位、1 个 7 千吨级工作船泊位等 4 个码头泊位及相应的栈桥工程;

(3)陆域回填:约 400 万平方米的吹填以及与陆域形成结合的护岸、防波堤工程;

(4)配套土建及机电安装工程。

工程自 2011 年 2 月投入运营以来运行良好,码头吞吐能力逐年提高,满足货运量日益增长的需要,并在 2 年内跻身沙特第三大工业港行列,取得了较好的社会效益和经济效益。该工程竣工交付使用 3 年多来,各项技术指标均达到设计要求,设计、监理、建设、使用单位和投资方对工程质量均表示非常满意。该工程的建成为沙特东部地区诸如沙特矿业公司磷酸盐厂、电解铝厂、氨厂以及相关工业区的产品提供了进出口通道,吸引了一大批工业和商业产业链落户于此,进一步促进了沙特东部地区经济和对外贸易发展,为扎瓦尔港工业城的建立奠定了坚实的基础。

该项目先后荣获 2012 年度沙特地区优秀中资工程项目、2012 年度全国建设工程优秀项目管理一等奖、2015 年度国家优质工程奖(境外)。

(十)埃及亚历山大船厂改造工程

埃及亚历山大船厂改造工程于 2011 年 1 月开始实施,由中国船舶工业集团所属中国船舶工业贸易公司总承包,中船第九研究设计院工程有限公司承担了项目设计任务,三航局承担了项目施工任务,工程合同价约为 5.5 亿元人民币。

该工程主要是对亚历山大船厂原有的造船设施进行技术改造,通过改造提升造船能力到 57000 载重吨,主要工程内容有:北、西码头的修复,新建南船台、分段组装和焊接车间、分段涂装车间、管子车间、零部件配套堆场和舾装件级配件、氧气站、空气压缩站等构筑物,改造原锅炉站(不含土建)、原给水加压泵房改造(不含土建),后新增加原锅炉站的土建施工、新建钢材预处理工场、新建 1 号厕所和 2 号变电所等项目。

该项目开工时,正值 2011 年 1 月 25 日埃及革命,局势不稳定、当地物资短缺等各种不利因素给项目的施工带来非常大的影响,对此,项目部全体员工克服种种困难,最终按照工程要求安全高效地完成了施工任务。

亚历山大船厂改造项目于 2015 年 5 月 30 日在亚历山大港举行竣工仪式,埃及总统塞西、总理马赫莱布、国防部长苏卜西等埃及国家领导人出席揭幕仪式,中国驻埃及大使馆公使衔参赞齐前进应邀一同出席了仪式。

该项目全面应用中国造船工艺标准,有力推动了中国技术标准在西亚与非洲地区的推广应用。同时,该项目全面采用中国国产设备和原材料,带动了中国 300 吨门式起重机、立式车床、空压机、等离子切割机等千余台(套)国产设备的出口。

改造后的亚历山大船厂年生产能力达到 23 万载重吨,最大可建造 5.7 万吨、维修 8 万吨级的船只,成为非洲规模最大、设施最完善的船舶建造企业。

埃及中东社评价称,"该项目的完工使埃及对相关船舶的建造与维修具备了紧跟国际步伐的能力"。埃及总统府发言人阿拉·优素福表示,亚历山大船厂致力于提升产能,以适应国际造船标准,升级改造后的船厂有利于吸引船舶制造与生产领域的投资,帮助埃及振兴民族经济。埃及海军工业局长伊卜拉欣·贾比尔·杜索基在竣工仪式致辞时,感谢中国为埃及发展造船工业所作出的重要贡献,盛赞埃中友好合作不断取得新进展。

改造后的亚历山大船厂极大促进埃及经济社会发展,造福埃及当地百姓,同时也树立了中国企业在海外的良好形象。

第五节　投 资 项 目

一、中远海运集团

(一)希腊比雷埃夫斯港

1.港口概况

比雷埃夫斯港(以下简称"比港")是希腊的最大港口,陆地面积5平方公里,岸线总长约24千米,是地中海中距离苏伊士—直布罗陀轴线最近的港口之一。该港位于塞隆尼克湾北岸,在雅典西南偏西约10千米处,是船舶通过地中海前往大西洋、通过红海前往印度洋、通过马尔马拉海前往黑海,连接巴尔干半岛、南欧地区、黑海地区与西欧、中东欧地区、中东、非洲的良好的中转港,处于重要的商业及战略航海路线上,是"21世纪海上丝绸之路"在地中海区域的重要枢纽节点。

比港由比雷埃夫斯港务局股份公司(Piraeus Port Authority S. A.,以下简称"PPA")经营管理,公司2002年与希腊政府签订为期50年的比港特许经营权协议,2003年在雅典证券交易所挂牌上市。PPA现有六大业务板块,包括集装箱码头业务、物流仓储业务、修造船业务、邮轮码头业务、汽车码头业务和渡轮码头业务。

2.港口收购及建设情况

2008年11月25日,原中远集团太平洋有限公司(中远海运港口有限公司前身)在希腊雅典正式签署比港2号和3号集装箱码头(东侧,当时待建)为期35年的特许经营权协议,这是中国企业在海外拥有的第一家全资集装箱码头,也是第一次全资运营欧洲集装箱码头。2010年6月1日中远海运港口比雷埃夫斯集装箱码头有限公司(Piraeus Container Terminal S. A.,以下简称"PCT")全面经营管理2号码头,2010年至2019年PCT先后对2号码头西、东侧集装箱堆场及基础设施进行升级改造,同时启动建设完成了3号码头东、西侧泊位,PCT的2号和3号集装箱码头共有2849米岸线、7个泊位,年设计吞吐能力从初始的150万TEU提升至620万TEU,其中有4个泊位可供1.4万TEU以上的集装箱船舶作业。

2014年,希腊政府启动了比港的私有化项目,中国远洋海运集团(以下简称"中远海运")结合自身优势,积极参与投标,于 2016 年 8 月 10 日完成了 67% 股份的收购(其中 16% 为托管股份,第一期交割 51% 股份),并接管整个比港经营。目前,PPA 经营管理的 1 号集装箱码头位于比港东侧,岸线约 1146 米,有 3 个集装箱泊位,水深 11.0 ~ 18.0 米,年 吞吐能力 100 万 TEU;汽车码头位于 1 号集装箱码头东侧,岸线约 1100 米,分为 G1 停车 场和 G2 停车场;邮渡轮码头位于中心港区,两个码头泊位岸线长约 7590 米,岸前水深 8.0 ~ 10.0 米。为进一步提升港口服务能力,提高比港的竞争力,按照 PPA 与希腊政府间 的特许经营权协议规定,PPA 向希腊相关职能部门上报了 Master Plan 港口发展总规划, 2019 年 10 月 25 日,希腊港口规划和发展委员会预批准了 PPA 的 Master Plan 港口发展总 规划,总投资金额 6.01 亿欧元,未来将陆续推动实施。

3. 港口运营情况

2010 年接手以来,中远海运通过十年的艰苦奋斗,比港凤凰涅槃,破茧重生,从老旧 老港化身"丝路"枢纽,从最初的只有 2 家客户,到现在三大联盟的齐聚。中远海运从引 进优秀的管理团队、升级改造码头设施设备、优化操作流程提升操作效率、引入中欧陆海 快线到秉持"义利并举"的发展理念,凭借着定力和雄心,使比港实现了飞跃,从 2010 年 的不到 70 万 TEU,到 2019 年完成了 565 万 TEU,10 年时间翻了 8 倍以上。特别是中欧陆 海快线的开通,带来了海铁联运枢纽的新一页。通过这条路径,货物从远东到中欧的全程 运输时间比传统的西北欧路径(货物从汉堡或者鹿特丹上岸后通过海铁联运到中东欧) 缩短 7 ~ 10 天,可为远东至中东欧腹地提供更为便捷、低成本的通道,辐射整个巴尔干半 岛超过 3000 万人口。

比港已经成长为地中海最重要和最大的集装箱中转枢纽中心,全球排名从接管初期 的第 93 位提升至 2019 年的第 25 位。世界独立海运信息发布机构——波罗的海航运交 易所于 2020 年 7 月 15 日发布的年度报告显示,雅典—比雷埃夫斯港口群重回世界十大 航运枢纽之列。报告认为,自中远海运参与运营比雷埃夫斯港以来,雅典—比雷埃夫斯港 口群已成为地中海地区的关键航运枢纽,也是"一带一路"倡议中港口建设最耀眼的成功 范例。PPA 重点业务完成量和集装箱吞吐量见表 7-5-1、表 7-5-2。

PPA 接管三年来的重点业务完成量　　　　　　　　　　表 7-5-1

中远海运比雷埃夫斯港口重点业务完成量			
年份(年)	2018	2017	2016
1 号集装箱码头(TEU)	498708	453256	265716
汽车码头(辆)	429170	431157	361912
邮轮码头(人次)	961583	1055559	1094135
邮轮码头(靠泊次)	562	618	667
渡轮码头(人次)	15642044	15555123	15178279

PCT 近五年完成的集装箱吞吐量   表 7-5-2

年份(年)	2014	2015	2016	2017	2018
吞吐量（TEU）	2986904	3034426	3470978	3691802	4409205

4. 项目效果

经过 10 年的耕耘，中远海运对希腊比雷埃夫斯港的投资，已成为"一带一路"建设中的经典案例。作为由中资企业投资、中希两国最大的合作项目，比港项目的成功对当地社会最大的贡献无疑就是解决了当地的就业问题并获得了当地民众的认可，比港项目 2018 年为希腊当地提供了 3000 多个直接工作岗位和 8000 多个间接就业岗位，每年经济贡献 3 亿欧元，整个比港项目对希腊 GDP 贡献率达 0.4%，项目极大地促进了当地社会的经济发展，给双方带来实实在在的好处，获得了当地民众的欢迎。比港的发展故事现已被写进雅典经商大学 MBA 课程和清华大学终身学习教材，被誉为"中希两国合作典范""一带一路"共商共赢的样板。

2019 年 11 月，习近平主席在参观了比港后高兴地说："百闻不如一见。今天我在这里看到，中国倡议的'一带一路'不是口号和传说，而是成功的实践和精彩的实现"，并直言"我相信比雷埃夫斯港的前景不可限量"，这是习近平主席对比港取得世界瞩目的成绩的充分肯定和认可。

（二）西班牙瓦伦西亚港和毕尔巴鄂港

1. 港口概况

西班牙瓦伦西亚港是地中海三大集装箱港口之一，靠近苏伊士—直布罗陀航线，是伊比利亚半岛的主要门户以及西班牙首都马德里的天然良港，地理位置优越，为地中海西部的中转枢纽。近年来，集装箱运输量的增加使瓦伦西亚港成为地中海西部最大集装箱港口，2019 年瓦伦西亚港完成集装箱吞吐量 544 万 TEU，同比增长 5.0%，排名全球第 27 位。

西班牙毕尔巴鄂港（Bilbao）地处欧洲大西洋的中部，是南欧大西洋地区最大和最具现代化的集装箱码头之一，是伊比利亚半岛和法国西南部集装箱运输的理想门户，自 1992 年扩建工程开始以来，毕尔巴鄂港务局已投资 5 亿欧元从海上填海造陆 200 万平方米并建设 3 千米长的泊位，吃水深度在 20 ~ 25 米之间，港口有专用铁路与西班牙各地连接。

2. 码头收购和运营情况

中远海运旗下中远海运港口有限公司（以下简称"中远海运港口"）2017 年 6 月 12 日投资收购西班牙 NOATUM 港口控股公司 51% 股份，控股运营包括地中海三大集装箱港口之一的瓦伦西亚港最大集装箱码头、毕尔巴鄂港唯一的集装箱码头,以及西班牙中部萨拉戈萨、马德里 2 个铁路场站在内的 4 家下属公司,其分别位于西班牙 4 个重要城市。

（1）瓦伦西亚码头

2017 年 11 月,中远海运港口西班牙集团正式运营瓦伦西亚港的三个集装箱泊位（码头简称"NCTV"）,岸线长度约 2.3 千米,水深 16 米,陆域面积 158 万平方米,可以靠泊 20000TEU 的集装箱船舶。截至 2019 年 6 月,NCTV 共配置了 20 台岸桥,55 台轮胎式集装箱起重机,年设计吞吐量为 490 万 TEU。

2017 年 4 月开始,海洋联盟（注:中远海运 2016 年联合法国达飞、东方海外等航运企业,牵头成立了全球最大的班轮联盟"海洋联盟",为"一带一路"提供服务）已经从其他码头转移挂靠瓦伦西亚码头,并在毕尔巴鄂码头启动支线服务。中远海运港口接手以来,NCTV 吞吐量连年走高,2018 年完成集装箱吞吐量 277 万 TEU,创造了开业以来的最高纪录。

（2）毕尔巴鄂码头（NCTB）

NCTB 是西班牙毕尔巴鄂港（Bilbao）唯一的集装箱码头,码头岸线长 1155 米,水深 21 米,陆域面积 43.8 万平方米,年设计处理能力 100 万 TEU。中远海运港口委派管理团队正式接管后,码头吞吐量稳步增长,2018 年完成 60 万 TEU。

3. 项目效果

中远海运港口接手后,通过调整公司管理架构、加大市场营销、加强成本控制、提升码头操作系统、优化工艺流程和与码头工会展开降本谈判等管理方法,在项目收购后第一年里就取得令人瞩目的成绩,全年完成集装箱箱量 362 万 TEU,比接管前的 2017 年增长 11.5%,净利润为 2017 年的 8 倍以上,双双创造历史新高,为各方股东交出一份满意的"中资企业"答卷。

2018 年 8 月,瓦伦西亚港务局主席 Aurelio 先生和毕尔巴鄂港务局主席 Ricardo 先生在接受记者专访时都对中国远洋海运集团到来后给两个港口带来的积极变化给予了高度评价:"中远海运科学的投资计划和对港口专业化的运营管理将不断提升港口的竞争力,这将给瓦伦西亚港和毕尔巴鄂港提供新的商机。"说起中远海运港口接手西班牙码头后带来的变化,Ricardo 这样评价:"我们非常欢迎中国人!"

（三）比利时泽布吕赫港

1. 港口概况

泽布吕赫港是比利时第二大港口,地理位置优越,毗邻德国汉堡及法国勒阿弗尔区,接近英国,是天然深水良港,货物可以通过陆路、水路、铁路等多种不同的模式抵达该港。

泽布吕赫港拥有 20 多条铁路班列直达英国、爱尔兰、俄罗斯及南欧地区，这些铁路班列与水路、公路网络连接使得泽布吕赫有望成为欧洲理想的中转及分拨中心。

2. 码头投资和运营情况

2014 年 1 月 8 日，中远海运港口收购了比利时 APMT 泽布吕赫码头公司 24% 股权，收购价 2000 万欧元。该码头项目岸线长 900 米，前沿水深 15.5 米，年处理能力 100 万 TEU，能够满足 19000TEU 船的作业要求。

2017 年 9 月 11 日，中远海运港口与马士基码头签署协议，斥资约 2800 万欧元，完成余下的 76% 股份收购并全面接管码头。2018 年 5 月和 7 月，为使泽布吕赫码头获得长久的支持以及提升资本运作效率，中远海运港口与泽布吕赫港务局和达飞签署协议，向两家公司分别转让 5% 和 10% 股权，两项交易已于 8 月完成交割，交易完成后，中远海运港口持有 85% 的股权、法国达飞海运持有 10% 股权、泽布吕赫港务局持有 5% 的股权。此次股权交易进一步深化了三方合作，强化了码头业务合作。

3. 项目效果

控股运营后，码头箱量逐年稳步攀升，2018 年完成集装箱吞吐量 39.2 万 TEU，同比增长 24%，2019 完成集装箱吞吐量 48.3 万 TEU，同比增长 23.3%，已经连续 2 年保持超过 20% 的箱量增长。未来，中远海运港口将着力将泽布吕赫打造成区域枢纽港及多元化物流平台，服务整个欧洲大陆及英伦诸岛。

（四）比利时安特卫普港

1. 港口概况

安特卫普位于比利时西北部斯海尔德河畔，距比利时首都布鲁塞尔仅 45 千米，距北海海岸亦仅约 100 千米。安特卫普港是比利时最大的港口，也是欧洲最主要的港口之一，可容纳 10 万吨级海轮进出港。安特卫普港港口位置和优越的自然条件，完善的港口设施，使它在国际贸易中发挥着理想的中转港作用，每年平均有 1771 艘国际货轮来此挂靠，对外连接着全球 800 多个港口。2019 年，安特卫普港集装箱吞吐量 1186 万 TEU，居世界第 14 位，居欧洲第 2 位，仅次于鹿特丹港。

2. 码头投资和运营情况

2004 年，中远海运港口正式参股位于安特卫普港 Deurganckdock 港区内的安特卫普码头，持有 20% 股份，码头规划总面积 126 万平方米，2470 米深水岸线、6 个深水泊位，泊位水深 16 米，年设计作业能力 370 万 TEU。码头分三期完成，首期 4 个深水泊位已于 2005 年 7 月投入运营，岸线长度 1790 米，堆场面积近 90 万平方米，建有安特卫普港第一个自动化无人堆场作业区，且有铁路线直达码头，使得码头拥有较出色的运作效率和较强的联运能力,处理能力为 280 万 TEU。

码头近年吞吐量虽有波动,但总体来看增长趋势较好,从 2013 年 137.0 万 TEU 增长到 2018 年的 235.7 万 TEU,平均年复合增长率为 11.46%。

3. 项目效果

安特卫普港是欧洲重要港口之一,也是中远海运集运在欧洲的主要挂靠港。对安特卫普码头的成功投资除可以配合中远海运集运的枢纽港战略,为中远海运集运在西北欧市场的发展提供可靠的保障以外,也为公司带来了较好的投资回报。

(五)新加坡码头

1. 港口概况

新加坡港位于新加坡岛南部沿海,西临马六甲(Malacca)海峡的东南侧,南临新加坡海峡的北侧,是世界上最繁忙的港口和最大的集装箱中转港之一。该港扼守太平洋及印度洋之间的航运要道,自 13 世纪开始便是国际贸易港口,是"21 世纪海上丝绸之路"的重要组成部分,也是中国与东盟国家经贸合作的重要载体。新加坡港共有 200 多条航线通往全球 600 多个港口及 100 多个国家和地区,连续两年获得联合国贸易暨发展会议(UNCTAD)评选的世界第二大海上连通性最好的港口城市。2019 年,新加坡港完成集装箱吞吐量 3719 万 TEU,是世界第二大集装箱港口。

新加坡港共有 4 个港区经营集装箱码头,泊位总数 57 个,其中巴西班让(Pasir Panjang)港区集装箱码头,共有 38 个泊位,水深达 15～18 米,最大桥吊跨距可达 24 排集装箱,能够靠泊并作业全世界目前最大的集装箱船舶。

2. 码头投资和运营情况

2003 年 10 月 25 日,原中远集团旗下中远太平洋有限公司(中远海运港口有限公司的前身)与新加坡港务集团(PSA)正式签署了合作协议,双方合资成立中远—新港码头有限公司,中远太平洋持有中远—新港码头 49% 股权,PSA 持有 51% 股权,投资总额 3.35 亿新元,在巴西班让港区共经营两个泊位。中远—新港码头 2003 年 11 月 1 日正式投入运营,成为中国远洋海运集团第一个在海外投资的码头项目,也是 PSA 在新加坡港第一个合资码头。

2016 年初,中远集团和中海集团实施整合,为配合集团以新加坡港为枢纽港的发展战略,顺应船舶大型化发展趋势,3 月 18 日,中远海运港口与 PSA 签署了补充合资协议,将中远—新港码头原有两个泊位置换为在新加坡巴西班让港区第 3、4 期经营的 3～4 个大型新泊位,首期的两个大泊位已率先于 2017 年 1 月 1 日投入运营,年处理能力由原先的 100 万 TEU 倍升至 200 万 TEU。自 2017 年 4 月 1 日,中远海运集团所属的海洋联盟正式运营,随着航运联盟的战略调整,在新加坡港的箱量持续增长,为有效应对航运联盟的新需求,2017年12月,中远海运港口与PSA签署战略合作备忘录,2018年1月签署法律文件并于1月底正式启用CPT第三个泊位的运营,码头的吞吐能力增至300万TEU。其后,为了适应中远海运收购东方海外后箱量的增长需求,又新增租赁两个泊位,2019年1月1日正式投入运营。中远—新港码头拥有5个大型集装箱泊位,岸线总长1753米,共有19台桥吊,年处理能力提升至约500万TEU,已经成为中新两国最大的投资项目。

3.项目效果

经过15年的经营,中远—新港码头业绩稳步提升,特别是在2016年中远集团和中海集团整合以后,依托中远海运集运与OOCL的协同效应,中远—新港码头的吞吐量快速攀升,2017年完成集装箱吞吐量204万TEU,实现满载运营,2018年完成箱量319.9万TEU,同比增长56.5%,2019年继续大幅攀升至500万TEU,同比增长再次超过50%,实现了良好的经济效益和社会效应。与此同时,该项目的启用也进一步巩固并深化了中远海运集团在东南亚的战略支点布局,而在该集团的大力支持下,新加坡港也进一步巩固了东南亚最大枢纽港的地位。该项目的成功运营完美诠释了强强联合,现已成为中新两国在海上丝绸之路互利共赢的合作典范。

(六)土耳其昆波特码头项目

1.港口概况

伊斯坦布尔横跨欧亚两洲,地处国际陆上和海上贸易路线的枢纽位置,是土耳其最大城市和最大港口,主要由欧洲部分的阿姆巴利港和亚洲部分的海达尔帕夏港两部分组成。阿姆巴利港位于土耳其内海马尔马拉海的北侧,近黑海海峡入口,距离黑海航线必经的博斯普鲁斯海峡仅35千米,是黑海的门户,也是伊斯坦布尔在欧洲部分唯一的港口。阿姆巴利码头群包括三个码头,分别是马波特码头、昆波特码头以及马达斯码头,阿姆巴利码头群的进出口货物的吞吐量接近全国总量的约40%。

2.码头投资和运营情况

2015年9月16日,中远海运港口与招商局港口、中投海外组成的合资公司("中方联合体",三家持股比例分别为40∶40∶20)与土耳其大型综合性企业FIBA集团签署股权买卖协议,收购土耳其昆波特码头合计65%的股权,同年11月14日土耳其安塔利亚G20峰会期间,中国国家主席习近平和土耳其总统埃尔多安共同见证了昆波特码头项目交割协议的签字仪式。

昆波特码头是土耳其境内第三大集装箱码头,是连接欧洲及亚洲的战略中转枢纽,该码头是阿姆巴利码头群中唯一可以挂靠18000 TEU超大型船的码头,也是在伊斯坦布尔唯一有扩建空间的码头。码头岸线长 2180 米,泊位数 6 个,其中 1 号泊位和 2a 号泊位为专业集装箱泊位,最大前沿水深 16.5 米,码头现有集装箱吞吐能力 210 万 TEU/年,可进一步扩建至 350 万 TEU/年。码头拥有 4 个多用途泊位,可以装卸集装箱、散杂货及滚装货物,也是港区内唯一拥有物流中心的码头。

收购后,中方股东凭借自身专业化的码头管理经验和船东背景,不断给予昆波特码头当地管理层专业的工作指导及有力的业务支持,操作效率不断攀升,通过优异的服务质量在激烈的市场竞争中赢得了客户的信任和肯定,世界上三大航运联盟中的 Ocean Alliance 和 The Alliance 相继成为昆波特码头的客户,码头吞吐量从 2016 年的 66.5 万 TEU 增长到 2018 年的 125.8 万 TEU,几乎翻了一倍。

3. 项目效果

中方股东收购后,昆波特码头业务量不断增长,创造了大量就业机会,截至 2018 年底码头自有员工 841 人,另外间接带动本地就业 5000 余人,码头连续多年被伊斯坦布尔商会授予伊斯坦布尔纳税百强单位。中远海运港口收购昆波特码头股权符合国家"一带一路"倡议,进一步完善了公司的海外码头布局,提高了市场影响力,也提升了公司的盈利能力,2018 年昆波特码头是中远海运港口第五大码头利润贡献单位。

(七)埃及塞得港苏伊士运河码头

1. 港口概况

埃及塞得港位于苏伊士湾北入口处,是世界上最大的转运港之一,也是地中海东部最重要港口之一。该港扼守印度洋、大西洋、地中海和黑海沿岸各国航路的要冲,可通过苏伊士运河和地中海连接世界各地。

目前塞得港的港区分为西港区(即旧港区)及东港区,共有 3 个集装箱码头,其中 2 个老码头在西港区,中转量约占 84%,新码头位于东港区,通过一座大桥和汽车摆渡连接运河东西两岸。

2. 码头投资和运营情况

中远海运港口于 2005 年 12 月 15 日与马士基下属公司 EICT 签订了协议,向马士基购买苏伊士运河集装箱码头(SCCT)20% 的股权,2007 年 10 月 1 日,中远海运港口完成入股手续后正式成为 SCCT 第二大股东。SCCT 位于塞得港的东港区,共分两期发展,第一期 4 个泊位于 2004 年 10 月投入运营,岸线长 100 米,水深 16.5 米,年处理能力达 220 万 TEU;第二期 4 个泊位于 2011 年 6 月分阶段投入运营。现时 SCCT 的总岸线共 2400 米,设计处理能力达 510 万 TEU。中远海运港口入股以来,SCCT 码头集装箱吞吐量从 2007 年的 177.9 万 TEU 增至 2018 年的 253.7 万 TEU。

3.项目效果

塞得港是地中海东一个重要的枢纽港,SCCT项目是中远海运港口在地东地区首个投资项目,中远海运港口在该项目的投资,对中远海运港口码头业务国际化奠定了扎实的基础,也拉动了当地的经济和就业,实现了较好的经济和社会效益。

二、招商局集团

（一）斯里兰卡科伦坡CICT港

1.港口概况

科伦坡港位于斯里兰卡西南沿海,濒临印度洋北侧,是斯里兰卡的最大港口,包括招商局港口码头CICT、斯里兰卡港务局码头JCT、以及私营码头SAGT等三个集装箱码头。科伦坡港是世界航道上印度洋的重要航站,又是横渡印度洋过往船只的补给站,也是距离南亚次大陆最近的枢纽港。

科伦坡国际集装箱码头(CICT)是斯里兰卡最大单一外商投资项目之一,也是招商局集团第一个海外绿地港口项目,总投资5.6亿美元。CICT岸线总长1200米,陆域面积58万平方米,年设计吞吐能力为240万TEU;水深18米并配备12台最大型岸桥,可停靠、作业目前已建及在建最大型集装箱船。

2.码头建设过程

2008年世界金融危机影响加剧、全球经济提振乏力、全球航运市场持续低迷。同时,国家的国企"走出去"战略已经提出多年,国家鼓励部分有实力的国企出走国门投资海外,以期更好地壮大国有经济、更深入地融入全球经济,也更从容地应对金融危机的不良影响。在此背景下,招商局集团科学调研、审慎决策,打造招商局全球港口网络。在集团统一领导下,招商局港口从2009年初开始着手CICT BOT项目招投标,经过激烈竞标和近三年的商务谈判,投资合作协议于2011年8月12日在中斯两国大使的见证下正式签署。并由招商局港口与斯里兰卡港务局组成股比85%和15%合资公司,由招商局港口全权管理CICT建设、运营。该码头于2011年12月16日破土动工,2013年7月1日第一个泊位投入使用,并于2014年4月21日全部完工,比原BOT协议规定60个月工期提前53%完成整个码头的建设并全部投入运营,再现"中国速度",再续"蛇口基因",再立质效标杆,受到中斯两国的称赞。

3.码头运营情况

开港至2018年,CICT运营水平稳步提升,服务水平广受赞誉。在招商局港口总部的大力支持下,CICT努力开拓区域市场,2015年发展优化了区域内支线航运网络,将区域货物集中于科伦坡后中转,节省了南亚区域与欧洲的货物运输时间及成本,从根本上改变了传统贸易路径和物流线路。

CICT 位于"一带一路"的重要节点,靠近国际航运主航道,集疏运体系完善,地理位置优越。2014 年正式运营即完成 68 万 TEU 吞吐量;2015 年吞吐量突破 150 万 TEU 并实现盈利,比原来预计的盈利时间大幅提前。2016 年吞吐量达 201 万 TEU,2017 年完成箱量 239 万 TEU,运营三年半时间即达产,项目的经济回报较好,码头每年利润超过 5000 万美元,2018 年箱量达到历史最高 260 万 TEU。

4. 项目效果

CICT 依托招商局在全球网络的资源,码头箱量持续高速增长,极大提高了科伦坡在世界航运界的地位,使科伦坡港在世界上的排名从 2012 年的第 34 名提升到 2017 年的第 23 名,受到当地业界广泛好评。

(二)吉布提港口综合开发

招商局港口于 2012 年 12 月 29 日以全资子公司招商局控股(吉布提)有限公司(China Merchants Holdings Djibouti FZE,以下简称"CMHD")的名义收购吉布提港口有限公司(Port de Djibouti S. A,以下简称"PDSA")的 23.5% 股权,正式成为 PDSA 的股东,在吉布提开展实际业务,复制"前港—中区—后城"的综合开发模式,实现了港产城联动发展。"前港"是指新建港口或升级已有港口,"中区"是指开发工业所用的出口加工区、自由贸易区、保税仓库等,"后城"是指配套发展住宅和商业区等城市化模块。这一模式实现了航、港、产、城联动,以港口带动产业园、物流、海工、金融等业务。在吉布提综合开发项目中,"前港"是指投资建设多哈雷多功能码头,在 PDSA 下成立全资子公司多哈雷多功能码头有限公司(以下简称"DMP")作为上述码头投资、建设、营运主体。

吉布提老港区位于吉布提市中心,港口设施老化,不适应船舶大型化趋势,港口生产与城市发展矛盾突出。吉布提政府最初计划投资 6 亿美元进行改扩建,将港口吞吐能力提升 20%。2013 年 2 月,招商局港口以 1.85 亿美元收购吉布提港 23.5% 的股份。招商局港口入股后,在全面提升港口管理水平的同时,提出在远离市中心的位置新建一个现代化深水港,将老港区业务整体搬迁,以彻底解决吉布提港城冲突的矛盾。

2014 年 8 月,吉布提新港(多哈雷多功能码头)开工建设,共投资 5.8 亿美元,比吉布提政府原计划投资节省 2000 万美元,但处理能力提高了近 1 倍。2017 年 5 月,吉布提新港正式开港运营并在当年即完成营业收入 3572 万美元实现盈利。新港投资由招商局港口引入中国进出口银行提供融资 4.05 亿美元,于 2017 年 5 月全面建成投产,设计年吞吐能力散杂货为 708 万吨,集装箱 20 万 TEU。

吉布提多哈雷多功能码头位于吉布提市多哈雷港区,距老港区以西约 8 千米,紧邻东侧已建油码头。吉布提多哈雷多功能码头主要建设内容包括主码头、工作船码头、仓库、生产辅助建筑物、道路和堆场。其中主码头包括 6 个 1 万 ~ 10 万吨级多功能泊位（码头结构均按照 10 万吨级设计），岸线总长 1200 米，码头前沿设计水深 15.3 米；工作船码头包括一个拖轮码头和一个浮船坞泊位，岸线总长 175 米，码头前沿设计水深 12.0 米；大型仓库 6 座；生产辅助建筑物包括综合楼、联检大楼等，共计 32 个单体建筑物，总建筑面积约 5 万平方米；道路总长约 7.5 千米；堆场面积约 60 万平方米。

DMP 投入运营后，改变了吉布提传统地主港的运营模式，由该公司负责组织生产操作，将极大提升船舶作业效率。如原 5 万吨粮食船舶，老港作业效率为 2800 吨/天，新港有望提升至 10000 吨/天；如原 5 万吨化肥船舶，老港作业效率为 2800 吨/天，新港有望提升至 7200 吨/天。船舶效率的提升将充分发挥 DMP 在区域的竞争能力，降低客户成本，通过提升服务打造东非航运中心，实现港口经营效益和当地就业改善双丰收。

招商局港口致力于打造世界一流港口综合服务商，具有丰富的码头投资和营运经验。自入股吉布提港 23.5% 股权以来，全面参与吉布提港的运营管理，切实提升吉布提港的经营管理水平，经营业绩得到大幅提升，深受吉方信任。吉方愿意和招商局国际在这方面进行全面合作，大力发展港口物流业。DMP 项目丰富了招商局港口在非洲港口网络布局，公司将丰富码头营运管理经验移植到吉布提，极大提升吉布提港口营运能力和经济效益。同时，新码头的建成缓解了首都吉布提市的交通压力，完成了吉布提城市功能的升级改造，提升了吉布提港的区域竞争力，推动中非产能合作，促进了吉布提经济发展，造福吉布提国家和人民。

三、北部湾港务集团

马来西亚关丹港

1. 港口概况

关丹港位于马来西亚东海岸彭亨州关丹市，毗邻马来西亚—中国关丹产业园，1976 年建设，1980 年开始运营，1998 年实现私有化。

老港区现有泊位 22 个，总长 4042 米，设计水深 11.2 米，其中 3 个棕榈油泊位、1 个矿物油泊位、3 个液体化学品泊位、3 个集装箱泊位、4 个多功能泊位（725 米），其他为服务性泊位。现有 7 个仓库，总面积 3.25 万平方米，同时还有 4.1 万平方米的露天堆场，其中集装箱位 1700 个，年吞吐能力 2600 万吨。

新港区已建成 2 个 15 万吨级深水码头，首个码头已于 2018 年 9 月正式投产，运营顺利，关丹港年吞吐能力从原来的 2600 万吨提升至 3900 万吨。

2019 年关丹港成功获批自贸区，成为马来西亚东海岸最大的港口。

2. 港口收购及建设情况

2013 年 10 月 4 日,在中马两国政府领导共同见证下,广西北部湾国际港务集团有限公司(以下简称"北港集团")与马来西亚关丹港母公司怡宝工程(IJM)集团在马来西亚吉隆坡市签署收购关丹港 40% 股权的股权转让协议。2015 年 6 月,在双方股东的共同努力下,成功向马来西亚政府争取延长关丹港特许经营权期限 60 年,将关丹港的经营权延长至 2075 年。

北港集团入股后与马方合作伙伴一起加快对关丹港的升级改造,更新装卸设备,完善基础设施,优化经营管理;同时共同规划开发新港区,建设新的大型化、专业化码头,全面提高港口吞吐能力及作业效率。由北港集团主导的新港区新深水港项目于 2015 年 3 月启动建设,一期 1 千米岸线水工结构全部完成,剩余 600 米的 15 万吨级岸线也已经启用。此外,关丹港已完成新深水码头航道一期疏浚工程,航道已浚深至 16 米,满足 15 万吨级船舶进港需要。马中关丹产业园签约入园项目共计 10 个,预计将带给关丹港每年 3000 万吨及 100 万 TEU 的吞吐量。关丹港新深水港建成后,港区总吞吐能力可实现翻番,达到 5200 万吨。

3. 港口运营情况

北港集团入股后,关丹港的经营业绩屡创新高,各项经营指标屡破历史纪录,2015 年度实现吞吐量及营业收入双翻番,2019 年完成吞吐量 2603 万吨。

4. 项目效果

关丹港是中国"陆海新通道"到达马来西亚的第一个大型港口,将与东海岸铁路无缝连接,未来发展前景广阔。北港集团入股后,进一步加强了关丹港与中国港口的互通互动,关丹港先后与钦州港、青岛港建立了姊妹港关系。北港集团还成功开通了北部湾港至关丹港的直航航线,为马中关丹产业园入园项目提供了强大的物流运输保障。马来西亚政府已将关丹港列为重点发展的港口之一,致力于将关丹港打造成为马来西亚东海岸区域性枢纽港,将关丹建设成为辐射中国及东南亚的中转及物流中心。

关丹港的"港—产—园"的发展模式实现了港口、产业和园区的多赢和互动良性发展格局,中马两国企业的合作共赢,证明了在"一带一路"倡议下,通过企业的合作经营,可以为投资双方带来切实的经济利益,合作成果惠及两国人民。

四、上港集团

以色列海法港

位于地中海东南岸的海法港是以色列第一大港,也是"一带一路"沿线重要节点港口。2015 年 3 月，上港集团响应国家"一带一路"倡议，历经多轮谈判，最终从四家具有竞标权的国际竞争者中脱颖而出，获得海法新港码头 25 年运营权。项目于 2015 年开工，预计 2020 年建成。全部建成后码头岸线总长 1500 米，设计年吞吐能力 186 万 TEU，将是以色列最大海港。根据协议，海法新港基础部分由以方负责完成，上港集团将负责海法新港码头的设施建设、机械设备配置和日常经营管理。

据以色列运输部估计，海法新港 2021 年投入运营后，港口本身将提供数百个就业机会，与港口有关的间接就业机会将达 3000 多个，有力促进当地经济发展和就业。

五、岚桥集团

澳大利亚达尔文港

2015 年 10 月，岚桥集团通过竞标成功收购澳大利亚达尔文港。达尔文港位于澳大利亚西北海岸的北领地，是澳大利亚北部最大的深水港和澳大利亚最大的邮轮母港，也是距离亚洲及中国最近的澳大利亚港口。达尔文港是澳大利亚西北部石油、天然气、矿产品、集装箱、农牧产品输出的必经之路，经达尔文港外运的货物百分之九十输出到亚洲，其中又有一半是输出到中国的贸易货物。

中澳自贸协定于 2015 年 12 月 20 日正式生效，澳大利亚成为与中国签订自贸协定的最大发达经济体，澳大利亚积极推进"北部大开发"战略与中国的"一带一路"、国际产能合作对接，进一步提升合作的领域和层次。借助于"岚桥港—达尔文港"港港直通的优势，中澳（日照）产业园、澳中（达尔文）临港产业园进展迅速，开启两国、两港、两园合作新模式，达尔文港已成为两国深层次合作的重要支点。

第六节　对外技术与装备交流

一、水运工程技术标准引进来与走出去

水运工程标准体系是水运建设标准化工作的重要组成部分，是实现标准化"走出去"战略必不可少的基础性工作。标准在国际投资贸易中起到基础性作用，是中国企业迈向国际市场的通行证。20 世纪 50 年代中国逐步建立了以苏联标准为主的标准体系，改革开放后的 20 世纪 80 年代引进欧美技术标准，再消化吸收，结合中国国情实际创新，创立中国自己的标准体系。

新中国成立 70 年来，中国水路交通基础建设事业取得了令人瞩目的成就。随着深水筑港、岛屿筑港、复杂河口深水航道治理、山区河流航道治理、航运枢纽建设和港口装备制

造等一大批专项、成套技术以及创新成果的成功应用,中国水运建设技术总体达到了国际先进水平,部分领域为国际领先水平。然而,由于中国起步较晚,在国际市场上,"中国标准"尚未得到大面积的推广,影响了中国企业的国际竞争力。中国标准"走出去"是中国经济实现国际化的实质性一步,也是中国经济真正融入世界经济的标志之一。推动中国标准"走出去",与"一带一路"建设中倡导的共商、共建、共享的原则相一致。标准走出去,不仅仅是要有文本标准,更应有实际工程实施中国标准。借助越来越多的标杆工程,中国水运建设工程越来越多的使用中国标准,这不仅让世人认识了中国标准,更是对中国标准的检验和修正。目前,中国已有 32 部水运工程行业标准英文版本和法文版本出版。

水运工程标准体系是水运工程标准的结构和组成,是水运工程标准发展的规划蓝图,包括《水运工程标准体系表》和《水运工程标准项目库》。《水运工程标准体系表》是标准体系的具体体现,是编制《水运工程标准项目库》的依据,是水运工程标准管理工作的指导性文件。《水运工程标准项目库》是今后一定时期内标准立项和编制年度计划的重要依据。截至到 2018 年,交通运输部已正式颁发过四次《水运工程标准体系表》,分别是1996 年版、2001 年版、2007 年版和 2018 年版。基于中国标准走出去的目标,由交通运输部主导,中国交建作为水运工程建设行业的引领者,积极参与、推动相关行业标准走出去和中国水运工程技术标准国际化的历程。

2004 年,中国交建与印尼政府签订了马都拉大桥项目设计、施工总承包合同,大桥在2009 年建成通车。这是东南亚最大的跨海大桥,也是在海外以"中国标准"设计、施工建设的最大现代化斜拉桥工程。

2009 年 6 月 10 日,时任中国国务院副总理李克强出席在马都拉大桥通车仪式并在讲话中强调:"中国在重大基础设施建设方面具有明显的国际竞争优势,中国政府鼓励中国企业不断探索、不断创新的道路前进,并将从财政、金融信贷等方面给予支持,帮助企业树立中国标准,打出中国品牌。"

2009 年 12 月 7 日,交通建设标准规范编译工作启动,这是中国首次系统进行交通建设领域的标准和规范的编译和出版工作。时任交通运输部部长李盛霖、中国进出口银行行长李若谷和中国交建董事长周纪昌出席了启动仪式并发表讲话。中国进出口银行和中国交建分别投入 1000 万元和 600 万元,计划用 1 年左右时间,分三批编译出版 92 本交通建设标准的英文、法文版本(公路、水运工程行业各 46 本),由交通运输部正式对外发布施行。这些标准规范基本涵盖了公路、水运工程建设的主要方面。这是中国首次由政府部门组织、银行资助、企业赞助方式开展的行业标准编译工作,也是首次政府部门大规模、系统地编译整套行业标准规范。此次三方合作,意在推动中国交通标准国际化,使之在国际上得到更多的承认和采用,为中国企业在更大范围和更高层次上实施国际化战略创造更为有利的条件。

2011 年由交通运输部组织编写的《水运工程设计通则》（英文版）、《水运工程施工通则》（英文版）首发。这既是中国基建领域首个英文行业标准正式颁布，也标志着水运工程设计及施工的"中国标准"正式走向世界。为了更好地帮助"中国标准"走出去，交通运输部总结了中国水运工程施工、设计经验，吸收了现行规范的重要内容，分析了有关环境保护、节能减排和鼓励创新等政策要求，借鉴了其他行业和国外的相关标准，经全行业征求意见并反复修改编译而成"两通则"（英文版）。"两通则"是中国标准规范体系主要内容的高度凝练，它们的颁布实施标志着中国水运建设进入新的发展时期，在中国水运史上具有重要的意义。中国标准能以英文版出版，对企业开拓国际市场提供了重要的技术法规支撑。

2012 年 3 月，首批 12 本《中国交通建设标准》外文版正式发布，为中国企业在更大范围和更高层次实施"走出去"战略创造条件。首批《中国交通建设标准》的出版发行意味着中国交通标准"走出去"迈出了关键的一步，将促使中国企业在世界交通建设产业链上占据更有利的位置。掌握标准就是拥有话语权，《中国交通建设标准规范》外文版的推出，为中国标准的国际化打开了突破口。

2015 年中国交建继续积极推动中国标准"走出去"，努力为海外业务拓展做好技术准备。到现在为止，已组织编译 66 本公路工程和水运工程标准规范的英法文版，同时积极参与中外标准的对标研究工作，围绕国家"一带一路"倡议，主编 5 项国际标准，参与编制吉尔吉斯斯坦国家建设行业标准和规范，采用中国标准建设蒙内铁路和埃塞高速公路，推动中国标准的属地化。

工程技术标准规范是特殊的文化载体，是对外展示中国交通建设技术水平的重要窗口，从当年中国学习引进国外标准，到如今中国自己的标准走向世界，这是中国交通运输行业工程技术水平提升的体现，对扩大中国在国际上的技术和文化影响力必将起到积极推动作用。

二、疏浚装备引进来与走出去

（一）疏浚装备的引进来

在水运工程建设领域，疏浚一直扮演着举足轻重的角色。这种使用挖泥船或其他机具和手段，对土壤、石块等水底物质进行搬移，以增加水深或清除淤积的工程措施，广泛应用于航道、河渠的基建和维护性浚深与加宽；港池浚深与水库清淤；码头、船坞、船闸、沉箱等水工建筑物基坑和水下电缆基槽开发；污染底泥处理，清除水下障碍物，以及结合疏浚进行吹填造地、填海筑岛等工程等。中国水运建设领域的工程装备集中体现在疏浚领域。

1949 年之前的中国疏浚装备基本依靠进口。20 世纪 60—70 年代，中国开始向荷兰、日本等国引进先进的挖泥船等工程装备。例如1966年"浚通"号("津航浚102")的引进开启了中国使用双边耙吸挖泥船的历史,同时为中国消化、吸收国外疏浚技术,自行设计大中型耙吸挖泥船提供了参考样本。1971年由江南造船厂参照"津航浚102"建造的4500立方米级自航耙吸挖泥船"劲松"轮和"险峰"轮,是中国自主制造疏浚船舶的一个里程碑。除了"津航浚102"船,在20世纪70年代,为实现"三年改变港口面貌",中国向荷兰购买挖泥船14艘(1975—1976年),向日本购买挖泥船12艘(1974—1979年),1995年再次从荷兰进口3艘5000立方米级挖泥船。

1971年至2000年间,中国自行设计制造的耙吸挖泥船共11型25艘,其中除长江航道局3型11艘因船东要求,主要疏浚装备从国外进口以外,其余14艘(包括出口泰国的800立方米对开耙吸挖泥船)挖泥船的所有疏浚装备全部是中国自行设计制造的。但是,由于这30年间全国只建造了25艘挖泥船,吨位小、技术难度又相对较低。疏浚装备的制造虽然经历了消化吸收、开发创新,但因品种单调、数量少、规模小,所以影响范围有限。

2001年中国加入"WTO"以后,贸易需求增长更加迅速,对水运建设行业提出了港口深水化的需求,所需船舶装备的规模更加庞大,过去已经引进和仿制的船舶又不敷使用了。因此,疏浚行业在新世纪初开始了新一轮的装备更新。由于我国经济实力的增强,这一轮装备更新的预算更加充足,直接引进了国际上最先进的船型,有些甚至超过了国外疏浚公司仍然在役的船舶。2002年6—7月间,上海航道局相继引进了"新海龙"和"新海豹",成为我国疏浚装备跨越式发展的见证。"新海龙"和"新海豹",分别是当时我国最先进的耙吸式挖泥船和亚洲最大的绞吸式挖泥船。

中国的疏浚装备技术进步走过了一条由模仿到原创的道路。在中国近代疏浚一百多年的发展历程中,受到当时历史条件的限制,疏浚装备经历"引进、消化、吸收、落后、再引进、再落后"的循环,造成在不同的历史时期重复地引进国外先进技术,其根本原因是缺乏消化吸收自主创新。这说明,即使引进了国外先进技术,要想消化吸收再创新也并非易事,在仿制之后缺乏前瞻性、换代性的研发,当国外技术理念出现突破性进展的时候,原有的仿制品就会与国外先进水平出现"代差",导致必须进行新一轮的技术引进。

我国整体疏浚能力在2011年已经超过荷兰和比利时等国家,位于世界第一位。但是,比利时与荷兰拥有的疏浚船舶多为特大型且功能完备,尤其在挖泥船整船设计与建造、核心装备、环保理念等方面,我国与国外仍存在差距,要想与国际先进疏浚公司在国际市场同场竞技,自主创新仍然是今后疏浚装备技术发展的必经之路。因此,我国必须加大船舶制造和相关产业的技术创新。

(二)疏浚装备技术的消化吸收与再创新

经过多年艰苦奋斗,中国已步入世界造船大国。近年来随着疏浚装备不断研究开发,加大国产化的步伐，挖泥船已初步实现了"国船国造"的目标。

特别是进入 21 世纪，中国疏浚行业国企和民企两翼齐飞，挖泥船的建造在性能、质量和数量方面都迈上了新的台阶。疏浚装备的开发研究，从国有大厂到地方民营小厂，遍地开花。国产化的路越走越宽广，国产化带来的低成本、高质量、优质服务，已深深地吸引了广大船东。回顾疏浚装备从仿制到开发创新，实践证明，坚持走国产化的道路才是一条能够发展中国挖泥船事业的光明大道。

1993—2002 年的 10 年间，中国水运基础设施进入大发展阶段，疏浚装备的发展由小到大，新建、改装各型挖泥船 21 艘，不仅数量上比前 20 年翻了 1 倍多，在品种型号、技术形态、建造质量、工艺水平等方面都有了明显提升，充分显示中国挖泥船制造技术的重大进步。新设计建造的这批挖泥船，除舱容因订单关系偏小外，技术先进性已明显优于 20 世纪 70 年代进口的国外挖泥船，接近 20 世纪 90 年代国外水平。大型"货改耙"的成功，是中国挖泥船制造业的又一次历史性跨越。

上航局通过在 2005 年自主设计建造舱容 4200 立方米的小型现代化耙吸船"航浚4011"轮取得经验后，又于 2007 年在广州文冲船厂自主建造了舱容 13500 立方米的大型现代化耙吸挖泥船"新海虎"号。同年天航局也在文冲船厂借鉴进口的"通坦"号建造了13000 立方米级大型耙吸船"通旭"号，这一过程使中国成为世界上少数几个能独立设计制造 10000 立方米级自航耙吸船的国家之一。2012 年 5 月，上航局投资、上海振华重工研发承建 10000 立方米耙吸挖泥船"新海虎 8"号轮下水，这是中国交建自行建造的第一艘大型自动化耙吸式挖泥船。同年 6 月，"新海虎 9"号轮在广州试航成功。"新海虎 8"号和"新海虎 9"号轮都装备了上航局自行设计研制的疏浚船舶自动化控制平台等核心技术设备。在"十一五"时期（2006—2010 年），中国又自主设计建造了 10 艘舱容 8000 立方米以上的大型和超大型耙吸挖泥船，并全部装备有中国交建自主研制的"智能化疏浚监控系统"或"疏浚集成监控系统"，绝大部分关键配套件均实现了国产，疏浚能力总舱容新增23 万立方米，较"十五"期间新增生产能力 2.5 倍。由此，中国一举成为世界耙吸船第一大国，进入了超大型耙吸挖泥船的设计建造强国行列。

中国在挖泥船的几种主要船型中，消化吸收国外先进技术最快的是耙吸式，其次是绞吸式。2004 年以前，国内仅有几艘工效在 2000 立方米/时以上的进口绞吸挖泥船。2005年和 2006 年，上航局参照"新海豹"号绞吸挖泥船自主设计建造了第一艘 2500 立方米/时的绞吸挖泥船——"航绞 2001"号轮和第一艘 3500 立方米/时的绞吸挖泥船——"新海鳄"号。这标志着中国由原来只能设计建造中小型绞吸船发展到能够自主设计建造大型现代化绞吸船的阶段。

上航局于 2012 年正式成立了中交疏浚技术装备国家工程研究中心。通过依托该中心展开的学术交流和技术跟踪，中国企业已经能够在装备技术方面跟国际保持基本同步，掌握前沿动态和最新理念。在跟踪研究的基础上，结合中国的实践经验适时进行集成创新，形成自己的设计思路，从而不再需要向国外完整引进整条船的技术，只对个别技术难点进行学习交流，有针对性地改造提升现有技术。由此可见，我国疏浚设备的创新理念已经由简单的模仿跨越到了集成创新的新阶段。从近年来中国疏浚装备的发展趋势来看，设备引进总体上是成功的，为此后"新海虎"号、"天鲸"号、"天鲲"号等的成功研发提供了必要的基础。

（三）疏浚装备的走出去

中国的疏浚装备制造正在从制造大国向制造强国迈进，这一进程的典型代表包括"天狮"号、"天鲸"号、"天鲲"号等船舶。这些疏浚装备成为我国水运建设领域的"大国重器"。

1."天狮"号

"九五"计划时期之后，天航局通过"产学研"结合与国际合作，开始逐步转向大中型挖泥船的自主设计与国内建造，"天狮"号是天航局自主设计制造的第一条大型绞吸式挖泥船，用于创建扩展航道和围海造地。2005年4月，天航局启动了"天狮"号的建造工作，2006年9月投产。"天狮"号的成功制造不仅打破了国外船舶的垄断，且造价仅为国外的1/3～1/2，是同期中国建造的最先进大型绞吸式挖泥船，挖泥能力为3000立方米/小时，引领了国内大型绞吸式挖泥船新潮流。该轮上设置了天航局自主研发的自动倒桩系统，每次倒桩时间由两三天缩短为20多分钟，极大地提高了效率。"天狮"号自投产以来，产量连创新高，2007年2月17日在曹妃甸工地取得日产量达8万立方米的成绩，创造了绞吸式挖泥船的国内日产量最高纪录。"天狮"号一举打破了国外制造总功率在10000千瓦以上大型、现代化绞吸式挖泥船的垄断地位。至2017年，以此船为母型船而在建的挖泥船已达数十艘。

2."天鲸"号

"天鲸"号由天航局投资，联合上海交通大学、德国VOSTALMG公司承担设计，由招商局重工(深圳)有限公司建造，自2008年4月28日开工，建造周期历时21个月。2010年1月19日制造方在深圳孖洲岛修造船基地隆重举行了"天鲸"号自航绞吸式挖泥船交船仪式。"天鲸"号自航绞吸式挖泥船总长127.5米，型宽22米，吃水6米，设计航速12节，总装机功率为19200千瓦，最大挖深30米，最大排泥距离6000米，挖掘效率为4500立方米/时。"天鲸"号技术性能指标及绞刀挖泥能力排亚洲第一，是当时世界上最大的三艘自航绞吸挖泥船之一，技术先进性和结构复杂程度在世界同类船舶中位居前列。在执行吹填作业时，该船能以每小时4500立方米的速度将海沙、海水的混合物排放到最远

6000 米外，每天吹填的海沙达十多万立方米。该船装备当时亚洲最强大的挖掘系统，绞刀功率达到 4200 千瓦，使其不会被礁盘上的珊瑚礁损坏而影响工作。

"天鲸"号配备了当时国际最先进的集成自动挖泥控制系统，系统充分考虑安全的设计理念，保障昂贵的挖泥机高效安全地发挥其功用。同时各设备运转参数在施工的过程中不断地被监测记录，发现异常的操作或超限的参数都会发出警报，甚至启动自动保护程序终止违规操作或故障设备运转。所有的挖泥设备的操作都集成在挖泥操作台，点动鼠标或按钮便可完成设备的远程操作。该系统具有安全可靠、操作便捷、界面美观等特点，提高了该船的自动化水平。作为国内第一艘自航绞吸挖泥船，"天鲸"号的自航系统使得船舶的调遣更加机动灵活。"天鲸"号的成功建造对中国疏浚业具有划时代的意义，进一步扩大了绞吸船作业施工范围，提升了作业能力，带动并提高了中国国内绞吸船设计和建造能力，为今后建造同类型船舶奠定了坚实的基础。从最初的引进设备到"天鲸"号的建造，实现了中国疏浚行业技术设备从中国制造到中国创造的转变。以"天鲸"号自航绞吸式挖泥船为代表的一大批"大国重器"的出现，令中国疏浚业拥有了与世界四大疏浚公司相媲美的"超级战舰"，该船的研发建造真正实现挖泥船装备从"中国制造"到"中国创造"的华丽转身，并在多项重点工程中发挥了重要作用，成为名副其实的"功勋船舶"。

3."浚洋 1"

2016 年 10 月 10 日，由广航局投资建造的亚洲舱容量最大、世界领先的超大型耙吸挖泥船"浚洋 1"正式投产。"浚洋 1"于 2014 年 7 月正式开始建造，舱容量为 21028 立方米，最大挖深可达 90 米，具有世界先进水平、功能强大的挖泥自动控制及监测系统，包括疏浚控制系统（DCS）、疏浚数据记录系统（DDRS）、三维疏浚轨迹跟踪和记录系统（DTPS）、动力定位和动态跟踪系统（DP/DT）、耙臂位置测量系统（STPM）、动力负荷监控的功率管理系统（PMS）、集成监控系统（SCADA）等 20 多项自动化控制技术，泥泵全部采用变频自动化控制。

2016 年 10 月 29 日下午，作为中国交建耙吸船队旗舰的"浚洋 1"投产后立即投入中斯"一带一路"合作标杆项目——斯里兰卡科伦坡港口城陆域形成项目的建设。科伦坡港口城项目，设计吹填工程量 7150 万立方米，造地面积 269 万平方米。2014 年 9 月 17 日，国家主席习近平与斯里兰卡前总统拉贾帕克萨一道为港口城奠基揭幕、为开工剪彩。开工以来，广航局先后投入了世界领先、亚洲最大的中交旗舰挖泥船"浚洋 1"以及"万顷沙""浚海 2""广州"号共四艘大型耙吸船施工。2018 年 6 月 20 日，"浚洋 1"联手"万顷沙""新海龙"等四艘总价值超过 4 亿美元的中国超大型耙吸式挖泥船队，首次同时在科伦坡港口城展开虹喷施工，为科伦坡港口城建设发出最后冲刺。"浚洋 1"作为科伦坡港口城建设的主力军，在港口城建设中为 2019 年 1 月 16 日科伦坡港口城陆域形成项目的顺利完工打下了坚实基础。

4．"天鲲"号

2017 年 11 月，由天航局投资，并联合中国船舶工业集团公司第七〇八研究所（以下简称"中船七〇八所"）设计，上海振华重工建造的 6600 千瓦绞刀功率重型自航绞吸挖泥船"天鲲"号成功下水，疏浚装备队伍"国之重器"再添新成员。

随着世界和国内经济的快速发展，海上疏浚和填筑工程的规模越来越大，疏浚行业面对的挑战也越来越严峻，土质坚硬、输送距离长、工况恶劣使得传统的挖泥船已不能完全适应。疏浚市场对疏浚装备的效率、成本和节能减排的要求越来越高，疏浚企业对大型疏浚装备的需求也越来越迫切，挖泥船正朝向高效化、智能化和绿色环保方向快速发展。

大型自航绞吸式挖泥船的设计建造和挖泥船关键设备的研制，已成为国际疏浚行业竞争能力的标志，甚至代表了一个国家的装备制造业总体水平。因此，研发与国外先进技术水平相当、具有自主知识产权的大型绞吸式挖泥船是在国际疏浚市场激烈竞争形势下的一项紧迫使命。

2011 年 10 月，中国工业和信息化部（以下简称"工信部"）、财政部联合批复关于"5000 千瓦绞刀功率绞吸式疏浚船关键技术"研究项目，该项目由天航局牵头组织，联合中船七〇八所、上海交通大学、广州文冲船厂、招商局重工（深圳）等单位联合研发。经过参研单位艰苦卓绝的不懈努力，历时 5 年，圆满完成了全部研发任务，顺利通过了工信部组织的专家组验收，为"天鲲号"的建造奠定了技术基础。

"天鲲"号是工信部立项的重点项目，是迄今为止完全由国内自主设计和建造的最先进的绞吸式疏浚船。2015 年 12 月 11 日，代表中国疏浚船舶的建造水准，采用全船布置、柔性钢桩台车系统和三缆定位系统等国际先进技术的中交天航"5000 千瓦绞刀功率自航绞吸挖泥船"（"天鲲"号）建造项目在上海振华重工启东海洋工程股份有限公司正式开工，2017 年 11 月 3 日船舶顺利下水。

船舶设计融合了当前世界最新科技，全船动力装置均采用电驱形式，装备了当今世界最强大的挖掘系统和最大功率的高效泥泵，总装机功率达 25680 千瓦，标称生产能力约6000 立方米/时，配置通用、黏土、挖岩及重型挖岩 4 种不同类型的绞刀，不仅可以疏浚黏土、密实沙质土、砾石、珊瑚礁，还可以开挖抗压强度 50 兆帕以内的中弱风化岩石。同时，具有无限航区的航行能力和装驳功能，适用于沿海及深远海港口航道疏浚及围海吹填造地。该船配备多项当前国际最先进的疏浚装备，装配 3 台变频电机驱动的高效泥泵，泥泵输送功率达到 17000 千瓦，为当时世界上最高功率配置，可实现船舶在挖掘淤泥、黏土、密实沙质土等介质的高产量，具有超强的吹填造地能力，最大排泥距离 15000 米，泥泵远程输送能力居世界首位。"天鲲"号科技水平处于世界前列，装备有强大的挖掘系统及国际最先进的自动控制系统，可实现自动挖泥、监控及无人操控，将极大提高作业效率。

与"天鲸"号 4200 千瓦绞刀功率相比，"天鲲"号挖泥船绞刀功率达到 5000 千瓦，代表了中国疏浚史上高新技术与重型装备制造高度融合的里程碑，对整个中国的疏浚业务拓展及规划，都具有非常重要的战略意义。

通过"天鲸"号及几十艘大型绞吸挖泥船的成功建造，中国挖泥船建造实力得到突飞猛进的发展，自主创新能力显著提升，多项技术达世界领先水平。"天鲲"号代表了中国疏浚船舶建造的最高水准。

中国的挖泥船先后走过整船进口、国外设计国内建造、国内自主设计建造等阶段，经历从无到有、从有到强的几十年艰难历程。新一代重型自航绞吸挖泥船"天鲲"号的研制，对国内疏浚业的发展具有重大意义，标志着中国已经能够自主设计建造新一代重型自航绞吸挖泥船。

"天鲲"号的成功研制，实现了中国重型自航绞吸挖泥船关键技术的突破和核心技术的掌握，填补了中国自主设计建造重型自航绞吸挖泥船的空白，打破了少数发达国家的垄断，促进了新设备、新工艺、新材料、信息控制等技术进步，推动了中国疏浚业及船舶制造业的发展壮大，提升了中国疏浚企业的核心竞争力。

三、中国港机装备行业的起步与发展

（一）港机装备

20 世纪 80 年代，国内外的集装箱港机市场几乎为美国帕山口公司（PACECO Corp）、德国克虏伯公司（Krupp）和诺尔公司（Noell）、日本的三井、三菱和韩国的三星等公司所垄断。在 20 世纪 90 年代，进口港机装备在中国港机市场中占有明显优势，相当数量的国内港口均从欧美及日本引进港机装备。国外厂商的港机装备，中国自产的港机装备虽在性能上稍显落后，但在技术上已取得长足进步。

20 世纪 80 年代，上海港机厂通过技术考察、进行合作项目、收购国外设备等诸多手段引进国外先进的生产技术和管理模式。1987 年，上海港机厂与日立公司以及德国 P. H. W. 公司合作，分别制成了 1250 吨/小时卸船机和 6000 吨/小时卸船机。通过技术吸收，该厂于当年便自行开发了 1250 吨/小时卸船机，达到 20 世纪 80 年代国际先进水平。这一时期该厂引进的技术还有：德国 A. E. G. 公司的 PLC 控制系统和交流电动机、SCR 定子调压调速技术、瑞典 ABB 公司的 PLC 连续卸船机控制技术、西门子公司的 PLC 控制直流传动技术。通过技术的引进和改造，使得上海港机厂产品质量与竞争力大大提升。

中国的港机装备行业通过引进国外先进的港机装备技术，成功研制散货装船机、集装箱岸桥、集装箱龙门起重机等并投入使用。1991 年前后，国内外集装箱航运蓬勃的发展形势、上海港机厂的技术准备、上海浦东新区的优惠政策为上海振华港口机械股份有限公司（以下简称"上海振华"）提供了极佳的发展机遇，而"振华人"则以昂扬的精神状态迎接机遇的来临。在公司初创时期,上海振华在工作条件较为困难情况下却积极进取,学习国际通用的专用标准,以上海港机厂的名义参与到海外港机的竞标中。上海振华了解了与国外品牌技术上的差距,催生了自主创新动力,并不断研发新技术、新工艺,先后成立了南通、长兴岛等生产基地并组织技术人员进行港机技术的开发。在技术上,上海振华总能迅速地模仿和复制同行们的产品,并有所创新。之后上海振华公司迅速打破了外国厂商在中国港机市场独占鳌头的局面,还将港机装备成功出口国外。上海振华产品的研制和出口是这一时期中国港口机械装备发展的典型代表。1992 年港机产品进入加拿大市场,标志上海振华品牌迈入国际市场。1994 年港机产品进入美国市场,也是中国大型集装箱机械首次进入美国市场。1998 年港机订单总额居世界同行首位。1999 年港机产品进入德国市场。

1998 年,上海振华以世界市场 1/4 的占有率成为集装箱机械行业领袖。至 2006 年,公司生产岸桥已占全球市场 70% 以上份额,散货装卸设备如装卸船机、斗轮堆取料机、环保型链斗卸船机等也居本行业前列。

(二)自动化码头

进入 21 世纪以来,振华重工(其前身为上海振华)代表的中国港机出口保持全球领先地位,同时参与了全自动化码头等新领域。

随着全球贸易增速趋于平缓,传统港机产品数量增长放缓和利润率下降的严峻挑战,振华重工多年来积极谋求产品结构调整与提升,从传统的码头设备制造商向一体化码头的集成商和总承包商转化。研制出业内领先的自动化码头装备,全面实现港机设备的一体化、数字化、标准化、轻量化和美观化,集中精力攻关自动化码头核心技术,并开发了具有自主知识产权的 AGV、EZ 系统等产品,走出了一条自动化码头整体解决方案工程总承包商之路。自 1998 年进入自动化领域以来,振华重工通过自主创新,于 2008 年建成国内首个自动化码头示范线,具备自动化整体解决方案的能力。近几年来,振华重工相继获得厦门远海、青岛港和上海港洋山港区四期自动化码头订单,从厦门港的 1 个泊位,青岛港的 2 个泊位(规划 6 个码头,一期建成 2 个泊位),到上海港洋山港区的 7 个泊位,不断填补中国集装箱自动化码头的空白,也拉开了中国全自动化码头建设的帷幕。

在国际市场,振华重工也逐渐崭露头角。2008 年 9 月 5 日,荷兰鹿特丹 Euromax 自动化码头举行了隆重的开港仪式。该港 1 年能完成 230 万 TEU 装卸,员工只需 50 人。码头 76 台设备由上海振华港机供货,这是全球自动化码头第一次全部使用上海振华的设备,而且设备的机电配套件亦大都为中国产品,它们表现出的高可靠、高效率使中国产品大放光彩。该码头与普通码头相比,操作人员减少 50%。近年来,上海振华陆续为美国长滩 LBCT 自动化码头、意大利瓦多码头等提供上百台自动化港机设备。

（三）海工装备

振华重工的装备制造自主研发能力和海上施工能力，带动海上装备出口，包括巨型起重船、铺管船、各种工程船、平台以及动力定位装置和平台抬升装置、船厂用龙门起重机等。

上海振华的海上钻井平台打破了长期以来欧美企业对海工核心技术的垄断，成为国内唯一拥有各类海上钻井平台资助设计能力的建造商；同时还成为世界上能设计、制造大型浮式起重机的三大企业之一，结束了中国重大工程必须依赖国外起重船的历史，同时设备出口到发达国家。

1."振华30"起重船

随着人类海洋活动的日益频繁，各类船舶和海工设备无论是从数量上还是体积上都发展迅猛，与之同时发生的还有一些难以预测的海难事故。当事故发生后，往往需要救助与打捞，此时便需要有起重能力较强的起重设备进行作业，起重船便应运而生了。

起重船是一种用于水上起重作业的工程船，又称浮吊，被广泛应用于海上大件吊装、海上救助打捞、桥梁工程建设和港口码头施工等多个领域。随着海上工程作业任务的复杂化，浮吊设计技术逐渐向起重吨位重型化、作业领域深海化和吊装过程高效率化方向发展，对起重船起重能力的需求日渐提高。近年来，中国起重船设计水平得到了长足的发展，其中振华重工所取得的成就尤为突出：2006年，振华重工完成了4000吨"华天龙"号全回转浮吊；2008年，振华重工成功制造了7500吨全回转起重船"蓝鲸"号；2010年，振华重工为韩国三星集团成功建造了8000吨固定双臂架浮吊"SAMSUNG5"号，并于2010年交付使用。上述由振华重工制造的起重船不仅改变了欧美国家在起重船领域的垄断局面，而且在材料技艺和核心技术上也均取得了杰出的成就，获得了浮吊建造的宝贵经验。

但振华重工并没有因此而满足，而是意图建造更庞大的起重船以满足愈发复杂的海上起重作业需要。在中国工信部国家产业技术创新研发项目支持下，振华重工于2009年8月引进一艘30万吨级日产单壳油轮，并开始将其改建为起重船，这便是"振华30"的由来。原船主机型号为：HITACHIZOSEN – B&W7S80MC（MarkIII），最大持续功率（MCR）：21120千瓦×69.2转/分钟。"振华30"先后经过两次改造，2014年8月起重机开始进入总装阶段。2016年1月23日，该起重船吊重实验完成，1月27日进行海试，4月28日获得美国船级社证书，5月13日正式交付于振华重工海服集团。

"振华30"交付后，一跃成为世界最大的起重船。该船设计为无限航区航行，满足东海、南海、北海、中东、东南亚、印度洋、墨西哥湾、西非等海域海上起重作业的要求，主要用于海上大件、模块、导管架的起重吊装，以及安装大型模块作业、打捞作业、拆卸报废平台作业、海底能源开发作业等。它的巨大船体（长297.55米，宽58米，转台直径42米）可抗风并防浪涌，适用于浅海（300米以下）和深海进行各种起重、勘探、打捞作业。该船具备自航能力,带 10 点锚泊定位和 DP2 动力定位功能,与普通起重船相比,节约了拖轮费用和拖航时间,作业行动更加精准自如,适应海况条件和作业面更广。

12000 吨全回转起重机为"振华 30"的核心装备,是振华重工自行设计制造拥有完全自主知识产权的新型产品,也是振华重工在该领域核心竞争力的体现。除了全回转起重机外,10 台 140 吨电动变频驱动定位锚绞车同样是振华重工自行设计制造,拥有完全自主知识产权的优势产品。"振华 30"同时配备有动力定位(DP2)系统,该系统包括 2 个 2750 千瓦的侧推进器、6 个 3800 千瓦的可伸缩式全回转推进器以及 4 个 3250 千瓦吊舱式全回转推进器,一个动力定位控制台布置在驾驶室。其控制系统采用世界知名品牌——Kongsberg 产品,冗余的动力定位系统满足 ABSDPS – 2 的要求。控制系统包括冗余的控制单元和两个操作站,控制单元包括两个控制计算机,能与位置参考系统、传感器相连接,且与各种推进器的本地处理站有冗余的网络接口。每个操作站包含一个高性能的计算机,具有一个能图形显示目前数据的船用高分辨率显示器。传感器根据 ABS DPS – 2 配置,同时 1 个 HIPAP 位置参考系统、2 个 RADius 位置参考系统、1 个 tautwire 位置参考系统也提供相应的位置参数。在动力定位控制台上还配置了一个独立的 JOYSTICK 系统。它包括 1 个控制单元及操作终端,控制单元包括一个性能强大的计算机及与传感器、各推进器连接的输入输出单元。1 个独立的推进器手动控制系统安装在动力定位控制台上。改装前的原船日立主机不涉及动力定位系统。

"振华 30"不单可以完成大型沉船的打捞任务,更重要的是它可以用于像海洋石油钻井平台、海上风电场升压站等大型海洋工程建设,为中国的海洋工程施工建设向深海延伸提供了装备支撑。该船不仅是中国民族工业品牌享誉世界的一面旗帜,也标志着中国在巨型起重船领域的领先地位进一步巩固。

2. 振海 1 号

在"振海 1 号"正式动工前,前期船型概念设计与基础设计由 F&G 公司承担,F&G 公司给出了 SuperM^2 型的设计方案,而此后的生产设计等环节则由振华重工"接棒"。2011 年 7 月 6 日,振华重工下属的南通振华重型装备制造有限公司正式开始动工制造"振海 1 号"。在整个制作过程中,"振海 1 号"项目组双管齐下,做到了管理"细"、过程"精",并由美国船级社全程监督,保证制作过程的品质。

此外,"振海 1 号"项目是国内首例执行《船舶专用海水压载舱和散货船双舷侧处所保护涂层性能标准(PSPC)》的自升式平台项目。振华重工专门成立了 PSPC 执行推广小组。项目组还请来第三方监造美国船级社,对整个平台的涂装进行检测。在重量控制上,振华重工成立了重量控制小组,通过优化设计、严格按照图纸施工、控制焊缝质量等方法,进行平台减重。

至 2013 年,经过 2 年多的紧张施工,"振海 1 号"的主体结构已经基本完成。2013 年

7月,"振海1号"正式下海进行调试;同年8月24日,上海振华重工股份有限公司与新加坡KSDRILLING公司举行钻井平台销售合同签字仪式。

"振海1号"平台总长59.75米,型宽55.78米,型深7.62米,桩腿长125.3米,作业水深300英尺,钻井深度30000英尺,可变载荷2722吨,可在墨西哥、波斯湾、东南亚等类似海域作业。平台包括主船体、桩腿、钻探井架、可外伸悬臂梁,直升机平台共五部分,可同时容纳110人居住。"振海1号"有多项自主创新设计,其抬升装置、锁紧装置、滑移系统、甲板吊机等关键设备均由振华重工自行设计、建造。特别值得的一提的是其抬升锁紧系统,该系统通过三根桩腿作为支柱,"牢牢抓地"并"撑起"作业过程。工作时,桩腿下放插入海底,泥深约为10至20米,平台被抬起到离开海面的安全工作高度,以保证平台遇到风暴时桩腿不致下陷。

在F&G的设计支持下,振华重工在平台的设计上拥有70%的自主知识产权,其母公司中国交建持有全部知识产权。这是振华重工建造的第一座钻井平台,也是振华重工向海工装备领域转型的关键产品。